리비우스 로마사 I

티투스 리비우스

AB URBE CONDITA LIBRI

리비우스 로마사 I

1000년 로마의 시작

티투스 리비우스
이종인 옮김

현대
지성

차례

추천사 | 김덕수   8

제1권 **왕정 시대의 로마**   13

제2권 **공화정의 초창기**   119

제3권 **궁지에 빠진 귀족들**   229

제4권 **전쟁과 정치**   353

제5권 **로마의 함락**   455

연대기   548

작품 해설 | 이종인   551

추천사

리비우스의 『로마사』가 국내 최초로 번역 출간된다는 소식에 로마사 전공자로서 번역자 이종인 선생님과 현대지성 출판사에 감사를 드린다. 헤로도토스와 투키디데스, 리비우스와 타키투스는 서양 고대세계 그리스와 로마를 대표하는 역사가들이다. 이미 30년 전 헤로도토스의 『역사』(박광순 역, 1987)가 그리고 이어서 투키디데스의 『펠로폰네소스 전쟁사』(박광순 역, 1993)가 번역 출간되었다. 두 책은 원전 번역도 나왔다.[1] 타키투스의 경우도 『연대기』(박광순 역, 2005)가 출판된 이후 『역사』는 원전 번역(김경현, 차전환 공역, 2011)이 나온 지 7년이 되었지만 리비우스의 책은 아직 소개되지 않았다.

리비우스의 『로마사』의 원명은 Ab Urbe Condita, 정확히 말하면 『건국 이후 로마사』이다. 영어로는 History of Rome from its foundation, 또는 줄여서 History of Rome으로 번역할 수 있다. 리비우스는 기원전 753년 로마 건국부터 시작하여 기원전 9년 드루수스의 죽음[2]까지 744년의 기간을 142권에 담았다. 헤로도토스나 투키디데스의 역사책이 한 세대 전 또는 당대의

---

1 헤로도토스, 『역사』(천병희 역, 2009/ 김봉철 역, 2017), 투키디데스, 『펠로폰네소스 전쟁사』(천병희 역, 2011).
2 티베리우스 황제의 동생. 주로 게르마니아 속주에서 전쟁을 하면서 많은 공을 세웠고, 티베리우스보다도 아우구스투스의 사랑을 많이 받았으나 기원전 9년에 말에서 떨어져 앓다가 29세에 죽었다.

전쟁사를 다룬 것을 생각하면 리비우스의 책은 고대로부터 알려진 저작들 중 가장 방대한 역사책이라 할 수 있다. 그동안 리비우스의 책이 국내 출판계의 주목을 받지 못한 이유를 이해할 만하다. 물론 142권이라는 숫자는 오늘날 우리가 알고 있는 책의 부피나 양과는 차이가 있다. 당시 책은 두루마리 형태로 발간되었기 때문에 오늘날의 단행본의 권수로 그대로 일치시킬 수는 없기 때문이다. 두루마리 한 개에 담긴 분량은 오늘날 단행본 책의 65쪽 정도에 해당한다고 본다. 그러므로 리비우스 로마사 142권은 오늘날 책으로 환산하면 9230쪽 정도이고 단행본 한 권을 평균 300쪽이라고 가정하면 약 31권에 해당하는 분량이다. 그는 이 책을 거의 43년 동안 썼는데, 산술적으로 계산하면 1년에 215쪽, 3.3개의 두루마리의 책을 쓴 셈이다. 오늘날처럼 컴퓨터로 책을 쓴다 해도 결코 적은 양이 아니다. 다만 현재 남아 있는 것은 1권부터 10권, 그리고 21권부터 45권까지 총 35권뿐이다.

이번에 번역 출간되는 것은 영역본을 대본으로 해서 『로마사』 1-5권이다. 리비우스의 『로마사』가 출간되면서 서양 고대 4인의 역사가들의 작품을 우리말로 읽을 뿐만 아니라 서로 비교할 수 있게 되었으니 '공평'하게 된 셈이다. 또한 지금까지 『하이켈하임 로마사』나 시오노 나나미의 『로마인 이야기』 등을 통해서 간접적으로 접하던 로마 역사를 리비우스 자신의 글을 통해 들을 수 있는 기회가 열리게 된 셈이다.

리비우스(Titus Livius)는 기원전 59년 경 북이탈리아의 파타비움(현재 파도바)에서 태어나 서기 17년에 죽었다. 그의 고향 파타비움은 그가 태어날 때만 해도 부유하기는 했지만 '갈리아 키살피나'('알프스 이쪽의 갈리아'라는 뜻) 속주에 속해 있었다. 루비콘 강을 경계로 로마 본토 밖에 위치했던 갈리아 키살피나 속주는 기원전 43년 경을 전후하여 옥타비아누스의 이탈리아화 정책에 의해 이탈리아 자치시가 되었다. 그는 파타비움에서 태어나 청년기까지 보내다가 기원전 30년대에 로마로 와서 역사가로서 저술 활동을 하고 다시 고향으로 가서 죽은 것으로 추정된다. 그러나 그의 명성에 비해서 리비우스의 생애에 대해서는 거의 알려진 것이 없다. 아우구스투스와 친분이 있어 장차 황제가 되는 클라우디우스를 지도한 적이 있으나 원로원의원이나 정무관직, 군대경력을 역임한 바가 없고, 단지 역사저술에만 몰입했다. 아마 속주 출신이라는 신분의 벽 때문일 수도 있고, 개인적 성향 때문이었을 수도 있다. 그렇기 때문에 대작 로마사가 가능했다는 점을 생각하면 오히려 다행인 셈이다.

리비우스는 서문에서 7백년 전으로 거슬러 올라가서 당대까지 이어진 로마의 역사를 쓰는 일은 엄청나게 힘든 작업이었음을 고백했다. 너무나 초라했던 그 옛날 이야기에 관심을 가질 사람들이 많지 않을 것이기 때문이라면서 … 그럼에도 그는 용기를 내어 붓을 들었다. "나는 독자들이 우리의 조상이 어떤 종류의 삶을 살았고, 그들이 어떤 사람이었으며, 로마의 권력이 처음 획득되어 그 후 계속 확장되어가는 과정에서 어떤 정치와 전쟁의 수단을 사용했는지 등을 좀 더 진지하게 고려해 보기를 촉구한다."

사실 기원전 8세기 중반으로 거슬러 올라가면 로마인들은 미미한 존재에 지나지 않았다. 남이탈리아를 차지한 그리스인들, 북이탈리아를 차지한 에트루리아인, 그리고 시칠리아와 사르디니아 등 서 지중해를 장악한 카르타고인 등 세 열강의 틈바구니에서 갓 태어난 '아기'에 지나지 않았기 때문이다. 처음에는 나라라고 할 것도 없었다. 더욱이 로마의 건국자들은 이탈리아 본토 출신도 아니었다. 트로이 전쟁에서 패한 뒤 목숨을 겨우 건져 도망쳐 나온 아이네아스와 그 일족, '굴러온 돌'이 '박힌 돌'들 사이에 자기 자리를 잡고 나라꼴을 만들어가야 했다. 요컨대 외부인들이 라티움에 정착해서 새 국가의 씨를 심었고, 그 후손에게서 로물루스를 초대 왕으로 해서 나라를 만들어 가기 시작했다. 로마의 역사는 파란만장한 고난과 역경의 연속이었다. 그래도 5백여 년의 역사 속에서 유럽, 아프리카, 아시아를 통일한 지중해 제국으로 성장했다.

그러나 경쟁 세력을 다 무너뜨린 기원전 2세기 말부터 로마는 안으로부터 병들고 원로원 중심의 공화정이 흔들리기 시작했다. 군인정치가들 사이에 권력 투쟁이 반복되고 제국 팽창의 주역이었던 군대는 장군의 '사병'으로 전락했다. 게다가 로마 팽창 과정에서 동반자 역할을 했던 이탈리아 동맹국들이 로마 시민권을 요구하다가 받아들여지지 않자 로마에 반기를 들었고(동맹국 전쟁), 스파르타쿠스가 이끄는 노예반란은 한때 로마의 사회경제적 기반을 뒤흔들었다. 제1차 삼두정치의 승자인 카이사르가 모살되고 나서 다시 제2차 삼두정치와 내전이 재현되었고, 카이사르의 판박이처럼 그의 양자 옥타비아누스가 일인자의 자리에 올랐다. 이제 로마의 운명은 옥타비아누스의 손에 있었다. 그가 제2의 카이사르가 되어 또다시 정치 무대에서 퇴출당하고 로마가 또다시 내전의 소용돌이 속으로 빠질 것인가? 아니면 제2의 도약기를 맞이할 것인가?

리비우스 자신이 공화정에서 제정으로 이행하는 격변의 시대를 살았기에 시대의 증인이기도 했다. 로마 정치판의 앞이 보이지 않는 안개 속 정국에서 리비우스가 로마사 저술을 시작한 것이다. 리비우스가 주목하려 했던 것은 로마의 성공 신화가 아니었다. 그가 살던 시대는 "우리의 악덕을 견디지도 못하고 또 그 악덕을 치료하는데 필요한 조치를 감당하기도 어려운 시대"였다. 따라서 "우리나라의 쇠퇴의 과정을 살펴보라"고 그는 권고한다.

로마사 1-5권은 로마가 라티움의 작은 언덕들에서 이탈리아 중부의 라티움 지방의 중심부로 부상하는 과정을 다루고 있다. "로마는 하루 아침에 이루어지지 않았다." 이제 로마의 초기 모습을, 그리고 전성기에서 왜 리비우스가 한탄하면서 로마사를 썼는지를, 당대인들이 초창기 로마 역사 속에서 배울 교훈은 무엇이라고 생각했는지, 그의 글을 통해 들어보자. 다음에 출간될 6-10권을 기대하면서 …

김덕수 현 서울대 역사교육과 교수, 역사학회 회장

서울대학교 인문대학 사학과 졸업, 동대학원에서 로마사를 전공하고 1996년 2월 〈아우구스투스의 프린키파투스의 형성과정에 관한 연구〉로 박사학위를 받았다. 1997년 3월부터 2006년 2월까지 대전 목원대학교 역사학과 교수를 역임했고, 2006년 3월부터 현재까지 서울대학교 역사교육과 교수로 재직 중이다. 2017년부터 역사학회 회장직을 맡고 있다.

저서로는 『아우구스투스의 원수정 : 로마공화정에서 제정으로』(길, 2013), 『그리스와 로마 – 지중해의 라이벌』(살림, 2004), 『로마와 그리스도교』(홍성사, 2017) 등이 있으며, 번역서로는 『하이켈하임 로마사』(현대지성, 2017), 『로마문명사』(현대지성사, 1997), 『로마혁명사』(한길사, 2006, 공역) 등이 있고, 로마사 및 역사교육에 대한 다수의 논문을 발표했다.

제1권

왕정 시대의 로마

서문

　로마의 초창기부터 지금까지 우리나라의 역사를 집필하는 일은 내게 약간의 불안감을 안겨준다. 내가 이 작업의 가치를 확신한다고 해도, 그런 자신감을 드러내놓고 말하기가 망설여진다. 역사가들이 거창한 주장을 펴는 일이 과거에도 그렇지만 지금도 아주 흔하다는 것을 의식하는 까닭이다. 역사를 집필하는 모든 사람은 그의 덜 세련된 선배 역사가들을 내려다보면서 서술의 스타일에 있어서나 새로운 사실들을 밝히는데 있어서 그들보다 한결 자신이 뛰어나다고 자신하는 경향이 있는 것이다. 사정이 그렇다고는 하나, 나는 이 세상에서 가장 위대한 국가의 역사를 기록하는 일에 기여하게 된 것에 만족감을 느끼며 또 내 기여가 그리 무식한 것이 아니기를 희망한다. 무수하게 많은 사람들이 이 주제에 대하여 글을 써 왔는바, 나 자신은 그들 사이에서 무명인사로 남게 될지도 모른다. 설사 그렇게 된다 하더라도 내게서 명성을 앗아가는 경쟁자들의 위대함과 찬란함을 부러워하면 그것으로 자기 위안을 삼으려 한다.

　더욱이 내가 하려는 일은 엄청나게 힘든 일이다. 나는 7백 년 전으로 거슬러 올라가야 하고, 우리나라의 초라한 시작으로부터 오늘날의 창대한 결과 — 너무나 다기 다양하여 제대로 다루기가 거의 불가능한 결과 — 에 이르기까지 내 이야기를 기술해야 하는 것이다. 나는 또 로마의 시작과 초창기 역사를 다룬 내 이야기에 사람들이 별로 즐거움을 느끼지 못하리라는 것을 안다. 그들은 한시바삐 좀 더 최근의 시대로 달려가서 제국 시민들의 힘이 제국의 멸망을 촉진하기 시작한 오늘날의 시대 — 그 자체로 이미 오래된 시대 — 에 대한 이야기를 듣고 싶어 한다. 그러나 나는 다르게 느낀다. 나는 고대 시대가 보람을 안겨주는 연구 대상이라고 생각한다. 내가 고대에 몰두하고 있는 동안에는, 오늘날의 세계를 오랫동안 괴롭혀 온 여러 난제들로부터 잠시 시선을 돌릴 수 있고, 또 현대 생활을 다루는 작가에게 엄습하는 불안감 — 물론 이런 불안감으로 인해 역사가가 진실을 은폐하는 일은 없다 — 을 느끼지 않으면서 글을 써나갈 수 있기 때문이다.

로마가 탄생하거나 구상되기 이전에 벌어진 사건들은 탄탄한 역사적 기록이라기보다 시적(詩的) 매력을 풍기는 이야기의 형태를 띠고 있는데, 이런 전승들을 나는 시인하지도 않고 그렇다고 거부하지도 않는다. 고대 시대의 사람들이 인간적인 것과 초자연적인 것 사이의 경계를 명확하게 구분하지 않은 것에 대하여 우리가 대놓고 반대할 이유는 없다고 본다. 국가의 창건자가 신들의 후예라고 주장할 만한 국가가 있다면 우리 로마가 그러하다고 생각한다. 로마인들이 여러 전쟁에서 승리하여 얻은 영광은 너무나 크고 찬란하기 때문에 마르스가 로마의 첫 번째 부모요 국가 창건자의 아버지라고 주장해도, 온 세상의 모든 나라들은 로마 제국의 통치권을 순순히 받아들이는 것처럼 그런 주장도 즉각 받아들일 것이다.

그러나 이런 것들은 비교적 사소한 일들이고 그래서 나는 그리 중요하게 여기지 않는다. 나는 독자들이 우리의 조상이 어떤 종류의 삶을 살았고, 그들이 어떤 사람이었으며, 로마의 권력이 처음 획득되어 그 후 계속 확장되어나가는 과정에서 어떤 정치와 전쟁의 수단을 사용했는지 등을 좀 더 진지하게 고려해 보기를 촉구한다. 그런 다음 우리나라의 도덕적 쇠퇴의 과정을 살펴보기를 권한다. 먼저 오래된 가르침이 무시되면서 도덕적 기반이 붕괴한 과정, 그리고 그 후에 이어진 신속한 해체 과정, 이어 도덕적 세계관의 전면적 붕괴 과정을 살펴보기 바란다. 그런 과정을 거쳐서 오늘날의 음울한 시대가 어둡고 울적한 모습으로 등장했는데, 이제 우리는 우리의 악덕을 견디지도 못하고 또 그 악덕을 치료하는데 필요한 조치를 해낼 용기도 없다. 역사의 연구는 병든 사람을 치료하는 가장 좋은 약이다. 왜냐하면 역사서는 모든 사람이 뚜렷이 볼 수 있는 무한히 다양한 인간 경험을 기록하기 때문이다. 그런 기록에서 우리는 우리 자신과 나라를 위한 모범적 사례와 경고를 발견할 수 있다. 그리하여 좋은 일들은 모범으로 삼고, 철저히 부패한 지저분한 일들은 타산지석으로 삼아 피해야 할 것이다.

나는 로마의 과거에 대한 나의 열정이 내 판단력을 흐려놓지 않았기를 희망한다. 우리나라보다 더 위대하거나 순수한 나라는 없다고 생각하며 또 훌륭한 시민들과 고상한 업적의 관점에서 볼 때 우리나라를 따라올 나라는 없다고 진심으로 믿는다. 그처럼 여러 세대 동안 탐욕과 사치의 악덕으로부터 자유로운 나라는 없었다. 그 어느 곳에서도 검소하고 순박한 생활을 그처럼 높이 여긴 나라가 없었다. 우리 로마인은 가난을 만족스럽게 여기며 살았다. 근년에 들어와 부(富)는 우리를 탐욕스럽게 만들었고, 자만심은 각종 형태의 격정으로 분출하여 개인이나 집단을 살육하는 행위를 선호하게 만들었다.

그러나 이런 종류의 쓴 소리는 설사 그렇게 말해야 할 필요가 있다고 하더라도 사람들의 호의를 얻을 것 같지 않다. 그러니 위대한 로마의 초창기를 다루는 이 시점에서 그런 얘기는 더 이상 하지 말기로 하자. 그래서 나는 시인들의 방식을 취해와 좋은 조짐에 대한 얘기로 시작하고 또 내 앞에 놓인 이 어려운 일이 성공적으로 끝날 수 있도록 하늘의 모든 신들에게 기도를 올린다.

1. 트로이 함락 이후에 그리스인들은 아이네아스와 안테노르를 제외한 모든 트로이 인들에 대하여 계속 적개심을 갖고 있었다고 널리 믿어진다. 이 두 남자는 트로이의 평화와 헬레네의 반환을 위하여 지속적으로 노력해 왔고 그런 이유로 그리스와 오랜 인간적 관계를 유지할 수 있었다. 그 덕분에 그들은 괴롭힘을 받지 않고 트로이를 떠나는 것이 허락되었다. 두 남자는 각자 다양한 모험을 겪었다. 안테노르는 파플라고니아에서 쫓겨난 에네티 족과 힘을 합쳤다. 이 부족은 트로이에서 그들의 왕 필라이메네스를 잃었으므로 그들을 통솔하여 어디론가 데려가서 정착시켜줄 지도자가 필요했다. 그들은 아드리아 해의 수원(水源)으로 진출하여 알프스와 아드리아 해 중간 지역에 살고 있던 에우가네이 족을 쫓아냈고, 그리하여 그 지역은 트로이 인들과 에네티 족들의 혼합 인구가 점령하게 되었다. 그들이 상륙한 땅은 트로이라고 했고 그 인근 고장은 트로이 지역이라고 불렀다. 그 두 부족을 합친 주민들을 가리켜 베네티(베니스) 족이라고 했다.

유랑에 내몰린 아이네아스도 유사한 어려움들을 겪었다. 그러나 그는 훨씬 더 장대한 미래의 초석을 놓을 운명을 타고 났다. 그는 먼저 마케도니아로 갔고 이어 새로운 정착지를 찾기 위해 시칠리아로 갔으며 시칠리아에서 라우렌툼 지역으로 건너갔다. 이탈리아의 이 지역은 안테노르가 상륙한 지역과 마찬가지로 트로이로 알려졌다. 끝날 것 같지 않은 방랑길에서 아이네아스와 그 부하들은 배와 칼을 제외하고는 모든 소유물을 잃었다. 일단 해변에 상륙하자 그들은 주변에 무엇이 있는지 그 고장을 정찰하기 시작했다. 이렇게 정찰 작업을 수행하고 있는데, 무장한 원주민들이 그들의 왕 라티누스의 통솔 아래 그들을 공격해 왔다. 그 군대는 침략자들로부터 그들 자신을 보호하기 위해 도시와 인근 산간 지방에서 급히 동원한 병력이었다. 그 다음에 벌어진 사건에 대해서는 다음과 같은 두 가지 설명이 있다.

첫째, 즉각 싸움이 벌어져서 라티누스는 패배했다. 그러자 라티누스는 아이네아스와 타협을 했고 현지의 왕은 아이네아스에게 그의 딸을 주어 동맹을 강화했다.

둘째, 트럼펫 소리가 돌격 신호를 보내면서 전투가 막 시작되려는 찰나, 라티누스가 부장들과 함께 앞으로 나서서 해외에서 온 지도자들을 협상장으로 인도했다.

라티누스는 이어 아이네아스에게 그의 부하들은 누구이고, 어디에서 왔으며, 왜 고향을 떠났으며, 라우렌툼 지역에 상륙한 목적이 무엇인가 등을 물었다. 라티누스 왕은 그들이 트로이 사람이고 그 지도자는 안키세스와 베누스의 아들인 아이네아스라는 대답을 들었다. 그들의 고향 도시는 불타서 무너졌고 이제 그들은 도망자 신세가 되어 새로운 도읍을 건설할 수 있는 지역을 찾는 중이라는 것이었다. 이 얘기를 들은 라티누스는 외국인들의 고상한 행동과 평화든 전쟁이든 두려워하지 않는 그 지도자의 높은 용기에 크게 감동되어, 아이네아스에게 그 때 이후 우정의 약속을 했다. 평화 조약이 체결되었고 두 군대는 상호 존중의 의사를 교환했다. 아이네아스는 그에게 딸을 내준 라티누스의 환대를 받아들였고, 이렇게 하여 라티누스는 가정의 수호신들이 보는 앞에서 공적인 동맹 조약을 사적인 유대관계로 더욱 강화시켰다.

트로이 인들은 마침내 그들의 방랑이 끝났고 이제 영원한 집을 건설할 수 있으리라고 확신했다. 그들은 정착촌을 건설했고 아이네아스는 아내 라비니아의 이름을 따서 그 마을을 라비니움이라고 명명했다. 부부 사이에 곧 아들이 태어났는데 아스카니우스라고 이름 지었다.

2. 트로이 인들과 라틴 인들은 곧 공동으로 전쟁에 참여하게 되었다. 아이네아스의 도착 전에 라티누스의 딸 라비니아를 아내로 받아들이기로 했던 루툴리 족의 통치자인 투르누스는 외국인에게 밀려난 모욕에 분노하면서 아이네아스와 라티누스의 연합군을 공격했다. 이어 벌어진 전투에서 양측은 피해를 보았다. 루툴리 족은 격퇴되었지만, 승자들도 지도자인 라티누스를 잃었다. 투르누스와 그 부하들은 미래가 걱정되어 메젠티우스의 도움을 요청하려 했다. 메젠티우스는 부유하고 강성한 에트루리아 족의 왕이었는데 왕도(王都)는 그 당시 부유한 도읍인 카이레에 있었다. 메젠티우스는 별 설득을 받지 않아도 루툴리 족과 합세할 생각이었다. 그는 처음부터 새로운 정착촌의 건설을 불쾌하게 여겼고 이제 트로이 인들의 힘이 급속히 강해져서 인근 주민들의 안전을 위협한다고 느꼈다. 이런 위험한 상황을 맞이하여 아이네아스는 휘하의 트로이 인들에게 그 지방 원주민 이름인 라틴 인의 명칭을 부여했다. 공통의 정체(政體)에다 공통의 부족 명을 사용하면 두 부족 사이의 유대가 더욱 강화될 것이라고 느꼈다. 이러한 조치의 결과로 원주민인 라틴 인들도 트로이 인들 못지않게 아이네아스 왕에게 충성을 바치게 되었다. 트로이 인과 라틴 인은 급속히 하나의 부족이 되어갔고 아이네아스는 여기에서 자신감을 얻어서 강성한 적 에트루리아를 상대로 적극적인 공략에 나서게 되었다. 이 무렵 에트루리아는 알프스 산과 시칠리아 해협에 이르는 이탈리아 전역의 육상과 해

상에서 그 명성을 크게 떨치고 있었다. 그렇지만 아이네아스는 수세를 취하기를 거부하고 적과 맞상대하기 위해 행군에 나섰다. 라틴 인은 성공을 거두었으나 아이네아스로서는 그 전투가 이승에서의 마지막 전투가 되었다. 그는 누니쿠스 강의 강둑에 매장되었다. 그는 인간인가 혹은 신이었는가? 어느 쪽이 되었든 사람들은 그를 그 고장의 유피테르라고 불렀다.

3. 아이네아스의 아들 아스카니우스는 너무 어려서 왕좌에 곧바로 오를 수가 없었다. 그러나 라비니아는 강인한 성품의 여인이었고 아스카니우스가 성년이 되어 아버지와 할아버지의 후계자로서 친정(親政)을 할 수 있을 때까지 섭정 역할을 했다. 아스카니우스가 정확히 누구였는지에 대해서는 약간의 의문이 남아 있다. 그처럼 깊숙이 시간의 안개 속에 감추어진 문제를 확실하게 얘기해줄 수 있는 사람은 없다. 그는 내가 앞에서 얘기한 바로 그 사람인가, 아니면 크레우사의 아들로서 트로이 함락 이전에 태어나서 불타는 도시로부터 아이네아스와 함께 빠져나온 손위 아들 이울루스 — 추후의 율리우스 황가는 자신들이 이 아들의 후손이라고 주장하는데 — 를 말하는가? 아무튼 그가 아이네아스의 아들이라는 것은 확실하고 또 이울루스였든 아니었든, 그가 새로운 정착촌을 건설하기 위하여 라비니움을 떠났다는 것만큼은 사실이다. 라비니움은 그 무렵 인구가 많았고, 그 당시의 기준으로 볼 때 부유하고 번성하는 도읍이었다.

아스카니우스는 그 도읍의 통치를 어머니 — 혹은 경우에 따라서 계모 — 에게 맡기고 알바 언덕들에 새로운 정착촌을 건설하러 갔다. 산등성이를 따라 완만하게 펼쳐진 이 도시는 알바 롱가(Alba Longa)로 명명되었다. 이 도시는 라비니움이 건설된 지 30년 후에 세워졌다. 그러나 라틴 인은 이미 강성해졌고 특히 에트루리아를 패배시킨 이후에는 더욱 단단해졌다. 그리하여 에트루리아의 왕 메젠티우스나 다른 이웃 부족들이 감히 공격해 오지 못했다. 이것은 아이네아스가 사망하고 권력이 임시로 여인의 손에 넘어가고 아스카니우스가 왕권의 기본적 요소들을 배우는 어린아이 시절에도 마찬가지였다. 라틴 인과 에트루리아 인 사이의 조약 조건에 의하여, 알불라 강(지금의 티베르 강)은 두 지역 사이의 경계선이 되었다.

아스카니우스에 뒤이어 실비우스("숲에서 태어난 자")가 왕위에 올랐고 그 다음은 그의 아들 아이네아스 실비우스, 그리고 그 후계자인 라티니우스 실비우스 순으로 왕위에 올랐다. 라티니우스 실비우스는 새로운 정착촌을 여러 개 건설했고 올드 라틴스라는 이름을 부여했다. 그 후 알바의 모든 왕들은 실비우스라는 가명(家名)을 유지했다. 라티니우스 실비우스 다음에는 알바, 그 다음엔 아티스, 이어 카피스, 이어 카페투스, 그리고 티베르누스가 왕위에 올랐다. 티베르누스는 알불라 강을 건너다가 익사했는데 그 때 이후 이 강에는 티베르라는 이름이 붙었다. 티베르누스 다음에는 아그리파, 그 다음에는 그의 아들 로물루스 실비우스가 왕위에 올랐는데 로물루스는 벼락에 맞아 죽었고 권력을 아벤티누스에게 물려주었다. 아벤티누스는 현재 로마 시의 일부인 언덕에 매장되었는데 그 언덕은 이 왕의 이름을 따라 아직도 아벤티누스라고 한다.

그 다음 왕인 프로카는 누미토르와 아물리우스라는 두 아들을 두었는데 맏아들 누미토르에게 실비우스 왕가의 세습 영지를 남겨주었다. 적어도 그렇게 하려는 것이 선왕의 의도였는데 적장자 우대가 무시되었고 아버지의 의도는 수포로 돌아갔다. 그의 동생 아물리우스가 형을 몰아내고 보위를 찬탈했던 것이다. 하나의 폭력적 행동은 또다른 폭력으로 이어졌다. 아물리우스는 형의 두 아들을 죽여 버렸고 조카 딸 레아 실비아는 명예를 안겨준다는 허울 좋은 구실을 붙여서 베스타 신전의 여제관으로 만들었다. 그러나 속셈은 그녀를 영원히 처녀로 남게 하여 후사(後嗣:상속자)의 싹을 아예 잘라버리려는 것이었다.

4. 우리의 위대한 도시가 생겨나 신의 제국 다음으로 이 세상에서 가장 강

성한 제국이 세워지는 첫 번째 조치가 취해지게 되리라는 것이 이미 운명의 책에 씌어져 있다고 생각한다. 베스타 신전의 여제관은 강간을 당해서 두 아들(쌍둥이)을 낳았던 것이다. 그녀는 군신(軍神) 마르스가 아이들 아버지라고 선언했다. 그녀는 그 말을 정말로 믿었을 수도 있고 아니면 자신의 죄의식을 위무하기 위해 그런 척하는 것일 수도 있었다. 진상이 무엇이든 간에 신들과 사람들은 그녀 혹은 그녀의 아기들을 왕의 잔인한 손으로부터 구제할 수 없었다. 어머니는 투옥되었다. 두 아들은 강에 내던져 익사시키라는 왕명이 떨어졌다. 그러나 운명이 개입했다. 마침 티베르 강은 홍수가 져서 강둑으로 범람했다. 강둑이 그처럼 물에 잠기는 바람에 강변까지 진출하는 것이 불가능해졌다. 왕명을 수행하도록 지시받은 자들은 강둑을 넘은 물이 비록 완만하게 흐르기는 하지만 임무를 수행하는 데에는 지장이 없겠다고 생각했다. 그래서 그들은 임시변통으로 갓난아기들을 처음 밀려온 강물에 내려놓는 것으로써 왕명을 수행하려 했다. 그 장소는 현재 루미날 무화과나무 — 그 후 로물루스의 무화과나무로 알려짐 — 가 있는 곳이었다.

그 당시 그 일대는 사람이 살지 않는 황무지였는데, 전해지는 이야기에 의하면 갓난아기들을 넣은 바구니는 빠져나가는 썰물에 의해서 물에 젖지 않은 마른 땅으로 밀려갔다고 한다. 그리고 마침 인근 언덕에 사는 암 늑대가 강에 목을 축이러 왔다가 아이들이 우는 소리를 듣고서 바구니 있는 곳까지 왔다. 암 늑대는 두 아이에게 자신의 젖을 물려 빨게 했고 또 아이들을 부드럽게 얼렀다. 왕의 목축업자인 파우스툴루스는 혓바닥으로 두 아이를 핥아주는 암 늑대를 발견했다. 파우스툴루스는 아이들을 그의 오두막으로 데려가 아내 라우렌티아에게 건네주어 양육하게 했다. 어떤 사람들은 이 이야기의 근원을 다음의 사실에서 찾고 있다. 즉 라우렌티아는 평범한 창녀였는데 당시에 목동들에 의해 늑대라고 불렸다는 것이다.

이것이 쌍둥이가 탄생하여 성장한 배경이다. 두 아이가 자라서 소년이 되자 농장에 나가서 열심히 일을 하고 가축을 돌보았으며 숲속에 사냥을 나가기 시작했다. 신체의 완력이 세어지자 결단력도 따라서 강해졌고 그리하여 사냥으로 만족하지 못하고 비적들을 공격하여 훔쳐온 물건들을 빼앗아서 목동 친구들과 나누어 가지기도 했다. 다른 젊은이들도 쌍둥이에게 합류했고 그들과 목동들은 때로는 진담으로 때로는 농담으로 함께 시간을 보냈다.

5. 그 오래 전의 시대에도 팔라티움 언덕 ─ 그 이름은 그리스인 정착지인 팔란테움에서 왔다 ─ 에는 루페르칼리아의 즐거운 축제가 열렸다고 한다. 여러 해 전에 그 지역을 장악한 그리스인 에반드루스는 리카오니아의 목신 판 ─ 로마인들은 이 신을 이누우스라고 불렀다 ─ 을 기리는 연례 축제를 거행하는 고대 그리스의 풍습을 그대로 실천해 왔다. 이 봄철의 축제에서 젊은이들은 나체로 질주하면서 여러 가지 장난과 우행을 저지르며 즐겼다. 축제의 날은 모든 사람에게 알려져 있었고, 축제가 한창 무르익던 시점에 장물(臟物)을 빼앗겨서 화가 난 몇몇 비적들이 로물루스와 레무스를 잡기 위해 덫을 놓았다. 로물루스는 그 덫을 잘 피했으나 레무스는 잡혀서 아물리우스 왕에게 건네지면서 심지어 왕에게도 불평을 털어놓았다. 주된 혐의는 레무스와 로물루스가 악당들을 조직하여 누미토르의 땅을 습격하여 소를 훔쳐가는 버릇이 있다는 것이었다. 그러자 레무스는 누미토르에게 건네져 벌을 받게 되었다.

그런데 파우스툴루스는 그동안 내내 그가 키우는 두 소년이 왕가의 자식이 아닐까 하고 생각해왔다. 그는 두 아이가 왕명에 의해 내버려졌다는 것을 알았는데, 그가 강변에서 아이들을 발견한 시점은 왕명이 떨어진 시점과 완벽하게 일치했다. 그러나 그 때까지 그는 자신이 알고 있는 것을 밝히기를 꺼렸고 적절한 상황이나 기회가 나타나 행동에 옮겨야 할 때까지 기다렸다. 이제 진실을 더 이상 은폐할 수가 없었고 그는 가만히 있다가는 어떻게 될지 모른다는 두려움에 사로잡혀 로물루스에게 관련된 이야기를 다 해주었다. 레무스를 억류하고 있던 누미토르도 두 소년이 쌍둥이라는 얘기를 듣고 자신의 손자가 아닐까 생각하기 시작했다. 두 젊은이의 나이와 일반 보통사람들과는 너무나 다른 성격은 그의 의심을 불러일으켰고, 그리하여 사실을 조사해 본 결과 동일한 결론에 이르러 레무스를 손자로 인정해줄 마음을 먹게 되었다. 로물루스를 잡으려는 포획망이 점점 좁혀오자 로물루스는 행동에 나섰다. 로물루스는 노골적으로 왕과 대적할 정도로 강하지는 못해서 꾀를 냈다. 우선 다수의 목동들에게 서로 다른 길을 통하여 정해진 시간에 왕의 집 앞에서 만나자고 지시를 내렸다. 그리고 또다른 행동대를 이끌고 앞장서서 달려온 레무스의 도움을 받아가며 왕을 급습하여 살해했다.

6. 첫 번째 공격이 가해지기 전에 누미토르는 적이 도읍을 쳐들어와 왕궁을 공격했다고 알렸다. 이어 그는 징집 적령기의 장병들을 모두 동원하여 도읍 내부의 성벽을 지키게 했다. 그는 임무를 완수하고 축하하기 위해 그에게 다가오는 로물루스와 레무스를 보는 즉시 주민들의 회의를 소집하여 관련 사실들을 모두 밝혔다. 아물리우스가 형인 그에게 저지른 죄, 두 손자의 탄생, 그 탄생의 비화, 두 손자가 성장하여 마침내 신분을 밝히게 된 과정, 마지막으로 그 자신이 주도하여 벌어진 왕의 살해 등을 소상히 밝혔다. 두 형제는 그들의 행동대원들 앞에 서서 군중들 사이로 행진하면서 할아버지를 왕으로 선언했다. 그리하여 만장일치를 표시하는 함성으로써 그의 왕권이 확정되었다.

위에서 방금 서술한 대로 알바의 왕권이 누미토르에게 건네진 후 로물루스와 레무스는 그들이 갓난아기 시절 내버려졌고 또 성장했던 그 지점에다 새로운 정착촌을 건설해야겠다는 강렬한 열망에 사로잡혔다. 사실 알바는 알바 인들, 라틴 인들 그리고 목동들의 추가 유입으로 인해 인구가 넘쳐나고 있었다. 이런 지속적인 인구 유입으로 인해 알바와 라비니움은 언젠가 새로 건설되는 정착촌에 비해 작은 마을이 되리라고 예상되었다. 그러나 불행하게도 두 형제의 장래 계획은 그들이 할아버지 누미토르와 아물리우스를 갈라놓았던 바로 그것, 즉 질투와 야심 때문에 금이 가게 되었다. 그 자체로는 사소한 일 때문에 두 형제 사이에 불명예스러운 싸움이 벌어졌다. 두 형제는 쌍둥이였으므로 적장자의 문제를 가릴 수가 없었다. 그들은 그 고장의 수호신에게 일단 새로운 도시가 건설되면 누가 그 도시를 다스리고 또 이름을 붙여야 하는지 조짐을 내려달라고 요청하기로 했다. 이를 위해 로물루스는 팔라티움 언덕으로, 레무스는 아벤티누스 언덕으로 각자 가서 하늘의 조짐을 관찰하기로 했다.

7. 전해지는 얘기에 의하면 레무스가 먼저 표징을 받았다고 한다. 여섯 마리의 독수리가 하늘을 날아갔다. 이 사실이 주민들에게 알려지자마자, 로물루스에게 그보다 두 배나 더 많은 독수리가 나타났다. 각 진영의 추종자들은 그들의 주인을 왕으로 선포했는데, 레무스는 조짐이 먼저 나타났다는 점을, 로물루스는 숫자가 두 배나 많다는 점을 내세웠다. 분노의 고성이 양측 사이에서 오갔고 곧 싸움이 벌어졌으며 그 혼란스러운 와중에 레무스가 살해되었다. 그러나 이보다 더 널리 알려진 또다른 전승이 있다. 이 이야기에 의하면, 레무스는 로물루스를 비웃으면서 새로운 정착촌의 절반쯤 지어진 성벽을 뛰어넘어 왔고 그러자 로물루스가 격분하여 그를 죽이고서 이런 경고의 말을 했다. "감히 나의 성벽을 뛰어넘으려 하는 자는 그 누구든 이렇게 될 것이다."

이것이 로물루스가 단독 왕권을 갖게 된 경위이다. 새로 지어진 도시는 창건자의 이름을 따서 로마라고 명명되었다.

로물루스의 첫 번째 조치는 그 자신이 소년 시절을 보낸 땅인 팔라티움 언덕을 강화하는 것이었다. 그는 알바의 의식을 따라서 신들에게 희생을 바쳤으나 헤라클레스의 경우에는 에반드루스가 제정한 그리스 식 제의를 따랐다. 오래된 이야기에 따르면, 헤라클레스는 게리온을 죽인 후에 황소 떼를 몰고 이 지역으로 들어왔다. 아주 아름다운 황소 떼를 앞세우고 티베르 강을 건넌 후 그는 풀이 잘 자란 초원에 도착했다. 여기서 그는 피곤한 다리를 쉬게 할 겸 드러누워 휴식을 취했고, 소들은 푸른 목초지에서 마음껏 풀을 뜯도록 내버려두었다. 음식과 술을 들어 나른해진 그는 잠이 들었다. 그동안 그 지역의 목동이며 카쿠스라는 이름을 가진 사나운 거인이 소 떼를 보고서 그 아름다운 소들에 반해버렸다. 소들을 훔칠 생각을 한 그는 만약 소들을 정상적인 방식으로 동굴 속으로 데려가면, 추적에 나선 주인이 그 발자국을 보고서 동굴을 찾아올 것이라 생각했다. 그래서 소 떼 중에 가장 아름다운 놈들만 골라서 그 꼬리를 잡고서 거꾸로 끌어당겨서 동굴 속에다 감추었다. 헤라클레스는 새벽에 잠깨어 소 떼를 둘러보다가 몇 마리가 사라진 것을 발견했다. 그는 동굴로 들어간 흔적을 발견하고 가장 가까운 동굴로 가보았으나 그 발자국이 모두 바깥쪽으로 향하다가 어느 한 곳에서 사라져버린 것을 발견했다. 그것은 아주 기이했다. 그래서 막연한 불안감에 사로잡힌 채 그는 나머지 소 떼를 끌고서 그 괴상한 곳으로부터 벗어나려 했다. 그러나 당연하게도 몇몇 소들은 동무들이 사라진 것을 안타까워하며 울었고 그러자 동굴 내부에서 거기에 응답하는 울음소리가 들려왔다. 헤라클레스는 몸을 돌려서 동굴 쪽으로 걸어갔다. 카쿠스는 다가오는 헤라클레스를 보자 힘으로 물리치려 했으나 헛수고였다. 헤라클레스는 몽둥이로 그를 내리쳤고 도둑은 헛되이 친구들의 도움을 요청하면서 죽어갔다.

그 당시 에반드루스는 그 지역의 그 고장을 지배하고 있었다. 그는 펠로폰네소스에서 유배온 사람인데 그의 지위는 왕권에 의지하는 것이 아니라 개인적 영향력에 의존하고 있었다. 그는 문자를 발명하여 널리 존경을 받았다. 그와 함께 살았던 투박하고 무식한 주민들은 그 문자를 이상하면서도 경이로운 것으로 여겼다. 더욱이 그의 어머니 카르멘타도 그의 지위를 공고하게 하는데 도움을 주었다. 그녀는 신성한 존재로 여겨졌고 이탈리아에 시빌이라는 여자 예언자가 오기 전에는 그 지역의 주민들로부터 여자 예언자로 존경받았다.

내가 방금 서술한 사건이 벌어진 때에, 에반드루스는 미지의 살인자를 둘러싸고서 웅성거리는 목동들을 목격하게 되었다. 그는 그 범죄와 원인을 보고받은 후 목동들 사이에 합류하여 그 낯선 자를 응시했다. 그가 인간보다 더 덩치가 크고 또 초자연적 위엄의 몸짓을 하는 것을 보고서 에반드루스는 그에게 누구냐고 물었다. 그의 이름과 부모 그리고 나라에 대해서 듣자, 에반드루스는 말했다. "유피테르의 아들 헤라클레스여, 나는 당신을 환영합니다. 당신은 우리 어머니가 늘 예언하던 바로 그분이십니다. 진정한 예언자인 어머니는 당신이 하늘로 올라가 신들의 무리에 합류할 것이라고 선언했습니다. 따라서 이곳에 당신에게 바치는 제단이 지어질 것이고 또 온 세상에서 최강국이 될 운명인 국가가 그 제단을 가장 위대한 제단이라고 명명하고 당신에게 걸맞은 의례를 거행할 것이라고 예언했습니다."

헤라클레스는 그에게 오른손을 내밀며 그 멋진 말들을 받아들이겠다고 하면서 그 자신이 직접 제단을 지어 축성함으로써 운명의 손길을 돕겠노라고 대답했다. 소 떼 중에서 아주 아름다운 놈이 희생 제물로 선택되었고 새로운 제단에서 그 희생 제물이 헤라클레스에게 봉헌되었다. 그 의식과 그 후에 벌어지는 축연은 그 고장의 가장 유명한 가문인 폰티티우스와 피나리우스 가문의 사람들이 집행하기로 되었다.

그런데 피나리우스 가문 사람들은 축연에 늦게 왔다. 반면에 폰티티우스 가문 사람들은 시간 맞춰서 왔고 그 결과 희생 제물의 내장을 접대 받았다. 늦게 온 피나리우스 가문 사람들은 그 나머지를 먹어야 했다. 이 일로 하나의 관습이 확립되었다. 피나리우스 가문 사람들은 그 가문이 존속하는 내내, 헤라클레스 희생 제물 중 그들 몫인 내장을 먹을 수가 없었다. 폰티티우스 가문은 에반드루스로부터 제사 절차에 대해 가르침을 받았고 그 후 여러 세대에 걸쳐서 이 제사의 제물을 제관들에게 공급했다. 그들은 이 엄숙한 의무를 오랫동안 수행해왔으나 이 가문이 소멸하면서 그 의무는 공공 노예에게로 넘어갔다. 이것은 로물루스가 채택한 유일한 외국의 종교 의식이었다. 그는 그렇게 채택함으로써 그런 아주 오래된 시절에도 용기의 보상은 불멸이라는 것을 널리 알리려 했다. 로물루스 자신의 운명도 이미 그가 그런 보상을 받는 쪽으로 작용하고 있었다.

8. 적절한 예식을 갖추어 종교적 의무를 수행했으므로 로물루스는 신하들을 소환하여 법률을 공지했다. 법률의 제정 없이는 통일된 정체를 만들어낼 수 없었기 때문이다. 그가 볼 때 그가 다스려야 하는 대중은 그 자신이 가시적인 권력의 표징을 채택할 때에만 그 법률을 준수하도록 유도할 수 있었다. 그래서 그는 다양한 수단을 동원하여 왕위의 위엄과 장엄을 증가시키는 작업에 착수했다. 그 중 가장 중요한 것은 그가 행차할 때 그를 둘러싸는 12명의 릭토르(lictor: 집정관에게 예속된 시종관. 길나장이)를 선정한 것이었다. 어떤 사람들은 릭토르를 12명으로 한 것은 신탁으로 하늘에 나타난 12마리의 독수리에서 유래한 것이라고 해석한다. 그러나 나는 개인적으로 이 제도가 에트루리아에서 온 것이라는 해석을 따르고자 한다. 우리는 고관용 특별 의자(curule chair)와 보라색 옷단으로 장식된 토가가 에트루리아에서 유래한 것임을 안다. 12라는 숫자는 에트루리아의 12개 공동체를 의미하는데, 이 공동체들이 단합하여 왕을 뽑았고 또 각 공동체는 각각 한 명의 릭토르를 보냈던 것이다.

한편 로마는 점점 커지고 있었다. 점점 더 많은 땅이 로마의 성벽 내로 편입되었다. 그러나 성벽으로 둘러싼 지역이 그처럼 급속히 팽창하는 것은 실제 인구에 비례해 볼 때 좀 과도한 느낌이 들었으나 그것은 미래를 내다보는 안목을 보여주는 것이었다. 고대에 새로운 정착촌의 창건자는 그 인구를 늘리기 위해 많은 집 없는 사람들과 가난한 사람들을 외부에서 끌어와서는 그들이 마치 "그 땅에 태어난 것처럼" 꾸몄다. 로물루스도 이와 유사한 과정을 따라갔다. 새로 조성한 광대한 도읍을 주민들로 채우기 위해 그는 카피톨리움 언덕으로 올라가는 길에 있는 두 숲 사이의 공터 — 이제는 성벽으로 둘러싸인 — 를 도망자들의 은신처로 지정했다. 이곳으로 인근 부족들의 잡다한 사람들이 피신처를 얻기 위해 몰려들었다. 어떤 자는 자유인이었고 어떤 자는 노예였으나 하나 같이 새로운 출발을 바라고 있었다. 이렇게 몰려든 대중이 도시의 힘을 강화시킨 첫 번째 인구 유입이었고, 도시가 장차 위대한 국가로 성장하는 첫걸음이 되었다.

이제 적절한 주민의 숫자를 확보했으므로 로물루스는 권력을 정책으로 억제하는 일에 착수하여 사회 조직으로 시선을 돌렸다. 그는 1백 명의 원로원 의원을 임명했다. 그 정도 숫자의 의원이 그의 목적에 부합했거나 아니면 씨족의 족장이라고 불리는 "아버지들(patres)"이 그 정도 숫자밖에 안 되었기 때문일 것이다. 아버지라는 호칭은 그들의 지위에서 나온 것이고 그들의 후손은 귀족들(patricians)이라고 불렸다.

로마는 이제 강성해져 주위 부족들 중 그 누구에게도 도전을 걸 수 있었다. 그러나 로마가 아무리 강성하다고 하더라도 그 위대함은 겨우 한 세대 정도 버틸 수 있는데 불과했다. 우선 아이들을 낳아줄 여자들의 숫자가 충분하지 못했다. 이웃 공동체들과 통혼을 하지 않았기 때문에 현재의 인구 수준도 유지하기가 어려운 상태였다. 그래서 로물루스는 원로원 의원들의 조언을 받아들여 도시의 경계 너머에 있는 다양한 부족들에게 사절단을 보내어 새로 세워진 국가를 위해 동맹을 결성하고 통혼의 권리를 부여해 달라고 요청했다. 그는 사절들에게 도시도 다른 모든 것과 마찬가지로 처음에는 초라하게 시작하는 것임을 이웃 부족들에게 일러주라고 지시했다. 그러나 시간이 흘러가면서 도시의 노력과 하늘의 은혜로부터 도움을 받아서 도시는 점점 부강해지고 유명해지는데 로마 또한 그런 도시들 중 하나라는 것을 역설하라고 지시했다. 신들은 로마의 탄생을 축복했고 또 로마 시민들의 용기는 장차 빛을 발휘하게 될 것이었다. 로마인들도 이웃 부족의 주민들과 똑같은 사람인데 왜 로마인들과 통혼하는 것을 망설이는가?

9. 로물루스의 그런 접근은 그 어디에서도 호의적으로 받아들여지지 않았다. 모든 이웃 부족들이 새로운 공동체를 무시하면서도 동시에 그들 주위에 새로운 국가 권력이 부상하는 것은 그들 자신이나 후손을 위해 두려운 일이라고 생각했다. 종종 로물루스의 사절들은 다음과 같은 질문과 함께 일축을 당했다: 당신네들은 도망자와 방랑자를 위하여 피난처를 운영해왔는데, 왜 여자들을 위해서는 그런 제도를 실시하지 않는가? 우리가 보기에 로마인들이 아내를 얻는 방법으로는 그게 적당할 듯하다.

젊은 로마인들은 당연히 이런 조롱을 괘씸하게 생각했고 무력의 사용이 불가피하게 보였다. 로물루스는 그런 싸움을 미리 내다보고 아주 조심스럽게 적절한 무대를 마련했다. 그는 신중하게도 자신의 분노를 감추고서 말(馬)들의 수호자인 넵투누스를 기념하는 엄숙한 축제인 콘술리아를 거행하기 위해 준비를 하면서, 그 소식을 인근 부족의 사람들에게 알렸다. 그 축제를 널리 홍보하기 위하여 로마 시민들은 화려한 축제 준비에 그들의 재산 ― 그 당시 재산이라고 해봐야 별 것은 아니었다 ― 을 아낌없이 쏟아 부었다. 지정된 날에 사람들이 로마로 쏟아져들어왔는데 상당수가 새로운 도시를 구경하려는 호기심을 억누르지 못해 찾아온 것이었다.

대부분의 구경꾼들은 인근의 카이니나, 크루스투미움, 안템나이 같은 정착촌에서 왔지만, 모든 사비니 인들 또한 아내와 아이들을 데리고 거기로 나왔다. 많은 집들이 방문객들을 환대하면서 접대했다. 그들은 도시의 요새, 시설, 건물 등을 구경하라고 초대받았고 도시의 급속한 성장에 놀라움을 표시했다. 이어 멋진 순간이 다가왔다. 화려한 쇼가 시작되었고 사람들의 눈과 귀는 그 쇼에 집중되었다. 그 순간은 로마인들의 기회이기도 했다. 미리 정해진 신호가 주어지자, 건장한 로마인 남자들이 군중들 사이로 뛰어 들어가 젊은 여자들을 붙잡았다. 대부분의 여자들은 먼저 붙잡는 남자가 임자였다. 그러나 소수의 아주 아름다운 여자들은 미리 고위 원로원 의원들 몫으로 점지되었고, 그들은 특별한 무리에 의해 의원들의 집으로 납치되었다. 그런데 다른 여자들보다 월등하게 아름다운 한 여자가 있었다. 전해지는 이야기에 의하면 그 미녀는 탈라시우스라는 사람의 집안에서 일하는 한 무리의 종복들에 의해 납치되었다. 종복들은 누구 집으로 그 여자를 데려가느냐는 질문에, 다른 사람들이 그녀에게 손대는 것을 사전 예방하기 위하여 "탈라시우스, 탈라시우스!" 하고 외쳐댔다. 이것이 그 후 로마의 결혼식에서 신부 행차 때 사람들이 "탈라시우스"라고 외치는 풍습의 기원이 되었다.

이 납치 행위 때문에 흥겨운 축제는 일변하여 공포의 분위기 속으로 빠져들었다. 납치된 여자들의 부모는 간신히 도망치면서 축제 주빈의 배신행위를 강력하게 비난했고 또 축제의 주인공인 넵투누스 신에게 간절한 기도를 올렸다. 그 축제를 기념하려는 좋은 마음으로 참석한 이웃들에게 어떻게 이런 극악한 기만행위를 저지를 수 있느냐고 호소하는 내용이었다. 납치당한 젊은 여자들도 그에 못지않게 분개하면서 그녀들의 앞날을 아주 어둡게 보았다.

그러나 로물루스는 그들을 안심시켰다. 이 여자 저 여자를 일일이 찾아다니면서 그들 부모가 너무 오만하여 이웃 남자들과의 통혼을 거부하여 이런 일이 벌어졌으므로 진정한 잘못은 그들 부모 탓이라고 선언했다. 그렇지만 여자들은 두려워할 필요가 없다고 당부했다. 그들은 결혼한 여자로서 로마의 모든 행운과 공동체의 모든 특혜를 공유할 것이고, 부부 사이의 소중한 결실인 아이들로 인해 남편과 아주 단단하게 맺어질 것이라는 말도 했다. 피해 의식이 때로는 사랑의 감정을 낳는 법도 있고 또 우연히 그녀를 납치한 남자에게 애정을 느낄 수도 있는 법이라고 말했다. 그렇게 억지로 데려온 만큼 남편들은 아내들을 더욱 자상하게 대할 것이고 또 남편의 의무를 성실히 수행할 뿐만 아니라 아내들이 졸지에 잃어버린 가정과 부모를 보충해주기 위해 온갖 노력을 다할 것이라고 안심시켰다. 여자를 납치해온 남자들도 로물루스의 말에 힘을 보탰다. 그들은 달콤한 말을 속삭이면서 이런 납치 행위에 나선 것은 오로지 열정적인 사랑을 느꼈기 때문이라고 맹세했다.

10. 시간이 흘러가면서 납치된 여자들은 분노하는 마음이 누그러들었다. 그러나 그들이 운명을 순순히 받아들인 그 순간 여자들의 부모는 아주 심각한 소요를 일으키기 시작했다. 그들은 사람들의 동정심을 유발하기 위하여 상복을 입고 마을을 돌아다니면서 눈물과 탄원으로 그들의 슬픔을 적극 표시했다. 이런 시위 행위를 그들의 고향 마을에서만 하는 것이 아니라 떼를 지어 사비니 왕 티투스 타티우스의 집까지 몰려가며 시위를 벌였다. 타티우스는 그 고장에서 가장 강성한 자였으므로 여러 정착촌들에서 공식 사절을 보내어 경의를 표시하기도 했다.

그 항의 시위에 참여한 카이니나, 크루스투미움, 안템나이 등의 부족들이 볼 때 타티우스와 사비니 인들은 지나치게 꾸물거리는 것 같았고 그래서 이 세 공동체는 먼저 행동에 돌입하기로 결의했다. 그러나 셋 중에서 크루스투미움과 안템나이는 너무 행동이 느려서 카이니나의 조급한 분노에 불을 질렀다. 그리하여 카이니나 사람들은 두 공동체의 지원 없이 단독으로 로마를 침공했다. 카이니나의 산발적인 무리들은 소소한 피해를 입히는 동안, 로물루스가 군대를 이끌고 맨 앞에 서서 현장에 나타났다. 몇 번의 타격으로 카이니나를 충분히 제압했고 그들은 패배하여 달아나면서 아무리 분노가 하늘을 찌르더라도 소기의 목적을 달성하기 위해서는 공격 병력을 충분히 강화해야 한다는 것을 깨달았다. 로마인들은 패주하는 적군을 뒤쫓았다. 로물루스는 카이니나의 왕을 단칼에 베어버리고 그의 갑옷을 빼앗았다. 이어 왕이 죽어버린 카이니나의 도읍을 첫 번째 공격에 함락시켰다. 승리를 거둔 로마 군은 도시로 돌아왔고 로물루스는 전리품을 병사들에게 나누어 주었다. 그는 전투에서 아주 용감하고 씩씩했지만, 대중들의 인정과 칭찬을 열렬히 받고 싶어 하는 마음도 그에 못지않았다. 그는 적군의 사령관에게서 빼앗은 갑옷을 가져다가 전시용 나무 틀 위에다 고정시킨 다음 그 틀을 양손에 들고서 카피톨리움 언덕으로 올라갔다. 그 언덕에서 로물루스는 목동들이 신성한 나무로 여기는 참나무 옆에다 그 나무틀을 내려놓고 유피테르에게 봉헌물로 바쳤다. 동시에 그는 그 장소를 신에게 바치기로 결심하고 이런 기도를 올렸다.

"유피테르 페레트리우스(승전의 신 유피테르. 이것이 그가 부여한 새로운 유피테르의 호칭이었다), 나는 당신에게 왕이 탈취한 왕의 갑옷인 이 전리품을 가져왔습니다. 또한 내가 마음속에서 보아둔 이 땅을 신성한 신의 경내로 당신에게 바칩니다. 앞으로 이곳에서 다른 사람들도 나의 모범을 따라서 그들이 직접 죽인 사령관이나 왕들에게서 벗겨낸 '명예의 전리품'을 당신에게 바칠 것입니다." 이것이 로마에서 신에게 바쳐진 첫 번째 사당의 기원이다. 로물루스가 다른 자들도 전리품을 바칠 것이라고 말하자, 신들은 그 약속이 허황된 것이 되지 않게 하라고 명했다. 또 그런 봉헌이 아무리 많이 바쳐진다고 하더라도 그 영광이 무색해지는 일은 없을 것이라고 했다. "명예의 전리품(opima spolia)"을 얻는 사례는 실제로 아주 드물었다. 그 후 여러 해 동안 무수한 전투가 벌어졌지만 딱 두 건이 있었을 뿐이다.

11. 카피톨리움 언덕에서 이런 행사가 벌어지는 동안 로마인들은 그 제

사에 참석하느라고 그들의 농장으로부터 떠나와 있었다. 안템나이 부족의 군대가 그 틈을 이용하여 공격해 왔다. 또다시 로마의 군대는 황급히 적들에게 맞섰다. 흩어진 침략자들의 집단은 기습 공격을 받았다. 단 한 번의 전투로 그들을 격퇴했고 그들의 도읍을 함락시켰으며 로물루스는 이로써 두 번의 승리를 거두었다. 로물루스의 아내 헤르실리아는 축제에서 납치당한 젊은 사비니 여인들로부터 괴롭힘을 당해 왔다. 그래서 남편이 전투에서 성공을 거두자 그 기회를 이용하여 여자들의 부모를 사면하여 로마에 와서 살게 하자고 건의했다. 그렇게 되면 강력하고 가치 있는 동맹의 유대관계를 형성하게 될 것이라고 그녀는 말했다. 그 요청은 즉각 수락되었다.

로물루스의 그 다음 움직임은 로마를 향해 진군해 오던 크루스투미움의 군대를 상대하는 것이었다. 하지만 이웃 공동체들이 이미 패배를 당하는 바람에 그들은 사기가 많이 떨어져 있었고 심지어 그래서 좀 더 쉽게 격퇴할 수 있었다. 이후 안템나이와 크루스투미움의 두 공동체에 정착자들이 파견되었는데 특히 후자의 경우는 땅이 비옥하여 많은 지원자들이 몰려들었다. 반면에 주로 납치된 여자들의 부모나 친척인 사람들이 많이 크루스투미움에서 로마로 이주해 왔다.

로마를 마지막으로 공격해 온 부족은 사비니 족이었고, 그들과의 싸움은 이전의 싸움들과는 비교가 안 될 정도로 치열했다. 적은 그들의 의도를 알리지 않았고 또 황급한 복수와 탐욕의 충동에 내몰려 행동하지도 않았다. 그들은 사전에 면밀하게 계획을 짰고 또 상대를 속이는 작전을 폈다. 로마 요새의 사령관인 스푸리우스 타르페이우스에게는 젊은 딸이 하나 있었다. 그 딸은 희생제의에 바칠 물을 길어오기 위해 성벽 밖으로 나갔다가 사비니 왕 타티우스의 뇌물을 받고서 왕의 일부 병사를 요새 안으로 들여놓아주기로 했다. 그러나 일단 요새 안으로 들어가자 그 병사들은 그녀를 여러 개의 방패로 눌러 죽여서 마치 요새를 급습한 것 같은 외양을 꾸몄다. 혹은 그런 모진 행동으로 배신자를 믿어서는 안 된다는 교훈을 일깨우려 한 것인지 모른다. 한 전승에 의하면 그 딸은 배반의 대가로 "병사들이 방패−팔에 차고 있는 것"을 요구했다고 한다. 그 당시 사비니 병사들은 왼쪽 팔에 묵직한 황금 팔찌와 보석 박힌 반지를 차고 있었다고 한다. 그래서 그들은 약속을 지켰다. 그 딸이 요구했던 것처럼 황금 팔찌를 지불한 것이 아니라 그들의 방패로(방패로 찍어 눌러서) 지불한 것이다. 또다른 이야기에 의하면, 그녀는 그들이 "왼쪽 팔에 가지고 있는 것"을 흥정하다가 실제로는 그들의 방패를 요구했다고 한다. 그러다가 그녀가 그런 술수로 사비니 병사들을 무장해제 시키려 한 배신자로 판명되자 그녀가 요구한 바로 그것(방패)으로 살해되었다는 것이다.

사비니 족은 이제 요새를 점령했다. 그 다음날 로마 군은 팔라티움 언덕과 카피톨리움 언덕 사이의 모든 땅을 점령하고서 기다렸으나 더 이상 그 상황을 참을 수가 없게 되었다. 그들은 요새를 탈환해야겠다고 단단히 결심을 하고서 공격에 나섰다. 그것은 적이 로마 군과 접전하기 위해 아래로 내려오는 신호가 되었다. 첫 번째 접전에서 사비니 족은 메티우스 쿠르티우스가, 로마 군은 호스티우스 호스틸리우스가 사령관을 맡았다. 로마인들은 요새 쪽으로 올라가야 하는 불리한 입장이었으나 호스티우스의 엄청난 용기 덕분에 한동안 위로 올라갈 수가 있었다. 그러나 그가 쓰러지자 로마 군의 공격은 즉각 붕괴되었고 무질서 속에서 팔라티움의 오래된 문까지 퇴각했다. 로물루스 자신도 퇴각하는 병사들의 물결에 휩쓸려 뒤로 밀려날 뻔했다. 그러나 그는 말을 앞으로 내달리며 칼을 머리 위로 들어 올려 흔들면서 소리쳤다.

"제 말을 들어 주소서, 오 유피테르여! 당신이 날려 보낸 독수리들의 조짐을 보고서 나는 이곳 팔라티움 언덕에다 로마의 기반을 놓았습니다. 우리의 요새는 야비한 술책에 넘어가 사비니 인들의 손에 들어갔습니다. 거기서 그들은 손에 칼을 들고서 계곡을 가로질러 우리에게 달려오고 있습니다. 신들과 인간들의 아버지시여, 저들이 우리가 지금 서 있는 이곳에 발을 들여놓지 못하게 하소서. 로마인들의 가슴에서 공포를 없애주시고 그들의 수치스러운 후퇴를 멈추어 주소서. 오 유피테르여, 도망을 멈추게 하는 분이시여, 나는 이곳에다 당신의 사당을 세웠습니다. 지금 우리를 도와주시어 향후 로마가 어려움에 빠지면 당신의 도움으로 구원받았다는 사실을 기억하게 하소서."

로물루스는 자신의 기도가 응답을 받았다는 느낌이 들었다. 잠시 뒤 그는 소리쳤다. "로마인들이여, 돌아서서 다시 한 번 더 싸움에 나서라. 유피테르가 싸우라고 명령하신다." 로마인들은 그것이 하늘에서 내려온 목소리라고 생각하고 거기에 복종했다. 그들은 다시 힘을 내어 공격에 나섰고 로물루스는 전열의 선두에 나섰다.

메티우스 쿠르티우스는 사비니 공격대를 인솔하여 요새의 내리막길을 내려왔다. 그는 로마인들을 오늘날 포룸(카피톨리움 언덕과 팔라티움 언덕 사이에 있던 로마의 대표적 광장으로 그 주변에는 원로원 의사당, 국민회의장, 공회당, 금융기관, 신전 등이 들어서 있었음: 옮긴이)이 자리 잡고 있는 땅까지 무질서하게 도주하게 만들었고, 거의 팔라티움 대문 앞까지 왔다. "동지들," 그는 소리쳤다, "우리는 저 배신 잘하는, 저 허약한 적들을 물리쳤습니다. 그들은 이제 여자들을 납치하는 것이 힘센 남자들을 상대로 싸우는 것과는 전혀 다른 문제임을 깨달았을 겁니다!" 그런 자랑의 말이 그의 입에서 튀어나온 순간, 로물루스가 소수의 최정예 병사들을 데리고 메티우스 앞에서 공격해왔다. 메티우스가 말을 타고 있었다는 사실은 그에게 불리하게 작용했다. 그는 말을 돌려서 도망쳤고 로마 군은 추격했다. 로물루스의 이런 과감한 공격은 전장의 다른 곳에 있던 로마 군에게 용기를 불어넣었고 그들은 다시 힘을 내어 공격하여 적들을 패퇴시켰다.

추격하는 로마 군의 함성은 메티우스의 말을 놀라게 했다. 말은 재갈을 이빨로 깨물면서 메티우스를 등에 태운 채 습지로 달려들었다. 사비니 병사들은 경악했다. 창졸간에 그들의 왕에게 들이닥친 위험 때문에 그들은 잠시 공격을 멈추고 함성과 수신호로 조언을 보내며 그를 도우려 했다. 그런 엄청난 노력 덕분에 사비니 군은 마침내 메티우스를 습지에서 안전한 곳으로 꺼낼 수 있었다. 그러자 싸움은 다시 두 언덕 사이의 계곡에서 재개되었고, 이번엔 로마 군이 우위에 서게 되었다.

이 순간 전투의 원인 제공자인 사비니 여인들이 결정적인 역할을 했다. 그들은 그런 처참한 상황에 놓이자 타고난 수줍음과 소심함이 사라져 버렸고 개입해야겠다는 용기가 생겼다. 그들은 머리카락을 풀어헤치고 옷을 찢으면서 날아다니는 창들 사이를 뚫고 들어가 대치 중인 양군 사이에 무리를 지어 섰다. 그들은 분노하는 전사들을 떼어놓았다. 한편으로는 아버지들에게 다른 한편으로는 남편들에게 친척의 피를 흘리게 하는 저주를 부디 피해야 할 것이라고 간곡하게 호소했다. 여자들은 소리쳤다.

"우리는 이제 어머니입니다. 우리의 아이들은 당신의 아들들이요 손자들입니다. 그들에게 아버지 살해의 오점을 남기지 말아주세요. 만약 우리의 결혼이 ─ 당신들 사이의 관계가 ─ 당신들에게 밉살스러운 것이라면 당신들의 분노를 우리에게 돌려주세요. 우리가 싸움의 원인입니다. 우리 때문에 우리의 남편과 아버지들이 부상을 당하거나 죽어 넘어졌고, 우리는 과부 혹은 고아가 되기보다는 차라리 우리가 먼저 죽어버리겠습니다."

그 호소의 효과는 즉각적이면서도 엄청난 것이었다. 싸움터에 정적이 감돌았고 단 한 명의 남자도 움직이지 않았다. 잠시 뒤 양군의 사령관들은 앞에 나서서 평화 조약을 체결했다. 그들은 거기서 한 발자국 더 나아갔다. 두 국가는 하나의 정부 아래 통일하기로 했고 로마를 수도로 정했다. 이렇게 하여 로마의 인구는 두 배로 불어났고 로마인들은 사비니 족에 대한 우호의 표시로 사비니 마을 쿠레스의 이름을 따서 그들 자신을 퀴리테스라고 불렀다. 그 전투를 기념하기 위하여, 쿠르티우스와 그의 말이 깊은 습지로 빠져들었다가 간신히 살아나온 얕은 물 일대를 가리켜 쿠르티우스의 호수라고 명명했다.

치열한 전투가 이처럼 예기치 않게 평화롭게 마무리되자, 사비니 여인들과 그들의 부모와 남편들 사이의 유대관계는 더욱 강화되었다. 로물루스는 이런 유대관계를 특별히 귀중하게 여겨서 그가 도시의 인구를 나누어 설치한 30개 지역구에다 사비니 여인들의 이름을 붙여서 기념했다. 물론 납치되어온 사비니 여인들은 30명 이상이었을 것이다. 하지만 이름을 따올 여자들을 어떤 기준으로 선정했는지는 알려지지 않았다. 추첨이든, 연령이든, 여인들 자신 혹은 남편들의 지위 등이었을 텐데 이 중 어떤 것이 결정적 기준이었는지는 알 수 없다. 동시에 3개의 기사 백인대가 조직되었는데, 로물루스의 이름을 따서 람넨세스, 타티우스의 이름을 따서 티티엔세스, 루케레스라고 명명되었다. 맨 마지막 백인대의 이름은 어디서 나온 것인지 불확실하다. 이러한 조치의 결과로 두 왕의 공동 통치는 아주 원만하게 진행되었다.

14. 그로부터 몇 년 뒤 타티우스의 친척들이 몇몇 라우렌툼 사절들에게 폭력을 가했다. 라우렌툼 사람들은 그 당시의 국제법 규정에 따라서 시정 조치를 요구해왔는데 타티우스는 혈연 관계를 의식하여 공정한 결정을 내리지 못했다. 그 결과 그는 자신에게 복수의 공격을 불러왔다. 그는 연례 희생제의에 참석하기 위해 라비니움으로 내려갔는데 그곳에서 벌어진 폭동의 와중에 살해되었다. 로물루스는 공동 통치자의 죽음에 당연히 보였어야 할 그런 애도를 보이지 않았다고 한다. 아마도 공동 통치가 겉보기처럼 그리 매끄러운 것이 아니었던 듯하다. 어쩌면 그는 타티우스가 그

런 대접을 받아 마땅하다고 생각했을 것이다. 그 이유가 무엇이었든 그는 피살 건으로 전쟁을 하기를 거부했고, 타티우스의 피살과 사절들에 대한 모욕이라는 이중의 오점을 닦아내기 위해 로마와 라비니움 간의 조약을 새롭게 체결했다.

이렇게 하여 라비니움과 평화로운 관계를 맺게 되었는데 비록 예상하지 못한 것이었으나 환영을 받았다. 그렇지만 동시에 로마는 도시 출입문들 근처에서 적과 교전에 들어가게 되었다. 이번에는 피데나이 군대가 공격해온 것이었다. 피데나이는 그들 주위에 있는 라이벌 도시가 급속하게 성장하는 것을 보고 놀라서 그 권세를 아예 싹부터 잘라버리려는 심산으로 로마를 공격해 왔다. 그들은 두 도시 사이에 있는 땅을 초토화하기 위해 군대를 파견했다. 그들은 왼쪽으로 방향을 틀면서 — 오른쪽으로 강으로 막혀 있었다 — 농촌 지역의 농장들을 파괴하기 시작했다. 농장에서 일하던 사람들은 경악과 혼란 속에서 보신을 위해 급히 도시로 달아났다. 이 사람들의 도착으로 로마 시에는 공격 소식이 널리 퍼졌다. 로물루스는 신속하게 행동에 나섰다. 적이 그처럼 가까이 와 있는데 꾸물거리는 것은 위험한 일이었다. 그는 군대의 선두에서 행진해 나아갔고 피데나이에서 1마일(1.6km) 떨어진 곳에 진지를 구축했다. 이어 그는 그곳에다 소규모의 예비 부대만 남겨 놓았다. 그는 주력 부대 중 일부를 떼어내어 잡목이 무성하게 자라 엄폐가 잘 되는 곳에서 매복을 하라고 지시했다. 훨씬 숫자가 많은 나머지 주력 부대와 기병대를 이끌고서 그는 공격하는 척하면서 적에게 도전을 걸었고 기병대와 함께 피데나이의 성문들 앞까지 진군했다. 그양동(陽動) 작전은 성공했다.

적은 그 작전에 말려들었고, 기병대의 교전은 이어진 로마 기병대의 철수에 진짜 작전인 듯한 외양을 부여했다. 기병대는 전열이 무너진 채 싸울지 아니면 도망칠지 망설이는 태도를 보였다. 이로써 로마 군의 보병도 무너지자, 양동 작전에 넘어간 적은 방어망 뒤에서 무더기로 앞에 나서면서, 맹렬한 기세로 퇴각하는 로마 군을 뒤쫓으면서 매복 중인 로마 군의 함정 안으로 들어섰다. 매복 중이던 로마 군은 피데나이 군의 측면을 신속하게 공격했다. 동시에 로물루스가 뒤에 남겨두었던 예비 군대가 군기를 휘날리며 전진해 오는 모습을 보였다. 이러한 합동작전의 위협은 너무나 막강하여 피데나이 군은 로물루스가 기병대가 말을 돌려 공격에 나서기도 전에 황급히 퇴각하기 시작했다. 잠시 전만 해도 피데나이 군은 가짜 퇴각에 속아넘어가 추격에 나섰으나 이제 완전한 무질서에 빠져버린 그들은 성벽 안으로 들어가 보호를 받기 위해 죽을 힘을 다해 달아나고 있었다. 하지만 그들은 성벽까지 도망칠 운명이 아니었다. 로마 군은 그들을 바싹 뒤쫓으며 성문이 닫히기 전에 도읍 안으로 쇄도해 왔다.

15. 전쟁의 열기는 곧 베이이까지 번졌다. 베이이는 피데나이와 마찬가지로 에트루리아의 도시였다. 베이이 주민들은 로마가 주위의 모든 공동체들을 적대시하는 것으로 보아 베이이가 단지 로마 가까이 있다는 이유만으로도 충분히 로마 군이 침략해올 빌미가 된다고 생각했다. 그리하여 베이이는 사전 예방의 차원에서 로마 영토에 침략군을 파견했다. 그것은 조직적인 군대 이동은 아니었다. 침략군은 정규 진지를 구축한 것도 아니었고 농촌 지방의 이곳저곳을 되는 대로 약탈하다가 로마 군의 응전을 기다리지도 않고 그들 도시로 돌아갔다. 그러나 로마 군은 그들이 아직도 로마 영토에 있는 것을 발견하고서 결전에 충분히 대비한 채로 티베르 강을 건너서 진지를 구축하고 베이이 시를 공격할 때를 기다렸다.

베이이 군은 로마 군이 다가온다는 소식을 듣고서 야전으로 나섰다. 그들은 비좁은 성벽 안에 갇혀서 포위전을 견뎌내는 것보다는 야전에서 정규전을 벌여 결판을 내고자 했다. 이어진 전투에서 로물루스는 그 어떤 전략도 사용하지 않았다. 그의 베테랑 군대의 막강한 힘은 승리를 차지하기에 충분했고 그는 퇴각하는 베이 군을 그들의 성벽까지 몰아붙였다. 그 도시는 축성이 잘 되어 있어서 단단한 방어 능력을 갖추고 있었다. 그래서 로물루스는 그 도시를 함락시킬 생각을 하지 않았다. 그는 회군하여 인근 농지들을 파괴하는 것으로 만족했는데, 그 파괴로부터 무엇을 얻자는 것이 아니라 복수의 표시로 그렇게 한 것이었다. 베이 주민들은 전투에서의 패배 못지않게 그러한 농지 파괴에서 큰 피해를 입었고, 그리하여 항복을 결정하고 사절들을 로마로 보내 평화 조약을 요청했다. 로마는 그들의 땅 일부를 벌금으로 빼앗고 향후 1백 년의 휴전을 허락했다.

16. 이상이 로물루스 통치 기간 동안 로마가 거둔 군사적·정치적 업적들이었다. 이런 업적들은 그가 신의 후손이라는 믿음과 사후에 그에게 부여된 신성에 걸맞은 행적이었다. 우리는 그가 조상의 왕좌를 되찾는 과정에서 보여준 강건한 기상을 상기하게 된다. 또 로마를 창건하고 전쟁과 평화의 양쪽 기술을 모두 구사하여 이 도시를 강건하게 만든 로물루스의 지혜를 되돌아보게 된다. 로마가 엄청난 국력을 쌓아올려 로물루스 사후 40년 동안 아무런 어려움 없이 안정을 누리게 된 것은 오로지 그의 공로이다.

로물루스가 위대한 인물이기는 하지만 원로원보다 평민의 사랑을 더 많이 받았고 또 군대는 그에게 열렬한 충성을 바쳤다. 그는 전시는 물론이고 평시에도 3백명의 무장 개인 호위대를 거느렸는데 이 부대를 켈레레스("빠른 자")라고 불렀다.

이상이 로물루스의 업적이었고 그 업적은 영원히 새롭게 인식될 것이다. 어느 날 그가 마르티우스 들판에서 군대를 사열하고 있는데, 엄청난 천둥을 동반한 폭풍우가 불어왔다. 그러자 구름이 그를 감쌌는데, 너무나 짙은 구름이어서 주위에 있는 모든 사람들이 그를 볼 수가 없었다. 바로 그 순간부터 그는 지상에서 더 이상 보이지 않게 되었다.

갑작스러운 폭풍우에 놀랐던 군대는 거센 바람이 지나가고 해가 다시 나오자 정신을 차렸다. 이어 그들은 왕좌가 비어 있는 것을 보았다. 그들은 왕의 바로 옆에 있었던 원로원 의원들의 말을 믿었다. 왕이 회오리바람에 의해 하늘 높이 들어 올려져 사라졌다는 것이다. 군대는 아버지를 잃은 아이들 같은 느낌이 들었고 슬픔 가득한 정적 속에서 오랫동안 아무 말도 하지 못하고 서 있었다.이어 몇몇 사람들이 로물루스의 신성을 크게 외쳤다. 그러자 사람들이 그 외침에 가세했고 마침내 현장에 있던 모든 사람들이 그를 신이면서 신의 아들이라고 선언했고 앞으로 영원히 그의 자녀들에게 은총을 내리고 또 보호해 달라고 기도했다. 그러나 이런 중대사에도 몇몇 이의를 제기하는 자들이 있었는데 그들은 왕이 원로원 의원들의 공격을 받아 처참하게 살해되었다고 은밀하게 주장했다. 마침내 그런 이야기가 약간 베일에 싸인 형태로 알려지게 되었다. 그러나 그 이야기는 그리 중요한 것이 아니었다. 로물루스의 위대함에 대한 경외심과 존경심이 그의 죽음을 다르게 설명하는 이야기를 완전 불식시켰다.

게다가 율리우스 프로클루스라고 하는 남자의 시의적절한 설명으로 인해 로물루스의 승천설(昇天說)은 더욱 신빙성을 얻게 되었다. 프로클루스는 평소 중요한 문제들에 대하여 현명한 조언을 잘 해주는 사람으로 높은 명예를 얻었다고 한다. 왕이 갑자기 사라지는 바람에 사람들은 불안한 마음이었고 또 원로원 의원들을 의심했다. 그런 분위기를 잘 알고 있던 프로클루스는 의회에 나아가 사람들에게 연설을 해야겠다는 멋진 생각을 했다. 그는 이렇게 말했다. "우리 도시의 아버지인 로물루스가 오늘 새벽에 하늘에서 내려와 내 앞에 나타나셨습니다. 나는 두려움과 존경심을 동시에 느끼며 그분의 앞에 서서 아무런 불경죄를 저지르지 않고 그분의 얼굴을 바라볼 수 있게 해달라고 기도했습니다. 그분이 내게 말했습니다. '가서, 로마 사람들에게 말하라. 하늘의 뜻에 의해 나의 로마는 세계의 수도가 될 것이라고. 로마인들에게 군인이 되는 법을 배우라고 하라. 또 그들이 그 방법을 잘 알아서 그들의 자녀들에게도 역시 그것을 가르치고, 그리하여 지상의 그 어떤 권력도 로마의 무력에 맞서지 못하게 하라.' 이렇게 말씀하시고서 그분은 다시 하늘로 들어 올려졌습니다."

프로쿨루스의 연설은 아주 놀라운 효과를 발휘했다. 왕의 갑작스러운 사라짐에 고뇌하던 군대와 평민들은 로물루스가 하늘로 올라가 불멸의 신이 되었다는 얘기를 듣고서 엄청난 위로를 받았다.

17. 원로원 의원들은 곧 왕위 계승 문제를 놓고 다투기 시작했다. 그것은 개인들 사이의 경쟁이 아니라 파당들 사이의 갈등이었다. 당시에 로마는 창건된 지 얼마 되지 않아 뛰어난 명성을 가진 개인들을 배출하지 못했기 때문이다. 사비니 사람들은 사비니 혈통의 왕을 원했다. 타티우스의 사망 이후에 왕위에 오른 사비니 출신 인물이 없었으므로 그들은 동등한 정치적 권리를 누리고 있음에도 불구하고 결국에는 통치권을 잃어버릴지 모른다고 우려했다. 반면에 로마인들은 외국인이 왕위에 오를지도 모른다는 전망을 불쾌하게 생각했다. 이러한 의견 차이에도 불구하고 두 파벌은 아직 자유의 달콤한 맛을 보지 못했으므로 왕을 옹립해야 한다는 데에는 의견이 일치했다. 게다가 많은 이웃 공동체들은 로마에 대하여 우호적이지 않았다. 로마는 통치자가 없었고 그 군대에는 사령관이 없었다. 원로원 의원들은 그런 상황의 조합에서 침략의 위험을 느끼지 않을 수 없었다. 뭔가 뚜렷한 형태의 정부가 빨리 수립되어야 했다. 이 점에 대해서는 양 파벌이 다 동의했으나, 그 어느 쪽도 양보를 하려 하지 않았기에 1백 명의 원로원은 의원들이 돌아가면서 통치를 하기로 의결했다. 그들은 원로원 의원들을 10개의 데쿠리오(10인 1조)로 나누었다. 각 데쿠리오에서 1명의 조장을 뽑아서 총 10명의 조장이 정부의 기능을 수행하도록 했다. 이 10명이 권력을 행사했으나 그 중 한 명만이 권표를 휴대했고 또 릭토르의 수행을 받았다. 그가 권력을 행사할 수 있는 기간은 5일이었고 나머지 9인이 돌아

가면서 5일 권력을 행사했다. 이런 식으로 해서 왕의 궐위 사태가 1년이나 지속되었다. 이 궐위 기간을 통칭 인테르레그눔(interregnum)이라고 하는데 이 용어는 아직도 사용되고 있다.

그런데 일반 대중은 이러한 사태 발전을 별로 좋아하지 않았다. 그것은 결국 1명의 통치자 대신에 1백 명의 통치자를 모시는 꼴이고 전보다 더 심한 노예제도를 가져왔다고 불평했다. 원로원은 평민들이 그들의 손으로 직접 뽑은 왕 이외의 통치자에게는 앞으로 복종할 의사가 없다는 것을 알고서, 어차피 원로원이 잃을 수밖에 없는 권력을 미리 내놓음으로써 기선을 잡기로 의결했다. 그들은 평민에게 최고의 권력을 허용함으로써 평민의 환심을 되찾았으나, 왕은 평민이 직접 선출하되 원로원의 비준을 받아야만 합법으로 인정된다는 조건을 달았다. 이렇게 하여 원로원은 권력을 내놓은 것처럼 보였지만 실은 여전히 권력을 유지하게 되었다. 오늘날에도 원로원은 이런 권력을 행사하고 있지만 그 권력이라는 것은 공허한 형식에 그치는 것이다. 오늘날 평민들은 투표를 하고, 원로원은 투표 결과가 어떻게 나오든 상관없이 그것을 비준하는 것이다.

그리하여 궐위 기간 중의 임시 통치자가 평민의 회의를 소집했다. "로마의 사람들이여," 그가 말했다. "행운과 축복이 우리 로마 시에 내리기를. 당신들이 직접 왕을 선택하십시오. 이것이 원로원의 결정 사항입니다. 만약 당신들이 선택한 사람이 로물루스의 후계자가 될 만한 재목이라면 원로원 의원들은 당신들의 선택을 비준할 것입니다." 그 말을 듣고서 평민들은 기뻐했다. 원로원 의원들 못지않은 관대함을 표시하기 위해 평민들은 왕의 선출이 원로원의 포고에 의해 결정되도록 한다고 의결했다.

18. 누마 폼필리우스는 그 당시 공정하고 경건한 사람으로 높은 명성을 얻고 있었다. 그는 쿠레스라는 사비니 마을에 살았고 고대 시대의 기준으로 볼 때 신과 인간의 모든 법률에 박식했다. 그는 사모스의 피타고라스

덕분에 그런 학문을 쌓았다는 말이 있어 왔다. 하지만 그것은 진실이 아니므로 아무것도 모르는 채 그저 해보는 소리에 불과하다. 피타고라스는 누마 시절보다 1백년 뒤인 세르비우스 툴리우스의 통치시기에 이탈리아 남부의 메타폰툼, 헤라클레아, 크로톤 등에 정착하여 그의 철학을 열렬히 배우려는 젊은이들을 불러 모았던 것으로 알려져 있다. 설사 연대가 서로 맞는다고 할지라도, 어떻게 피타고라스의 명성이 남부에서 북쪽의 사비니 족에게까지 전달되었겠는가? 사비니 족들에게 학문에 대한 열망을 불러 일으키려 해도 어떤 서로 통하는 언어를 사용했겠는가? 과연 누가 통행을 보장해 주어서 언어와 풍습이 다른 저 많은 부족들 사이를 뚫고 혼자 여행할 수 있었겠는가? 전혀 그렇게 할 수가 없었다. 그래서 나는 누마의 고상한 성품은 오로지 그 자신이 연마하여 획득한 것이라고 생각한다. 그의 인품을 만들어낸 것은 외국의 학문이 아니었다. 고대 사비니 족의 철저하고 가혹한 단련이 가장 덜 타락한 사람들을 만들어냈던 것이다.

누마의 이름이 왕위의 계승자로 추천되자 원로원은 당연히 사비니 출신 왕은 공동체 내의 사비니 세력의 영향력을 증가시킬 것을 우려했다. 그렇지만 그 누구도 자기 자신을 포함하여 파당의 다른 사람, 혹은 원로원 의원이든 평민이든 가리지 않고 누마에 필적하는 적당한 사람을 추천하지 못했고 그리하여 누마를 왕으로 뽑기로 만장일치 합의를 보았다. 그리하여 그는 도시에 소환되었으나 로마 창건 당시 신의 계시를 살펴보고 나서 왕위에 올랐던 로물루스의 사례를 제시하면서 신들의 뜻을 물어보는 것이 좋겠다는 희망을 피력했다. 한 복점관 ― 이 사람은 이 날의 봉사로 나중에 종신 국가 사제직을 수여받았다 ― 이 누마를 호위하여 요새로 데려갔고 그곳에서 누마는 남쪽을 바라보면서 바위 위의 좌석에 걸터앉았다. 머리에 베일을 두른 복점관은 그의 왼쪽에 앉아 있었는데 리투스라고 하는 부드러우면서도 손잡이 부분이 휘어진 지팡이를 오른손에 들고 있었다. 그는 도시의 전경과 그 너머의 농촌 지역을 내려다보면서 기도를 올렸고, 그의 눈짓으로 동쪽에서 서쪽에 이르는 하늘의 공간을 구획했고, 그 하늘의 남쪽 부분을 "오른쪽", 북쪽 부분을 "서쪽"이라고 선언하면서 자기 앞의 어떤 상상의 지점을 취하더니 시야가 미치는 곳까지 아주 멀리 내다보았다. 이어 그는 지팡이를 왼손에 옮기고서 오른손을 누마의 머리에 얹고서 이런 엄숙한 말을 했다. "아버지 유피테르시여, 내가 머리에 손을 얹고 있는 이 사람 누마 폼필리우스가 로마 시를 통치하는 것이 하늘의 뜻이라면, 제가 방금 구획한 공간 내에다 명확한 표징을 내려주소서." 이어 복점관은 그 자신이 보고 싶어 하는 표징의 성격을 명확하게 말했다. 그 표징이 하늘에 나타났다. 그리하여 누마는 적절한 절차에 따라 왕으로 선포되었고 그 표징이 나타난 언덕에서 내려왔다.

19. 로마는 원래 무기의 힘으로 세워진 도시였다. 새로운 왕은 이번에는 법률과 종교적 실천의 견고한 바탕 위에서 로마 시의 두 번째 중흥을 시도하려 했다. 하지만 이러한 가르침은 사람들이 끊임없이 싸움을 벌이고 있을 때에는 배울 수가 없는 것이었다. 그는 전쟁이 문명을 가져오는 힘이 되지 못한다는 것을 잘 알았다. 로마 시민들의 오만한 정신은 무기를 내려놓을 줄 알 때에만 비로소 다스려질 수 있었다. 그래서 그는 아르길레툼 지역에 야누스 신전을 세워서 평화와 전쟁이 순환되는 현상의 가시적(可視的) 표시로 삼게 했다. 그 신전이 열려 있으면 그것은 도시가 전쟁 중이라는 것을 의미했다. 닫혀 있으면 모든 이웃 부족들을 상대로 하는 전쟁이 성공적으로 완수되었음을 의미했다. 누마의 통치 이래 그 신전은 두 번만 닫혔다. 한 번은 카르타고와의 첫 번째 전쟁 말, 만리우스 집정관 시절이었고, 다른 한 번은 (우리는 하늘에 의해 그것을 직접 목격하도록 허락되었다) 아우구스투스 카이사르가 악티움 해전 후에 온 땅과 바다에 평화를 가져왔을 때였다. 누마 그 자신은 모든 이웃 공동체들의 호의를 얻어 평화 조약을 맺

음으로써 그 신전의 문을 닫았다.

로마는 이제 평화를 누렸다. 외부에서 도시를 즉각 공격해올 징후는 없었고 그리하여 군대를 항시 철저하게 단련시키던 철저한 단속은 어느 정도 느슨해졌다. 이런 상황에서 국가의 도덕과 기강이 전반적으로 해이해질 위험이 있었다. 그런 사태를 미연에 방지하기 위하여 누마는 적절한 조치를 취했는데 그 당시의 로마시민들처럼 거칠고 무지한 대중을 상대하는데 있어서 그 어떤 것보다 효과적인 예방 조치로 판명되었다. 그 조치는 로마인들로 하여금 신들을 두려워하게 만드는 것이었다. 누마 자신이 먼저 일종의 경이로운 이야기를 지어내어 대중들을 사전 준비시키지 않는다면 로마인들에게 그런 경건한 감정을 불러일으키기는 어려운 것이었다. 그래서 그는 에게리아 여신을 밤마다 만나는 척했다. 그가 신들에게 가장 흡족한 예배 절차를 확립하고, 각각의 특정한 종교적 임무를 수행하는 사제들을 임명한 것은 순전히 에게리아의 권위 있는 명령에 의한 것이라고 널리 선포했다.

그의 첫 번째 조치는 1년을 12개의 음력 달로 구분한 것이었다. 12개 음력 달은 태양년보다 며칠이 모자라기 때문에 윤달을 집어넣어 20년마다 음력과 양력의 사이클이 일치되도록 했고, 날들이 시작되었던 태양의 위치에 되돌아오게 했다. 둘째, 그는 공공 업무를 볼 수 있는 "법적인" 날과 그런 업무를 볼 수 없는 "불법적인" 날을 고정시켰다. 그는 어떤 특정한 날들에는 사람들 앞에 그 어떤 조치도 내놓지 않는 게 편리하다는 것을 미리 내다보았던 것이다.

20. 이어 그는 사제들의 임명 건에 시선을 돌렸다. 그는 대부분의 종교적 의식들, 특히 플라멘 디알리스(유피테르 제관)가 맡았던 의식을 그 자신이 직접 거행했다. 하지만 그는 로마와 같은 상무적 공동체에서 미래의 왕들은 그 자신보다는 로물루스를 더 닮아서 국외 원정을 나가는 일이 많을 것이라고 내다보았다. 그럴 경우에 대비하여 그는 유피테르 사제를 종신

직으로 임명하고 특별한 복식과 왕실의 쿠룰레 의자를 하사함으로써 그 직위의 중요성을 더욱 드높였다. 이러한 조치는 왕실에 부수된 종교적 의무를 소홀히 하지 못하게 만드는 효과가 있었다. 동시에 마르스 신과 퀴리누스 신을 전담하는 사제직도 신설되었다.

그는 또한 베스타 신에게 예배드릴 처녀 제관들도 임명했다. 베스타 숭배는 알바에서 생겨난 것이므로 그것을 로마에 도입한 누마도 그 신에 대해서 잘 알았다. 여제관(성처녀)들에게는 국가 예산으로 비용을 제공하여 오로지 신전 봉사에만 전념할 수 있게 했고 여러 가지 규율을 부과하여 그 특별함을 성별(聖別)했는데 가장 대표적인 것이 처녀성이었다. 마르스 그라디부스(Mars gradivus, 군대의 신 마르스)에게 봉사하는 12명의 살리(Salii) 즉 용약(勇躍: 용감하게 뛰어감)하는 제관들도 누마에 의해 도입되었다. 이들은 수놓은 상의와 청동 흉갑을 제복으로 받았고 신성한 방패 안킬리아를 들고 다니는 특별한 임무를 수행했다. 그 방패들 중 하나는 그들이 3박자의 의식 춤에 맞추어 찬송가를 부르며 도시를 행진할 때에 하늘로부터 떨어져 내렸다고 한다.

누마의 다음 조치는 마르쿠스의 아들인 원로원 의원 누마 마르키우스를 대제관으로 임명한 것이었다. 그는 마르키우스에게 모든 종교적 의식에 대한 서면 지시를 내렸다. 다양한 희생 제사를 위한 장소, 시간, 희생물의 성격, 제사 비용의 조달 방법 등을 일러주었다. 그는 대제관에게 공적인 제사나 사적인 제사와 관련된 다른 여러 문제들에 대하여 결정권을 부여했다. 이렇게 하면 일반 시민들은 조언이 필요할 때 대제관에게 문의를 할 수 있고 또 조상 전래의 종교적 의식을 무시하거나 외국 제사를 채택하는데 따르는 혼란을 미연에 방지할 수 있었다. 죽은 사람의 매장이나 망자의 영혼을 달래는 적절한 제사 형식을 일반 시민들에게 가르쳐주는 것과, 번개나 다른 가시적 표징으로 드러난 조짐을 알아보고 그에 따른 대응을 지시하는 것도 대제관의 임무였다. 이러한 문제들과 관련하여 신들로부터 정보를 얻어내기 위해, 누마는 아벤티누스 언덕에다 유피테르 엘리키우스(Jupiter Elicius, 징조의 신 유피테르)에게 바치는 제단을 건설했다. 그는 이 제단에서 복점관을 통하여 어떤 조짐을 어떻게 해석해야 할지 신으로부터 조언을 받았다.

21. 이러한 조치들로 인하여 로마의 모든 시민들은 깊이 생각하고 정성스레 지켜야 할 많은 새로운 것들을 제공받았다. 그 결과 모든 사람이 군사적 업무는 소홀히 하게 되었다. 그들은 이제 여러 진지한 문제들을 깊이 생각해야 되었다. 하늘의 힘이 인간사에 개입한다고 믿었으므로, 그들은 종교적 실천에 몰두하게 되었고 또 종교적 의무를 너무 의식한 나머지, 법률 위반에 따르는 처벌보다는 맹세의 신성함이 그들의 일상생활에 더 큰 영향을 미친다고 생각했다. 모든 계급의 사람들이 누마를 독특한 모범 사례로 여기면서 그를 모방하려고 애썼다. 이러한 심경의 변화가 가져오는 효과는 로마 시의 영역 이외의 곳에서도 느껴지게 되었다. 과거에 로마의 이웃들은 로마 시를 무장한 군부대 같은 도시라고 생각하면서 그 일대의 전반적인 평화를 위협한다고 생각했다. 그러나 이제는 로마가 종교적 예배에 전적으로 몰두하는 공동체라고 생각하여, 그런 도시에 폭력을 가하려고 생각한다는 것 자체가 하나의 불경한 행위로 여겨졌다.

로마 시에는 여름이나 겨울이나 어두운 동굴 속의 샘에서 나오는 물로 적셔지는 어떤 작은 숲이 있었다. 누마는 에게리아 여신을 만나기 위해(그의 주장에 의하면), 이 숲을 혼자서 종종 찾아갔다. 그는 이 숲을 뮤즈에게 봉헌했는데 바로 이곳에서 그의 배우자 에게리아를 만났기 때문이다. 그는 피데스(믿음) 신에게 바치는 연례 제의 행사도 제정했다. 이 제삿날에 제관들은 두 필의 말이 끄는 유개 마차를 타고서 행사장으로 갔다. 제관들은 양손을 붕대로 손가락 끝까지 감은 채로 의식을 집전했는데, 그것은 믿음이 종교적으로 단단히 준수되어야 하고 또 남자들의 오른손 주먹 안에서 안전하게 보호되어야 한다는 것을 상징했다. 다른 많은 의식들도 누마로부터 시작되었고 또 제관들 사이에서 아르게이로 알려진 의식 거행의 장소들도 누마가 지정한 것이었다. 그러나 누마 통치의 가장 큰 업적은 재위 기간 내내 그가 권력의 수호자보다는 평화의 수호자로 남기 위해 엄청난 노력을 했다는 것이었다. 이렇게 로마 초창기의 두 왕이 정반대되는 방식으로 성장하는 도시에 힘을 보태 주었다. 즉 로물루스는 전쟁을 통하여, 그리고 누마는 평화를 통하여 도시의 성장에 기여했던 것이다. 로물루스는 37년간, 누마는 43년간 왕좌를 지켰다. 누마가 죽었을 때 로마는 평화와 전쟁이라는 쌍둥이 원칙을 통하여 군사력 못지않게 자기 절제력이 뛰어난 도시로 명성을 떨치게 되었다.

22. 누마의 사망 이후 두 번째 인테르레그눔(궐위 기간)이 찾아왔다. 그러나 곧 평민들의 투표와 원로원의 비준에 의하여, 팔라티움 등성이에서 사비니 족을 상대로 훌륭하게 싸웠던 호스틸리우스의 손자인 툴루스 호스틸리우스가 왕으로 선출되었다. 툴루스는 선대 누마와는 아주 다른 왕이었다. 그는 군사적 행동을 좋아한다는 점에서 로물루스를 능가했다. 그는 할아버지의 명성과 그 자신의 젊은 혈기에 이끌려 모험의 길로 나섰다. 그가 볼 때 로마는 평화를 강조하다가 노쇠한 상태로 빠져들었고, 그래서 그의 한 가지 목표는 새로운 군사적 모험을 위한 구실을 찾아내는 것이었다.

그런데 로마와 알바의 경계선을 넘나들며 일련의 소 떼 도둑 사건이 벌어졌다. 이 당시 알바의 통치자는 가이우스 클루일리우스였다. 두 국가는 도난당한 재산을 되찾기 위한 협상을 벌이기 위해 거의 동시에 사절을 상대국으로 파견했다. 로마의 사절들은 현지에 도착하는 즉시 지시사항을 이행하라는 명령을 받았다. 사절의 요구사항은 거절될 것이고 그러면 툴루스는 그것을 트집 잡아 떳떳하게 전쟁을 선포할 수 있을 터였다. 알바의 사절들은 곧바로 용건을 꺼내들지 않았다. 툴루스는 아주 우아한 자세로 그들을 환대했고 사절들은 마치 아무 일도 없는 듯이 국빈 만찬에 참석했다. 그러는 동안 로마의 사절들은 도난당한 재물의 원상복구를 요구했고 그 요구가 클루일리우스에 의해 거절당하자, 30일 후에 발효되는 선전 포고를 했다. 이어 사절들이 로마로 돌아오자 툴루스는 알바 사절들에게 방문 목적을 물었다. 그들은 알바에서 무슨 일이 벌어졌는지 모르는 채, 다소 당황하는 기색을 내보였는데 방문국의 주빈에게 불쾌한 얘기를 하고 싶지 않았기 때문이었다. 그러나 받아온 명령이 있었으므로, 도난당한 재물의 원상복구를 요구하면서 그 요구가 거부당할 시에는 선전 포고를 하는 것이 그들의 임무라고 말했다.

툴루스가 대답했다. "당신들의 왕에게 말하시오. 로마의 왕은 두 나라 중 어느 나라가 먼저 원상복구를 거부했는지 알아보기 위해 신들을 증인으로 소환할 것입니다. 죄가 있는 나라가 다가오는 전쟁의 비참함을 모두 감당해야 한다고 우리는 기도합니다."

23. 툴루스의 말은 알바 왕에게 그대로 전달되었다. 그리하여 두 국가는 대규모로 전쟁 준비에 나섰는데 그것은 어느 모로 보나 내전이었다. 로마인과 알바인은 모두 트로이 부족의 후예이다. 일찍이 라비니움은 트로이에서 온 사람들에 의해 건설되었고 알바는 라비니움 사람들에 의해 건설되었으며, 로마인들은 알바 왕들의 가계에서 나왔다. 두 부족 사이의 싸움은 아버지와 아들 사이의 싸움 같은 것이었다. 다행스럽게도 실제로 벌어진 그 싸움은 예상보다는 덜 비참한 것이었다. 전면적인 전투는 벌어지지 않았다. 두 도시 중 한 도시만 파괴되었고 두 부족은 결국 합쳐진 것이다.

알바인들이 먼저 대군을 동원하여 공격에 나서서 로마 시에서 8km도 채 떨어지지 않은 로마 영토 내에다 진지를 구축했다. 그리하여 이 지점은 그 후 여러 세기 동안 "클루일리우스의 참호"라는 이름으로 알려져 왔으나 결국에는 참호도 명칭도 세월의 흐름 속에 사라져 버렸다. 알바 군대가 참호를 지키는 동안에 클루일리우스는 사망했고 알바인들은 최고 지휘권을 메티우스 푸페티우스에게 부여했다. 클루일리우스의 죽음은 툴루스에게 하나의 강장제였다. 하늘의 힘이 저 사악한 전쟁광에게 복수를 가한 것이라고 툴루스는 선언했다. 알바 왕이 제일 먼저 당했고 곧 신의 분노가 알바 내의 모든 남녀에게 느껴질 것이었다. 이런 호언장담을 하면서 그는 야음을 틈타서 적의 진지를 우회하여 알바 영토 내로 진격했다. 로마의 이런 움직임에 메티우스는 행동에 나섰다. 참호에서 나와 그는 곧바로 로마 군을 향해 갔다. 그는 미리 대변인을 보내 전쟁에 돌입하기 전에 회담을 하고 싶다는 전갈을 보냈다. 만약 툴루스가 회담에 응한다면, 메티우스는 양쪽에 똑같이 가치가 있는 제안을 내놓을 생각이었다. 툴루스는 회담 제안을 거부하지 않았다. 그러나 회담이 아무런 소득 없이 끝날 경우에 대비하여 그는 로마 군에게 전투대기 명령을 내려놓았다. 알바인들 또한 그렇게 했고, 툴루스와 메티우스는 소수의 고위 장군들만 참석한 가운데 양군 사이의 중립 지대에서 만났다.

메티우스가 먼저 말을 꺼냈다. "우리의 왕 클루일리우스는 내게 이렇게 말했습니다. 우리는 재물 도난과 협약에 따른 장물 원상복구 거부 건으로 인해 싸움을 하게 될 것이다. 그런데 당신 툴루스도 똑같은 관점에서 대답을 할 것입니다. 그건 그렇게 하십시오. 그러나 이런 허황된 주장을 걷어치우고 서로 진실을 말해 보자면, 우리 두 나라는 비록 가까운 이웃이고 혈연관계이기는 하지만 전쟁을 하려는 더 깊은 이유가 있습니다. 즉 야망과 권력욕이 그것입니다. 이것이 옳은가 혹은 그른가 하는 것은 더 이상 문제가 되지 않습니다. 그것은 전쟁을 시작한 사람이 결정할 문제이기 때문입니다. 나로 말하자면 나는 알바인들이 전쟁을 수행해 달라고 위임한 사람에 불과합니다. 그래서 나는 툴루스 당신에게 이렇게 제안합니다. 당신은 우리를 포위하겠다고 위협하는 에트루리아 인들의 힘을 잘 압니다. 당신이 그들과 더 가까이 있으므로 이 사실은 우리보다 더 잘 알 겁니다. 그들은 육지에서 강하고 바다에서도 아주 강합니다. 당신이 이 전투의 신호를 내리는 순간 다음 사실을 잊지 마십시오. 에트루리아는 우리를 유심히 관찰할 것이고 우리가 싸움을 하여 지치는 순간을 기다렸다가 승자든 패자든 가리지 않고 우리를 공격할 것입니다. 따라서 우리 두 나라가 완전히 망해 버릴 작정이 아니라면 우리는 그보다는 더 좋은 해결안을 찾아내야 합니다. 자유의 보장은 이 전투의 충분한 사유가 되지 못합니다. 우리는 제국이냐 노예제냐를 놓고서 도박을 벌이려 하기 때문입니다. 그러니 우리가 양국의 분쟁을 해결할 수 있는 좀 더 좋은 수단을 발견할 수 없을까요? 이 싸움에 돌입하면 어차피 한 쪽은 치명적인 손실을 입게 되는데 그 손실을 피할 수 있는 수단 말입니다."

툴루스는 승전을 자신했고 그 누구 못지않게 전투를 즐겼지만 상대방의 제안이 그럴 듯하다고 생각했다. 그리하여 더 좋은 수단과 방법을 찾아보기로 하였다. 그리하여 어떤 계획이 채택되었고 좋은 상황 덕분에 그것을 실천할 수 있는 수단이 마련되었다.

24. 로마와 알바의 양군에는 각각 3형제 병사들이 있었다. 모두 활발하고 젊은 사람이었는데 호라티우스 가문과 쿠리아티우스 가문의 형제들이었다. 이것이 그 가문의 이름이라는 데에는 의심의 여지가 없고 또 이 이야기는 고대 시대에 있었던 아주 위대한 이야기들 중 하나이다. 그러나 이처럼 유명한 사건임에도 불구하고, 역사가들은 각 형제의 가문 이름에 대하여 의견이 일치하지 않는다. 대부분의 역사가들은 호라티우스 가문이 로마인 가문이라고 하는데, 나는 이 통설을 기꺼이 따르겠다.

이 젊은 형제들에게 양군의 최고 사령관은 제안을 했다. 그들은 각국의 대표 전사로 내세워 3대3으로 싸울 것이고, 그 싸움의 승자는 패자를 지배할 것이며 이에 대하여 양측은 이의를 제기하지 않는다는 것이었다. 그 제안은 형제들에 의해 받아들여졌다. 결투의 장소와 시간이 결정되었고 로마인과 알바인은 다음과 같은 엄숙한 합의를 체결했다. 대표 전사들의 결투에 의해 어떤 결과가 나오든 승자는 아무런 이의 없이 패자의 주인이 된다. 계약의 조건들은 전해지는 상황에 따라 다르지만 그 형식은 변함이 없다. 전승에 의하면 현재 우리에게 전해지는 가장 오래된 조약의 내용은 이러하다. 제관이 툴루스 왕에게 다가가서 물었다. "왕이시여, 당신은 제가 알바인의 대표를 상대로 이런 조약을 체결하기를 명령하시는 겁니까?"

"그렇다."

"그러면 폐하, 나는 당신에게 성스러운 약초를 요구합니다."

"가서 흠결 없는 약초를 뽑도록 하라."

제관은 신성한 텃밭에서 싱싱한 초록 약초를 가져왔고 이어 말했다. "폐하, 당신은 나의 징표와 릭토르들에게 로마인을 대신하여 발언해도 좋다는 왕의 윤허를 내리시는 겁니까?"

"윤허하노라." 왕이 대답했다. "나 자신과 로마인들에게 피해가 없는 한도 내에서."

그 제관은 마르쿠스 발레리우스인데, 그는 스푸리우스 푸시우스의 머리와 머리카락을 그 의식용 약초로써 살짝 때려 파테르 파라투스(pater paratus:"대변인")로 임명했다. 대변인의 임무는 그 맹세를 선언하여 그 조약을 엄숙하게 발효시키는 것이었다. 그는 장황한 운율의 주문(呪文)으로 그 맹세를 선언했는데, 여기서 그 주문을 인용할 필요는 없을 것이다. 마지막으로 조약의 조건들을 모두 낭독하고 나서 푸시우스는 이렇게 외쳤다. "유피테르여, 제 말을 들으소서. 너 알바와 알바를 대리하는 자여, 내 말을 들으라. 오늘 이 석판으로부터 조약의 조건들을 공개적으로 낭독했고 여기 모인 모든 사람들이 분명하게 이해했으므로, 로마인들은 결코 이 조약을 첫 번째로 위배하는 자가 되지 않으리라. 만약 그들이 그런 배신행위를 저지른다면 공공의 합의에 의하여, 위대한 유피테르여, 당신은 내가 이 돼지를 처치하는 것처럼 로마인들을 처치하소서. 당신의 힘과 권세는 저보다 더 막강하오니 더욱 거세게 내리치소서." 이어 그는 돌칼로 돼지를 처치했다. 반면에 알바인들 또한 그들 고유의 주문에 따라 비슷한 맹세를 했고 그리하여 조약은 체결되었다.

25. 여섯 명의 전사들은 이제 전투 준비를 마쳤다. 양군 사이의 빈 공간으로 나서는 순간, 그들의 가슴은 크게 뛰놀았고 그들의 귀에는 친구들의 함성이 울려 퍼졌다. 그들의 부모, 국가, 신들, 동료 병사들, 집에 있는 사랑하는 사람들이 모두 그들의 무용을 지켜보고 있고 또 그들의 칼을 주시하고 있다는 전언이었다. 양군은 여전히 진지를 유지했다. 진지 내에 위험은 없었으나 거기에 있는 모든 사람이 불안한 마음으로 긴장했다. 싸움에 걸린 판돈은 아주 컸다. 세 전사의 행운 혹은 무용에 제국이냐 노예냐의 갈림길이 걸려 있었다. 구경하는 사람들은 엄청난 긴장을 느끼면서 그 싸움을 기다렸다.

트럼펫이 울려 퍼졌다. 형제들은 칼을 뽑아 들었고 결전에 나선 용사의 자부심을 뽐내며 전투에 임했다. 그들은 죽음과 위험은 전혀 생각하지 않고 국가의 운명과, 지배권이냐 불명예냐의 엄중한 선택에 대해서만 생각했다. 그들이 이제 그 결과를 결정해야 하는 것이었다. 그들은 격돌했다. 칼과 칼이 부딪쳐서 번쩍거리고 방패와 방패가 부딪쳐서 쨍그랑거리는 동안, 다수의 구경꾼들 사이에서는 전율이 흘렀다. 아직 그 어느 쪽도 우위를 점하지 못했으므로 그들은 입을 다물고 숨을 죽인 채 지켜보았다. 전사들의 신체가 부딪쳐서 펄떡거리며 비틀렸고, 치켜 세운 칼날이 위에서 내려치면 옆으로 비켜섰고 피가 흐르기 시작했다. 알바의 세 전사들은 부상을 당했다. 로마 전사 한 명이 땅바닥에 쓰러졌고, 이어 두 번째 로마 전사도 이미 엎어진 동료의 몸 위로 쓰러졌고 둘 다 빈사 상태였다. 두 명의 로마 전사가 쓰러져서 로마의 희망이 거의 사라지자 알바 군영에서 환호의 함성이 터져 나왔다. 로마 진영의 사람들은 한 명 남은 전사가 세 명의 쿠리아티우스 형제들에게 포위를 당하여 엄청난 곤경에 처한 것을 보면서, 얼굴에서 핏기가 사라졌다.

혼자 남은 젊은 로마 전사는 부상을 당하지 않았다. 적의 전사 세 명을 동시에 대적할 수는 없었지만 그들을 차례차례 일대일로 대적한다면 충분히 이길 수 있다고 생각했다. 로마 전사는 그런 속셈으로 달아나기 시작했다. 알바 전사들이 부상을 당했으므로 똑같이 빠른 속도로 추격해 올 수 없다는 것을 알았기 때문이다. 첫 번째 접전 장소에서 그리 멀지 않은 곳까지 달아난 전사는 갑자기 뒤돌아섰다. 세 명의 적들이 추격해 오고 있었으나 세 명이 모두 일정한 간격을 두고 따라왔고 제일 앞선 자는 로마 전사와 아주 가까운 지점까지 와 있었다. 로마 전사는 그 적을 맞이하여 맹렬하게 싸웠다. 알바 군영에서 함성이 터져 나왔다. "당신의 형제가 위험하다. 그를 구하라!" 그러나 너무 늦었다. 호라티우스는 이미 제일 앞서 달려오던 자를 처치했고, 그 승리에 도취하여 다음번 희생자를 노리고 있었다. 로마 군영에서 환호의 함성이 터져 나왔다. 전차 경주장에서 행운이 작용하여 패배가 승리로 바뀔 때 군중들이 내지르는 함성, 바로 그것이었다. 호라티우스는 두 번째 적도 거세게 몰아붙였다. 그는 가까이 다가온 세 번째 적이 두 번째 적을 도와주기 전에 끝장을 냈다.

이제 일대일 싸움이 되었다. 그러나 두 적수는 승리를 차지하는 데 필요한 조건이 결코 동등하지 않았다. 호라티우스는 부상을 입지 않은데다 적을 이미 두 명이나 처치하여 기세가 등등했다. 반면에 피를 흘리는데다 달려와 숨이 찬 적은 간신히 서 있을 수 있는 상태였다. 그의 두 형제는 그가 보는 앞에서 살해당했다. 그는 상승세의 적을 맞이한 패장이었다. 그 다음에 이어진 것은 전투라고 할 수 없었다. "나는 이미 두 명의 적을 죽였다," 로마 전사는 소리쳤다, "내 두 형제의 혼령을 복수하기 위해서였다. 이제 나머지 적마저 처치하여 우리의 싸움을 끝냄으로써 로마가 알바의 주인임을 확실히 결정짓겠다." 그는 이런 자부심 가득한 말을 하면서 칼을 아래쪽으로 기울여, 방패를 들 정도의 힘도 없는 적의 목구멍을 깊숙이 찔렀다. 그리고 적이 쓰러지자 그의 겉옷을 벗겼다.

로마 군영 사람들의 환호는 하늘을 찔렀다. 특히나 패배가 거의 확실히 되는 상황에서 승리로 전세를 뒤바꾸었기 때문에 그들의 기쁨은 두 배로 더 커졌다. 그들은 승리하고 돌아온 전사를 환영했다. 양측은 죽은 전사들을 매장했다. 똑같은 일을 했으나 승자와 패자의 느낌은 아주 달랐다. 알바는 이제 주인인 로마의 명령에 복종해야 되었다. 전사들이 쓰러진 장소에는 아직도 무덤이 남아 있다. 죽은 두 로마 전사의 합장된 무덤은 알바 쪽을 바라보고 있고, 세 명의 알바 전사 무덤은 로마 가까운 쪽에 있는데 일정한 간격을 두고서 각각 안치되었다.

26. 양군이 진지를 떠나기 전에 메티우스는 조약의 조건에 따라 어떤 일을 해주기를 바라느냐고 툴루스에게 물었다. 툴루스는 그에게 휘하의 군대를 그대로 유지하라고 지시했다. 로마가 베이이 족과 전쟁을 할 때 알바 군이 유익한 증원군이 될 것이라는 생각에서 그렇게 한 것이었다.

도시로 돌아오는 로마 군의 선두에는 호라티우스가 세 벌의 겉옷 전리품을 들고서 행진했다. 그런데 카페나 대문 바로 밖에서 그는 여동생을 만났다. 그 여동생은 죽은 세 쿠리아티우스 형제 중 한 명과 약혼한 사이였다. 그녀는 오빠의 어깨에 걸쳐진 겉옷을 보는 순간, 자신이 직접 손으로 짜서 애인에게 준 옷이라는 것을 알아보았다. 그 광경은 그녀를 압도해 버렸다. 그녀는 머리카락을 풀어헤치고 눈물로 목이 멘 목소리로 죽은 애인의 이름을 불렀다. 그러나 그 자신이 승리하여 돌아와 온 국가가 기뻐하는 이 순간에, 여동생이 감히 적의 죽음을 슬퍼하면서 울부짖는 것을 보자 호라티우스는 화가 머리끝까지 치밀어 올랐다. 그는 격분한 나머지 칼을 뽑아 여동생의 가슴을 찔렀다. 그가 소리쳤다. "네 년의 사랑을 지옥에 있는 네 년의 애인 놈에게나 가져다주어라. 너 같은 년에게 로마가 무엇이며, 죽은 혹은 살아있는 오빠가 무슨 소용이겠느냐? 적의 죽음을 슬퍼하는 모든 로마 여자는 이렇게 죽어 마땅하다!"

그 행위가 너무 참혹하다고 생각하지 않는 사람이 없었다. 그가 방금 국가에 커다란 봉사를 했음에도 불구하고 호라티우스는 체포되어 왕 앞에 재판을 받으러 갔다. 툴루스는 사형을 선고하는 책임을 떠맡기가 싫었다. 그런 선고는 당시의 상황으로 보아 인기가 없을 것이었기 때문이다. 그래서 그는 대중 집회를 소환하여 두움비르(duumvirs)라는 특별 심문관을 임명하여 정해진 법에 따라 호라티우스에게 대역죄를 선고할 계획임을 알렸다. 관련법의 문안은 아주 엄숙하고 오싹한 것이었다. "두움비르로 하여금 대역죄에 대한 판결을 내리도록 하라. 만약 죄인이 항고를 하면 그 항고를 심리하라. 만약 유죄가 확정되면, 법관은 죄인의 머리에 베일을 두르고 그를 나무에 걸어 밧줄로 목매달라. 이어 도시의 성벽 안에서 혹은 밖에서 그 시신을 매질하라."

두 명의 심리관이 임명되었고 관련 법규의 규정상 그들은 호라티우스에게 유죄 선고를 하지 않을 수 없었다. 그래서 한 심리관이 죄인에게 말했다. "푸블리우스 호라티우스, 나는 당신이 대역죄를 저질렀다고 판단하오. 릭토르, 이 자의 양팔을 결박하도록 하라." 릭토르가 앞으로 나섰고 막 호라티우스를 결박하려는 순간, 툴루스가 개입했다. 툴루스는 가혹한 법률을 어느 정도 감경하려 애썼고, 그래서 죄수에게 항고를 하라고 권했다. 호라티우스는 그 조언을 따랐고 그의 항고는 대중의 판단에 회부되었다. 청문회 과정에서 결정적 역할을 한 것은 호라티우스 아버지의 진술이었다. 그의 딸은 죽어 마땅하다는 것이었다. 만약 그렇지 않았다면 그 자신이 아들이 직접 징벌한 권한을 행사했을 것이라고 선언했다. 이어 그는 대중에게 최근까지만 해도 자녀들이 그대로 다 있었던 훌륭한 가문을 기억해 달라고 호소하면서 이 아버지에게 이제 자식이 하나도 없는 상태가 되지는 않게 해달라고 간원했다. 그는 아들을 껴안고 이제 "호라티우스의 창들"이라고 알려진 곳에 전시된 전리품을 가리키면서 말했다.

"로마 시민들이여, 당신들은 승리의 즐거움과 기쁨을 막 만끽하던 이 젊은 병사가 결박되어 구타당하고 고문당한 후 멍에 밑으로 목을 숙이는 그런 광경을 꼭 보아야 할 만큼 비정합니까? 알바 사람들도 그런 수치스러운 광경을 보면 몸을 부르르 떨 것입니다. 릭토르여, 당신의 일을 하십시오. 어제만 해도 그 칼로 로마의 지배권을 확보해 주었던 이 젊은이의 양손을 결박하십시오! 우리를 해방시킨 사람의 두 눈을 가리개로 가리십시오! 그를 나무에 목매달고, 그가 적들의 손에서 빼앗아온 창들이 지켜보는 가운데 성벽 안에서 채찍질하십시오. 혹은 그 적들의 무덤이 솟아 있는 성벽 밖에서 그의 시신을 채찍질하십시오! 당신이 그를 어디로 데리고 가든, 그가 국가를 위해서 한 저 고상한 봉사의 가시적 기념물들이 그를 그토록 극악한 처벌로부터 구제할 것입니다."

아버지의 감동적인 연설도 크게 위력을 발휘했지만 그에 못지않게 다른 어려움들은 물론이고 이 어려움 앞에서 젊은이가 보여준 용기는 적시에 효력을 발휘했다. 그는 법률상으로는 유죄였지만 그의 용기를 가상하게 여긴 일반대중의 여론 덕분에 방면되었다. 그렇지만 그처럼 극악한 살인행위의 오점을 속죄하기 위해 뭔가 조치를 취해야 할 필요가 있었다. 그래서 아버지는 국가 예산으로 그 죄를 속죄하는 의식을 거행하라는 명령을 받았다. 즉시 거행된 이 의식은 그날로부터 호라티우스 집안에서 지켜지는 전통적 제사의 하나가 되었다. 이 의식을 거행한 후 대로를 수평으로 가로지르는 나무를 설치하고서, 마치 복종의 "멍에" 밑으로 지나가게 하는 것처럼, 젊은 호라티우스로 하여금 머리에 두건을 두른 채 그 밑을 지나가도록 시켰다. 이 나무는 때때로 국가의 비용으로 교체가 되어서 지금도 볼 수가 있는데 "여동생의 나무"로 알려져 있다. 살해된 여동생의 무덤은 그녀가 쓰러진 그 자리에 석물로 조성되었다.

27. 알바와의 평화는 그리 오래가지 못했다. 허약한 성격의 소유자인 메티우스는 국가의 운명을 세 명의 전사에게 맡긴 어리석음을 질책하는 평민의 분노를 제대로 다루지를 못했다. 그 정책은 그 자체로는 좋은 것이었지만 실패했고, 메티우스는 인기를 만회하려는 속셈에서 이제 효과가 의심스러운 방법에 의존하려 했다. 즉, 전쟁에서는 평화를 원하고, 평화에서는 전쟁을 벌이려 했던 것이다. 그는 알바 사람들이 용감하기는 하지만 군사력은 별로 없다는 것을 알기 때문에 이웃 부족들을 상대로 술수를 부리려 했다. 그는 명목상으로 로마의 동맹군인 알바 군이 곧 로마를 배신할 것이라고 말하면서, 이 부족들에게 로마를 상대로 전쟁을 선포하라고 촉구했다.

로마의 식민지인 피데나이 사람들은 알바가 곧 합류하리라는 약속을 믿고서 베이이 족과 함께 로마에 전쟁을 선포했다. 피데나이가 이런 식으로 이탈하자 툴루스는 메티우스에게 군대를 끌고와 로마 군에게 합류하라는 명령을 보내고 곧바로 공격에 나섰다. 아니오 강을 건너면서 그는 두 강이 합류하는 지점에서 멈추어서 진지를 구축했다. 툴루스의 진지와 피데나이 군 사이의 어디쯤에서 베이이 군은 티베르 강을 건넜다. 그들은 강가에서 전선의 오른쪽 날개를 구축했고, 피데나이 군은 언덕 가까운 곳에서 왼쪽 날개를 형성했다. 툴루스는 베이이 군에게 대적할 목적으로 로마 군의 전투 대형을 짰고 알바 군에게는 피데나이 군을 상대하라고 지시했다. 그러나 알바의 사령관인 메티우스는 배신자인 동시에 비겁자였다. 로마와의 약속을 철저히 지키지도 못하고 또 로마에 노골적으로 반기를 들지도 못한 채, 그는 언덕 쪽으로 조심스러운 철수를 시작했다. 그는 충분히 떨어진 거리라고 생각되는 곳에 이르자 전군을 그곳에 멈추어 세우고 전투 대형을 짜는 척했다. 그것은 순전히 시간을 벌기 위한 술수였고 사태의 전개를 보아가며 결정을 내리려는 의도였다. 그의 속셈은 승자 편에 붙는 것이었다.

알바 군과 연락을 취해오던 로마 군은 이제 그들의 측면이 무방비로 노출되었다는 것을 발견했고 또 왜 알바 군이 갑자기 철수했는지 의아하게 여겼다. 곧 전령이 말을 타고 달려와 알바 군이 탈주했다는 보고를 왕에게 올렸다. 아주 위급한 상황이 되었다. 12명의 살리 제관을 신설하고 '창백'과 '공포'의 신에게 바치는 제당을 짓겠다고 맹세한 툴루스는 곧바로 전령에게 전선으로 복귀하라고 명령했다. 그는 아주 큰 목소리로 소리를 질러서 그의 말이 적의 진영에도 들리게 했다. 알바 군이 피데나이 군을 포위하여 그들의 무방비 상태인 후방을 공격하라는 로마 왕의 지시를 따르고 있는 것이므로 놀랄 필요가 없다는 얘기였다. 그와 동시에 툴루스는 기병대에게 창을 수직으로 들어서 일종의 가림막을 형성하여 대부분의 로마 군 보병들이 알바 군의 철수를 보지 못하게 하라고 명령했다. 개중에 알바 군의 철수를 본 로마 군 병사들은 있는 힘을 다해 용감하게 싸우라는 툴루스의 말에 힘을 얻었다.

그렇게 되자 이제 적들이 동요하기 시작했다. 툴루스의 커다란 목소리는 누구에게나 들렸고, 대부분의 피데나이 사람들은 라틴어를 알아들었다. 과거에 로마에서 이주해온 사람들이 그들 사이에 많이 살았기 때문이다. 그들은 언덕 쪽에서 갑자기 공격해 오는 알바 군에 의해 본진과 격리되는 일이 없도록 퇴각하기 시작했다. 툴루스는 때를 놓치지 않고 공격하여 피데나이 군의 양쪽 날개를 처치했고 이어 군대를 돌려서 더욱 거센 기세로 베이이 족을 공격했다. 베이이 군은 동맹군의 불안정한 퇴각으로 이미 동요하고 있는 상태였다. 그들의 저항은 곧 무너졌고 그들은 무질서하게 배후의 강쪽으로 달아났다. 도망치려 해도 강에 의해 길이 막히자, 일부는 무기를 내던지고 강물 속으로 무모하게 뛰어들어 헤엄을 쳤고 일부는 싸울지 달아날지 결정하지 못하고 망설이다가 강둑에서 추격당하여 살해되었다. 그것은 로마가 일찍이 싸워본 적이 없는 유혈이 낭자한 전투였다.

28. 전투가 끝난 후 아무런 행동도 취하지 않았던 알바 군은 언덕에서 내려왔다. 메티우스는 툴루스의 승리를 축하했다. 툴루스는 정중하게 고맙다고 대답했다. 그는 그들의 행운이 지속되기를 바란다는 희망을 표시했다. 그는 내일 아침 세정(洗淨) 희생 제의를 올려야 하므 로 그날 밤은 로마 군과 알바 군이 함께 야영을 하라고 지시를 내렸다. 그 다음날 새벽에 모든 것이 준비되자 그는 양군에 한 곳으로 모이라는 통상적인 지시를 내렸다. 진지의 외곽을 형성했던 알바 군은 전령의 지시를 받고 제일 먼저 집합하여 즉각 로마 왕 앞에 도열했고, 왕의 육성 지시를 더 잘 들을 수 있는 위치에 있었다. 로마 군은 이미 무장한 채로 나오라는 지시를 받았고 알바 군을 포위했다. 특히 백부장들은 지시에 즉각 따르라는 명령을 받았다. 이어 툴루스가 말했다.

"나의 병사들이여, 전쟁을 치르는 동안에 자네들이 신의 자비와 자네들의 용기에 대하여 고마움을 느낄 일이 있다면, 어제의 일이야말로 바로 그런 경우라고 할 것이네. 어제 자네들은 적들하고만 싸운 것이 아닐세. 그보다 더 나쁘고 위험한 적이 있었는데 곧 자네 친구들의 배신이네. 나는 자네들이 진실을 알기 바란다. 알바 군이 언덕 쪽으로 철군한 것은 나의 지시를 따른 것이 아니었다. 그런데도 내가 그런 지시를 내렸다고 큰 소리로 말했던 것은 의도적인 거짓 정보였다. 내가 자네들의 사기가 떨어질 것을 우려하여 우군의 탈주를 일부러 감추었고 또 포위당했다는 공포심으로 적의 포위를 뚫을 수 있다고 자신했기 때문이었다. 그런데 탈주의 죄는 알바 군 전체에게 물을 것이 아니다. 알바 병사들은 사령관의 지휘를 따랐을 뿐이다. 내가 자네들에게 진지를 이동하라고 명령하면 자네들이 그대로 따르는 것처럼 말이다. 그래서 죄인은 메티우스 한 사람뿐이다. 메티우스는 군대를 야전에서 철수시켰다. 메티우스가 음모를 꾸며 이 전쟁을 시작했으므로 그는 조약을 파기한 자이다. 나는 그를 일벌백계로 처벌하여 앞으로 그 누구도 다시는 이런 범죄를 저지르지 못하게 하겠다."

무장한 백부장들이 앞으로 나와 죄인을 체포했다. 툴루스는 계속 말했다. "알바의 병사들이여, 나의 의도는 그대들의 도시의 전 주민을 로마로 이주시키려는 것이다. 나는 이것이 우리 모두에게 행복과 번영을 가져다주기를 기도한다. 알바의 평민들은 로마의 시민권을 갖게 될 것이고 알바의 귀족들은 원로원 의원으로 선출된 권리를 갖게 될 것이다. 우리는 하나의 도시, 하나의 공화국이 될 것이다. 오래 전에 알바 사람들은 둘로 쪼개어졌는데 이제 하나로 합쳐져야 한다."

알바 군은 무장 해제되었고 무장한 로마 병사들에게 포위되었다. 알바 병사들은 툴루스의 말을 들었을 때 단 하나의 감정만 느꼈는데 바로 공포였다. 단 한 사람도 말을 하지 않았다. 툴루스는 메티우스에게 고개를 돌리며 말했다.

"메티우스 푸페티우스, 만약 당신이 당신의 말을 충실히 지킬 줄 알았더라면, 나는 당신을 살려주었을 것이고 또 내가 직접 당신을 가르치기도 했을 것이요. 그러나 당신은 그렇게 하지 못했소. 그 어떤 약도 당신 마음의 질병을 고치지 못하오. 그러니 그 병은 그대로 놔두시오. 당신을 처벌하면 사람들은 당신이 먹칠한 명예가 얼마나 신성한 것인지 알게 될 것이오. 어제 당신은 피데나이와 로마 사이에서 마음의 결정을 내리지 못했소. 물론 그것은 고통스러운 심적 분열이었을 것이오. 그러나 오늘 당신 신체의 분열은 그보다 더 고통스러울 것이오."

각각 네 필의 말이 끄는 두 대의 전차가 대령되었다. 메티우스의 사지는 큰 대(大)자로 뻗친 다음 두 손은 한 전차에 그리고 두 발은 나머지 전차에 밧줄로 결박되었다. 말들을 가볍게 채찍질하자 두 대의 전차는 정반대 방향으로 내달렸다. 두 전차는 아직도 밧줄에 매인 찢겨져 나간 신체 부분은 매달고 내달렸다. 사람들은 그 혐오스러운 광경을 보지 않으려고 시선을 돌렸다. 우리의 역사에서 이런 거열형(車裂刑)은 다시는 반복되지 않았다. 우리의 동포가 인정사정 보지 않고 그런 무서운 형벌을 부과한 것은 그때가 처음이자 마지막이었다. 이 한 사례를 제외하고, 우리 로마는 다른 국가보다 더 인도적인 형태의 징벌을 부과해 왔다고 자신 있게 주장할 수 있다.

29. 한편 로마는 기병대를 알바로 파견하여 주민의 이주를 독려했다. 그 뒤를 이은 보병대는 도시의 건물들을 철거하는 일을 맡았다. 병사들이 행군에 들어갔을 때 도시의 주민들은 공황에 빠지지는 않았다. 승리한 군대가 정복된 도시의 문들을 부수고 성벽을 파괴하면서 강제로 도시에 진입했을 때 온 거리와 골목에 울려 퍼지는 승리의 함성과 불과 칼로 모든 것을 파괴해 버리는 그런 살벌한 혼란은 없었다. 요새가 마침내 최종적으로 붕괴되는 그런 공포도 없었다. 오히려 도시에는 정적이 감돌았다. 말로는 도저히 표현할 수 없는 절망과 슬픔의 정적. 알바 사람들의 마음은 마비되었고 정신은 얼어붙었다. 그 불행한 사람들은 집안의 세간을 쳐다보면서 어떤 것을 가져가고 어떤 것을 버리고 갈지 막막해했다. 그들은 거듭하여 이웃의 조언을 구하면서 문 앞에 멍하니 서 있는가 하면 그들이 다시는 보지 못할 집안의 방들을 목적 없이 서성거렸다.

곧 로마의 기병대가 소리치며 명령을 내렸다. 이제 떠나야 할 시간이었고 가혹한 명령은 불복할 수가 없었다. 도시의 외곽에서는 건물의 돌들이 굴러 떨어지는 소리가 들렸다. 이런저런 방향에서 먼지 구름들이 일어나서 도시를 어두컴컴하게 만들었다. 알바의 시간이 다 되었다. 사람들은 그들이 할 수 있는 한 황급히 가난한 세간을 수습했고 우울한 이주가 시작되었다. 그들이 태어나고 자란 집들, 그들의 가내신들, 그들이 소중하게 여기는 모든 것들을 이제 영원히 뒤에 남겨두고 떠나야 했다. 도로에는 피난민들의 행렬이 끝이 없었다. 다들 비참한 모습에 서로 쳐다보면서 새롭게 눈물을 흘렸다. 무장 병사들이 보초를 서고 있는 근엄한 사당들을 지나가면서 여자는 물론이고 남자들도 크게 흐느껴 울었다. 심지어 그들의 신들도 처량한 포로 신세가 된 느낌이 들었기 때문이다.

도시의 주민들이 다 떠나자마자 모든 공공건물과 개인 건물들이 파괴되었다. 단 한 시간만에 4백 년 동안 이루어져온 도시가 철저히 폐허가 되어 버렸다. 툴루스의 명령에 의하여 오로지 사당들만 파괴되지 않고 그대로 서 있었다.

30. 알바가 붕괴되면서 로마의 영토는 더욱 커졌다. 인구는 두 배로 늘어났다. 카일리우스 언덕이 도시의 경계 내로 편입되었다. 이 언덕 지역에 건물의 신축을 장려하기 위하여 툴루스는 이 지역을 새로운 왕궁 터로 선정하여 그 때부터 자신의 공식 관저로 삼았다. 툴리우스, 세르빌리우스, 퀸크티우스, 게가니우스, 쿠리아티우스, 크로엘리우스 등 알바의 귀족들을 받아들임으로써 원로원 의원 급 가문들의 숫자도 증가했다. 이처럼 늘어난 원로원 의원 계급들을 예우하기 위하여 툴루스는 원로원 건물을 신축하여 그들이 엄숙하게 국사를 의논할 수 있게 했다. 한 세대 전만 해도 원로원은 쿠리아 호스틸리아(호스틸리우스의 원로원)라는 이름으로 알려져 있었다. 마지막으로 알바 기사들로 구성된 10개의 기병 대대가 증설되었다. 또한 예전의 보병 대대도 알바 보병들로부터 충원이 되거나 아니면 새로운 보병 대대가 편성되었다. 이렇게 하여 공화국 내의 3대 계급(귀족, 기사, 평민)이 새로 온 사람들로부터 인력 충원을 받았다.

툴루스는 로마 군이 이제 충분히 강성해져서 사비니 족에게 전쟁을 선포할 수 있다고 생각했다. 사비니는 당시 에트루리아를 제외하고 이탈리아 내에서 가장 인구가 조밀하고 강성한 국가였다. 양측은 서로에게 원한이 있었고 그것을 제대로 시정하지 못했다. 툴루스는 페로니아 사당 근처의 혼잡한 시장에서 거기에 장사를 하러 왔던 로마 시민들이 체포를 당했다는 불평을 자주 받았다. 반면에 사비니 족은 오히려 로마인이 먼저 잘못을 저질렀다고 주장했다. 로마가 그곳에 대피한 사비니 피난민들을 체포하고 억류했다는 것이었다.

사비니 족은 그들의 인력 중 일부가 오래 전에 타티우스에 의해 로마로 이주해갔다는 사실을 잊지 않았다. 또 최근에 로마가 알바를 패배시키고 그로부터 인력을 충원했다는 사실도 잘 알았다. 그리하여 사비니 족은 외부의 도움을 찾아보기 시작했다. 그들의 경계 바로 너머에 에트루리아가 있었고 가장 가까운 에트루리아 도시는 베이이였다. 베이이에는 지난번 전쟁에 대한 원한이 잠복된 상태여서 반란을 일으키려는 분위기가 있었고, 그래서 다수의 장정들이 전투에 참가하겠다고 자발적으로 나섰다. 소수의 걸인과 방랑자들도 보수를 받으려는 욕심에 입대했다. 그러나 그 어떤 형태의 공식적인 지원은 나오지 않았다. 베이이 정부는 오래 전 로물루스와 맺었던 휴전을 철저히 지키려 했다.

로마와 사비니 양측의 전쟁 준비는 이제 충분히 갖추어졌고 먼저 군대를 움직이는 쪽이 유리하다는 사실이 더욱 분명해졌다. 먼저 공격에 나선 것은 툴루스였다. 그는 사비니 영토를 침범했고 '함정 숲'이라는 곳에서 치열한 전투가 벌어졌다. 전투는 로마의 승리로 끝났는데, 그 이유는 그 무엇보다도 최근에 증강된 기병대의 활약이었다. 기병대의 신속한 돌파 공격은 사비니 군을 엄청난 무질서 속으로 몰아넣었고 그 결과 그들은 큰 타격을 받아서 전열을 재정비할 수 없었고 또 전장에서 신속히 철수할 수도 없었다.

31. 사비니를 패배시키고서 툴루스와 로마가 전보다 더 강성해지고 존

경을 받는 바로 그 순간에, 아주 기이한 일어 벌어졌다. 돌덩어리 비가 — 그렇게 왕과 원로원에 보고되었다 — 알바 산에 쏟아진 것이다. 이 괴상한 일을 알아보기 위해 조사단이 파견되었고 사실인 것으로 판명되었다. 조사관들이 빤히 쳐다보는 가운데, 엄청나게 많은 돌덩어리가 하늘에서 쏟아져 마치 우박처럼 땅에 쌓이는 것이었다. 동시에 언덕 꼭대기에 있는 숲에서 아주 커다란 목소리가 울려 퍼지면서 알바 인들에게 경고했다. 알바 인들이 도시의 파괴 이후 무심하게 내버려 둔 조상의 종교로 돌아가야 한다는 것이었다. 알바의 신들을 버려진 사당에 그냥 내팽개치고서, 별 믿음도 없이 로마의 신들을 받들거나 비참한 운명에 분노한 나머지 원래의 종교를 망각해서는 안 된다는 경고였다. 이 괴상한 사건은 로마인들에게도 영향을 미쳤다. 로마인 점술사들의 조언에 따라 — 어쩌면 언덕 꼭대기에서 들려온 신비한 목소리의 영향으로 — 로마인들은 종교적 예배를 위한 9일간의 공식 휴일을 선포했다. 또 앞으로도 그런 기이한 현상이 다시 벌어지면 정기적으로 이와 유사한 축제를 거행할 것도 합의되었다.

그로부터 얼마 지나지 않아 도시에 전염병이 돌았다. 로마 왕은 그동안 전쟁에만 몰두해왔다. 계속 군역에 종사해야 하는 불우한 환경 탓에 병사들이 군복무를 괴로워한다는 분명한 표시에도 불구하고 왕은 군복무의 일시적 해제를 허용하지 않았다. 더욱이 왕은 군 복무할 나이가 된 남자는 집에서 빈둥거리며 노는 것보다는 무장을 하고 전투를 하는 것이 신체 건강에 더 좋다고 생각했다. 그러나 왕도 마침내 병에 걸렸고 치료가 잘 되지 않자 마음을 바꾸게 되었다. 신체의 강건한 힘이 사라지면서 그의 오만한 정신도 크게 쇠퇴했고 그리하여 왕은 다른 사람이 되어버린 것 같았다. 왕은 예전에는 종교에 너무 몰두하는 것은 왕답지 못한 처신이라고 생각했으나 갑자기 사람이 바뀌어 각종 크고 작은 미신의 영향을 크게 받았고, 신하들에게 그와 마찬가지로 초자연적인 것의 존재와 힘을 납득시키려고 최선을 다했다. 곧 로마의 모든 시민들이 누마 시절로 되돌아가는 것이 최선의 방법이라고 합의하게 되었다. 그리고 전염병을 퇴치하는 유일한 방법은 하늘에 용서와 평화를 비는 것뿐이라고 믿었다.

전해지는 얘기에 의하면, 툴루스는 매일 페이지를 넘기며 읽어보는 누마 어록에서 유피테르 엘리키우스(Jupiter Elicius: 징조의 신 유피테르)를 기리는 비밀 의식들에 대한 언급을 발견했다. 그는 아무도 모르게 그 의식들을 거행했다. 그렇지만 그의 의식 절차가 불완전한 모양이었다. 그에게 신성한 계시가 나타나지도 않았고 오히려 그 오류로 인해 잔인한 처벌을 받았기 때문이다. 유피테르는 진노했고 그의 왕궁은 벼락을 맞아 불타버렸다. 그리고 툴루스는 그 불길에 휩싸여 죽었다. 그는 무장(武將)으로서 커다란 영예를 얻었고 32년간 통치했다.

32. 오래된 관습에 따라서 툴루스 사후에 권력은 원로원으로 넘어갔고 원로원은 인테르렉스(궐위 기간의 임시 통치자)를 지명했다. 이어진 선거에서 대중은 안쿠스 마르키우스를 선출했는데 그는 모계 쪽으로 누마 폼필리우스의 손자가 되는 사람이었다. 안쿠스는 외할아버지의 고상한 위업을 잘 알았고 또 선왕 툴루스가 멋진 업적을 남기기는 했지만 한 가지 측면에서는 크게 부족하다는 것도 알았다. 즉, 툴루스는 종교적 의식의 실천을 무시하거나 제대로 거행하지 못했던 것이다. 그래서 안쿠스는 로마의 국교를 누마 시절의 수준으로 회복시키는 것이 가장 중요한 국가사업이라고 생각했다. 새 왕은 대제관(대사제)에게 누마 어록에서 다양한 종교 의식의 세부사항들을 가려 뽑아 공개적으로 대중에게 알리라고 지시했다. 전쟁에 지친 로마인들에게 이제 평화가 돌아온 것처럼 보였고 로마인과 이웃 공동체들은 새 왕이 제2의 누마가 될 것이라는 희망을 가졌다. 이것은 라틴 인에게 하나의 기회였다. 툴루스 통치시기에 로마와 라티움 사이에 평화 조약이 체결되어 있었으나, 라틴 인들은 이제 상황이 변했으므로

충분히 예전의 적수에게 군사적으로 필적할 수 있겠다고 생각했다. 그래서 라틴 인은 로마의 영토를 침범했다. 이에 로마가 원상 회복을 요구하자 라틴 인들은 안쿠스가 무장이 아니고 또 사당과 제단이나 지키는 허약한 왕이라고 확신하고 오만한 답변을 해왔다.

하지만 안쿠스는 다면적인 성품의 소유자였다. 그에게는 누마의 측면이 있는가 하면 로물루스의 측면도 있었다. 그는 로마가 아직 어린 도시이고 시민들이 다소 거칠 때에는 평화의 정책이 가치 있는 것임을 잘 알아보았다. 동시에 누마의 통치가 가져온 그런 평화를 누리기만 한다면 외침에 노출될 염려가 있다는 것도 알았다. 적대적인 이웃 부족들은 그가 얼마나 잘 견딜 수 있는지 찔러대기 시작했고 그 결과는 안쿠스에게 유리한 것이 아니었다. 시대는 요동치고 있었고 누마보다는 툴루스 같은 왕을 요청했다. 그러나 안쿠스는 한 가지 사항에서는 누마의 조언을 따랐지만 약간 다르게 시행했다. 누마는 평화시에 종교적 의례를 확립했다. 반면에 전쟁을 감내해야 하는 안쿠스는 전쟁에 종교와 비슷한 엄숙한 의식을 부여했다. 그는 전쟁을 수행하는 것만으로는 충분하지 않다고 생각했다. 그는 전쟁이 공식적으로 선포되어야 한다고 믿었고 이 목적을 위하여 고대 아이퀴콜라이 부족들로부터 국가가 적대적 행위의 시정을 요구하는 법적 절차(이것은 전령 사제가 맡았다)를 채택해 왔다.

그 절차는 다음과 같다. 로마 사절이 시정을 요구당한 국가의 경계에 도착했을 때 그는 양털 모자를 머리에 쓰고 이렇게 말한다. "내 말을 들어주십시오, 유피테르여! 아무개-아무개의 땅이여, 내 말을 들으시오! 오, 정의여, 내 말을 들어주소서! 나는 로마 시민을 대표하는 대변인입니다. 나는 정의와 종교의 이름으로 여기에 온 사절로서 내 말을 믿어주기를 요청합니다."

이런 요구사항을 하고 나서 사절은 유피테르를 증인으로 부르면서 다음과 같이 이어나간다. "이런 사람들 혹은 이런 물건들의 원상회복을 바라는 나의 요구사항이 종교와 정의에 위배된다면 나는 더 이상 로마의 시민이 아닐 것입니다."

사절이 경계선을 넘어서 적의 땅으로 들어갈 때, 이와 같은 형식의 언사는 약간의 수정을 가한 채 그대로 반복된다. 먼저 그가 도시의 성문을 통과하여 들어갔을 때나 공공 광장에 들어갔을 때 제일 먼저 만난 사람에게 그런 말을 하는 것이다. 만약 그의 요구사항이 거절된다면 33일(대기해야 하는 의무 기간)이 지나간 후에 전쟁은 다음과 같은 말로 선포된다. "유피테르여 들으소서. 야누스 퀴리누스여 들으소서. 하늘 땅 지하에 있는 모든 신들이여 들으소서. 아무개-아무개 사람들이 부당한 짓을 저지르고서도 피해 보상을 하지 않는데 대하여 나는 당신들을 증인으로 부릅니다. 이 문제와 관련하여 우리는 국가의 원로들에게 자문을 구할 것이고 우리가 어떻게 우리의 정당한 몫을 얻을 수 있겠는지 의논할 것입니다."

사절은 이어 로마로 돌아가서 논의를 한다. 로마 왕이 원로들의 자문을 구하는 말은 다음과 같다. "로마인의 대표가 라틴 인의 대표에게 물품, 탄원, 원인 등에 대하여 피해 보상을 요구하였고, 또 당연히 피해 보상을 해주거나 상대방에게 만족스럽게 해결을 보아야 함에도 라틴 인의 대표가 그런 물품, 탄원, 원인의 피해 보상을 거부한 바, 당신들은 어떻게 생각하는가?" 그러면 그런 질문을 받은 사람들 중 첫 번째 사람이 말한다. "나는 그런 것들을 정의롭고 올바른 전쟁을 통하여 추구해야 한다고 생각합니다. 그래서 나는 한 표를 던지며 전쟁에 찬성합니다." 똑같은 질문을 돌아가면서 다른 원로들에게 제기하고, 과반수가 전쟁지지 투표를 한다면 전쟁이 합의되는 것이다. 그러면 전령 사제가 쇠 촉 혹은 단단한 나무 촉이 박힌 창을 들고서 적의 경계선으로 가서 3명 이상의 군 복무 연령 남자들이 지켜보는데서 다음과 같은 선언을 한다. "옛 라틴 사람들과 프리스쿠스 라티누스 사람들이 로마인들을 상대로 범죄 행위를 저질렀고 또 로마인들이 옛 라틴 인들을 상대로 전쟁을 하라고 명령했고 또 로마의 원로원이 옛 라틴 인들과 전쟁을 해야 한다는 건의를 심사하고 동의하여 투표로 결정했다. 따라서 나와 로마인들은 옛 라틴 인 사람들과 병사들을 상대로 전쟁을 선포하는 바이다."

공식 포고가 끝나면 전령 사제는 국경선 너머로 창을 내던졌다. 우리가 지금 말하고 있는 라틴 인에 대한 원상복구 요구와 관련하여 이런 식으로 전쟁이 선포되었다. 이와 똑같은 공식 절차가 그 뒤의 세대들에 의해서도 선택되었다.

33. 안쿠스는 이제 종교적인 문제는 사제 계급에 맡겼다. 그렇게 하는 동안 안쿠스는 새롭게 군대를 동원하여 폴리토리움이라는 라틴 도시로 행군하여 기습 공격으로 함락시켰다. 왕은 그곳 주민들을 로마로 이주시켰다. 선대왕(先代王)들도 피정복민들을 흡수하여 로마의 인구를 증가시켰으므로 그런 조치가 전례가 없는 것이 아니었다. 팔라티움 언덕은 로마인들이 최초로 정착한 곳이었다. 그 언덕의 한쪽에 카피톨리움(로마의 정치, 종교의 중심지)과 성채가 있었는데 나중에 사비니 족이 점령했고, 다른 한쪽에 카일리우스 언덕이 있는데 알바인들이 점령했다. 새로 이주 온 사람들에게는 아벤티누스 언덕이 주거지로 배정되었고, 뒤이어 텔레나이와 피카나 등 점령된 도시의 주민들도 이곳으로 이주해 왔다.

주민들이 모두 이주한 폴리토리움은 나중에 다시 사람들이 들어왔고 또 한 번 로마의 공격을 받았다. 이번에는 적들의 대피소가 되는 것을 막기 위해 로마인들은 이 도시를 불질러서 완전히 파괴했다. 로마인과 라틴인 사이의 전쟁은 계속되었고 마침내 라틴 군대는 메둘리아로 퇴각했다. 그 도시는 축성이 잘 되었고 강력한 군대가 주둔하고 있었다. 라틴 인들은 때때로 요새 밖의 어떤 지점까지 나와서 로마인과 근접전을 벌였고, 다수의 전투가 있었지만 결정적인 결과는 나오지 않았다. 마침내 안쿠스는 엄청난 노력을 통하여 전면전을 유도하여 성공을 거두었다. 그는 도시를 점령하고 엄청난 양의 전리품을 챙겨서 로마로 돌아왔다. 또다시 수 천명의 라틴 인에게 로마 시민권이 부여되었고 무르키아 제단이 서 있는 곳에서 거주하도록 조치되었다. 이렇게 하여 아벤티누스 언덕과 팔라티움 언덕은 서로 연결이 되었다. 야니쿨룸 또한 도시의 경내로 편입되었는데 추가로 땅이 필요해서 그런 것이 아니라 적대적 세력이 그 신전을 요새로 삼는 것을 미연에 방지하기 위해서였다. 또한 그 신전의 방비를 강화하고 나아가 티베르 강 위에 나무 기둥 다리(로마 최초의 다리)를 건설함으로써 로마의 나머지 지역들과도 잘 연결되게 했다. 소위 퀴리테스 참호를 건설함으로써 도시의 접근성 좋은 지역의 방어를 크게 강화한 것도 안쿠스였다.

　로마 인구가 이처럼 급속히 증가함에 따라 범죄 행위들도 따라서 늘어났고 그 결과 옳음과 그름의 경계선이 다소 흐릿해졌다. 이런 불운한 사태에 대응하고 또 무법 상태의 창궐을 억제하기 위하여 도시의 한가운데, 포룸 바로 위쪽에 감옥을 건설했다. 도시 너머의 외곽 지역도 안쿠스의 통치 시기에 더욱 확대되었다. 베이이 족으로부터 마이시아 숲을 빼앗아 로마의 영토를 해변까지 확장했다. 티베르 강 하구에는 오스티아 항구를 건설했고 항구 근처에는 염전을 개발했다. 군사적 모험이 계속 성공을 거둔 시기를 기념하기 위하여 유피테르 페레트리우스(승전의 신 유피테르) 신전에 중요한 증축 공사를 했다.

　34. 안쿠스 통치시기에 루쿠모라는 남자가 출생지인 타르퀴니를 떠나서 로마에 들어와 정착했다. 그는 야심만만한데다 부유했고 로마에서 출세하여 고향 마을에서는 성취하기 어려운 높은 지위에 오르기를 희망했다. 그는 타르퀴니에서 태어나기는 했지만 코린토스의 데마라투스의 아들이었으므로 혈연상 외국인이었다. 데마라투스는 정치적 갈등 때문에

고향 도시를 본의 아니게 떠나와 타르퀴니에 정착하여 그곳에서 결혼해 슬하에 두 아들 루쿠모와 아룬스를 두었다. 루쿠모는 아버지보다 오래 살아서 부친의 재산을 모두 상속받았다. 동생 아룬스는 뒤에 임신한 아내를 남겨두고 아버지보다 먼저 죽었다. 데마라투스는 며느리가 임신 중이라는 것을 알지 못했고 막내아들을 뒤따라 곧 죽었으므로 태중(胎中)의 손자에 대한 재산 분배를 유서에다 언급할 수가 없었다. 그 유복자는 상속재산이 없었으므로 에게리우스(궁핍한 자)라는 이름이 붙었다.

반면에 아버지의 재산을 전부 상속받은 루쿠모는 부유한 만큼 오만했고, 그의 자신감은 젊은 귀족 여자인 타나퀼과 결혼하면서 더욱 강해졌다. 그녀는 처녀 시절부터 호화로운 생활에 익숙해져 있었고 결혼한 이후에도 전보다 못한 상황에 만족하고 지낼 그런 여자가 아니었다. 타르퀴니의 에트루리아 인들은 루쿠모를 외국인 피난자의 아들이라고 경멸했다. 타나퀼은 곧 남편이 그런 경멸 받는 지위에 있는 것을 용납하지 못했다. 남편이 마땅히 사람들의 인정을 받는 높은 지위에 올라가야 한다고 생각한 그녀는 고향 도시에 대한 애정을 모두 억누르고 그 도시를 영원히 떠날 결심을 했다. 그녀가 주위를 살펴볼 때 그녀의 야망에 가장 잘 부합하는 도시는 로마였다. 로마는 새롭게 번창하는 공동체였다. 개인의 능력에 따라 빠른 승진을 바라볼 수 있는 도시에는, 적극적이고 용감한 남자에게 많은 기회가 있을 것 같았다. 따지고 보면 타이우스 왕도 사비니 출신의 외국인이었다. 누마는 그의 고향 도시 쿠레스로부터 왕위에 오르라는 호출을 받았다. 안쿠스는 어머니가 사비니 인이고 누마를 제외하고는 이렇다 할만한 귀족 인사가 없었다. 타나퀼은 남편을 설득하는데 별 어려움을 겪지 않았다. 그도 이미 자신의 지위를 높여야겠다고 단단히 결심하고 있었으므로 타르퀴니를 떠나야 한다는 생각 — 그곳은 어머니의 고향일 뿐이었다 — 은 그에게 그리 큰 고통을 주지 못했다. 그래서 부부는 재산을 챙겨서 로마로 갔다.

부부가 야니쿨룸에 도착하여 마차에 앉아 쉬고 있는데, 독수리 한 마리가 부드럽게 날아 내리더니 루쿠모가 쓰고 있던 모자를 낚아채 갔다. 독수리는 요란한 날갯짓과 함께 하늘 높이 솟구치더니 1분 뒤에 다시 내려와 마치 하늘의 지시를 받고 그렇게 하는 것처럼 그 모자를 다시 루쿠모의 머리에 사뿐히 내려놓더니 푸른 하늘로 사라져갔다. 대부분의 에트루리아인들과 마찬가지로 타나퀼은 하늘의 표징을 잘 읽었는데, 그것을 아주 좋은 조짐으로 받아들였다. 양팔로 남편의 목을 얼싸안으며 이것보다 더 좋은 행운을 바라볼 수 없을 것이라고 말했다. "저 독수리가 하늘 어느 곳에서 왔는지 생각해 보세요," 그녀가 소리쳤다, "어떤 신이 하나의 전령으로 보냈을 것 같아요? 독수리는 당신 몸의 가장 높은 곳에 있는 머리에 다가옴으로써 그 메시지를 선언한 거예요. 그러니까 어떤 인간의 머리에서 왕관을 빼앗아서, 그 다음에는 하늘의 승인을 받아서 그 왕관이 돌아가야 할 곳에 내려놓은 게 아니겠어요?" 이런 식으로 미래의 높은 지위를 꿈꾸면서 루쿠모와 타나퀼은 로마로 마차를 몰고 갔다. 부부는 그곳에서 집을 사들였고 루쿠모는 루키우스 타르퀴니우스 프리스쿠스라는 이름을 사용했다.

로마에 정착한 루쿠모는 곧 부유한 외국인이라는 소문으로 사람들의 주목을 받았고 자신이 출세할 수 있는 기회라면 아무리 조그마한 것이라도 놓치지 않았다. 손님을 환대하고, 돈을 잘 쓰고, 언제나 다정한 말을 해주는 그는 아주 빠르게 친구들을 많이 만들었고 곧 그의 명성은 왕궁에까지 들어갔다. 일단 왕을 알게 되자 그는 재빨리 왕의 호감을 사기 시작했다. 많은 돈을 내놓으며 교묘하게 환심을 사서 그는 곧 왕의 최측근이 되었고, 평시와 전시를 불문하고 왕의 개인적인 일이든 국가적 대사든 모두 자문해주었다. 그는 곧 왕궁 내에서 필수불가결한 존재가 되었고 심지어 왕의 유서에 자녀들의 보호자로 지명되기도 했다.

35. 안쿠스는 24년간 통치했다. 무장으로서 또 행정가로서 그의 명성은 결코 선대왕들에게 뒤지지 않았다. 그의 두 아들은 곧 성인이 될 나이였다. 이런 이유로 타르퀴니우스 — 이제 우리는 루쿠모를 이렇게 부를 것이다 — 는 왕위 후계자의 선출을 가능한 한 서둘러야 한다고 생각했다. 왕의 선출 일자가 공고되었고 그보다 며칠 전 타르퀴니우스는 두 아들을 도시 교외의 사냥터로 내보냈다. 그는 표를 얻기 위해 개인적으로 유세하고 또 대중의 지지를 얻기 위한 선거 연설을 한 첫 번째 인물이라고 한다. 그는 연설에서 외국인이 왕위에 오르려고 한 것은 전례가 없는 일이 아니라고 주장했다. 만약 그가 왕위를 노리는 첫 번째 인물이라면 시민들은 경악할 수도 있고 심지어 분노할 수도 있다. 그러나 그는 첫째가 아니라 세 번째였다. 타티우스는 외국인일 뿐만 아니라 적이기도 했다. 누마는 왕위를 원하지 않았고 로마를 잘 아는 것도 아니었는데도 왕위에 올라달라는 요청을 받았다. "반면에 저는," 타르퀴니우스가 계속 말했다, "부를 획득하자마자 아내와 재산과 함께 여러분들 사이에 정착했습니다. 저는 이곳 로마에서 내가 태어난 도시에서보다 더 많은 세월을 공공 생활을 하면서 보냈습니다. 나는 위대한 교사인 안쿠스 왕으로부터 평시나 전시나 로마의 법률과 종교를 배웠습니다. 왕에 대한 봉사와 의무에 있어서 남들보다 뛰어나게 활동해왔으며 남들에게 관대하게 대한 점만 따진다면 왕 자신도 저를 능가하지 못합니다."

타르퀴니우스의 주장은 근거 없는 게 아니었고 그는 압도적 다수로 시민들의 표를 확보했다. 그는 여러 면에서 뛰어난 성품과 능력의 소유자였다. 그렇지만 왕위에 오른 후에도 그는 왕이 되기 위해 써먹었던 수법을 왕위를 지키는 데에도 그대로 사용했다. 그는 언제나 음모꾼의 기질이 있었다. 그가 원로원 의원의 수를 새롭게 1백 명을 증원한 것은 왕위를 강화하려는 것도 있지만 원로원의 정치적 영향력을 강화하여 자신의 국정을 안정시키려는 의도도 있었다. 이 증원된 의원들은 "덜 유명한 가문들"을 대표하는 세력이었다. 왕 덕분에 신분이 상승되었으므로 이 의원들은 자연히 "왕당파"를 형성하여 모든 일에서 왕을 지원했다.

타르퀴니우스의 첫 번째 원정전은 라틴 인을 상대로 한 것이었다. 그는 아피올라이를 점령했고 소문으로 전해진 것보다 훨씬 많은 전리품을 챙겨서 로마로 돌아왔다. 그는 선대왕들이 했던 것보다 훨씬 더 화려하고 커다란 규모로 공공 게임을 거행했다. 오늘날의 키르쿠스 막시무스(대 원형경기장)가 최초로 구상된 것은 바로 이 게임 때였다. 경기장으로 구획된 땅에는 원로원 의원들과 기사 계급이 앉을 자리(혹은 "높은 대[臺]"라고 부르는 곳)가 따로 배정되었다. 이 높은 대는 버팀목의 지지를 받아서 지상에서 3.6m 정도로 올라와 있었다. 대부분 에트루리아에서 수입해 온 말들과 권투선수들이 오락거리를 제공했다. 그때 이후 게임은 연례 행사가 되었고 로마 게임 혹은 그리스 게임이라고 불렸다. 타르퀴니우스는 포럼 주위의 땅들을 하사하여 개인용 주택이나 가게 혹은 열주(列柱)의 부지로 활용하게 했다.

36. 그러나 도시 전체를 빙 두르는 석벽을 쌓으려던 그의 계획은 사비니 족과의 충돌로 방해를 받았다. 갈등은 예기치 않게 시작되었고 적이 아니오 강을 건너 급습해오는 바람에 로마 군대는 미처 적을 저지하려는 대응을 하지 못했다. 도시는 극도의 불안감을 느끼는 순간들이 있었다. 아무튼 싸움은 어떤 결말도 짓지 못한 채 양측은 엄청난 손상을 입었다. 이어 사비니 족이 철수하자 로마인은 숨 돌릴 여유를 찾고서 새롭게 전투 준비를 할 수 있었다. 타르퀴니우스는 이 기회를 잡아서 로마 군의 주된 약점이라고 생각했던, 기병대의 불충분한 병력 상황을 시정할 마음을 먹었다. 그는 로물루스가 창군한 람네스, 티티엔세스, 루케레스 등의 세 켄투리아 이외에 추가로 네 번째 켄투리아를 창설하여 다른 켄투리아들과 구분하

기 위해 그 자신의 이름을 부대 명으로 사용하자고 제안했다. 과거에 로물루스는 이 세 켄투리아를 창설하기 전에 조점(鳥占: 새를 가지고 점을 치는 것)의 승인을 받았었다. 이러한 전례에 따라 저명한 복점관인 아티우스 나비우스는 군대 편제의 변화나 혁신은 새들이 사전에 승인의 조짐을 내려주지 않으면 할 수가 없다고 주장하고 나섰다.

이에 타르퀴니우스는 벌컥 화를 냈다. "하, 하!" 그는 경멸하는 웃음을 터트렸다. "그렇다면 복점관, 당신에게 묻겠는데 당신의 예언 능력으로 내가 지금 머릿속에서 생각하고 있는 것이 실행될 수 있겠는지 말해보시오." 전설에 의하면 왕이 그렇게 말한 것은 조점의 기능을 비웃으려는 것이었다. 그러나 나비우스는 당황하지 않았다. 그는 그 자리에서 점을 쳤고 왕이 머릿속에서 생각하는 것은 실현될 수 있다는 점괘가 나왔다고 보고했다. "그렇다면 좋소." 타르퀴니우스가 대답했다. "나는 당신이 면도날로 숫돌을 두 쪽으로 벨 수 있다고 생각했소. 가서 숫돌과 면도날을 챙겨서 당신의 새들이 할 수 있다고 한 일을 한번 해 보시오." 믿거나 말거나 나비우스는 단 한순간의 망설임도 없이 그것을 해냈다. 이 놀라운 일이 벌어진 장소, 그러니까 원로원 건물 왼쪽, 집회소 계단에, 머리에 두건을 쓴 나비우스의 동상이 한때 서 있었다. 또 후세에 그 기적을 상기시키기 위해 두 쪽 난 숫돌도 이곳에 보관되었을 것으로 짐작된다.

우리가 이 이야기를 어떻게 생각하든 간에 다음의 사실은 명확하다. 조점과 복점관의 기능이 아주 중시되어 그 후로 평시나 전시나 무슨 중대한 일을 수행하기 전에 점을 치는 것이 필수적인 행사가 되었다. 군대의 사열, 대중의 집회, 공화국에 아주 중요한 일 등은 조점이 승인을 내려주지 않으면 연기되었다. 기병대 증설의 경우, 타르퀴니우스는 기사들의 켄투리아 조직에 아무런 변경도 가하지 않고 그 병력을 두 배로 늘리는 것으로 만족했다. 그리하여 원래의 3개 켄투리아는 이제 1,800명의 대원을 보유하게 되었다. 이때 충원된 병력은 3대 켄투리아 — 람네스, 티티에스, 루케레스 — 의 "후배" 혹은 "두 번째" 기사들로 알려지게 되었다. 오늘날 이 켄투리아는 병력이 두 배로 늘었기 때문에 6개 켄투리아로 알려져 있다.

37. 이어 사비니 족과의 전쟁이 재개되었다. 기병대원의 증원으로 인해 로마 군의 타격 능력은 크게 증가되었다. 이어진 전쟁에서 결정적 역할을 한 것은 뛰어난 전략이었다. 로마 군은 아니오 강둑에 쌓여 있던 마른 나뭇단에 불을 붙여서 불타는 통나무들을 강 속으로 던져 넣었다. 바람이 불어와 통나무들은 계속 불타올랐고 그중 많은 통나무들이 물결을 타고 흘러내려가 나무 기둥 다리에 들러붙어 곧 다리를 불붙게 했다. 교전 중이던 사비니 군에게 그것은 경악할 만한 일이었고 그들의 저항이 무너졌을 때 더욱 우려스러운 일이 되었다. 다리가 불타는 바람에 퇴각로가 막혀 버렸고, 다수의 사비니 병사들이 적을 피해 달아나다가 결국 강물에서 익사했다. 사비니 병사들의 장비는 티베르 강을 타고 흘러내려가 로마에 도착했다. 이렇게 하여 로마시민들은 전령이 승전보를 가지고 오기도 전에 그것을 보고서 승리를 확신했다. 전투 보고서는 로마의 기병대가 특히 공로가 많다고 보고했다. 기병대는 좌우 양 날개에 포진하고 있다가 중앙의 보병이 뒤로 물러나는 위급한 순간에 적의 양쪽 날개를 향해 돌격함으로써 그날의 승리를 확보했다. 기병대의 돌격이 너무나 거셌기 때문에 사비니 족은 의기양양하던 전진이 제지당했고 또 대혼란에 빠지면서 뒤로 후퇴해야 했다.

패주하는 적군의 일부는 언덕 쪽으로 달아나려 했다. 몇몇 병사들은 실제로 그곳에 도착하기도 했지만 내가 이미 말한 것처럼 대부분의 병사는 로마 기병대에 쫓겨서 강물 속으로 들어가 익사했다. 타르퀴니우스는 유리한 상황을 더욱 적극적으로 밀고 나가기로 결심했다. 전리품과 포로들을 로마로 보내고 또 불칸 신에 대한 봉헌으로 노획한 군 장비를 불질러 거대한 모닥불을 만들어 바친 후, 왕은 계속 전진하여 사비니 영토로 들어갔다. 불운한 사비니 인들은 이 두 번째 위협에 어떻게 대응해야 좋을지 곰곰 생각해볼 시간조차 없었다. 일차 패배를 당했으므로 그들은 추가 전투에서 성공을 거둘 희망이 별로 없었다. 그렇지만 그들은 간신히 긁어모은 병력을 이끌고 전투에 나섰다. 그 결과는 어쩔 수 없이 또다시 패배였다. 이번에 그들은 모든 것이 끝났으므로 평화를 호소하고 나섰다.

38. 로마 군은 콜라티아와 그 도시의 남부와 서부 지역을 빼앗았고 로마 왕의 조카인 에게리우스를 그곳에 주둔 부대의 대장으로 남겨두어 감시하게 했다. 나는 콜라티아의 항복 절차는 다음과 같았다는 글을 읽은 적이 있다. 로마 왕이 물었다. "당신네들이 콜라티아의 위임받은 대리인으로서 당신들 자신과 콜라티아 사람들이 항복하려는 뜻을 밝히기 위해 파견된 자인가?"

"그렇습니다."

"콜라티아 사람들은 스스로 결정을 내릴 만큼 자유로운가?"

"그렇습니다."

"당신들은 당신 자신들과 콜라티아 사람들, 그리고 그 도시, 땅들, 하천, 경계석, 사당, 집기, 당신네 신들과 당신 자신에게 활용하기 위해 가지고 있는 모든 것을 나의 손과 로마 시민의 손에 항복하는가?"

"그렇습니다."

"나는 그 항복을 받아들이노라."

전쟁은 끝났고 타르퀴니우스는 로마로 개선했다. 그의 마지막 원정전은 옛 라틴 인들을 상대로 한 것이었다. 대규모 전투가 벌어진 적도 없고 대규모 병력이 교전에 투입된 바도 없었다. 분쟁은 하나씩 하나씩 해결되었다. 도시를 하나씩 차례로 공격하여 함락시켰다. 코르니쿨룸, 피쿨레아, 카메리아, 크루스투메리움, 아메리올라, 메둘리아, 노멘툼 등의 도시들은 옛 라틴 인의 정착촌이거나 아니면 라틴 인의 대의를 따르는 사람들의 정착촌이었다. 타르퀴니우스의 성공은 완벽했고 평화가 돌아왔다.

그러나 그것은 전과는 차이가 있는 평화였다. 로마 왕은 아주 적극적으로 시민들을 각종 토목 공사에 투입하여 그들은 전쟁할 때보다 더 여가가 없었다. 아직 방비가 강화되지 않은 로마 지역의 보호를 위해 계획되었으나 사비니 전쟁으로 중단되었던 석벽 공사도 재개되었다. 포룸 근처의 저지대와 언덕들 사이의 계곡 지대는 비가 많이 오면 홍수가 지기 때문에 티베르 강까지 깊은 배수구를 팠다. 마지막으로 카피톨리움 언덕에 있는 유피테르 신전의 기초 공사가 수행되었다. 타르퀴니우스는 사비니 전쟁 중에 장엄한 유피테르 신전을 건설하겠다는 맹세를 했다. 그리하여 왕이 내다보는 이 유명한 로마 시의 찬란한 미래를 모든 사람이 미리 볼 수 있게 하려는 것이었다.

39. 이 무렵 왕궁에서는 아주 괴기한 일이 발생했는데 아주 놀라운 결과를 가져왔다. 세르비우스 툴리우스라는 어린 소년이 잠을 자고 있는데 그 소년의 머리가 갑자기 불타올랐다. 많은 사람이 그 광경을 목격했다. 이런 놀라운 사건이 가져온 소음과 흥분은 왕과 왕비의 귀에까지 들어갔고 두 사람은 황급히 현장에 나타났다. 한 하인이 양동이에다 물을 퍼 와서 막 소년의 머리에 부으려고 하는데 왕비가 제지했다. 왕비는 주위가 좀 잠잠해지자 그 아이를 깨우지 말고 계속 자도록 내버려 두라고 말했다. 몇 분 뒤 소년은 눈을 떴고 불은 저절로 꺼졌다.

타나퀼은 남들이 엿듣지 않게끔 남편을 구석 쪽으로 데려갔다. "제 말을 잘 들으세요," 그녀가 말했다. "이 아이는 우리가 거지나 별반 다름없이 키우고 있어요. 그렇지만 저 아이는 언젠가 어둠 속의 빛이 되고, 우리 가문이 어려움을 당할 때 우리를 지탱해 줄 거예요. 그러니 이제부터 온갖 정성을 다하여 저 아이를 가르치고 또 보살펴야 해요. 저 아이를 통하여 우리 가문과 로마에 커다란 영광이 찾아올 거예요."

전해지는 이야기에 의하면 그 소년은 그 순간부터 왕가 혈통의 왕자 대접을 받았고 왕자의 교육을 받았다. 그것은 하늘의 뜻이었고 모든 것이 잘 되어 나갔다. 그는 시간이 흘러갈수록 진정한 왕가의 혈통을 지닌 남자로 성장했고 타르퀴니우스가 그의 배필을 찾았을 때, 로마에는 배필이 될 만한 여자가 없어서 왕은 자신의 딸을 세르비우스에게 주었다.

그러나 우리가 이 독특한 영예를 어떻게 설명한다고 해도 그에게 주어진 영예가 너무나 크기 때문에 세르비우스와 그의 어머니가 한때 노예였다는 사실은 믿기가 어렵다. 이 문제를 설명해주는 또다른 이야기가 있는데 내가 볼 때 그것이 더 신빙성이 있다. 세르비우스 툴리우스라는 어떤 남자는 코르니쿨룸의 왕자였는데 그 도시가 로마 군에게 함락될 때 전사했다. 남편의 사망 당시 임신 중이었던 그의 아내는 다른 포로들 사이에 끼여 있었으나 신분이 결국 노출되었다. 로마 왕비는 그녀의 지위에 대한 배려로 노예의 치욕을 면제해주고 왕궁에 들어와 살게 했는데 거기서 아들을 출산했다. 왕비의 관대한 처분으로 두 여인 사이에는 우정이 싹텄고 그 소년은 왕궁에서 어려서부터 자라다가 곧 총명한 처신으로 사람들의 사랑을 받았고 앞으로 크게 될 인물로 널리 평가받았다. 그가 여자 노예의 자식이었다는 얘기는 그의 불운한 어머니가 전쟁 포로였다는 사실에서 나온 것이다.

젊은 세르비우스 툴리우스는 왕뿐만 아니라 로마 사회의 여러 계급의 사람들로부터 존경을 받았고 그런 존경심은 날이 갈수록 높아졌다. 마침내 그는 국가에서 가장 저명한 사람들 중 하나가 되었다.

40. 타르퀴니우스의 통치 38년차에 갈등이 시작되었다. 타르퀴니우스의 선왕인 안쿠스의 두 아들은 타르퀴니우스가 그들의 보호자이던 시절에 그들을 도시 밖으로 미리 내보내 그들의 권리를 박탈한 술수에 대하여 깊은 반감을 품고 있었다. 그들이 볼 때 일개 이민자로서 이탈리아 본토인

도 아닌 자가 로마의 왕이 되었다는 사실도 참담하지만 앞날의 전망은 그보다 더 참을 수 없는 것이었다. 현재 상황으로 보아 타르퀴니우스가 사망하면 왕위는 정당한 후계자인 그들에게 돌아오는 것이 아니라 노예의 손에 들어가게 되어 있었다. 그것은 정말로 지옥 같은 일이었다. 노예 여자의 아들인 세르비우스가 1백 년 전만 해도 로물루스가 누렸던 그런 권력을 소유할 판이었다. 로물루스가 누구인가. 신의 아들이고 또 거룩한 존재가 아닌가. 안쿠스의 두 아들이 아직 멀쩡하게 살아있는데 외국인이면서 노예인 자가 로마를 다스린다면 그야말로 왕가 혈통에 대한 모욕이면서 로마의 이름에 치욕이 될 것이었다. 그들은 적개심에 몸을 부르르 떨었고 절망적인 수단을 취할 수밖에 없었다. 오로지 칼만이 로마를 치욕으로부터 구제할 수 있는 것이다.

그들의 주된 희생 목표는 세르비우스가 아니라 타르퀴니우스였는데 거기에는 훌륭한 이유가 있었다. 첫째, 왕이 살해 음모로부터 살아난다면 왕은 신하가 복수하려는 마음보다 더 큰 복수의 의지와 능력을 보일 것이었다. 둘째, 만약 세르비우스가 살해된다면 왕은 다른 사위들 중 한 사람을 선택하여 그에게 후계자 자리를 맡길 수 있었다. 그리하여 안쿠스의 두 아들은 왕을 살해할 계획을 세웠고 극악한 성격의 시골 남자 두 사람을 하수인으로 선택했다.

이 하수인들 ─ 목동이었는데 ─ 은 그들이 즐겨 사용하던 거친 목동 장비로 무장하고서 왕궁의 출입문 앞에 나타났다. 그들은 곧 싸움을 벌이는 척하면서 고성을 내질렀고 이러한 소란에 왕궁의 수행원들은 무슨 일인가 알아보기 위해 그들 주위에 모여들었다. 두 악당은 교대해 가면서 고래고래 큰 목소리로 왕에게 호소하는 말을 내질렀고 마침내 그들의 고함 소리가 왕궁의 내실까지 흘러들어가자 그들은 어전에 소환되었다. 왕의 앞에서도 그들은 서로 소리를 질러대려 했고 마침내 왕의 릭토르가 더 이상

참지 못하고 앞에 나섰다. 그는 두 악당을 제지하면서 한 번에 한 사람씩만 말하라고 지시했다. 그러자 첫 번째 악당이 미리 짜진 각본에 따라 자신의 억울한 사연을 호소하기 시작했고, 왕이 그의 말을 잘 들으려고 하자 왕의 뒤에 있던 두 번째 악당이 도끼를 들어서 왕의 머리를 내리쳤다.

41. 죽어가는 타르퀴니우스는 수행원들의 부축을 받았고 그 즉시 도망치던 악당들은 릭토르들에 의해 체포되었다. 왕궁 내에 일대 소란이 벌어졌다. 무슨 일인지 알아보기 위해 흥분한 군중이 몰려들었다. 타나퀼은 왕궁의 모든 문들을 닫으라고 명령했다. 이어 그녀의 행동을 보지 못하게 주위 사람들을 물리친 후에 그녀는 아직도 왕의 목숨을 살릴 희망이 있는 척하면서 상처를 치료하기 시작했다. 동시에 그녀의 그런 계획이 실패로 돌아갈 때를 대비하여 몇 가지 사전 조치를 취했다. 몇 분 뒤 그녀는 세르비우스를 데리고 오라고 사람을 보냈다. 세르비우스가 입궁하자 그녀는 그의 손을 잡으면서 이제 빈사 상태에 있는 왕에게로 그녀의 시선을 돌리며 애원했다. 이 암살을 복수하지 않고 그대로 놔두어서는 안 되고, 또 그녀를 미워하는 사람들 사이에서 그녀가 경멸의 대상이 되도록 해서는 안 된다고 말했다.

"세르비우스," 그녀가 소리쳤다. "당신이 남자답게 행동한다면 왕위는 당신의 것이오. 이런 유혈 낭자한 짓을 저지른 자들의 것이 되어서는 절대로 안 됩니다. 오래 전에 천상의 불꽃으로 이루어진 작은 원을 보내어 당신의 머리에 왕관이 돌아갈 것이라고 선언한 신들을 따르시오. 그런 신성한 불꽃의 기억을 되살리면서 어서 행동에 나서시오. 이제 시간이 되었습니다. 당신은 깨어나야 합니다. 당신의 근원은 잊어버리고 당신의 능력, 당신의 남자다움만 기억하십시오. 뭐라고요? 갑작스러운 충격으로 정신이 멍하다고요? 그게 무슨 문제입니까? 내가 시키는 대로 하십시오. 그러면 모든 일이 잘 될 것입니다."

한편 거리의 소음과 흥분은 통제 불능의 상태로 빠져들었다. 왕비는 유피테르 스타토르(보호자인 유피테르) 신전 근처에 있는 왕궁의 윗방으로 황급히 달려가서 새로 조성된 거리를 내려다보는 창문을 활짝 열고서 대중을 상대로 연설을 했다. 우선 흥분하지 말 것을 주문했다. 왕은 일격을 받아 기절했을 뿐이고 그나마 찰과상이라고 말했다. 왕은 이미 의식을 회복했다. 상처는 깨끗이 씻어내고 처치를 했으므로 회복을 자신할 수가 있다. 앞으로 며칠만 지나면 당신들이 직접 왕의 모습을 볼 수 있을 것이다. 그러면서 그녀는 시민들에게 세르비우스에게 대한 절대 충성을 호소했다. 세르비우스는 정의를 수호할 것이고 모든 면에서 왕을 대리하게 될 것이다.

세르비우스는 이제 대중 앞에 나설 때 하얀색에 자주색 장식의 자의(紫衣)를 입었고 또 릭토르들의 호위를 받았다. 그는 왕의 옥좌에 앉아 소송 건을 재판했는데 어떤 건은 즉시에서 재결했고 어떤 것은 왕에게 문의한 후에 결정을 내리겠다고 말했다. 그는 이런 식으로 왕의 사망을 며칠 간 은폐하면서 자신은 왕의 대리인으로 임시 통치를 하고 있다고 하면서 실제로는 그의 지위를 계속 강화했다. 두 명의 하수인이 체포되고 타르퀴니우스는 살아 있으며 세르비우스가 난공불락의 지위에 올랐다는 소식을 들은 안쿠스의 두 아들은 수에시아 포메티아로 물러가서 자발적인 유배의 삶을 살았다.

42. 세르비우스는 왕위에 대한 지배력을 높이는 사적이고 공적인 조치들을 계속 취했다. 죽은 타르퀴니우스의 두 아들 루키우스와 아룬스가 선왕을 증오했던 안쿠스의 두 아들만큼 세르비우스의 권위에 도전해 올 수도 있었다. 그래서 이런 위협을 사전에 제거하기 위하여 세르비우스는 자신의 두 딸을 선왕의 두 아들과 결혼시켰다. 그러나 슬프다! 운명은 전능하고 사람은 그 운명을 비켜갈 힘이 없구나. 세르비우스가 그 어떤 조치를 취해도 왕권에 대한 질투심이 점점 더 강해지는 것을 막을 수 없었다. 심지

어 왕가의 가족들 사이에도 그 질투심이 너무나 강해져서 왕궁은 곧 음모와 배신의 온상이 되었다.

그러나 왕권에 대한 새로운 도전은 휴전 기간이 끝난 베이이나 다른 에트루리아 공동체들과의 전쟁 때문에 적절한 시점에 예방되었다. 세르비우스는 아주 유능하고 성공적인 사령관이었다. 그는 아주 막강한 적의 군대를 상대로 완벽한 승리를 거두고서 로마로 개선했기 때문에 사회의 모든 계층에서 왕에게 충성을 바칠 것이라는 점은 의심의 여지가 없었다. 그의 왕위는 더욱 안전하게 확보되었다.

바로 이 시기에 그는 로마 공동체에 가장 중요한 공헌이 되는 조치를 취했다. 비록 성공을 거둔 분야는 달랐지만 그 공로는 누마의 그것에 비교할 만했다. 누마는 종교 제도의 확립에 심혈을 기울였다. 반면에 세르비우스는 지위와 재산의 정도에 따라 사회를 조직함으로써 정치적 명성을 얻게 되었다. 그는 인구조사를 처음으로 실시했는데, 로마처럼 장래에 찬란한 대국으로 성장할 국가에 아주 유용한 조치였다. 인구조사를 통하여 평시에나 전시에나 공공 서비스가 재산의 정도에 따라서 일정하게 조직될 수 있었다. 모든 시민은 그 자신의 수입에 따라서 국가 개정에 기여하게 되었다. 로마의 인구는 인구조사를 바탕으로 한 기준(전시와 평시에 똑같이 적용)에 의거하여 계급과 "켄투리아"로 나뉘었다. 그 기준은 다음과 같다.

1. 재산 가치가 10만 아스(as: 처음에는 1파운드 무게 상당의 구리와 같은 가치였으나 점차 줄어들어서 마침내 36분의 1 상당의 가치에 이르렀음: 옮긴이) 이상으로 평가되는 사람들로 80개의 켄투리아를 구성하는데 그 중 40개는 "상급"이고 나머지 40개는 "하급"으로 분류되었다.(상급과 하급은 나이로 구분하는 것인데 상급은 46세 이상이고 하급은 17~45세이다: 옮긴이) 이 집단은 통틀어서 제1계급이라고 했다. 상급은 민방위를 맡고 하급은 야전에서 실제로 참전했다. 이 계급의 사람들은 전원 투구, 둥근 방패, 정강이 받이, 흉갑

등을 자비로 마련해야 되었다. 방어용 갑옷은 청동으로 된 것이었다. 공격용 무기는 칼과 창이었다. 이 계급에 2개의 토목기술자 켄투리아가 배속되었다. 이 켄투리아의 임무는 전투에서 공성기계를 건설하고 운영하는 것이었다. 기술자들은 무장을 하지 않았다.

2. 제2계급은 재산이 10만 아스에서 7만 5천 아스 사이의 사람들로 구성되었다. 여기에는 상하급의 20개 켄투리아가 배정되었는데 제1계급과 똑같은 무구를 준비해야 되었으나 흉갑은 제외되었고 둥근 방패 대신 기다란 방패를 준비했다.

3. 제3계급은 재산이 5만 아스 이상인 사람들로 구성된다. 제2계급과 동일한 상하급의 20개 켄투리아로 구성되고, 똑같은 무구를 준비해야 되었다. 단 정강이 받이는 제외되었다.

4. 제4계급은 재산이 2만 5천 아스 이하. 20개 켄투리아. 준비해야 하는 무구는 창과 긴 창뿐이다.

5. 제5계급은 재산이 1만1천 아스 이상. 이 계급은 20개가 아니라 30개 켄투리아로 구성되었다. 무구는 새총과 돌. 이 계급에 나팔수와 트럼펫 수로 구성된 두 개 켄투리아가 배정되었다.

6. 1만 1천 이하인 사람들 — 나머지 시민들 — 은 단 하나의 켄투리아로 구성되고 군복무에서 면제된다.

1-5계급은 재산의 상태에 따라서 차등으로 보병들의 무구를 제공했다. 보병 이외에, 기병 혹은 "기사들"의 재조직이 있었다. 세르비우스는 총 12개 기병 켄투리아를 창설했는데 아주 저명하고 부유한 시민들로 구성되었다. 이외에 6개의 기병 켄투리아(이중 셋은 로물루스가 창설)가 있었는데 모두 예전에 부여되었던 오래된 부대 이름을 사용했다. 각 기병 켄투리아는 국고에서 1만 아스를 지원받아서 말을 구입하는데 사용했고, 또 말의 사료와 유지비로 부유한 과부들로부터 거출한 연간 2천 아스를 지원

받았다.

(켄투리아는 이론적으로 1백명의 병사로 구성된 중대를 뜻했고 이 중대장을 켄투리온 혹은 백부장이라고 했다. 그러나 실제에 있어서 Comitia Centuriata의 켄투리아는 숫자가 일정하지 않았고, 각 켄투리아의 투표권은 다른 켄투리아의 규모가 아무리 크더라도 똑같이 한 표였다. 고대 로마의 역사에서 국민회의는 1인 1표로 운영된 적이 없었다. 단위 투표가 기준이었는데 켄투리아 회의[Comitia Centuriata]일 때에는 켄투리아가 투표 단위가 되고, 부족 회의[Comitia Tributa]일 때에는 부족이 단위가 되었다. 켄투리아는 193개가 있었고, 부족은 35개가 있었다. 단위 투표는 부자, 연장자, 농촌의 지주 등에게 지나친 가중치를 부여하는 경향이 있었다: 옮긴이)

가난한 자들은 재정적 기여 의무에서 면제되었고 그리하여 모든 재정적 부담은 부자들의 어깨에 돌아갔다. 그렇지만 부자들은 정치적 특권으로 보상을 받았다. 로물루스 시절 이래로 1인1표의 동등한 투표권은 폐지되었고 그 대신 차등적인 투표권으로 대체되었다. 이것은 명목상으로는 모든 시민에게 투표권을 주는 효과를 냈지만 실제로는 모든 권력이 기사 계급과 제1계급의 손에 넘겨주는 것이 되었다. 투표가 필요할 때, 그 절차는 먼저 기사 계급을 소환하고 이어 제1계급의 80개 켄투리아를 소환했다. 의견이 불일치되는 아주 희귀한 경우에, 제2계급도 투표에 소환되었다. 일반적으로 그 정도까지 가면 투표 절차는 충분히 마감이 되었고 그 이하 계급으로 투표 절차가 내려가는 경우는 별로 없었고 최하위인 제5계급으로 내려가는 일은 아예 없었다.

로마 부족의 숫자가 35개로 증가하고 또 상하급으로 나누면서 두 배로 늘어난 오늘날의 조직은 세르비우스 툴리우스가 설정한 전체 조직과 일치하지 않는데, 이는 별로 놀랄 만한 일은 못된다. 세르비우스는 시민들이 거주하는 지역과 언덕을 기준으로 4개 지구로 나눈 다음 그것들을 "부족(tribes)"라고 불렀다. 나는 이 용어가 세금(tribute)에서 나왔다고 생각한다.

또 세르비우스는 각 시민의 "공여 금액"을 인구조사의 기준에 따라서 배정했다. 이 부족들은 켄투리아의 숫자나 분배와는 아무런 상관이 없다.

44. 인구조사 작업의 완료를 촉진하기 위하여 인구 통계에 등록하기를 거부하는 자에게는 구금 혹은 사형으로 징벌하는 법률이 통과되었다. 인구 조사 작업이 끝나자 왕은 모든 계급의 로마 시민들이 켄투리아 별로 새벽녘에 캄푸스 마르티우스에 집합하라는 포고를 내렸다. 그곳에서 돼지, 양, 소를 잡아서 희생으로 바치며 세정 제의가 거행되었는데, 그 의식을 가리켜 "세정식에 의한 마무리"라고 했다. 그것은 인구조사 작업이 완료되었음을 공식적으로 알리는 행사였다. 가장 오래된 역사가인 파비우스 픽토르에 의하면 최초 등록에 8만 명이 이름을 올렸다고 하는데, 무기를 들수 있는 남자의 숫자이기도 하다.

이 무렵 로마의 인구는 너무나 급격히 팽창하여 세르비우스는 도시의 경계를 더욱 넓히기로 결정했다. 그는 퀴리날리스와 비미날리스의 두 언덕 지역을 새로 로마 시에 편입했고 그 후에 에스퀼리아이 언덕 지역도 새로 로마 시로 편입시켰는데, 이 지역을 활성화하기 위해 왕 자신이 그곳으로 이사를 갔다. 그는 참호, 축성, 성벽 등을 건설하여 도시의 방어를 강화했다. 이렇게 하는 과정에 당연히 포메리움(pomerium)이 확장되었는데 이용어에 대해서는 좀 더 설명이 필요하다. 이 용어의 문자적 의미는 "성벽 뒤의" 가늘고 기다란 땅이라는 뜻이다. 좀 더 구체적으로 말해 보자면 성벽 양쪽의 가늘고 기다란 땅이다. 고대 에트루리아 인들은 새로운 정착촌을 건설하면 여기서 복점 의식을 거행하여 이곳을 거룩한 땅으로 만들었다. 이 땅은 성벽의 진행 방향을 따라 그 양쪽 옆에 조성한 폭 좁은 땅이다. 그 목적은 성벽 안쪽에 건물들을 못 짓게 하려는 것이었고(물론 오늘날에는 대체로 성벽까지 바싹 붙여 집을 짓고 있다), 성벽 바깥쪽이 사람들의 통행으로 오염되는 것을 막으려는 것이었다. 이처럼 성벽 안쪽에서는 집을 지어서도 안 되고, 바깥쪽에서는 농사를 지어서는 안 되는 좁고 가느다란 땅을 로마인들은 "포메리움"이라고 불렀다. 그것이 성벽 뒤에 있기도 하고 동시에 성벽이 그것 뒤에 있기도 하기 때문이었다. 그러나 도시의 경계가 확장되어 성벽 내의 지역을 늘여야 할 필요가 있을 때에는, 이 성스러운 포메리움도 그에 따라 바깥으로 밀려났다.

45. 로마는 이제 아주 번창하는 조건을 누리고 있었다. 도시의 크기는 꾸준히 늘어났다. 내부적인 일들은 평시와 전시의 모든 요구사항들에 부응하여 만족스럽게 해결되었다. 이런 상황에서 왕은 다음 두 가지 목적에 봉사할 프로젝트를 계획했다. 첫째, 도시의 건축적 장엄함을 드높일 건물들을 짓는다. 둘째, 늘 무력에 의존하는 것이 아니라 다른 방법으로도 도시의 영향력을 확대한다. 우리가 기술하고 있는 이 시점에 이르러, 에페소스의 디아나 신전은 이미 유명했고 그 신전은 아시아 공동체들의 긴밀한 협력에 의해 지어졌다는 보고가 전해졌다. 세르비우스는 라틴 귀족들과 개인적 우정을 돈독히 하면서 그 나라와 선린 관계를 유지했다. 이어 기회가 있을 때마다 그들이 듣는 데서 아주 감동적인 어조로 아시아 여러 도시들 사이의 정서적 조화와 종교적 예배의 일치를 찬양했다. 그는 이런 얘기를 계속 하더니 마침내 상대방을 설득하는데 성공했다. 라틴 인들이 로마인과 협력하여 디아나 신전을 지었던 것이다. 이것은 패권을 두고 다투어 온 양국의 오랜 갈등이 마침내 끝났다는 표시였다. 로마는 상호간의 동의에 의해 수도가 되었다. 라틴 인들은 로마와의 싸움에서 너무 자주 패한 나머지 그런 싸움에 대해서는 더 이상 관심이 없는 것처럼 보였다. 그러나 한남자 — 사비니 인 — 는 그의 나라를 전쟁에 끌어넣지 않고서도 권력을 회복할 수 있는 기회를 보았다(혹은 보았다고 생각했다). 사비니 영토 내의 어떤 농장에 아주 크고 아름다운 암소가 한 마리 있었다. 아주 놀라운 암소여서 여러 세대가 지나가도록 사람들이 기억을 했다(그 암소의 뿔은 결국

디아나 신전의 현관에 걸리게 되었다). 그 뿔은 이미 오래 전부터 이 지상의 것이 아닌 듯한 거룩한 분위기를 풍겨 왔다. 그런데 그 암소의 뿔을 디아나 신전에 희생으로 바치는 시민들의 국가에게 제국의 권력이 돌아갈 것이라는 예언이 널리 퍼져 있었다. 그리고 신전의 제관은 이 예언을 듣게 되었다.

내가 방금 말한 사비니 남자는 적당한 기회를 보아서 그 암소를 로마의 디아나 신전으로 몰고 와서 그것을 제단까지 데려갔다. 로마의 제관은 말로 많이 들었던 그 커다란 암소를 존경의 눈빛으로 바라보면서 전에 들었던 예언을 기억해 냈다.

"낯선 이여," 제관이 말했다. "당신은 무엇을 생각하고 있는가? 세정 의식을 거행하지도 않고 그 암소를 디아나에게 희생으로 바칠 생각은 아니겠지? 그러자면 의식 거행 전에 흐르는 물에 가서 목욕재계를 해야 하오. 저기 티베르 강이 흐르는 계곡에서."

낯선 이는 종교적인 사람이었고 그 경고를 가슴 깊이 새겨들었다. 의식 절차를 소홀히 하여 예언의 실현을 망치는 일이 없어야 하므로 그는 그 절차를 하나라도 빼놓고 싶은 생각이 없었다. 그는 모든 것을 완벽하게 이행하고 싶은 마음에 서둘러서 강가로 내려갔다. 그가 없는 틈을 타서 로마 제관은 그 암소를 그 자신이 직접 희생으로 바쳤다. 왕을 포함하여 모든 로마 사람이 기뻐했다.

46. 이 무렵 세르비우스는 오랜 관행에 의해 왕위에 대한 권리를 결정적으로 확보해 놓고 있었다. 그렇지만 그는 자신의 지위를 더욱 강화해야겠다고 결심했다. 타르퀴니우스의 아들이 그가 대중의 투표를 받아 왕이 된 것이 아니라는 사악한 소문을 퍼트리고 있었던 까닭이다. 세르비우스는 그렇게 말하는 속뜻을 잘 알고 있었다. 왕은 그에 대응하여 평민들의 호의를 이끌어낼 목적으로 먼저 전쟁으로 획득한 땅을 개인 소유주에게 나

누어 주었고, 이어 그의 왕위 승계 권리에 대하여 대중의 투표를 요청하는 과감한 조치를 취했다. 그는 전례 없는 압도적 다수로 왕으로 선포되었다.

타르퀴니우스는 세르비우스의 성공에도 불구하고 기가 꺾이지 않았다. 오히려 왕위에 올라야겠다는 그의 야망은 전보다 더 활활 불타올랐다. 그가 이런 태도를 취하는 한 가지 이유는 토지 분배가 원로원의 승인을 받지 않았기 때문이었다. 젊은 타르퀴니우스는 그 사실로 세르비우스를 매도할 수 있었고 또 원로원 내의 영향력을 강화할 수 있었다. 또다른 이유는 야심만만한 그의 성격이었다. 그의 아내 툴리아 또한 남편의 야망을 잠재우려고 애쓰는 그런 여자가 아니었다. 고대 그리스에서 여러 왕가가 비극의 소재가 되는 범죄를 저질렀다. 이제 로마는 그와 똑같은 길을 걸어가게 될 것인데 결과는 헛된 비극으로만 끝나지는 않는다. 왜냐하면 그 범죄가 자유를 숭상하고 왕정을 미워하는 공화정을 가져올 것이고, 범죄 행위로 얻은 왕위는 이제 더 이상 차지할 사람이 없을 것이기 때문이다.

타르퀴니우스 — 혹은 루키우스 타르퀴니우스는 타르퀴니우스 프리스쿠스의 아들 혹은 손자인데(아마도 전자일 것이다) — 에게는 온화한 성격의 젊은이인 아룬스라는 형제가 있었다. 두 형제는 내가 앞에서 말한 것처럼, 세르비우스의 두 딸과 결혼했다. 두 딸의 이름은 똑같이 툴리아이나 성격은 정반대였다. 이 두 야심만만한 사람, 즉 타르퀴니우스와 동생 툴리아가 처음부터 부부가 아니었던 점은, 내가 볼 때 로마의 행운이 아닐 수 없다. 로마는 그로 인해 어느 정도 유예 기간을 얻었기 때문이다. 세르비우스의 통치 기간은 몇 년 더 연장이 되었고 로마의 문명은 발전할 수 있었다.

동생 툴리아는 남편 아룬스의 허약함에 대하여 심한 창피를 느꼈고 그의 야망과 열정 부족을 정말로 한심하다고 생각했다. 그리하여 그녀의 모든 열정은 타르퀴니우스에게로 향했다. 그는 그녀의 영웅이었고 진정한 남자, 진정한 왕자의 이상이었다. 훌륭한 남편을 아내의 용기로 지원하지 못하는 언니를 경멸했다. 악은 자석처럼 사람을 끌어당기는 힘이 있다. 같은 것은 같은 것을 끌어당긴다고 타르퀴니우스와 동생 툴리아는 서로에게 자석처럼 매혹되었다.

범죄로 가는 길에서 첫 걸음을 내디딘 것은 여자였다. 그녀와 형부 사이에 속삭임이 오고갔다. 그들의 은밀한 만남은 점점 빈번해졌고 그들의 대화는 거침이 없어졌다. 곧 그녀는 형부의 귀에다 언니와 아룬스를 노골적으로 비난했다. 타르퀴니우스는 한 사람은 그의 형제고 다른 사람은 그의 아내라는 걸 뻔히 알면서도 툴리아의 그런 말을 그대로 내버려 두었다. 그녀가 말했다. "당신과 나는, 안 어울리고 어리석은 결혼에 매여 있기보다는 차라리 독신이 되는 것이 더 나아요. 이 결혼에서 우리는 비겁한 배우자 때문에 희망 없는 무기력 속에서 인생을 낭비하고 있을 뿐이에요. 아! 신이 내게 합당한 남편을 내려준다면, 나는 내 집에서 우리 아버지의 집에서 보고 있는 왕관을 볼 수가 있을 텐데."

이 과감한 언사는 그에 응답하는 불길을 불러일으켰다. 두 명의 남녀가 잇달아서 죽음을 맞이했고 타르퀴니우스는 홀아비, 툴리아는 과부가 되었다. 죄를 지은 남녀는 곧 결혼했다. 왕은 그 결혼을 말리지도 않았지만 그렇다고 승인하지도 않았다.

47. 그 날로부터 이제 노인이 된 세르비우스는 점점 커지는 위험 속에서 살았다. 그의 사악한 딸은 곧 하나의 범죄가 또다른 범죄를 유도한다는 것을 발견했다. 두 번의 살해가 헛된 것이 되지 않기 위해서, 그녀는 남편을 밤낮없이 졸랐다. "내가 그냥 남편이라고 부르면서 그와 함께 묵묵히 노예 상태를 견디려고 남자를 원했던 건가요? 아니에요! 나는 자신이 왕관을 거머쥘 가치가 있다고 생각하는 남자, 그의 아버지가 왕이었음을 기억하는 남자, 희망 속에서 나른한 삶을 살기보다는 왕위에 올라 통치하기를 바라는 남자를 원했어요. 당신이 진실로 결혼할 가치가 있는 남자라면

나는 당신을 나의 남편, 나의 왕으로 경배하겠어요. 만약 그렇지 않다면 나는 죄인일 뿐만 아니라 비겁자인 남자와 결혼하기보다는 예전 상태 그대로 있는 게 더 나을 뻔했어요. 어서, 당신이해야 할 일을 하세요! 당신은 당신 아버지처럼 코린토스 혹은 타르퀴니에서 온 타관 사람이 아니에요. 외국의 왕관을 얻기 위해 애쓸 필요도 없어요. 그건 이미 당신의 것이에요 당신 집안의 수호신들이 당신을 왕으로 선언했어요! 당신 아버지의 흉상, 그의 왕궁, 그의 옥좌, 그의 이름과 당신의 이름, 이 모든 것이 당신의 소유예요. 왜 그걸 차지하려고 하지 않나요? 그렇다면 왜 거짓된 행동을 계속하고 있나요? 왜 사람들이 당신을 왕자로 보는 걸 그냥 내버려 두나요? 차라리 당신 아버지가 아니라 당신 형제처럼 꼬리를 내리고 타르퀴니나 코린토스로 물러가는 게 더 좋을 거예요. 오래 전 당신의 선조들이 가난하게 살았던 것처럼 가난하게 사는 게 더 나을 거예요.”

아내의 비난에 자극을 받은 타르퀴니우스는 행동에 나섰다. 툴리아는 타나퀼의 성공 사례를 생각하면 가슴이 쓰렸다. 그녀는 타나퀼 이상으로 성공해야겠다고 마음먹었다. 외국인인 타나퀼이 두 번이나 왕위 계승 ― 한번은 남편에게, 다른 한 번은 사위에게 ― 에 영향력을 행사했는데, 혈통상 공주인 그녀 자신이 왕의 옹립 혹은 양위에 아무런 영향력을 행사하지 못한다는 것은 참을 수 없는 일이었다. 타르퀴니우스는 아내의 광적인 야망에 저항할 수 없었다. 곧 그는 자신이 해야 할 일을 서둘렀다. 귀족 가문들 ― 특히 “중요도가 떨어지는” 가문들 ― 을 들락거리면서 그들의 지지를 호소했다. 그는 그의 아버지가 그들에게 내려준 혜택을 상기시켰고 이제 그들의 감사 표시를 보여줄 때라고 말했다. 젊은 사람들에게는 돈을 미끼로 제공했다. 그는 세르비우스를 매도했고 자신이 왕위에 오르면 지상에 천국을 건설하겠다고 약속했다. 그를 지원하는 세력이 커져갔다. 어디에서나 그의 영향력이 커졌고 마침내 적절한 때가 되었다고 판단하고서 그는 무장 근위대를 데리고 포룸으로 쳐들어갔다. 그것은 마른 하늘에 날벼락 같은 것이었다. 그러나 더 나쁜 일이 벌어지려 했다. 그는 원로원 앞에 있는 왕의 옥좌에 앉아서 소리치는 전령꾼을 보내 의원들에게 타르퀴니우스 왕 앞에 나타나라는 명령을 내렸다. 그들은 즉시 달려왔다. 일부는 사전 약속이 되어 있었고 일부는 후환을 두려워하여 감히 출두를 거부하지 못했다. 모든 시민들이 이런 갑작스럽고 비상한 사태 발전에 깊이 동요했고 세르비우스는 이제 끝났다고 확신했다.

집합한 원로원 의원들에게 타르퀴니우스는 왕의 이름에 먹칠하면서 그의 출신 배경에 경멸감을 표시했다: 그는 노예였고 노예의 아들이었다. 타르퀴니우스 아버지의 치욕스러운 죽음 이후에 그가 왕위를 찬탈했다. 관례적인 인테르레그눔(왕위 궐위 기간)은 무시되었다. 선거도 없었고 원로원의 비준을 받은 대중의 투표도 없었으며 오로지 한 여인의 꾀로 왕위가 그의 손으로 넘어갔다. 천하게 태어난 데다 천한 방법으로 왕관을 쓴 그는 그가 소속된 하수구의 천한 자들만 친구로 사귀었다. 그가 감히 넘볼 수 없는 귀족들을 증오하면서 부자들의 재산을 빼앗아 부랑자들에게 주었다. 공동체 전체가 공유했던 모든 부담을 부자와 유명인사의 어깨에 올려놓았다. 인구조사의 유일한 목적은 부자의 재산을 알아내어 약탈한 후 가난한 자에게 선물로 주자는 것이고 그게 아닐 경우에는 사람들의 질시나 불러일으키려 했다.

타르퀴니우스가 이처럼 세르비우스 왕의 비행을 질타하고 있을 때, 왕에게 보고가 들어갔고 왕은 경악하고 분노하면서 즉시 현장으로 달려왔다.

48. 원로원의 앞뜰에 서서 왕은 큰 목소리로 연설하는 자의 말을 가로막았다.

"타르퀴니우스," 왕이 소리쳤다. "이게 무슨 짓인가? 내가 살아있는데 감히 원로원 의원들을 소집하고 나의 옥좌에 앉아 있다니!"

"이 옥좌는 내 아버지의 것이오," 그가 오만하게 대답했다. "왕의 아들은 노예의 아들보다 더 좋은 왕위 후계자요. 우리는 당신이 주인들을 오랫동안 조롱하고 모욕하는 걸 내버려 두었던 것이오."

혼란이 뒤따랐다. 어떤 자는 타르퀴니우스를 위해 소리쳤고, 어떤 자는 세르비우스를 지지하고 나섰다. 군중이 원로원으로 쇄도했다. 싸움이 곧 벌어질 기세였고 그 싸움의 승자는 왕위의 소유자가 될 게 분명했다.

타르퀴니우스는 이제 너무 나아가서 뒤로 물러설 수가 없었다. 그로서는 모 아니면 도였다. 그는 젊고 힘이 셌기 때문에 늙은 세르비우스의 멱살을 잡고서 원로원에서 강제로 끌어내어 그를 계단 아래 거리로 내던졌다. 이어 원로원으로 되돌아와 동요하는 원로원 의원들을 진정시켰다. 왕의 하인들과 수행원들은 현장에서 달아났다. 왕은 절반쯤 정신 나간 채로 수행원의 부축도 없이 왕궁으로 돌아가던 중에, 타르퀴니우스의 자객들에게 붙잡혀서 살해되었다. 그 암살은 툴리아의 제안에 따라 실행된 것으로 생각되고 있다. 그런 범죄는 그녀의 사악한 성격에서 크게 벗어나는 것이 아니었다. 모든 사람이 그녀가 아주 뻔뻔스럽게도 무개 마차를 타고 포룸으로 달려갔다고 동의한다. 원로원에 도착한 그녀는 맨 처음으로 남편을 국왕 폐하라고 불렀다. 타르퀴니우스는 군중들이 위험한 행동을 할지 모르니 집으로 돌아가라고 그녀에게 말했다. 그래서 그녀는 마차를 돌려서 출발했고, 최근까지 디아나 사당이 서 있던 키프러스 거리 끝에서 마부는 오른쪽으로 방향을 틀어서 에스퀼리아이 언덕으로 가기 위해 우르비아 언덕을 올라갔다. 그때 마부는 깜짝 놀라면서 마차를 세우고서 도로 상에 갈가리 찢긴 채 널부러져 있는 세르비우스의 시체를 가리켰다. 이어 짐승 같은 비인간적 행위가 저질러졌다. 역사는 그 사건을 기억하여 그 거리를 '범죄의 거리'라고 명명했다. 전해지는 이야기에 의하면, 죽은 언니와 형부의 복수하는 귀신에 의해 광기에 내몰린 미친 여자는 아버지의 시체 위로 마차를 굴려서 지나갔다. 시체에서 튀어 오른 피가 그 여자의 옷과 마

차를 더럽혔고, 살해된 왕의 음울한 흔적이 그 피 묻은 마차 바퀴에 의해
그녀 부부가 사는 집까지 따라왔다. 그 집의 수호신들은 이 사건을 잊지 않
을 것이었다. 신들은 사악한 방식으로 시작된 통치에 분노하면서 그 음산
한 시작에 못지않은 음침한 종말이 따라 나오도록 할 것이었다.

세르비우스 툴리우스의 통치는 44년간 지속되었다. 훌륭한 통치 기간
이었고 그 뒤의 가장 뛰어나고 겸손한 후계자라도 그런 업적에 필적하지
못할 것이었다. 이 시기의 가장 주목할 만한 특징은, 세르비우스의 죽음과
더불어 진정한 왕권은 종식되었다는 것이다. 다시는 인정과 정의에 입각
하여 통치하는 로마 왕은 나오지 않을 것이었다. 그렇지만 일부 역사가들
에 의하면, 그가 온건하고 절제하는 통치를 했음에도 불구하고, 공화정을
더 선호하여 왕위에서 스스로 내려올 의사가 있었다고 한다. 그러나 집안
내의 배신으로 인해 그런 의도를 실천에 옮기지 못했다.

49. 이제 오만왕 타르퀴니우스의 통치가 시작되었다. 그의 처신은 그런
이름에 걸맞았다. 인척관계임에도 불구하고 그는 로물루스도 매장되지
않았다는 잔인한 농담을 하면서 세르비우스 왕의 장례식을 거부했다. 그
는 세르비우스를 지지했다고 생각한 원로원 의원들을 처형했다. 그의 배
신과 폭력이 그에게 불리하게 작용하는 선례가 된다는 것을 알고서 그는
경호대를 고용했다. 그의 불안감은 이해할 만한 것이었다. 그는 아무런 권
리도 없는 왕위를 순전히 무력으로 찬탈했기 때문이다. 평민은 그를 뽑지
않았고 원로원은 그의 즉위를 승인하지 않았다. 백성들의 애정을 얻을 희
망이 없기 때문에 그는 공포에 의한 통치를 할 수밖에 없었다. 그 자신을
널리 공포의 대상으로 각인시키기 위하여 그는 심리 없이 그 자신의 권위
만으로 중형을 판결하기 시작했다. 이렇게 하여 그는 자신이 싫어하거나
의심하는 사람, 유죄를 선언하면 재산을 빼앗을 수 있는 사람 등에게 사형,
유배, 재산 몰수 등의 징벌을 내릴 수 있었다. 이 절차로부터 가장 큰 피해

를 입은 사람은 원로원 의원들이었다. 그들의 정원수는 축소되었는데 수적으로 허약해지면 그 계급이 더욱 손쉽게 경멸의 대상이 될 것이고 또 살아남은 의원들은 정치적 무기력을 더욱 쉽게 받아들일 것이라는 계산이었다.

타르퀴니우스는 공공 업무와 관련하여 원로원과 협의하는 기존 전통을 무시한 첫 번째 왕이었고 오로지 그 자신과 왕가의 권위만으로 통치를 했다. 전쟁과 평화를 결정하는 문제에서도 그가 단독으로 결정을 내렸다. 그는 평민들이나 원로원과 상의하는 법 없이 자기 마음대로 조약을 체결하거나 취소했다. 그는 라틴 인의 우정을 얻기 위해 각별히 공을 들였는데 해외에서 확보한 권력이나 영향력이 국내에서 자신의 안전을 더욱 강화해 줄 것이라고 믿었기 때문이다. 이러한 목적을 염두에 두고서 그는 라틴 귀족들과 공식적으로 우호 관계를 맺는 것을 넘어서서 그의 딸을 투스쿨룸의 옥타비우스 마밀리우스와 결혼시켰다. 마밀리우스는 라틴 인들 사이에서 가장 유서 깊은 가문의 사람이었고 또 오디세우스와 키르케 사이에서 태어난 자의 후손이라고 전해져 온다. 이 결혼으로 인해 타르퀴니우스는 마밀리우스의 무수한 친척과 친지들을 추종자로 거느리게 되었다.

50. 라틴 지도자들에 대한 그의 영향력은 곧 아주 막강한 것이 되었고 이에 자신감을 얻은 타르퀴니우스는 다음번 조치에 나섰다. 그는 논의해야 할 공동 이해사항들이 있다고 선언하면서 라틴 인들을 페렌티나 숲에서 거행되는 회의에 초청했다. 정해진 회의 날짜의 새벽에 많은 라틴 지도자들이 모여 들었다. 그러나 타르퀴니우스는 그 회의에 늦었다. 그 날짜에 모습을 드러내기는 했으나 거의 해질 무렵에 나타났다. 라틴 인들은 그를 기다리는 동안 여러 가지 화제들에 대하여 논의했다. 그 중 아리키아 출신의 투르누스 헤르도니우스는 오지 않는 타르퀴니우스에 대하여 많은 비난을 말을 쏟아냈다.

"전혀 놀라운 일이 아니로군요," 그는 자신의 주장을 펼쳤다. "로마가 타르퀴니우스를 오만왕이라고 부르는 것이!" — 그 별명은 널리 퍼져 있었으나 아직까지 그 누구도 뒷전에서 속삭일 뿐 드러내놓고 말하지는 못했다. "지금 그가 보여주고 있는 행동은 우리나라를 의도적으로 모욕하고 있는데 오만하지 않다면 이렇게 하지 못할 것입니다. 라티움의 주요 가문들의 가부장인 우리는 이 회의에 참석하기 위해 여러 마일을 여행해왔습니다. 그런데 우리를 초청한 사람은 코빼기조차 보이지 않고 있습니다. 왜 이러는 걸까요? 그건 불을 보듯 뻔한 일입니다. 그는 우리가 얼마나 고분고분하게 이런 모욕을 참아내는지 시험하고 있는 겁니다. 이어 우리가 아주 순종적이라는 걸 알아내면 그 다음부터는 우리를 짓밟으려 할 겁니다. 그가 라티움의 주권을 탐내고 있다는 것은 눈먼 사람도 압니다. 로마 시민들이 그에게 권력을 위임했으니 — 살인을 저지른 도둑에 의해 탈취된 것이 아니라 위임되었다면 — 우리 라틴 인도 그렇게 하라는 것입니다. 그렇지만 당신들에게 그는 외국인이라는 걸 상기시키고 싶습니다. 그런데 진상은 어떻습니까? 로마 시민들조차도 그에게 넌더리를 내고 있습니다. 그들은 로마에서 계속 벌어지는 있는 살인, 유배, 재산 몰수를 극도로 피곤하게 생각합니다. 로마에서 이런 일이 벌어지고 있는데, 우리 라티움이라고 그보다 다른 어떤 일이 벌어질 것 같습니까? 내 조언을 받아서 당신들 모두 집으로 돌아가십시오. 그가 약속을 지키지 않으니 당신들도 더 이상 약속을 지키려고 애쓸 필요 없습니다."

라티움에서 지독한 말썽꾼으로 다소 영향력을 행사했던 투르누스가 이처럼 열띠게 웅변을 하고 있는데 타르퀴니우스가 갑자기 도착하여 그의 연설을 중도에 가로막았다. 청중들은 그 연설자에게 등을 돌리고서 막 도착한 왕에게 경의를 표시했다. 잠시 사람들 사이에서 정적이 흘렀다. 지각 사유를 말해주는 것이 좋겠다는 조언을 받은 타르퀴니우스는 어떤 아버지와 아들 사이의 송사를 해결해 달라고 요청을 받아 부자간을 중재하다 보니 어쩔 수 없이 좀 늦었다고 변명했다. 이어 이렇게 덧붙였다. "그 자그마한 일 때문에 지체되어 오늘은 더 이상 시간이 없으니 우리가 논의하기로 했던 문제들을 내일로 미루기를 제안합니다."

그 변명은 분노하는 투르누스에게는 충분한 이유가 되지 못했다. 그는 이렇게 말했다. "부자간의 송사처럼 간단히 해결될 수 있는 사건도 없습니다. '아버지의 말을 따라라. 그렇게 하지 않으면 그 결과에 대해서는 너, 아들이 다 책임져야 한다'라고 말하면 되는 겁니다."

이런 대꾸를 하고서 투르누스는 몸을 돌려 현장에서 떠났다.

51. 타르퀴니우스는 왕답지 못하게 그 사건에 아주 당황하는 모습을 보였고 그 창피를 보복하기 위해 곧 투르누스를 제거할 수단을 강구했다. 이제 로마인들이 그를 두려워하는 것처럼 라틴 인에게도 두려움을 안겨주는 것이 필요하다고 생각했다. 그렇지만 아직 투르누스의 처형을 공개적으로 명령할 입장은 아니었으므로, 날조된 죄목으로 그에게 죄를 뒤집어씌워 목적을 달성할 생각이었다. 그래서 왕은 투르누스의 정치적 적수들 중 몇 명을 접촉하여 투르누스의 하인으로 하여금 그의 숙소에 다량의 무기를 밀반입하도록 시켰다. 그 일은 밤중에 비밀리에 실시되었다. 그 다음날 아침 타르퀴니우스는 저명한 라틴 귀족들을 몇 명 오게 하여 그들에게 놀라운 소식을 접수했다고 말했다. 어제 회의 현장에 늦게 도착한 것이 실은 아주 좋은 행운이었다는 것이었고 모든 사람의 목숨을 구했다는 것이었다. 왕은 계속해서 말했다.

"투르누스는 나와 라티움 모든 마을의 저명한 지도자들을 살해하려 했다는 얘기를 들었습니다. 그의 목적은 왕위입니다. 그의 주된 목표인 내가 현장에 약속대로 나타났더라면 그는 어제 암살에 나섰을 겁니다. 그는 할 수 없이 기다려야 했고 일이 빗나간데 대한 실망감 때문에 나를 그처럼 과격한 언사로 비난했던 것입니다. 내가 입수한 정보가 정확하다면 우리가 내일 새벽에 회의를 하기 위해 집합할 때, 그가 우리를 공격하기 위해 미리 와 있을 겁니다. 그 자신이 잘 무장을 하고 또 무장 병력을 거느리고 있을 겁니다. 상당히 많은 무기들이 그의 여관에 들어간 것으로 보고를 받았으니까요. 이 정보의 진위는 곧 판명이 될 겁니다. 나와 함께 그의 방으로 가보십시다. 그러면 우리가 직접 확인할 수 있을 테니까."

여러 가지 요인들이 왕의 이야기를 더욱 그럴 듯한 것으로 만들어주었다. 먼저 그런 무모한 음모는 투르누스의 평소 처신에 걸맞은 것이었다. 또 어제 회의에서 그가 한 과격한 연설도 그런 이야기를 뒷받침했다. 마지막으로 타르퀴니우스는 실제로 회의장에 늦게 나타났는데, 학살을 지연시키기 위해서 일부러 그렇게 했다는 설명이 설득력 있어 보였다. 결과적으로 라틴 지도자들은 그 얘기를 믿고 싶은 마음이었으나 그 주장을 받아들이기 전에 무기의 증거를 확인할 필요가 있었다.

그들이 여관에 도착해 보니 투르누스는 아직도 자고 있었다. 그는 잠에서 깨어나 초병들이 그 자신을 둘러싸고 있는 것을 발견했다. 그의 충성스런 하인들 몇 명이 저항하려 했으나 곧 체포되었다. 무기는 여관 건물의 구석구석에서 발견되었다. 더 이상의 증거는 필요 없었고 투르누스는 그 자리에서 체포되었다.

엄청난 흥분과 소란 속에서 라틴 인들은 즉각 회의에 소집되었다. 여관에서 발견된 무기들이 증거로 제시되었고 투르누스에 대한 반감이 너무 강력하여, 그에게 변명할 기회를 주지도 않고 즉석에서 유죄 판결이 내려졌다. 그는 무거운 돌들을 매단 썰매에 묶인 채 강 속으로 내던져졌다. 그것은 타르퀴니우스가 새로 만들어 낸 징벌이었다.

52. 투르누스를 처형한 후 왕은 라틴 인들을 다시 소환했다. "여러분," 왕이 말했다. "나는 여러분을 축하합니다. 투르누스는 반역자였습니다. 그

는 현행범으로 체포되었고 여러분은 그에게 합당한 처벌을 내렸습니다. 이제 여러분에게 로마와 라티움 사이에 맺어진 오래된 조약이 아직도 존재한다는 것을 상기시키면서, 내가 원한다면 그 조약에 따라 행동할 수도 있다는 걸 말하고 싶습니다. 그 조약에 의하면 모든 알바 공동체와 알바 인들이 건설한 모든 정착촌은 툴루스 왕에 의해 로마의 지배 아래로 들어왔습니다. 당신네 라틴 인들도 알바의 후예이므로 이 조약의 구속을 받습니다. 그러나 그 조약을 현재 상황에 맞게 갱신하는 것이 모든 사람의 이해 관계에 도움이 된다고 나는 생각합니다. 라틴 인들은 안쿠스와 나의 아버지 시절에 참상 — 도시의 파괴와 시골의 황폐화 — 을 반복하여 당해 왔는데 그보다는 라틴 인들을 로마의 번영에 동참시키는 쪽으로 조약을 개선해야 한다고 봅니다."

라틴 인들은 그 조약이 라틴 인보다는 로마인에게 더 우호적이라는 사실에도 불구하고 왕의 말이 설득력 있다고 생각했다. 더욱이 라틴 지도자들 중에서 가장 영향력 있는 자들이 타르퀴니우스의 관점을 그대로 받아들였다. 최근에 벌어진 투르누스의 죽음은 감히 왕에게 반대하면 어떤 일이 벌어지게 되는지 구체적으로 보여주는 좋은 사례였다. 그 조약은 정히 수정이 되었고 군역을 담당할 수 있는 라틴 인 남자들은 지정된 날에 완전 군장을 하고 페렌티나의 숲에 출두하라는 선포가 내려졌다. 그 포고에 따라 라틴 공동체의 모든 남자들이 그 숲에 집합했다. 이어 타르퀴니우스는 몇 가지 예방 조치를 취했다. 라틴 인에게 그들 고유의 군기(軍旗)와 장군을 부여하여 독립된 군사적 명령권을 주는 것은 현명하지 못하다고 생각되었으므로 그는 군대를 이렇게 편제했다. 각 중대는 로마 병사와 라틴 병사의 동수(同數)로 구성하되 중대의 지휘는 로마인 켄투리온이 맡는다.

53. 타르퀴니우스는 로마 시에서 법을 무시하고 독재적인 군주였지만, 전쟁 지도자로서는 그 역할을 훌륭하게 수행했다. 군인으로서의 그의 명

성은 선왕들의 그것에 못지않았으나, 다른 분야에서 타락해 버리는 바람에 그 군사적 명성이 빛을 잃게 되었다. 볼스키 족과의 2백년에 걸친 전쟁을 처음 시작한 것도 타르퀴니우스였다. 그는 볼스키 족으로부터 수에사 포메티아를 전격적으로 탈취했고, 그곳에서 노획한 전리품을 팔아서 40탈렌트의 은을 마련했다. 그는 이 돈을 유피테르 신전을 건설하는데 배정했다. 그는 아주 웅장한 규모의 유피테르 신전을 구상했는데, 첫째, 신들과 인간들의 왕에게 어울리는 규모여야 하고, 둘째, 로마의 위력을 기념할 수 있어야 하고, 셋째, 그 신전이 세워지는 곳의 장엄함을 드러낼 수 있어야 했다. 그는 이어서 이웃 도시인 가비와의 전쟁에 돌입했다. 이번에 전황은 그가 예상했던 것보다 느리게 진행되었다. 그의 공격은 결실을 맺지 못했고 이어지는 공성전도 실패하는 바람에 그는 군대를 철수시켜야 했다. 상황이 이렇게 돌아가자 그는 기만과 배신이라는 로마인답지 못한 치욕스러운 방법을 동원했다.

유피테르 신전의 건립과 도시 환경을 개선하는 다른 토목 공사들에 전념하기 위해 가비와의 전쟁을 포기한 척하면서, 타르퀴니우스는 세 아들 중 막내인 섹스투스를 가비로 보내 아버지의 잔인한 박해를 이기지 못해 도시에서 달아난 도망자 노릇을 하라고 시켰다. 섹스투스는 그 도시에 도착하자 불평을 쏟아내기 시작했다: 타르퀴니우스는 이방인들을 박해하는 것을 그만두고서 이제 그 집안 식구들을 괴롭히는 쪽으로 시선을 돌렸다. 그에게는 많은 자녀들이 있는데 이제 자식들이 지겨워진 것이다. 그의 한 가지 욕구는 자손들을 아예 남겨놓지 않아 왕위 후계자를 없게 하려는 것이다. 오래지 않아 그는 원로원에서 저지른 학살을 그의 가족을 상대로 되풀이하여 그의 집안을 고독한 사막으로 만들어버릴 것이다.

그는 계속해서 말했다. "나 자신은 아버지 경비병들의 날카로운 칼끝을 겨우 피해 간신히 목숨을 부지한 채 도망쳐 왔습니다. 폭군의 적들의 고향

이외의 곳에서는 나의 안전을 도모할 수 없다는 것을 압니다. 착각하지 마십시오. 정전은 허울 좋은 겉꾸밈일 뿐입니다. 전쟁은 아직도 진행 중이고, 적절한 시점이 왔다고 생각하면 타르퀴니우스는 몰래 당신들을 공격할 겁니다. 가비에는 이런 탄원자를 받아들일 여유가 없습니까? 좋습니다. 그렇다면 나는 라티움의 다른 도시를 찾아가 보겠습니다. 나는 볼스키 족, 아이퀴 족, 헤르니키 족을 모두 다 찾아가 보겠습니다. 이렇게 찾고 또 찾으면 마침내 불경하고 잔인한 아버지로부터 보호해 주기를 바라는 아들의 호소를 들어줄 친구가 있을 겁니다. 오만한 왕과 가장 무례한 시민들을 상대로 남자답게 떨쳐일어서서 즉각 무기를 잡을 그런 친구를, 내가 발견할지도 모르지 않습니까?"

가비의 사람들은 그를 무관심하게 대하면 자극을 받아서 곧 그 도시를 떠날 것임을 알고서, 섹스투스를 우호적으로 받아들였다. 그들이 볼 때, 타르퀴니우스가 먼저 로마인들을 그리고 이어 우방을 잔인하게 대했던 것처럼, 그의 자녀들을 학대한다고 해서 조금도 놀라운 일이 아니었다. 잔인함은 그의 성격이었다. 만약 그 잔인함을 퍼부을 대상이 마침내 없게 된다면 그는 자기 자신을 상대로 그런 포악을 떨 인물이었다. 가비 사람들로서는, 섹스투스가 그들을 찾아온 게 오히려 잘된 일이었다. 오래지 않아 그의 도움을 받아 양국 간의 싸움터는 가비의 성문에서 로마의 성벽으로 옮겨가게 될 터였다.

54. 섹스투스는 곧 국무회의에 들어가게 되었고 온갖 현지의 정치적 문제들에 대하여 가비 사람들이 결정을 내리는 족족 동의를 표시했다. 아무튼 가비 사람들이 섹스투스보다는 현지 문제를 더 잘 파악하고 있기 때문이었다. 그러나 한 가지 문제, 즉 로마와의 전쟁에 대해서는 그가 의견의 주도권을 잡는 것이 적절하다고 거듭하여 강조했다. 그가 양국의 자원들에 대해서 잘 알고 있고 또 그 오만함을 자녀들도 참아주지 못하는 타르퀴

니우스가 모든 신하들의 증오를 받고 있는 점 등을 미루어 그가 가장 좋은 판단을 내릴 수 있기 때문이었다.

섹스투스의 말은 서서히 효과를 내기 시작했고 가비의 지도급 인사들은 섹스투스의 조언에 따라 전쟁을 재개하는 것이 좋다고 생각했다. 그러는 한편 섹스투스 자신은 소규모 정예군을 이끌고서 로마의 영토로 여러 번 기습 공격을 감행했다. 그의 모든 언행은 기만을 목적으로 꾸며진 것이었으나, 가비 사람들은 점점 더 그를 신임했고 마침내 그는 가비 군대의 사령관으로 임명되었다. 이어 전쟁이 선포되었고 소규모 전투들이 벌어져서 거의 언제나 가비에게 유리하게 끝났다. 실제 내막에 대해서 아는 가비 사람은 아무도 없었다. 이런 소규모 전투들의 승리 때문에 최고위직에서 최하위 사람에 이르기까지 모든 가비 인들은 섹스투스가 승리를 가져다주기 위해 하늘이 내린 선물이라고 생각했다. 일반병사들도 그들과 동고동락하고 전리품을 후하게 나누어주는 섹스투스를 사랑하게 되었다. 병사들의 헌신은 정말로 대단했고 섹스투스가 가비에서 발휘하는 영향력은 로마에서 그의 아버지가 누리는 권력과 맞먹었다.

마침내 그는 그 도시를 자기의 호주머니 속에 집어넣었다고 생각하면서 행동에 나섰다. 그는 로마에 비밀 전령을 보내어, 이제 신의 은총으로 가비에 대하여 절대 권력을 확보했으니 다음엔 어떤 조치를 취해야 하는지 타르퀴니우스 왕에게 물었다. 내가 보기에 타르퀴니우스는 전령의 신원에 대하여 확신이 서지 않은 듯했다. 아무튼 왕은 그 질문에 대하여 아무 대답도 없이 깊은 생각에 잠기며 정원으로 걸어나갔다. 전령은 왕을 따라갔다. 왕은 침묵을 지키면서 정원을 위아래로 걷더니 그의 지팡이로 정원에서 자란 양귀비의 꽃봉오리를 쳐내기 시작했다. 전령은 마침내 질문에 대한 답변을 기다리는 것이 지겨워져서 가비로 돌아왔는데 자신의 임무를 제대로 수행하지 못했다고 생각했다. 그는 섹스투스에게 자신이 한 말과 그의 아버지가 한 행동을 목격한 것을 그대로 보고했다. 왕은 분노인지, 증오인지, 타고난 오만함인지 알 수 없는 이유로 단 한 마디의 대답도 하지 않았다고 전했다. 섹스투스는 아버지가 아무 말도 하지 않았지만 그 행동으로 메시지를 충분히 전했다고 판단했다. 그래서 그는 곧장 아버지의 살벌한 지시를 이행하기 시작했다. 가비의 모든 영향력 있는 인사들은 제거되었다. 일부는 공식 재판을 받았고 일부는 사람들 사이에서 비호감이라는 이유로 처형되었다. 많은 사람들이 공개적으로 처형되었다. 죄목을 갖다 붙이기가 어려운 일부 인사들은 암살되었다. 소수의 사람들은 그 도시를 떠나는 것이 허용되거나 아니면 강제 추방되었다. 그들의 재산은 처형된 자들의 재산과 마찬가지로 몰수되었다. 그 몰수 재산은 소수의 운 좋은 사람들 — 섹스투스가 관대하게 대하기로 선택한 사람들 — 에게 돌아갔고 그 결과 달콤한 개인적 이득에 탐닉한 나머지 도시의 재앙은 망각되었다. 이런 식으로 하여 아주 위축되어버린 가비 공동체는 도시에 조언하거나 도움을 줄 사람이 없는 상태로 저항 한 번 해보지도 못하고 타르퀴니우스의 수중에 떨어지고 말았다.

55. 타르퀴니우스의 그 다음 조치는 아이퀴 족과 평화 조약을 체결하고 에트루리아와 조약을 갱신하는 것이었다. 이 두 가지 건을 처리하자 그는 시선을 국내 쪽으로 돌렸다. 그의 첫 번째 관심사는 카피톨리움 언덕의 유피테르 신전이었다. 그는 그 신전을 타르퀴니우스 왕가의 기념물, 그 신전을 짓겠다고 건설한 아버지와 그 맹세를 완수한 아들의 기념물로 봉헌하고자 했다. 신전이 들어설 자리를 오로지 유피테르 신에게만 바치고 싶은 것이 그의 소망이었다. 그래서 그 경내로부터 다른 종교적 시설들을 탈(脫) 신성화 의식을 통하여 제거해야 했다. 그런 시설들 중에는 신성한 건물도 있고 제단만 있는 것도 있었는데 그 중 상당수가 로물루스와 전투할 때 타티우스 왕이 건립을 맹세했다가 추후에 적절한 의식을 거쳐서 축성

된 것들이었다. 이 새로운 공사를 시작하자마자 하늘이 감동하여 장래의 로마 제국의 위대함에 대한 표징을 내려주었다고 한다. 이러한 조짐이 내려왔으므로, 복점관의 새들은 테르미누스 신(경계境界의 神)의 사당을 제외하고 모든 종교적 시설을 세속화하는 것을 승인했다. 모든 신들 중에서 테르미누스만이 원래의 축성된 자리를 그대로 지킬 수 있었다는 사실은 로마 제국의 문물이 영구적으로 안정되어 있음을 미리 알려주는 것이었다. 이런 행복한 조짐에 뒤이어 또다른 기이한 사건이 발생하여 우리 제국의 장엄함을 미리 말해주는 듯했다. 유피테르 신전의 기초 굴착 작업을 하던 인부들이 이목구비가 온전한 죽은 남자의 머리를 발견한 것이었다. 이것은 이 땅이 세계 수도의 장엄한 요새가 들어서야 할 곳이며 온 세상의 머리가 될 곳임을 보여주는 것이었다. 그러한 메시지는 아주 명확한 것이었다. 그 두상의 발견에 대한 해석은 로마 주술사들뿐만 아니라 자문을 위해 에트루리아에서 데려온 주술사들 사이에서도 일치되었다.

이런 모든 점들 때문에 타르퀴니우스는 그 신전에 대한 구상이 점점 더 화려해졌다. 그리하여 포메티아의 전리품을 팔아서 마련한 돈, 이 신전을 지붕까지 올리는 데 충분할 것이라고 생각된 돈은 기초공사의 비용도 충당할까 말까 했다. 이 때문에 나는 은 40 탈렌트를 말한 피소보다는 선배 역사가인 파비우스의 다음과 같은 말을 믿고 싶어진다: "그 건물을 짓는 데에는 4만 파운드의 돈이 들어갔다. 이런 거대한 금액은 그 당시 단 하나의 도시를 함락시켜서 마련될 수 있는 돈이 아니고, 또 그 정도 예산이면 오늘날에도 가장 화려한 건물을 짓기에도 충분한 금액이다."

56. 타르퀴니우스의 주된 관심사는 이제 유피테르 신전의 완공이었다. 에트루리아 전역에서 목수와 기사를 불러 왔고 이 공사에는 엄청난 공적 자금이 들어갔을 뿐만 아니라 가난한 계급에서 동원된 다수의 노동자들이 투입되었다. 토목 공사 일은 아주 힘들었고 게다가 정규 군역 이외에 추

가로 수행해야 되는 것이었다. 하지만 그것은 엄숙하고도 종교적인 의미를 가진 명예로운 부담이었으므로 그들은 대체로 말해서 그 부담을 떠안는 것을 그리 불쾌하게 생각하지 않았다. 그러나 그보다 덜 장엄하면서도 더 힘든 다른 일들, 가령 원형경기장의 계단식 관중석을 건설한다거나 대하수관(도시의 하수를 외곽으로 빼내는 시설)의 준설작업 등에 투입되는 것은 전혀 다른 얘기였다. 이 두 토목공사만도 오늘날의 그 어떤 대형 공사에 못지않은 대규모였다. 타르퀴니우스는 게으른 빈민은 국가의 부담이라 생각했다. 그래서 내가 방금 말한 대규모 토목공사에 투입하는 것 이외에도 일부 잉여 인구를 시그니아와 키르케이 같은 곳에 정착자로 방출했다. 이러한 조치는 로마 시의 경계를 넓히고 또 바다나 육지로 외적이 공격해 올 때 저항의 근거지를 제공하는 이점이 있었다.

이 무렵 놀라우면서도 불길한 사건이 발생했다. 궁전의 나무 기둥 틈새에서 커다란 뱀이 미끄러져 내렸다. 모두들 겁을 집어먹고 현장에서 달아났다. 심지어 왕도 겁을 먹었는데 그의 경우는 공포라기보다 불길한 조짐을 우려했기 때문이었다. 공적 의미를 가지는 표징과 조짐에 대해서는 에트루리아의 주술사에게 자문하는 것이 하나의 관습이었다. 그러나 이번은 사정이 달랐다. 조짐을 알려주는 사건이 왕궁에서 목격된 까닭이었다. 그래서 타르퀴니우스는 세상에서 가장 유명한 신탁의 장소인 델포이 신전으로 사람을 보내는 이례적인 조치를 취하기로 했다. 신탁의 답변을 듣는 일을 다른 사람에게 맡기기 싫어서 왕은 두 아들 티투스와 아룬스를 파견단으로 보내기로 했다. 그들은 전에 로마인의 발이 밟지 못했던 땅을 지나 또 로마의 배가 항해한 적이 없는 바다를 건너서 델포이 신전으로 가게 되었다. 그들과 함께 왕의 여동생인 타르퀴니아의 아들 루키우스 유니우스 브루투스도 따라갔다.

그런데 브루투스는 일부러 그 자신의 진정한 성품을 감추는 가면을 쓰고 있었다. 타르퀴니우스가 로마 귀족들을 처형할 때 그 중에는 그의 형도 들어 있었다. 이 소식을 들었을 때 브루투스는 자신의 목숨을 지킬 수 있는 유일한 방법은 왕의 눈에 대단치 않은 남자로 보이는 것뿐이라는 결론을 내렸다. 그의 성품이 타르퀴니우스가 두려워할 만한 것이 아니고 또 그의 재산 중에 탐나는 것이 없다면, 왕은 그를 아주 경멸할 것이고 그런 천대야말로 그 자신의 고유한 권리보다 훨씬 잘 그의 목숨을 지켜줄 것이었다. 그래서 그는 반편이 노릇을 하기로 했고 타르퀴니우스가 그의 재산을 모두 빼앗아가도 아무런 항의도 하지 않았다. 그는 자신이 "얼간이"(브루투스가 이런 뜻이다)라고 알려지는 것도 개의치 않았다. 그러나 로마에게 자유를 가져다줄 이 위대한 영혼은 그런 천한 외피 아래에서 때를 기다리고 있었다. 그가 아룬스와 티투스의 델포이 신전 행에 동참하게 된 것은 길동무라기보다 심심풀이 노리갯감으로 선택되었기 때문이다. 그는 아폴로에게 바치는 선물을 휴대했다고 하는데 층층나무 지팡이의 빈 속에 넣어진 황금 덩어리였다. 이 황금은 그의 성품을 상징하는 것이기도 했다.

세 명의 젊은이는 델포이에 도착하여 왕의 지시사항을 이행했다. 그렇게 하고 난 후에 티투스와 아룬스는 신탁에 추가 질문을 하고 싶은 유혹을 물리칠 수가 없었다. "우리들 중에 누가 다음 번의 로마 왕이 될까요" 하고 그들은 물었다. 동굴 깊숙한 곳에서 신비스러운 말이 흘러나왔다. "그의 어머니에게 먼저 입맞춤하는 자가 로마에서 지고한 권위를 갖게 될 것이다." 티투스와 아룬스는 그 예언을 철저하게 비밀로 지켜서 로마에 남아 있는 다른 형제인 섹스투스가 알지 못하게 해야겠다고 결심했다. 이렇게 하면 그는 후계자 그룹에서 제외가 될 것이었다. 두 형제는 로마로 돌아가면 누가 먼저 어머니에게 입맞춤할 것인가를 추첨으로 결정했다.

그러나 브루투스는 아폴로 여사제의 말을 다르게 해석했다. 그는 뭔가에 걸린 척하면서 얼굴이 먼저 땅에 닿게 쓰러졌고 그의 입술이 모든 살아 있는 것들의 어머니인 대지에 닿았다. 로마에 돌아온 그들은 루툴리 족과의 전쟁 준비가 한창인 것을 발견했다.

57. 루툴리의 중심 도시는 아르데아인데 그 지역과 그 시대를 감안할 때 상당한 부를 소유한 부족이었다. 타르퀴니우스가 전쟁을 준비하는 것도 그 부 때문이었다. 그는 야심찬 토목공사의 수행에 따르는 재원 고갈을 보충하기 위하여 돈이 필요한 실정이었다. 게다가 평민들이 점점 더 불평불만을 터트리고 있다는 것을 잘 알았다. 그들은 그의 전제적인 행동을 싫어했을 뿐만 아니라 특히 노예에게나 합당한 육체 노동에 장기간 종사하는 바람에 극도의 피곤함을 느끼고 있었다. 따라서 아르데아 시를 함락시켜 거기서 나오는 전리품을 나누어준다면 그들의 적개심을 상당히 누그러트릴 수 있을 터였다.

왕은 아르데아를 급습하여 함락시키려고 했으나 실패했다. 공성전이 시작되었고 로마 군은 지루한 대치전에 들어갔다. 결정적 전투가 벌어질 전망이 별로 없었으므로 전쟁은 길어질 것 같았다. 이런 상황에서 당연히 병사들에게 상당한 자유를 주고 또 휴가도 주어야 했다. 특히 장교들은 그런 휴가 혜택을 많이 누렸다. 실제로 젊은 왕자들은 대부분 사치스러운 규모의 여흥 행사를 벌이면서 휴가를 보냈다. 그들은 어느 날 섹스투스 타르퀴니우스의 숙소에서 술을 마시고 있었는데 거기에는 에게리우스의 아들 콜라티누스도 끼여 있었다. 술자리에서 누군가가 아내들의 미덕을 화제로 삼았다. 물론 그들은 각자 자기 아내의 미덕을 과장되게 칭송했다. 그들의 경쟁의식이 점점 뜨거워지게 되자 마침내 콜라티누스가 갑자기 소리쳤다. "그만 두게! 말이 무슨 필요가 있는가? 몇 시간만 가면 내 아내 루크레티아의 비교할바 없는 우월함을 의심의 여지 없이 증명할 수 있을 텐데. 우리는 모두 젊고 튼튼하네. 그러니 말 타고 로마로 달려가 우리의 아내들이 어떤 여자인지 직접 살펴보는 게 어떻겠나? 남편이 아내의 방에 느닷없이 들어가서 발견한 것이야말로, 내 장담하거니와, 가장 확실한 증거가 아니겠나?"

그들은 모두 상당히 취해 있었고 그 제안은 매력적으로 들렸다. 그래서 말에 올라타 로마로 재빨리 달려갔다. 그들은 땅거미가 막 떨어질 때 로마에 도착했다. 그곳의 왕자 아내들은 아주 화려한 만찬 연회를 개최하여 한 무리의 젊은 친구들과 즐겁게 시간을 보내고 있었다. 말탄 사람들은 다시 콜라티아로 달려갔다. 그곳에서 그들은 루크레티아가 아주 다른 일을 하고 있음을 발견했다. 이미 늦은 밤이었고 그녀 집의 대청마루에서 그녀는 바쁘게 움직이는 하녀들에 둘러싸여 남폿불 아래에서 열심히 옷감을 잣고 있었다. 여자의 미덕을 겨루는 시합에서 어느 아내가 이겼는지는 더 이상 의심의 여지가 없었다.

루크레티아는 예절을 갖추어 일어나면서 남편과 왕자들에게 환영의 뜻을 표시했고 자신의 성공에 기분이 좋아진 콜라티누스는 친구들에게 함께 저녁 식사를 하자고 제안했다. 이 운명적인 만찬에서 루크레티아의 미모와 입증된 정숙함이 섹스투스 타르퀴니우스의 가슴에 욕정을 불러일으켰고 그는 그 자리에서 그녀를 강탈해야겠다고 마음먹었다.

그날 밤에는 아무런 일도 벌어지지 않았다. 그 작은 놀이는 끝이 났고 젊은이들은 군영으로 돌아갔다.

58. 며칠 뒤 섹스투스는 콜라티누스 몰래 한 친구와 함께 콜라티아를 다시 찾아갔다. 그는 루크레티아의 집에서 정중하게 환대를 받았고 저녁 식사 후에는 으레 명예로운 손님에게 그렇게 하듯이 손님방으로 안내되었다. 여기서 그는 온 집안이 잠들 때까지 기다렸다. 이윽고 집안이 잠잠해지자 그는 칼을 뽑아들고 능욕할 목적으로 루크레티아의 방으로 갔다. 그녀는 잠들어 있었다. "루크레티아," 그는 왼손을 그녀의 가슴에 얹으며 속삭였다. "소리 내지 말아요! 나는 섹스투스 타르퀴니우스요. 난 무장을

했어요. 만약 소리치면 당신을 죽여 버리겠어요." 루크레티아는 겁먹은 채 눈을 떴다. 죽음이 임박했으나 도와주는 손길은 없었다. 섹스투스는 사랑을 고백하면서 그녀에게 굴복하라고 호소했다. 그는 애원하고, 위협하고, 여자의 마음을 억누를 수 있는 모든 무기를 동원했다. 그러나 아무 소용이 없었다. 죽음의 공포조차도 그녀의 의지를 꺾지 못했다. "죽음이 당신의 마음을 움직이지 못한다면," 섹스투스가 말했다. "불명예가 움직일 겁니다. 나는 당신을 먼저 죽인 다음, 노예의 멱을 따서 그 자의 알몸을 당신 옆에 뉘여 놓을 거요. 그렇게 하면 사람들은 당신이 하인과 간통을 저지르다가 현장에서 잡혀서 대가를 치렀다고 말들 하지 않을까요?" 가장 단호한 정숙함도 이런 끔찍한 위협 앞에서는 저항하지 못했다.

루크레티아는 굴복했다. 섹스투스는 그녀를 정복하고 자신의 성공에 의기양양해져서 말을 타고 떠났다.

이 불운한 여인은 로마의 아버지와 아르데아의 남편에게 편지를 보내어 지금 즉시 믿을 만한 친구와 함께 그녀의 집으로 달려와 달라고 호소했다. 아무 무서운 일이 벌어졌다는 것이었다. 그녀의 아버지는 볼레수스의 아들 발레리우스와 함께 왔다. 그녀의 남편은 브루투스와 함께 왔는데, 두 남자는 로마로 돌아오던 길에 루크레티아가 보낸 전령을 길 위에서 만났다. 그들은 깊은 시름에 잠긴 채 자기 방에 앉아 있는 루크레티아를 발견했다. 그들이 방으로 들어가자 그녀의 눈에서 눈물이 솟구쳤다. "여보, 아무 일 없는 거지?" 남편이 물었다. "아니요. 명예를 잃어버린 여자가 어떻게 아무 일도 없겠어요? 콜라티누스, 당신의 침대에 다른 남자의 족적이 남아 있어요. 내 몸은 능욕을 당했지만 내 정신은 순수해요. 죽음이 나의 증인이 되어줄 거예요. 강간범을 처벌하겠다고 내게 엄숙히 약속해 주세요. 그는 섹스투스 타르퀴니우스예요. 지난 밤 나의 적으로 찾아왔던 그는 나의 손님을 가장했어요. 그리고 내게서 즐거움을 취했어요. 그 즐거움은 내 죽음이 될 것이고, 당신들이 진정한 사내라면 그의 죽음이 될 거예요."

그들은 엄숙하게 약속했다. 그들은 한 사람씩 돌아가며 그녀를 위로하려 했다. 그녀가 고립무원이었으므로 무고하다고 말했다. 죄 있는 자는 그 자뿐이라는 말도 했다. 육체가 죄를 짓는 것이 아니고, 오로지 정신만이 죄를 지을 수 있다는 말도 했다. 죄를 지으려는 의도가 전혀 없었으므로 유죄가 될 수 없다는 말도 해주었다.

"그자에게 어떤 죗값을 치르게 할 것인지는 당신들이 결정해주세요. 나로서는 아무 잘못이 없지만 그래도 죗값을 치르겠어요. 루크레티아가 부정한 여인들이 그 죗값을 받지 않고 도망친 전례가 되지 않게 해주세요." 이 말과 함께 그녀는 겉옷 밑에 있던 칼을 뽑아 가슴을 깊숙이 찌르고 앞으로 쓰러지면서 죽었다.

그녀의 아버지와 남편은 슬픔에 압도되어 아무 말도 하지 못했다. 그들이 넋 빠진 채 마주보며 서서 눈물을 흘리는 동안 브루투스는 루크레티아의 가슴에서 피 묻은 칼을 뽑아들고 그의 앞에 쳐들면서 소리쳤다. "이 여인의 피로써 — 압제자가 그녀를 능욕하기 전에는 그녀보다 더 순결한 여자가 없었다 — 그리고 신들이 보는 데서, 나는 맹세하노라. 칼과 불로써, 그리고 내 팔에 힘을 보태주는 것이면 무엇이든 취하면서, 나는 오만왕 루키우스 타르퀴니우스, 그의 사악한 아내, 그의 모든 자녀들을 추격하여 죽이겠노라. 다시는 그들이나 다른 자가 로마의 왕이 되지 못하게 하겠노라."

그는 그 칼을 먼저 남편 콜라티누스의 손에 쥐여주었다가 그것을 다시 아버지 루크레티우스와 발레리우스의 손으로 건너가게 했다. 그들은 깜짝 놀라면서 그를 쳐다보았다. 기적이 발생했다. 그는 더 이상 반편이가 아니었으며 사람이 확 바뀌어 있었다. 그의 명령에 복종하면서 복수의 맹세를 했다. 분노가 용출하면서 슬픔은 잊었다. 브루투스가 그들에게 지금 이 순간 폭군의 왕위에 전쟁을 걸자고 소리치는 순간, 그들은 브루투스를 지도자로 옹립했다.

　루크레티아의 시신은 집에서 광장으로 옮겨졌다. 언제나 그렇듯이 군중들이 몰려들어 입을 쩍 벌리며 놀라움을 표시했다. 그 광경은 예기치 못한 것인데다 너무나 끔찍하여 사람들의 주목을 받았다. 왕자의 범죄적 야만성에 대한 분노와 피해자 아버지의 슬픔에 대한 동정이 더해져서 모든 사람이 크게 동요했다. 브루투스는, 이제는 눈물을 흘릴 때가 아니라 행동에 나서야 할 때라고 소리쳤다. 그는 군중들에게, 그들을 시민이 아니라 정복된 적 취급을 해왔던 폭군들을 상대로 진정한 로마인답게 무기를 들고 일어서라고 권유했다. 또 그 자들이 평민의 항거에 저항할 시간을 주어서는 안 된다고 소리쳤다. 과감한 영혼을 가진 사람들이 그 즉시 항거에 나서겠다고 말했다. 나머지 사람들은 그들의 지도를 따랐다. 루크레티아의 아버지는 뒤에 남아 콜라티아를 지키기로 했다. 봉기 소식이 왕궁에 들어가는 것을 막기 위해 경계병들을 설치했다. 이제 브루투스를 사령관으로 하여 무장 군중은 로마로 향해 진군했다.

　그들이 도시에 일으킨 첫 번째 반응은 놀람과 혼란이었다. 그러나 시민들은 행군하는 군중의 맨 앞에 브루투스와 다른 저명한 인사들이 있는 것을 보자, 그것이 평범한 평민 시위가 아니라는 것을 알아보았다. 더욱이 루크레티아의 참사 소식은 콜라티아에서와 마찬가지로 로마에서도 커다란 반향을 일으켰다. 곧 포룸은 사람들로 가득 찼고 군중은 브루투스의 명령에 따라 즉각 기병대장 앞에 집합했다. 당시 브루투스는 그런 직책을 맡고 있었다. 그곳에서 그는 지금껏 자신의 진정한 성품과 느낌을 은폐해온 가면을 공식적으로 내던지고서, 그는 아주 생생한 언어로 섹스투스 타르퀴니우스의 무절제하고 야수적인 욕정을 비난하는 연설을 했다. 그 자가 순결한 루크레티아를 끔찍하게 능욕한 일, 그에 따른 그녀의 슬픈 죽음, 그녀 아버지의 비통함을 말했다. 딸의 자살 원인은 그 아버지에게는 죽음 그 자체보다 더 비통하고 끔찍한 것이었다. 그는 이어 왕의 오만함과 압제적인 처신을 말했다. 지하 하수관에서 준설 작업을 하거나 구덩이와 배수구를 파야하는 막노동에 처해진 평민들의 고통에 대해서도 말했다. 이웃 부족들과의 싸움에서 패배하여 칼을 빼앗기고 석공이나 장인으로 전락한 용감한 로마 병사들에 대해서도 언급했다. 그는 세르비우스 툴리우스의 처참한 죽음과 아버지의 시신 위로 마차를 몰고 간 딸의 잔인함에 대해서도 말했다. 신성한 부모-자식 관계를 배신한 그런 죄악은 오로지 신만이 처벌할 수 있는 것이었다. 브루투스는 그 순간의 열광적 분위기와 가장 최근에 벌어진 치욕스러운 능욕 사건에 분개하면서 머릿속에 떠오른, 지금껏 말했던 것보다 더 극악한 사건들도 말했을 것이다. 그 처참하게 자결한 여인의 광경이 그의 눈앞에 아직도 삼삼했고 또 그의 마음을 무겁게 짓눌렀다. 그러나 일개 역사가는 그가 한 말을 다 기록하지 못한다.

그의 연설 효과는 즉각적이었다. 대중의 분노는 불붙었고 왕의 즉각적인 폐위를 외치면서 왕과 그 가족의 추방을 요구하고 나섰다.

자발적으로 참여한 무장 부대를 이끌고서 브루투스는 이어 아르데아로 행군하여 그곳의 로마 군들에게 반란을 일으키라고 촉구했다. 능욕 사건이 벌어지기 조금 전에 왕에 의해 로마 시장으로 임명되었던 루크레티우스는 로마에 남아 도시의 치안을 장악하기로 했다. 툴리아는 소요 사태 중에서 왕궁에서 도망쳤다. 그녀는 어디로 가든 저주의 말을 들었다. 남녀를 막론하고 그녀의 머리에 신성한 혈연을 짓밟은 죄인을 벌하는 퓨리스(복수의 여신)의 복수가 쏟아져 내릴 것을 기원했다.

60. 반란 소식이 아르데아에 전해지자 왕은 질서를 회복하기 위하여 즉각 로마로 출발했다. 브루투스는 왕이 접근해 오고 있다는 소식을 듣고서 그와 만나는 것을 피하기 위하여 노선을 변경했고, 타르퀴니우스가 로마에 도착한 것과 거의 같은 시간에 아르데아에 도착했다. 타르퀴니우스는

도시의 성문들이 그에게 모두 닫혀 있고 또 그의 추방이 선포된 것을 발견했다. 해방자 브루투스는 병사들 사이에서 열광적인 환영을 받았고 타르퀴니우스의 아들들은 병영에서 추방되었다. 그들 중 두 명은 아버지를 따라 에트루리아의 카이레로 망명을 떠났다. 섹스투스 타르퀴니우스는 그곳이 여전히 자신의 영역으로 남아 있을 것을 희망하면서 가비로 갔다. 그러나 그는 그곳에서 강탈과 폭력의 전과로 인해 적들을 많이 만들었다. 그 적들이 이제 복수를 원했고 그리하여 그를 암살했다.

타르퀴니우스 오만왕은 25년을 통치했다. 로마의 창건에서 해방에 이르기까지 왕정이 유지되어온 기간은 244년이었다. 해방 이후 로마 시장의 입회 아래 두 명의 집정관이 평민의 투표에 의해 선출되었다. 투표는 세르비우스 툴리우스가 조직해 놓은 "켄투리아" 단위로 이루어졌다. 두 명의 집정관은 루키우스 유니우스 브루투스와 루키우스 타르퀴니우스 콜라티누스였다.

(집정관 [라틴어] consules [영어] consuls. 로마 공화정 시절에 민정과 군정 두 분야에서 최고의 행정관. 처음에는 프라이토르praetor라고 불렸으나 기원전 451년에 10인회에 의해 명칭이 콘술로 바뀌었다. 정원은 두 명이고 똑같은 권한을 가졌으며 임기는 1년이었다. 두 집정관 중 한 명은 6개월 동안 국내에 남아 있고, 나머지 한 명은 6개월 동안 출병하여 군대를 지휘했다. 그러나 상황이 위급할 때에는 두 집정관이 모두 출병하기도 했다. 전쟁이 없는 해의 두 집정관은 이틀에 한 번씩 돌아가며 국정을 결재했다. 집정관은 시민들에 의해 선출되었으나 후보는 원로원 의원이어야 했으므로 그 선택은 제한되어 있었다. 기원전 4세기 중반 이후에 두 명의 집정관 중 한 명은 평민 출신으로 뽑았다. 집정관의 권위는 새로운 행정관제의 신설로 축소되었는데 특히 켄소르[감찰관]에 의해 많이 견제를 받았다. 집정관이 수행한 주된 기능은 군대를 지휘하는 것이었다. 나중에 집정관 임기가 끝나면 지방 총독으로 나가서 군사 명령권을 계속 발휘하거나 지방 속주를 다스렸다. 로마의 달력에서는 그 해

에 뽑힌 두 명의 집정관 이름으로 연도를 기록했다. 나중에 공화정이 폐지되고 황제 제도가 도입되면서 집정관은 주로 명예직이 되었다: 옮긴이).

제 2 권

공화정의 초창기

1. 지금부터 나의 과업은 평화 시의 자유로운 국가를 다루는 것이 될 것이다. 그 국가는 해마다 선출되는 집정관들이 국정을 맡으면서, 어떤 개인의 변덕에 따라 통치가 되는 것이 아니라 법률의 압도적 권위에 승복하면서 통치가 된다.

로마가 힘들게 얻은 자유는 마지막 왕인 오만왕 타르퀴니우스의 포악한 성격 때문에 더욱 값지고 환영받는 것이 되었다. 그보다 이전의 왕들은 도시의 성장에 나름대로 기여를 했고 또 늘어나는 인구를 수용할 수 있는 국토를 확장했다. 따라서 그들은 인구 증가에 일정한 공로가 있었다. 그들은 저마다 다른 방식으로 도시의 성장에 기여한 연속적인 "창건자들"이었다. 따라서 타르퀴니우스를 축출함으로써 큰 명성을 얻은 브루투스도 자유를 너무 열망한 나머지 이전 왕들 중 그 어떤 왕을 축출하려고 시도했더라면 국가에 커다란 피해를 입혔을 것이다. 우리는 이 초창기에 대중이 어떤 존재였는지 생각해 보아야 한다. 그들은 대부분 도망자나 피신자로 구성된 방랑자들의 오합지졸이었다. 만약 이런 사람들이 갑자기 침범 불가능한 성소에 의해 모든 권위로부터 보호를 받으면서, 완전한 정치적 자유는 아니더라도 완전한 행동의 자유를 누리게 된다면, 어떤 일이 벌어졌을

지를 감안해야 한다. 만약 그런 상황이었다면 왕권에 의해 제어되지 않는 평민은 민주정치의 풍랑 많은 바다 위를 항해하면서, 대중적 웅변의 강풍에 휘둘리고 또 그들 자신이 소속되지 않은 도시의 통치계급과 권력 투쟁을 벌였을 것이고, 그 결과 공동체 의식이라는 것은 성숙할 계기를 잡지 못했을 것이다. 그런 공동체 의식 — 유일하게 진정한 애국심 — 은 가슴으로부터 우러나와 아주 천천히 자라난다. 그것은 가정에 대한 존경과 국토에 대한 사랑을 그 밑바탕으로 삼는다. 대중들에게 휘둘리는 이런 시기상조의 "자유"는 재앙이 되었을 것이다. 우리는 정치적 성숙에 도달하기도 전에 사소한 싸움들로 인해 사분오열이 되었을 것이다. 사실을 말해 보자면 그런 정치적 성숙은 군주 정부 아래에서 안정된 오랜 세월이 경과했기 때문에 가능해졌다. 사실, 군주제 정부는 우리의 국력을 키워서 궁극적으로 우리가 자유라는 건전한 열매를 누릴 수 있게 해주었다. 자유는 오로지 정치적으로 성숙한 나라만 향유할 수 있는 것이다.

더욱이 로마에서 정치적 자유를 향한 첫걸음은 다음과 같은 조치에 의존했다. 먼저 두 명의 집정관은 해마다 선출되는 두 명의 최고위 행정직이었다. 그 지위는 무한정의 권력을 가졌으나 임기에 한도가 있었다. 초창기의 집정관들은 왕과 똑같은 최고의 권력을 행사했고 모든 권력의 표징을 휴대했으나 단 하나 가장 인상적인 상징인 권표(權標)만은 휴대하지 않았다. 이 권표는 두 명의 집정관 중 한 사람에게만 허용되었는데, 생사여탈권의 상징인 이 무서운 표징을 두 사람 모두 휴대하여 대중을 위협하는 살풍경을 피하기 위해서였다. 브루투스는 동료 집정관의 동의를 얻어서 이 권표를 지닌 첫 번째 집정관이 되었다. 그는 자유를 요구할 때와 마찬가지로 그 자유를 지키는 데 있어서도 아주 열렬했다. 그의 첫 번째 조치는 자유의 맛이 아직 시민들의 입술 위에 선명할 때 시민들로 하여금 그 누구도 로마의 왕이 되는 것을 결코 허용하지 않겠다고 엄숙한 맹세를 하도록 유도한 것이었다. 이런 조치를 통하여 나중에 설득이나 뇌물을 통하여 왕정을 회복하려는 시도를 사전 예방하려는 것이었다. 이어 그는 원로원의 영향력을 강화하는 조치를 취했다. 당시 원로원은 타르퀴니우스의 정치적 압살로 인해 그 숫자가 줄어들어 있었다. 그는 원로원의 의원 숫자를 증원하기 위하여 기사 계급의 지도자들을 의원으로 초빙하여 의원의 총 숫자를 3백 명으로 늘렸다. 전해지는 바에 의하면, 이것이 "아버지 의원들"과 "징집 의원들"을 구분하게 된 최초의 계기였다. 전자는 원래의 의원들을 가리키는 것이고, 후자는 나중에 기사 계급에서 징집되어 의원 자리에 오르게 된 사람들을 가리키는 것이다. 이 조치는 국가적 단합을 촉진하고 귀족과 평민 사이의 갈등을 완화하는데 아주 놀라운 효과를 발휘했다.

2. 이어 국가의 종교에 시선을 돌려서 "희생제의의 왕(Rex Sacrificolus)"이라는 공식적인 제관을 임명했다(기원전 509년). 왕정 시대에 특정한 공적 종교 의례는 왕들 자신이 친히 집전했다. 이 제관을 임명한 것은 이제 왕이 더 이상 존재하지 않는 틈새를 메우기 위한 것이었다. 그러나 외부적 체면을 유지하기 위하여 그 제관을 대제관의 밑에다 두었다. 왜냐하면 "왕"이라는 명칭이 붙어 있어서 혹시 반(反) 공화적인 인상을 풍기지 않을까 우려했기 때문이다. 나는 이 당시 자유를 지키기 위하여 아주 사소한 세부 사항들까지도 이처럼 조심한 것은 너무 지나친 것이 아닐까 하는 생각이 든다. 이에 관련된 좋은 사례로는 두 명의 집정관 중 한 명인 타르퀴니우스 콜라티누스를 들 수 있다. 그의 유일한 결점은 그의 이름 — 타르퀴니우스 — 이 모든 사람이 싫어하는 이름이라는 것이었다. 사람들은 타르퀴니우스 가의 사람들은 절대 권력에 너무 익숙해져 있다고 생각했다. 그 가문의 왕권은 프리스쿠스 왕으로부터 시작하여 툴리우스 왕에게 이어졌고 이어 오만왕에게까지 내려왔는데, 그 내력으로 미루어 볼 때 마지막 왕은 자신이 왕위에 대하여 주장을 할 수 없고 또 그 왕위가 자신의 것이 아님

을 깨달아야 할 텐데도 그렇게 하지 못했다. 오히려 그 왕위가 자신의 정당한 유산이라고 참칭하면서 폭력에 의존하여 왕위에 올랐다. 그런데 이제 군주제가 폐지된 이후에도 권력은 또다른 타르퀴니우스 가문 사람인 콜라티누스의 손에 들어가 있는 것이었다. 모든 타르퀴니우스 사람들에게 권력은 생명의 호흡 같은 것이었다. 따라서 그것은 불길한 이름이고 자유에 아주 해로운 것이었다. 이런 얘기는 여론을 떠보려고 하는 소수의 사람들로부터 시작되었으나 서서히 퍼지더니 마침내 온 도시에 그런 얘기가 무성했다.

브루투스는 평민들의 대 집회를 소집했는데 이 무렵 그들의 의심은 하늘을 찌르고 있었다. 연설에 나선 브루투스는 먼저 시민들의 맹세를 상기시켰다. 즉 그들이 결코 왕을 허용하지 않을 것이며 로마의 자유를 위협하는 자는 로마에서 살 수 없다는 맹세였다. "이 신성한 맹세를 우리는 온 힘을 다하여 지켜야 합니다. 우리는 이와 관련된 조치는 그 어떤 것이라도 무시해서는 안 됩니다. 개인적인 고려사항 때문에 나는 이 말을 하기가 너무 고통스럽습니다. 하지만 내가 조국에 대해 갖고 있는 무한한 사랑은 그 말을 하라고 요구하고 있습니다. 그리고 현재의 실정을 그대로 말해 보자면 로마의 시민들은 그들이 획득한 자유의 현실을 믿지 않고 있습니다. 그들은 진정한 자유를 가로막는 극복하기 어려운 장애가 여전히 남아 있다고 확신합니다. 그것이 우리들 사이에 있으며, 더욱 나쁜 것은 증오 받는 왕가의 이름을 간직한 왕가의 사람이 권력의 지위에 올라 있다는 것입니다."

이어 브루투스는 콜라티누스에게 고개를 돌리면서 말했다. "루키우스 타르퀴니우스, 로마는 두려워하고 있습니다. 이 도시의 공포를 달래줄 수 있는 힘이 당신 손에 있습니다. 왕들을 축출하는데 당신의 공로가 있었다고 하는 우리의 말을 그대로 믿어주십시오. 이제 우리에게서 왕가의 이름을 제거해 줌으로써 당신의 봉사에 화룡점정(畵龍點睛)을 찍으십시오. 그로 인해 당신이 아무런 피해도 보지 않도록 해 드리겠습니다. 당신의 재산을 그대로 소유하도록 하겠습니다. 아니, 그것만으로 충분하지 않다면 우리는 그 재산에 상당액을 얹혀 드리겠습니다. 친구의 자격으로 우리를 떠나주십시오. 아무리 헛된 공포일지라도 이 도시를 그 공포로부터 해방시켜 주십시오. 모든 로마 시민은 타르퀴니우스의 가문이 완전히 사라져야 군주제가 영원히 사라질 것이라고 확신하고 있습니다."

콜라티누스는 이 괴상하고 예기치 못한 요청에 너무 놀라서 한동안 아무런 말도 하지 못했다. 이어 그가 답변을 하기도 전에 많은 사람들이 그에게 밀려들면서 아주 강력한 어조로 브루투스가 요청한 대로 해달라고 애원했다. 그들은 모두 지위가 높은 사람들이었으나 스푸리우스 루크레티우스의 강력한 지원이 없었더라면 그들의 호소는 별 효력이 없었을 것이다. 루크레티우스는 사위 콜라티누스보다 나이가 많았고 또 공직 생활에서 널리 존경을 받았다. 그는 온갖 기도와 설득의 방법으로 사위가 로마 시민들의 일치단결된 여론에 따를 것을 요청하여 마침내 그를 납득시켰다. 콜라티누스는 집정관 임기가 끝나면 그 자신이 적개심의 대상이 될 뿐만 아니라 공개적으로 치욕을 당하고 재산도 몰수될 것을 두려워하여 집정관 직을 사임하고 전 재산을 챙겨서 라비니움으로 자발적인 유배를 떠났다. 그러자 원로원의 포고에 따라서 브루투스는 타르퀴니우스 가문의 모든 사람을 로마에서 추방한다는 법령을 시민들 앞에 반포했다. 이어 선거를 치러서 왕들을 축출할 때 브루투스를 도왔던 푸블리우스 발레리우스가 공석인 집정관 직을 채웠다.

3. 모든 시민은 타르퀴니우스 가문과의 싸움이 확실히 벌어질 것이라고 예상했다. 그러나 그 전쟁은 예기치 못한 방식으로 연기가 되었고, 갈등의 첫 번째 단계는 아무도 예상하지 못한 형태로 구체화되었다. 로마 시내에서 대역죄가 발생하여 로마는 자유를 거의 잃을 뻔했다. 그것은 한 무

리의 젊은 귀족들로부터 시작되었다. 그들은 왕가의 젊은 친구들과 자유롭게 어울려 놀던 군주제 시절의 생활이 아주 쾌적했다고 생각했다. 그들의 욕구를 마음대로 발산할 수 있었고 또 궁정의 방탕하고 무책임한 생활을 그리워했다. 새로운 제도 아래에서 그들은 마음대로 할 수 있는 자유가 없는 걸 아쉬워했고 남들에게는 자유인 것이 그들에게는 노예제도 같다고 불평을 하기 시작했다. 그들은 이런 주장을 폈다: 왕은 결국 사람이므로, 그 왕으로부터 옳든 그르든 우리가 원하는 것을 얻어낼 기회가 있었다. 군주제 아래에서는 후원과 특혜의 여지가 있었다. 왕은 화를 낼 수도 있으나 후에 용서도 해준다. 그는 적과 친구의 차이를 안다. 반면에 법률은 몰개성적이고 냉혹하다. 법률은 귀가 달려 있지 않다. 물론 가난한 사람들에게는 아주 좋은 것이지만, 위인들에게는 쓸모없는데 그치지 않고 그보다 더 나쁜 것이다. 평범한 규정의 범위 바깥으로 나아가며 모험을 시도하는 남자에게 정상참작이나 관용 같은 게 아예 없기 때문이다. 인간성은 결코 완벽한 것이 아니므로, 인간이 법률의 통치 아래에서 아주 순수한 상태로 살 수 있다고 생각하는 것은 아무리 좋게 말한다 해도 위험한 발상이 아닐 수 없다.

그런데 이 무렵 불평불만자들에게는 안성맞춤하게도 타르퀴니우스 가문이 보낸 사절이 로마에 도착했다. 그 사절이 겉으로 내세우는 유일한 목적은 타르퀴니우스의 재산을 되찾겠다는 것이었고, 그들의 로마 귀환에 대해서는 아무런 언급이 없었다. 사절은 원로원의 청문회에 참석할 수 있는 허가가 떨어졌다. 그 후 며칠 동안 재산 반환 문제가 논의되었는데 전반적인 의견은 이러했다. 재산 반환을 거부하는 것은 전쟁의 빌미를 제공할 것이고, 반대로 반환을 허가한다면 적의 재산을 늘려주는 꼴이 될 것이다. 한편 타르퀴니우스의 사절들은 가만히 놓고 있지는 않았다. 그들은 여전히 재산 반환이라는 원래의 구실을 내세우면서도 은밀하게 왕권의 회복을 협상했다. 정당한 임무 수행인 양 가장하면서 그들은 다수의 젊은 귀족들을 방문하여 현 시국에 대한 그들의 생각이 무엇인지 알아내려 했다. 일부 귀족들은 분명한 동조의 뜻을 보였는데, 사절들은 그들에게 타르퀴니우스의 가문의 친서를 전달하면서, 야음을 틈타서 타르퀴니우스 가문 사람들을 로마에 몰래 들여놓는 절차를 논의했다.

4. 비텔리 형제와 아퀼리 형제가 최초로 그 계획을 위임받은 사람들이었다. 그런데 비텔리의 누나가 브루투스와 결혼하여 티투스와 티베르누스의 두 아들을 두었는데, 이제 막 성년으로 발돋움하던 두 청년은 외삼촌 비텔리에게 설득당하여 그 음모에 일익을 담당하게 되었다. 다수의 귀족 계급 청년들이 그 비밀 모의에 가담했으나 이들의 이름은 전해지지 않는다.

한편 원로원은 과반수 투표로 타르퀴니우스 재산의 반환을 의결했다. 두 집정관은 사절들에게 로마에 한동안 머물면서 가구와 동산을 싣고 갈 운송수단을 준비하라며 시간적 말미를 주었다. 그들은 이 시간을 활용하여 젊은 음모꾼들과 빈번히 상의를 했고, 타르퀴니우스 가문에 보여줄 증거가 필요하니 젊은 귀족들에게 끊임없이 서면(書面) 약조를 요구했다. 그들은 이렇게 주장했다: 서면 증거가 없다면, 어떻게 이런 중요한 일에서 왕가 사람들이 그들의 진심을 믿을 수 있겠는가? 음모꾼들은 그런 설득에 넘어갔다. 그들은 편지를 작성하여 서명했다. 그것은 그들의 신의를 증명하기 위한 것이었지만 결국 그들의 유죄를 입증하는 문건이 되어버렸다.

사절들이 로마를 떠나기로 된 날 전야에 그들과 음모꾼들은 비텔리 가문의 집에서 만나 저녁 식사를 했다. 저녁 시간에 그들은 하인들을 모두 방에서 내보냈고 그들만 있는 줄 알고서 음모의 세부사항들을 논의하기 시작했다. 그 음모 건은 아직도 그들에게 신기함의 흥분을 안겨주고 있었다. 그러나 불운하게도 한 노예가 그들이 하는 말을 엿들었다. 그는 이미 그 전에도 무슨 일이 벌어지고 있는지 짐작했으므로 약조의 편지가 타르퀴니우스의 사절들에게 건네지기만을 기다렸다. 일단 그 편지를 압수한다면 그에게는 결정적인 증거가 될 터였다. 그는 그 편지가 교환되었다는 것을 발견한 즉시 그 정보를 두 집정관에게 밀고했다. 집정관들은 즉시 집에서 나와 범인들을 체포하러 갔다. 음모는 아무런 소요 사태도 일으키지 않고 구상 단계에서 발각되었고, 약조의 편지들을 확보하기 위해 각별한 노력이 기울여졌다. 반역자들은 즉각 투옥되었다. 사절들의 신병 처리에 대해서는 약간의 망설임이 있었다. 그들의 행위로 미루어보면 적으로 취급해야 마땅하지만, 외국의 사절이라는 관습적인 특혜가 부여되었다.

5. 타르퀴니우스의 재산 처리 문제가 원로원에서 재고되었다. 이번에는 원로원 내에 분노하는 분위기가 팽배했다. 원로원은 반환을 거부하면서, 공식적으로 몰수하는 것도 거부했다. 그 대신 평민을 풀어서 그들 마음대로 그 재물을 노략질해도 좋다고 허가했다. 하층 계급의 사람들이 왕가의 황금에 손때를 묻힌다는 것은 곧 그들이 다시 왕가와 화해를 시도하려는 희망을 영구히 포기한다는 뜻이었다. 로마 시와 티베르 강 사이의 땅은 전에 타르퀴니우스 가문의 소유였고 마르스 신에게 바쳐졌기 때문에 캄푸스 마르티우스로 알려졌다. 그 땅의 곡식들이 이미 익은 상태였다. 종교적인 이유로 인해 그 곡식은 먹을 수 없으므로, 함께 일하는 수백 명의 남자들이 줄기 채 베어서 여러 바구니에 집어넣어 티베르 강에 내던졌다. 한여름에는 늘 그렇듯이 강물의 수위가 낮았고, 곡식을 담은 바구니들은 얕은 물의 바닥에 갇히는 바람에 진흙 무더기가 되었다. 여기에 하류로 흘러가는 쓰레기들이 합쳐져서 서서히 자그마한 섬이 생겨났다. 나중에 이 섬을 높고 단단하게 보강하는 토목 작업이 벌어져서 이 섬에 건물을 세울 수 있게 되었고 심지어 사원이나 주랑(柱廊)도 들어서게 되었다.

타르퀴니우스 가문의 모든 재산이 평민에 의해 약탈되어 파괴되었을 때 반역자들은 선고를 받고 처벌되었다. 그것은 기억할 만한 광경이었다.

왜냐하면 브루투스는 집정관의 지위에 있었기 때문에 두 아들에게 극형을 내리는 의무를 수행해야 되었기 때문이다. 따라서 모든 사람들 중에서 아들의 처형을 바라보는 광경을 면제받아야 마땅한 사람이 바로 그 처형을 명령하고 감독해야 하는 운명에 놓인 것이다. 선고를 받은 죄인들은 나무 기둥에 결박되었다. 모두가 로마 최고 가문의 젊은 자제들이었으나 오로지 집정관의 두 아들만 사람들의 주목을 받았다. 다른 죄인들은 구경꾼의 흥미를 끌기는 했지만 비천한 사회 밑바닥 출신일 수도 있었다. 두 아들이 받아야 할 처벌을 불쌍하게 생각했고 또 그런 처벌을 받게 만든 범죄에 대하여 더욱 애처롭게 생각했다. 사람들의 마음속에는 국가의 중대한 시기에 그런 배신행위를 저지르다니 믿기지 않는 슬픔이 가득했다. 그들의 아버지가 로마를 해방시키고 왕위 대신에 집정관 직을 설치하여 그 자리에 오른 그 해에 두 아들이 로마의 모든 시민들과 신들을 배신하다니! 그것도 한때 오만한 폭군이었다가 지금은 유배지에서 로마를 파괴하려고 획책하는 그 자에게 붙었다니!

　두 집정관은 심판대에 마련된 자리에 앉았다. 릭토르들은 사형을 집행하라는 명령을 받았다. 죄수들은 옷을 벗긴 후 매질을 하고 이어 목을 쳤다. 그 슬픈 광경이 진행되는 동안 구경꾼들의 이목은 모두 그 아버지의 얼굴에 집중되었다. 그 얼굴에는 아버지의 고뇌가 뚜렷하게 드러나 있었다.

　처형 후에 제보자는 포상을 받았다. 포상금 이외에 노예에서 면천되고 시민의 권리를 부여되었다. 이러한 포상은 대역죄를 억제하려는 처형의 효과를 두 배로 높일 것으로 기대되었다. 제보자는 빈딕타(vindicta: 막대기. 작은 막대기를 종의 머리에 놓고 자유인임을 선언했음: 옮긴이)에 의해 속량된 최초의 노예인 것으로 알려졌다. 어떤 사람은 빈딕타라는 용어가 그의 이름 빈디쿠스에서 나온 것이라고 생각하기도 했다. 그 후 이런 식으로 면천(免賤)된 노예는 온전한 시민권을 획득한 것으로 보는 게 하나의 관습으로 굳어졌다.

6. 그 처형 사건의 소식은 타르퀴니우스에게 엄청난 충격을 주었다. 그 자신의 거대한 음모가 실패로 돌아간데 실망한 나머지, 그는 로마에 대해서 한없는 적개심을 품게 되었다. 음모의 방법이 수포로 돌아갔으니 이제 다른 방법인 노골적인 전쟁 이외에 다른 수단이 없었다. 이 목적을 위해 그는 여러 에트루리아 도시들을 방문하여 지지를 호소했다. 그는 베이이와 타르퀴니의 지원을 얻는 것이 성공의 열쇠라고 생각했다. 그의 주장은 이러했다.

"나는 당신들과 같은 핏줄입니다. 어제 나는 작지 않은 왕국의 왕이었으나 지금은 한 푼 없는 유배자입니다. 당신들이 빤히 보는 데서 내가 두 아들과 함께 죽어버리는 꼴을 보시렵니까? 로마는 국외에서 사람을 데려와 로마를 통치하게 했습니다. 나는 왕위에 올랐을 때 나의 정복 사업으로 로마의 지배 판도를 넓혔습니다. 그런데 나의 친척이 가담한 음모에 의해 왕위에서 쫓겨났습니다. 내 적들은 왕위에 오를 만한 유능한 후계자를 발견하지 못했고 그래서 그 어떤 자도 단독으로 통치할 수가 없게 되었습니다. 그래서 그들은 권력을 탈취하여 서로 나누어가졌습니다. 또한 도둑의 무리들에게 내 재산을 약탈하도록 사주하여 아주 신분이 낮은 자들도 그런 범죄 행위에 동참시켰습니다. 내 나라와 왕위를 되찾고서 배은망덕한 신민들을 징벌하는 것이 나의 목적입니다. 나는 당신들에게 도와줄 것을 호소합니다. 당신들이 과거에 당했던 고통, 당신들의 패전과 토지 상실을 복수하기 위해 나와 함께 진군해 주십시오."

베이이 사람들은 그 호소를 솔깃하게 들었다. 그 호소는 그들의 급소를 찔렀고 타르퀴니우스의 연설은 엄청난 호응을 이끌어냈다. 베이이의 남자들은 과거의 패전의 얼룩을 씻어내고 잃어버린 땅을 되찾겠다는 각오를 밝혔다. 타르퀴니에서도 베이이 못지않은 반응을 이끌어냈는데 그 이유는 다른 것이었다. 거기에서는 타르퀴니우스라는 이름이 커다란 호소력을 발휘했다. 그곳 사람들은 같은 핏줄의 사람이 로마를 통치하는 것은 멋진 일이라고 생각했다. 따라서 각 도시에서 2개의 파견부대가 로마를 정복하여 왕위를 회복하려는 타르퀴니우스에게 합류했다.

침략군이 경계선을 넘어오자 두 집정관은 맞서 싸우기 위해 전장으로 나아갔다. 발레리우스가 방진(方陣) 대형의 보병 부대를 이끌었고, 브루투스는 기병부대를 이끌고 선두에 나섰다. 적의 배치도 유사하여 타르퀴니우스의 아들 아룬스가 이끄는 기병대가 선두에 섰고 타르퀴니우스는 보병을 이끌고 후미에서 따라왔다. 적군이 아직 상당한 거리에 떨어져 있을 때, 아룬스는 릭토르들을 보고서 집정관을 알아보았고 좀 더 가까이 다가와서는 그게 브루투스라는 것을 뚜렷이 알아보았다. 그가 화를 벌컥 내며 소리쳤다. "저기에 우리를 조국으로부터 쫓아낸 자가 있다. 우리의 것인 권력과 위엄의 표징을 모두 갖추고 한없이 거들먹거리는 자세로 다가오고 있구나! 오 전쟁의 신들이여, 왕에 대한 이런 모욕을 복수해 주소서!" 그는 말에 박차를 가하면서 집정관을 향해 곧장 달려들었다. 브루투스는 그 위협을 잘 알았고 — 이 당시 장군은 실제로 전투에 가담하여 싸워야 했다 — 그 도전을 적극 받아들였다. 두 남자는 자신의 안위 따위는 조금도 신경 쓰지 않고 적을 쓰러트리고 말겠다는 일념으로 엄청난 힘을 내뿜으며 격돌했다. 가히 입석시(立石矢:바위를 뚫는 화살)의 힘이라고 할까. 두 사람의 긴 창은 상대방의 방패를 뚫고서 그 몸속으로 깊숙이 파고들었다. 두 사람은 함께 말에서 땅으로 떨어져 죽고 말았다.

그 무렵 대대적인 기병 싸움이 이미 시작되었고 그 직후에 보병들이 전장에 나타났다.

7. 그렇게 하여 이어진 전면전은 결판을 내지 못했다. 양군은 우익에서는 성공을 거두었으나 좌익에서는 성공을 거두지 못했다. 로마에게 늘 패

배당했던 베이이의 파견부대는 이번에도 패주했으나, 전에 로마 군과 조우한 적이 없는 타르퀴니 부대는 진지를 고수하면서 로마 군의 좌익을 퇴각시켰다. 그러나 기이하게도, 그 전투는 결판을 내지 못했으나, 성공하기 틀렸다는 절망감에 사로잡힌 타르퀴니우스와 에트루리아 부대, 그리고 베이이와 타르퀴니의 파견 부대는 모든 것이 헛수고로 돌아간 것처럼 밤중에 흩어져서 집으로 돌아가 버렸다. 그런데 이런 이상한 이야기가 전해진다. 전투가 끝난 한밤중의 정적을 뚫고서 아르시아 숲의 깊숙한 곳에서 커다란 목소리가 들려왔다. 에트루리아 인이 전투에서 로마 군보다 한 명을 더 잃었기 때문에 승리는 로마 군의 것이다. 이런 전설과는 무관하게, 로마 군이 승자로서 전장을 떠났고 적들이 패배를 시인했다는 것은 의심의 여지가 없다. 그 다음날 새벽이 되었을 때 에트루리아 군대의 병사는 단 한 명도 보이지 않았기 때문이다. 집정관 발레리우스는 전리품을 챙겨서 로마로 회군하여 승리를 축하했다. 브루투스에게는 그 당시로서 할 수 있는 가장 성대한 장례식이 베풀어졌다. 그러나 그에게 돌아간 더 큰 영광은 온 나라가 그의 죽음을 애도했다는 것이다. 그 중에서도 로마의 여인들이 특히 그의 죽음을 가슴 아프게 생각했다. 그들은 그 후 1년 동안 그를 아버지로 여기면서 애도했다. 그가 여인(루크레티아)의 명예를 지켜준 맹렬한 전사였다는 사실에 대한 감사 표시였다.

일반대중의 심사라는 것은 아주 변덕스럽다. 살아남은 집정관 발레리우스는 곧 인기를 잃고 어떤 중대한 사유로 인해 증오와 의심의 대상이 되었다. 그가 왕위에 오를 음험한 계획을 꾸미고 있다는 소문이 나돌았다. 의심의 근거는 다음 두 가지였다. 첫째, 그는 죽은 집정관 동료의 자리를 채우려는 조치를 취하지 않았다. 둘째, 그가 벨리아 언덕의 꼭대기에다 집을 짓고 있다. 그런 꼭대기의 대궐 같은 집은 난공불락의 요새가 될 터였다. 이런 근거 없는 소문의 창궐에 번뇌하던 발레리우스는 평민 대회의를 소집했다. 그는 연단에 올라가기 전에 대중의 심기에 동정한다는 표시로 릭토르들에게 권표를 들지 말고 아래로 낮추라고 지시했다. 그러한 제스처는 사람들에게 좋게 받아들여졌다. 권위의 상징인 권표(fasces)를 사람들이 보는 데서 낮춘다는 것은 권력의 장엄함이 집정관에게 있는 것이 아니라 평민에게 있다는 것을 시인한다는 뜻이었다. 발레리우스는 이어 연설했다. 그는 먼저 동료였던 브루투스의 좋은 행운을 언급했다. 그는 로마를 해방했고, 국가의 최고위직을 맡았으며, 명성의 절정에서 조국을 위해 싸우다가 죽었고, 그리하여 질시의 입김이 밝은 명성의 거울을 흐리지 못하게 되었으니 얼마나 큰 행운이냐는 것이다.

"반면에 나는 살아남아서 나의 좋은 명성을 지키지 못하게 되었습니다. 나는 여러분의 질시와 증오에 직면하고 있습니다. 한때는 조국의 해방자로 칭송받았으나, 이제 나는 여러분의 눈에 아퀼리와 비텔리 같은 반역자로 비춰지고 있습니다. 여러분은 남에게서 아무리 시험당하고 검증당해도 의심을 받지 않는 그런 공덕을 발견하지 못합니까? 왕정의 철천지원수였던 내가 왕위를 탐내는 자로 의심받는 것을 어떻게 감당하겠습니까? 설사 내가 카피톨리움 요새에 산다고 하더라도 어떻게 내가 동료 시민들의 두려움의 대상이 될 수 있다고 생각하겠습니까? 나의 명성이라는 것이 가벼운 입김 한 번에 날아가 버릴 그런 것입니까? 내 명예의 기반이 그토록 취약하여 여러분이 나라는 사람보다는 내가 사는 장소에 따라 나를 판단할 그런 정도란 말입니까? 결코 그렇지 않습니다, 나의 친구들이여. 나의 집이 당신의 자유를 위협하는 일은 없을 것입니다. 벨리아는 아무런 위험도 되지 않을 겁니다. 나는 평지에다 집을 짓겠습니다. 아니, 언덕 기슭에다 짓겠습니다. 그리하여 당신들이 나보다 높은 곳에서 살면서 당신들이 불신하는 동료 시민을 감시해 주기 바랍니다. 벨리아 언덕 위의 집들은 나보다 로마의 자유를 더 잘 맡길 수 있는 사람들을 위해 남겨놓아야 합니다."

그리하여 건축 자재들은 모두 언덕 기슭으로 끌어내려졌고 현재 비카 포타 사당이 서 있는 곳에 발레리우스의 집이 건축되었다.

8. 발레리우스는 이어 그의 왕위 의심을 불식시키고 평민을 생각하는 민주적 인사이며 푸블리콜라(평민의 친구)라는 별명을 안겨준 조치들을 제안했다. 그 중 주된 조치는 행정관의 판결에 불복하는 사람들을 위해 항소권을 부여한 것과, 왕정복고를 위해 음모를 꾸미다가 유죄판결을 받은 자의 민권을 박탈하는 것이었다. 발레리우스는 이런 인기 높은 조치들의 공로를 독차지하고 싶었기 때문에 그 조치들이 완수될 때까지 브루투스의 사망으로 공석이 된 나머지 한 자리 집정관의 선출을 미루었다. 마침내 빈 자리에 스푸리우스 루크레티우스가 선출되었으나 그가 노인이어서 집정관 직이 부과하는 엄중한 스트레스를 감당할 수가 없었다. 그는 선출된 지 며칠 만에 죽었고 이어 마르쿠스 호라티우스 풀빌루스가 그 뒤를 이었다. 일부 예전 역사가들은 루크레티우스를 아예 언급하지 않고 브루투스 다음에 호라티우스가 곧바로 승계했다고 기술했다. 아마도 루크레티우스의 집정관 취임은 이렇다 할 중요한 업적이 없기 때문에 망각된 탓일 것이다.

카피톨리움 언덕의 유피테르 신전은 아직 봉헌되지 않았다. 완공시 누가 그 신전을 봉헌할 것인가, 하는 문제를 두고서 두 집정관은 추첨을 했다. 그 임무는 호라티우스에게 돌아갔고 푸블리콜라는 베이이를 상대로 하는 군사 작전을 계속 수행했다. 푸블리콜라의 친척들은 장엄한 신전을 봉헌하는 임무가 호라티우스에게 돌아간 것을 지나칠 정도로 기분 나쁘게 생각하여 그것을 막아보려고 온갖 수단을 다 동원했다. 그런 수단이 모두 수포로 돌아갔고 호라티우스는 문기둥에 손을 얹고서 봉헌의 기도를 바치고 있었다. 그때 발레리우스의 친척들이 봉헌 의식의 한가운데로 뛰어들어 호라티우스의 아들이 죽었다는 소식을 전하면서, 상중인 자가 신전을 봉헌해서는 안 된다는 뜻을 내비쳤다. 호라티우스는 그 전언을 믿지 않았거나 아니면 엄청난 마음의 평정을 유지한 듯하다. 실상이 어느 쪽인지 전해지지 않으며 또 우리는 그 중 어떤 것이 사실인지 짐작하기도 어렵다. 아무튼 그 소식은 호라티우스에게 아무런 영향도 주지 않았고 그는 아이의 장례식을 준비하라고 말한 뒤, 계속 기도를 올리며 봉헌 의식을 완료했다. 이렇게 하여 왕을 축출한 첫 해에 로마의 국내와 국외에서 있었던 업적들이 모두 이야기되었다.

9. 그 다음 해의 두 집정관은 2년차인 발레리우스와 티투스 루크레티우스였다.

한편 타르퀴니우스 가문 사람들은 클루시움의 왕인 라르스 포르세나의 궁정에 피신을 했다. 그들은 온갖 수단을 다 동원하여 왕의 지원을 이끌어내려 했다. 어떤 때는 에트루리아 동포이며 같은 혈연인 사람들을 무일푼의 유배자로 살게 내버려 둘 것이냐고 호소했다. 또 어떤 때는 공화정이 가져올 위험스러운 결과에 대하여 복수를 하지 않고 그냥 방관할 것이냐고 위협했다. 왕의 축출은 일단 한 번 시작되면 흔한 일이 될 것이라고 경고했다. 자유는 위험한 사상이고 왕위에 있는 왕이, 현재 왕위를 파괴하려고 악착같은 나라들만큼이나 치열하게 그 왕위를 지키려 하지 않는다면 모든 질서와 복종은 사라질 것이라고 말하기도 했다. 그렇게 되면 나라에는 하향식 평등만 남게 될 것이고, 위대함과 탁월함은 영원히 사라지게 될 것이다. 하늘에서나 땅에서나 가장 위대한 제도인 왕정이 지금 끝장나려 하고 있다. 포르세나는 로마의 왕정을 복고시키면 그 자신의 안전도 높아질 것이라고 생각했고 또 에트루리아 혈통이 로마의 왕이 된다면 에트루리아의 위엄도 더욱 찬란해질 것이라고 느꼈다. 그는 타르퀴니우스 가문의 주장에 설득되어 곧장 로마 영토의 침공에 나섰다.

로마 원로원은 그때처럼 당황했던 적이 없었다. 당시 클루시움은 강력한 나라였고 그 왕 포르세나의 명성은 하늘을 찔렀기 때문이다. 포르세나의 위협만 두려운 게 아니었다. 로마 평민들도 그에 못지않은 공포의 대상이었다. 평민은 겁을 집어먹고 타르퀴니우스 가문을 로마로 들이는데 동의하면서 노예의 대가를 치르더라도 평화를 유지하자고 주장할지 몰랐다. 따라서 원로원은 평민의 지지를 얻기 위해 다수의 혜택을 제공했는데 특히 식량을 풍부하게 나누어 주기로 했다. 이에 따라 곡식을 사들이기 위해 쿠마이와 볼스키 족에게 사절단이 파견되었다. 소금은 독점 사업이어서 가격이 높았는데 그 사업 권리를 허가했던 개인들로부터 그 권리를 회수하여 국가의 전매 사업으로 삼았다. 평민들은 관세와 세금으로부터 면제되었고, 이에 따른 세수 손실을 충분히 부담 능력이 있는 부자들이 떠맡았다. 가난한 사람들은 아이들을 기르는 것만으로 충분히 국가에 기여한 것으로 인정되었다고 한다. 이러한 특혜는 엄청난 위력을 발휘하여, 이어진 포위 공격 동안의 박탈과 비참함에도 불구하고 도시는 일치단결했다. 얼마나 잘 단합이 되었는지 로마의 가장 가난한 사람들도 부자들 못지않게 "왕"이라는 용어를 증오했다. 원로원은 위기 상황에서 현명한 행정을 펼쳐서 커다란 인기를 얻었고, 그것은 후대의 평민선동가들이 얻은 것보다 더 높은 인기였다.

10. 에트루리아 군대가 다가오자 로마인들은 농장을 버리고 도시로 몰려들었다. 도시에는 경비대가 설치되었다. 어떤 지구들은 성벽이 충분한 보호막이 되었고, 다른 지구들에서는 티베르 강이 자연 장애물이 되어 주었다. 가장 취약한 지점은 강 위에 설치된 나무 다리였다. 단 한 사람 호라티우스 코클레스(애꾸눈)의 용기가 아니었더라면 에트루리아 군은 그 강을 건너서 도시로 밀고 들어왔을 것이다. 호라티우스는 로마의 행운이 위험의 날에 도시의 방패막이로 쓰라고 내려준 위대한 병사였다. 야니쿨룸이 급습에 의해 탈취되었을 때 호라티우스는 그 나무다리에서 보초를 서고 있었다. 적군은 언덕 아래로 쏟아질 듯이 내려왔고 로마 군은 무기를 내

던지고 달아나는 모습이 군 부대라기보다 무질서한 오합지졸 같았다.

이에 호라티우스는 재빨리 행동에 나섰다. 패주하는 로마 군 동료들이 다리 쪽으로 달려오자 그는 가능한 한 많은 병사들을 멈추어 세우고 그의 말을 들으라고 강요했다. "동료 병사들이여," 그가 소리쳤다, "그런 식으로 초소를 달아나면 도망치기는 더욱 어려워진다는 것을 모릅니까? 여러분 후방의 나무 다리를 텅 비워 놓으면 곧 야니쿨룸보다 더 많은 적군들이 팔라티움 언덕과 카피톨리움 언덕을 채우게 될 것입니다." 그는 동료 병사들에게 불, 쇠, 기타 동원 가능한 수단으로 다리를 파괴하라고 있는 힘을 다해서 요구했다. 그러면 그가 혼자서 에트루리아 적군의 접근을 가능한 한 오래 막아내겠다고 했다.

그는 늠름한 모습으로 다리 한 쪽 끝에 버티고 섰다. 패주하는 도망병들 사이에서 우뚝한 자세로 칼과 방패를 높이 쳐들고 일당백의 백병전에 대비했다. 진군해 오던 적군은 호라티우스의 그런 무모한 용기에 크게 놀라면서 벌어진 입을 다물지 못했다. 훌륭한 참전 기록을 가진 귀족 가문 출신의 로마 군 병사인 스푸리우스 라르티우스와 티투스 헤르미니우스는 호라티우스를 혼자 내버려 두는 것을 부끄럽게 여겨 합류해 왔다. 그들의 도움을 받아 그는 적군을 상대로 아주 위험스러운 첫 몇 분간을 견뎌냈다. 그러나 곧 그는 두 병사에게 그를 내버려 두고 어서 철수하여 목숨을 구하라고 강요했다. 이제 다리는 거의 다 파괴되었고 파괴 조는 너무 늦기 전에 빨리 건너오라고 재촉하고 있었기 때문이다. 두 병사가 떠났고 다시 한번 호라티우스는 혼자가 되었다. 그는 살기 어린 눈빛을 번쩍거리며 에트루리아 기병대에게 일대일 대결을 벌이자고 소리쳤다. 그러면서 그들은 모두 폭군의 노예이며 자신들의 자유는 아랑곳하지 않고 남들의 자유를 파괴하러 온 한심한 자들이라고 조롱했다.

적군은 잠시 뒤로 물러서더니 서로 쳐다보며 동료 병사가 먼저 공격하기를 기다리며 미루었다. 그러나 그들은 곧 그처럼 전투를 미루는 것에 부끄러움을 느끼면서 맹렬한 함성을 내지르며 그들의 앞길을 가로막고 있는 혈혈단신의 병사를 향하여 창들을 일제 내던졌다. 호라티우스는 방패로 투창을 막아내며 전보다 더 단호한 자세로 다리에 걸터앉아 그 자리를 지켰다. 에트루리아 군은 앞으로 밀고 나왔고 중과부적의 엄청난 병사들로 그를 다리 옆으로 밀어낼 뻔했으나, 그들의 전진은 다리가 무너지며 터져 나오는 굉음으로 제지되었다. 동시에 다리 파괴 작업을 시간에 맞추어 완료한 로마 병사들은 기쁨의 함성을 내질렀다. 에트루리아 인들은, 아버지 티베르에게 축복을 내려달라고 기도하면서 칼을 들고 완전 군장으로 강물 속에 뛰어 헤엄치는 호라티우스를 놀란 눈으로 쳐다볼 뿐이었다. 그는 물속으로 빗발치는 떨어지는 창들 사이를 피해서 무사히 강 건너에 도착하여 기다리던 동료 병사들의 환영을 받았다. 그것은 놀라우면서도 고상한 전공이었다. 물론 전설적인 측면도 있지만 앞으로 오랜 세월 동안 이야기 속에서 기억될 운명의 무용담이었다.

이런 무용에 대하여 국가는 감사 표시를 했다. 호라티우스의 동상이 코미티움에 세워졌고 그는 하루 종일 밭갈 수 있는 땅을 하사받았다. 이런 공식적인 영예 이외에도 많은 개인들이 그 어렵던 시절에 스스로 단식하며 아낀 것을 그를 지원하는 물품으로 내놓아서 그의 무용에 대한 감사 표시를 했다.

11. 기습 공격으로 도시를 함락시키려던 시도가 실패로 돌아가자 포르세나는 이제 포위 공격 쪽으로 작전을 바꾸었다. 그는 야니쿨룸에 주둔 부대를 남기고서 강 근처의 평평한 땅에 본진을 설치하고 여러 척의 배를 수배했다. 먼저 보급품이 로마 시내로 들어가는 것을 막고 그 다음엔 기습의 기회가 생길 때마다 병력을 수송하기 위한 것이었다. 로마 외곽 지역에 대한 그의 통제는 너무나 완벽하여 여러 종류의 재물은 물론이고 소 떼도 모

두 도시의 성벽 안으로 들여놓아야 했다. 아무도 그 소 떼를 성벽 밖으로 몰고나가 목초지 위에 풀어놓을 생각을 감히 하지 못했다. 사실 이런 과도한 예방 조치는 공포심 때문이었지만 정책적인 것이기도 했다. 집정관 발레리우스는 효과적인 반격의 기회를 노리고 있었다. 그는 적에게 심대한 타격을 입힐 생각으로 적의 사소한 공격들은 무시해버릴 생각이었다. 적이 안심하고 전혀 공격에 대비하지 않고서 약탈에 몰두하고 있을 때를 틈타서 기습 공격을 감행한다면 충분히 결정타를 가할 수 있는 것이었다. 그는 이런 속셈으로 그 다음날 에스퀼리아이 성문으로 많은 소들을 데리고 나가 방목을 하라고 지시했다. 그 대문은 적의 전선에서 가장 멀리 떨어져 있는 성문이었다. 노예들이 포위공격의 어려움을 피하여 계속 도망을 치고 있었으므로 에트루리아 인들은 곧 그 정보를 얻게 될 것이라고 발레리우스는 확신했다. 그의 계산은 빗나가지 않았다. 한 탈주자가 그 정보를 가지고 에트루리아 전선으로 건너갔고 그리하여 평소보다 훨씬 많은 숫자의 적들이 한몫 크게 잡아볼 목적으로 강을 건너왔다. 그러자 발레리우스는 작전 명령을 내렸다. 티투스 헤르미니우스는 소규모 부대를 이끌고 3km 밖 가비나 도로에 매복했고, 스푸리우스 라르티우스는 경무장 병사 1개 중대를 이끌고 콜리나 성문으로 가서 적들이 그곳을 지나갈 때까지 기다렸다가 그들이 강으로 퇴각하는 길을 끊어버릴 계획이었다. 집정관 루크레티우스는 몇 개 중대를 거느리고 나이비아 대문으로 나갔고 발레리우스는 정예부대를 데리고 카일리우스 언덕에 자리 잡았다. 두 집정관과 그들의 부대가 제일 먼저 적에게 포착되었다.

즉각 교전이 벌어졌고 헤르미니우스는, 루크레티우스와 대적하기 위해 나온 에트루리아 군의 후미를 공격했다. 콜리나 대문에서 나이비아 대문에 이르기까지 전투의 함성이 메아리쳤다. 공격해온 적들은 포위를 당했다. 로마 군에 상대가 되지 못하고 또 달아날 수도 없었으므로 그들은 도륙당했다. 에트루리아 군대는 따끔한 교훈을 얻었고 더 이상 유사한 규모의 공격을 감행하지 못했다.

12. 그렇지만 포위 작전은 계속되었다. 도시에는 식량이 귀해지고 값비싸졌다. 포르세나는 공격을 하지 않고서도 도시를 굶겨서 항복을 받아낼 수 있겠다는 희망에 부풀었다. 이런 상황에서 젊은 귀족인 가이우스 무키우스는 저 유명한 영웅적 행동을 했다. 로마가 왕정의 질곡에서 시달리던 시절에 그 도시는 어떤 전쟁이 되었든 포위 공격을 당하는 수모를 겪은 적이 없었다. 무키우스는 현재의 상황이 너무나 수치스럽다고 생각했다. 왕정을 타파하고 자유를 얻은 로마인이 다른 사람도 아닌 에트루리아 인들의 포위 공격을 당하다니. 그들은 로마인이 과거의 전쟁에서 자주 패배시켰던 자들이 아닌가. 그래서 그는 과감한 행동으로 일거에 국가적 자부심을 보여주어야겠다고 결심했다. 그의 첫 번째 계획은 순전히 그 자신만의 힘으로 적진에 뛰어들겠다는 것이었다. 하지만 거기에는 위험이 따랐다. 그가 아무도 모르게 또 집정관들의 허가 없이 그렇게 하려다가는 보초병에 의해 탈주자로 체포될 염려가 있었다. 로마의 경비 상황이 아주 엄중했으므로 충분히 그렇게 될 가능성이 있었다. 그래서 그는 마음을 바꾸어서 원로원에 출두하여 이렇게 말했다. "나는 강을 건너가 할 수 있다면 적진으로 뛰어들고 싶습니다. 내 목적은 약탈이나 보복이 아닙니다. 신이 도와주신다면 그보다 더 중요한 일을 해내고 싶습니다."

원로원은 출발 허가를 내주었고 그는 옷 속에 단검을 숨긴 채 출발했다. 에트루리아 군영에 도착한 그는 왕이 앉아 있는 높은 단 옆의 군중들 사이로 파고들었다. 마침 그날이 병사들의 봉급날이었으므로 거기에 많은 사람들이 있었다. 왕의 옆에 앉은 그의 비서는 아주 바빴다. 그는 왕과 비슷한 옷을 입었고 또 많은 사람들이 그에게 말을 걸었으므로 무키우스는 누가 왕이고 누가 비서인지 확신할 수 없었다. 그의 질문이 신분을 노출시킬 것을 두려워하여 차마 질문은 하지 못하고, 기회를 보아 찌른 것이 비서였다. 경악의 외침이 하늘 높이 퍼져 나갔다. 그는 피묻은 단검을 들고서 군중들 사이로 달려 나가다가 경비병들에게 체포되어 포르세나가 앉아 있는 곳으로 압송되었다. 도움을 줄 사람은 아무도 없었고 그의 처지는 그야말로 고립무원이었다. 하지만 그는 조금도 위축되지 않았다. 그가 입을 열어 말할 때, 그의 자부심 넘치는 말은 남에게 공포를 일으킬 뿐 그 자신은 조금도 공포의 느낌이 없었다.

그가 왕에게 말했다. "나는 로마인이다. 내 이름은 가이우스 무키우스. 나는 나의 적인 당신을 죽이려고 여기에 왔다. 나는 남을 죽이려고 하는 용기 못지않게 기꺼이 죽을 용기도 있다. 용감하게 행동에 나서고 그에 따라 고통을 당하는 것이 우리 로마인의 행동 방식이다. 당신의 목숨을 빼앗으려고 결단한 사람이 비단 나 하나뿐만이 아니다. 내 뒤에는 이와 똑같은 영예를 얻기를 간절히 바라는 청년들이 길게 줄지어 서 있다. 그러니 당신은 이런 도전에 준비하고 있는 것이 좋을 것이다. 무장한 적이 시시각각으로 당신의 문 앞에서 당신의 목숨을 노리고 있는 것이다. 그것이 우리가 당신에게 선언한 전쟁이다. 당신은 야전에서 벌어지는 군 대 군의 전면전은 두려워하지 않아도 된다. 우리는 한 번에 한 명씩 당신의 목숨을 노리고 달려들 것이다."

포르세나는 깜짝 놀라고 또 화가 머리끝까지 치밀어 올라, 저 죄수가 방금 말한 암살 음모를 낱낱이 불지 않는 한 저 자를 산 채로 불태우라고 명령했다. 그러자 무키우스가 소리쳤다. "로마의 남자가 명예를 중시할 때 얼마나 그의 신체를 우습게 여기는지 똑똑히 보아두어라!" 그는 마침 희생 제물을 태우기 위해 마련해둔 모닥불에다 그의 오른손을 쑥 집어넣고서 계속 태우면서 전혀 고통을 느끼지 않는 듯한 표정을 취했다. 포르세나는 젊은이의 초인적 인내력에 깜짝 놀라면서 자리에서 벌떡 일어나 그를 제단으로부터 끌어내라고 경비병들에게 명령했다. "너를 자유롭게 풀어 주마," 왕이 말했다. "너는 나보다는 너 자신에게 더 큰 적이 될 수 있음을 보여주었다. 만약 네 용기가 우리의 것이라면 나는 그 용기를 축복해야 마땅할 것이다. 그러나 그렇게 될 수가 없으므로, 나는 명예로운 적으로서 너에게 사면, 생명, 자유를 내리노라."

무키우스는 왕의 관대함에 감사하는 듯한 어조로 대답했다. "당신이 용기를 존중한다고 하니 나는 감사의 표시로 당신이 위협으로 내게서 강제로 빼앗아낼 수 없는 것을 말씀드리겠소. 우리 로마에는 나처럼 이런 식으로 당신의 목숨을 노리겠다고 맹세한 귀족 젊은이가 삼백 명이 있소. 나머지 젊은이들은 그의 차례와 시간에 따라서 계속 공격해 올 것이오. 마침내 행운이 우리 편에 서서 당신을 처치할 수 있을 때까지."

13. 무키우스 스카이볼라(그는 오른손을 불 속에 넣은 뒤 그 손을 쓸 수 없게 되어 스카이볼라라는 별명이 붙었는데 왼손잡이라는 뜻)가 석방된 직후에 로마에는 포르세나의 사절단이 도착했다. 행운의 착오로 미수에 그친 첫 번째 암살 시도와, 남아 있는 많은 음모꾼들로부터 계속하여 그런 위협을 당해야 한다는 앞날의 전망은 왕을 크게 동요시켰고 그리하여 강화 제안을 내놓게 되었다. 그 제안에는 타르퀴니우스 가문 사람들을 복권시킨다는 조건이 들어 있었다. 포르세나는 그 조건이 거부되리라는 것 — 실제로 거부되었다 — 을 잘 알았지만, 타르퀴니우스 가문의 체면을 위해서 그런 마음에도 없는 조건을 할 수밖에 없었다. 그렇지만 로마가 점령한 땅을 베이이에게 돌려주고 또 에트루리아 군이 야니쿨룸에서 철수하는 대신 로마가 인질을 제공한다는 조건은 관철시켰다. 이런 조건 아래 강화 조약이 체결되었다. 포르세나는 야니쿨룸에서 군대를 철수했고 로마 영토에서 퇴각했다. 카이우스 무키우스는 원로원으로부터 강 서쪽의 땅을 하사받았다. 그 땅은 그 후 무키우스의 초원이라는 이름으로 알려졌다.

무키우스의 영웅적 행동이 널리 알려지며 칭송을 받자, 그에 영감을 받은 로마의 여자들도 그를 따라 하려 했다. 그 고상한 사례가 클로엘리아의 이야기이다. 미혼 처녀인 클로엘리아는 티베르 강에서 멀지 않은 곳에 자리 잡은 에트루리아 군영에 인질로 잡힌 사람들 중 하나였다. 어느 날 그녀는 뜻을 함께하기로 동의한 다수의 처녀들과 함께 보초병들을 피하여 강물 속으로 뛰어들어 무수히 날아오는 화살 세례를 피하여 그 여자들을 안전하게 로마로 인도했다. 그곳에서 여자들은 모두 각자의 집으로 돌아갔다. 포르세나는 화를 벌컥 내면서 로마에 사람을 보내 클로엘리아의 송환을 요구했다. 왕은 다른 여자들을 잃어버린 것에 대해서는 불문(不問)에 붙이겠다고 말했다. 그러나 곧 왕의 분노는 남자보다 더 씩씩한 그녀의 용기에 대한 존경으로 바뀌었다. 그는 호라티우스와 무키우스는 그녀와 비교할 바가 못 된다고 말하기도 했다. 그녀를 돌려보내지 않으면 강화 조약이 깨진 것으로 간주하겠지만, 만약 로마가 그녀를 송환한다면 왕 자신이 그녀를 안전하게 그녀의 집으로 돌려보낼 것이라는 말도 했다. 양측은 명예롭게 행동했다. 로마인들은 조약이 요구하는 대로 인질을 돌려보냈고, 포르세나는 그 용감한 처녀를 보호하고 공개적으로 칭찬했을 뿐만 아니라 그녀 자신이 직접 선택할 수 있는 특정 숫자의 인질들을 골라서 함께 돌아갈 수 있는 재량권을 주기도 했다. 그녀는 젊은 소년들을 선택했는데, 처녀다운 예의바름의 조치라고 한다. 다른 인질들도 그동안 가장 학대를 많이 받은 자들을 제일 먼저 적의 손에서 해방시켜야 한다고 동의했다. 이렇게 하여 우호적인 관계가 회복되었고 로마인들은 여성으로서는 전례가 없는 클로엘리아의 용기에 역시 전례없는 영예로 보답했다. 말에 탄 그녀의 동상이 신성한 길(로마 대광장에서 카피톨리움 언덕에 이르는 가장 오래된 가도: 옮긴이)의 제일 높은 곳에 설치되었다.

14. 현재까지 전해져 오는, 적의 물품을 경매하는 관습 중에서 여러 절

차가 있지만 그 중에 특히 "포르세나 왕의 재물" 판매라는 행사가 있다. 이 행사는 위에서 서술한 것처럼 왕이 평화로운 방식으로 로마 영토에서 퇴각한 사실과 일치하지 않는다. 이 관습은 아마도 전쟁 중에 시작되었다가 전후에도 계속 유지되었을 것이다. 적의 재물을 판매한다는 공공 통지와는 아주 다른 상황에서 이런 관습이 시작되었을 수도 있다. 가장 그럴 듯한 설명은 이런 것이다. 포르세나가 야니쿨룸에서 퇴각할 때 그는 오랜 포위공격 끝에 식량이 부족한 로마인들에게 그가 인근 비옥한 에트루리아 땅으로부터 가져온 모든 보급품을 넘겨주었다. 그 보급품들은 대중의 약탈을 사전 방지하기 위하여 정기적으로 매물로 나왔다. 이 물건들이 "포르세나의 재산" 혹은 "포르세나의 보급품"으로 알려지게 되었는데, 그게 매물로 나온 것이라는 뜻보다는 선물로 나온 것이라는 뜻으로 그런 이름이 붙었다. 아무튼 그 물건들은 당초 로마인의 소유는 아니었다.

멀리까지 군대를 이끌고 나왔으므로 포르세나는 아무런 수확도 없는 것을 유감으로 생각했다. 그래서 로마 공격을 마침내 포기했을 때 그는 아들 아룬스에게 분견대를 주어 아리키아를 공격하게 했다. 그 도시의 주민들은 이런 예기치 못한 공격을 받고서 먼저 경악했다. 그러나 곧 반격 준비에 나섰다. 쿠마이와 라틴 인들의 증원군은 성공적인 저항의 희망을 높여주었고 그래서 에트루리아 인들을 야전에서 만나 도전하기로 결정했다. 그러나 에트루리아 군이 엄청난 힘과 맹렬한 기세로 공격을 해오자 아리키아 전선은 완전히 붕괴되어 버렸다. 그러나 쿠마이의 병사들이 그 날의 운세를 구제해 주었다. 쿠마이 군은 전략적으로 움직이면서 적의 측면을 파고들어 적이 그들을 스쳐 지나가게 했고 그 다음에 후방에서 적을 공격했다. 그 결과 에트루리아 군은 함정에 빠졌고 거의 승리를 다잡은 순간에 도륙을 당했다. 아룬스는 전사했고, 소수의 에트루리아 병사들은 인근에 갈 만한 곳이 없었으므로 로마로 찾아갔다. 그들은 무장도 없고 무기력한 채 아무런 수단도 없는 상태로 그 도시에 도착하여 로마인의 발밑에 투신하면서 자비를 빌었다. 그들은 환영을 받았고 여러 집에 나뉘어져 숙영을 하도록 허가되었다. 일부 병사들은 상처가 아물었을 때 고향으로 돌아가 로마에서 받은 환대를 사람들에게 전해주었다. 그러나 대부분의 병사들은 그 도시와 주민들에 대한 애정이 점점 깊어져서 로마에 눌러 앉았다. 그들은 특정 지구에 모여서 살도록 허락을 받았는데 투스키아 지구라고 알려지게 되었다.

15. 그 다음 집정관들은 푸블리우스 루크레티우스와 푸블리우스 발레리우스 푸블리콜라였다. 이해에 포르세나는 타르퀴니우스의 복위를 위한 마지막 시도를 했다. 왕의 사절들은 로마에 도착하는 즉시 원로원이 왕에게 사절을 보내겠다는 말을 들었고 로마 사절은 즉시 파견되었다. 사절단의 구성원은 전원 최고위 원로원 의원들이었다. 포르세나의 제안에 대하여 즉석에서 간단히 거부해 버리는 것이 훨씬 쉬울 수도 있었을 것이라고 의원들은 말했다. 에트루리아 사절들에게 직접 답변하기보다 이런 고위급 대표를 왕에게 보내는 데에는 다른 이유가 있었다.

로마는 복위의 문제가 더 이상 논의되지 않고 영구적으로 마무리되기를 원했다. 로마와 클루시움의 관계는 이제 아주 좋았다. 따라서 한쪽이 같은 요구를 반복하고 다른 한쪽은 거듭 거부하면서 서로 화를 낸다는 것은 차마 할 일이 못되었다. 만약 포르세나가 로마의 자유와 양립될 수 없는 것을 계속 요구하고 로마인들은 — 그들의 호의 때문에 그들의 멸망을 가져올 생각이 아니라면 — 그 어떤 것도 거절하고 싶지 않은 왕을 상대로 계속해서 거절한다면 그처럼 서로 얼굴을 붉히는 일이 벌어질 것은 너무나 분명했다. 로마는 더 이상 왕정이 아니었고 자유로운 제도들의 혜택을 누리고 있었다. 로마인들은 왕을 받아들이느니 차라리 적들에게 성문을 열어줄 생각이었다. 도시 내에서는 자유가 끝나기를 바라는 사람은 아무도 없었고, 만약 그런 사태가 발생한다면 그것은 곧 로마의 멸망이 될 것이었다. 따라서 로마 사절단은 포르세나에게 만약 그가 로마의 호의를 염두에 두고 있다면, 로마가 결코 자유를 포기하지 않으리라는 사실을 받아들여 달라고 간청했다.

포르세나는 깊이 감동을 받았고 이렇게 말했다. "그 어떤 것도 당신들의 결단을 동요시킬 수 없으니, 나는 이제 더 이상 아무 쓸모 없는 요청으로 당신들을 피곤하게 만들지 않겠습니다. 또 내가 더 이상 해줄 수 없는 도움의 희망으로 타르퀴니우스 가문을 기만하지도 않겠습니다. 그들은 유배 생활을 보낼 다른 장소를 무력이든 혹은 다른 방법을 써서 찾아보아야 할 것입니다. 그 어떤 것도 나 자신과 로마 사이의 우호적인 관계를 해쳐서는 안 될 것입니다."

그는 말보다 행동으로 자신의 뜻을 더욱 명확히 밝혔다. 그는 남아 있던 인질들을 돌려보냈고 야니쿨룸 조약에 의해 그에게 할양되었던 베이이 영토를 로마에 돌려주었다. 이제 왕위를 되찾을 희망을 잃게 된 타르퀴니우스는 투스쿨룸에 있는 사위 마밀리우스 옥타비우스를 찾아갔다. 그후 로마와 포르세나의 평화는 깨어지지 않았다.

16. 그 다음 해의 집정관들은 마르쿠스 발레리우스와 푸블리우스 포스투미우스였다. 이해에 사비니 족을 상대로 한 성공적인 군사 작전이 있었고 집정관들은 "승리"를 거두었다. 그러자 사비니 족은 더 큰 규모의 전쟁을 준비했다. 동시에 투스쿨룸에서도 갑작스러운 공격을 해올 위험이 있었다. 그곳은 반 로마 정서가 의심되기는 했지만 아직 노골적으로 터져 나온 지역은 아니었다. 이런 이중의 위험에 맞서기 위하여 푸블리우스 발레리우스가 4년차, 티투스 루크레티우스가 2년차로 집정관에 선출되었다.

이 무렵 사비니는 강화파가 등장하여 국론이 분열되었고 그리하여 그들 세력 중 일부가 로마로 넘어왔다. 나중에 로마에서 아피우스 클라우디우스로 알려지는 아티우스 클라우디우스는 강화파의 지도자였는데, 소란스러운 주전파의 압박을 견디기 어려워서 다수의 권속과 지지자들을 이끌고 레길루스를 떠나 로마로 도망쳤다. 이들은 시민권을 부여받았고 또 아니오 강에서 좀 떨어진 곳에 있는 땅도 하사받았다. 나중에 새로운 구성원이 이 지역에 추가되면서 이 사람들은 옛 클라우디우스 부족으로 알려지게 된다. 즉, 원래의 정착자라는 뜻이다. 아피우스는 원로원 의원이 되었고 그 후 빠르게 높은 자리에 올라섰다.

두 집정관의 지휘를 받는 로마 군은 사비니 영토를 침입하여 초토화 작전을 펼쳤다. 그 작전과 그 뒤에 이은 성공적인 교전으로 로마 군은 사비니의 저항 의지를 철저하게 꺾어 놓았고 그리하여 앞으로 오랜 기간 더 이상 전투는 벌어지지 않게 되었다. 두 집정관은 로마로 개선했다. 그 다음 해는 메네니우스 아그리파와 푸블리우스 포스투미우스가 집정관을 맡았는데, 당대의 가장 위대한 군인이며 정치가로 널리 인정받는 푸블리우스 발레리우스가 이해에 사망했다. 그가 전례 없는 명성을 떨쳤음에도 불구하고 너무나 가난하여 그의 집안 재산으로는 장례식 비용을 댈 수가 없었다. 그는 국가 비용으로 안장되었고 로마의 여인들을 브루투스 때와 마찬가지로 그를 위해 애도했다.

같은 해 라틴 식민지인 포메티아와 코라가 로마와의 동맹에서 이탈하여 아우룬키 족에게 합류했다. 전쟁이 선포되었고 아우룬키 영토가 침범되었다. 로마 군의 공격을 용감하게 막아내려는 강력한 군대는 패퇴되었고, 이제 로마의 군사 작전은 포메티아에 집중되었다. 그 전투는 피비린내나는 것이었다. 전투 중에도 또 그 후에도 서로 한 치의 양보도 없었다. 포로보다 전사자가 더 많았고 모든 포로들은 처형되었다. 3백 명이나 인질들조차도 목숨을 살려두지 않았다. 이해에도 로마는 승전을 선포했다.

17. 그 다음 해의 집정관 오피테르 베르기니우스와 스푸리우스 카시우

스는 즉각 포메티아의 제압에 나섰는데 처음에는 기습 작전으로 그 다음에는 비네아(포도원 정자처럼 생긴 군사용 바퀴 달린 바라크 집)와 다른 공성 무기로 적을 무찌르려 했다. 아우룬키 족은 성공할 기회가 없어서 승리를 예상할 수가 없었다. 그러나 그들은 로마 군을 너무나 미워하는 나머지, 대부분의 병사들이 칼 대신에 불붙은 나무토막을 들고 성문 밖으로 뛰쳐나왔다. 그들은 온 사방으로 퍼져서 횃불을 돌려대더니 이윽고 비네아에 불을 붙였다. 로마 군에 많은 사상자가 났고, 그들은 마침내 두 집정관 중 한 명을 거의 죽일 뻔했다(둘 중 누구였는지 기록에 전해지지는 않는다). 그는 말에서 떨어져 큰 부상을 입었다. 그 날은 로마에게 일진이 나쁜 날이었다. 로마 군은 부상자들을 수습하여 후퇴했고 그 중에는 생사를 오락가락하는 집정관도 있었다.

부상자를 치료하여 건강을 회복시키고 새로운 군대를 동원하는 데에는 상당한 시간이 걸렸으나, 그래도 포메티아를 상대로 한 두 번째 공격이 조직되었다. 이번에는 좀 더 파괴적인 강력한 군대가 나섰다. 투창과 공성기(攻城機)는 다시 구축되었고 로마 군은 이제 적의 성벽을 기어올라가기 직전까지 진전했다. 그 순간 포메티아는 항복했다. 비록 항복하기는 했지만 도시의 비참한 운명은 기습 공격에 의해 탈취되었을 때보다 별반 나을 것이 없었다. 적의 지도자 급 인물들은 모두 처형되었고 나머지는 노예로 팔려갔다. 도시는 철저히 파괴되었고 그 땅은 매각 대상이 되었다. 이렇게 전쟁이 끝나기는 했지만 그것은 비교적 사소한 전쟁이었다. 그렇지만 두 집정관은 승리를 축하했는데 그들이 벌인 복수전이 그처럼 엄중했다는 것을 보여주기 위해서였다.

18. 그 다음 해에는 포스투무스 코미니우스와 티투스 라르티우스가 집정관으로 선출되었다. 로마에서의 재임 동안에 한 무리의 젊은 사비니 깡패들이 장난삼아 거리를 걸어가던 행인 몇 명을 끌고 갔는데 그것은 아주

심각한 결과를 가져올 것 같았다. 사람들이 몰려들었고 난폭한 싸움이 벌어졌다. 거의 전투 수준이었다. 어쩌면 전쟁이 새롭게 시작될지도 몰랐다. 더욱이, 사비니 족과의 전쟁의 가능성 이외에, 옥타비우스 마밀리우스가 30개 라틴 공동체에게 로마에 대항하는 동맹을 결성하라고 촉구 중인 것은 누구나 다 아는 사실이었다.

이런 불안과 긴장이 고조되는 상황에서 사상 처음으로 독재관을 임명하자는 제안이 나왔다. 이 제도가 설정된 정확한 연대는 미상이며, 어떤 집정관들이 친 타르퀴니우스 성향이었는지 — 이것은 전승에 포함된 내용인데 — 또 독재관으로 임명된 최초의 인물이 누구인지도 알려져 있지 않다. 가장 오래된 권위 있는 역사가들은 첫 번째 독재관은 티투스 라르티우스였고 그의 사마관은 스푸리우스 카시우스였다고 말한다. 이 두 자리에는 집정관 급의 인사가 임명되었고, 그것이 법률이 요구하는 바이기도 했다. 이런 이유로, 나는 전 집정관인 라르티우스가 만리우스 발레리우스보다 두 집정관을 통제하는 독재관 자리에 임명되었을 것이라고 본다. 만리우스는 마르쿠스의 아들이고 볼레수스의 손자인데 아직 집정관을 지낸 경험이 없었기 때문이다. 더욱이 평민이 그 가문에서 독재관을 임명하고자 했다면 그들은 전 집정관이며 능력이 입증된 지도자인 마르쿠스 발레리우스를 선택했으리라 본다.

(독재관dictator은 왕정을 축출한 난 직후에 로마 국제에 추가된 임시 관직이다. 국가비상시에 위기를 돌파하기 위하여 임시로 비상대권을 독재관에게 부여했다. 군사적인 문제와 관련하여 완벽하게 독립적인 권한을 행사했고 그의 결정은 거부나 항소의 대상이 되지 않았다. 24명의 릭토르lictor가 그의 행차에 수행한 것은 거의 왕이나 다름없는 권위를 보여주는 것이었다. 독재관은 평민들이 뽑는 것이 아니라 원로원의 제청으로 집정관이 임명했다. 독재관은 평민관magister populi이라는 이름으로 불리기도 했는데 임명 즉시 그의 2인자로서 사마관magister equitum을 지명했다. 다른 행

정관들은 현직을 그대로 유지했으나 독재관의 지시를 따라야 했고 독재관의 임기는 전쟁 등 임무 수행에 필요한 6개월이 한도였고 그 이후에는 그 자리에서 내려와야 했다. 그러나 6개월이 되기 훨씬 이전에도 임무가 완료되면 사임했다. 사마관 magister equitum은 독재관을 보좌하는 2인자로서 독재관에 임명된 자가 임명 즉시 사마관을 지명하는 것으로써 업무를 수행했다. 리비우스의 『로마사』는 독재관이 임명되면 반드시 사마관의 이름도 함께 기록하여 두 사람이 위기돌파의 한 팀이라는 것을 명시했다. 원래는 독재관이 보병을 맡고 사마관이 기병을 맡는 것으로 되어 있었으나, 나중에는 전투 현장에서 혹은 로마 시내에서 독재관을 대신하게 되었다. 그는 독재관으로부터 파생된 임페리움imperium[명령권]을 갖고 있었고, 최고 행정관과 동일한 대접을 받았다. 그의 임기는 독재관의 임기와 동시에 끝났다. 무니키우스가 기원전 217년에 사마관을 독재관과 동일하게 대접하자는 제안을 했으나 실패로 돌아갔다: 옮긴이).

로마에서 사상 처음으로 독재관을 임명하고 권표를 앞세운 그가 장엄하게 도시를 행진하는 광경은 평민들에게 좀 더 온순한 마음가짐을 가지도록 했다. 두 집정관이 권력을 공유할 때에는 한 집정관의 조치에 대하여 다른 집정관에게 항소할 수 있었다. 그러나 독재관에게는 항소할 수 없었고 그가 일단 명령을 내리면 복종 이외에는 다른 방법이 없었다. 사비니 족 또한 이 새로운 임명에 경악했다. 특히 그것이 그들을 의식하여 만든 관직임을 잘 알았기 때문이다. 그래서 그들은 로마에 사절을 보내어 평화 조약을 요청했다. 사비니 사절은 원로원에게 몇몇 지각없는 젊은이들의 장난이니 심각하게 여기지 말아달라고 호소했다. 로마 측은 젊은이들은 관용해 줄 수 있으나 나이든 사람들이 지금의 경우처럼 앞으로 계속하여 도발적인 행동을 한다면 용납할 수 없다고 대답했다. 아무튼 협상은 시작되었고 사비니 족은 로마의 요구 조건에 응했다면 평화 조약을 맺을 수 있었을 것이다. 로마는 지금껏 전쟁을 준비해 온 비용을 사비니 측이 물어달라고 요구했다. 사비니가 거부하자 전쟁이 공식적으로 선포되었다. 그러나 일종의 암묵적 합의에 의해 그 해 내내 군사적 조치는 취해지지 않았다.

19. 그 다음 해 집정관은 세르비우스 술피키우스와 만리우스 툴리우스였는데 중요한 사건은 벌어지지 않았다. 그러나 그 다음 해 티투스 아이부티우스와 가이우스 베투시우스가 집정관 직에 올랐을 때 피데나이 포위 공격, 크루스투메리아의 함락, 프라이네스테가 라틴 인으로부터 탈퇴하여 로마에 합류한 사건 등이 발생했다. 라틴 인과의 전쟁은 한동안 물밑에서만 끓고 있다가 이제 더 이상 미룰 수가 없게 되었다. 독재관의 지위를 부여받은 아울루스 포스투미우스는 사마관 티투스 아이부티우스와 막강한 기병과 보병의 연합 부대를 이끌고서 투스쿨룸 근처의 레길루스 호수로 진군했는데, 그들은 투스쿨룸에서 이미 행진해 오고 있던 라틴 부대와 조우했다. 그리고 타르퀴니우스 가문 사람들이 그 부대와 함께 있다는 보고가 들어왔다. 아주 미워하는 인물들이 적군 내에 있다는 사실을 알고서 로마의 사령관들은 너무 격분하여 즉각 행동에 나서서 그들을 처치하고 싶어 했다. 그리하여 이어진 전투는 평소보다 더 맹렬하고 처절하게 전개되었다. 보통 뒤에 쳐져서 작전 지휘만을 하는 고위급 장교들도 그 전투에 몸소 뛰어들었다. 그리하여 로마의 독재관을 제외하고, 양측에서 부상을 당하지 않은 귀족은 없었다. 전열의 중심부에 있던 독재관 포스투미우스는 마지막으로 부대 배치를 점검하면서 부하들에게 맡은 임무를 철저히 수행하라고 독려했다.

그때 이제는 체력이 부치는 노인이 된 오만왕 타르퀴니우스가 독재관의 목숨을 노리면서 맹렬히 말을 달려왔다. 그러나 그 시도는 실패했다. 타르퀴니우스는 옆구리를 찔렸지만 그의 지지자들이 그를 둘러싸고 안전한 곳으로 데려갔다. 이와 비슷하게 전열의 다른 쪽에서는 사마관 아이부티우스가 옥타비우스 마밀리우스에게 돌진했다. 투스쿨룸의 지휘관은 사마관이 달려오는 것을 보고서 그에 맞서 응전하기 위하여 말을 달려 나갔다.

두 사람은 필살의 기세로 격돌했다. 마밀리우스는 가슴에 상처를 입은 반면, 창을 길게 앞으로 내뻗어 사마관의 팔을 찔러 관통시켰다. 마밀리우스는 부하들의 부축을 받으며 후방으로 물러났고, 아이부티우스는 부상당한 팔로 무기를 들 수가 없었으므로 아예 전투에서 물러났다. 라틴 사령관은 가슴 부상에도 불구하고 아주 정력적으로 작전을 지휘했다. 로마의 공격을 받은 그의 부하들이 심하게 동요하는 것을 보고서 그는 타르퀴니우스의 살아남은 아들이 지휘하는 유배된 로마인들의 중대를 전투에 투입했다. 이 중대의 억제하는 힘으로 전선이 일시적으로 후퇴를 멈추었다. 그 중대는 유배를 당하여 로마에 원한이 많았으므로 아주 맹렬하게 싸웠던 것이다.

20. 곧 그 구역의 로마 군이 뒤로 밀리기 시작했다. 아주 위기의 순간이었는데, 그 상황을 역전시키려고 용감하게 뛰어든 푸블리콜라의 동생 마르쿠스 발레리우스는 전투 중에 사망했다. 유배자 중대의 맨 앞에서 말을 탄 채 어디 덤빌 테면 덤벼 보라는 오만한 타르퀴니우스의 아들을 보는 순간, 마르쿠스는 온몸이 불타오르는 것을 느꼈다. 이제 발레리우스 가문은 타르퀴니우스 가문을 축출한 공로뿐만 아니라 그들을 죽인 업적도 남겨야겠다고 결심하고서, 마르쿠스는 말에 박차를 가하면서 창으로 그의 몸을 꿰뚫을 각오로 타르퀴니우스 아들에게로 돌진했다. 타르퀴니우스는 그가 달려오는 것을 보더니 뒤로 물러났다. 그의 부대가 그를 둘러쌌고 그들 중 하나가 미친 듯이 달려오는 발레리우스의 옆쪽으로 비켜서더니 창을 그의 몸속 깊숙이 찔렀다. 발레리우스는 땅에 떨어져 숨이 끊어졌고, 그의 방패와 창이 그의 몸 위로 떨어졌고, 기수 없는 빈 말은 계속 달려 나갔다.

이제 독재관 포스투미우스가 위급한 상황을 피하기 위해 조치에 나섰다. 발레리우스의 전사는 그 자체로 큰 손실이었다. 유배자 중대는 빠르게 움직이면서 자신 있게 공격에 나섰고 로마 군은 뒤로 밀리기 시작했다. 그러자 독재관은 자신의 근위대로 근무하는 정예부대에게 목숨을 건지려고 도망치는 로마 병사들을 사정없이 죽여 버리라고 명령했다. 그 조치는 성공을 거두었다. 전선의 앞과 뒤에서 동시에 위협을 받은 로마 병사들은 적과 맞서기 위해 돌아섰고 전열이 다시 정비되었다. 이어 독재관의 정예부대가 처음으로 전투에 나서서 큰 효과를 거두었다. 힘이 넘쳐나고 강인한 그들은 이제 지쳐가는 유배자 중대를 공격하여 마구 도륙했다. 이렇게 하여 양군의 대장 사이에 또다시 고상한 일전이 벌어졌다. 라틴 지휘관 마밀리우스는 유배자들이 포스투미우스에 의해 도륙당하는 것을 보고서 예비 중대들을 이끌고 전선의 맨 앞으로 나섰다. 다가오는 라틴 군대를 쳐다보던 로마 장군 티투스 헤르미니우스는 화려한 갑옷을 입어서 금방 눈에 띄는 마밀리우스를 알아보았다. 헤르미니우스는 즉각 그에게 도전을 걸면서 아까 아이부티우스가 보여주었던 것보다 더 맹렬한 기세로 적 장수에게 돌진했다. 그의 공격은 너무나 무시무시하여 단 한 번의 창질로 적장의 몸을 꿰뚫었다. 그도 쓰러진 적장의 갑옷을 수습하려고 허리를 숙이는 동안에 적이 던진 장창에 치명상을 입었다. 그는 승리한 상태로 후방에 수송되었으나 사람들이 상처를 치료하는 동안에 숨이 끊어졌다.

포스투미우스는 이제 빠르게 말을 달리며 기병대에게 최후로 호소를 했다. 기병대원들에게 말을 버리고 땅에 내려와 지친 보병들과 함께 어깨와 어깨를 맞대고서 함께 싸우라는 것이었다. 모두들 그 호소에 응했다. 모든 기병이 말에서 뛰어내려 구보로 최전선으로 달려가 그들의 방패로 전선을 커버했다. 그 효과는 즉각적이었다. 보병들은 새로운 결단력을 발휘하여 싸움에 나섰다. 젊은 귀족들이 그들과 함께 똑같은 자격으로 싸우겠다는 결의에 감동을 받은 것이었다. 그 순간부터 승리는 더 이상 의심스러운 것이 아니었다. 라틴 인들은 동요하다가 허물어졌다. 로마의 기병대원들은 다시 말에 올라타고서 추격했고 보병들이 그 뒤를 따랐다. 그런 순간에도 독재관 포스투미우스는 조금도 방심하지 않았다. 하늘의 도움을 얻기 위해 카스토르 신전을 봉헌하겠다고 맹세했고, 병사들의 총공격을 독려하기 위해, 라틴 진지에 제일 먼저 들어간 두 명의 병사는 포상하겠다고 약속했다. 로마 군의 추격 열기는 너무나 뜨거워서 로마 군은 적의 저항을 첫 번째로 분쇄한 공격의 파도를 타고서 적의 진지로 쇄도했다. 이렇게 하여 레길루스 전투는 끝났다. 독재관과 사마관은 로마로 개선했다.

21. 그 다음 3년 동안은 안정된 평화도 노골적인 전쟁도 없었다. 이 기간의 집정관은, 처음엔 퀸투스 클로엘리우스와 티투스 타르티우스였고, 이어 아울루스 셈프로니우스와 마르쿠스 미누키우스였다. 후자의 집정 동안에, 사투르누스 신(로마의 농경신)에게 신전이 봉헌되었고 그 신을 기리는 사투르날리아 축제(씨뿌리고 풍작을 비는 제사)가 공식 휴일로 처음 제정되었다. 그 다음 집정관은 아울루스 포스투미우스와 티투스 베르기니우스였다. 어떤 역사가들은 레길루스 호수 전투가 이해에 벌어졌다고 기록하고서, 포스투미우스가 동료 집정관의 애국심을 의심하여 집정관직을 사퇴한 후 독재관이 되었다고 말한다. 하지만 나는 이 점에 대해서 확언하지 못하겠다. 집정관의 취임 순서는 기록마다 너무나 달라서 이 시기의 날짜에 대해서는 큰 혼란이 있다. 어떤 집정관 뒤에 어떤 집정관이 들어섰는지, 또 각각의 담당 연도에 무슨 일이 벌어졌는지 확신하기가 어렵다. 너무 오래된 과거인데다 역사가들마저도 아주 오래 전의 사람들이라서 이에 대해서는 정확성을 기할 수가 없다.

그 다음 번 집정관은 아피우스 클라우디우스와 푸블리우스 세르빌리우스이다. 이들이 통치를 담당하던 해에 중요한 사건이 벌어졌는데 바로 쿠마이에서 타르퀴니우스가 사망한 일이다. 라틴 인들이 로마와의 전투에서 궤멸한 직후에 그는 그 도시의 아리스토데무스의 궁정에 피신했다. 타르퀴니우스의 사망 소식은 로마 사회의 모든 계급의 사람들에게 커다란 안도감을 가져다주었다. 그러나 그것은 곧 착잡한 반응을 가져오는 축복임이 밝혀졌다. 왜냐하면 귀족들은 평민들을 희생시켜 자기만족을 추구할 수 있는 좋은 기회로 보았기 때문이다. 평민들은 그때까지 정책적으로 많은 배려를 받아왔던 것이다. 이제 타르퀴니우스가 제거되었으므로 귀족들은 평민들의 압박을 부담스럽게 느끼기 시작했다.

이해에 원래 타르퀴니우스가 건설했던 시그니아 정착촌이 새로 조성되었고 주민 수가 증가했다. 로마의 부족 수는 21개로 증가했다. 5월 15일에는 메르쿠리우스 신전을 봉헌했다.

22. 라틴 인과의 전쟁 동안에 로마와 볼스키 족 사이의 관계는 틀어졌으나 실제 전쟁은 미루어졌다. 볼스키 족은 로마 독재관이 신속한 대응에 나서지 않을 경우에 대비하여 라틴 인들에게 도움을 주기 위해 병력을 동원했었다. 독재관은 이런 사정을 파악하고서 두 부족과의 싸움을 피하기 위해 재빨리 대응에 나섰다. 라틴 인과의 전쟁이 끝난 후, 두 집정관은 볼스키 족의 적대적인 태도를 응징하기 위해 볼스키 영토를 침공했다. 실현되지도 않은 군사 계획에 대하여 대가를 지불해야 하는 상황을 예기치 못한 볼스키 족은 깜짝 놀라면서 항복했다. 그들은 아무런 저항도 하지 않았고 코라와 포메티아의 유수한 가문들의 자제, 3백명을 인질로 내놓았다. 그러자 로마 군대는 철수했다.

즉각적인 위험에서 면제되자 볼스키 족은 곧 평소의 나쁜 버릇으로 되돌아갔다. 그들은 다시 한 번 은밀하게 전쟁 준비를 했다. 그들은 헤르니키 족과 군사 조약을 맺고 또 라틴 공동체들에 사절을 보내어 반란을 사주했다. 그러나 라틴 인들은 전쟁을 할 분위기가 아니었다. 최근에 레길루스 호수에서 대패하여 전쟁 얘기를 꺼내는 사람들에 대하여 극도의 혐오감을 느꼈다. 그래서 그들은 볼스키 사절들을 난폭하게 체포하여 로마로 강제로 끌고 가서 볼스키 족과 헤르니키 족이 전쟁을 준비하고 있다는 정보와 함께, 그들을 집정관에게 인계했다. 이 문제는 원로원에서 논의되었고 로마인들은 그들의 조치에 크게 고마움을 느낀 나머지 6천명의 라틴 인 포로들을 모두 풀어주었다. 또 상당히 오랫동안 거부되어 왔던 조약 건도 다음 해의 집정관들에게 이첩하기로 했다.

이런 결과에 라틴 인들은 아주 기뻐했다. 평화를 추진한 자들에게 칭송이 쏟아졌고, 그들의 감사하는 마음을 표시하기 위해 카피톨리움의 유피테르 신전에 바치는 선물로 황금 왕관을 보내왔다. 이 선물을 가져온 사절들은 수천 명의 해방 포로들도 데리고 왔다. 해방 포로들은 그들이 잡혀 있던 동안에 육체노동을 했던 여러 집들을 기념 방문했다. 그들은 역경 속에 있던 그들에게 자비롭고 관대하게 대해 주었던 옛 주인들에게 감사했고, 앞으로 두 나라의 연대는 우정의 연대가 될 것이라고 약속했다. 예전에 공적이든 사적이든 로마와 라틴 인의 관계가 이처럼 돈독했던 적이 없었다.

23. 그렇지만 두 가지 위험이 도시의 평화를 위협하고 있었다. 첫째는 볼스키 족과의 다가오는 전쟁이고, 둘째는 통치 계급과 일반 평민 사이의 점증하는 적대감에 따른 내부 분열이었다. 분쟁의 주된 원인은 빚 때문에 채권자에게 "매이게 된" 불운한 사람들의 곤경이었다. 이 사람들은 그들이 조국의 자유를 보존하고 또 국가의 영토를 확장하기 위해 싸움터에 나가 있던 동안에, 본국에 남아 있던 동료 시민들이 그들을 노예로 만들어 압박하고 있다고 불평했다. 평민들은 평시보다 전시에 오히려 더 자유의 기회가 많다고 주장했다. 이제 외국의 적이 아니라 동료 로마인들이 노예보다 더 못한 구속으로 그들을 위협한다고 말했다.

마침내 평민들의 점증하던 적개심은 아주 끔찍한 상황에 떨어진 어떤 채무자의 사례로 인하여 부채질되어 커다란 화염으로 터져 나왔다. 어느 날 한 노인이 포룸에 갑자기 나타났다. 더럽고 너덜너덜한 옷을 입은 그 노인은 얼굴이 창백했고 온몸이 수척했다. 그의 몰골은 한없이 처량했다. 게

다가 푸석한 머리카락과 면도하지 않은 수염으로 남루한 모습이 더욱 추해 보였다. 예전의 모습에서 크게 달라져 있었으나 누군가가 그 노인을 알아보았고 사람들은 동정 어린 목소리로 그가 한때 장교였다고 자기들끼리 수군거렸다. 그는 한때 중대를 지휘했고 여러 면으로 남보다 뛰어나게 군에서 근무했다. 그는 가슴에 입은 명예로운 상처들을 보여주면서 그 사실을 증명했다. 곧 사람들이 많이 모였고 포룸은 마치 공식 회의가 열리는 때처럼 가득 들어찼다. 그들은 그 불쌍한 노병 주위로 몰려들어 어떻게 하다가 이 지경으로까지 전락했느냐고 물었다.

노병이 대답했다. "내가 사비니 전쟁에 복무할 때, 내 곡식은 적들의 공격으로 망쳐졌고 내 오두막은 불타버렸습니다. 소 떼를 비롯하여 나의 소유물은 모두 탈취되었어요. 그리고 내가 전혀 그렇게 할 능력이 없을 때 세금을 내라는 고지서가 날아왔고 그래서 나는 빚을 졌습니다. 빌린 돈의 이자는 내 부담을 더욱 무겁게 만들었습니다. 나는 아버지와 할아버지가 소유했던 땅을 잃었고, 이어 나의 다른 소유물도 날렸습니다. 내가 가진 모든 것에 망조가 질병처럼 스며들었고 나는 마침내 채권자에게 붙잡혀 노예 신세로 전락했습니다. 아니 그보다 더 나쁜 것은 내가 감옥과 고문실에 끌려갔다는 것입니다."

노병의 이야기와, 최근에 채찍질을 당해 등에 남아 있는 상처 자국들은 엄청난 고함을 불러일으켰고, 함성은 곧 포룸에서 빠져나와 도시의 구석구석까지 메아리쳤다. 온갖 비참한 상태 ― 일부는 수갑에 묶인 상태 ― 의 채무자들이 거리로 달려 나와 평민의 지지를 호소했다. 어디에서나 남자들이 그 봉기에 가담했고, 마침내 모든 거리는 포룸으로 향해 가는 사람들로 가득 들어차게 되었다. 그때 우연히 길에 나와 있는 원로원 의원은 즉각적인 위험을 각오해야 되었다. 만약 집정관인 세르빌리우스와 클라우디우스가 소요 사태를 진압하기 위해 즉각 개입하지 않았더라면 폭도는

제 2 권 공화정의 초창기 ┃ **157**

폭력을 휘둘렀을 것임에 틀림없었다. 성난 군중은 이제 두 집정관에게 시선을 돌리면서 그들의 손목에 감긴 수갑과 다른 잔인한 학대의 흔적을 똑똑히 보라고 하면서, 씁쓸하고 비통한 목소리로 이것이 그들이 전쟁터에 나간 죽을힘을 다해 싸운 보상이냐고 소리쳤다. 매순간 그들의 목소리는 더욱 거칠어졌다. 그들은 원로원을 소집하라고 요구하면서 원로원 대문까지 바싹 다가가서 의사진행을 참관하고 필요하면 그 진행을 통제할 듯한 기세였다.

마침 주위에 있던 소수의 의원들은 집정관에 의해 원로원 건물로 소환되었다. 나머지 의원들이 사태의 진행에 너무 놀란 나머지 감히 거리로 나서지를 못했다. 그래서 의사 진행을 위한 의원 정족수가 채워지지 못했다. 폭도는 이것이 그들을 제풀에 지쳐 떨어지게 만들려는 술수라고 생각했다. 그들은 의원들이 공포나 다른 이유 때문에 출석을 하지 못한다는 얘기를 믿지 않았다. 일부러 일을 지연시키기 위한 의도적 회피라고 보았다. 그들은 또 원로원 회의를 개최하려는 집정관의 계획이 한갓 공허한 요식 절차에 불과하고, 그들의 고충은 결코 진지한 대접을 받지 못할 것이라고 생각했다. 평민의 폭발은 의원들의 도착으로 가까스로 모면되었다. 그 의원들은 커다란 위험을 무릅쓰고 원로원에 가야 할지 혹은 말아야 할지 마음의 결정을 내리지 못하다가 용기를 내어 나온 것이었다. 만약 그들이 출석하지 않았더라면 두 집정관의 장엄한 권위도 폭도의 분노 앞에서 아무런 힘도 쓰지 못했을 것이다.

정족수가 채워져서 논의가 시작되었다. 그러나 전반적 합의는 도출되지 못했고 두 집정관도 의견이 갈렸다. 오만하고 완고한 아피우스는 집정관의 권위로 찍어 눌러 문제를 해결해야 한다고 보았다. 폭도 중 한두 명만 체포하면 나머지는 저절로 풀이 죽을 것이라고 그는 주장했다. 성격상 고답적인 조치를 별로 좋아하지 않는 세르빌리우스는 설득하는 방법을 선호했다. 그렇게 하면 폭력의 사용보다는 한결 안전하고 일을 잘 풀어나갈 수 있다는 것이었다.

24. 설상가상으로 이런 아주 위중한 상황에 더하여 놀라운 소식이 들어왔다. 라티움에서 온 말 탄 전령이 황급히 들이닥쳐 볼스키 군대가 로마로 진군하고 있다는 것을 알렸다. 로마는 정치적 이견으로 심하게 분열되어 있었고, 그래서 평민은 그들을 압제하는 통치 계급과는 다르게 침공 소식을 기쁜 마음으로 받아들였다. 평민이 볼 때, 그것은 원로원의 오만함을 분쇄하기 위한 섭리의 개입처럼 보였다. 그들은 친구들에게 군 복무를 거부하라고 종용했다. 어차피 현 상황에서 로마 사회의 한 계급이 망할 거라면 차라리 그 사회가 모두 망해 버리는 것이 좋다는 논리였다. "귀족들이 전쟁을 직접 하겠다면 하라고 해"라고 그들은 소리쳤다. "전쟁이 벌어질 거라면, 그 전쟁의 이득을 단독으로 거두어간 자들이 그 전쟁을 감당하라고 해." 내우외환의 이중 위기 속에서 사람들은 경악하고 절망했다. 두 집정관 중 세르빌리우스가 평민의 호소에 더 동정적이라는 것을 알고서, 그들은 그에게 국가에 들이닥친 무서운 위험으로부터 국가를 지키기 위해 할 수 있는 것은 다 해 달라고 호소했다. 그래서 세르빌리우스는 회의를 정회하고 평민들 앞에 나섰다. 그는 원로원 의원들이 공동체의 커다란 부분 — 비록 한 부분이긴 하지만 — 을 이루는 평민들의 혜택을 위하여 뭔가 해주려고 정말로 깊이 생각하고 있다고 말했다. 그러나 그들이 구체 조치를 논의하는 중에 국가적 위기가 닥쳐와 논의가 중단되었다. 적이 바로 성문 앞까지 와 있으므로 국방이 최우선 사항이 되어야 한다. 위험이 겉보기처럼 심각하지 않다고 하더라도, 어떤 조건이 충족되어야만 비로소 국방에 나서겠다고 하는 것은 시민답지 못한 일이다. 또 원로원이 충분히 자발적으로 평민 구제에 나설 수도 있는데, 상황에 의해서 그런 구제를 강요당한다면 원로원도 그것을 명예롭게 여기지 않을 것이다.

이어 세르빌리우스는 다음과 같은 포고를 내림으로써 자신의 말을 뒷받침했다. 첫째, 로마 시민에게 수갑을 채우거나 투옥하여 군 복무를 하지 못하게 하는 것은 불법이다. 둘째, 현재 군복무 중인 병사들의 재산을 몰수하거나 판매하고 또 그의 자녀와 손자들의 일에 개입하는 것 역시 불법이다. 이 포고가 나오자 현장에 있던 "몸이 매인" 채무자들은 즉시 동원병 명부에 그들의 이름을 올렸고, 다른 채무자들은 기존에 묶여 있던 집들에서 뛰쳐나와 포룸으로 달려와 군복무 서약을 했다. 그들의 숫자는 상당히 많았고 곧 뒤이어진 볼스키 족과의 싸움에서 그 부대는 혁혁한 전공을 올리게 된다. 집정관은 이어 군대를 이끌고 행군하여 적군의 진지에서 멀지 않은 곳에다 진지를 세웠다.

25. 볼스키 족은 로마의 정치적 소요 사태가 그들의 군사 작전을 수월하게 해줄 것이라고 생각했다. 그래서 그들은 그 다음날 로마 군에 탈영병들의 이탈을 권유할 목적으로 야음을 틈타서 로마 군 진지에 접근했다. 그러나 로마의 초병들은 그들의 접근을 금방 파악하고서 부대를 깨웠다. 나팔 소리가 울려 퍼졌고 병사들은 무장을 했다. 모든 병사가 정위치를 잡고서 전투태세를 갖추자 볼스키의 이간(離間) 시도는 무위로 돌아갔다. 그날 밤 동안 아무런 작전도 전개되지 않았다. 다음날 새벽 볼스키 군은 로마 진지 주위의 누벽(壘壁)을 공격하기 시작했다. 그들은 누벽 주위의 참호를 흙으로 메웠고 이어 나무 울타리를 파괴하는 작업에 돌입했다. 집정관의 병사들 — 채무자들로 구성된 — 은 어서 공격의 지시를 내려달라고 촉구했다. 하지만 집정관은 잠시 끌면서 병사들의 심정과 의도를 확인하려 했다. 그들이 진정으로 싸우기를 원한다는 것을 의심의 여지 없이 확신하게 되자 그는 공격 지시를 내렸다. 그들은 피에 굶주린 원형 경기장의 야수들처럼 앞으로 튀어나갔다.

한 번의 공격이면 충분했다. 적들은 압도되어 달아났다. 로마의 보병대는 달아나는 적의 등을 후려치며 할 수 있는 데까지 추격했다. 기병대는 적의 본진까지 추격하여 곧 포위했다. 다시 한 번 아무런 저항도 없었고 적의 진지를 점령하여 그 안에 있는 모든 것을 탈취했다. 패주한 볼스키 인은 수에사 포메티아로 갔고 그 다음날 로마 군은 그 도시를 공격하여 하루 이틀 만에 점령했다. 세르빌리우스는 부하들을 풀어서 그 도시의 재물을 마음껏 탈취하라고 허락했고, 병사들은 그런 횡재의 기회를 놓치지 않았다.

승리를 거둔 집정관은 영광에 뒤덮인 채 로마로 돌아왔다. 돌아오는 길에 그는 포메티아의 함락 소식을 듣고 겁을 집어먹은 에케트라의 볼스키 인 대표들의 방문을 받았다. 원로원의 포고에 의해 그들에게는 평화가 허락되었으나 그들의 영토는 몰수되었다.

26. 이 사건이 벌어진 직후에 사비니 인들이 다소 문제를 일으켰다. 하지만 그것은 사소한 사건일 뿐이었다. 어느 날 밤 사비니 공격대가 아니오 강둑까지 침투했다는 소식이 들이닥쳤다. 그들이 거기서 농장들을 불태우고 넓은 지역에 걸쳐 재물을 노략질한다는 것이었다. 라틴 전쟁 중에 독재관으로 활약했던 포스투미우스가 즉각 로마 기병대를 이끌고 현장으로 달려갔다. 세르빌리우스는 보병 정예 부대를 이끌고 그 뒤를 따라갔다. 로마 기병대는 대부분의 침입자들을 검거했고, 별로 신통하지 못한 사비니 부대는 세르빌리우스의 보병 부대가 다가오는 것을 보고서도 아무런 저항도 하지 못했다. 그들은 오랜 행군과 밤 동안의 노략질로 피곤한 상태였다. 대부분의 병사들은 술에 취한 데다 농장으로부터 훔쳐 먹은 음식으로 배가 불렀다. 그리하여 달아날 힘조차 없었다. 이렇게 하여 급습 첩보가 들어온 바로 그날 밤으로 전투가 끝나버렸고 포괄적인 평화의 희망이 높아졌다.

그러나 다음날 아우룬키 족의 대표들은 로마 군이 볼스키 영토로부터 철수하지 않는다면 전쟁을 선포하겠다고 원로원에 통보했다. 아우룬키 부대는 사절들과 동시에 그들의 본거지에서 떠났고, 그들이 아리키아 근처에서 목격되었다는 보고는 로마에 상당한 충격을 주었다. 그에 따른 당황과 혼란이 너무 커서 원로원은 제대로 논의를 할 수가 없었고 공격하겠다고 위협하는 아우룬키 사절들에게 평화를 요청하는 답변도 하지 못하고 또 황급히 로마시의 방어를 준비할 수도 없었다. 그래도 로마 군은 즉각 아리키아로 행군했다. 그 도시 근처에서 교전이 벌어졌고 단 한 차례의 전투로 적의 침공 시도는 영구히 좌절되었다.

27. 그들이 임무를 성실히 수행하여 거둔 일련의 성공적 군사 작전에 고무되어, 로마 평민들은 집정관 세르빌리우스와 원로원에게 그들이 평민들에게 했던 약속을 이제 지키라고 요구했다. 그러나 아피우스는 다른 생각을 품고 있었다. 그 자신의 타고난 교만함과, 또 동료 집정관을 배척하려는 욕심에서 아피우스는 부채의 상환과 관련하여 그의 앞으로 넘어오는 재판에 대하여 가혹한 판결을 내리기 시작했다. 그의 판결에 따라 전에 빚 때문에 묶인 사람들은 이제 채권자의 자비에 맡겨졌고, 또 전에 자유롭게 되었던 평민들은 이제 다시 묶이게 되었다. 이런 처분을 당한 모든 병사들은 세르빌리우스에게 항소했다. 그의 집은 곧 신성한 약속을 지키라고 분노하는 목소리로 아우성치는 병사들로 혼잡하게 되었고, 그들은 전쟁 복무를 거론하고 또 전쟁터에서 입은 상처를 내보이며 빨리 시정해달라고 요구했다. 그들의 사건을 원로원에 정식으로 회부하거나 아니면 집정관이면서 총사령관인 그의 자격으로 그들의 문제를 직접 도와달라고 요구했다.

세르빌리우스는 그들의 주장이 일리 있다는 것을 잘 알았다. 그러나 동료 집정관인 아피우스와 통치 계급 전원이 거세게 반대를 하고 있기 때문에 평민들의 주장에 적극적으로 동조할 수가 없었다. 그래서 그는 임시미봉을 하려 들었고 결과적으로 양측의 비위를 모두 맞춰주려고 하다가 그 어느 쪽도 즐겁게 해주지 못했다. 평민들은 그를 부정직하다고 생각하며 싫어했다. 귀족들은 그가 대중의 비위나 맞추려 드는 허약한 집정관이라고 생각하여 불신했다. 곧 그는 아피우스 못지않게 미움 받는 대상이 되었다.

이 무렵 두 집정관 메르쿠리우스 신전을 봉헌하는 의식을 누가 집전할 것인가 하는 문제를 두고서 싸우기 시작했다. 원로원은 그 결정을 평민에게 미루면서, 그들이 선택한 집정관은 곡식의 분배를 통제하고, 상인 조합을 설립하고, 대제관 대신 필요한 의식을 거행해야 한다고 평민에게 말했다. 평민은 그에 따라 투표를 했는데 신전 봉헌 업무를 두 집정관에게 주지 않고 마르쿠스 라이토리우스라는 고참 켄투리온(백부장)에게 주었다. 그것은 지위로 보아 그런 업무를 수행하기가 적절하지 않은 라이토리우스에게 영광을 안겨주려는 것이라기보다, 두 집정관을 모욕하려는 것이었다.

일이 그렇게 돌아가자 아피우스와 원로원의 분노는 하늘을 찔렀다. 그러나 평민의 자신감은 커지고 있었고 그들의 일반적 태도는 그들이 지금껏 보여 왔던 것과는 크게 달라졌다. 문제의 해결을 위해 집정관이나 원로원만 쳐다보는 것은 쓸데없는 일이라고 생각했다. 그들은 어떤 채무자가 법정에 끌려가는 모습을 보고서 법률을 무시하고 그들 멋대로 행동하면서 그 채무자의 구조에 나섰다. 그들이 하도 시끄럽게 떠들어대는 바람에 집정관의 명령이 들리지 않을 정도였다. 그의 선고는 무시되었고, 폭력이 지배했다. 이제 자기 목숨을 보살펴야 하는 사람은 채무자들이 아니라, 집정관이 보는 데서 한 명씩 붙잡혀서 구타를 당하는 채권자들이었다.

이런 위험한 상황에서 사비니 군대가 쳐들어왔다는 놀라운 소식이 전해졌다. 군대를 동원하라는 명령이 신속히 내려졌으나 평민들은 아무런 반응이 없었다. 단 한 사람도 자신의 이름을 등록하지 않았다. 아피우스는 화가 나서 제정신이 아니었다. 그는 세르빌리우스가 폭도를 진정시키기 위하여 의도적으로 술수를 부리며 조국을 배신한다고 비난했다. 세르빌리우스는 부채 사건에서 선고를 내리기를 거부했을 뿐만 아니라 국가 비상 사태에서 원로원의 포고에 따라 적절한 방식으로 군대를 동원해야 함에도 그렇게 하지 않았다고 맹공을 퍼부었다. 아피우스는 소리쳤다. "그렇지만 로마는 완전히 버림받은 것은 아니다. 집정관의 권위는 아직 완전히 내던져지지는 않았다. 난 혼자라도 집정관과 원로원의 장엄한 권위를 지키기 위하여 떨쳐 일어설 것이다."

그에 따른 후속 조치가 금방 나왔다. 아피우스는 날마다 포룸에 모여들어 위협을 가하려는 군중들 속에서 특히 악질인 소란꾼을 지목하여 그를 체포하라고 명령했다. 릭토르들이 그를 끌고 가려 하자 그는 항소하겠다고 말했다. 아피우스는 항소가 허가되면 평민의 판결이 어떻게 날지 잘 알고 있었다. 그래서 처음에는 항소 권리를 거부하려 했다. 그러나 그를 나쁘게 생각하는 평민에 대하여 엄청난 경멸을 느끼면서도 그는 항소를 허가해 줄 수밖에 없었다. 이렇게 한 것은 평민의 함성 때문이라기보다 귀족들의 권위 있는 조언 때문이었다. 그 때부터 상황은 점점 더 심각해졌다. 폭동이 계속되었고, 더욱 위험스러운 것은 불평불만자들이 몰래 모여 무슨 음모를 꾸미기 시작한 것이었다. 마침내 두 집정관의 임기가 만료되었다. 두 사람은 평민에 의해 불신당하고 배척되었다. 특히 세르빌리우스는 보수적인 귀족들의 미움까지 샀는데 반하여 아피우스는 그 귀족들 사이에서 인기가 높았다.

28. 다음 해 집정관은 아울루스 베르기니우스와 티투스 베투시우스였다. 두 집정관이 현안에 대하여 어떤 태도를 취할지 잘 몰랐으므로 평민은 계속 회의를 하면서 대책을 논의했다. 확실히 보안을 유지하기 위해 회의는 에스퀼리아이 언덕이나 아벤티누스 언덕에서 야간에 열렸다. 만약 그들의 문제를 포룸에서 논의한다면 성급하고 우둔한 행동에 나설 것을 두려워한 까닭이었다. 두 집정관은 당연히 이런 사태 전개를 위험스럽다고

여기면서 그에 대하여 원로원에 보고했다. 의원들은 분노하고 고함치면서 그 보고를 접했다. 그에 대한 질서 있는 의논은 불가능했다. 의원들은 집정관의 권위에 의해 즉석에서 해결되어야 마땅한 불쾌한 일을 떠맡아야 하는 것에 대하여 크게 분개했다. 그들이 볼 때, 나라에 제 역할을 충실히 수행하는 행정관들이 있다면 불평불만자들의 무리가 밤중에 몰래 회의를 하는 일은 있을 수가 없는 것이었다. 평상시에 소집되는 평민 회의로도 충분할 것이었다. 그러나 현 상황 아래에서 국가는 분열되어 있었다. 정상적인 평민 회의(publicum concilium)가 아니라, 국가에 반발하는 1천 개의 사소한 불평불만자들의 무리로 쪼개어져서 에스퀼리아이 언덕이나 아벤티누스 언덕으로 몰려가 그들끼리 머리를 맞대고 속삭거리고 있는 것이었다. 그래서 정말로 필요한 것은 그저 직책만 맡고 있는 집정관이 아니라 아피우스 클라우디우스 같은 진정한 대장부였다. "그런 대장부라면 5분만에 저 반역적인 무리들을 해산시킬 것이다"라고 의원들은 말했다.

그것은 가혹한 비난의 언사였으나 두 집정관은 묵묵히 들어주어야 했다. 그들은 원로원에게 어떤 행동을 취하기를 바라느냐고 물었다. 원로원의 요구사항을 아주 엄정하고 단호하게 수행할 준비가 되어 있다는 말도 덧붙였다. 의원들은 폭도가 할 일이 없어서 저런 통제 불능의 상태에 빠져들었으므로 두 집정관은 아주 엄중한 법 적용을 통하여 군대를 동원하라고 대답했다. 원로원은 산회했고 두 집정관은 심판석에 앉아서 심리를 하면서 동원 가능한 젊은 사람들의 이름을 한 명씩 불렀다. 아무도 대답하지 않았다. 군중은 심판석 주위로 몰려들었고 목소리를 높이며 평민은 더 이상 속지 않는다고 외쳤다. 두 집정관은 평민의 고충을 시정해 주겠다고 공적으로 보장하지 않는 한 단 한 명의 병사도 동원할 수가 없었다. 모든 사람에게 자유가 주어져야만 비로소 그들의 손은 무기를 잡을 것이다. 그들이 싸우기로 마음을 먹는다면 그것은 빚쟁이 주인들을 위한 것이 아니라 조국과 동료 시민들을 지키기 위한 것이다.

원로원이 두 집정관에게 내린 지시는 분명한 것이었다. 그렇지만 그처럼 가혹하게 지시한 의원들 중에서 단 한 명도 성벽 밖으로 나와 그런 아주 위험한 지시를 이행하려는 집정관을 도와주지 않았다. 폭력적 갈등 사태가 벌어지리라는 것은 의심의 여지가 없었다. 그러나 극단적 조치를 취하기 전에 두 집정관은 다시 한 번 원로원의 의견을 구해 보기로 했다. 따라서 원로원이 개회되었고 젊은 의원들은 두 집정관의 자리에 모여들어서 그들이 제대로 수행할 용기가 없는 직책에서 사임하라고 요구했다.

29. 두 집정관은 그들 앞에 놓여 있는 두 가지 노선, 즉 달래기와 강압하기를 잘 검토한 후에 말했다. "의원님들, 우리가 이미 경고를 했음을 기억하기 바랍니다. 우리는 지금 내전 비슷한 것에 직면해 있습니다. 우리가 병력을 동원하는 동안에, 우리의 비겁함을 소리 높여 비난한 여러분이 우리를 지원해 주기를 요구합니다. 이게 여러분이 요구한 것이기 때문에 우리는 여러분이 원하는 만큼 무자비하고 단호하게 우리의 의무를 수행하겠습니다." 그들은 포룸으로 돌아가서 심판석에 올라서 그들이 군중 속에서 직접 본 어떤 사람의 이름을 호명하면서 앞으로 나서라고 지시했다. 그 남자는 대답하지 않았다. 여러 명의 남자들이 그를 둘러싸면서 혹시 있을지 모르는 폭력으로부터 보호하려 했다. 그러자 두 집정관은 릭토르에게 그 남자를 체포하라고 명령했다. 군중은 릭토르를 물리쳤고 두 집정관을 도와주기 위해 원로원을 나선 의원들은 집정관의 권위가 그처럼 노골적으로 무시되는 것을 보고서 분노하여 황급히 연단에서 내려와 릭토르를 도와주러 갔다. 단지 체포를 하지 못하도록 만류된 릭토르는 아무런 피해도 없었고, 이제 군중은 의원들에게로 시선을 돌렸다. 이때 두 집정관이 개입하여 약간의 질서가 회복되었다. 아무도 돌을 던지지 않았고 칼을 뽑지 않았다. 신체적 폭력보다는 분노와 소음이 더 요란했다.

그러나 상황은 여전히 심각했고 아주 황급하게 원로원 회의가 개최되었다. 그러나 막상 개회되니까 그 회의는 전보다 더 지리멸렬했다. 군중들에게 이리저리 밀린 의원들은 진상 조사를 요구했고 원로원 내의 강경파는 비명을 내지르고 아우성을 치면서 그 요구를 지지했다. 그들은 너무 화가 나서 그 어떤 조리 있는 제안도 하지 못했다. 마침내 분위기가 어느 정도 진정되자 두 집정관이 발언에 나섰다. 그들은 원로원 내의 의원들의 태도나 거리의 군중들의 그것이나 별반 다른 것이 없다고 엄중히 질책했다. 그런 뒤에 비로소 논의가 정상적으로 시작될 수 있었다.

세 가지 제안이 나왔다. 첫째, 베르기니우스는 전면적인 부채 탕감에 반대했다. 볼스키, 아룬키아, 사비니 전쟁 등에서 싸운 병사들만 집정관 세르빌리우스의 약속에 따라 부채 탕감의 대상이 되어야 한다. 둘째, 티투스 라르티우스는 혜택을 선택적으로 내려줄 때가 아니라고 말했다. 평민 전체가 심각한 빚을 지고 있으므로 전면적인 부채 탕감이 아니면 상황을 타개할 수 없다는 것이다. 선별적 구제는 평민들의 고통을 시정해주기는커녕 오히려 더 악화시킬 것이다. 셋째, 아피우스 클라우디우스는 전혀 다른 제안을 했다. 그는 원래 가혹한 사람인데다, 평민들에게는 미움을 받으나 귀족들의 열렬한 지지를 얻고 있기 때문에 더욱 비타협적으로 나오면서, 폭도는 불평을 터트릴 게 전혀 없다고 말했다. 현재의 소요 사태는 그들의 고통 때문에 빚어진 것이 아니라 그들이 법과 질서를 안 지켰기에 발생한 것이다. 그들은 화를 낼 건수가 없기 때문에 화를 내서는 안 된다. 그들은 단지 통제 불능의 상태일 뿐이다. 이렇게 된 것은 항소권을 인정해준 데 따르는 자연스러운 결과이다. 항소권은 집정관의 권위를 파괴했다. 이제 똑같은 죄를 저지른 자들에게도 항소가 허용되었으므로, 집정관은 단속을 하지 못하고 협박만 할 수 있을 뿐이다. "그러므로, 나는 여러분에게 항소권을 인정해 주지 않는 독재관을 임명하라고 촉구합니다. 이렇게 하십시오. 그러면 불길에 차가운 물을 붓는 것처럼 효과가 클 것입니다. 그러면 감히 누가 릭토르에게 폭력을 쓸 생각을 하는지 한 번 보고 싶습니다. 그를 매질하거나 죽일 수 있는 힘을 가진 사람에게 감히 덤벼들 생각을 할 수 있는지!"

30. 그 제안은 많은 사람들에게 너무 가혹하게 보였고 실제로도 가혹했다. 반면에 베르기니우스와 라르티우스의 제안은 무슨 유익한 효과를 낼 것 같지 않았다. 특히 라르티우스의 전면 탕감 제안은 채권을 완전 무시해 버리는 것이므로 받아들이기 어려웠다. 원로원의 전반적 분위기는 베르기니우스가 내놓은 타협안을 받아들이는 것이었다. 그러나 정치적 결정은 과거에도 그렇고 앞으로도 그렇듯이, 당파심과 재산에 대한 우려에 의해 나쁜 쪽으로 영향을 받게 된다. 현재의 안건도 예외가 아니었다. 아피우스의 제안이 채택되었고 그는 거의 독재관에 임명될 뻔했다. 만약 그 임명이 실현되었더라면 엄청난 재앙이 되었을 것이다. 볼스키, 아이퀴, 사비니 인들이 일제히 무장 공격에 나선 국가적 비상사태에 평민들은 완전히 국방의 임무로부터 이탈해 버렸을 것이다. 다행스럽게도 원로원의 원로 의원들의 지지를 받아서 두 집정관은 비상대권을 부여받는 그 직위가 온건한 성품의 소유자인, 볼레수스의 아들 만리우스 발레리우스에게 돌아가게 했다.

평민들은 독재관 임명이 그들을 겨냥한 것임을 잘 알았다. 그렇지만 그들은 난폭하거나 억압적인 조치가 나올 것이라고 우려하지 않았다. 그들에게 항소권을 부여한 사람은 신임 독재관의 형인 발레리우스였고 그래서 그 가문을 신임했다. 더욱이 독재관이 세르빌리우스의 제안과 아주 비슷한 내용의 포고령을 반포하자 그 가문에 대한 신임은 더욱 높아졌다. 그들이 복종해야만 하는 관직에 들어선 그 사람에게서 나온 것이기 때문에 포고령의 효과는 훨씬 더 컸다. 그들은 저항을 포기하고 군 복무에 등록했다. 전보다 훨씬 큰 규모인 10개 군단이 편성되었다. 3개 군단씩 두 명의 집정관 아래에 배치하고 나머지 4개 군단은 독재관이 직접 맡았다.

이제 아이퀴 족이 라틴 영토를 침범해 왔으므로 군사 작전을 더 이상 미룰 수가 없었다. 라틴 인들의 대표가 이미 로마를 찾아와 원로원에게 지원을 해주거나 방위를 위해 라틴 인 스스로 무장할 수 있도록 허가를 해달라고 요청했다. 로마는 라틴 인의 재무장을 허가해줄 생각이 없었으므로 후자의 조건은 거부했다. 그보다 안전한 조치는 병력을 파견하는 것이었다. 베투시우스가 파견 부대를 지휘하게 되었고 그가 도착하자 아이퀴 족의 침범은 중단되었다. 아이퀴 족은 그들을 지켜줄 것이라고는 칼밖에 없는 야전(野戰)보다는 훨씬 더 안전을 기할 수 있는 산 속으로 퇴각했다. 다른 집정관은 볼스키 족을 향해 진군하여 곧바로 작전에 돌입했다. 그는 그들의 곡식을 파괴하는데 주력함으로써 적이 교전에 나서도록 유도했다. 그의 작전은 성공했다. 볼스키 족은 로마의 진지 가까운 곳까지 진군했고 양군은 누벽(壘壁) 앞에 서서 접전 채비를 갖추었다. 볼스키 군은 수적 우위를 믿고서 지나치게 자신만만했다. 그들은 느슨한 전투 대형을 취하면서 다소 엉성하고 군기 빠진 방식으로 전진해 왔다. 로마의 사령관인 베르기니우스는 적당한 때를 기다렸다. 그는 병사들에게 창을 땅에 대고서 적이 좀 가까이 다가올 때까지 조용히 기다리라고 지시했다. 적이 충분히 가까이 다가오자 단검만을 사용하여 백병전에 돌입하라고 명령했다. 볼스키 인은 구보로 달려오면서 커다란 함성을 내질렀다. 그들은 그런 식으로 크게 겁을 주면 로마 병사들이 땅에 얼어붙을 것이라고 생각했다. 그러나 그들은 백병전이 가능한 거리 안으로 들어왔을 때 이미 지쳐 있었고 로마 군의 엄청난 저항을 받는 동시에 번쩍거리는 로마 단검의 섬광을 보는 순간 마치 매복 작전에 걸려든 적처럼 커다란 충격을 받았다. 그들은 겁을 먹었고 그들의 피곤하고 숨찬 신체가 허락하는 범위 내에서 황급히 퇴각했다.

하지만 그들을 살려줄 정도로 빠른 걸음걸이는 되지 못했다. 그들의 공격을 조용히 기다렸던 로마 군은 아직도 체력이 싱싱해서 숨을 헐떡이며 도망치는 적들을 간단히 따라잡았고 그들의 진지를 급습하여 장악했다. 그리고 적을 쫓아 진지 너머의 벨리트라이까지 추격했는데 승자와 패자의 양군이 거의 동시에 그 도시에 들이닥쳤다. 그 도시는 곧 무차별 학살의 도살장이 되었고 전투에서보다 더 많은 피가 흘러내렸다. 무기를 내려놓고 항복한 소수의 남자들만이 목숨을 건졌다.

31. 한편 독재관 발레리우스도 로마의 가장 무서운 적인 사비니 족에 맞서서 그에 못지않은 전공을 올렸다. 사비니 족은 전선의 양쪽 날개를 너무 넓힘으로써 가운데 진영을 취약하게 만들었다. 발레리우스는 먼저 파괴적인 기병대를 돌격시켜 적을 제압한 후, 마무리 작업을 위해서 보병 부대를 투입했다. 그의 부대는 이어 적의 진지로 쇄도해 들어가 장악했고 그리하여 작전은 끝났다. 그것은 레길루스 호수 전투 다음으로 그 시대의 가장 혁혁한 업적이었다. 발레리우스는 로마로 개선했다. 그의 통상적인 영예 이외에도, 원형경기장에 그와 그의 후손들을 위한 자리가 마련되었고 또 그가 거기에서 사용할 고관용 의자(curulis sella)도 설치되었다.

전투에서 패배하여 볼스키 족은 벨리트라이에 소속된 땅을 빼앗겼고 그 도시에는 로마에서 온 정착민들이 자리잡았다.

이 전투 직후에 아이퀴 족과의 교전이 있었다. 지리적 형편상 로마 군이 진군하기에는 알맞지 않았으므로 집정관은 미적거리고 있었는데 그의 부하들이 진군을 강요했다. 그들은 집정관이 로마에 돌아가기 전에, 독재관이 사임할 때만 기다리며 일부러 교전을 회피하고 있다고 비난했다. 그러면 독재관이 그들에게 한 약속은 세르빌리우스의 약속이 그랬던 것처럼 물거품이 되고 말 것이었다. 이것을 예방하기 위하여 그들은 집정관에게 언덕의 등성이를 올라가야 하는 아주 위험한 모험을 하라고 강요했다.

그것은 무모한 작전이었으나 적의 비겁함 덕분에 성공했다. 그들은 로마 군의 무모한 용기에 더럭 겁을 집어먹었고 적이 가까이 다가오기도 전에 그들의 목숨을 구하기 위해 그들의 단단한 진지를 버리고서 언덕 아래쪽의 먼 계곡으로 달아났다. 그것은 무혈 승리였고 상당히 귀중한 물자들이 로마 군의 손에 떨어졌다.

이런 세 번에 걸친 군사적 성공에도 불구하고 로마의 귀족과 평민 계급은 정치적 갈등의 문제에 대하여 전에 못지않게 긴장하고 있었다. 왜냐하면 돈을 빌려준 채권자들이 온갖 영향력과 수단을 다 동원하여 평민들에게 불리한 상황을 조성했을 뿐만 아니라 독재관 자신의 손발도 묶어놓았기 때문이다. 집정관 베투시우스가 로마로 돌아온 직후에, 독재관 발레리우스가 원로원 앞에 내놓은 첫 번째 문제는 최근의 전쟁에서 그토록 훌륭하게 싸운 평민들의 부채 문제였다. 그는 원로원이 빚 때문에 묶여 있는 사람들에 대한 정책을 발표해야 한다고 제안했다. 그 제안은 거부되었다.

발레리우스는 이렇게 대답했다. "나는 국내의 단합을 지지합니다. 그러나 의원들은 그것을 추구하지 않으려 합니다. 그러나 내 말을 잘 들으십시오. 의원 여러분이 평민의 대의를 호소해줄, 나 같은 생각을 가진 사람들을 아무리 찾아보아도 찾지 못하는 때가 올 것입니다. 나 자신에 대해서 말해 보자면 이 나라 시민들의 희망을 더 이상 꺾어놓지 않겠습니다. 나는 이제 쓸모없어진 이 직위에서 사임하겠습니다. 전쟁과 우리의 정치적 갈등 때문에 이렇게 할 수밖에 없습니다. 우리는 전쟁에서 이겨 국외에서는 평화를 얻었습니다. 그러나 이곳 본국에서는 아직도 평화를 얻기에는 넘지 못할 장애물이 있습니다. 나는 진정한 갈등이 벌어질 때 독재관이 아니라 일개 시민으로 그 싸움에 맞서는 것을 더 좋아합니다."

이 말과 함께 발레리우스는 원로원을 떠나서 독재관 자리를 사임했다. 평민들은 그의 사임이 평민에 대한 불공정 처사를 항의하기 위한 것임을 잘 알았다. 그가 평민의 부채를 구제해주겠다는 약속을 지키지 못했으나, 그 약속이 물거품이 되어버린 것은 그의 잘못이 아니었다. 그들은 그러한 항의 표시만으로도 고마움을 느꼈고 원로원에서 그의 집까지 그를 호위하면서 감사한 마음을 간곡하게 표시했다.

32. 원로원 의원들은 군대가 해산되면 평민의 대표들이 또다시 비밀 모의를 할 것을 두려워했다. 그들은 평민들을 계속 무장시킬 그럴 듯한 구실을 만들어냈다. 군대는 독재관의 명령에 의하여 동원되었다. 그러나 그들은 집정관을 사령관으로 받아들인다는 병사의 맹세를 했으므로 그들이 그 맹세를 지켜야 한다는 이유로 계속 군대 내에 붙들어 두는 것이 가능했다. 이런 논리 아래, 또 아이퀴 족이 전쟁을 다시 시작했다는 구실 아래, 로마 군에게 진군하라는 명령이 내려졌다. 그 명령은 곧 심각한 문제를 가져왔다. 병사들 사이에서는 두 집정관을 암살하자는 얘기도 나왔다고 한다. 그러면 복종의 맹세로부터 면제가 될 것이기 때문이다. 그러나 그들은 그런 범죄 행위가 신성한 의무로부터 그들을 면제시켜 주지 않는다는 것을 알고서 그런 모의를 그만두었다. 그 대신, 시키니우스라는 병사의 제안에 따라 두 집정관의 명령도 없이, 그들은 떼를 지어 성스러운 산으로 몰려갔다. 그 산은 아니오 강 건너, 도시에서 5km 정도 떨어진 곳에 있었다. 선배 역사가 피소는 그들이 아벤티누스 언덕으로 몰려갔다고 썼으나, 그 장소는 성스러운 산이라는 주장이 더 널리 받아들여지고 있다. 그곳 성산에서 그들을 지휘할 장교도 없이 병사들은 진지를 구축하고 평소와 마찬가지로 적절히 축성을 하고서 며칠간을 조용히 지냈다. 그들은 오로지 식량만을 받아들였다. 그들에 대한 적대적인 군사 작전은 없었다.

로마 시내에서 사람들은 공황에 빠졌다. 귀족 계급은 물론이고 평민들도 그런 사태 발전에 경악했고 모든 일이 정지되었다. 군대에 들어간 동지들에게서 버림을 받은 평민들은 원로원 의원들의 손에 폭력을 당하지 않을까 두려워했고, 의원들은 도시 안에 남아 있는 평민들을 두려워했다. 그래서 평민들을 시내에 그대로 내버려 둘지 아니면 퇴거시켜야 할지 마음의 갈피를 잡지 못했다. 더욱이 탈영병들은 언제까지나 그 산에서 아무것도 안 하고 태업을 벌일 것인가? 이런 상황에서 외적의 침입이 발생하면 어떻게 할 것인가? 분명 유일한 대책은 두 계급 사이의 갈등하는 이해사항들을 해결하는 것뿐이었다. 좋은 수단이든 나쁜 수단이든 가리지 말고 국가는 내부 단합을 반드시 이루어내야 했다. 그래서 원로원 파들은 메네니우스 아그리파를 그들의 대변인으로 성산의 평민들에게 보내기로 결정했다. 그는 훌륭한 웅변가였고 또 그들처럼 평민이었으므로 병사들은 그를 좋아했다. 탈영병의 진영으로 찾아간 그는 오래 전의 투박한 말솜씨로 그들에게 이런 이야기를 해주었다고 한다.

"오래 전에 인간의 몸에 있는 여러 기관들은 지금처럼 단합을 하지 못하고 서로 불화했습니다. 그것들은 저마다 다른 생각을 했고 다른 언어로 그것을 표현했습니다. 다른 기관들은 위장에다 모든 영양분을 제공해야 하는 수고와 노력을 괘씸하게 생각했습니다. 이처럼 도와주는 기관들에 둘러싸인 위장은 아무런 하는 일도 없이 갖다주는 맛좋은 것들만 즐긴다고 보았습니다. 그래서 불만인 기관들은 서로 짜고서 이렇게 하기로 했습니다. 손은 입에게 음식을 가져다주지 않는다. 입은 그 안에 들어오려는 것을 받아들이지 않는다. 이빨은 아무것도 받아들이지 않고 그래서 씹지 않는다. 그러나 슬픈 일입니다! 그들이 화를 내며 위장을 굶겨 죽이려 했기 때문에, 그들 자신과 온몸이 시들시들해지더니 결국 다 죽고 말았습니다. 이렇게 볼 때 위장도 적지 않은 일을 하는 게 분명합니다. 위장이 음식을 받아들이는 것은 사실입니다. 그렇지만 혈관을 통하여 신체의 다른 부분들에 골고루 영양분을 나누어줍니다. 위장이 소화 과정을 통하여 영양분을 날라주는 피를 만들어낸 거지요. 그리고 이 피에 우리의 생명과 건강이 달려 있습니다."

　메네니우스는 이런 신체 기관들의 반란 이야기를 현재의 정치 상황에 적용하면서, 평민이 통치계급에 분노하는 것은 이와 비슷한 상황이라고 지적했다. 그의 이야기는 너무나 그럴 듯해서 병사들의 분노가 많이 누그러졌다.

　33. 그리하여 협상이 진행되었고 평민들을 대변하는 특별 행정관을 임명하는 조건으로 합의가 이루어졌다. 이 관직은 "호민관"이라는 신성한 (sacrosanct) 지위였고 그들의 기능은 집정관에 맞서서 평민들을 보호하는 것이었다.(sacrosanct: 만약 어떤 사람이 호민관에게 폭력을 가한다면 그 자는 저주받은 자sacro로 비난받게 되고 다른 사람들이 그를 죽여서 신에게 희생으로 바쳐도 sanct 전혀 처벌을 받지 않는다. 이런 비난받은 자를 죽이는 것은 신성한 의무였고 벌금이나 유죄의 사유가 되지 않는다: 옮긴이). 원로원 계급의 사람은 호민관 자리에 취임하는 것이 허용되지 않았다. 따라서 가이우스 리키니우스와 루키우스 알비니우스가 호민관에 취임했는데 이들은 다시 세 명의 동료를 임명했고 그 중 하나가 병사들의 반란을 주도했던 시키니우스였다. 다른 두 동료는 누구였는지 전해지지 않는다. 전해지는 한 얘기에 의하면, 두 호민관은 성산에서 그 자리에 임명되었고, 그들의 불가침성을 보장하는 법률이 통과된 곳도 성산이라고 한다.

　(호민관 [라틴어] tribuni plebis [영어] tribunes of the people. 로마 공화정 당시 평민이면서 자유민으로 태어난 사람들이 올랐던 행정관 직위. 후대에 생겨난 관직인 집정관급 정무관tribunis militum과 구분하여 호민관이라고 한다. 전승에 의하면 기원전 494년에 처음 이 직제가 창설되었다고 하며, 450년에 이르러 그 정원은 10명에 달했다. 호민관의 역할은 평민들의 목숨과 재산을 보호하는 것이었고, 선거, 법률, 원로원의 선고 등을 거부할 수 있었다. 호민관은 해마다 트리부스 민회에 의해 선출되었으며, 평민들의 민회를 소집할 수 있었다. 귀족 출신은 평민 가문에 입양된 이후에만 호민관 직에 오를 수 있었다. 호민관 직은 세월이 흘러가면서 다른 행정관 직

과 별로 구분할 수가 없게 되었지만 그 혁명적 분위기를 결코 잃지 않았다. 제국 시대에 들어와서는 황제에게 호민관의 권력이 이전되어 실제 호민관들은 모든 권력을 잃었다: 옮긴이).

병사들의 탈영을 가리켜 "평민의 이탈"이라고 불렀는데, 이 탈영 기간 동안에 스푸리우스 카시우스와 포스투무스 코미니우스가 집정관 자리에 올랐다. 이해에 라티움의 여러 공동체들과 조약이 체결되었고 그 의전을 집행하기 위하여 한 집정관이 로마 시내에 남았다. 다른 집정관은 볼스키 족을 상대로 한 전쟁에 나가서 안티움에서 그들을 크게 패배시켰다. 볼스키 족은 곧 롱굴라로 피신했으나 그곳도 곧 로마 군의 손에 떨어졌다. 또 다른 볼스키 도시인 폴루스카도 함락되었고 그 후에 코리올리를 상대로 한 막강한 공격이 전개되었다. 이 무렵 군에 복무하는 젊은 귀족, 가이우스 마르키우스가 있었는데 아주 정력적이고 똑똑한 장교였다. 그는 조금 뒤에 코리올라누스라는 별명을 얻게 될 터였다. 그런데 군사 작전의 중요한 순간에 마르키우스는 경계를 서게 되었다. 로마 군은 도시 외곽에서 어떤 돌발 사태가 발생하는 것을 극도로 경계했다. 당시 로마 군은 그 도시의 포위 공격에 집중하고 있었다. 그런데 갑자기 안티움 쪽에서 볼스키 군대가 나타났고, 그 출현과 때를 맞추어서 도시 내부에서 한 무리의 돌격대가 성 밖으로 나왔다. 마르키우스는 소규모 정예 부대를 이끌고 그 돌격대를 분쇄했고 아주 무모하게 열려진 코리올리의 성문 안으로 들어갔다. 거기에 보초 서던 병사들을 해치운 뒤 그는 불붙은 나무토막을 집어들고 도시의 성벽 가까운 곳에 있는 집들 쪽으로 내던졌다. 집들 사이에서 고함이 터져 나왔고 죽음을 겁내는 아녀자의 비명 소리는 로마 군에게는 격려해 주는 응원의 소리였다. 접근해 오던 볼스키 군대는 그 소리를 듣고서 일이 끝나버렸다고 생각했다. 그들이 구원해 주려 왔던 도시가 이미 적의 손에 넘어간 듯했기 때문이다. 이런 식으로 해서 안티움의 병사들은 패배했고 코리올리는 함락되었다. 마르키우스는 한 몸에 영광을 떠안게 되었다. 그의 영광은 사령관인 집정관 코미니우스를 압도할 정도였다. 실제로 그 누구도 코미니우스가 볼스키 족을 상대로 싸웠다는 것을 기억해주려 하지 않았다. 그 당시 라틴 인과 체결한 조약을 기록한 청동 기둥이 없었더라면 말이다. 그 기록은 조약이 로마에 남아 있던 집정관 스푸리우스 카시우스에 의해 체결되었고 다른 집정관은 군사 작전 차 다른 곳에 나가 있었다고 선언했다.

이해에 메네니우스 아그리파가 사망했다. 그는 평생 동안 국가의 두 계급에게 많은 사랑을 받았고 평민의 이탈 사건 이후에는 전보다 더 평민들의 사랑을 받았다. 그는 국가에 커다란 봉사를 했다. 원로원의 대표로 평민들에게 파견되어 귀족-평민 계급의 분열을 봉합시키는 협상을 성공적으로 이끌었고, 그리하여 로마를 버리고 떠나간 병사들을 다시 로마의 품 안에 데려왔다. 그러나 그는 아주 가난한 상태로 죽었고 집안의 재산은 장례비용도 충당하지 못할 정도였다. 평민들이 각자 조금씩 돈을 내놓아서 그의 장례식을 치러 주었다.

34. 그 다음에 취임한 집정관은 티투스 게가니우스와 푸블리우스 미누키우스였다. 그 해는 평화의 한 해였고 정치적 갈등은 한동안 잠잠했다. 그러나 로마는 전쟁이나 내부의 분열보다 더 위험한 상황에 직면해야 되었다. 병사들의 이탈 기간에 농경이 모두 중지되었고 그 결과 곡식의 가격이 엄청나게 올랐다. 엄청난 한발이 이어져서 로마는 온갖 어려움으로 포위된 도시 같이 되었다. 집정관들이 재빨리 움직여서 주위의 여러 지역으로 식량 조달 파견단을 보내지 않았더라면 노예들과 아주 가난한 사람들은 굶어 죽었을 것이다. 당시 로마는 이웃 공동체들과 사이가 좋지 못했기 때문에 아주 먼 곳까지 가서 식량 섭외를 해야 되었다. 식량 파견단은 에트루리아 해안을 따라 북쪽과 서쪽을 여행하고 또 볼스키 해안을 따라 쿠마

이까지 내려가야 했고 심지어 시칠리아까지 갔다. 당시 쿠마이의 군주인 아리스토데무스는 타르퀴니우스 가문의 재산을 물려받기로 되었던 사람인데 그 사라진 재산을 보상하라며 쿠마이에 집결되어 선적된 로마 곡식 수송선을 압류하고 나섰다. 볼스키 족과 폼프티눔 소택지의 사람들로부터는 곡식을 구해올 수 없었다. 식량 파견단은 곡식은커녕 폭력을 당할지도 모르는 위험한 지경에 처해지기도 했다. 에트루리아의 곡식은 티베르 강을 통하여 로마로 수송되었는데 사람들이 가뭄을 넘길 정도의 양은 되었다. 로마로서는 다행스럽게도 이 무렵 공격을 준비하고 있던 볼스키 족 사회에 대규모 전염병이 나돌았다. 만약 이런 일이 벌어지지 않았더라면 로마는 다른 어려움들 이외에도 처참한 전쟁을 치러야 했을 것이다. 볼스키 족은 전염병으로 사기가 뚝 떨어졌고 최악의 사태가 지나간 뒤에도 그 충격으로부터 제대로 회복하지 못했다. 로마인들은 이런 상황을 틈타서 벨리트라이의 정착민 숫자를 늘렸고 노르바라는 언덕의 도시에 새로운 정착민들을 보냈다. 그리하여 노르바는 폼프티눔 지역을 방위하는 첨단의 요새가 되었다.

마르쿠스 미누키우스와 아울루스 셈프로니우스가 집정관에 취임한 그 다음 해, 대규모 곡식이 시칠리아로부터 수입되었고, 원로원에서는 평민들이 지불해야 할 곡식의 가격을 논의했다. 많은 사람들이, 압제적인 조치를 취하여, 평민들이 이탈 행위를 통하여 통치 계급에 강요하여 가져갔던 특혜를 회수해야 한다고 생각했다. 이런 주장을 하는 사람들의 대표는 마르키우스 코리올라누스였는데, 그는 새로 설치된 호민관들의 권력에 대해서 크게 반대하고 나섰다. "그들이 예전의 낮은 가격으로 곡식을 구매하고 싶다면," 그가 말했다. "그들은 우리의 예전 특혜를 돌려주어야 한다. 내가 무슨 짓을 했기에 군중들 가운데 벼락출세자가 호민관 직에 들어가는 꼴을 보아야 하는가? 내가 노예인가? 내가 비적에게 석방금을 주고서 풀려난 자인가? 내가 이런 치욕을 한순간이라도 더 당해야 하는가? 타르퀴니우스 왕을 견디지 못해서 내쳤는데 이제 우리가 시키니우스를 왕으로 모셔야 하는가? 그 자보고 짐을 싸서 떠나라고 하라. 또 저 오합지졸도 그와 함께 가라고 하라. 성산이나 다른 언덕으로 가는 길은 아무도 방해하지 않으니 말이다. 그들은 이태 전에 그렇게 했던 것처럼 우리의 들판에서 곡식을 훔쳐갈 수 있다. 높은 곡물 가격에 대해서 말해 보자면, 현재 수준으로 폭등한 것은 그들의 우둔한 짓 때문에 생긴 결과이니 그들로서는 그것을 받아들이는 수밖에 없다. 내 생각이 틀리지 않았다면 그들의 식량 문제는 그들로 하여금 제정신이 번쩍 들게 할 것이다. 그들은 무장을 하고서 이탈하여 남들 농사도 못 짓게 하는 것보다는 그들이 몸소 땅을 갈아엎고 농사짓는 것이 더 낫다는 걸 깨달을 것이다."

코리올라누스의 말이 옳은지 여부는 분간하기가 쉽지 않다. 그러나 나는 이렇게 생각한다. 만약 원로원 당(黨: 원로원 의원들과 귀족들을 통칭하여 부르는 말: 옮긴이)이 곡식의 가격을 인하하는 데 동의했더라면, 집정관 제도를 포함하여 각종 제약적인 조치들로부터 자유롭게 되었을 것이다.

35. 그런데 코리올라누스의 주장은 원로원 의원들에게 좀 가혹하게 보였다. 반면에 평민들은 너무나 격분하여 거의 무기를 들고 나설 뻔했다. 그들이 보기에 그런 주장은 생필품을 불출하지 않음으로써 그들을 굶겨죽이겠다는 고의적인 협박, 그 이상도 이하도 아니었다. 가이우스 마르키우스가 그런 잔인한 의지를 관철하게 내버려 두고 또 그들의 유일한 울타리인 호민관들을 희생시켜 그의 오만한 주장을 충족시켜 주지 않는다면, 예기치 않은 행운으로 수입되어 온 유일한 생계 수단이 평민들의 입 속에 들어오지 않을 것 같았다. 간단히 말해서 마르키우스는 평민들의 사형 집행자나 다를 바 없는 위인이었다. 그는 평민들에게 죽음이냐 노예냐 둘 중 하나를 선택하라고 윽박지르는 것이었다.

평민들은 원로원 건물에서 나서는 코리올라누스를 공격하려 했고 호민관들이 그를 즉각 기소하자는 등 적절한 제지를 하지 않았더라면 큰 일이 벌어졌을 것이다. 이 조치가 대중의 분노를 가라앉혔다. 이제 입장이 전도되어 그들은 생살여탈권을 가진 채 그들의 대적(大敵)을 심판하는 자리에 그들이 직접 앉을 수 있게 되었다.(리비우스는 코리올라누스가 호민관들에 의해 평민 의회에 기소된 것처럼 묘사하고 있는데, 이 법적 제도는 기원전 3세기 경에 정립된 것으로, 코리올라누스 활약 시기는 기원전 490년대로서 이것은 일종의 시대착오이다: 옮긴이). 호민관들이 이런 강력한 조치를 취한데 대하여 코리올라누스가 보인 첫 번째 반응은 경멸 그것이었다. 호민관은 원로원 당과 아무 상관이 없다고 그는 주장했다. 그들은 징벌을 가할 권한은 없고 단지 평민의 대의를 지원할 뿐이라는 말도 했다. 그러나 원로원은 어느 정도 양보를 할 수밖에 없었다. 그들은 평민의 분노를 달래기 위해 귀족 중 한 명을 희생시키는 것이 더 현명하다고 생각했다. 하지만 원로원은 그들이 개인적으로 혹은 집단적으로 가진 수단들을 동원하여 평민들을 견제하는 조치를 취했다. 가령 그들의 개인적 식솔들로 하여금 평민 회의에 참석하지 못하게 함으로써 평민의 계획을 좌절시키려 했다. 그게 실패로 돌아가자 그들은 호소하는 것으로 작전을 변경했다. 수백 명이 거리로 몰려나가 분노하는 평민에게 그들의 친구이며 원로원 의원이기도 한 코리올라누스를 살려달라고 호소했다. 만약 무죄 방면할 수 없다면 그를 자유롭게 놓아줄 수 없겠느냐고 물었다. 그것은 참으로 이상한 광경이었다. 마치 모든 귀족이 단체로 평민 앞에서 재판을 받는 듯했다. 그러나 그건 아무 소용이 없었다.

코리올라누스는 법정에 출두하지 않았고 그에 대한 평민의 여론은 더욱 악화되었다. 그는 궐위재판에서 유죄 판결을 받자 볼스키 족에게로 망명했다. 그는 전보다 더 비통한 심정이 되어 조국에 대한 복수를 맹세했다.

볼스키 족은 그를 따뜻하게 환영하며 극진하게 대접했다. 그가 로마에 대하여 엄청난 분노를 느끼고 있는 걸 아는데다가 그의 입에서 빈번하게 튀어나오는 불평과 복수의 말을 잘 들어 알고 있었기 때문이다. 그는 볼스키 족 사이에서 가장 저명한 인사이며 로마의 철천지원수인 아티우스 툴리우스의 집에 머물렀다. 한 사람은 로마에 대하여 뿌리 깊은 적개심을 갖고 있었고 다른 한 사람은 최근에 당한 모욕을 복수하려는 염원이 강했으므로 로마에게는 아주 위험스러운 두 사람이었다. 그들은 즉각 전쟁 계획을 짜기 시작했다. 두 사람은 볼스키 평민들의 태도가 주된 문제라는 것을 알았다. 그들은 전에 여러 번 패배를 당했기 때문에 새롭게 전쟁을 해야 한다는 얘기는 달갑지도 않았고 받아들이려고 하지도 않았다. 게다가 군복무가 가능한 많은 남자들이 최근에 창궐한 전염병으로 사망했다. 이런 자연적 재앙과 지난 몇 해 동안의 패전 경험이 보태어져 그들의 사기를 크게 꺾어 놓았다. 시간이 흘러가면서 볼스키 평민들이 로마를 증오하는 감정도 희미해졌다. 따라서 옛 적에 대한 그들의 감정을 더욱 악화시킬 수 있는 구체적 조치를 취해야 했다.

36. 그런데 당시 로마에서는 대(大) 게임의 반복 행사가 준비 중에 있었다.(대 게임은 유피테르 옵티무스 막시무스를 기리기 위해 거행되는 스포츠 게임으로 이 신전은 타르퀴니우스와 그의 아들 오만왕이 지었다. 게임은 종교적 행사의 하나로서, 게임 진행 중에 흠결이나 하자가 발생하면 그 게임을 처음부터 다시 해야 되었는데, 이것을 '반복'이라고 한 것이다: 옮긴이). 게임 행사를 다시 하게 된 것은 무엇보다도 성스러움을 위반한 사례 때문인데, 아침 일찍 의례가 거행되기 전에, 누군가가 그의 노예에게 수갑을 채워 채찍질을 하면서 운동장을 가로질러 가게 했던 것이다. 당초의 게임은 사람들이 그걸 부정 탄 사건이라고 생각하지 않았으므로 그대로 진행되었다. 게임이 시작된 직후 티투스 라티니우스라는 인부가 이런 꿈을 꾸었다. 유피테르가 그의 꿈에 나타나 게임의 "맨 앞무

용수"가 마음에 들지 않는다고 말하고서, 그 축제를 처음부터 화려한 방식으로 다시 시작하지 않으면 로마는 큰 재앙을 맞이하게 될 것이라고 했다는 것이다. 따라서 이런 경고를 집정관에게 가서 보고하라고 지시를 내렸다. 라티니우스는 이 꿈의 계시가 아주 엄중한 것임을 모를 정도로 무감각한 사람은 아니었다. 비록 놀라기는 했지만 그는 집정관이 너무 두렵고 또 비웃음을 사는 것이 싫어서 유피테르의 명령을 그대로 실행하지 못했다. 그처럼 망설인데 대하여 그가 치른 희생은 막대한 것이었다. 며칠 뒤 그는 아들을 잃었다. 그리고 이런 갑작스러운 재앙에 대한 증거인 양(무슨 증거가 필요하겠는가만), 이 불운한 남자는 또다시 꿈속에서 유피테르를 보았다. 신은 그에게 신의 명령을 무시한 것에 대하여 충분한 대가를 지불했다고 생각하느냐고 물었고, 만약 어서 가서 집정관에게 그가 이미 받은 지시를 전달하지 않는다면 더 나쁜 일이 벌어질 것이라고 위협했다.

불쌍한 친구는 이제 더 이상 도망칠 곳이 없음을 알았다. 그렇지만 그는 여전히 망설였고 마침내 아주 위중한 병에 걸리게 되자 그제서야 따끔한 교훈을 얻게 되었다. 질병과 슬픔으로 만신창이가 된 그는 친척 남자들을 병상에 불러놓고 꿈속에서 유피테르를 두 번이나 만나 그분의 목소리를 들은 사실과, 분노하는 신들의 위협이 그 자신의 불운으로 구체화된 경위를 털어놓았다. 친척들은 어떤 조치를 취해야 할지 즉각 동의했고, 그는 들것에 누운 채 포룸의 두 집정관 앞에 대령되었다. 집정관들은 들것을 들고 온 사람들에게 그를 원로원으로 데려가라고 지시했고, 거기서 그는 자신의 얘기를 반복하여 모든 사람을 놀라게 했다. 이 사건의 결말은 또다른 기적이 장식했다. 우리가 전승을 그대로 믿는다면 기적은 이러하다. 그는 아주 위중한 환자의 상태로 원로원 건물로 들어갔으나, 일단 의무를 다하고 나자 들것이 무색하게 걸어서 집으로 돌아갔다.

37. 원로원은 게임을 아주 화려하게 다시 거행하라는 포고를 내렸다. 볼

스키 족의 아티우스 툴리우스는 그 게임에 다수의 볼스키 사람들이 참가하도록 지시했다. 그들이 출발하기 전에 툴리우스는 코리올라누스와 미리 짠 계획에 따라 로마의 두 집정관에게 은밀한 국사를 논의하고 싶다는 뜻을 전했다. 두 집정관은 동의했고 좌우를 물리치자 툴리우스가 말했다. "나의 동포에 대하여 비난하는 언사를 하는 것이 망설여집니다. 사실 나는 그들을 고발하기 위하여 여기 온 것은 아닙니다. 단지 그들이 불미스러운 행동을 하지 못하도록 당신들에게 사전 경고를 하려는 것입니다. 사실 이런 걸 인정하기는 싫지만 우리 동포의 성격은 불안정하고 변덕스럽습니다. 우리는 이런 사실을 아주 어렵게 알아냈습니다. 우리가 잘나서라기보다 당신들이 잘 참아주어서 우리는 국토를 보존할 수 있었습니다. 그런데 지금 우리 동포 수백 명이 여기 로마에 와 있습니다. 축제가 진행 중이고 사람들의 시선은 모두 거기에 집중될 것입니다. 나는 사비니 인이 유사한 행사에서 한 짓을 지금도 기억하고 있습니다. 나는 오늘에도 그런 어리석고 개탄스러운 일이 벌어질까봐 걱정이 됩니다. 그래서 이런 우려를 당신들 두 사람을 위해 일부러 여기까지 찾아와 말씀드리고 있는 겁니다. 나는 개인적으로는 그 어떤 불미스러운 언행에도 말려들지 않기 위해 지금 즉시 귀국하겠습니다."

툴리우스가 떠난 즉시 두 집정관은 이것을 원로원에 보고했다. 그 경고는 막연한 것이었지만 믿을 만한 원천에서 나온 것이었고 그 때문에 원로원은 불필요한 것으로 판명될지도 모르지만 그래도 예방 차원에서 모든 볼스키 인들은 지금 즉시 도시를 떠나라는 포고를 내렸다. 관리들에게는 어두워지기 전에 해당되는 사람들을 모두 내보내라는 지시가 내려갔다. 이 포고가 불운한 볼스키인들에게 가져다준 첫 번째 효과는 경악 그것이었다. 그들은 짐을 챙기기 위해 숙소로 돌아가면서 너무나 황당하다고 생각했다. 그들이 귀국 길에 오른 순간 경악은 격분으로 바뀌었다. 전염병에 걸린 죄인 같은 대접을 받아서, 신들과 인간들이 함께 어울리는 엄숙한 종교 축제에서 부적격자로 쫓겨나다니 이런 홀대가 있을 수 없었다.

38. 툴리우스는 분노하는 볼스키 인들의 대열 맨 앞에서 말을 타고 달려가다가 페렌티아의 수원(水源)에서 그들을 기다렸다. 여러 명의 귀족들이 도착하자 그는 이런 일이 발생하여 너무나 괘씸하다면 불평을 털어놓았다. 그들도 자신들의 심정을 그대로 대변하는 툴리우스의 말에 솔깃하게 귀를 기울였다. 한편 그는 귀족들을 길 아래 들판으로 데려갔고 나머지 사람들도 별 어려움 없이 그곳에 집결시킬 수 있었다. 툴리우스는 그들을 상대로 연설을 했다.

"나의 친구들이여, 당신들은 모욕을 당했습니다. 과거에 로마가 우리에게 입힌 피해나 우리가 겪었던 모든 재앙들은 잊어버리십시오. 그렇지만 이제 내가 당신들에게 묻겠는데 오늘 당신들에게 저질러진 일을 어떻게 용납할 수 있겠습니까? 그들은 그것이 축제의 첫 행사인 양 우리를 모욕했습니다! 오늘 당신들이 가장 치욕스러운 패배를 당했다고 생각하지 않습니까? 그들이 당신들을 추방할 때 로마인이든 외국인이든 모든 사람의 의아한 눈빛이 당신들에게 집중되는 것을 느끼지 못했습니까? 또 당신들의 아내와 자녀들이 조롱의 웃음거리가 된 것을 보지 못했습니까? 그 포고를 듣고, 우리가 떠나는 것을 보고, 길 위의 이 치욕스러운 행렬을 본 사람들은 이렇게 생각하지 않겠습니까? 저들에게는 뭔가 끔찍한 오점이 있어서 이 점잖은 사람들의 모임으로부터 축출되었구나. 이 게임에 저들이 참석하는 것은 축제를 오염시키는 게 틀림없어. 우리가 이처럼 빨리 떠나지 않으면 혹은 달아나지 않으면 우리 모두가 죽을지도 모른다는 생각은 떠올리지 않았습니까? 당신들은 로마가 적들의 도시라는 것을 확실히 깨달았을 겁니다. 하루만 지체를 해도 당신들 모두가 죽어버릴지 모르니까. 로마는 당신들에게 전쟁을 선포했습니다. 그리고 당신들이 사내 대장부라면 로마는 그런 조치를 크게 후회하게 될 것입니다."

툴리우스의 연설은 활활 타오르는 분노의 불길에 기름을 끼얹었다. 그들은 각자의 공동체로 돌아가 그곳에서 선동적인 연설로 주민들의 분노에 불을 붙였다. 그리하여 모든 주민들이 크게 격앙했고 온 볼스키 민족이 봉기에 나섰다.

39. 이제 곧 벌어지게 될 전쟁의 사령관 자리는 보편적 합의에 의하여 아티우스 툴리우스와 로마인 망명자 가이우스 마르키우스에게 돌아갔다. 이 둘 중에서 후자가 더 유능한 지휘관으로 판단되었고 그도 사람들이 그에게서 기대한 신임을 저버리지 않았다. 더욱이 그가 거둔 군사적 성공은, 로마의 힘이 로마 군에 있는 것이 아니라 그 지휘관에게 있다는 것을 보여주었다. 마르키우스는 먼저 키르케이로 진군하여 그곳의 로마인 정착자들을 쫓아내 그 도시를 해방시킨 다음 볼스키 족의 통제 아래에 두었다. 그는 사트리쿰, 롱굴라, 폴루스카, 코리올리 등을 탈환했는데 모두 최근에 로마에게 빼앗긴 곳들이었다. 이어 라비니움을 손에 넣고서 그 고장을 통과하여 라틴의 길로 들어서서 코르비오, 비텔리아, 트레비움, 라비키, 페둠을 점령했다. 마지막으로 그는 로마로 진군하여 로마 성벽에서 8km 떨어진 지점인 클루일라 참호 근처에다 진지를 구축했다. 그는 여기서 약탈 부대를 파견하여 인근의 농장과 곡식에 최대한 피해를 입히라고 명령했다. 그렇지만 로마 귀족들이 소유한 재산에 대해서는 피해를 주지 말라고 특별한 지시를 했다. 아마도 로마 평민에 대한 혐오감 때문에 이런 지시를 내렸을 것이다. 아니면 이런 조치를 통하여 로마 평민과 원로원 당 사이에 새로운 불화의 씨앗을 뿌리려는 의도였을 것이다. 로마 평민은 이미 통제하기 어려운 상태였고, 호민관들은 귀족들을 엄청나게 비난하면서 평민과 귀족 간의 싸움을 부추겼다. 만약 곧 들이닥칠 외침에 대한 공포심이 잠정적으로 로마 사람들을 묶어놓지 않았더라면 두 계급 사이에 새로운 싸움이 발생했을 것이다. 공유된 위험은 아주 강력한 접착제이다. 서로 싫어하

고 의심하는 사람들을 단결시키는 것이다.

그러나 한 가지 사항에 대하여 두 계급은 동의하지 못했다. 원로원과 두 집정관은 도시에 대한 위협에 맞서는 유일한 방법은 무력뿐이라고 확신했다. 그러나 평민들은 전쟁 이외의 다른 수단을 지지했고 곧 원로원에 압력을 넣어 그들의 사고방식을 관철시키려는 의도를 드러냈다. 두 집정관 나우티우스와 푸리우스는 군대를 사열하고 주둔 부대를 세우고 성벽 근처의 방어 지역에 말뚝을 세우는 작업을 지휘하던 중, 수백 명의 평민이 현장에 다가와 평화를 외치는 시위를 벌이자 경악했다. 시위 군중은 명령에 복종할 의사가 조금도 없었고, 시위를 주동한 분노하는 주모자들은 두 집정관에게 원로원 회의를 소집하고 마르키우스에게 사절을 보내는 문제를 공식적으로 거론하라고 요구했다. 원로원은 평민들이 싸울 의사가 전혀 없다는 것을 발견하고서 그 제안을 받아들여 평화를 요구하는 사절단을 파견했다. 사절이 가져온 대답은 비타협적인 것이었다. 만약 볼스키 족에게서 빼앗아간 땅을 모두 돌려준다면 강화 조약을 생각해 볼 수 있다고 마르키우스는 말했다. 만약 로마가 싸울 의사도 없이 정복한 땅을 그대로 가지고 있을 생각이라면 로마는 다음 사실을 깨달아야 할 것이다. 마르키우스는 동료 시민들이 주었던 모욕과 볼스키 족의 따뜻한 환대를 잊지 않고 있으며 망명이 그의 사기를 꺾어놓은 것이 아니라 오히려 그의 결심을 더욱 굳혀놓았다는 것을 증명하기 위하여 최선의 노력을 다할 것이다.

1차 협상에 실패한 후 지난번의 그 사절단이 2차로 볼스키 족에게 파견되었다. 이번에 그들은 볼스키 진영 안으로 들어오는 것을 거부당했다. 제관임을 나타내는 제복을 입은 제관들이 만남을 간절하게 요청했으나, 사절들과 마찬가지로 마르키우스의 굳건한 결심을 바꾸지는 못했다.

40. 이런 상황에서 로마의 여자들은 코리올라누스의 어머니 벤투리아와 그의 아내 불룸니아가 사는 집으로 몰려갔다. 그들의 의도가 무엇이었

든 간에 — 닥쳐올 재앙에 대한 공포 혹은 국가 정책의 일환 — 나이든 벤투리아와 볼룸니아를 설득하는데 성공했다. 두 여자는 마르키우스의 어린 두 아들을 데리고 적진으로 들어가 평화를 호소하기로 했다. 남자들이 칼로써 그들의 도시를 지키지 못한다면 여자들이 눈물과 간원으로 호소한다면 성공할지도 몰랐다. 다수의 여자들이 군영 앞에 도착했다는 소식은 처음에는 코리올라누스의 결심을 더욱 굳혀 놓았다. 사절과 제관들의 호소에도 동요되지 않았던 사령관이 아녀자의 눈물에 마음이 흔들릴 것 같지 않았다. 국가 사절의 장엄함과 종교적 제관들의 엄숙함이 사람의 눈과 마음에 미치는 호소력에 비해 볼 때, 여인들의 눈물은 아주 하잘것없게 보였다. 그러나 그의 친구들 중 한 명이 깊은 고뇌로 침울한 벤투리아가 며느리 불룸니아와 두 손자 사이에 서 있는 것을 알아보았다. 그 친구가 말했다. "내 눈이 틀리지 않았다면 자네 어머니가 여기 와 있네. 자네 아내와 애들을 데리고." 코리올라누스는 크게 동요되었다. 그는 거의 제정신이 아닌 상태가 되어 사령관석에서 벌떡 일어나 어머니에게 달려가며 포옹을 하려 했다.

그러나 어머니가 벌컥 화를 내는 바람에 그는 갑자기 멈추어 섰다. 어머니가 말했다. "얘야, 내가 너의 인사를 받기 전에 내가 적에게 포로로 온 것인지 아니면 어머니로서 아들에게 온 것인지 알고 싶구나. 내가 너무 오래 살아 이런 불행한 노년에 이르다 보니 네가 추방되고 이어 조국의 적이 된 꼴을 보게 되었구나. 너는 너를 낳아주고 길러준 고국의 심장에 칼을 찌를 용기가 있느냐? 네가 고국의 땅에 발을 들이자 증오심과 복수의 열망이 아무리 크더라도 그 분노가 사라지지 않더냐? 네가 로마를 보는 순간 저 성벽 안에 네 집이 있고 그 집을 지켜주는 신들이 있고 또 그 안에 네 어머니와 아내와 아들들이 있다는 생각이 들지 않더냐? 아, 내가 너를 낳지 않았더라면 로마는 지금 이런 위협을 받지 않았을 것이다. 내가 아들이 없었더라면 자유로운 나라에서 자유롭게 죽을 수 있었을 것이다. 나는 진실로 불행한 여자다. 하지만 나는 늙었으니 이런 치욕을 당할 날이 그리 많이 남지 않았다. 네가 분노를 누그러뜨릴 수 없다면 일찍 죽어야 하거나 평생 노예로 살아야 할 네 아내와 두 아들을 생각해 봐라."

그의 아내와 두 아들은 코리올라누스의 품으로 파고들었다. 다른 여인들은 그들 자신과 국가에 대한 고뇌 때문에 뜨거운 눈물을 터트렸다. 코리올라누스는 더 이상 그 광경을 보고 있을 수가 없었다. 그는 아내와 두 아들에게 키스하고 그들을 집으로 돌려보낸 후 볼스키 군대를 철군시켰다. 그 후 그의 운명이 어떻게 되었는지 여러 가지 설명이 있다. 그의 행동이 엄청난 비난을 불러일으켰고 볼스키 족의 적대적 태도에 짓눌려서 죽었는데 그 죽음의 방법은 알려져 있지 않다. 반면에 가장 오래 전의 역사가인 파비우스의 설명에 의하면 그는 노년까지 살아남았다고 한다. 파비우스는 이런 기록도 남겼다. 코리올라누스는 생애 말년에 이르러 망명자 생활은 늙은이가 되니 더욱 쓸쓸하다고 자주 말했다는 것이다.

이 당시 로마는 남들의 성공을 쩨쩨하게 질시하지는 않았고 그래서 로마의 남자들은 승리하고 돌아온 여자들을 기꺼이 칭송했다. 그 승리를 영원히 보존하기 위하여 포르투나 물리에브리스(여성들의 행운) 신전이 건설되어 축성되었다.

나중에 볼스키 족은 또다시 로마 영토를 침공했는데 이번에는 아이퀴 족과 동맹한 연합군이었다. 그러나 아이퀴 족이 아티우스 툴리우스 밑에 들어가는 것을 싫어하게 되었고, 자연히 누가 연합군을 지휘할 것인가 하는 문제를 두고서 논쟁이 벌어졌다. 이 논쟁은 양군 사이의 싸움으로 이어졌다. 로마의 행운이 다시 한 번 작동하여 두 적대적인 군대가 서로 치고받는 혈전을 벌이는 어부지리를 누리게 되었다.

그 다음 해의 두 집정관 중 티투스 시키니우스는 볼스키 전쟁을 주 무대로 맡았고, 가이우스 아퀼리우스는 당시 공격을 해온 헤르니키 족을 맡았다. 그 해가 가기 전에 헤르니키 족은 패퇴되었으나, 볼스키 전쟁은 결론이 나지 않았다.

41. 그 다음 해 집정관은 스푸리우스 카시우스와 프로클루스 베르기니우스였다. 헤르니키 족과는 평화가 체결되었고 평화 조건 중에는 그들의 영토 중 3분의 2를 로마에 넘겨준다는 것도 들어 있었다. 이 땅의 처분에 대하여 카시우스는 절반은 라틴 인, 나머지 절반은 로마 평민들에게 불하할 것을 제안했다. 그는 또 토지 불하의 은전을 더 크게 하기 위하여, 그가 보기에 일부 개인들이 불법 점유하고 있는 일부 국유지들을 국가에 다시 귀속시켜서 평민들에게 나누어주려 했다. 그러나 그 국유지를 점유한 사람들 — 많은 숫자였는데 — 은 그들의 개인 이익이 그렇게 침해되는 것에 경악했고, 귀족들 전원은 정치적 이유로 그것을 불안하게 여기면서 카시우스의 제안이 결국에는 자유에 대한 위협이 될 것이라고 내다보았다. 이 것은 농지 개혁 제안이 원로원에 처음 제출된 경우였고 그 때 이래 심각한 분란을 일으켰다.

(호민관제도 이후에 평민들은 인간이 가장 소중하게 여기는 명예와 재물을 귀족들과 공유하고 싶다는 야망과 욕망 때문에 귀족들을 상대로 싸웠다. 이러한 갈등으로부터 농지법을 둘러싼 투쟁이라는 병통이 생겨났고, 이것이 최종적으로 공화국 파괴의 원인이 되었다. 로마시의 농지법에는 뭔가 결핍이 있었다. 당초 이 법이 만들어질 때 완벽하지 못해서, 나중에 계속 손을 보아야 할 필요가 있었든지, 그 법이 너무 지연된 상태로 제정되어 실제 그 법을 적용하려고 하니 소급 적용이 되었다든지, 아니면 당초 잘 만들어졌으나 적용하면서 부패가 되었든지 했을 것이다. 그 사정이 무엇이었든 간에, 이 법이 로마에서 논의될 때마다 도시는 커다란 소용돌이 속으로 빠져들어갔다. 농지법은 두 가지 중요한 조항을 갖고 있었다. 하나는 시민들이 일정한 단위 이상의 토지를 소유하면 안 된다는 것이고, 다른 하나는 적에게서 빼앗은 땅은 로마 인민들 사이에 분배한다는 것이다. 그러나 이 조항

은 두 가지 점에서 귀족들에게 피해를 주었다. 첫째, 법이 정한 규모 이상의 땅을 소유한 사람들—대부분 귀족이었다—은 규정 이상의 땅은 내놓아야 했다. 둘째, 적에게서 빼앗은 땅을 평민들 사이에서 나눈다는 것은 곧 귀족들이 부유하게 될 기회를 빼앗는 것이었다.

이처럼 이 법이 권세 있는 사람들의 비위를 건드리자, 그들은 이 법에 반대하는 것이 곧 공중의 이익과 자유를 보호하는 것이라고 주장하며 반대에 나섰다. 그리하여 이 문제가 거론될 때마다 위에서 말한 것처럼 도시 전체가 대혼란에 빠져들었다. 귀족들은 인내심과 재주를 발휘하여 이 문제에 대한 조치를 지연시켰다. 가령 해외 원정을 위한 군대를 소환하여 그 법에 대한 관심을 다른 데로 돌리거나, 그 법을 제안한 호민관에 맞서서 반대 의견을 가진 호민관을 내세워 서로 싸우게 하거나, 때로는 부분적으로 승복하기도 하고, 때로는 토지를 분배할 지역에 식민단을 보내거나 했다. 그런데 로마에서는 이 식민단에 합류하겠다고 이름을 서명하는 사람을 찾아내기가 어려웠다. 평민들은 로마 내의 토지를 갖기 원했지, 먼 지방까지 가서 땅을 차지하려고 하지 않았다. 농지법에 대한 불만은 이렇게 하여 오랫동안 분란의 원인이 되었다: 옮긴이).

다른 집정관인 베르기니우스는 토지 수여에 반대했고 원로원은 그를 지지했다. 일부 평민들 또한 그것에 반대했다. 토지 수여가 로마 시민들뿐만 아니라 연합군에 가담한 공동체에게까지 혜택을 준다는 사실에 분개했던 까닭이다. 그들은 또 카시우스의 무상 토지 수여가 결국 재앙이 될 것이며 결국에는 그 수혜자를 노예로 만들 것이라는 베르기니우스의 예언을 자주 들었다. 그게 결국 군주제로 가는 길을 닦는다는 것이었다. 안 그러면 왜 라틴 인들도 토지 수여의 대상으로 포함시키고 또 로마의 적에 불과한 헤르니키 족에게 3분의 1 땅을 남겨주었겠는가? 이게 모두 코리올라누스 대신에 카시우스가 왕위에 올라가려고 하는 수작이 아니겠는가? 평민의 지지는 이제 카시우스의 토지 법안에 반대하는 베르기니우스 쪽으로 돌아섰고, 그 결과 두 집정관은 대중 영합적인 정책으로 경쟁을 벌였다. 베르기니우스는 로마 시민인 개인 소유주에 한하여 토지를 수여하겠다고 선언했다. 카시우스는 다른 노선을 추구했는데 그게 더 나쁜 결과가 되고 말았다. 그는 자신의 토지 분배 안으로 로마의 동맹들의 환심을 사려 했으나 그로 인해 본국의 인심을 잃고 말았다. 그래서 떨어진 인기를 회복하기 위하여 카시우스는 대중들이 좋아할 만한 또 다른 제안을 내놓았다. 시칠리아에서 수입해온 곡식을 팔아서 생긴 돈을 대중들에게 나누어주겠다는 것이었다. 그러나 평민들은 그 제안이 권력을 유지하기 위한 직접적인 시도라고 생각하며 경멸하는 표정으로 거부했다. 왕정복고에 대한 공포가 너무나 뿌리 깊었기 때문에 평민들은 카시우스의 비교적 관대한 제안을 경멸하며 물리쳤다. 마치 그들이 이미 원하는 것보다 더 많은 것을 가지고 있는 것처럼 말이다. 카시우스의 임기가 끝난 직후, 그는 재판을 받아 유죄 처분을 받고서 처형되었다.

한 전승에 의하면, 그에게 채찍질을 하고 처형한 다음에 그의 재산을 케레스 여신 앞에 모두 내놓은 것은 카시우스의 아버지였다고 한다. 그 재산을 판 돈으로 여신의 동상이 건립되었고 동상에는 "카시우스 가문 기증"이라는 기명(記銘)이 새겨졌다. 다른 저술가들은 좀 더 진실에 가까운 기록을 남겼다. 즉, 카시우스는 감찰관 카이소 파비우스와 루키우스 발레리우스에 의해 대역죄로 심리를 받았다. 그는 평민의 판결에 의해 유죄로 판명되었고 그의 집은 국가의 명령으로 파괴되었다. 그 집터는 텔루스 신전 앞에 있는 공터이다. 비록 그의 재판 상황에 대해서는 여러 다른 기록들이 있지만 그 사건의 연대는 확실하다. 세르비우스 코르넬리우스와 퀸투스 파비우스가 집정관으로 있던 해였다.

42. 카시우스에 대한 평민의 악감정은 그리 오래가지 않았다. 농지법의 정신은 그 자체로는 매력적인 것이었다. 일단 카시우스가 제거되자 평민들은 그런 매력적인 사상을 물리치기가 어려웠다. 더욱이 그 법으로 혜택을 얻어야겠다는 그들의 희망은 다음과 같은 조치로 인해 더욱 간절해졌

다. 원로원은 평민들이 보기에 다소 인색하게도 그 해에 볼스키 족과 아이퀴 족과의 전쟁에서 탈취한 전리품을 평민들이 가져가지 못하게 함으로써 그들이 부를 취할 기회를 막아버렸다. 집정관 파비우스는 전리품을 모두 팔아서 그 돈을 국고에 납부했다. 그 결과 파비우스 가문은 인기가 땅바닥에 떨어졌다. 그렇지만 원로원 당은 그 다음 해에 파비우스 가문 사람인 카이소 파비우스를 집정관으로 선출시켰다. 다른 집정관은 루키우스 아이밀리우스였다. 파비우스 가문 사람이 출세한 것에 대하여 평민들은 더욱 화를 내며 반발했고 그리하여 심각한 내부 분열을 가져왔다. 로마의 적들은 그런 혼란한 상황을 틈타서 공격해왔다. 전쟁이 벌어졌고 잠시 동안 정치적 이견들은 봉합되었다. 귀족과 평민은 공동의 위험 앞에 단합했고 아이밀리우스가 지휘하는 로마 군은 침공해온 볼스키 족과 아이퀴 족에 맞서서 승리를 거두었다. 패배한 적들은 후퇴했고 로마 군은 집요하게 추격했다. 그리하여 적들은 실제 전투보다는 퇴각 중에 더 많은 손실을 입었다.

이해에 또다시 농지법의 달콤한 유혹이 로마 사회 내에 불안정과 불만을 가져왔다. 호민관들은 대중 영합적인 조치들을 내놓음으로써 그들의 힘을 더욱 높이려 했다. 그러나 이미 평민들에게 많은 것을 주었다고 생각하는 원로원은 더 이상의 선물을 주는 것을 싫어했다. 그렇게 하면 계속 욕심부리고 앞으로 더 무리한 요구를 해올 것 같았기 때문이다. 원로원 당의 가장 적극적인 지지자는 두 집정관이었다. 그들의 지도 아래, 원로원 당은 현안의 논의에서도 우위를 점했을 뿐만 아니라 다음 해의 집정관 선거에서도 승리를 거두었다. 파비우스 가문의 카이소와, (카시우스를 기소하여 처형함으로써 평민들에게서 엄청난 미움을 받는) 루키우스 발레리우스가 집정관으로 뽑혔다. 이해는 호민관들로서도 어려운 해였다. 농지법이 수포로 돌아간 데다, 그들이 그 법에 대해서 말만 많고 행동은 별로 하지 않아서 평민들로부터 경멸을 받았다. 이 때부터 파비우스 가문의 명성은 아주 높아졌다. 이 가문의 사람이 3년 연속 집정관 직을 맡았고 이 기간 내내 그들은 호민관들과 갈등을 벌였다. 그것은 훌륭한 투자였고 집정관 직은 그 후 좀 더 오래 그 집안 사람들이 맡았다.(그 후 4년을 더 맡아서 총 7년을 연속적으로 맡았다: 옮긴이).

베이이와의 전쟁이 터졌고 볼스키 족도 다시 전쟁에 나섰다. 전쟁을 수행할 수 있는 로마의 자원은 아주 충분했으나 내부의 자중지란에 의해 쓸데없이 낭비되었다. 국정 상태는 건전하다고 할 수 없었고 사회 내부의 전반적인 불안감을 더욱 부추기기라도 하듯이 도시와 농촌에서 불가해한 사건들이 끊임없이 발생하여 재앙을 예고하는 듯했다. 점술사들은 독자적으로 혹은 공식적 요청을 받아서 동물의 내장과 새들의 비상을 살피면서 점을 쳤고, 이러한 하늘의 분노는 종교적 의례를 제대로 거행하지 못했기 때문이라고 선언했다. 이런 경고의 결과로, 오피아라는 베스타 여제관이 부정(不貞)의 혐의로 유죄 판결을 받아 처형되었다. (베스타 여제관이 처녀성을 상실하면, 그녀가 집전한 예식은 무효가 되고, 이것은 신들의 분노를 일으키는 사유가 된다. 해당 여제관에 대한 처벌은 콜리나 대문 밖에서 산 채로 매장하는 것이었다: 옮긴이).

43. 그 다음 해의 집정관은 퀸투스 파비우스와 가이우스 율리우스였다. 정치적 갈등은 지난해와 마찬가지로 좋지 않았고 외적들의 압력은 더욱 높아졌다. 아이퀴 족은 무장 봉기를 했고, 베이이 사람들은 로마 영토로 침범해왔다. 불안감이 계속 높아지는 가운데 그 다음 해 집정관은 카이소 파비우스와 스푸리우스 푸리우스가 취임했다. 아이퀴 족은 라틴 도시인 오르토나를 침공했고, 산발적인 습격에 싫증이 난 베이이 사람들은 이제 로마로 직접 진군해왔다. 이러한 비상사태를 깊이 생각한다면 평민들은 당연히 굴복을 했을 수도 있으나 오히려 전보다 더 고집에 세어졌을 뿐이다.

그들은 또다시 전가(傳家)의 보도(寶刀)인 군복무 거부를 휘둘렀다. 이 때 그들은 호민관 스푸리우스 리키니우스의 사주를 받았다. 전쟁 준비를 교묘하게 반대하는 계획을 궁리해 오던 호민관은 심각한 외부 상황을 이용하여 농지법을 원로원에 강요하여 성사시킬 수 있다고 생각했다. 그러나 그 시도는 실패로 끝났다. 그는 곧 호민관 제도에 대한 악감정이 그의 한 몸에 집중되는 것을 발견했다. 집정관들은 다른 호민관들 못지않게 그를 싫어하면서 강하게 공격했고, 또 호민관들의 협력을 받아서 병력 동원을 수행할 수 있었다.

그리하여 베이이 사람과 아이퀴 족을 상대로 하는 두 개의 부대가 동시에 편성되었다. 임무 분담과 관련하여 파비우스는 베이이 사람을, 푸리우스는 아이퀴 족을 상대로 하게 되었다. 아이퀴 족을 상대로 한 전쟁은 기록할 만한 사항이 없다. 파비우스의 경우, 그는 적보다는 그의 부하들을 상대로 하는 것에 더 어려움을 겪었다. 그는 집정관 겸 사령관으로서 로마의 영예를 드높이고자 했으나 그의 불충한 부대는 그 영예를 파괴하려고 진력했다. 그는 유능한 사령관이었고 전쟁의 준비와 수행의 방면에서 여러 번 높은 기량을 과시했다. 내가 지금 언급하고 있는 베이이 전쟁에서 그는 전열을 아주 효과적으로 배열했고 그리하여 로마 기병대의 단독 돌격으로 적의 저항을 돌파하여 적을 무질서하게 퇴각하게 만들었다. 그렇지만 이 때 로마 보병 부대는 적을 추격하기를 거부했다. 그들은 사령관을 미워했고 그가 하는 말은 조금도 그들을 움직이지 못했다. 그들의 양심, 그들 조국의 수치심, 심지어 적이 재편성하여 다시 저항하고 나설 때의 위험 등도 그들을 움직일 수가 없었다. 최악의 경우, 그들은 진지를 사수하겠다고 마음조차도 없었다. 그들은 명령을 우습게 여기면서 뒤로 물러서면서 몽둥이로 두드려 맞은 개들처럼 진영으로 돌아갔다. 그러는 과정에서 그들의 사령관을 욕하고 기병대의 훌륭한 돌파 작전을 헐뜯었다. 파비우스는 이런 참담한 사태를 교정할 수 있는 수단을 발견하지 못했다. 그것은 뛰어난 사령관도 전투에서 적들을 패배시키는 능력은 충분해도 그의 부하를 통제하는 능력은 떨어질 수 있다는 증거이다. 그런 증거가 필요하다면 말이다.

집정관은 로마로 돌아왔다. 부하들의 사무치는 적개심은 그의 군사적 명성을 압도해 버렸다. 그렇지만 원로원은 집정관 자리를 계속 파비우스 가문이 맡도록 하는데 성공했다. 마르쿠스 파비우스가 그나이우스 만리우스와 함께 두 명의 집정관으로 선출되었다.

44. 이해에 또다른 호민관인 티베리우스 폰티피키우스가 토지 분배 법안을 제출했다. 전임자 리키니우스의 실패에도 불구하고 그는 또다시 병력 동원을 사보타주하려 했다. 그는 잠시 이 일에 성공하는 듯하여 원로원을 아주 당황하게 만들었다. 그러나 아피우스 클라우디우스가 호민관들의 권력은 사실상 끝장났다고 원로원에서 선언함으로써 그런 상황을 모면하게 해주었다. 그 전 해에 호민관의 권력이 실제적으로 억제되었고, 이제 호민관을 다른 호민관과 싸우게 하는 방법이 발견되었으므로, 그 제도는 영원히 유명무실하게 되었다고 말했던 것이다. 다른 호민관을 제압하고 조국의 이익을 위해 애국자들 대열에 합류하려 하는 호민관이 언제나 있을 거라는 얘기였다. 그런 협조가 필요하다면 여러 명의 호민관들이 틀림없이 집정관들에게 협력할 것이고, 다른 모든 동료들에게 반대하는 단 한 명의 호민관만 있어도 충분하다, 라고 아피우스는 말했다. 그러니 집정관들과 원로원의 지도자들은 호민관들 전원이 아니라면 일부라도 지지를 이끌어내면 충분하다. 아피우스의 건의는 수락되었고 원로원 당은 그 결과 다음과 같은 일반적인 정책을 취했다. 집정관급의 의원으로서, 호민관에게 개인적인 분쟁의 건수가 있는 사람들은 그들의 개인적 혹은 정치적 영향력을 현명하게 사용하여, 호민관이 건전하고 애국적인 방식으로 호

민관 권력을 사용하도록 유도했다. 이런 식으로 해서 공공 안전에 필요한 조치를 방해하는 한 명의 호민관에 대항하여 네 명의 호민관의 지지를 얻어내어, 집정관들은 병력 동원을 할 수 있었다.

이어 로마 군은 베이이 인을 상대로 진군했는데, 베이이 사람들은 대부분의 에트루리아 도시들로부터 파견부대를 받아들여 군사력을 강화해 놓고 있었다. 다른 도시들이 그런 파견 부대를 보내는 것은 베이이를 사랑해서라기보다는 로마가 자중지란으로 망해버릴지 모른다는 희망 — 이미 상당히 굳어지기 시작한 희망 — 을 갖고 있었기 때문이다. 에트루리아의 정무 회의에서, 지도자들은 로마가 비록 한없이 지속될 것 같은 권력을 가진 듯하지만 실은 내부적으로 분열되어 있다고 주장했다. 자중지란은 부유하고 강력한 공동체를 병들게 만드는 유해한 질병이며, 강력한 제국도 무너뜨리는 파괴적인 영향력이라고 말했다. 오랜 동안 로마 정부의 현명한 조치가 고생을 감내하려는 평민의 적극적 자세 덕분에 그런 사악한 영향력을 수면 아래에 억제할 수가 있었지만, 이제 마침내 그 엄청난 힘이 수면을 뚫고 밖으로 나온 것이다. 로마는 둘로 갈라졌고 각 파당은 저마다 대표와 법률이 다르다. 평민들은 병력 동원을 방해하려 했으나, 전쟁터에서는 장교들에게 복종했다. 국내 사정이야 어찌 되었든 군의 기강이 유지되는 한 어느 정도 국가 안보를 유지하는 것이 가능했다. 그러나 이제 상급자에게 불복하는 습관이 로마의 병사들을 통하여 군영 내에서도 퍼졌다. 지난번 전쟁에서 로마 군은 한창 전투가 진행되던 중에 이미 절반쯤 패배한 적에게 승리를 헌상했다. 그들은 군기를 내버렸고, 전투 중의 지휘관을 나 몰라라 했고, 명령을 무시하고 전장에서 이탈했다. 간단히 말해서 약간의 결단력만 있으면 로마는 병사들의 자중지란을 통하여 패배시킬 수 있었다. 먼저 전쟁을 선포하고, 로마인들에게 곧 공격이 있을 거라고 상상하게 만들면 그 나머지는 운명과 신들이 알아서 처리해줄 터였다. 여러 해 동안 로마 군과 교전하면서 다양한 운명의 변화를 겪었던 에트루리아 인들은 이러한 희망이 너무나 강했기에 다시 한 번 전쟁에 나설 준비를 했다.

45. 로마의 지휘관들도 에트루리아 사람들 비슷한 생각을 했다. 그들에게 깊은 불안감을 안겨주는 것은 적이 아니라 로마의 병사들이었다. 지난번 전쟁에서 로마 병사들이 보인 수치스러운 행동을 생각하면서, 로마 지휘관들은 동시에 두 군데에서 적군과 교전해야 하는 엄청난 위험을 회피하려고 했다. 따라서 그것을 피하기 위하여 그들은 진지의 축성 뒤에 남아 있으면서, 시간의 경과와 상황의 변화가 로마 병사들을 덜 반항적으로 만들어서 정신을 차리게 하기를 희망했다. 그러자 베이이 인과 그들의 동맹군들은 더욱 적극적으로 교전에 나서려고 했다. 그들의 기병대는 일부러 로마 군 진지 앞까지 접근하여 어서 교전에 응하라고 도전해 왔다. 로마 진영에서 아무런 반응이 없자 그들은 병사들에게 조롱을 퍼붓고 두 집정관을 야유했다. 로마 군이 국내의 정치적 곤경 때문에 작전에 나서지 못하는 척하지만 실은 전투를 두려워하여 숨어 있는 것에 불과하다고 소리쳤다. 두 집정관이 정말로 두려워하는 까닭은 그들의 병사들이 불충한 것이 아니라 실은 그들이 겁쟁이여서 그렇다고 외쳐댔다. 사실 고요한 적막과 미동도 없음은 야전에 나온 군부대로서는 아주 이상한 종류의 정치적 시위였다. 여기에 더하여 그들은 또다른 불쾌한 언사를 내질렀는데 그 말은 부분적으로 사실이었다. 즉, 로마는 원래 그 땅에 뿌리가 없는 갑작스럽게 생긴 국가라는 것이었다.

두 집정관은 이런 욕설을 견디면서 비교적 차분한 태도로 진지의 흉벽 바로 아래에서 그들에게 맞고함을 질러댔다. 그러나 병사들은 차분하게 있지 못했다. 지휘관들보다 더 충동적인 그들은 너무나 분노와 수치에 사로잡혀서 다른 문제점들은 아예 싹 잊어버릴 지경이었다. 과격한 열정이 그들의 마음을 둘로 갈라놓았다. 하나는 징벌을 받아 마땅한 오만한 적들을 그대로 놔두어서는 안 된다는 것이고, 다른 하나는 귀족 계급을 대변하는 집정관들이 승리를 거두어서는 안 된다는 것이었다. 그렇지만 적들의 조롱과 지나친 자만심은 도저히 참아줄 수 없었다. 다수의 병사들이 진지 내의 사령관실로 찾아가 즉각 교전에 나설 것을 요구했다.

그러자 두 집정관은 그것이 즉각 결정할 수 없는 전략의 문제인 척하면서 오랫동안 회의를 했다. 집정관들도 싸우고 싶었으나 그런 적극적인 전의를 억제하고 나아가 은폐해야 되었다. 병사들은 이미 싸우려고 온몸이 달아올랐으나, 그런 적극적인 열의에 짐짓 반대 의사를 표시하면 공격의 파괴력이 더욱 커져서 필요한 때에 아주 요긴하게 활용할 수 있을 터였다. 따라서 그들은 병사들에게 좀 기다리라고 지시했다. 즉각적인 교전은 시기상조이므로 아직 나서서는 안 된다고 얼렀다. 이어 두 집정관은 장교의 지시 없이 싸움에 나선 자는 사형에 처한다는 포고를 내렸다. 병사들은 흩어졌지만, 집정관들의 미적거리는 태도에 비례하여 그들의 교전 의사는 더욱 강해져갔다. 게다가 적들의 행동은 불길에 기름을 끼얹는 격이었다. 로마의 집정관들이 보복하지 않으려 한다는 소식이 전해지자 적들은 더욱 자신감에 부풀어 도발적인 자세로 나왔고 아무리 욕설을 퍼부어도 아무런 보복이 없다는 것을 확신했다. 이제 로마 병사들에게는 믿고 무기를 맡기지 못한다. 곧 반란이 벌어질 것이고 그러면 로마의 군사력은 끝장이 나버릴 것이다. 적들은 이러한 해석이 정확하다고 확신하고서 말을 타고 파도처럼 로마 진지의 대문 바로 앞까지 밀려와서 초병들에게 조롱을 퍼부으면서 전면적인 공격을 가까스로 참는 자세를 취했다. 그건 엄청난 모욕이었고 로마 병사들은 이제 더 이상 그것을 참아줄 수가 없었다. 다들 우르르 사령관실로 몰려갔다. 전에 그들은 고참 켄투리온을 통하여 조심스럽게 교전을 신청했다. 이번에는 아주 달랐다. 전군이 즉각적으로 소란스러운 시위를 벌이고 있었다. 공격에 나설 시간이 된 것이었다.

제 2 권 공화정의 초창기 | 197

두 집정관은 계속 시간을 끌었고, 마침내 파비우스는 동료 집정관인 만리우스가 병사들의 소란을 그냥 놔두면 반란이 일어날 것을 두려워하여 금방이라도 동의할 것 같은 태도임을 눈치 챘다. 그는 즉시 나팔수에게 나팔을 불어 병사들을 조용하게 만들라고 지시했다. "만리우스, 병사들이 승리를 거둘 자격은 충분하지만, 그들이 기꺼이 싸우려 하겠는지 잘 모르겠소. 내가 이처럼 확신하지 못하는 것은 저들 탓입니다. 이 때문에 저들이 이 전투에서 승리하여 돌아오겠다는 엄숙한 맹세를 하지 않는 한, 교전 명령을 내리지 않기로 결심했소. 과거에 로마 병사들은 야전에서 그들의 지휘관을 배신했습니다. 하지만 신들에게 한 맹세는 배신하지 못할 겁니다."

어서 교전을 하자고 강하게 주장한 플라볼레이우스라는 켄투리온이 앞으로 나서며 말했다. "마르쿠스 파비우스, 나는 승리하여 돌아오겠습니다. 만약 내가 맹세를 어긴다면, 유피테르와 마르스와 다른 신들의 분노가 내 머리 위에 내리기를!" 플라볼레이우스에 뒤이어 전 병사들이 하나가 되어 한 목소리로 같은 맹세를 하면서 그것을 어길 경우 똑같은 처벌을 받겠다고 외쳐댔다. 그리하여 교전 명령이 내려졌다. 그들은 손에 칼을 들고 뜨거운 피와 높은 희망이 온몸에 가득한 채로 전장으로 달려갔다. '이놈들아, 이제 어디 한 번 조롱과 야유를 해 보아라!'라는 생각이 모든 병사들의 머릿속에 가득했다. '여기 내 칼을 받아라! 용기가 모조리 혓바닥에 몰려 있는 이 한심한 자들아!'

그날 계급의 고하를 막론하고 로마 병사들은 아주 용감하게 싸웠고 특히 파비우스 가문의 사람들은 뛰어났다. 파비우스 가문은 로마에서 많은 정치적 갈등이 벌어지던 중에 평민들로부터 소외되어 미움을 샀다. 그 가문은 이 전투에서 평민들의 호의와 존경을 얻어야겠다고 단단히 결심했다.

46. 양군이 서로 격돌했을 때, 적은 허약하거나 자신감 없는 표시를 전혀 보이지 않았다. 적들은 로마 군이 지난번 아이퀴 군과 상대할 때 사령

관을 내버리고 전장에서 달아났던 것처럼 이번에도 싸울 의사가 별로 없다고 생각했다. 오히려 이 전투에서 로마 병사들은 전보다 더 심하게 태업을 할 가능성도 있다고 보았다. 전황이 그들에게 아주 불리했고 또 겉보기에 지휘관을 대하는 그들의 태도가 너무나 적대적이었기 때문이다. 그러나 사정은 그들의 생각대로 돌아가지 않았다. 로마 군의 모든 병사가 적의 모욕과 지휘관들의 현명한 지연술로 필살의 정신으로 다져져 있었고, 전의 그 어느 전투보다도 상대방을 모두 죽여 그 피를 보고 말겠다는 전의가 하늘을 찔렀다.

로마 군이 이렇게 죽기 살기 식으로 달려드는 데에도 정작 에트루리아는 병력을 제대로 전개할 시간조차 없었다. 짧은 창은 거의 사용되지 못했다. 로마 군이 재빨리 달려들자 집중된 일제 발사가 아니라 아무런 지향 없이 마구 내던지는 식으로 사라졌고 눈 깜짝할 사이에 양군은 칼에 칼을 부딪치는 백병전에 돌입했다. 파비우스 가문 사람들의 행동은 부러우면서도 존경스러운 것이었다. 3년전 집정관을 역임했던 퀸투스 파비우스는 적의 밀집 대형을 뚫으려는 공격을 선두에서 서서 지휘했다. 힘세고 숙달된 검술사인 덩치 큰 에트루리아 인이 사람들 사이를 뚫고서 파비우스 앞으로 달려왔다. 파비우스는 자신에게 닥쳐올 위험을 적시에 알아채지 못했다. 그 에트루리아 검술사는 파비우스의 심장에 칼을 관통시켰다. 치명상이었고 검술사가 칼을 뽑자 그는 즉사했다. 오직 한 명이 전사했을 뿐이나 그것은 양군에 심대한 영향을 미쳤다.

그 순간 로마 군은 뒤로 물러나려는 의향을 보였으나, 마르쿠스 파비우스가 죽은 형의 시체를 뛰어 넘어가며 열정적인 목소리로 거세게 외쳤다. "그대들의 맹세는 어떻게 되었는가?" 파비우스가 소리쳤다. "그대들은 패배한 병사로서 전장에서 물러서겠다고 맹세했는가? 그대들은 맹세를 바친 유피테르나 마르스보다 비겁한 적들을 더 두려워하는 자인가? 나는 맹세를 하지 않았다. 하지만 나는 승리하여 돌아가거나 아니면 나의 형 퀸투스의 옆에서 싸우다가 죽겠다." 또다른 형이며 지난해 집정관이었던 카이소가 그의 곁에 있다가 말했다. "동생, 말로써 저들을 싸우게 만들 수 있다고 생각하는가? 아닐세. 그들이 맹세를 바친 신들만이 싸우게 할 수 있네. 자, 그러니 말이 아니라 행동으로써 저들에게 용기를 심어주도록 하세. 지도자답게, 파비우스 가문의 사람답게!" 더 이상의 말은 필요 없었다. 용감한 형제는 창을 수평으로 들고 온 전선을 이끌고 전장으로 나아가 그날의 승부를 유리하게 결정지었다.

47. 다른 쪽 날개의 만리우스는 유사한 불운이 거의 재앙을 가져올 뻔한 순간에, 파비우스 형제 못지않은 활기차고 효과적인 지도력을 발휘했다. 퀸투스 파비우스와 마찬가지로, 그는 친히 공격을 이끌었다. 그의 부대가 강력하게 밀고 들어가자 적의 전선은 거의 허물어질 뻔했다. 그의 병사들은 아주 용감하게 그를 보좌했고, 그가 커다란 부상을 입자 강제로 전선에서 뒤로 물러서게 만들었다. 그 순간은 아주 위급했다. 마르쿠스 파비우스가 곧 기병대를 이끌고 와 합류하지 않았더라면 로마 군은 유리한 전황을 잃을 뻔했다. 파비우스는 만리우스가 아직 살아 있으며, 자신이 맡은 지역에서 대승을 거둔 후에 아군을 지원하려 왔다고 소리쳐서 패색이 짙던 전황을 완전히 돌려놓았다. 병사들을 더욱 격려하려는 듯이 만리우스도 전장에 다시 모습을 드러냈다. 두 지휘관의 늠름한 모습은 병사들이 전투를 계속하는 데 힘을 북돋아주었다.

이 무렵 적의 전선은 다소 엉성한 상태였다. 그들은 원래의 수적 우위만 믿고서 예비 부대를 따로 떼어내 로마 군 진영을 탈취하러 보냈던 것이다. 그 부대는 별 저항을 받지 않고 그 진영으로 밀고 들어갔다. 그들은 이제 전쟁이 끝났다고 생각하고서 진영의 물자들을 노획하는 일에 몰두했다. 하지만 착각한 것이었다. 적의 진영 침입을 막지 못한 로마 군 예비 부대는 두 집정관에게 현황 보고를 하고 도움을 요청한 후에 밀집 대형을 이루어 진영 쪽으로 행군해왔고 재량권을 발휘하여 에트루리아 분견대와 교전에 나섰다. 이어 만리우스가 부대를 이끌고 도착하여 적들의 도주를 막기 위해 진영의 출입문들에다 병력을 배치했다. 이 조치는 포위당한 에트루리아 인들에게 오히려 절망 속의 무모함을 안겨주었다. 그들은 여러 문에서 탈출을 시도했으나 성공하지 못했다. 그러자 한 무리의 병사들이 그 군장으로 로마 지휘관을 알아보고 그에게 곧바로 직접적인 공격을 가했다. 그들이 일제히 던진 투창은 집정관 바로 근처의 병사들 사이로 떨어졌고 이어 백병전을 벌이기 위해 결연하고 단호한 자세로 달려들었다. 집정관은 치명상을 입었고 그 주위에 있던 병사들은 모두 도망을 쳤다. 이 작전의 성공은 에트루리아 인들을 좀 더 대담하게 만들었으나 로마 군에는 참사였다. 진영 내에서 군기는 무너지고 공포가 자리 잡았다.

이때 참모 장교들의 재빠르고 적절한 조치가 없었더라면 사태는 더욱 절망적으로 돌아갔을 것이다. 장교들은 황급히 만리우스의 시체를 치우고 적들이 도망칠 수 있는 출입문 한 군데를 터주었다. 적들은 그 기회를 재빨리 엿보고서 무질서한 오합지졸의 상태로 그 문으로 빠져나갔으나, 마침 그때 승리하고 돌아오던 파비우스 군대와 맞닥트렸다. 적들은 다시 한 번 무차별 도살되었고 얼마 되지 않은 생존자는 산지사방으로 달아났다.

그것은 로마 군의 혁혁한 승리였으나 두 명의 지도급 인사의 사망이 전반적인 기쁨을 압도해 버렸다. 원로원은 승리를 선포했으나 살아남은 집정관인 파비우스는 이렇게 원로원에 답변했다. "군대가 그 사령관 없이도 승리를 축하할 수 있다면, 그 군대가 전투에서 올린 혁혁한 전공 때문에 그렇게 하는 것을 허용할 것이다. 그러나 개인적으로는 그의 형인 퀸투스가 전사했고 또 국가적으로는 동료 집정관인 만리우스의 전사로 슬퍼하는 때이므로, 그 자신은 국가적 · 개인적 슬픔으로 시들어버린 월계수를 받을 수가 없다." 현명하게 거부된 명예는 그처럼 거부한 사람에게 더 큰 영광의 빛으로 되돌아온다. 바로 마르쿠스 파비우스의 경우가 그러하다. 역사상 그가 거부한 이 개선보다 더 영광스러운 개선은 없었다.

파비우스의 형과 동료 집정관의 장례식은 곧 거행되었고 두 예식에서 파비우스는 애도 연설을 했다. 전사한 두 사람에게 승전의 공로를 돌림으로써, 그는 모든 사람의 존경을 받았고 또 그 자신에게 합당한 영예를 얻었다. 그는 귀족과 평민의 불화를 화해시키겠다는 원래의 의도를 잊어버리지 않았다. 그는 이런 목적을 염두에 두고서 부상자들을 여러 귀족의 집에 숙영시켜 적절한 치료를 받도록 했다. 그 어떤 가문보다 파비우스 가문이 더 많은 부상자를 받아들였고 또 그 어느 곳보다 더 정성스러운 치료를 해주었다. 그 결과 파비우스 가문의 명성은 평민들 사이에서 높아지기 시작했다. 그것은 국가 전체의 건강과 조화라는 목적에 부합하는 방식으로 얻어진 명성이었다.

48. 이러한 이유로 그 다음 해 카이소 파비우스와 티투스 베르기니우스를 집정관으로 뽑은 선거는 원로원 당뿐만 아니라 평민들의 높은 지지를 받았다. 집정관 직에 취임한 파비우스의 첫 번째 관심사는 국가적 단합의 기회를 놓치지 않는 것이었다. 이미 그런 단합의 가능성을 보여주는 조짐들이 나타나기 시작했다. 그래서 그는 재빠르게 원로원에 이런 제안을 했다. "호민관들이 곧 토지 분배 법안을 또다시 제출할지 모르니 대비하고 있어야 한다. 한두 명의 호민관이 반드시 이 문제를 꺼내게 되어 있다. 그러나 원로원은 선제적으로 나서서 그것을 원로원의 관심사로 삼아야 한다. 최근의 전쟁들에서 적으로부터 빼앗은 모든 토지를 평민들 사이에 공평하게 나누어주어야 하는 것이다. 그가 볼 때, 토지는 자신의 땀과 피로 그 토지를 얻은 사람의 손에 돌아가야 하는 것이 마땅하다." 원로원은 그 제안에 분노와 경멸로써 대응했다. 심지어 어떤 의원들은 카이소의 정

신이 치매에 걸린 것이라고 말하기까지 했다. 전에는 그의 정신이 멀쩡했으나 너무 많은 영광을 차지하다보니 머리가 물러졌다고 말했다. 그러나 이번에 심각한 정치적 투쟁은 가까스로 모면되었다. 카이소는 아이퀴 족이 분란을 일으키고 있는 라티움의 상황을 진압하는 일을 맡았다. 그는 로마 군을 이끌고 그곳으로 행군했고 이어 보복을 감행하기 위하여 아이퀴 영토로 들어갔다. 아이퀴 족은 방어가 단단한 여러 도시로 산개해 들어갔고 이렇다 할 전투는 벌어지지 않았다.

다른 전선에서 로마 군은 그리 좋은 행운을 누리지 못했다. 베르기니우스가 적절한 경계를 게을리했기 때문에 로마 군은 베이이 인의 손에 패배를 당했다. 카이소가 적시에 나타나 도움을 주지 않았더라면 그의 군대는 완전 궤멸되었을 것이다. 그때 이후 로마와 베이이의 관계는 평화도 전쟁도 아닌, 일종의 애매모호한 적대적 상태였다. 베이이 인들은 일련의 약탈 공격을 하다가 로마 군이 나타나면 그들의 요새 뒤로 퇴각했고, 로마 군이 물러가면 다시 밖으로 나와 약탈을 했다. 그 상황은 정규전도 아니고 안정된 평화 상태도 아니었는데, 베이이 인의 어정쩡한 행동이 상황을 그런 식으로 만든 까닭이었다. 그리하여 양국 관계는 한동안 미확정의 유동적인 상태로 남았다.

다른 방면에서도 곧 문제가 불거져 나올 기세였다. 예를 들어 볼스키 인과 아이퀴 인은 최근의 패배에서 회복하는 즉시 다시 무장을 할 것이었고, 로마의 고질적 원수인 사비니 족과 전 에트루리아 지역도 머지않아 행군에 나설 것이었다. 그러나 무엇보다도 불안감을 안겨주는 것은 베이이였다. 그 자체로 아주 큰 위험은 아니지만 상존하는 베이이의 적대적 태도는 전면적인 군사적 공격보다는 일련의 사소한 도발로 표명되었는데, 결코 무시할 수 있는 것은 아니었고 이 때문에 로마는 다른 곳으로 시선을 돌릴 수가 없었다. 이런 난처한 상황을 관찰하던 파비우스 가문은 원로원에 그들 나름의 제안을 해왔다. "의원 여러분도 잘 알다시피," 그 가문의 대변인인 집정관이 말했다. "우리가 베이이를 상대하는 데 필요한 것은 정규 상비군인데 그 규모가 반드시 클 필요도 없습니다. 그래서 우리 가문에서는 이렇게 제안합니다. 원로원은 우리 가문에게 베이이 문제 해결을 맡겨주시고, 다른 전쟁들에 신경 써주기 바랍니다. 우리 가문이 로마라는 장엄한 이름을 잘 지킬 것을 보장합니다. 우리의 목적은 베이이 전쟁이 마치 우리 가문의 일인 것처럼 가문의 비용으로만 전쟁을 치르는 것입니다. 우리는 국가가 전비나 인력의 부담을 떠안지 않기를 바랍니다."

원로원은 그런 제안에 대하여 감사하는 마음을 아주 따뜻한 언사로 표명했다. 집정관은 이어 원로원 건물을 나와서 한 무리의 남자들의 호송을 받으며 집으로 돌아갔다. 그 남자들은 모두 원로원 건물 밖에서 원로원의 결정을 기다리던 파비우스 가문의 사람들이었다. 그들은 다음날 집정관의 집 밖에서 완전 군장을 하고 집합하라는 명령을 받고서 각자 그들의 집으로 흩어져갔다.

49. 원로원에서 있었던 일의 소식이 도시 전역으로 빠르게 퍼져나갔다. 파비우스 가문은 하늘 높이 칭송되었다. 국가 전체가 책임져야 할 부담을 일개 가문이 떠맡았다는 얘기가 온 사방에서 회자되었고 베이이 전쟁은 이제 더 이상 국가의 책임이 아니라 개인의 손으로 넘어갔다고 찬탄의 말들을 했다. 이렇게 용감한 가문이 둘만 더 있다면, 한 가문은 볼스키 인을 맡고, 다른 가문은 아이퀴 인을 맡아서 로마인은 영원한 평화를 누릴 수 있을 것이 아닌가! 다른 이웃 국가들을 모두 로마의 통치 아래 거느리고서.

그 다음날 아침 파비우스 사람들은 완전 군장을 하고서 지정된 장소에 집합했다. 진홍색 사령관 겉옷을 입은 집정관은 집에서 천천히 걸어나왔다. 그의 눈 앞에는 파비우스 가문의 남자들이 일렬로 도열해 있었다. 그는 그들 사이에 자리를 잡고서 행군을 명령했다. 일찍이 그처럼 영광스럽고 그처럼 소규모의 군대가 로마 시가지를 행진한 적이 없었다. 모두 귀족이고 친인척인 306명의 남자들 — 어느 시대에든 훌륭한 원로원 의원이 되었을 것이고 또 고위 사령관 직에 어울릴 법한 사람들 — 이 전쟁터에 나가는 중이었고, 외부의 도움 없이 오로지 가문의 힘만으로 베이이를 완전 궤멸시키겠다고 결심한 부대였다. 군중이 그들 뒤를 따라갔다. 많은 사람들이 친척이나 친구였고 그들의 생각은 희망과 공포로 얼룩진 현재 이 순간을 훌쩍 뛰어넘어, 운명적으로 거대한 제국을 이루게 될 미래로 나아갔다. 나머지 사람들은 애국적 열기에 도취했고, 존경과 찬탄의 마음이 가득하여 거의 제정신이 아닐 정도였다.

"용감한 청년들이여!" 그들은 소리쳤다. "당신들 모두에게 좋은 행운이 있기를! 당신들의 사업에 성공이 따라오기를! 그대들이 귀국하면 우리는 민간의 영예, 군인의 명예, 그대들의 마음이 원하는 모든 것으로 그대들을 포상할 것이다." 대열이 카피톨리움과 요새와 거리의 신전들을 지나갈 때, 그 성스러운 장소들이 그들의 마음속에 불러일으키는 모든 신들에게 기도를 올렸다. 그 영웅적인 부대를 축복하고 또 부대원 전원을 무사히 그들의 집과 고국으로 돌려보내달라고. 그러나 슬프게도 그 기도는 응답되지 않았다.

소부대는 카르멘탈 대문 — 나중에 불운의 도로로 개명 — 의 오른쪽 아치를 통과하여 도시를 빠져나갔고, 크레메라 강으로 가서 그곳에 요새를 세우기로 결정했다. 이 무렵 새로운 집정관인 루키우스 아이밀리우스와 가이우스 세르빌리우스가 취임했다.

잠시 동안 적은 산발적인 습격만 해올 뿐이었다. 이런 상황에서 파비우스 부대는 그들의 진지를 완벽하게 유지할 수 있었을 뿐만 아니라 로마와 에트루리아 영토의 경계지역을 순찰함으로써 그 일대의 로마 시민들을 완벽하게 보호하여 적의 울화를 돋우었다. 그러나 베이이 인이 에트루리아의 나머지 지역에서 온 증원군과 함께 크레메라의 초소를 공격하고 또 아이밀리우스 집정관이 지휘하는 로마 군과 대치전 — 이런 단어가 적당한지 모르지만 — 을 벌이면서, 파비우스 부대는 변경 지대의 순찰을 잠정적으로 할 수 없게 되었다. 사실을 말해 보자면 아이밀리우스는 그들에게 병력을 산개할 시간을 주지 않았다. 첫 번째 경보가 발령되어 적의 병사들이 군기 뒤에 모여들고 그 지지자들이 초소에 배치되는 동안, 그들의 측면에 있던 로마 기병대의 한 지대가 그들의 기동력을 빼앗으며 일대 혼란에 몰아넣었기 때문이다. 그들은 진영이 있는 레드록스까지 허겁지겁 퇴각하고서 평화를 요청해 왔다. 로마 군은 평화 요청을 받아들였다. 하지만 이 사람들은 자신의 본심을 단 10분 간이라도 제대로 알지 못하는 사람들이었다. 크레메라에서 주둔군이 철수하기도 전에 그들은 평화를 요청한 것을 후회했던 것이다.

50. 그래서 파비우스 부대는 다시 한 번 베이이 인과 대적하게 되었다. 이 소규모 부대는 대대적인 전투에는 준비가 되어 있지 않았고 또 장비도 갖추지 못했다. 그렇지만 농지를 습격하고 적들의 약탈에 대하여 신속한 보복 조치를 취하는 것 이외에도, 파비우스 부대는 때때로 정규전을 벌여서 그날의 일진을 시험했고 여러 번 승리를 거두었다. 1개 로마 가문의 사람들로만 구성된 부대가 에트루리아의 가장 강력한 공동체("강력한"은 그 당시의 기준)를 상대로 올린 전적치고는 놀라운 업적이었다. 처음에 베이이 인은 파비우스 부대의 성공이 그들의 군사적 체면에 손상을 입힌다면서 크게 분개했다. 그러나 그런 성공이 이 무모한 적을 함정에 몰아넣는 방법을 가르쳐 주었다. 파비우스 부대가 성공을 거둘수록 더욱 무모해진다는 것을 느긋하게 지켜보던 베이이 인은 파비우스 습격대가 오는 길에다 사고인 것처럼 가장하여 소 떼를 풀어놓았다. 농부들은 농장에서 도망쳤고 베이이 요격대가 습격 부대를 맞아 싸우려고 나섰다가 겁먹은 척하면서 퇴각했다. 이 전략의 결과는 이런 것이었다. 파비우스 부대는 적들을 아주 경멸하게 되었고 그들 자신이 언제 어디에서나 무적이라고 자만했다.

그러나 어느 날 과도한 자신감이 재앙을 불러왔다. 부대는 크레메라에서 멀리 떨어진 곳, 넓은 들판을 건너가야 나오는 곳에 한 무리의 소 떼가 방목하는 것을 보았다. 부대는 그 인근에 소규모 적병들이 보이는데도 불구하고 즉각 그 소 떼를 잡으러 나섰다. 그들은 위험하다는 생각은 전혀 하지 않으며 무질서한 대오를 이루어 황급히 그곳으로 갔다. 그들은 가는 길 양옆에 매복되어 있는 적군을 지나쳤다. 파비우스 부대가 겁먹고 흩어진 소들을 잡으려고 밧줄을 돌리는 순간, 매복 중이던 적군이 앞으로 튀어나와 그들을 포위했다. 그들은 당황하면서 에트루리아 인이 내지르는 독전의 고함소리를 들었고 장창들이 일제히 날아왔다. 적은 포위의 올가미를 좁혀 왔다. 그 소규모 부대 주위로는 대군이 밀집대형을 이루며 버티어 서서 점점 더 압박을 가해 왔다. 파비우스 부대는 점점 더 좁아지는 동그라미 안으로 내몰렸다. 중과부적이었고, 그들은 병력 수가 적은데 적의 병력은 너무나 많았다. 적들은 그 비좁은 공간에 빽빽이 밀고 들어왔다. 파비우스 부대는 그 포위망을 돌파하려고 있는 힘을 다했으나 아무 소용이 없었다.

그러다가 어느 한 지점을 목표로 쐐기 대형을 이루면서 필사적인 노력을 기울인 끝에 포위망 탈출에 성공했다. 부대는 약간 솟아오른 고지(高地)로 올라가 몸을 돌리면서 방어 자세를 취했다. 그것은 훌륭한 진지였다. 그들에게 숨쉴 여유를 주었고 그들이 방금 빠져나온 위험의 충격파로부터 회복될 기회를 주었다. 자신감이 되돌아왔다. 그들은 고지를 탈환하려고 기어올라오는 에트루리아 군대를 물리쳤다. 강력한 고지 덕분에 소수의 파비우스 부대가 승리를 거둘 것 같았다. 그러나 그렇게 될 운명이 아니었다. 적군의 분견대가 그 고지를 우회하여 뒤쪽의 언덕을 점령하고 갑자기 부대의 뒤에서 나타나기 시작한 것이다. 파비우스 부대가 누리는 이점은 사라졌다. 그들은 전원 사살되었고 요새는 함락되었다. 권위 있는 저술가들은 306인 전원이 전사했다고 동의한다. 단 겨우 소년 티를 벗은 한 사람만이 목숨을 건졌다고 한다. 이 소년은 살아남아 파비우스의 명성을 이어가고 또 앞으로 정치와 전쟁의 분야에서 로마의 간성이 될 것이었다.

51. 파비우스 부대가 궤멸될 무렵, 가이우스 호라티우스와 티투스 메네니우스는 이미 집정관 근무를 시작한 상태였다. 메네니우스는 곧 승리를 거둔 에트루리아 인들을 상대하기 위해 파견되었다. 그러나 패배는 계속되었다. 에트루리아 인은 야니쿨룸을 점령했고, 로마는 전쟁 이외에 물자 부족으로 어려움을 겪고 있었다. 적은 티베르 강을 건너왔고, 만약 집정관 호라티우스가 볼스키 전선에서 급히 소환되지 않았더라면 로마는 포위 공격을 당할 뻔했다. 그렇지만 이 경우에 전쟁은 로마의 성벽 아주 가까운 곳에서 벌어지고 있었다. 희망 신전에서 벌어진 싸움은 무승부였고, 콜리나 성문에서 벌어진 전투는 로마 군이 근소한 차이로 승리를 거두어서 앞날을 내다보는 자신감을 회복시켜 주었다.

그 다음 해의 집정관은 베르기니우스와 세르빌리우스였다. 최근의 패배로 사기가 떨어진 베이이 인들은 소규모 작전으로 방향을 전환하여 야니쿨룸에 마련한 그들의 축성 진지로부터 대규모로 쏟아져 나와 로마 영토를 습격했다. 한동안 로마의 소 떼와 농부들은 그 습격으로부터 안전하지 않았고 그들은 마침내 파비우스 부대에게 써먹었던 것과 똑 같은 함정에 걸려들었다. 그들을 유인하기 위해 소 떼를 일부러 여러 군데에서 방목하도록 내버려 두었다. 파비우스 부대와 마찬가지로 적들은 매복 작전에 걸려들었다. 그들의 병력 수가 파비우스 부대보다 더 많았으므로 그들의 손실은 상대적으로 더 컸다. 이런 패배에 굴욕감을 느낀 그들은 좀 더 심각한 또 다른 습격에 나섰다. 그들은 야음을 틈타서 티베르 강을 건너와 집정관 세르빌리우스의 진영을 직접 공격하려 했으나 엄청난 손실을 입고 후퇴했으며 어렵사리 야니쿨룸으로 돌아갔다. 세르빌리우스는 망설이지 않고 그들을 추격하여 강을 건너가 언덕 기슭에다 축성 작업을 하고 포진했다. 그 다음날 새벽 그는 적극적으로 작전에 나서려 했다. 어제의 성공이 그에게 자신감을 안겨주었고 보급품이 충분하지 않으므로 그는 신속하게 혹은 무모하게 움직여야 했다. 이 두 가지 이유로 인해 ─ 특히 후자의 이유 때문에 ─ 그는 충분한 준비 없이 언덕 꼭대기에 있는 적의 참호 진지를 공격했다. 그 공격은 전날의 에트루리아 패배보다 더 심각한 패배였다. 그와 부하들은 동료 집정관이 때맞추어 나타남으로써 구제가 되었다. 이렇게 하여 에트루리아 인들은 두 개의 불 사이에 갇혀 곤경을 치렀다. 한 분견대를 피하려다가 다른 분견대를 만나면서 그들은 상당히 피해를 입었다. 세르빌리우스의 무모한 작전은 행복한 결말로 끝났고 베이이 인들의 위협은 사라졌다.

52. 전쟁 상태가 종식되면서 로마의 보급품 사정은 한결 나아졌다. 곡식이 캄파니아에서 수입되었고, 기아의 위협이 사라지자 대부분의 사람들이 비축해 두었던 물품을 시장에다 내놓았다. 이런 평화와 풍요 뒤에 곧 사람들의 불만이 터져 나왔다. 국외의 난제가 해결되자 새로운 분쟁 요소가 국내에서 나타났다. 다시 한 번 호민관들은 농지법이라는 잘 알려진 독약을 로마 정계에 주입했다. 원로원은 그 법안에 저항했고 호민관들은 평민 봉기를 일으키려고 온갖 짓을 다 했다. 이번에 그들의 공격은 원로원 당 전체뿐만 아니라 개인들에게도 퍼부어졌다. 토지 개혁안을 제출했던 두 명의 호민관, 콘시디우스와 게누키우스는 티투스 메네니우스를 고소했다. 평민들이 그를 고소한 사유는 이러했다. 그가 집정관으로서 크레메라에서 가까운 타격 거리 내에 항구적인 부대를 지휘하고 있었는데도, 크레메라의 진지를 적에게 빼앗겼다는 것이었다. 이것은 그의 죽음을 부른 사유였다. 비록 그의 아버지 아그리파가 여전히 인기가 높고 원로원이 코리올라누스 때처럼 그를 위해 기울인 엄청난 노력도 소용이 없었다. 처벌을

하면서 호민관들은 다소 자제하는 모습을 보였다. 실제 구형은 사형이었으나 그는 2천 아스의 벌금형을 받았다. 하지만 이 일로 그는 목숨을 잃었다. 그 씁쓸한 굴욕을 견디지 못해 그는 병에 걸려 사망했다고 전해진다.

그 다음 해 초, 나우티우스와 발레리우스가 집정관이었을 때 또다른 고소 건이 있었다. 이번에 고소당한 사람은 스푸리우스 세르빌리우스였다. 그는 집정관 직에서 물러난 직후에 호민관 카이디키우스와 스타티우스에 의해 고소되었다. 법정에서 그가 보여준 태도는 메네니우스의 그것과는 크게 달랐다. 그는 그 자신이나 원로원의 자비를 호소함으로써 방어하려하지 않았고, 자신의 무죄와 인기를 자신하면서 호민관들의 고소에 대응했다. 메네니우스가 마찬가지로 그 또한 군사적 무능으로 고발되었는데, 그의 경우는 야니쿨룸에서의 작전이 잘못되었다는 것이었다.

재판 내내 그는 국가가 위기에 처했을 때 보여주었던 저 뜨거운 용기를 보였다. 그는 과감한 연설을 했다. 평민과 호민관의 고발을 반박하면서 그들이 메네니우스를 비난하여 결국에는 죽게 만든 역할에 분노와 경멸을 터트렸다. 별로 오래 되지 않는 과거에 평민들은, 메네니우스 아버지의 훌륭한 주선으로 로마에 원대 복귀했고 또 그들을 대표하는 행정관(호민관)을 두게 되지 않는가. 그런데 그 특혜를 그들은 이제 아주 야만적인 목적에 사용하고 있는 것이다. 그의 과감한 태도가 그를 살려내어 무죄 방면을 얻어냈다. 물론 그는 동료인 베르기니우스의 도움을 받았다. 증인으로 나온 베르기니우스는 그 자신의 공로 중 상당 부분이 세르빌리우스의 것이라고 증언했다. 그러나 그보다는 메네니우스의 사례가 세르빌리우스의 판결에 더 큰 영향을 미쳤다. 과거의 잘못된 판결에 대하여 엄청난 혐오감이 생겨났던 것이다.

53. 정치적 분란은 당분간 끝났으나, 이번에는 사비니 족과 연합한 베이이 인들과 또다시 전쟁이 터졌다. 집정관 발레리우스는 라틴 인과 헤르

니키 인의 분견대로 증원된 로마 군대를 이끌고 베이이로 진군했다. 그는 베이이 시의 성벽 너머에 이미 포진해 있던 사비니 족을 곧장 공격했다. 그 것은 기습 공격이었고 적의 방어를 완벽하게 허물어트렸다. 소규모 산발 적인 부대가 비효율적으로 방어에 나서자, 발레리우스는 재빨리 첫 번째 목표인 대문을 장악했다. 로마 군이 일단 축성 진지 뒤로 들어가자 그 다 음에 벌어진 일은 전투가 아니라 학살이었다. 그 소음은 멀리 베이이까지 들렸고 그 도시는 마치 적의 손에 함락이라도 된 것처럼 공포에 떨었다. 그 들은 급히 무기를 들었다. 일부는 사비니 족을 도우러 갔고 일부는 로마 군 을 공격했다. 당시 로마 군은 현재 하는 일에 몰두하고 있었기 때문에 순 간적으로 균형을 잃고 비틀거렸다. 그러나 곧 군세를 규합하여 앞과 뒤의 양쪽에서 오는 공격에 성공적으로 저항했다. 그러던 중 로마 기병대가 행 동에 돌입하여 그 앞에 있던 적병들을 싹 쓸어버렸다. 로마의 가장 강력한 이웃에서 출병한 두 군대는 동시에 패배했다.

한편 볼스키 인과 아이퀴 인이 라틴 영토를 침범해 와 그곳에서 재산 피 해를 입히고 있었다. 로마의 군대나 장교들을 기다리지 않고 스스로 판단 하여 움직이던 라틴 인은 헤르니키 인의 도움을 받아 침략군을 물리치고 그들의 진영을 장악했다. 이렇게 하여 그들의 잃어버린 재산을 찾았을 뿐 만 아니라 적들이 버리고 간 대규모의 귀중한 물자를 압수했다. 그러나 이 런 성공에도 불구하고 나우티우스 집정관은 볼스키 인과 맞서 싸우라는 지시를 받았다. 원로원은 로마의 동맹군들이 로마 군의 지원이나 로마 장 군의 지시 없이 독립적으로 싸우는 것을 좋아하지 않았기 때문에, 전례에 따라 취해진 조치였다. 볼스키 인들은 갖은 모욕과 조롱을 당했음에도 불 구하고 야전에 나와서 교전하려는 생각이 없었다.

54. 그 다음 집정관은 루키우스 푸리우스와 가이우스 만리우스였다. 만 리우스는 베이이를 활동 영역으로 부여받았으나, 베이이의 요청에 따라

그들이 현금 배상금과 곡식을 로마에 제공하는 조건으로 40년의 휴전이 성립되었으므로 아무런 군사적 활동도 벌어지지 않았다. 평화에 뒤이어 정치적 갈등이 재연되었다. 호민관들은 전가의 보도처럼 토지 개혁안을 꺼내들었고 평민들은 마침내 완전 통제 불능의 상태에 빠져들었다. 두 집정관은 그 개혁안에 있는 힘을 다하여 반대했고, 메네니우스의 유죄 판결과 뒤이은 세르빌리우스의 재판에도 전혀 흔들리지 않았다. 두 집정관은 임기가 끝나자 호민관 그나이우스 게누키우스에 의해 체포되었다. 뒤이은 집정관은 루키우스 아이밀리우스와 오피테르 베르기니우스였다. 일부 기록들에 의하면 베르기니우스가 아니라 보피스쿠스 율리우스일 것이라고 한다. 하지만 그것은 나의 이야기에 영향을 미치지 못한다. 지금 이 순간 전 집정관이었던 푸리우스와 만리우스 얘기를 하려고 하기 때문이다.

이 두 사람은 소환되어 법정에 나가면서 상복을 입은 채 로마 거리를 걸어갔는데, 그것은 평민들과 젊은 귀족들에게 보내는 일종의 메시지였다. 두 사람은 젊은 귀족들에게 아주 엄숙하게 관직에서의 출세를 추구하지 말라고 경고했다. 집정관의 권표, 보랏빛 단으로 장식된 토가, 쿠룰레 고관(高官) 의자 등은 실제로는 장례식의 필수품인 것이다. 권력의 표장(標章)은 희생 제물로 바치게 되어 있는 동물에게 매어놓은 리본 같은 것이다. 그 리본은 죽을 운명의 표시이다. 관직의 달콤한 맛을 동경하는 사람은 집정관의 권위라는 것이 호민관들의 권력에 종속되어 있음을 깨닫는 게 좋으리라. 집정관은 호민관들의 앞잡이나 다를 바 없으며 주인의 지시에 따라서 움직일 뿐이다. 그가 독립적인 움직임을 꾀하거나 소속 계급의 이익을 배려하려고 하는 사람이 있다면, 또 어리석게도 로마 정체에 평민들 이외의 사람들도 존재한다고 생각한다면, 그는 코리올라누스의 망명과 메네니우스의 유죄 판결과 뒤이은 죽음을 상기하는 것이 좋으리라.

이런 종류의 프로파간다는 큰 성공을 거두었고 원로원 의원들은 어떤 조치를 취할 것인지 의논하기 위하여 비밀회의를 개최했다. 그들의 논의에서 한 가지 사항은 명확했다. 즉, 정당하든 아니든 무슨 수를 써서라도 만리우스와 푸리우스의 법정 출두를 막아 주어야 한다는 것이었다. 제안된 조치가 야만적일수록 더 많은 칭찬을 받았다. 마침내 범죄적 폭력으로 목적을 달성하자는 제안이 나왔고, 그 일을 해치울 하수인이 수배되었다.

　재판 날짜에 흥분한 군중이 포룸에 몰려들어 호민관의 도착을 기다렸다. 그는 오지 않았다. 처음에 사람들은 좀 의아하게 여겼으나 곧 그가 나타날 기미가 보이지 않자 그런 지연을 수상하게 생각했다. 그들은 호민관이 귀족들에게 겁을 먹었다고 생각했고 평민의 대의를 저버린 그를 비겁하다고 성토했다. 마침내 호민관의 집에 사정을 알아보기 위해 파견되었던 사람들이 돌아와 그가 침실에서 죽은 채로 발견되었다고 보고했다. 그 소식은 삽시간에 포룸 전역으로 퍼져나갔고, 군중은 사령관이 죽어버린 군대처럼 흩어졌다. 그 누구보다도 경악한 것은 동료 호민관들이었다. 동료의 죽음은 호민관의 신성한 지위를 보장해준다는 법률이 아무 짝에도 쓸모없음을 증명해주는 것이었다. 원로원 당은 겉보기보다 훨씬 더 기뻐했다. 그 범죄에 대해서 그 어떤 의원도 유감을 느끼지 않았다. 그 암살 사건에 개입하지 않은 의원들도 책임을 공유하고 싶어 했고, 호민관의 권력은 나쁜 것이므로 나쁜 수단에 의해 제압되어야 한다고 공공연하게 떠들고 다녔다.

　55. 이런 부끄러운 승리의 그림자 아래서, 병력 동원을 지시하는 포고가 내려갔다. 호민관들은 최근의 사건들로부터 너무 충격을 받아서 감히 비토를 하지 못했고 두 집정관은 병력 동원 건을 무사히 밀어붙였다. 이번에 평민들의 분노는 권력을 행사한 집정관을 향한 것이 아니라 두 집정관을 막지 못한 호민관들에게 집중되었다. 평민들은 그들의 자유가 영원히 사라졌으며 저 사악한 옛 시절이 되돌아왔고, 호민관의 권위는 죽어서 암

살된 게누키우스의 무덤 속에 묻혀 버렸다고 말했다. 귀족들에게 저항할 수 있는 다른 수단을 강구해야 되었고, 그들에게는 도와줄 세력이 없으므로 유일한 희망은 그들 자신이 스스로 돕는 것뿐이었다. 두 집정관의 권력은 도대체 무엇으로 구성되는가? 평민 출신의 스물네 명의 릭토르들이다. 권력의 본질을 잘 알아보고 또 쓸데없는 공상으로 그 권력을 무시무시한 것으로 확대 재생산하지 않는 사람에게, 집정관의 권력이라는 것은 허약하고 경멸스러운 물건에 지나지 않는다.

이런 말들이 오고 간 결과로, 평민들은 아주 위태로운 심리 상태에 들어가 있었다. 병력 동원 과정에서 푸블리우스 볼레로라는 남자는 자신이 전에 켄투리온이었다는 사실을 들이대며 병사로 소집되기를 거부했다. 두 집정관은 릭토르를 보내 그를 체포하게 했다. 이에 볼레로는 호민관들에게 호소했다. 그러나 아무도 그를 도와주려 하지 않았고 집정관은 그의 웃옷을 벗기고 매질을 하라고 지시했다.

볼레로가 소리쳤다. "나는 시민들에게 호소합니다. 호민관들은 침실에서 당신들에 의해 암살되기보다는 로마의 시민이 매질 당하는 것을 보려고 합니다." 그가 거칠게 저항할수록 릭토르가 윗옷을 잡아 뜯으며 더욱 거칠게 그를 다루었다. 볼레로는 힘이 센 남자였고 친구들이 그를 도와주었다. 그는 릭토르의 손아귀에서 벗어나 군중의 속으로 밀고 들어갔고 그러자 군중은 그를 지지하며 커다란 함성을 올렸다. "나는 호소합니다," 그가 소리쳤다. "나는 평민들의 보호를 요청합니다. 친구여, 어서 오십시오! 동료 병사들이여, 어서 오십시오! 왜 호민관들을 기다립니까? 오히려 그들이 당신의 도움을 필요로 하고 있습니다!" 군중은 거칠게 흥분했다. 군중은 싸울 기세였고 엄청나게 심각한 위기가 곧 발생할 것 같았다. 잠시 후면 국가의 법률과 개인의 권리에 대한 존중이 모두 사라져버릴 듯했다.

이런 폭풍 같은 사태에 직면하자 두 집정관은 무력의 뒷받침이 없는 고위직은 아주 불안정한 자리라는 사실을 깨달았다. 릭토르들은 거친 대접을 받았고 그들의 몽둥이는 부러졌다. 두 집정관은 포룸에서 힘으로 밀려나 원로원 건물에 피신할 수밖에 없었고, 볼레로가 그의 승리를 어느 정도로 밀어붙일 것인지 전혀 알지 못했다. 마침내 거리의 소란이 가라앉았고 원로원 회의가 개최되었다. 두 집정관은 볼레로의 무례한 행동과 군중의 폭력으로부터 받은 모욕에 대하여 아주 씁쓸하고 비통한 말들을 쏟아냈다. 다수의 과감하면서도 비타협적인 제안들이 제시되었으나, 원로 의원들의 뜻대로 표결이 되었다. 원로들은, 귀족은 분노하고 평민은 무모한 상태에서 계급투쟁을 부추기는 제안들을 거부했다.

56. 이 사건 이후 볼레로는 평민들 사이에서 높은 인기를 누렸고 그리하여 다음번 선거에서 호민관으로 선출되었다. 그가 근무하는 해는 루키우스 피나리우스와 푸블리우스 푸리우스가 집정관으로 근무하는 해와 겹쳤다. 그가 호민관의 권력을 이용하여 사직한 지난해의 집정관들에게 가능한 한 많은 피해를 입힐 것으로 예상되었으나, 그는 그런 짓은 하지 않았다. 개인의 원한보다는 국가의 안녕을 우선시하고 또 두 집정관에 대해서는 단 한 마디의 험담도 하지 않으면서, 그는 평민들 앞에 하나의 법안을 제출했다. 평민 출신의 행정관이 트리부스 의회에서 선출되어야 한다는 내용이었다. 처음에 그 법안은 그리 큰 문제가 되지 않는 것처럼 보였으나 실제로는 아주 중요한 것이었다. 귀족들에게서 그들이 데리고 있는 평민 식솔들의 투표권을 활용하여 그들(귀족)이 원하는 호민관을 선출하는 힘을 빼앗는 것이기 때문이다. 당연히 평민들은 이 법안을 환영했고 원로원은 강한 저항의 뜻을 표시했다. 원로원은 저항을 성사시킬 강력한 수단이 결여되어 있었다. 그 수단은 다른 호민관들의 비토였는데, 집정관이나 귀족들은 그것을 이끌어 낼 만한 영향력이 없었다.그렇지만 이 심각한 문제에 대한 당파적 논의는 그 해 내내 계속되었다.

볼레로는 평민의 투표에 의해 호민관으로 재선되었다. 원로원은 이제 정말 본격적인 힘겨루기가 시작될 것이라 보고서 아피우스 클라우디우스를 집정관으로 선출했다. 그는 전에 평민들에게 적극적으로 반대했던 클라우디우스의 아들이었고, 그와 평민 사이의 상극 관계는 대를 이어가며 계속되는 것이었다. 클라우디우스의 동료로는 티투스 퀸크티우스가 뽑혔다.

새 집정관들이 취임한 직후에 볼레로의 제안을 논의하는 것이 정부 내의 최대 관심사로 떠올랐다. 볼레로의 동료 호민관이며 뛰어난 군사적 실적을 올린 라이토리우스는 그 법안을 강력하게 지지하면서 비타협적인 태도를 보였다. 그는 군인으로서 성공했기 때문에 — 그보다 더 뛰어난 실적을 가진 생존 군인은 없었다 — 정치가로서는 덜 조심을 했다. 볼레로는 그 법안의 장점에만 집중하면서 집정관들을 인신공격하는 것은 자제했다. 하지만 라이토리우스는 아피우스와 그의 가문을 잔인할 정도로 매도하면서 그가 독재자이고 또 로마의 시민들을 무자비하게 박해하는 자라고 낙인을 찍었다. 그러나 그는 유창한 웅변가는 아니었다. 원로원이 집정관이 아니라 로마의 노동자들을 괴롭히고 죽이려는 교수형 집행인을 뽑았다고 성토하는 연설을 하던 도중에 갑자기 말문이 막혀 버렸다. 자유에 대한 열정이 그의 가슴속에 가득했지만 훈련되지 않은 혀는 그것을 표현하는 말을 발설하지 못했다. "시민 여러분!" 그는 이렇게 끝맺었다. "나는 연설가는 아닙니다. 하지만 내가 한 말을 그대로 실천할 수는 있습니다. 내일 여기에 나오십시오. 여러분이 다 보는 데서 이 법안을 통과시키거나 아니면 내가 죽어버리겠습니다."

그 다음날 호민관들이 먼저 도착하여 연단을 차지했다. 집정관과 귀족들도 자리를 잡고서 법안의 통과를 저지하려고 총력을 모았다. 라이토리우스는 투표하지 않을 사람은 모두 현장에서 물러가라고 명령했다. 젊은 귀족들은 제자리에 버티면서 물러나려 하지 않았다. 라이토리우스는 그 귀족들 중 일부 인사를 체포하라고 지시했고, 그러자 아피우스는 호민관이 평민 계급의 소속이 아닌 사람을 체포할 권한이 없다면서 저지에 나섰다. 호민관은 전 국민을 통솔하는 것이 아니라 평민 계급의 일만을 다루는 관직이라고 지적했다. 더욱이 이것이 설사 사실이 아니라고 할지라도, 고래(古來)의 선례를 감안할 때 호민관은 강제로 어떤 사람을 이동시킬 수가 없는 것이다. 이런 때 해당되는 선례는 "시민이여, 당신이 원한다면 떠나라"인 것이다. 주인인 양 한 수 봐주는 듯이 내놓은 이런 법률적 주장은 라이토리우스를 격분시켰다. 그는 화가 머리 끝까지 난 상태에서 부하를 보내 집정관 아피우스를 체포하려 했다. 그러자 아피우스도 릭토르들을 보내 라이토리우스를 체포하라고 반격했다. 집정관은 모든 사람이 들을 수 있게 커다란 목소리로 라이토리우스는 그 어떤 공식적 권위도 갖고 있지 않은 일개 시민에 불과하다고 소리쳤다. 군중의 일관되고 단호한 지원이 없었더라면 호민관은 거친 대접을 받았을 것이다.

게다가 군중의 숫자를 늘리기 위하여 도시의 모든 지역에서 흥분한 평민들이 몰려들고 있었다. 상황이 악화되어 가고 있었지만 아피우스는 물러서려 하지 않았다. 심각한 유혈 사태가 불가피했는데, 다른 집정관인 퀸크티우스의 개입으로 간신히 모면되었다. 퀸크티우스는 집정관급 원로원 의원들을 설득하여 아피우스를 힘으로 포룸에서 끌어내는데 성공했다. 이어 집정관은 가능한 한 유화적인 어조로 성난 군중을 달래면서 호민관들에게 회의를 정회하자고 호소했다. 그는 모든 사람들에게 열정의 냉각기를 갖자고 제안했다. 약간 생각하는 시간을 가진다고 해서 그들의 힘이 쇠약해지지는 않을 것이다, 라고 그는 말했다. 오히려 생각하는 시간은 그들에게 지혜를 가져다줄 것이고, 그들은 집정관이 원로원의 하인이라면 원로원은 평민들의 하인이 되었음을 발견할 것이다.

57. 퀸크티우스는 성난 군중을 진정시키는 데 성공했으나 참으로 어려

운 일이었다. 원로원은 아피우스를 상대해야 하는 더 큰 문제가 기다리고 있었다. 아무튼 그 회의는 마침내 정회되었고 원로원 회의가 소집되었다. 원로원에서는 여러 제안들이 나왔으나 모두 공포 혹은 분노가 만들어낸 것이었다. 그러나 격한 감정은 서서히 가라앉았고 갈등이 계속되는 것에 대하여 혐오감을 느끼면서, 좀 더 침착한 의원들이 차분히 상황을 논의할 수 있게 되었다. 그런 만큼 퀸크티우스는 아까 논쟁의 무서운 열기를 완화시킨 공로에 대하여 감사의 투표를 받았다. 아피우스는 정치적 조화가 확보되는 범위 내에서 집정관의 권위를 어느 정도 제약하는 조치에 동의할 것을 요구받았다. 현재 국가는 아주 큰 어려움에 놓여 있다. 한쪽에서는 호민관이 다른 한쪽에서는 집정관이, 서로 완전한 권력을 차지하겠다고 용호상박(龍虎相搏)하는 바람에 국가는 아주 무기력한 상태에 빠져 있다. 국가는 두 진영으로 분열되고, 이런 식의 권력 투쟁으로 인해 국가 안보는 감쪽같이 사라지고 말았다. 이런 주장에 대하여 아피우스는 그가 신성하게 여기는 모든 것에 맹세한다면서 대답했다: 그가 볼 때 지나친 비겁함이 국가를 배신하고 있으며 국가를 이런 한심한 운명에 빠져들게 했다는 것이다. 그는 집정관으로서 의무를 다하고 있는데, 원로원은 마땅히 해주어야 할 지원을 해주지 않고 있다. 원로원이 받아들이겠다고 하는 조건들은 병사들의 이탈 시에 성스러운 산에서 평민들에게 허락했던 조건들보다 더 압제적이고 굴욕적이다.

그렇지만 원로원은 일치단결하여 아피우스의 의견에 반대했고 그는 양보할 수밖에 없었다.

58. 그 법안은 더 이상의 반대 없이 법률로 발효되었고 사상 처음으로 호민관들은 트리부스 의회에서 선출되었다. 역사가 피소에 의하면 그 숫자는 세 명이 증원되어 다섯으로 늘어났다고 하는데, 마치 전에는 두 명만 있었다고 말하는 듯하다. 피소는 그들의 이름도 기록했다. 그나이우스 시

키우스, 루키우스 누미토리우스, 마르쿠스 두엘리우스, 스푸리우스 이킬리우스, 그리고 루키우스 마이킬리우스이다.

이런 문제들이 여전히 진행 중일 때 볼스키 인과 아이퀴 인을 상대로 하는 전쟁이 발발했다. 그들은 로마의 평민들이 군영에서 이탈하기로 결정하면 그들의 품으로 피신을 오지 않을까 하는 희망을 품고서 로마 영토를 침범해 왔다. 하지만 로마가 귀족과 평민 사이의 갈등을 봉합했다는 소식을 듣는 순간 철수했다. 두 집정관 중 클라우디우스는 볼스키 인을 맡았고, 퀸크티우스는 아이퀴 인을 맡았다. 전쟁을 수행하면서 아피우스는 정치적 갈등에서 보여주었던 야만적 기질을 그대로 폭발시켰다. 이제 그런 기질을 억제하는 호민관들이 없기 때문에 더욱 포악하게 나왔다. 그가 평민을 싫어하는 마음은 그의 아버지를 훨씬 능가했다. 그는 평민들에게 패배당했다는 사실을 참아줄 수가 없었다. 또 그 자신 호민관들의 권한을 억제할 수 있는 유일한 집정관으로 선출되었는데도, 예전 집정관들이 별 노력을 기울이지도 않고 원로원 당에서 별 성공을 기대하지 않았는데도 잘 막아냈던 법률이 그의 재임 시에 통과되었다는 사실을 너무나 고통스럽게 생각했다. 그는 생애 최전성기에 있는 오만한 사람이었고 법률 통과에 대한 분노와 치욕 때문에 휘하의 병사들을 상대로 가장 잔인하고 야만적인 방식으로 집정관의 권한을 행사하기로 단단히 마음먹었다.

하지만 평민들은 불복하겠다는 마음이 가득했고 그 어떤 것도 그들을 굴복시킬 수가 없었다. 그들은 노골적으로 게으름을 부리고, 태업을 하고 고집을 부렸다. 그 어떤 수치심이나 공포도 그들을 복종하게 만들지 못했다. 속보로 행군하라는 명령을 받으면 그들은 일부러 발을 질질 끌었다. 그들에게 맡겨두면 열심히 일을 하다가도 지휘관이 현장에 나타나서 감독을 하려고 하면 연장을 내려놓고 게으름을 피웠다. 그들은 지휘관의 얼굴을 정면으로 쳐다보지 않았고, 그가 지나가면 등 뒤에서 욕설을 중얼거렸는데 평민들의 증오에 대해서는 별로 신경을 쓰지 않던 그도 때로는 동요될 정도였다. 마침내 아무리 가혹한 징계 수단도 소용없는 것으로 판명되자 그는 절망하는 심정이 되어 병사들은 포기하고 켄투리온들에게 분노를 퍼부었다. 그들이 병사들을 타락시켰다는 것이며, 켄투리온들이 그의 호민관이며 볼레로라고 경멸하는 어조로 말했다.

59. 이런 사실들이 볼스키 인들에게 잘 알려져 있었다. 그들은 아피우스가 과거의 파비우스가 그랬던 것처럼 동일한 규모의 불복종에 처하게될 것이라는 희망 아래 계속 압력을 가해 왔다. 사실 그 불복종은 훨씬 정도가 심했다. 파비우스의 병사들은 정복하기를 거부했지만 아피우스의병사들은 정말로 로마 군이 패배하기를 바랐다. 전투 대형을 갖추라는 명령을 받으면 그들은 후안무치하게도 몸을 돌려서 진영 쪽으로 달아나서아무런 저항도 하지 않았다. 마침내 적이 후미에 커다란 손실을 입히고 마침내 진영의 누벽을 공격해 오려고 하면 마지못해 저항에 나섰다. 진영이점령될지 모른다는 위협이 있자 그제서야 로마 병사들은 적극적인 싸움에 나섰고 볼스키 인들은 승리의 가망이 없자 퇴각했다. 그러나 로마 병사들은 진영 함락만은 결코 허용하지 않겠다는 것이 아주 분명해졌다. 그것이외에 그들은 치욕스러운 패배를 오히려 기다리는 듯한 자세였다.

병사들의 이런 태도는 자신의 권위를 계속 주장하겠다는 아피우스의결심을 흔들어놓지 못했다. 그는 극약 처방 같은 조치도 마다하지 않았고병사들에게 무조건 행군하라고 명령을 내릴 기세였다. 그때 부하 장교들이 떼로 그에게 몰려와 사령관의 권위를 그런 식으로 시험하지 말라고 경고했다. 그 권위라는 것이 반드시 부하들의 선의에 입각한 것이어야 함도부연 설명했다. 장교단은 병사들이 행군을 거부하겠다고 분명하게 말했음을 보고했다. 볼스키 영토에서 철수하자는 요구사항이 군내에 팽배한상태이다. 승리를 거둔 적은 진지의 출입문까지 접근해 왔고 누벽을 급습하여 곧 쓰러트릴 기세이다. 엄청난 규모의 재앙이 더 이상 막연한 추측의 문제가 아니라 끔찍할 정도로 확실한 문제가 되었다. 이런 보고를 받은 아피우스는 잠시 동안 그 설득에 넘어갔다. 아무튼 병사들은 처벌의 지연 이외에는 아무것도 얻지 못할 것이므로, 그는 즉각적인 행군 지시는 거두어들이고 병사들에게 다음날 행군할 테니 준비하라고 지시했다.

다음날 새벽 행군 나팔이 울렸고 행군이 시작되었다. 행군 대열이 진영을 떠나자마자 볼스키 인들이 대열의 후미를 공격했다. 행군 나팔은 마치 그들을 위해 울린 것 같았다. 로마 군 후미의 혼란은 곧 앞쪽 대열에까지 퍼져나갔고 마침내 전군이 한심한 무질서 속으로 빠져들었다. 명령 소리는 들리지 않았고 효과적인 저항을 위한 전선을 구축할 수도 없었다. 모든 병사의 머릿속에는 우선 자신의 목숨을 구하고 봐야겠다는 생각뿐이었다. 모든 질서는 붕괴되었고 죽은 시체 더미와 버려진 무기 더미를 뛰어넘어 안전한 곳으로 도망치겠다는 각자도생의 아수라장이 연출되었다. 적이 추격을 멈춘 이후에도 이런 혼란상은 계속되었다. 패주하는 병사들을 뒤쫓아가며 부대를 재편성하려 했던 집정관은 마침내 나머지 병력들을 모아서 부대 꼴을 갖추는데 성공했다. 이어 부대를 우호적인 영토로 이동시켰다. 그는 부대를 행진시키면서 군사적 기강을 배신하고 부대 깃발을 내다버린 한심한 군대라고 비난했는데, 맞는 말이었다. 그는 병사들을 일일이 호명하면서 그들의 무기와 깃발은 어디에 있느냐고 물었다. 그는 군장을 잃어버린 병사, 깃발을 잃어버린 군기병, 모든 켄투리온, 초소를 지키지 못한 전에 상급(賞給)을 받은 병사들을 먼저 매질하고 이어 목을 치라고 명령을 내렸다. 그 나머지 병사들은 10명 중 1명을 추첨으로 뽑아 처형했다.

60. 아이퀴 인을 상대로 하는 전쟁은 전혀 다른 방식으로 치러졌다. 여기서는 집정관과 그 부하들이 한편에서는 호의, 다른 한편에서는 관대한

배려를 두고서 서로 경쟁했다. 퀸크티우스는 동료 집정관보다 자상한 사람이었고, 아피우스의 가혹한 처사가 가져온 불운을 감안할 때 그는 자신의 관대함을 더욱 만족스럽게 생각했다. 병사와 사령관 사이의 이런 긴밀한 협조 때문에 아이퀴 인들은 감히 공격에 나설 생각을 하지 못하고 적이 언제 어디서나 멋대로 그들 영토를 노략질하는 것을 허용했다. 그 결과 아이퀴 인들을 상대로 한 예전 전쟁에 비하여 훨씬 많은 귀중한 물자(소 떼 포함)가 탈취되었다. 이런 전리품들은 병사들 사이에 공평하게 분배되었다. 또한 퀸크티우스는 병사들의 행동을 아낌없이 칭찬했다. 이런 칭찬의 말은 구체적인 물질적 보상 못지않게 병사들에게 만족감을 안겨주었다. 병사들과 사령관 사이의 이런 친밀한 관계로 인해 병사들은 로마로 귀국하자 원로원에 대하여 덜 적대적인 태도를 갖게 되었다. 그들은 원로원이 다른 로마 군에게는 독재적인 지휘관을 준 반면에 그들에게는 자상한 아버지를 내려주었다고 말했다.

국외 전쟁에서의 승리와 패배, 그리고 국내에서의 양 계급 사이의 치열한 갈등으로 인해 그 해는 다사다난한 한 해였다. 그러나 이해를 가장 기념할 만한 해로 만든 것은 트리부스 의회에 관한 새로운 조치였다. 그 조치는 실제적인 효과보다는 계급 갈등에서의 승리를 상징한다는 점에서 중요한 의미가 있다. 귀족들은 이 의회에서 배제됨으로써 다소 체면을 잃게 되었는데, 이것(배제)이 두 계급 사이의 권력 균형에 미치는 변화보다 훨씬 더 중요한 것이다.

61. 루키우스 발레리우스와 티투스 아이밀리우스가 집정관에 취임하면서 더욱 혼란스러운 한 해가 시작되었다. 분란의 원인은, 첫째, 토지 배분을 둘러싸고 갈등이 계속되었다는 것이고, 둘째, 아피우스 클라우디우스의 재판이 열린 것이다. 아피우스는 가장 단호하게 토지 배분을 반대해 온 사람이었다. 그는 마치 자신이 아직도 집정관인 것처럼, 현재 분쟁 중

인 국유지의 소유주들의 입장을 강력하게 옹호했는데, 바로 그 순간 호민관 두엘리우스와 시키우스가 그를 고발한 것이다. 부자 2대에 걸쳐서 무자비한 평민 압제를 해왔기 때문에 평민들은 그 누구보다도 아피우스를 증오했다. 그러니 일찍이 평민의 재판을 받은 사람들 중에서 그만큼 증오의 대상이 된 사람이 없었다. 원로원 당은 다른 의원들의 재판 때에는 지금 아피우스를 옹호하는 것처럼 적극적으로 대응하지는 않았다. 원로원의 전사이며 원로원 체면의 옹호자인 그는 다소 과도한 열성을 발휘하기는 했지만 그래도 정치적 분란을 일으키려는 호민관들과 평민의 모든 시도를 끈질기게 저지해 왔다. 그러니 그런 사람을 성난 군중에게 제물로 던져줄 수는 없었다. 그 모든 사태에 조금도 동요하지 않는 유일한 원로원 의원은 아피우스 자신이었다. 적들의 위협이나 친구들의 호소는 그에게 조금도 영향을 미치지 못했다. 다른 사람이 이런 상황에 처했더라면 상복을 입었거나 아니면 개인적 관면(용서) 호소를 하면서 그의 몸을 낮추었을 것이다.

그러나 아피우스는 그렇지 않았다. 그는 평민 앞에서 자신을 변론해야 되었지만 평소 신랄한 그의 어조를 완화하거나 부드럽게 하는 것을 거부했다. 그의 오만한 표정, 잘 알려진 경멸의 눈빛, 불과 칼을 내뿜는 언사 때문에 많은 평민들이 집정관 당시의 아피우스를 무서워했던 것처럼 재판석에 나온 아피우스를 무서워했다. 그는 자신을 위해서는 딱 한 번 연설을 했다. 그 어조는 평소 그의 특징적인 어조 그대로였다. 그는 자신을 원고들에 맞서서 변론하는 피고라고 생각하는 것이 아니라 그들을 기소하는 검사 같은 자세였다. 그 어떤 것도 그를 동요시키지 못했다. 호민관들과 평민들은 그의 자신감에 마비된 나머지, 다음 재판 일을 정하지도 못하고 자발적으로 재판을 연기했다. 그리고 시간이 얼마 지나지 않아, 최종 합의된 재판 일이 다가오기 전에 그는 병이 들어 죽었다.

호민관들은, 그를 추모하여 애도사를 하는 것을 막으려 했으나, 사람들은 그에게 정당한 몫을 돌려주어야 한다고 주장했다. 평민들은 망자에게서 전통적 칭송의 절차를 빼앗는 것을 거부했고, 장례식의 날에는 그에게 바쳐진 애도의 연설을 경청했다. 일찍이 법정에서 그를 고발한 사람들의 고발 연설을 들어주었던 것과 마찬가지로 호의를 가지고 들었다. 수천 명의 평민들이 그의 장례식에 참석했다.

62. 이해에 발레리우스는 아이퀴 인을 상대하는 원정 부대를 이끌었다. 아이퀴 인은 교전을 거부했고, 그래서 발레리우스는 그들의 진영을 직접 공격하라고 명령했다. 그러나 갑작스럽게 우박과 천둥을 동반한 거센 비바람이 몰려오는 바람에 진지 탈취에는 실패했다. 이것은 예기치 못한 일이었으나 병사들은 철군 명령이 내려온 직후, 폭풍우가 역시 갑작스럽게 사라지고 완벽하게 청명한 하늘이 나타나는 것을 보고서 더욱더 놀랐다. 그래서 자연의 힘이 적의 진영을 보호하고 있다고 생각하지 않을 수 없었고 그런 진영을 두 번째로 공격한다는 것은 불경스럽게 보였다. 그리하여 곡식을 파괴하는 쪽으로 작전이 바뀌었다.

다른 집정관인 아이밀리우스는 사비니 족을 상대로 하는 전투를 지휘했는데, 적이 방어 진지를 떠나기를 거부했으므로 거기에서도 작전은 농지의 초토화 작업에 국한되었다. 그 후 인구 밀집된 마을들과 농장들을 불태웠는데, 이것을 보고서 사비니 족은 분노하여 약간의 저항에 나섰다. 교전은 승부가 나지 않았고, 그 다음날 사비니 족은 다시 안전한 진지로 물러갔다. 아이밀리우스는 이 정도면 승리나 다름없다고 생각하여 그 지역을 떠났다. 그러나 실제로 전투는 시작하자마자 끝난 셈이었다.

63. 이런 작전들이 아직 진행 중일 때, 누미키우스 프리스쿠스와 아울루스 베르기니우스가 새 집정관으로 취임했다. 로마에서 정치적 갈등은 계속되었고 평민들은 더 이상 농지법의 연기를 참아줄 생각이 없었다. 정

치적 폭풍우가 막 몰려오려는 순간, 불타는 농장들의 연기가 로마 하늘을 덮었고, 목숨을 구하기 위해 남부여대(男負女戴: 살 곳을 찾아 떠돌아다님)하여 로마로 도망쳐온 농부들은 볼스키 족이 쳐들어온다는 소식을 전했다. 위태로운 국가 안보 정세는 적시에 군중 폭동의 기운을 제압했다. 두 집정관은 군 복무가 가능한 모든 남자들을 동원하여 공격에 나서라는 원로원의 지시를 받았다. 이것은 도시에 남아 있는 나머지 평민들을 안정시키는 효과를 가져왔다. 사실 그 위협이라는 것은 가짜 경보에 지나지 않았다.

적은 황급히 철수했고 누미키우스는 안티움을 향하여 행군했고, 베르기니우스는 아이퀴 인을 상대로 하는 군사 작전을 맡았다. 아이퀴 인을 상대로 하는 전쟁에서 로마 군은 매복 공격을 당하여 엄청난 참사를 당할 뻔했다. 그러나 병사들의 용기 덕분에 사령관의 업무 태만이 가져온 엄청난 위험으로부터 벗어날 수 있었다. 안티움 전선에 나간 누미키우스는 이보다는 훨씬 잘했다. 적은 첫 번째 교전에서 패퇴하여 도시의 안전한 곳으로 도주했다. 안티움 도시는 그 당시치고는 상당한 부와 권력을 누리는 곳이었다. 누미키우스는 그 도시를 직접 공격하는 것을 자제하면서 그보다 훨씬 덜 중요한 카이노라는 도시를 함락시키는 것으로 만족했다. 한편 사비니 족은 로마 군이 이 두 전투에 투입되었다는 사실을 감안하여 로마의 성문 바로 앞까지 침략군을 보냈다. 그러나 며칠 뒤 그들은 그 조치에 대하여 호되게 대가를 치러야 했다. 두 집정관은 보복을 하기 위해 그들의 영토를 동시에 침공했고 그 결과 사비니 족은 로마에게 입힌 것보다 훨씬 큰 손실을 당했다.

64. 그 해의 나머지 몇 달 동안에는 평화의 시기가 찾아왔으나 평소와 마찬가지로 정치적 갈등이 그 평화를 흔들어놓았다. 성난 평민들은 집정관 선거에 참가하기를 거부했고, 그래서 귀족들과 그들의 식솔들의 투표로 티투스 퀸크티우스와 퀸투스 세르빌리우스가 집정관으로 취임했다. 새해도 지난해와 비슷하게 내부 갈등으로 시작하여 국외 전쟁과 정치적

갈등의 봉합으로 끝났다. 사비니 족은 크루스투메리아 들판을 건너와 아니오 강 주변의 땅에 불과 칼을 가져왔다. 콜리나 대문 근처의 로마 성벽에까지 이르자 그들은 저항을 받아서 퇴각했다. 그러나 많은 포로와 소 떼를 노략질해 갔다. 세르빌리우스는 행군에 나서서 그들을 추격했다. 정상적 교전이 벌어질 수 있는 곳에서는 퇴각하는 적군의 후미를 발견하지 못하자, 그는 군대를 풀어 노략질을 하게 했다. 노략질은 아주 광범위한 지역에 아주 파괴적인 규모로 수행되어 그는 전에 잃었던 것보다 몇 배는 많은 약탈품을 가지고 로마로 돌아왔다.

볼스키 인을 상대로 한 군사 작전도 병사들과 사령관의 일치단결된 노력으로 큰 성공을 거두었다. 양측이 맞붙은 백병전에서 사상자가 아주 많이 발생했고, 중과부적이어서 손실을 좀 더 아프게 여겼던 로마 군은, 왼쪽 날개에서 적들이 후퇴하고 있다고 집정관이 소리치지 않았더라면 뒤로 물러섰을 것이다. 적의 후퇴는 사실이 아니었지만 그 가짜 정보가 좋은 효과를 발휘하여 로마 병사들의 가슴에 용기를 불어넣었다. 로마 군은 승리가 손바닥에 다 들어온 것이나 마찬가지라고 여기면서 공세를 취했고 그런 생각은 곧 현실이 되었다. 그러나 퀸크티우스는 너무 강력하게 밀어붙이면 모든 전선에서 싸움이 새롭게 시작될 것을 우려하여, 철수 명령을 내렸다. 그 다음 하루 이틀 동안 마치 상호 약속이라도 한 것처럼 모든 군사 작전이 정지되었다.

적은 이 휴지 기간을 이용하여 병력의 숫자를 크게 증강했다. 볼스키와 아이퀴 공동체들에서 동원된 대규모 증원군이 야전에 합류해 왔고, 로마군이 이런 병력 증강을 알게 되면 야음을 틈타 달아날 것을 우려하여 적은 로마 군의 도주를 사전에 막아버리는 계획을 세웠다. 따라서 새벽이 오기 몇 시간 전에 그들은 공격에 나섰다. 로마 군 진영에서는 예기치 못한 경보에 상당한 혼란이 있었으나 퀸크티우스는 재빨리 질서를 회복하고 병사들에게 천막 속에서 대기하라는 지시를 내렸다. 그는 이어 헤르니키 인으로 구성된 1개 중대를 방어시설 밖에다 배치했고, 나팔수와 트럼펫 병에게 말을 타고 진지 주위를 돌면서 나팔과 트럼펫을 불어서 새벽이 올 때까지 적을 초조하게 만들라고 지시했다. 진영 내에서는 밤새 모든 것이 평온했고 심지어 일부 병사들은 선잠을 자기도 했다. 반면에 볼스키 인들은 계속 추측을 하도록 유도되었다. 로마 군으로 보이는 보병 부대는 전투 준비를 완료한 것 같았다. 어둠 속이라서 적들은 그 부대의 병력 수를 실제보다 더 많게 추측했다. 말들이 익숙하지 못한 기수들을 등에 태우고 계속 비명을 내지르듯 히힝 거리고, 나팔이 시끄럽게 울어대는 광경은 곧 공격이 임박했음을 알려주었다.

65. 새벽이 왔고 로마 군은 전투 대형을 구축했다. 그들은 밤새 휴식을 취하여 힘이 넘치고 생생했다. 하지만 밤새 무기를 들고 설쳐댄 볼스키 군은 이미 피곤한 상태였다. 첫 번째 교전에서 그들은 심하게 동요되었으나 압도될 정도는 아니었다. 그들의 배후에는 언덕이 있었고, 제일선의 아군 병력이 적을 막아주는 동안 안전하게 질서정연하게 그 언덕으로 피신할 수 있었기 때문이다. 퀸크티우스는 퇴각하는 적을 추격하다가 솟아오른 언덕 기슭에서 전열을 정지시켰으나, 부하들을 억제하는데 어려움을 겪었다. 병사들은 유리한 상황을 계속 밀고 나가자고 거세게 요구했다. 가장 화급하게 독촉해대는 것은 로마 군 기병대였다. 그들은 사령관을 둘러싸고 윽박질렀고 군기를 앞세우고 계속 밀고 나가야 한다고 소리쳤다. 퀸크티우스는 마음이 두 갈래로 찢어졌다. 한 마음은 그의 부대가 믿을 만하다고 생각했다. 다른 마음은 주변의 지형이 그에게 불리하다고 생각했다.

그가 망설이는 동안 병사들은 한 목소리로 신속하게 전진하겠다고 결심을 외쳐댔고 실제로 그렇게 했다. 가파른 언덕길을 덜 무겁게 올라가기 위해 창을 땅바닥에 꽂아놓고서 구보로 언덕길을 달려 올라갔다. 볼스키 인들은 교전 초기의 몇 분 사이에 짧은 창들을 일제히 아래로 투척했다. 창이 떨어지자 그들은 근처에 있는 커다란 바위와 돌들을 활용하여 이것들을 언덕 아래로 굴리면서 기어오르는 로마 군을 제지하려 했다. 로마 군은 무질서한 혼란에 빠져들어 언덕 아래로 물러났다. 로마 군의 왼쪽 날개는 거의 제압되어 버렸다. 그러나 퀸크티우스는 먼저 무모한 병사들을 꾸짖고 이어 왜 그리 비겁하냐고 질책함으로써 병사들의 후퇴를 멈추어 세웠고 그들에게 수치심을 안겨주어 위험한 상황을 자신 있게 헤쳐 나가도록 만들었다. 그들은 더 이상 후퇴하지 않고 우뚝 멈추어 섰고 이어 다시 공세를 취하면서 커다란 함성을 외쳐대며 언덕 위로 공격해 갔다.

그들이 다시 한 번 쇄도하여 최악의 고비를 넘어가고, 가파르고 험한 땅을 뒤로 하여 막 언덕 꼭대기를 점령하려는 순간 적은 달아났다. 쫓는 자와 쫓기는 자가 거의 간격이 없이 전속력으로 달리다가 볼스키 진영에 도착했다. 그 진영은 곧 공포와 혼란의 도가니가 되어버렸고 로마 군에 의해 점령되었다. 볼스키 인 생존자들은 안티눔으로 도망쳤고 로마 군은 추격했다. 며칠의 포위 작전 끝에, 로마 군은 아무런 공격 작전을 펴지 않고서도 그 도시를 항복시켰다. 최근의 패배와 진영의 상실로 인해 적군은 더 이상 저항을 계속하려는 생각이 사라졌다.

제 3 권

궁지에 빠진 귀족들

1. 안티움을 점령한 이후에 그 다음 집정관으로 오른 인물은 티투스 아이밀리우스와 퀸투스 파비우스였다. 퀸투스 파비우스는 크레메라 강 근처에서 그의 일족이 전멸할 때 유일하게 살아남은 자였다. 아이밀리우스는 전에 집정관으로 재직할 때 평민 가정들에게 토지를 수여하는 법안을 제출했던 인물이다. 이 때문에 그가 재선되자 토지법이 마침내 통과되리라는 희망이 높아졌다. 호민관들도 새롭게 자신감을 느끼면서 그 법안 건에 접근했고, 과거에 여러 차례 집정관들의 반대를 받았던 그 법이 마침내 한 집정관의 도움으로 발효가 될 것이라고 생각했다. 더욱이 아이밀리우스는 이 문제에 대하여 예전의 소신을 바꾸지 않았다.

문제의 땅의 소유주들 — 좀 더 정확하게 말해서 점유자들 — 은 대부분 로마의 귀족들이었다. 귀족들은 국가의 최고위직 행정관이, 호민관들의 정책에 비위를 맞추고 또 대중에 영합하기 위해 남의 재산을 좌지우지하려 든다고 분노에 찬 목소리로 항의했다. 그리하여 귀족들은 그대로 놔두었더라면 호민관들에게 돌아갔을 악감정이 집정관 아이밀리우스에게 집중되도록 했다. 지독한 갈등이 불가피한 것처럼 보였으나, 파비우스는 양측이 거부하기 어려운 제안을 내놓음으로써 상황을 수습했다. 지난해 티투스 퀸크티우스가 지휘한 로마 군은 볼스키 인으로부터 상당한 토지를 탈취했다. 안티움은 해안에 있는 아주 입지가 좋은 도시였다. 정착자들을 이 도시에 보내면 어떠하겠는가? 이렇게 하면 평민 가정들은 로마의 귀족 지주들에게 불평의 빌미를 주지도 않으면서 농장을 얻을 수가 있고, 두 계급 사이의 정치적 조화도 해치지 않을 것이다. 파비우스의 이런 제안은 채택되었다. 이 일의 관리 위원으로 티투스 퀸크티우스, 아울루스 베르기니우스, 푸블리우스 푸리우스가 임명되었고 토지를 수여받기 바라는 사람들은 이름을 적어서 내라는 지시가 내려갔다. 그러나 인간성은 바뀌지 않는다. 모든 사람에게 충분히 돌아갈 땅이 있다는 사실 자체가 날카로운 욕망을 무디게 만들었고 신청자 숫자가 너무 적어서 정착자의 숫자를 적정한 수준으로 맞추기 위해 볼스키 인 가정들도 포함시켜야 되었다. 다수의 평민 가정들은 다른 곳의 땅보다는 로마 인근의 땅을 수여받는 것을 더 선호했다.

한편 아이퀴 인들이 또다시 말썽을 일으켰다. 퀸투스 파비우스가 그들의 영토를 침공하자 그들은 패배를 인정하고 휴전을 요청했다. 휴전이 허락되었으나 그들은 갑자기 라티움을 침략함으로써 휴전 협정을 깨트렸다.

2. 그 다음 해에 스푸리우스 포스투미우스와 함께 집정관 자리에 오른 퀸투스 세르빌리우스는 아이퀴 족을 대적하기 위해 나섰다. 그는 라틴 영토에다 항구적인 축성 초소를 건설했지만, 요새 안에 틀어박혀 아무런 활동도 하지 않자 병사들 사이에 심각한 질병이 나돌았다. 이 전쟁은 3년차로 접어들어 이해에 퀸투스 파비우스와 티투스 퀸크티우스가 집정관에 뽑혔다. 두 집정관 중 파비우스가 아이퀴 전쟁의 지휘를 맡았다. 통상 지휘권을 결정할 때에는 제비를 뽑았으나 이 경우에는 추첨을 하지 않았다. 파비우스는 자신의 이름만으로도 적을 굴복시킬 것이라고 자신하며 원정 부대를 이끌고 로마에서 출발했다.

먼저 그는 적의 국무회의에 사절을 보내어 이렇게 알렸다: 과거에 승리를 거두어 로마에 평화를 가져온 인물인 집정관 파비우스가 전에 그들에게 평화를 요청했던 오른손에 칼을 들고서 돌아왔다. 누가 거짓된 술수를 부렸고 아이퀴 족의 변덕에 누구의 위증이 작용했는지는 이미 하늘 앞에서 분명해졌고, 하늘은 그 위반자들에게 곧 복수의 벼락을 내릴 것이다. 그렇지만 지금이라도 아이퀴 족이 그들의 잘못된 방식을 선선히 인정하고 전쟁의 재앙을 피할 수 있기를 바란다. 만약 그렇게 시인한다면 그들은 이미 경험한 바 있는 관대한 조치에 의해 안전한 피신처를 마련할 수 있을 것이다. 만약 그들이 휴전 조약 위반을 계속 고수한다면 그들은 응징에 나선 인간들뿐만 아니라 분노하는 신들을 상대로 전쟁을 벌여야 할 것이다.

파비우스의 엄중한 경고 메시지는 전혀 효과가 없었다. 그 메시지를 들고 간 사절들은 홀대를 받았고 알기두스의 로마 군을 대적하려는 부대가 파견되었다. 그 소식이 로마에 전해지자 모욕감은 강한 분노로 바뀌었다. 군사적 상황으로 보아 그럴 필요가 없었는데도 다른 집정관은 군대를 이끌고 파비우스 부대에 합류했다. 두 부대는 적을 상대로 즉각 공격을 해야 한다는 일념으로 함께 적을 향해 나아갔다. 그러나 뭔가 구체적인 조치를 취하기도 전에 해가 어둑어둑한 석양녘이 되어버렸다. 그리고 적의 전초기지에서 경계를 서던 한 초병이 소리쳤다. "이봐요, 친구들, 대체 무엇을 하려는 건가? 밤중에 전투 대형을 짠다고? 순전히 겉꾸밈일 뿐이야. 정말 전투를 할 생각이 있는 것 같지 않군. 우리는 전투를 하려고 마음먹으면 훤한 대낮에 하지. 내일 새벽에 전투 대형을 짜도록 해. 싸울 시간이 충분히 있을 테니까. 내 말을 믿으라고!"

그 조롱은 병사들의 급소를 찔렀다. 로마 군 병사들은 불편한 심기를 느끼며 진지로 돌아가 새벽을 기다리게 되었다. 그 전에 다들 오늘 밤이 너무 길 것 같다는 생각을 했다. 그들은 식사를 하고 취침했고, 새벽이 되자 먼저 야전으로 나왔다. 그 직후 아이퀴 부대도 출현하여 양군 사이에 치열한 교전이 벌어졌다. 양측은 한 치의 양보도 없이 팽팽하게 싸웠다. 로마군은 어제 받은 모욕으로 화가 난 상태였고, 아이퀴 군은 현재의 상황은 자업자득이고 앞으로 로마가 그들을 믿어주지 않으리라는 상황에 절망하면서 무모하고 거칠게 행동했다. 그러나 절망과 무모함만으로는 로마 군의 압박을 막아낼 수 없었고, 그들은 자국 영토로 철수하지 않으면 안 되었다. 그러나 그들은 강인한 사람들이었고 그 상황에서도 패배를 인정하지 않으려 했다. 오히려 아이퀴 병사들은 탁 트인 들판에서 작전을 전개한 지휘관들의 어리석음을 비난했다. 야전에서의 근접전은 오히려 로마 군이 더 잘하는 것이라고 병사들은 말했다. 아이퀴의 강점은 기습전이라는 것이다. 아이퀴 군은 정규군을 한 군데 집중시켜 전면전을 벌이기보다는 단위 부대를 여러 지역으로 파견하여 소규모 전투를 벌이는 것이 더 유리하다는 말도 했다.

3. 그리하여 그들은 진영에 주둔 부대를 남겨두고서 로마 국경선을 넘어왔다. 그 침략은 너무나 신속하고 또 파괴적이어서 충격이 심지어 로마에까지 느껴졌다. 로마 시민들은 신경이 곤두섰고 예기치 못한 공격이어서 더욱 불안해했다. 곤경에 빠져서 패배한 적이 갑자기 습격을 해온다는 것은 전혀 예상할 수 없는 것이기 때문이다. 외곽 지대에서 농장을 운영하는 가정들은 보호를 받기 위해 황급히 도시로 피난 왔고 공포에 의해서 과장된 이야기들을 전했다. 가령 소규모 부대와 습격대를 침소봉대하여, 엄청나게 빠른 속도로 전면전을 걸기 위해 로마로 진군하는 연대와 군단이라고 과장했다. 그런 소문은 한 입 두 입 건너갈 때마다 점점 더 황당하고 괴기한 것이 되어갔다. 남자들은 거리를 달려가며 마지막 저항을 준비하자고 소리쳤다. 마치 적이 성문 안에 이미 들어선 것처럼 도시 내에서는 공포감이 확산되었다.

다행히 퀸크티우스가 알기두스로부터 로마로 돌아와 그런 상황을 진압했다. 어느 정도 질서를 유지하자 그는 다소 짜증난 어조로 시민들이 그토록 두려워하는 적은 이미 패퇴되었다고 말했다. 이어 그는 도시의 성문들에 말뚝을 박고, 원로원 회의를 소집하여 원로원의 지원 아래 유스티티움(justitium), 즉 공적 사무의 일시적 정지를 선포했다. 그런 다음 그는 퀸투스 세르빌리우스를 도시의 시장으로 남겨놓고 로마 국경지대로 행군했으나, 로마의 영토 내에서는 적을 발견하지 못했다.

한편 다른 집정관은 큰 성공을 거두었다. 적이 행군할 루트를 잘 알고 있었으므로 그는 자신에게 아주 유리한 상황에서 적을 덮쳤다. 적은 습격 당시에 탈취한 전리품을 싣고 오느라고 행군의 속도가 느렸다. 그 약탈 행위가 그들을 망친 원인이었다. 그 전리품은 모두 회수되었고 로마 군이 쳐놓은 함정을 피하여 살아 돌아간 자는 얼마 되지 않았다. 나흘간 지속된 유스티티움은 퀸크티우스가 로마로 돌아오면서 끝났다.

이어 인구 조사가 실시되었고 퀸크티우스는 그 조사의 마무리를 알리는 세정식(洗淨式)을 집전했다. 과부와 고아들을 제외하고 등록된 시민의 수는 104,715명이라고 한다. 아이퀴 인들과의 전쟁에서는 더 이상 언급할 만한 사건이 발생하지 않았다. 그들은 고향 도시로 철수했고 그들의 농장을 불태우고 약탈하는 데도 아무런 저항을 해오지 않았다. 여러 번 집정관은 그들 영토의 구석구석으로 병사들을 행군시켜 약탈할 수 있는 모든 것을 약탈하게 했다. 로마 군은 마침내 전리품을 가득 챙긴 채 로마로 돌아왔고 집정관의 명성은 더욱 높아졌다.

4. 그 다음 해 집정관은 아울루스 포스투미우스 알부스와 스푸리우스 푸리우스 푸스쿠스였다. 일부 저술가들은 푸리우스 대신에 푸시우스라고 쓰기도 했다. 이렇게 미리 밝히는 것은 그게 다른 사람이라고 착각하는 것을 막기 위해서이다. 두 집정관 중 한 사람이 아이퀴 족을 상대한 전쟁을

지휘했다. 그러나 아이퀴 족은 에케트라의 볼스키 족에게 도움을 요청했다. 그들은 열렬하게 호응을 해왔는데 이 두 부족은 로마를 지독하게 미워한다는 점에서 난형난제였던 까닭이다. 그들은 즉각 전쟁 준비에 들어갔다. 헤르니키 족은 이런 움직임을 파악하고서 에케트라의 배신을 로마에 알렸다. 안티움 정착촌 또한 의심의 대상이었다. 이 도시가 함락될 때 도시의 상당수 주민들이 아이퀴 족에게 피신했고 또 이 도망자들은 아이퀴가 로마를 상대로 전투를 벌일 때 상당한 전공을 올렸다. 나중에 아이퀴 인들이 그들의 고향 도시로 퇴각하자, 이 사람들은 흩어져서 안티움으로 돌아갔고, 거기서 로마의 동포들을 배신할 생각을 품고 있던 로마 출신 정착자들을 포섭했다. 이런 배신의 움직임이 원로원에 보고되었을 때, 사태는 아직 표면화하지는 않은 상태였다.

두 집정관에게는 안티움의 유지들을 로마로 소환하여 심문하라는 지시가 내려갔다. 그들은 즉각 로마에 나타났으나, 원로원의 청문회에 나온 그들의 답변은 불만족스러운 것이었고, 그들이 원로원을 떠날 무렵 더욱 의심의 대상이 되었다. 그 순간부터 전쟁은 불가피하다고 인식되었다. 아이퀴 족을 상대로 하는 전투는 집정관 푸리우스가 맡았다. 그는 로마에서 즉각 행군하여 헤르니키의 영토 내에서 약탈하는 적과 조우했다. 푸리우스는 오로지 흩어진 소부대들만 보았으므로 적의 전체 병력 규모는 알지 못한 채 훨씬 숫자가 많은 적군을 상대로 무모한 싸움을 걸었다. 교전 초기에 그는 적에게 밀려서 진영의 누벽 뒤로 물러나야 했다. 하지만 진지로 후퇴했다고 해서 위험이 끝나버린 것은 아니었다. 밤새 그리고 그 다음날, 그는 적의 심한 공격에 압박을 당했고 완전히 주위와 차단되어서 긴급 메시지를 로마에 보낼 수도 없었다.

푸리우스의 패퇴와 완전 봉쇄 상태는 헤르니키 족에게 보고되었고, 그 소식이 원로원에 미친 충격은 너무 커서 국가 비상사태가 공식적으로 선포되었다. 그 선포의 형식 — 집정관은 국가가 피해를 당하지 않도록 하라 — 은 국가의 존망에 위협을 가하는 아주 중대한 사태가 발생했음을 알리는 것이었다. 이 경우 집정관은 푸리우스의 동료인 포스투미우스인데, 그에게 비상시국에 잘 대응하여 돌파하는 임무가 부여되었다.

포스투미우스는 무기를 들 수 있는 모든 장정들을 동원하기 위해 로마에 남아 있어야 했고, 그를 대리하여 티투스 퀸크티우스가 포위된 로마 진지를 구출하는 일에 파견되었다. 그는 라틴 인, 헤르니키 인, 안티움 정착촌 등에서 급히 동원한 연합 부대를 지휘했다. 이 도시들은 "위기 병정"을 강제 징집하라는 명령을 받았는데, 비상시국에 황급히 모병한 병력을 가리키는 말이었다.

5. 그 후 여러 날 동안 치고받는 소규모 전투들이 계속되었다. 그 다음 공격은 어디서 벌어질지 아무도 몰랐다. 적은 수적 우위를 믿고서 로마 군을 갈라놓고 괴롭히는 전략을 썼다. 그들은 로마 군이 모든 소규모 부대의 도전에 응전하지 못한다는 것을 알았다. 적은 여러 전선에서 동시다발로 작전을 벌이면서 한 분견대를 보내어 로마 군 진영을 공격하고, 또다른 소규모 부대를 보내어 로마 영토 내의 농지를 파괴하고, 또 기회가 되면 로마 그 자체를 공격하는 부대를 파견하기도 했다.

발레리우스는 뒤에 남아 도시를 지켰고 포스투미우스는 국경을 보호하기 위해 현지에 파견되었다. 모든 가능한 예방 조치가 취해졌다. 도시 내에는 초병을 세웠고, 성문들 바깥에는 말뚝을 박았으며, 성벽에는 병력을 배치했고, 위기 상황에서 반드시 필요한 조치로서 모든 공공 업무를 며칠간 중단했다. 한편 푸리우스는 그의 진영을 포위한 적군을 상대로 아무런 작전도 펴지 못했다. 그러다가 적들이 잠시 방심한 틈을 타서 진지 후방의 출입문을 통과하여 적에게 기습 공격을 감행했다. 그는 자신의 유리한 상황을 계속 밀어붙일 수도 있었으나, 진영의 반대편 방향에서 적이 공격해

올 것을 두려워하여 그렇게 하지 못했다. 푸리우스의 밑에서 참모 장교로 근무하는 그의 동생은 너무 먼 지점까지 압박 공격을 펼치는데 몰두하다가 동료들이 뒤로 물러서고 있다는 것을 몰랐거나, 아니면 적이 그의 뒤에서 공격해오고 있다는 것을 깨닫지 못했다. 이렇게 하여 그는 아군으로부터 고립되었고, 진영으로 돌아가기 위해 적들과 용감히 싸우면서 길을 헤쳐나가려 했으나 그렇게 하지 못하고 전사했다. 집정관은 동생이 적에게 포위되었다는 사실을 알자마자 즉각 공격에 나섰고, 상황을 살펴가며 조심해야 하는데도 물불을 가리지 않고 전투의 현장으로 달려들었다. 그는 부상을 당했고 부하들의 부축으로 간신히 안전한 곳으로 물러설 수 있었다. 이것은 로마 병사들에게는 충격이었고 적군에게는 엄청난 격려가 되었다. 집정관에게 부상을 입히고 그의 동생을 살해했다는 것은 그들의 불타오르는 용기에 기름을 부은 격이었고, 그 순간부터 아무도 적을 제지할 수가 없었다. 중과부적에 사기가 떨어진 로마 병사들은 진영의 누벽 뒤로 후퇴했고 다시 한 번 거기에서 봉쇄되었다. 라틴 인과 헤르니키인으로 구성된 연합군을 이끌고 퀸크티우스가 현장에 나타나지 않았더라면 푸리우스 부대는 완전히 궤멸되었을 것이다.

　퀸크티우스가 현장에 나타났을 때 아이퀴 인들은 진영에 틀어박힌 로마 군을 겁주는 일에 몰두하고 있었다. 그들은 집정관 동생의 잘린 머리를 흔들어대면서 아주 야만적인 위협을 가했다. 퀸크티우스는 그들의 배후를 쳤다. 그가 신호를 보내자 로마 군 진영에서도 돌격대가 뛰쳐나왔고 곧 적군의 대부분이 포위를 당했다. 로마의 영토에서도 추가의 성공이 있었다. 그곳을 침공해 오던 아이퀴 인들은 큰 패배를 당했으나 전사자의 숫자는 그리 많지 않았다. 아이퀴 군의 산발적인 부대들이 농가를 약탈하면서 값나가는 것은 모두 빼앗아갔다. 하지만 그들은 곧 여러 군데에서 동시다발적으로 포스투미우스 부대의 공격을 받았다. 포스투미우스는 여러 군데에다 병력을 분산 배치하고서 기회를 기다리라고 했던 것이다. 아이퀴 군은 질서나 군기 없이 달아나려고 하다가 작전을 성공적으로 끝내고 부상당한 집정관과 함께 돌아오던 퀸크티우스 부대를 만났다. 집정관의 부상과 동생 및 병사들의 죽음은 거기서 벌어진 전투에 의하여 통쾌하게 복수되었다.

이런 군사 작전들에서 양측은 심대한 손실을 입히고 또 당했다. 아주 오래 전에 벌어진 사건들을 서술하는데 있어서, 부대의 병력 규모나 사상자 수를 정확하게 혹은 신빙성 있게 추측하는 것은 어려운 일이다. 그렇지만 안티움의 발레리우스는 그런 추측을 시도했다. 그의 얘기에 의하면, 헤르니키 영토에서 로마 병사의 손실은 전사 5,200명이었고, 포스투미우스와 교전한 아이퀴 인의 손실은 전사 2,400명이었다. 그 나머지들, 전리품을 가지고 고국으로 돌아가다가 퀸크티우스의 함정에 걸려든 자들은 훨씬 더 심대한 타격을 받았는데 전사자만 4,230명이었다(발레리우스는 이처럼 자세한 수치를 제시했다).

전쟁이 끝나고 로마의 일상적 업무가 재개되었을 때 기이한 일들이 벌어지기 시작했다. 대낮에 마른 하늘에서 번개가 번쩍거렸고, 다른 설명하기 어려운 현상을 겁먹은 사람들이 보았거나 보았다고 상상했다. 이런 현상들은 아주 심각하게 받아들여져서 사흘 동안의 페리아(feria:휴일)가 선언되었다. 가게들은 문을 닫았고 법원은 일시 폐쇄되었으며 모든 노동이 금지되었다. 모든 사당과 신전은 이 기간 내내 하늘의 용서를 빌며 기도를 올리는 선남선녀들로 가득 찼다. 라티움과 헤르니키에서 온 부대들은 전쟁 중의 노고에 대하여 원로원의 감사 표시를 받았고 이후 귀국했다. 전쟁이 끝난 후에 늦게 현장에 도착한 안티움 출신의 1천명 병사들은 다소 치욕스러운 대접을 받은 후에 귀국했다.

6. 이어 집정관 선거가 벌어져서 루키우스 아이부티우스와 푸블리우스

세르빌리우스가 8월 1일부터 집정관 업무를 보게 되었다. 그 당시는 8월 초가 연초(年初)였다. 그것은 불온한 계절이었고 도시와 농촌에서 많은 질병이 발생했다. 소 떼도 사람 못지않게 병으로 고생했다. 농부들이 약탈을 두려워하여 그들의 소 떼와 함께 도시로 흘러들어 도시가 과밀화하면서 질병 발생률이 높아진 까닭이었다. 동물과 사람이 마구 뒤엉켜서 내뿜는 냄새는 그런 것에 익숙하지 않은 도시 주민들에게는 고통스러운 것이었다. 농부와 시골 사람들은 비좁은 공간에서 숙식을 하면서 수면 부족과 난방 결핍으로 고통을 받았다. 병자들과의 접촉 혹은 다양한 종류의 접촉이 지속적으로 전염병을 퍼트렸다. 이 불운한 사람들이 거의 한계 상황에 도달했을 때, 아이퀴 인과 볼스키 인의 연합군이 국경을 넘어와 진지를 차렸다는 소식이 헤르니키로부터 전해졌다. 연합군은 그 진지를 거점으로 하여 인근 농촌 지역을 마구 약탈하고 있었다. 그 소식과 함께 지원 요청을 한 헤르니키 사절은 울적한 대답을 들었다. 원로원의 의원 숫자가 확 줄어든 것에서 분명히 알 수 있듯이, 전염병은 로마를 아주 심각한 곤경에 빠트렸다. 그들은 라틴 인이 무슨 지원을 해줄지 모르지만 그걸 가지고서 그들 힘으로 적들의 침공을 막아내라는 얘기를 들었다. 신들은 갑자기 화를 내며 로마를 찾아와 그 도시를 파괴하고 있었다. 하지만 전염병 상황이 조금 나아진다면, 로마는 과거에 언제나 그렇게 했듯이 우방국들을 도울 것이라고 말했다. 이렇게 하여 헤르니키 사절은 로마에 가져온 소식보다 더 나쁜 소식을 본국에 전해야 되었다. 그들은 이제 혼자 힘으로 전쟁의 부담을 모두 져야 했다. 전에 로마의 도움이 있었을 때에도 외적을 막아내는 것은 그들의 힘에 부치는 일이었는데 말이다.

침략자들은 헤르니키 영토 내에서만 머무르지 않고 로마의 영토로 물밀 듯이 밀고 들어왔다. 그곳의 농가들은 이미 파괴될 대로 파괴되어 적군이 더 황폐하게 만들 것이 없었다. 농촌지역에서 그들은 무장이든 혹은 비무장이든 단 한 명의 사람도 만나지 못했다. 그 마을을 지키는 사람들의 모습은 볼 수 없었고 농토를 경작한 흔적도 없었다. 사막 같은 곳을 통과하여 그들은 가비로 가는 길의 제3 표석(標石) 지점까지 왔다.

도시 내에서 집정관 아이부티우스가 죽었다. 그의 동료 세르빌리우스는 아직 숨이 떨어지지 않았으나 절망적인 상태였다. 대부분의 유지급 인사들, 과반수 원로원 의원들, 거의 모든 징집 대상자들이 전염병에 걸려 드러누웠다. 로마는 현재 군사적 대응에 나서야 할 상황이었다. 그러나 현 상황에서 그것은 불가능했다. 도시의 대문에서 보초를 설 수 있을 만큼 몸이 튼튼한 장정은 없었다. 경비는 그래도 좀 젊다고 할 수 있는 원로원 의원급 인사들이 섰고 도시 설비를 순찰하는 업무는 평민 출신의 토목건축 관리관들이 맡았다. 이 관리들의 손에 평소 같으면 집정관이 떠맡았을 막중한 책무가 맡겨졌다.

7. 국가의 힘이 사라지고 국가를 지도할 사람이 없는 상태에서 로마는 무기력하게 주저앉았다. 로마의 수호신들과 언제나 옆에서 지켜주는 좋은 운명만이 그 도시를 지켜줄 수 있었다. 그리고 실제로 그렇게 되었다. 적은 전혀 병사가 아니었고 도둑에 불과했다. 그들은 로마를 점령하거나 아주 가까이 다가와서 공격을 가할 생각은 조금도 없었다. 멀리서 로마의 언덕과 집들을 보는 순간 그들은 공격의 의지가 아예 사라져 버렸다. 그는 사람과 짐승의 썩어가는 시체들만 있을 뿐 노략질할 만한 물건이 없는 도시에서 무엇 때문에 시간을 낭비하겠느냐고 불평했다. 차라리 시선을 부유하고 건강한 땅인 투스쿨룸으로 돌리는 것이 나았다. 그래서 그들은 즉석에서 충동이 발동하여 발걸음을 돌렸고, 라비키 영토를 가로지르는 통로를 이용하여 투스쿨룸 근처의 언덕으로 갔다. 그곳은 그들이 작전을 벌이는 핵심 근거지가 될 터였다.

한편 라틴 인과 헤르니키 인들은 아주 실제적인 방식으로 그들의 동정심을 표시했다. 공동의 적이 로마를 향해 진군하는데도 아무런 제지를 하지 않고 또 위기에 빠진 친구들을 돕지 못한 것을 부끄럽게 여겨서, 그들은 힘을 합쳐 전장에 나타났다. 적들이 사라진 것을 발견하고서 그들은 가능한 한 많은 정보를 입수하여 적의 뒤를 쫓았다. 그들은 마침내 투스쿨룸의 언덕 쪽에서 알바 계곡으로 접근하는 적을 발견했다. 곧 그들에게 아주 불리한 상황에서 교전이 벌어졌고 로마에 대한 충성심은 그들에게 큰 대가를 치르게 했다. 그들의 손실은 컸지만 로마에서 전염병으로 죽은 사람들만큼 숫자가 많은 것은 아니었다. 로마에서는, 간신히 연명하던 집정관, 복점관 마르쿠스 발레리우스와 티투스 베르기니우스 루틸루스 같은 사회 저명인사들, 지역구 연합의 대표 세르비우스 술피키우스 등이 사망했고 이름 없는 평범한 사람들의 전염병에 의한 사망 건수는 아주 많았다. 원로원은 인력으로는 어떻게 해볼 수 없다고 생각하면서 사람들에게 기도를 올리라고 권유했다. 처자식과 함께 신전을 찾아가서 시민들의 슬픔을 덜어달라고 간절히 기도할 것을 주문했다. 그것은 공식적 명령이었으나 개인들이 각자의 고통 때문에 자발적으로 참여한 행사이기도 했다. 모든 사당에는 사람들이 넘쳐났다. 모든 신전에서는 여인들이 납작 엎드려 그들의 머리카락으로 신전 바닥을 쓸면서 화난 신들에게 은총을 내려 주시어 이 전염병을 끝내달라고 기도했다.

8. 기도에 대하여 응답이 내려온 듯했다. 아무튼 전염병의 계절은 끝나고 이때부터 병치레를 다한 사람들이 조금씩 조금씩 낫기 시작했다. 다시 한 번 사람들은 공공 업무에 시선을 돌리게 되었다. 여러 번의 인테르레그눔이 있었다가 마침내 푸블리우스 발레리우스 푸블리콜라는 인테르렉스로 근무한 지 사흘 만에 루키우스 루크레티우스 트리키피티누스와 티투스 베투리우스(혹은 베투시우스) 게미니우스가 집정관 직에 선출되었다고 선언했다.

(인테르레그눔interregnum은 글자의 의미는 "한 왕에서 다음 왕이 선정되는 공백

기간"의 뜻이다. 그러나 공화국에서는 집정관이 궐위된 상태를 가리킨다. 인테르레그눔은 보통 닷새 기간이다. 공화국에서 집정관이 죽거나, 사임하거나, 아직 선출되지 않으면 인테르레그눔interregnum이 선언된다. 그리고 이 잠정적 기간 동안 통치를 맡는 인테르렉스interrex가 지명되는데 그는 원로원 의원이면서 귀족이다. 이 인테르렉스가 두 명의 집정관 후보를 제시하여 비준을 받는다. 만약 이 후보가 거부되면 다시 인테르레그눔이 시작되는데, "여러 번의 인테르레그눔이 있었다"는 이런 뜻이다. 인테르렉스는 승인이 떨어질 때까지 후보 명단을 계속 제출한다: 옮긴이)

　두 집정관은 8월 11일에 취임했다. 이 무렵 시민들의 건강 상태는 크게 회복되어 도시 방어에 나설 수 있음은 물론이요 공격 작전도 수행할 수 있게 되었다. 따라서 헤르니키로부터 그들의 영토가 침범을 당했다는 소식이 전해져 오자 즉각 도움을 주기로 결정되었다. 두 개의 집정관 부대가 결성되었다. 베투리우스는 볼스키 인을 상대로 전투를 벌이기로 되었고, 트리키피티누스는 동맹국의 영토를 보호하라는 지시를 받고서 동쪽의 헤르니키를 향해 행군했다. 트리키피티누스는 이미 프라이네스테 산맥을 횡단한 적의 습격대를 따라잡지는 못했지만 프라이네스테와 가비 근처의 농촌 지역을 크게 약탈한 후에 방향을 왼쪽으로 틀어 투스쿨룸 언덕으로 향했다. 로마는 이때 적의 습격대로 인해 엄청난 불안을 느꼈다. 도시를 방어할 수 없어서가 아니라 그 위협은 전혀 예기치 않은 것이었기 때문이다. 퀸투스 파비우스가 도시의 방어를 책임지고 있었다. 군복무가 가능한 모든 장정들이 그의 지시에 따라 무장을 했다. 모든 요충지에는 초병이 세워졌고 모든 것이 안전하면서도 질서정연한 통제를 받았다. 이런 예방 조치 덕분에 적은 로마 인근 지역에서 값나가는 물건을 노략질만 할 뿐 도시로 쳐들어갈 생각은 하지 못했고, 우회적인 루트를 따라서 그들의 고국으로 돌아갔다. 그들은 로마에서 멀리 떨어질수록 더욱 부주의해졌는데 그러다가 덜컥 루크레티우스의 부대와 조우했다. 로마 군의 척후병들은 이미 적들이 행군할 길을 미리 정찰해 두었던 것이다. 루크레티우스의 병사들은 즉각 전투 대형으로 산개하면서 전투태세를 갖추었다. 그들에게 갑작스러운 교전은 전혀 놀라운 것이 아니었다.

반면에 적은 완전 허를 찔렸다. 로마 군의 일차 공격 부대는 그들보다 적은 병력이었으나 적의 전 부대 — 상당히 많은 병력 — 는 경악하면서 일대 혼란에 빠져들었다. 상승세의 로마 군은 그들을 도망치기 어려운 깊은 계곡으로 몰아넣고 포위했다. 그 전투에서 볼스키 족은 거의 전멸했다. 일부 기록들에서 나는 13,470명이 교전 중에 사망했고, 그 후 패주하던 적들에게서 1,150명을 포로로 잡았으며, 27개의 연대 깃발을 빼앗았다는 사실을 발견했다. 이런 수치는 아마도 과장된 것이리라. 그렇지만 볼스키 군이 엄청난 피해를 입은 것은 분명하다. 승리를 거둔 집정관은 전리품을 수레 가득 싣고서 그가 전에 점령했던 영구 진영으로 돌아왔다. 이어 두 집정관은 힘을 합쳤고, 볼스키 인과 아이퀴 인도 남은 병력을 재편성하여 부대를 정비했다. 또다시 교전이 있었는데 그 해에만 세 번째 전투였다. 그 결과는 전과 마찬가지였다. 로마의 적들은 야전에서 패배했고 그들의 진영은 로마 군의 손에 떨어졌다.

9. 이런 사건들이 전개되는 과정에서 역사는 반복되었고 전쟁의 성공적 결말에 뒤이어 또다시 즉각적으로 정치적 소요사태가 벌어졌다. 그 해의 호민관들 중에는 가이우스 테렌틸루스 아르사라는 사람이 있었는데, 그는 두 집정관의 부재를 틈타서 분란을 일으키기 시작했다. 그는 여러 날에 걸쳐서 연속하여 대중들에게 선동적인 연설을 했다. 귀족 계급의 오만함을 격렬하게 성토했고 또 두 집정관의 과도한 권력을 특히 비난했다. 그런 권력은 자유로운 공동체에서는 용납될 수 없는 것이라고 말했다. 집정관은 왕보다는 덜 혐오스러운 말이지만, 실제로는 집정관 정부는 한 명이 아니라 두 명이 운영하므로 군주제보다 더 억압적이라는 것이다. 두 집정

관은 무책임하고 무제한인 권력을 행사하며 정작 그들 자신에 대해서는 아무런 견제가 가해지지 않는 것이다. 그들은 평민을 압제하기 위해 법률이 정한 처벌을 마음대로 내리면서 법에 의한 테러를 저지르는 것이다. 그는 말했다. "따라서 이런 압제를 종식시키는 법안을 제출하려는 것이 나의 의도입니다. 집정관의 권력을 제한하고 규정한 법률을 제정하기 위하여 다섯 명의 입법위원이 임명되어야 합니다. 이렇게 하면 집정관은 시민들의 동의에 의해 그들에게 부여된 권위만 행사할 수 있을 것입니다. 지금처럼 그들 멋대로 변덕스럽게 법률의 힘을 사용하지 못하게 되는 겁니다."

호민관이 제시한 법안은 귀족들에게 너무나 충격적인 것이었다. 그들은 두 집정관이 현재 로마에 있지 않기 때문에 그 법안을 받아들여야 할지도 모른다고 생각했다. 그러나 도시의 시장인 퀸투스 파비우스가 그런 상황을 모면하게 해주었다. 그는 원로원 회의를 소집하여 그 법안과 그것을 제안한 사람의 성품에 대하여 맹렬한 비난을 퍼부었다. 실제로 두 집정관이 로마에 있어서 테렌틸루스 호민관을 직접 상대한다고 할지라도 그 강력한 비난의 말에 더 이상 덧붙일 것이 없었으리라.

"당신은 반역자입니다," 그는 소리쳤다. "당신은 아주 교활하게도 일부러 이 시점을 골라서 정부를 공격했습니다. 우리가 전쟁과 전염병을 동시에 상대해야 하는 지난해에 분노하는 신들이 당신 같은 호민관으로 우리를 저주했다면, 그 어떤 것도 우리를 구제하지 못했을 겁니다. 집정관은 전염병으로 죽고, 온 국가가 질병으로 신음하고, 모든 것이 희망 없는 혼란 속으로 빠져들었을 때, 당신 같은 호민관은 집정관의 권위를 폐지하는 법안을 도입하려 들었을 겁니다. 그렇게 해서 우리의 적들에게 로마를 공격하는 길을 가르쳐 주게 되었을 겁니다. 나의 친구여, 다시 한 번 생각해 보십시오. 만약 집정관이 어떤 개인을 상대로 독재적이고 폭압적인 행동을 했다면, 법률상 호민관인 당신은 그에게 책임을 물어서 법정의 재판대에 세우고 그곳에서 피해자와 같은 계급의 사람들에 의해 재판을 받도록 할 수 있지 않습니까? 당신이 집정관의 권위를 가증스럽고 참을 수 없는 것으로 몰아붙이는데, 오히려 호민관의 권위가 그렇습니다. 호민관의 권위는 한때 원로원과 조화를 이루었고 그래서 원로원의 적절한 기능과 갈등을 일으키지 않았습니다. 그런데 이제는 예전의 타락한 상태로 돌아갔습니다. 나는 당신이 이미 시작한 노선을 포기하라고 요구하지 않겠습니다. 적어도 당신에게는. 하지만 나는 다른 호민관들에게는 호소하겠습니다. 호민관의 권력은 도움이 필요한 개인들을 도우라고 주어진 것이지, 공화국 전체를 파괴하라고 주어진 것이 아닙니다. 당신은 원로원의 적으로 임명된 것이 아니라 평민의 호민관으로 임명되었습니다. 두 집정관의 부재로 정부가 무기력한 이 때에 정부를 공격한다는 것은 우리로서는 참담한 일입니다. 하지만 그것은 당신들의 머리 위에 증오를 가져올 것입니다. 호소하노니, 당신의 동료 테렌틸루스에게 두 집정관이 로마로 돌아올 때까지 이 문제의 논의를 연기하자고 제안함으로써, 그 증오를 좀 억제하십시오. 그것이 당신의 권리를 억제하는 것은 아니니까. 심지어 아이퀴 인과 볼스키 인들도 지난해 두 집정관이 전염병으로 사망하자 우리에게 전쟁의 공포를 일시적으로 면제해 주었습니다.”

다른 호민관들은 테렌틸루스에게 영향력을 행사하여 제안된 법안의 논의를 연기하기로 했다. 하지만 그것은 잠시 연기된 것일 뿐이었다.

10. 두 집정관은 즉각 로마로 소환되었다. 루크레티우스는 영광에 파묻히고 전리품의 무게에 짓눌린 채 도시에 들어섰다. 그의 도착을 맞이한 열렬한 환영은 모든 포획한 물자를 캄푸스 마르티우스에 사흘간 전시하도록 한 그의 관대한 처사에 의해 더욱 열렬해졌다. 거기서 자신의 재산을 발견한 사람은 마음대로 가져갈 수 있었다. 주인이 없는 것으로 판명된 물품들은 판매되었다. 일반적인 합의에 의해 루크레티우스는 대규모 개선식

을 거행할 자격이 충분했다. 그러나 그가 볼 때 테렌틸루스의 정치개혁 법안을 논의하는 것이 훨씬 더 중요하기에 개선식을 뒤로 연기했다. 그 후 며칠 동안 그 법안은 원로원과 평민 앞에서 논의되었다. 그러다가 테렌틸루스는 마침내 집정관의 권위에 승복하고 자신의 주장을 접었다. 그러자 사령관과 그의 군대는 공식적인 개선식을 거행할 준비가 되었다. 루크레티우스는 볼스키 인과 아이퀴 인과의 전투에서 크게 승리한 공로로 대규모 개선식을 거행했다. 그가 탄 전차가 로마 거리를 지나갔고 그 옆에는 함께 싸운 군대의 병사들이 걸어갔다. 다른 집정관인 베투리우스는 그보다 영예가 덜한 소규모 개선식을 허가받았다. 그것은 사령관의 전차가 로마 시내를 행진하는 것은 똑같으나 양옆에서 휘하 부대가 같이 걸어가지 않는다는 점만 다르다.

그 다음 해 집정관인 볼루미니우스와 술피키우스는 취임하자마자 또다시 테렌틸루스의 법안을 다루어야 했다. 이번에는 호민관 전원이 그 법안을 지지하고 나섰다. 그 해는 나쁜 조짐이 많이 나타났다. 하늘에서 불꽃이 번쩍거렸고, 심한 지진이 발생했으며, 암소가 말을 했다. 작년에도 암소가 말을 한다는 소문이 퍼졌지만 아무도 믿지 않았는데 올해에는 사람들이 그것을 믿었다. 이것이 전부가 아니다. 고기 조각의 비가 내린 것이다. 전해지는 바에 의하면, 수천 마리의 새들이 공중에 떨어지는 그 고기 조각을 받아먹었지만 그래도 땅에 떨어진 고기 조각들은 며칠 동안 썩지를 않았다. 두 명의 관리가 시빌의 예언서를 펴보았는데 이런 예언을 발견했다. "외국인들의 경합"이 위험을 가져오는데, 그들은 "도시의 높은 곳들을 공격하여 유혈사태"를 가져온다. 또한 당파 정치를 피하라는 예언도 있었다. 이런 예언은 호민관들을 짜증나게 했다. 그들은 예언이 가짜이며 법안의 통과를 저지하기 위해 일부러 지어낸 것이라고 주장했다. 심각한 충돌이 임박했다. 하지만 그 사태는 다음과 같은 보고 — 당신은 그것을 믿을 수 있겠는가? ― 에 의해 모면되었다. 최근에 전투에서 패배했음에도 볼스키 인과 아이퀴 인이 또다시 공격에 나섰다는 헤르니키의 보고였다. 예전의 사이클이 다시 반복되는 것이었다.

(시빌Sibyl은 그리스-로마 세계에서 여자 예언자를 가리키는 말. 시빌은 신이 들린 상태에서 예언을 말하는 것으로 믿어졌는데 주로 아폴로 신이며 신은 시빌의 입을 통하여 말한다. 시빌의 예언들은 공식적으로 책으로 집대성 되어 신전에 보관되었고 이를 가리켜 시빌의 예언서libri Sibyllini라고 한다. 가장 유명한 시빌은 쿠마이의 시빌인데 그녀의 예언들은 종려 잎새에 새겨졌다고 한다. 전승에 의하면 시빌은 로마의 마지막 왕인 타르퀴니우스 오만왕에게 9권의 예언집을 고가에 팔겠다고 했다. 왕이 매입을 거부하자, 그녀는 3권을 불태워버리고 나머지 6권에 같은 값을 불렀다. 왕이 또다시 거절하자 시빌은 3권을 더 태웠고 마침내 오만왕은 남은 3권을 원래의 고가로 사들였다고 한다. 로마 공화국 때에는 지진이나 전염병이 발생하면 시빌의 예언서를 참고했고, 이 예언서는 카피톨리움의 유피테르 신전에 보관되었다. 아우구스투스 시절에 들어와서는 팔라티움 언덕의 아폴로 신전에 이관되었다. 시빌의 예언은 기독교적 해석을 많이 담고 있어서 시빌은 구약 성경의 예언자와 같은 대접을 받게 되었다. 쿠마이의 시빌에 대해서는 이런 유명한 얘기가 전해져 온다. 아폴로 신은 시빌에게 만약 그녀가 아폴로를 애인으로 삼는데 동의한다면 그녀가 원하는 것은 뭐든지 주겠다고 했다. 그녀는 거대한 모래더미에 들어 있는 모래알만큼 오랜 햇수를 살게 해달라고 소원을 말했다. 하지만 그녀는 영원한 젊음을 동시에 달라는 요구는 하지 않았다. 오래 산 그녀는 점점 여위어져 박쥐 같이 되어 갔다. 트리말키오라는 여행자는 쿠마이 동굴의 천장에 걸어놓은 병에 박쥐처럼 매달린 시빌을 직접 보았다고 말했다. 쿠마이 동굴 근처의 아이들이 동굴로 찾아가서 박쥐 같이 쪼그라든 모습의 시빌에게 소원이 무엇이냐고 물으면 이렇게 대답했다고 한다. "난 빨리 죽고 싶어.": 옮긴이).

이번에 그 위협적인 공격의 핵심부는 보고서에 의하면 안티움이었다.

안티움의 정착자들이 에케트라에 모여서 드러내놓고 공격 계획을 논의한다는 것이었다. 원로원은 즉각 군사 동원령을 포고했다. 두 집정관은 다가오는 전쟁과 관련하여 각자 지휘 영역을 분담하라는 지시를 받았다. 호민관들은 전쟁 위협은 속임수라고 공개적으로 주장했다. 원로원이 헤르니키 족에게 연기를 하라고 시킨 일종의 연극이라는 것이었다. 로마 시민들의 자유는 한때 강력한 조치, 즉 사람 대 사람의 노골적인 대결로 억압되었으나, 지금은 그보다 더 나쁜 수단인 뻔뻔한 기만술이 동원되었다고 그들은 주장했다: 최근에 대패를 당한 아이퀴 족과 볼스키 족이 또다시 공격에 나선다고 하면 아무도 믿어주지 않을 것이니까, 새로운 적을 만들어 낸 것이다. 그래서 로마에게 충성을 바쳐온 인근 정착촌이 반란을 일으켰다고 날조한 게 아니고 무엇인가. 그래서 무고한 안티움 주민들을 상대로 전쟁이 선포되었다. 하지만 원로원이 싸우려고 하는 진짜 적은 로마의 평민들이다. 원로원은 평민의 대변인인 호민관들에게 복수하기 위하여 평민들에게 군장을 입혀서 가능한 한 많은 평민들을 황급히 도시에서 쫓아내려 하는 것이다.

그들은 계속해서 주장했다: 그러니 평민은 원로원의 유일한 목적이 제안된 법안을 폐기하려는 것임을 알아야 한다. 평민이 재빨리 움직이지 않는다면 그 목적은 달성된 거나 마찬가지이다. 이 문제는 아직도 다투어볼 만하다. 평민들은 아직도 민간복을 군복으로 갈아입지 않았다. 그러니 평민은 그들의 것인 도시로부터 추방되는 것과, 그 뒤에 따라올 노예 상태를 모면하기 위하여 재빨리 조치를 취해야 한다. 평민이 용기를 보인다면 도움은 충분히 생겨날 것이다. 호민관들은 일치단결하고 있다. 외적들의 침입은 걱정할 것이 없다. 평민의 자유는 하늘이 훤히 지켜보는 가운데 안전하게 방어될 수 있다. 신들은 이미 지난해에 그런 조짐을 보여주었다.

11. 이러한 호민관들의 주장에 대하여 두 집정관은 즉각 대응에 나섰

다. 그들은 호민관들이 훤히 보는 데서 쿠룰레 고관 의자를 내다놓고 징병 절차를 강행했다. 호민관들은 군중을 가득 데리고 그들을 압박하러 갔다. 몇 사람의 이름이 호명되자 폭동이 시작되었다. 집정관이 체포를 명령하면 호민관은 그 체포된 자를 풀어주라고 반격했다. 권리와 의무는 망각되었다. 폭력과 그것이 성취해줄 수 있는 것이 행동의 유일한 중재자였다.

투표 회의가 합법적으로 열리는 날마다 정치 개혁 법안의 문제가 제출되었다. 원로원은 그 법안을 방해하기 위하여 호민관들이 징병 문제를 방해하기 위해 사용한 전략을 그대로 답습했다. 호민관들이 투표를 위해 켄투리온을 나누려고 하자, 원로원 의원들과 귀족들은 그런 움직임에 전혀 협조하지 않았다. 원로원 당의 원로 의원들은 노련한 정치술(政治術)과는 무관한 그런 일에 거의 참가하지 않았다. 그렇지만 그 일은 서로 갈등하는 격정의 전투 장소가 되었다. 집정관들도 할 수 있는 한 그런 일로부터 떨어져 있으려 했다. 그런 대혼란 속에서 그들의 고상한 지위에 어떤 모욕이 벌어지는 것을 피하기 위해서였다.

그런데 카이소 퀸크티우스라는 젊은 귀족이 있었다. 행동적이고 키가 크고 또 단단한 몸집의 남자였다. 그는 신체 조건이 뛰어났을 뿐만 아니라 훌륭한 근무 실적을 쌓은 군인으로 또 수사적인 웅변가로서 더욱 명성이 높았다. 간단히 말해서 웅변이나 행동이 필요할 경우에 로마 내에서는 그를 필적할 만한 사람이 없었다. 원로원 당의 입장에서, 그는 커다란 힘이 되는 인물이었다. 친구들 사이에 서면 머리 하나는 더 큰 그는 황소 같이 단단했고 국가의 모든 권력을 한 몸에 갖고 있는 듯이 목소리가 크고 당당했다. 그는 귀족의 대의를 옹호하는 수호자였고 호민관들의 공격을 혼자서 맞설 수 있고 또 평민의 분노를 혈혈단신으로 감내할 수 있는 사람이었다. 그의 강력한 지도력 때문에 호민관들은 여러 번 포룸에서 쫓겨났고, 군중은 패배한 군대처럼 흩어졌다. 또한 그에게 감히 맞서려고 하는 사람은 구타를 당해 물러서거나 아니면 윗옷을 다 찢긴 상태로 도망쳐야 했다. 만약 이런 일이 계속되도록 내버려 둔다면 테렌틸루스의 제안이 법률로 발효될 가능성은 거의 없었다.

그러나 겁먹고 굴복하지 않는 유일한 호민관이 있었는데 그 이름은 아울루스 베르기니우스였다. 호민관은 카이소에게 중대한 범죄 혐의가 있다면서 그를 고발했다. 카이소는 조금도 당황하지 않았다. 오히려 그 소환은 그의 오만하고 비타협적인 자세를 더욱 공고하게 만들었다. 그래서 전보다 더 사나운 태도로 법안의 통과에 반대했다. 그는 군중을 괴롭혔고 호민관들과 대놓고 싸움을 했다. 베르기니우스는 그의 사냥감의 방자한 행동을 견제할 생각을 하지 않았다. 그는 카이소가 평민의 분노에 부채질을 하도록 내버려 드었고, 그리하여 카이소를 법정에 소환할 때 고발할 건수가 더욱 많아지게 했다. 그는 계속 테렌틸루스 법안의 통과를 주장했는데 그것을 통과시키겠다는 의도보다는 카이소의 약을 올려서 불리한 행동을 하도록 유도하기 위한 의도가 더 강했다. 카이소는 이제 악명 높은 인물이 되어 있었고 상황이 이렇다 보니 젊은 귀족들이 한 말이나 행동을 안타깝게도 그 자신이 한 것처럼 뒤집어쓰게 되었다.

그렇지만 카이소는 제출된 법안에 대한 저항을 조금도 늦추지 않았다. 베르기니우스는 기회 있을 때마다 평민을 상대로 도발적인 연설을 했다. "나의 좋은 친구들이여, 이제 당신들은 이런 점을 충분히 알았을 겁니다. 당신들이 통과되기를 바라는 법안은 당신들 사이에 카이소가 있는 한 통과되지 못합니다. 카이소냐 법안이냐 둘 중 하나입니다. 둘 다 가질 수는 없습니다. 그런데 왜 나는 '법'을 말할까요? 이자가 파괴하려는 것은 당신들의 자유이기 때문입니다. 이 호랑이와 비교해 보면 타르퀴니우스 가문은 어린 양에 지나지 않습니다. 아무것도 아니면서도 저자는 당신들에게 폭군 노릇을 하고 있는데 당신들은 그저 보고만 있습니다. 하지만 저자가 나중에 집정관이나 독재관이라도 된다면 당신들은 어떻게 될까요?"

과거에 카이소의 손에 폭행을 당했다고 불평하는 많은 사람들에게 그의 연설은 달콤한 노래처럼 들렸고 그들은 베르기니우스에게 어서 그자를 손보라고 촉구했다.

12. 재판일로 지정된 날짜가 가까이 다가왔다. 일반 대중은 그들의 자유가 카이소의 유죄 판결에 달려 있다고 생각했다. 상황이 이렇다 보니 카이소는 마침내 여러 시민들에게 지원을 얻어내기 위해 유세를 벌여야 하는 불쾌한 입장에 내몰리게 되었다. 그는 여러 저명한 친구들과 함께 그런 개인들을 찾아다녔다. 세 차례나 집정관을 역임한 티투스 퀸크티우스 카피톨리누스는 사람들에게 카이소와 그의 집안의 뛰어난 군 근무 경력을 상기시키면서 이런 말도 했다. 퀸크티우스 가문 내에서 — 혹은 로마의 역사를 통틀어서 — 카이소처럼 빠르게 뛰어난 성인 남자로 성장한 로마 출신의 천재는 없었다는 것이다. 아버지는 카이소가 아주 훌륭한 군인이었고 아버지가 지켜보는 데서 멋지게 싸운 전투가 여러 번이었다고 말했다. 스푸리우스 푸리우스는 아버지가 파견한 카이소가 그(푸리우스)를 위험한 상황에서 구해주는 일을 멋지게 해냈고, 그리하여 그 뒤에 찾아온 군공은 오로지 카이소 혼자의 것이었다고 해도 과언이 아니라고 증언했다.

작년의 집정관으로서 아직도 최근의 승전의 영예를 한 몸이 누리는 루크레티우스도 그의 성공에 카이소가 상당히 기여를 했으며 각종 전투에서의 놀라운 근무 성적과, 기습전과 야전에서의 접전에서 카이소가 보여준 혁혁한 전공 등을 거듭 말했다. 그는 자신이 할 수 있는 모든 웅변을 동원하여 카이소가 각종 재주와 행운으로 축복받은 뛰어난 성품의 시민이라고 군중에게 말했다. 카이소는 어떤 나라에 태어났더라도 그 나라의 일에 아주 큰 영향력을 행사할 그런 인물이므로, 그를 추방하여 망명자로 만들지 말고 로마 내에 시민의 일원으로 보듬어주자고 호소했다. 평민이 반대하는 카이소의 거친 성품도 나이 들어 갈수록 순화될 것이라고 말도 덧붙였다. 비록 그가 현재는 지혜롭고 안정된 판단력이 결여되어 있으나 앞으로 더 좋아질 것이라고 말했다. 그의 나쁜 점은 사라지고 좋은 점이 더욱 두드러지게 나타날 것이라는 얘기였다. 그러니 이런 황금의 가치를 가진 사람을 그들 사이에서 성장하도록 도와주어야 하지 않겠는가?

그를 지원하기 위해 호소에 나선 또다른 인물은 그의 아버지 루키우스 퀸크티우스, 일명 킨키나투스였다. 오로지 아들 칭찬만 하면 그의 악평을 더 심화시킬 것을 두려워하여 아버지는 다른 접근 방법을 취하면서 아들의 청년다운 객기를 용서해 줄 것을 요청했다. 그 어떤 시민에게도 피해될 만한 말이나 행동을 한 적이 없는 아버지를 보아서 한 번만 용서해 달라고 호소했다. 하지만 아버지는 성공을 거두지 못했다. 카이소에 대한 반감이 너무나 강력했기 때문에 어떤 사람들은 아예 루키우스의 호소를 듣지 않으려 했다. 어떤 사람들은 당황했으나, 반면에 어떤 사람들은 그들이 카이소에게서 받았던 거친 대접을 불평하면서 아주 격렬하게 항의했다. 평민이 어떤 판결을 내릴지 너무나 분명했다.

13. 사람들이 일반적으로 카이소를 싫어한다는 사실 이외에도 그에게 아주 불리하게 작용한 한 가지 특별한 사건이 있었다. 그것은 몇 해 전에 호민관을 지낸 마르쿠스 볼스키우스 픽토르가 내놓은 것인데 이런 얘기였다. 전염병이 물러간 직후에 이 픽토르는 수부라에서 흥청망청 놀고 있던 한 떼의 귀족 청년들을 만났다. 그러다가 그들 사이에 싸움이 벌어졌는데 당시 건강을 아직 완전히 회복하지 못한 픽토르의 형이 카이소의 주먹에 맞아 땅에 쓰러졌다. 그 형은 기절한 상태로 들것에 실려 집에 돌아왔고 그 부상이 직접적인 원인이 되어 결과적으로 사망했다. 지난 몇 년 동안의 집정관 통치 아래에서, 픽토르는 이 포악한 범죄에 대하여 정의로운 심판을 청구하지 못했다. 픽토르는 사람이 빽빽이 들어찬 거리에서 목청 높여 이 이

야기를 떠들어댔는데, 사람들은 너무 흥분하여 그 자리에서 카이소를 찢어 죽일 뻔했다. 베르기니우스는 카이소의 체포와 투옥을 명령했다.

귀족들은 그 명령에 대해서도 강력하게 반발했다. 티투스 퀸크티우스는 곧 중대한 혐의로 재판을 받게 되어 있는 사람인데, 재판이 열려서 선고가 내려지기 전에 그의 몸에 손을 댄다는 것은 불법이라고 큰 소리로 주장했다. 베르기니우스는 유죄 판결이 내려지기 전에 죄수를 처벌할 의도는 아니라고 대답했다. 그러나 로마의 시민들이 살인범을 처벌할 기회를 빼앗겨서는 안 되기 때문에 재판이 열리기 전에 죄수의 신병을 확보해야 하겠다는 베르기니우스의 의지는 결연했다. 그러나 귀족들이 다른 호민관들에게 호소하여 타협이 이루어졌다. 피고의 인신을 보호하는 권리를 주장하면서 호민관들은 투옥을 거부하는 대신 피고가 반드시 법정에 출두해야 한다고 지시했다. 그러면서 피고가 출두하지 않을 경우에 대비하여 보증인들이 소정의 보증금을 내놓으라고 요구했다. 그 액수를 어느 정도로 할 것인가, 의문이 있었으므로 원로원에 그 문제가 회부되었다. 피고는 그 문제가 결정될 때까지 일시 구금되었다. 원로원은 보석금을 보증인 1인 당 3천 아스로 정한다고 선포했다. 보증인의 숫자는 호민관이 결정하기로 되었는데 그들은 10명으로 결정했다. 베르기니우스는 이어 피고를 보석했다. 이것은 기록에 남아 있는, 피고가 평민에게 보석금을 제시한 첫 번째 사례이다.

카이소는 이런 절차에 따라 행동의 자유를 얻게 되자 그 다음날 밤에 로마를 떠나 에트루리아로 갔다. 재판 기일이 되자, 그의 지지자들은 그가 자발적인 망명을 떠났다고 호소했다. 베르기니우스는 궐석 재판을 강행할 기세였으나 귀족들의 항의를 받은 호민관들이 평민 의회(concilium)를 해산하면서 재판을 하지 못했다. 카이소의 아버지는 보석금의 지불을 강요받았다. 그 돈을 갚기 위해 그는 전 재산을 팔고서 도시를 떠났다. 그는 강 건너

편에서 버려진 오두막을 발견했고 거기서 추방당한 사람처럼 살았다.

14. 국외에서 평화가 찾아왔음에도, 카이소의 재판과 테렌틸루스의 정치 개혁 법안에 대한 논의 때문에 이 기간 내내 온 나라가 흥분 상태에 있었다. 호민관들은 환호작약했다. 귀족들의 대의가 카이소의 망명으로 큰 타격을 받았으므로, 그들은 관련 법안이 통과된 거나 마찬가지라고 느꼈다. 나이 든 귀족들의 국정 장악력이 느슨해진 것은 사실이었다. 그러나 젊은 귀족들 특히 카이소와 단짝이었던 귀족들은 완강한 태도를 누그러트릴 기세를 보이지 않았다. 평민들에 대한 적대감은 전보다 더 깊어졌으나, 귀족들이 그들의 목적을 달성하기 위하여 선택한 방법은 절제된 것이었고 대체로 보아 이것 덕분에 성공을 거두게 되었다. 카이소의 망명 후에 문제의 테렌틸루스 법안을 다시 제출하려고 하자, 귀족들은 호민관들을 제압할 목적으로 자신들이 집안에서 부리는 하인들로 구성된 대규모 부대를 이끌고 공격에 나섰다. 호민관들도 이에 맞서서 즉각 거리에서 물러가라는 명령을 내리면서 백병전으로 맞섰다. 어느 편이 그 싸움에서 더 강했는지, 어느 편이 더 큰 명예 혹은 비난을 안고 집으로 돌아갔는지 등은 말하기가 어렵다. 호민관의 대응은 상당히 잘 조율된 것이었고, 평민들로부터 전에는 카이소가 한 명이었는데 이제는 1천명이 되었다는 분노하는 논평을 이끌어 냈다.

그러나 법안에 관련된 사무가 없는 날에, 젊은 귀족들은 아주 다르게 행동했다. 그들은 예절을 잘 지키는 모범적인 시민이었다. 그들은 노동자 계급의 친구들에게 다정하게 아침 인사를 했고, 친절하게 말을 걸었으며, 그들의 집으로 초대했다. 그들은 선량한 시민의 자세를 유지하면서 포룸을 산책했고 호민관들이 개최하려는 다른 안건에 대한 회의는 전혀 방해하지 않았다. 간단히 말해서, 젊은 귀족들은 개혁 법안이 논의되지 않는 한, 개인으로서나 계급으로서나 그 어떤 적대감도 드러내지 않았다. 그 모든 경우에, 젊은 귀족들은 진정한 민주주의자처럼 행동했다. 더욱이 호민관들은 다른 안건들은 아무런 저항 없이 통과시켰을 뿐만 아니라 그 다음해에 재선되기까지 했다. 아무런 거친 말을 하지 않고서도 평민을 굴복시켰다. 폭력은 아예 사용하지 않았다. 모든 일을 아주 친절하게 해나갔다. 이러한 정책은 큰 성공을 거두어서 귀족들이 반대하는 법안은 연말까지 미루어졌다.

15. 아피우스의 아들 클라우디우스와 푸블리우스 발레리우스 푸블리콜라가 집정관 자리에 올랐을 때 국정은 다소 안정된 상태였다. 새해는 새로운 문제를 가져오지는 않았으나 테렌틸루스의 개혁 법안과 그 법안의 통과는 여전히 두 계급의 갈등하는 핵심 관심사였다. 젊은 귀족들이 평민들의 비위를 맞추면 맞출수록 호민관들의 저항은 더욱 거세어져갔다. 호민관들은 온갖 중상모략으로 젊은 귀족들을 헐뜯으려 했다. 가령 이런 것들이었다. 음모가 현재 진행 중이다. 카이소가 로마로 돌아왔다. 호민관들을 살해하고 전반적인 학살을 저지를 계획이 준비 중이다. 나이 든 귀족들이 젊은 귀족들에게 호민관 제도를 폐지하고 성스러운 산의 점령(병사들의 군대 이탈) 이전의 저 나쁜 시절로 정부 형태를 돌리라고 주문했다, 등등.

그 외에 두 가지 근심되는 사항이 있었다. 첫째는 볼스키 인과 아이퀴인이 공격해 올지 모른다는 두려움이었다. 그들의 공격은 이제 연례행사 비슷한 것이 되었다. 둘째, 본국 가까운 곳에서 예기치 못한 새로운 비상사태가 발생했다. 아피우스 헤르도니우스라는 사비니 인의 지휘 아래, 2천5백명의 노예와 유배자들로 구성된 반란군이 야음을 틈타서 카피톨리움의 요새를 점령했다. 그들은 그곳에 있다가 반란에 가담하기를 거부한 모든 사람을 학살했다. 일부는 대혼란 중에 간신히 빠져나와 허겁지겁 포룸으로 달려왔다. 공포가 널리 퍼져나갔다. "무기를 들어라!", "적이 우리에게 닥쳐왔다" 같은 구호가 거리들 사이에서 메아리쳤다.

두 집정관은 난관에 봉착했다. 평민을 무장시켜도 혹은 무장시키지 않아도 위험하기는 마찬가지였다. 갑작스러운 공격의 원인과 근원이 여전히 불분명한 까닭이었다. 그들이 짐작하기로는 외국의 공격일 수도 있었고, 성난 군중이 도시를 급습한 것일 수도 있었으며, 노예들의 고약한 반란일 수도 있었다. 두 집정관은 평화를 유지하려고 최선을 다했으나 별로 성공하지 못했다. 공포에 사로잡힌 군중은 통제 불능이었고 명령을 찬찬히 들어줄 상황도 되지 못했다. 두 집정관은 마침내 제한된 범위 내에서 군중에게 무기를 나누어 주었다. 현재의 부족한 지식으로 추측해 볼 때, 앞으로 닥칠 상황에 다소 자신 있게 대응하기에 충분한 양의 무기였다. 그날 밤은 적의 성격이나 숫자가 불확실한 상태에서 아주 불안한 시간을 보내야 했다. 새벽이 올 때까지 도시 전역의 요충지에다 말뚝을 박는 작업이 실행되었다. 해가 뜨자 상황은 더욱 분명해졌다. 카피톨리움 언덕을 장악한 헤르도니우스는 노예들에게 그들의 자유를 주장하라고 촉구했다. 그 자신을 압박받는 자들의 옹호자라고 자처하면서 부당하게 유배형을 당한 자들을 모두 고국으로 돌려보내고 노예들을 잔인한 굴레로부터 해방시키는 것이 자신의 목적이라고 선언했다. 그는 로마 시민의 승인 아래 자신의 목적을 달성하는 것을 더 선호한다는 말도 했다. 하지만 승인을 해주지 않겠다면 그는 모든 조치를 다 강구할 것이고, 필요하다면 볼스키 인과 아이퀴 인도 불러들이겠다고 선언했다.

16. 원로원과 두 집정관에게 이제는 위기의 심각한 규모에 대하여 아무런 의문도 남아 있지 않았다. 하지만 반란의 숨겨진 의미에 대해서는 아직 완전히 파악된 상태가 아니었다. 로마 지도부는 헤르도니우스의 위협에도 불구하고 이 사건이 베이이 인과 사비니 인의 음모가 아닐까 의심했다. 도시 내에 그처럼 대규모 적대적인 병력이 들어와 있는 상황에서 사비니와 에트루리아의 연합군이 언제라도 쳐들어올 수 있다는 걱정도 했다. 로마의 전통적인 적국인 볼스키와 아이퀴가 로마 성벽 내에 적군이 있다는

사실에 고무되어 평소의 국경지대 습격에서 한 발 더 나아가, 로마 시를 공격해올 수도 있었다. 그러나 위협의 원인들 중에서 최악의 것은 노예들이었다. 자신의 집안에 적이 있다는 사실은 누구나 두려워했다. 그 어떤 노예도 안전하다고 믿을 수 없었고, 그렇다고 노골적으로 의심을 드러내 보일 수도 없었다. 그렇게 하면 노예의 적개심을 더욱 악화시킬 수 있었다. 상황은 너무나 심각하여 시민들의 일치단결된 힘도 자신 있게 그 상황에 대처할 수가 없었다. 마치 홍수가 로마를 덮친 듯했고 물에 빠진 사람들은 정치 따위는 생각할 겨를이 없었다. 호민관들에 대한 두려움, 평민에 대한 두려움은 모두 망각되었다. 현재의 상황과 비교해 볼 때 그것은 아무것도 아니었다. 시절이 평온할 때 튀어나오는 반복적인 골칫거리인데, 지금은 외적의 위협에서 오는 공포로 인해 완전히 쑥 들어가 버렸다.

그러나 현재의 위기 상황에서 가장 위험스러운 것이 바로 국가의 정치적 분열이었다. 호민관들은 정치 개혁의 열정에 눈이 멀어서 카피톨리움 점령은 평민들의 관심을 정치 개혁으로부터 다른 곳으로 돌리기 위한 정치적 연극에 불과할 뿐이라고 주장했다. 정치 개혁 법률이 통과되어 그런 연극이 불필요하다는 게 판명되면, 귀족들의 친구들과 하인들은 갑자기 왔던 것처럼 조용히 사라져 버릴 것이라고 호민관들은 선언했다. 이어 그들은 평민에게 도시의 방어 업무에 참가하지 말고 개혁 법률을 통과시키기 위해 국민회의를 소집할 것을 촉구했다.

17. 한편 원로원 회의가 개최되었고, 의원들은 지난밤 카피톨리움이 점령된 것보다 호민관들의 호전적 태도에 더 경악했다. 곧 병사들이 호민관의 지시에 따라 무기를 내려놓고 그들의 초소를 떠나고 있다는 소식이 들어왔다. 발레리우스는 동료 집정관에게 원로원의 방어를 맡기고 의사당 건물에서 황급히 나와 호민관들이 회의를 하고 있는 장소로 달려갔다. "이봐요, 신사 양반들," 집정관이 소리쳤다. "이게 도대체 무엇을 의미하는

겁니까? 헤르도니우스의 뜻에 따라 국가를 절단내려는 것이 당신들의 의도입니까? 노예들을 선동하여 우리에게 반란을 일으키도록 하는 일에 실패한 이 악당이 당신들을 매수하는 일에는 성공하여 이제 당신들은 그 악당을 지지하는 것입니까? 적은 우리의 머리 위에 있습니다. 그런데도 당신들은 칼을 내려놓고 정치 얘기를 하려고 하는군요!"

이어 그는 군중에게 시선을 돌리면서 말했다. "친구들이여, 시민들이여! 당신들의 도시와 당신들 자신에 대하여 아무런 걱정을 하지 않는다고 하더라도 적이 그 신전을 사로잡아 버린 신들에 대해서는 두려움을 가지십시오! 신들의 제왕인 유피테르, 신들의 여왕인 유노, 미네르바, 그리고 하늘의 많은 신들이 이제 포위를 당했습니다. 노예의 무리가 당신의 조국을 지켜주는 신상(神像)들을 손에 장악한 것입니다. 수백 명에 달하는 적대적인 세력이 도시의 성벽 내에 들어와 있습니다. 아니, 그보다 더 심각합니다. 그들은 카피톨리움의 요새에 들어갔습니다. 포룸과 원로원 의사당 위쪽에 있는 카피톨리움 언덕에서 말입니다. 그런데 우리는 무엇을 하고 있습니까? 포룸에서는 공적인 회의가 열리고 의사당에서는 회의가 진행되고 의원들은 안건을 제출하고 평민들을 투표를 하고 있습니다. 마치 평화와 안전이 반석처럼 단단한 양! 이게 제정신인 나라입니까? 아니면 미친 짓입니까? 안 됩니다, 안 됩니다, 나의 친구들이여. 이런 위급한 순간에, 로마의 모든 시민은, 집정관, 호민관, 신(神)들 등, 귀족이든 평민이든 계급과는 관계없이, 손에 칼을 들고 카피톨리움 언덕으로 달려올라가, 유피테르를 모신 저 장엄한 신전에 자유와 평화를 회복시켜야 합니다. 아버지 로물루스여, 제 기도를 들으소서. 당신이 사비니 족이 황금으로 점령했던 저 요새를 빼앗았을 때 당신 가슴에서 불타던 그 용기를 우리 자녀들의 가슴에 넣어주소서! 한때 당신이 병사들을 이끌고 행군했던 저 길로 당신의 자녀들이 씩씩히 나아가게 하소서. 나는 인간의 능력으로 할 수 있는 한, 당신의 신성한 발걸음을 따라가겠습니다. 로마의 시민들이여, 나는 칼을 높이 쳐듭니다. 그리고 당신들도 모두 이와 같이 하기를 바랍니다!"

이런 간절한 호소에 뒤이어 발레리우스는 누군가가 그의 길을 방해한다면 지위 고하를 막론하고 처단할 것이라고 부연했다. 집정관의 권위를 가진 인물이든, 법률에 의해서 신성한 신분으로 규정된 호민관의 권력이든, 카피톨리움 언덕이든, 포룸이든, 그의 앞길을 방해하는 자는 모두 공적으로 취급하겠다고 선언했다. "만약 호민관들이," 그가 외쳤다, "여러분이 헤르도니우스를 무찌르기 위해 진군하는 것을 금지한다면, 차라리 당신들의 집정관인 나를 무찌르라는 명령을 내리게 하십시오. 우리 가문의 창시자가 과거에 왕들을 무찔렀던 것처럼, 나도 그들을 무찌르고 말겠습니다."

무력행사가 불가피하게 보였고 적은 곧 로마 시내에서 내전이 터지는 광경을 즐거운 마음으로 구경할 것이었다. 사태는 교착 상태에 빠졌다. 집정관이 카피톨리움으로 진격할 수 없었다면 호민관들은 법률 통과가 무망해졌다. 그러나 곧 어둠이 내려서 즉각적인 위험은 모면되었다. 밤이 되자 호민관들은 집정관의 무력을 두려워하여 물러갔다.

평민을 선동하여 폭동을 일으킨 것이 호민관들이라면, 이제 그들이 물러가자 귀족들이 기회를 잡았다. 아직도 사람들로 혼잡한 거리를 돌아다니면서 흥분된 목소리로 현황을 얘기하는 사람들 사이에 슬쩍 끼어들어 현명한 말을 한두 마디 흘렸다. 이제 문제는 계급 갈등의 수준을 넘어서서 전국적인 문제가 되었다. 귀족과 평민, 요새와 그 주위의 신전들, 도시 내의 모든 가정의 수호신들, 그리고 도시 그 자체가 적에게 넘어갈지 모른다, 라고 말하며 위기의식을 고취시켰다. 시민들을 각성시키기 위해 거리에서 이런 노력이 전개되는 동안, 두 집정관은 도시의 대문과 성벽 방어를 점검하러 갔다. 베이이 인과 사비니 인의 적대적 공격에 미리 대비하기 위해서였다.

18. 밤 사이에, 노예들의 카피톨리움 점령과 요새 탈취 소식이 투스쿨룸에 전해졌다. 당시 그 도시에서 최고 권력을 휘두르던 루키우스 마밀리우스는 신속히 국무회의를 소집했다. 로마의 전령들이 회의장에 소개되었고, 마밀리우스는 로마가 공식 지원 요청을 해올 때까지 아무 행동을 하지 않는 것은 잘못된 일이라고 있는 힘을 다해서 강조했다. 상황이 웅변으로 말해주고 있지 않은가. 로마가 직면한 절망적인 위험, 그들이 신 앞에서 서약했던 동맹의 맹세 등을 생각할 때, 한시바삐 행동에 나서야 하는 것이다. 강력한 이웃인 로마로부터 고마움의 느낌을 얻어내는 데에는 이보다 더 좋은 기회가 없을 것이다. 국무회의는 그 의견에 찬성했고, 병사들을 동원하여 무기를 지급했다.

새벽이 되자 투스쿨룸 분견대가 로마인의 눈에 띄었다. 로마인은 처음에는 아이퀴 혹은 볼스키의 적대적인 부대로 오인했으나, 그들이 가까이 다가오면서 그게 잘못된 경계라는 것을 알았다. 그들은 도시 안으로 받아들여졌고 일렬종대를 이루어 포룸으로 들어갔다. 그곳에서 발레리우스는 동료 집정관에게 출입문 경계를 맡기고서 병사들에게 교전 준비를 시키고 있었다. 병사들에게 전투 준비를 시킬 수 있었던 것은 그의 개인적 승리였다. 어떻게 그리 할 수 있었을까. 카피톨리움이 수복되어 평화가 돌아올 때, 평민들이 그에게 호민관들이 법률로 통과시키려고 하는 법안의 실제적 위험을 설명할 기회를 준다면, 그는 앞으로 영원히 평민들의 친구가 되겠다고 약속했다. 그의 집안이 오래 전 평민들에게 했던 봉사와 그의 이름이 푸블리콜라(평민의 친구)라는 점을 상기시키면서, 그가 평민의 합법적 권리를 보호하는 의무를 상속받았다는 사실을 강조했다. 그런 만큼 정치적 목적 때문에 그들의 집회 권리를 박탈하는 일은 결코 하지 않을 것이라고 약속했다. 이 약속은 효과를 발휘했다. 호민관들의 제지에도 불구하고 시민들은 그를 따라갔다. 이제 투스쿨룸 지원 부대의 도움을 받아가며 로마 군은 카피톨리움 언덕으로 올라가는 등성이 길로 행군했다. 투스쿨룸 부대도 로마의 시민군 못지않게 결연했다. 양군은 요새를 수복하는 명예를 두고서 서로 경쟁했다.

공격이 임박하자 적은 좌불안석이 되었다. 그들이 언덕 꼭대기에 있다는 것이 다소 자신감을 안겨주었다. 그러나 그들이 정신을 가다듬기도 전에 로마 군의 공격이 시작되었다. 로마 군은 신전의 안뜰까지 밀고 들어갔으나 잠시 뒤 대열의 선두에서 싸우던 발레리우스가 전사했다. 볼룸니우스는 그가 쓰러지는 것을 보았고 한 분대에게 그의 시신을 수습하라고 명령하고 앞으로 나서서 전사한 사령관의 자리를 채웠다. 백병전의 열기 속에서 병사들은 심각한 사태인 사령관의 죽음을 알지 못했고, 그들이 대장 없이 싸운다는 사실을 알기도 전에 전투는 승리로 끝났다. 많은 유배자들이 신전 바닥을 그들의 피로 물들였다. 많은 사람들이 포로로 붙잡혔다. 헤르도니우스는 살해되었다. 자유민이든 노예든 지위와 신분에 합당한 처벌을 받았고 투스쿨룸은 지원해 주어서 고맙다는 공식적인 감사 표시를 받았다. 이어 카피톨리움에서 세정 의식이 거행되었다. 평민들은 전사한 집정관의 집으로 몰려들었고 각 병사들은 그의 장례식이 좀 더 성대하게 치러질 수 있도록 부의금을 내놓았다.

19. 평화가 회복되자 호민관들은 원로원에 발레리우스의 약속을 이행하라고 압박을 가했다. 또 동료 집정관인 클라우디우스에게는 개혁 법안에 대한 논의가 이루어지게 함으로써 전사한 동료의 영혼을 위로해야 한다고 채근했다. 클라우디우스는 집정관의 빈 자리가 채워질 때까지는 그렇게 할 수 없다고 답변했다. 이렇게 하여 이 논의는 12월의 선거 때까지 계속되었다. 이때 원로원 당의 열광적인 지지 덕분에 카이소의 아버지 루키우스 퀸크티우스 킨키나투스가 집정관으로 뽑혀서 즉각 취임했다. 평민들이 볼 때 그 선거는 하나의 충격이었다. 그들은 킨키나투스가 원로원

의 지지를 받는 위대한 능력의 집정관임을 알아보았지만 동시에 그가 평민들에게 결코 우호적이지 않으리라 생각했다.

그는 세 아들의 아버지였는데 3형제 모두 오만한 자세는 카이소에 못지않았으나 국가적 이유로 그렇게 하는 것이 현명하다고 생각하면 스스로 절제하는 능력이 카이소보다 뛰어났다. 킨키나투스는 일련의 연설을 하면서 임기를 시작했는데 평민들을 억압하려고 하기 보다는 원로원을 더욱 맹렬하게 비판했다. 그에 의하면 원로원 당이 제 구실을 하지 못했기 때문에 호민관들이 같은 관직에서 무기한 근무하고 또 독설과 황당무계한 주장을 계속하며 폭정을 할 수 있었다. 그러한 태도는 로마 같은 도시의 정치적 생활에는 어울리지 않는 것이며, 무질서한 가정에나 어울리는 것이다. 용기, 일관성, 민군(民軍) 생활에서 진정한 남자가 발휘하는 모든 미덕이 그의 아들 카이소를 따라 추방되었다고 주장했다. 그는 이렇게 외쳤다.

"그 대신에 이제 우리가 무엇을 가지고 있습니까? 호민관들입니다! 이들은 말만 많고, 문제를 일으키며, 정치적 분열만 꾀하는 자들입니다. 비열한 방법으로 같은 자리에 두 번 혹은 세 번까지 선출되어 마치 왕이나 된 것처럼 무책임하게 우리들 위에서 군림하려고 합니다! 아울루스 베르기니우스는 카피톨리움에 있지 않았다고 해서 헤르도니우스와는 다르게 아예 처벌받지 않은 것이 타당합니까? 어떻게 살펴보아도 그는 처벌을 받아야 마땅합니다. 헤르도니우스는 적어도 자신을 적이라고 선언했습니다. 그건 무기를 들라고 하는 지시와 같습니다. 그런데 이 친구는 싸울 것이 아예 없다고 하면서 여러분의 칼을 빼앗았고 당신들을 비무장의 무기력한 상태로 유배자들의 소란과 노예들의 분노에 내맡겨 버렸습니다. 그리고 당신들은 이 적들을 포룸에서 내쫓지도 않고서 집정관 클라우디우스와 그의 죽은 동료에게 경의를 표시하며 카피톨리움 언덕 위로 행진했습니다. 당신들 모두 부끄러운 줄 아십시오! 카피톨리움 요새가 적의 손에 있고 노예와 유배자들의 지도자가 그 더러운 몸뚱아리로 최고최선의 유 피테르 신전을 더럽히고 있을 때, 칼을 먼저 뽑아든 것은 로마가 아니라 투 스쿨룸이었습니다. 그리고 우리의 요새를 해방시킨 타격을 먼저 가한 사 람이 투스쿨룸의 마밀리우스인지 혹은 우리의 집정관 발레리우스와 클라 우디우스인지 아무도 알지 못합니다. 라틴 인이 외적에 맞서서 스스로 무 장하는 것을 금지했던 우리는 투스쿨룸이 자발적으로 무장을 하고 우리 를 도와주지 않았더라면 전멸할 뻔했습니다. 나는 이제 호민관들에게 묻 습니다. 당신들이 말하는 '평민을 도와준다는 것'이 비무장의 무기력한 평 민을 적의 손에 넘겨주어 목 베어 죽게 만드는 것입니까? 만약 당신의 가 장 비천한 평민들 — 당신이 우리의 사회에서 아예 따로 떼어내어 일종의 국가 속의 국가를 만들어, 완전히 당신의 부하로 만든 사람들 — 이, 혹은 그 중에서 가장 이름 없는 사람들이 당신들에게 전갈을 보내어 그들의 노 예가 무장하여 그들 집을 포위공격하고 있다고 알려왔다면, 당신들은 틀 림없이 구원 부대를 보냈을 겁니다. 그런데 유배자들과 노예들의 칼에 둘 러싸인 유피테르는 인간의 도움의 손길이 전혀 필요 없는 것입니까? 이 호민관이라는 사람들은 그들이 보기에 유피테르 자신도 신성하고 불가침 이라고 생각하지 않으면서 정작 그들 자신은 신성하고 불가침이라고 생 각하고 있는 것입니다! 당신들은 불경건함과 범죄의 습지에 빠져 있으면 서도 이해가 가기 전에 법률을 통과시켜야 한다고 주장합니다. 만약 당신 들이 그렇게 한다면 내가 집정관으로 취임한 것은 로마에게는 아주 불길 한 날이 될 겁니다. 아니, 발레리우스가 전사한 것보다 더 불길한 일이 되 겠지요."

그는 말을 끝맺었다. "그리고 이제 나와 동료의 첫 번째 결정은 볼스키 인과 아이퀴 인을 상대로 전투를 벌이는 것입니다. 신은 우리가 전쟁을 할 때 우리나라에 더 미소를 보내주는 듯합니다. 볼스키 인과 아이퀴 인이 유배자 무리가 카피톨리움을 정복했다는 것을 알았더라면 그 두 부족은 아주 큰 위협이 되었을 것입니다. 그 위협을 실제로 겪는 것보다는 과거의 유사한 사건들로부터 상상해 보는 것이 훨씬 더 유쾌할 겁니다."

20. 이 강력한 연설은 평민에게 큰 효과를 미쳤고 원로원 당은 새로운 자신감을 얻게 되었다. 이제야 국사가 제대로 된 방향으로 움직이고 있다고 생각했다. 동료 집정관은 그 자신이 선두에 나서고 싶은 마음이 없었으므로 적극 퀸크티우스를 도와주려 했고, 그래서 동료의 주도권에 반대하지 않았다. 그렇지만 동료가 제시한 중요한 조치들을 이행하는 데 있어서 그 자신의 일정한 임무를 요구했다. 그러나 호민관들은 경멸하는 태도로 나왔다. 그들은 퀸크티우스의 연설이 허세만 가득할 뿐 아무런 알맹이가 없다고 주장했다. 아무도 병력 동원을 허가해 주지 않는데 어떻게 두 집정관이 군을 이끌고 야전에 나가겠다는 것인가? 그렇지만 퀸크티우스는 이미 대답을 준비해 놓았다. "우리는 그렇게 할 필요가 없다. 우리는 이미 병력을 확보했다. 왜냐하면 발레리우스가 카피톨리움을 수복하기 위해 시민들을 동원했을 때, 모든 병사들이 집정관의 명령에 따라 행군하겠으며 그의 해산령이 내려질 때까지 계속 근무하겠다고 맹세했기 때문이다. 따라서 우리는 다음과 같이 명령한다. 복종의 맹세를 했던 병사들은 내일 전원 무장을 한 채 레길루스 호수에 출두하기 바란다."

시민들을 그런 의무로부터 면제시키려는 욕심에 호민관들은 그런 맹세를 할 때 퀸크티우스가 집정관이 아니므로 지킬 필요가 없다는 궤변을 늘어놓았다. 그러나 다행스럽게도 그 당시에는 종교적·세속적 권위가 모든 행동의 길잡이였다. 오늘날에는 맹세와 법률 같은 엄숙한 약속을 개인의 편의에 따라 제멋대로 해석하는 회의적인 태도가 도처에서 발견되지만 그 당시에는 아직 그런 조짐이 없었다. 그리하여 호민관들은 집정관의 계획을 직접적으로 좌절시키려는 희망을 접어야 했다. 그 대신에 그들은 병력의 출발을 지연시키기 위하여 그들이 할 수 있는 것을 했다. 복점관들이 레길루스 호수에 출두해야 한다는 지시를 받았다는 소문이 널리 퍼져 있었기 때문에 그런 지연 전술에 더욱 매달리려 했다.

이 소문은 이런 뜻이었다. 복점관들이 소정의 복점 절차를 거치고 나면 당연히 정치적 문제들이 공적 토론의 의제로 등장할 터인데, 그 목적은 호민관들이 로마에서 강제로 밀어붙인 조치들을 평민의 투표로 폐지하려는 것이었다. 호민관들은 모든 사람이 집정관의 의도대로 투표하리라고 확신했다. 로마 시에서 1마일 반경 이상 떨어진 곳에서는 항소권이 인정되지 않기 때문이다. 호민관들도 만약 그 자리에 출두한다면 다른 사람들과 마찬가지로 집정관의 권위에 승복해야 될 것이었다. 이런 사실 자체가 이미 경악스러운 것이었다. 하지만 더 나쁜 것은 퀸크티우스가 집정관 선거를 개최할 의사가 없다고 계속적으로 주장하고 있다는 사실이었다. 그가 볼 때 국가가 너무 병들어 있어서 보통의 치료약으로는 회복이 되지 않는다는 것이었다. 정말로 필요한 것은 독재관이라는 얘기였다. 정치적 난봉꾼들은 독재관의 명령에 대해서는 항소권이 없다는 사실을 곧 깨닫게 될 터였다.

21. 카피톨리움에서 원로원의 회의가 개최되었다. 호민관들은 흥분한 군중을 데리고 그곳으로 몰려갔다. 군중은 소란을 부리고 함성을 내지르면서 두 집정관과 원로원 의원들에게 군중 편을 들어달라고 요구했다. 하지만 퀸크티우스는 그들의 압박에도 요지부동이었으나 호민관들이 원로원의 권위에 승복하겠다고 보장하자 태도를 누그러뜨렸다. 이어 퀸크티우스는 호민관과 군중의 요구사항을 거론했고, 다음과 같이 결정되었다. 호민관들은 그해에 법률의 통과를 강요해서는 안 되고, 두 집정관은 병사들을 이끌고 도시 밖으로 출병해야 한다. 원로원은 또한 앞으로 호민관이

든 행정관이든 같은 사람이 연속적으로 같은 직책에 선출되는 것은 국가의 이익에 위배된다는 의견을 밝혔다.

원로원의 권위에 승복해야 하는 집정관들의 항의에도 불구하고, 호민관들은 다시 선출되었다. 원로원은 그들의 적수가 정치적 우위를 점하는 것을 막기 위하여 그 다음 해에 퀸크티우스를 다시 집정관으로 선출하려고 노심초사했다. 그러나 퀸크티우스는 취임 이래 가장 비타협적인 연설을 하면서 원로원의 그런 움직임에 저항했다. "의원님들," 그가 말했다. "당신들이 평민들에 대하여 권위가 별로 없다는 게 그리 놀라운 일일까요? 당신들의 행동이 그 권위를 무력화시키고 있습니다. 행정관의 재선을 금지하는 원로원의 포고를 평민들이 무시했다고 해서, 당신들도 그들과 똑같이 행동해도 되는 이유가 될 수 있습니까? 원칙을 위반하는 행위를 평민들과 똑같이 하겠다는 것입니까? 혹은 정치권력이 무책임과 같은 것이라고 생각하십니까? 그것은 당신들의 포고였지 그들의 포고가 아니었습니다. 자기 자신이 선언한 정책을 경솔하게도 무시해 버리는 것은 남이 통과시키는 법을 무시해 버리는 것보다 더 나쁩니다. 당신들은 군중을 따라하고 있습니다. 아무도 군중이 정치적으로 성숙한 어른이라고 보지 않습니다. 당신들이 정치적 올바름의 모범을 보여 주어야 할 그 사람들로부터 어리석은 일의 힌트를 얻고 있는 것입니다. 당신들 좋을 대로 하십시오. 그러나 나는 호민관들이 한 짓을 따라하거나 원로원의 포고를 위반하면서 재선되는 일 따위는 하지 않겠습니다. 동료 집정관인 가이우스 클라우디스, 나는 당신이 이런 무책임한 행동을 억제하기 위해 모든 노력을 기울여줄 것을 호소합니다. 당신이 나의 재선을 가로막아도 내가 조금도 유감스럽게 생각하지 않는다는 것을 알아주십시오. 재선에 입후보하면 내게 부담만 가져올 게 분명한 때에, 내가 이 직책을 거부함으로써 오히려 내 명성은 높아질 것입니다."

(1년의 임기를 마치고 퇴임하는 두 명의 집정관 중 한 명이 그 다음 해의 집정관을 뽑는 선거를 주관했으므로 퀸크티우스는 클라우디우스에게 호소한 것이다: 옮긴이).

22. 이어 두 집정관은 집정관 선거에서 퀸크티우스에게 투표하지 말라는 공동 포고를 내놓았다. 만약 누가 그에게 투표한다면 그것은 사표(死票) 처리가 될 것임도 알려주었다. 그리하여 실제로 선출된 집정관은 퀸투스 파비우스 비불라누스와 루키우스 코르넬리우스 말루기넨시스였다. 이 중 비불라누스는 전에 두 번이나 집정관 직을 역임한 바 있었다. 이해에 인구 조사가 실시되었으나 통상 거행하는 세정식은 생략하는 것이 좋겠다고 여겨져 하지 않았다. 카피톨리움이 노예들에게 점령되었고 그곳을 탈환하는 과정에 집정관 발레리우스가 전사했기 때문이다.

새해는 시작부터 폭풍우가 몰아쳐왔다. 호민관들은 계속 평민들을 선동하여 폭동을 일으키려 했고, 이것 이외에도 라틴 인과 헤르니키로부터 볼스키 인과 아이퀴 인이 대규모로 로마 공격 작전을 준비하고 있다는 보고가 들어왔다. 볼스키 군대는 이미 안티움 가까이 와 있다는 얘기였으며, 로마는 안티움 사람들이 로마와의 동맹을 깨트릴지도 모른다고 크게 우려했다. 이런 위태로운 상황이었기에, 국방이 정당 정치보다 우선이라는 주장을 호민관들에게 간신히 납득시킬 수 있었다.

그 뒤에 이어진 군사 작전에서 파비우스는 로마 군을 이끌고 적과 맞서 싸우러 가고, 코르넬리우스는 로마 시내에 남아 로마 인근에 습격대를 자주 보내는 아이퀴 인의 전략에 대응하기로 했다. 라틴 인과 헤르니키에게는 상호 조약에 의거하여 병력을 제공하라는 요청이 내려갔다. 그리하여 로마인이 3분의 1, 나머지 부족이 3분의 2를 담당하는 연합군이 형성되었다. 연합군이 가세해 오자 파비우스는 로마 밖으로 나가서 카페나 성문(Porta Capena) 밖의 지역에다 진지를 설치했고, 거기서 세정식을 거행했다. 이어 안티움으로 진군하여 그 도시의 적의 항구적 진지 근처에다 포진했다. 아직 아이퀴 동맹군이 합류해 오지 않은 볼스키 인은 감히 성 밖으로 나와서 싸울 생각은 하지 못하고 그들의 보루 뒤에서 수비적인 태세를 취했다.

먼저 파비우스가 공세에 나섰다. 그는 다음날 로마 군을 민족에 따라 라틴 인, 헤르니키 인, 로마 인의 3개 부대로 나누고 각 부대의 장을 임명한 후에 적의 외곽 방어선 가까운 곳에 포진하라고 지시했다. 파비우스 자신은 중군에 위치하면서 로마에서 온 분견대를 지휘했다. 그는 동시에 공격을 감행하기 위해 3개 부대의 지휘관들에게 공격 지시를 받고서 움직이라고 했고, 또 철수할 때에도 마찬가지 요령으로 움직이라고 지시했다. 각 부대는 후미에 배치된 기병대의 지원을 받았다. 이렇게 해서 공격은 3면에서 동시다발로 벌어졌고, 엄청난 힘으로 적을 밀어붙였다. 외곽 보루를 지키던 볼스키 방어군들은 깜짝 놀라면서 뒤로 밀려났다. 파비우스 군대는 적의 모든 방어선을 돌파하여 적들을 무질서한 패주로 몰아넣었고 마침내 적의 진영이 완전히 돌파되었다. 이 순간까지 보루를 뛰어넘지 못하던 로마 군의 기병대는 구경꾼 역할밖에 하지 못했다. 하지만 이제 기병대의 실력을 발휘할 때가 왔다. 그들은 보루를 지나쳐서 개활지로 들어서자 허겁지겁 도망치는 적군을 재빨리 추격했고 그들 나름으로 승리에 기여했다. 진영 내에서 또 그 뒤의 추격전에서 적군의 피해는 막대했다. 파비우스의 손에 떨어진 전리품의 규모는 더욱 놀라운 것이었다. 적은 진영 내에 있던 모든 물건을 챙겨가지 못했고 심지어 무기마저도 고스란히 남겨둔 채 달아났기 때문이다. 적군은 숲속에서 피신처를 발견하지 못했다면 마지막 한 명까지 모두 죽었을 것이다.

23. 한편 아이퀴 인들은 투스쿨룸을 향하여 진군했다. 적의 정예 부대는 야음을 틈타서 기습을 감행하여 도시의 내측 요새를 장악했고, 나머지 적 부대는 투스쿨룸의 방어를 분산시키기 위하여 성벽에서 그리 멀지 않

은 곳에 포진했다. 이 군사작전의 소식이 곧 로마에 전해졌고 안티움에 있는 로마 군에게 전달되었다. 그 소식은 카피톨리움이 점령된 것처럼 충격적인 것이었다. 모든 병사들은 투스쿨룸이 지난번 카피톨리움 수복 작전에서 해주었던 도움을 생생하게 기억했고, 이제 그 도시가 그런 위험에 빠진 것이었다. 명예의 빚은 반드시 갚아야만 했다. 파비우스의 마음속에는 단 한 가지 생각만 있었다. 볼스키 진영에서 몰수한 물자들을 황급히 안티움에게 인계하고서, 전리품을 지킬 소부대를 남겨둔 후, 최대한의 속도로 투스쿨룸을 향해 달려갔다. 병사들은 무기와 손에 가지고 있는 식량 이외에는 그 어떤 것도 휴대하지 못하게 지시가 내려갔다. 나머지 필요한 보급품은 로마에 있는 동료 집정관 코르넬리우스가 보내줄 터였다.

이 전투는 몇 달 동안 계속되었다. 파비우스는 부대를 나누어서 일부는 투스쿨룸 외곽에 포진하고 참호를 판 적을 상대하게 하고, 나머지 부대는 투스쿨룸 인을 지원하게 했다. 그들은 도시의 내측 요새를 수복할 생각이었으나 너무 완강하게 저항하여 공격으로 무너트리기가 어려운 상황이었다. 그러나 아이퀴 점령군은 보급품이 부족하여 굶어죽게 되자 항복했다. 로마 군은 그들의 무기와 장비를 빼앗고 "멍에 밑으로" 지나가게 했다. (라틴어 이우굼iugum은 두 마리 말 혹은 소의 목에 메우는 "멍에"를 뜻한다. 군사 용어로는 기둥처럼 벌려 세운 두 개의 창에 낮게 가로지른 창을 가리키는데, 패전한 적을 무장 해제시키고 복장까지 벗겨서 완전한 굴복의 표시로 그 가로지른 창 아래를 허리 굽혀 지나가게 했다: 옮긴이). 이어 그들은 수치당한 패배한 군인으로 고향을 향해 출발하게 되었는데 알기두스의 등성이에서 로마 집정관에게 붙잡혀서 전원 살해되었다. 승리를 거둔 파비우스는 콜루멘이라는 곳으로 물러가서 그곳에 진지를 구축했다. 한편 그의 동료 코르넬리우스는 이제 로마에 대한 위협이 사라졌으므로 역시 군대를 이끌고 출전했다. 이렇게 해서 적의 영토는 두 로마 군의 공격을 동시에 받았고 볼스키 인과 아이퀴 인은 두 집정관이 경쟁적으로 벌이는 파괴 작전의 불운한 희생자가 되었다.

나는 여러 기록들에서 이해에 안티움이 반란을 일으켰고 코르넬리우스가 그것을 진압했다는 얘기를 발견했다. 하지만 나는 이것을 사실로 기술하고 싶지 않다. 그런 기록들보다 더 오래된 연대기에서는 이런 얘기가 나오지 않기 때문이다.

24. 국외 전쟁이 끝나자마자 원로원 당은 또다른 적을 대면해야 되었는데 바로 호민관들이었다. 호민관은 원로원이 법률의 통과를 저지할 목적으로 군대를 계속 야전에 묶어두는 술수를 부리고 있다고 비난했다. 그러면서 이번에야말로 법률의 통과를 반드시 성사시키겠다고 별렀다. 그러나 로마 시장인 루키우스 루크레티우스는 호민관들이 제출한 법안은 두 집정관이 돌아올 때까지 기다려야 한다면서 그 법안의 처리를 미루었다. 이때 새로운 분란의 원인이 발생했다. 두 감찰관 코르넬리우스와 세르빌리우스가 카이소 재판 때 위증을 했다면서 마르쿠스 볼스키우스를 기소한 것이었다. 여러 근거에 의해서 다음의 사실이 알려졌다. 볼스키우스의 형은 병이 걸린 순간부터 일반 대중 앞에 나타난 적이 없었다. 그는 병상을 떠난 적이 없었으며 여러 달 아프다가 폐병으로 죽었다. 더욱이 증인이 범죄가 벌어졌다고 말한 그 시기에 카이소는 단 한 차례도 로마에 있지를 않았다. 그와 함께 군에서 복무한 많은 사람들이 그 시기에 카이소는 계속 전선에 있으며 휴가를 받아서 집으로 돌아간 적이 없다고 말했다. 이를 증명하기 위하여, 많은 사람들이 볼스키우스에게 개인 중재자에게 이 문제를 맡겨서 결론을 내자고 제의했다. 볼스키우스는 그 제안을 거절했고, 그것은 당연히 그에게 불리하게 작용했다. 이 거절 건과 다른 관련 증거로 인해 볼스키우스는 이제 유죄판결을 받을 것이 거의 확실해졌다. 예전에 자기 형이 카이소에게 맞아 죽었다는 그의 증언이 카이소의 유죄 판결을 받

아낸 것처럼.

그러나 호민관들은 또다시 지연작전을 썼다. 그들은 법안의 통과를 논의하기 위한 국민 회의를 먼저 개최한다면, 볼스키우스 재판을 위한 회의의 개최를 감찰관들에게 허가하겠다고 버텼다. 그리하여 이 두 건은 집정관의 귀국 시까지 미루어졌다.

두 집정관은 승리한 군대와 함께 도시로 개선했다. 법안에 대해서는 당분간 아무런 말이 없었고 그래서 사람들은 호민관들의 의도가 좌절되었다고 생각했다. 그러나 그들은 다른 계획을 갖고 있었다. 그들의 임기 1년이 거의 끝나가고 있었고 이제 그들은 4번 연속 호민관 자리에 연임하려는 속셈을 갖고 있었다. 이런 목적 아래, 그들은 법안에 대한 논의에서 다가오는 선거에 대한 논의로 초점을 바꾸었다. 두 집정관은 호민관의 연임이라는 원칙에 격렬하게 반대했다. 마치 집정관의 권위를 삭감하려는 의도를 갖고 있는 법안이 제출된 것처럼 반발했다. 그러나 그들의 반대는 소용이 없었고 호민관들은 그들의 연임 계획을 관철하여 성사시켰다.

이해(기원전 459년)에 아이퀴 인이 평화 조약을 요청해와 조약이 체결되었다. 전 해의 인구 조사는 완성되었다. 도시가 창건된 이래 인구 조사가 끝난 후에 치러지는 세정식이 이제 열 번째로 거행되었다. 등록한 시민의 숫자는 117,319명이었다. 이해는 두 집정관이 국내와 국외에서 커다란 공로를 세운 해였다. 그들의 군사작전은 성공적으로 끝났고, 국내의 정치적 분위기도 아무튼 개선되었다. 정치적 분란이 완전히 끝난 것은 아니었지만 그래도 다른 때보다 덜 심각했다.

25. 그 다음 해(기원전 458년)의 집정관 루키우스 미누키우스와 가이우스 나우티우스는 전임자들의 중요한 두 가지 문제를 물려받았다. 그들은 전 해와 마찬가지로 법안의 통과를 가로막았고 반면에 호민관들은 볼스키우스의 재판을 방해했다. 그리고 이제 새로운 감찰관이 들어섰다. 한 사

람은 만리우스의 아들이고 볼레수스의 손자인 마르쿠스 발레리우스이고, 다른 한 사람은 세 번 집정관을 역임한 티투스 퀸크티우스 카피톨리누스였다. 두 사람 모두 뛰어난 성품과 영향력을 갖춘 인물이었다. 카피톨리누스는 카이소를 가족 품에 데려오지 못했고 또 로마의 가장 뛰어난 인재를 고국으로 귀국시키지 못했으나, 무고한 사람에게서 위증으로부터 자신을 방어할 권리를 빼앗아간 위증자에 대한 싸움은 지속적으로 벌임으로써 친인척의 의무를 다했다. 호민관들 중에서는 베르기니우스가 법안의 통과를 위해 가장 열성적으로 뛰었다. 두 집정관은 두 달간의 말미를 얻어서 그 법안의 파급 효과를 검토하기로 되었다. 그런 다음 그 법안이 가져올 끔찍할 결과에 대하여 평민에게 그들의 견해를 설명한 후, 그제서야 ― 오로지 그제서야 ― 평민에게 투표를 허락할 계획이었다. 이것은 모든 관련자에게 숨쉴 여유를 주었고 당분간 안정이 회복되었다. 그렇지만 그 안정은 오래가지 못했다.

작년에 평화 조약을 맺었던 볼스키 인들이 그 조약을 파기하고, 새로 공격 부대를 편성하여 그 나라의 가장 저명한 장군인 클로엘리우스 그라쿠스에게 지휘를 맡겼던 것이다. 그라쿠스 부대는 먼저 라비티 영토를 침범하고 이어 투스쿨룸으로 행군했는데 두 도시를 크게 파괴하고 귀중한 물건들을 무척 많이 약탈해갔다. 이어 그들은 알기두스에서 진지를 강화했다. 파비우스, 볼룸니우스, 포스투미우스는 로마의 사절로 그 도시를 방문하여 항의를 하면서 평화 조약에 따라 손해배상을 요구했다.

그라쿠스 사령부 근처에는 거대한 참나무가 있었는데 그 가지들은 시원한 그늘을 드리웠다. 로마 사절들이 알기두스 진지에 도착했을 때, 그라쿠스는 사절에게 말했다. "원로원의 메시지를 저 나무에게 건네시오. 나는 마침 다른 일이 좀 있어서." 사절들은 돌아섰고 그라쿠스가 자리를 뜨기 전에 한 사절이 말했다. "이 신성한 나무와 그 안에 있는 신들이 내 말을 들어주기를. 우리들 사이의 평화 조약을 위반한 사람은 당신임을 선언합니다. 저 나무와 신들이 우리의 말을 들어서 우리의 손에 힘을 내려주기를. 앞으로 곧 그렇게 되겠지만 우리는 신과 인간에 신성한 모든 것을 위반한 자에게 복수하러 올 것입니다."

사절이 로마로 돌아오자 원로원은 한 집정관에게는 그라쿠스에게 쳐들어가라고 지시했고 다른 집정관에게는 아이퀴 영토를 침공하라고 명령했다. 호민관들은 평소와 마찬가지로 징집 절차를 방해하려 들었다. 사비니 족이 예기치 않게 또다시 공격에 나섰다는 경보가 들어오지 않았더라면 호민관들은 그런 방해 공작에 성공했을 것이다.

26. 사비니 족의 대군이 거의 로마 성벽 가까이 접근해왔다. 농촌 지역의 곡식은 망쳐졌고 도시 내의 모든 시민들이 이제 안전을 위협받고 있다고 느꼈다. 상황이 급박했기 때문에 평민들은 기꺼이 징집에 응했고 호민관들의 항의에도 불구하고 두 개의 대군이 편성되었다. 그 중 하나는 나우티우스가 지휘했는데 사비니 족에 맞서 싸울 예정이었다. 나우티우스는 에레툼의 진지를 강화하고 야음을 틈타서 일련의 습격대를 적의 영토로 파견했다. 이 습격대는 수적으로는 그리 많지 않았으나 적에게 심한 피해를 입혔고 그리하여 로마 영토에 대한 사비니의 습격은 상대적으로 아무것도 아닌 것처럼 보이게 되었다. 반면에, 미누키우스는 불운인지 혹은 능력 부족인지 몰라도 동료 집정관에 비하여 덜 성공을 거두었다. 별로 성공을 거두지 못한 사소한 교전 끝에 그는 더 이상의 모험을 감행하기를 거부하고, 적의 전선으로부터 그리 멀지 않은 곳에 설치한 그의 진영의 누벽 뒤에 틀어박혀 움직이지 않았다. 이런 소심함은 당연히 적의 자신감을 높여주었고, 그들은 밤중에 미누키우스의 진영을 과감하게 공격해왔다. 그 공격은 실패했지만 그 다음날 그들은 보루 작업을 하면서 그의 부대를 토벽으로 둘러싸기 시작했다. 그 작업이 완료되고 모든 출구가 봉쇄되기 전에

그는 5명의 병사에게 말 타고 적의 초소를 돌파하여 로마에 집정관의 부대가 포위당했다는 소식을 전하게 했다. 곧 나우티우스가 파견되었으나 그는 자신이 로마 군에게 온전한 자신감을 심어줄 인물이 못된다는 것을 발견했다. 상황은 분명 독재관의 지명을 요구했고, 별 반대하는 목소리 없이 루키우스 퀸크티우스 킨키나투스가 그 자리에 지명되었다.

나는 이제 돈이 이 세상에서 최고이고 지위와 능력은 돈과 불가분의 관계라고 믿는 많은 사람들에게 특별한 주의를 환기시키고 싶다. 로마 시민들이 국가의 존망에 처하여 유일하게 희망을 걸었던 청빈한 사람인 킨키나투스를 보라. 그는 당시 티베르 강의 서쪽에 있는 자그마한 3에이커 농장(이제는 퀸크티우스의 초원으로 알려져 있는데, 오늘날 조선소가 서 있는 곳의 맞은편)에서 농사를 짓고 있었다. 도시의 사절단은 자신의 농토에서 도랑을 파거나 아니면 밭을 갈면서 일하고 있는 킨키나투스를 발견했다. 사절과 농장 주인은 서로 인사를 나누었고 사절은 그 자신과 그의 나라에 대한 신의 가호를 기도한 후 그에게 토가(평화 시의 로마 시민복으로 17세 이전에는 프라이텍스타라는 긴 옷을 입고 17세 이후에는 토가를 입었음: 옮긴이)를 입고서 원로원의 명령을 들으라고 말했다. 그 요청은 당연히 그를 놀라게 했다. 그는 모든 것이 다 괜찮으냐고 물은 다음, 아내 라킬리아에게 오두막으로 가서 토가를 가져오라고 말했다. 아내가 토가를 대령하자 그는 손과 얼굴에서 흙이 묻은 땀을 닦아내고서 토가를 입었다.

그 즉시 사절단은 그에게 예를 갖추어 독재관 임명을 축하하면서 로마로 빨리 가야 한다고 말했다. 또 그에게 미누키우스의 군대가 처한 심각한 위험에 대해서도 보고했다. 강가에는 국가에서 보낸 배가 대기 중이었다. 그가 강을 건너 반대편 강둑에 이르자 아버지를 마중 나온 세 아들의 환영을 받았고 뒤이어 친지와 친척들, 그리고 마지막으로 거의 전원에 가까운 원로원 의원들의 환대를 받았다. 이 사람들의 호위를 받고 또 릭토르들을 앞세우고 그는 로마 거리를 통과하여 관저로 갔다. 길거리에는 평민들이 구름처럼 운집해 있었으나 새로운 독재관을 쳐다보는 그들의 심정은 그리 편안한 것이 못되었다. 그들은 독재관의 과도한 권력을 생각하면서 그가 그것을 어떻게 사용할지 우려했다.

27. 그 다음날, 조심스러운 경계 이외에는 아무런 일도 벌어지지 않은 조용한 밤을 보내고 나서 독재관은 새벽이 되기 전에 포룸으로 나갔다. 그는 사마관으로 루키우스 타르퀴티우스라는 귀족을 임명했다. 그가 너무 가난하여 말을 조달할 능력이 안 되어 보병으로 근무했음에도, 로마 최고의 군인이라는 명성을 얻은 사람이었다. 독재관은 타르퀴티우스를 대동하고 모여 있는 군중 앞에 나타나 포고령을 내렸다: 법률 업무는 중단되고, 모든 가게들은 문을 닫아야 하고 그 어떤 종류의 개인 사업도 벌여서는 안 된다. 군 복무를 할 수 있는 모든 남자는 해 지기 전에 장비를 갖추고 캄푸스 마르티우스에 출두하되, 5일 치의 식량과 12개의 말뚝을 준비하라. 군 복무 기간이 지난 모든 사람은 젊은 이웃들에게 건네줄 식량을 준비하고, 군복무 가능한 자는 장비를 점검하고 말뚝을 수집하도록 하라.

독재관의 명령은 즉각 실천되었다. 병사들은 말뚝을 찾아 나서서 발견되는 곳마다 가져갔고 아무도 그런 행위에 대해서 반대하지 않았다. 모든 사람이 시간에 맞추어 출두했다. 이어 행진 대열이 편성되었고 필요시 즉각 행동에 나설 수 있는 상태가 되었다. 그들은 보병 부대의 선두에 킨키나투스, 기병대의 선두에 타르퀴티우스를 모시고 행군했다.

보병 부대와 기병대는 필요에 따라 명령이나 격려의 말을 즉각 들을 수 있었다. 병사들은 그날 밤 안에 현장에 도착해야 하므로 시간이 촉박하다면서 속보로 행군하라는 지시를 들었다. 또 로마 군과 그 지휘관이 벌써 사흘이나 포위 공격을 당하고 있음을 기억하라는 당부도 들었다. 그 누구도 다음날 혹은 다음날 밤에 무슨 일이 벌어질지 알지 못했고, 아주 중요한 사건이 단 한순간의 행동에 따라 귀추가 결정될 수도 있었다. 병사들은 그들의 기백을 내보이고 장교들을 기쁘게 하기 위해 서로 최선을 다하자고 격려했고 전방의 기수에게 더 빨리 움직이라고 소리치고 동료들에게는 빨리 쫓아오라고 재촉했다.

28. 한밤중에 로마 군은 알기두스에 도착하여 적의 진지로부터 그리 멀지 않은 곳에서 멈추어 섰다. 독재관은 정탐을 하기 위해 적의 진지를 말타고 한 번 둘러보았다. 그는 어둠이 허용하는 범위 내에서 적 진지의 규모와 배치를 파악하고서 장교들에게 병사들에게 다음과 같은 지시를 내리라고 명령했다: 일정한 장소에 병사들의 짐을 집결시키고서 그 다음에는 무기와 말뚝만을 가지고 각자의 본대로 돌아오게 하라. 이어 로마에서 출발할 때와 똑같은 대형 — 즉 기다란 종대 — 으로 적군 진지를 반지 모양의 원형으로 완전 포위하라. 주어진 신호에 따라 전투의 함성을 내지르게 하고 각 병사가 현재의 위치에서 굴착을 하도록 지시하라. 이어 말뚝을 땅속에 박아 넣음으로써 현 위치에 참호와 말뚝 울타리를 설치하라. 곧 작업 지시가 내려왔고 작업이 시작되었다. 로마인이 내지르는 고함 소리는 적들에게 그들이 포위당했다는 것을 알려주었고, 그 함성은 적진을 통과하여 포위당한 미누키우스의 진영에까지 울려 퍼졌다. 그 함성은 적에게는 경악을, 아군에게는 즐거움을 가져다주었다. 미누키우스의 병사들은 그게 아군의 목소리라는 것을 알았다. 안도와 만족을 느끼며 그들은 서로 원군이 왔다고 말했고, 그들의 초병과 전진기지는 공격할 채비를 갖추었다. 미누키우스도 즉각 행동에 나서는 것이 아주 중요하다는 것을 알고서 병사들에게 이렇게 말했다: 저 반가운 함성은 아군이 도착했다는 것을 알려줄 뿐만 아니라 이미 교전 상태에 들어가 적군 진지의 가장 외곽을 이미 공격하고 있음을 뜻한다. 그러면서 그는 병사들에게 칼을 빼들고 그를 따르라고 지시했다.

교전이 시작되었을 때에는 아직 어두웠다. 킨키나투스의 지원군은 포위당한 아군의 전투 함성을 듣고서 그들도 마침내 전투에 호응하고 나섰다는 것을 알았다.

아이퀴 인들은 미누키우스가 공세에 나섰을 때 진지 주위의 참호 작업을 방해하려던 참이었다. 미누키우스의 병사들이 그들의 진지 안으로 밀고 들어오는 것을 막기 위하여 아이퀴 인은 밖이 아니라 안으로 시선을 돌렸다. 이렇게 하여 독재관의 부대는 아무런 방해를 받지 않고 밤새 참호와 목책 작업을 할 수가 있었다. 미누키우스와의 전투는 새벽까지 계속되었다. 그 무렵 참호 작업은 완료되었고 미누키우스의 병사들은 우위를 점하기 시작했다. 아이퀴 인으로서는 아주 위급한 순간이었다. 독재관의 부대는 참호작업을 끝내고 이제 신속하게 적군 진지의 외곽을 돌파하기 시작했다. 그 결과 아이퀴 인은 첫 번째 전선에 많은 병력을 투입한 상태에서 두 번째 전선에서도 싸워야 하는 불리한 입장이 되었다. 두 개의 전선에 갇히게 되자 그들은 싸움을 포기하고 킨키나투스와 미누키우스에게 전면적인 학살은 하지 말고 그들을 무장해제시킨 다음 목숨만은 건지게 해달라고 호소해 왔다. 미누키우스는 그 호소를 독재관에게 이첩했고 그는 항복을 받아들이되 몇 가지 굴욕스러운 조건을 내걸었다. 그들의 사령관 그라쿠스와 몇몇 장교들은 족쇄에 채워진 채로 독재관 앞에 나타나야 한다. 코르비오 도시는 완전히 비워야 한다. 아이퀴 병사들은 목숨만은 살려줄 것이나 완전히 패배했음을 자백하고 "멍에 밑으로" 지나가야 한다. "멍에"는 세 개의 창으로 구성되는데, 땅에 기둥처럼 박아 세운 두 개의 창에 낮게 가로지른 창을 말한다. 아이퀴 병사들은 이 창 밑을 기어서 지나가야 했다.

29. 아이퀴 병사들을 무장 해제시켜 방출해 버린 후, 독재관의 손에 떨어진 그들의 진영에는 가치 있는 물건들이 많이 있는 것이 발견되었다. 킨키나투스는 이 물건들을 오로지 그의 부대 병사들에게만 나누어주었다.

미누키우스와 그의 부하들은 아무것도 받지 못했다. 독재관은 엄중한 목소리로 말했다. "너희들을 거의 사로잡을 뻔한 적으로부터 빼앗은 전리품을 하나도 차지할 수가 없다." 이어 미누키우스에게 시선을 돌리면서 덧붙여 말했다. "루키우스 미누키우스, 당신은 집정관 겸 사령관으로 행동하는 법을 배울 때까지, 나의 부관으로 근무하면서 내 지시를 받도록 하시오."

미누키우스는 집정관 직을 사임했고 그의 부대와 함께 2인자로 머물렀다. 그의 부하들은 독재관의 군사적 능력을 금방 알아보았고 암묵적으로 복종을 바쳤다. 그들은 독재관이 그들에게 해준 좋은 일을 기억하여 그들의 치욕을 잊어버렸고 그에게 1파운드 무게의 황금 관을 해주기로 투표로 결정했다. 그리고 독재관이 그들을 떠나갈 때에는 그들의 보호자라고 하면서 경례를 했다.

로마에서 시장 퀸투스 파비우스에 의해 원로원 회의가 열렸고, 킨키나투스에게 휘하 부대와 함께 로마로 대 개선식을 거행하며 들어오도록 허용하는 포고가 내려졌다. 그가 탄 전차 앞에는 적의 사령관들과 군대 깃발이 앞장을 섰고 뒤에는 전리품을 가득 챙긴 군대가 따라왔다. 우리는 기록에서 이 멋진 날에 대한 이야기들을 읽을 수가 있다. 로마의 모든 집은 현관 앞에다 음식을 가득 차린 식탁을 진설하여 개선식을 하며 걸어가는 병사들에게 대접했다. 병사들은 개선식 전차를 따라가며 상황에 맞게 노래를 부르거나 농담을 하면서 즐겼는데, 마치 소풍을 나온 사람들 같았다. 같은 날, 투스쿨룸의 마밀리우스에게는 모든 사람의 승인 아래 로마 시민권이 부여되었다.

임박한 볼스키우스의 위증죄 재판 때문에 킨키나투스는 즉각 사임하지 못했다. 그를 두려워하는 호민관들은 그 재판을 방해할 생각을 하지 못했고 볼스키우스는 유죄 판결을 받고 라누비움으로 망명을 갔다. 킨키나투스는 원래 6개월 시한으로 독재관 직에 취임했으나, 임무를 완수했으므로 15일 만에 사임했다. 한편 나우티우스는 사비니 족을 상대로 성공적인 작전을 벌여서, 그들이 예전의 습격에서 당했던 패배에 더하여 또 한 번 패배의 건수를 추가시켰다. 퀸투스 파비우스는 알기두스의 미누키우스를 교대하기 위해 파견되었다. 한 해가 끝나갈 무렵 정치 개혁 법안이 또다시 호민관들에 의해 제기되었으나, 원로원은 로마의 2개 군이 현재 국외에서 작전 중이라는 이유를 들어서 법안을 국민 투표에 붙이는 것을 가로막았다. 평민들은 5회 연속 같은 호민관들을 선출한 것으로 위안을 삼았다. 이 해에 늑대들이 카피톨리움 언덕에서 목격되었고 개들이 그들을 쫓아냈다고 한다. 그것은 불길한 조짐으로 인식되었고 그리하여 카피톨리움에서 공식적으로 "세정식"이 거행되었다.

30. 그 다음 해 집정관은 퀸투스 미누키우스와 가이우스 호라티우스 풀빌루스였다. 외적의 문제는 별로 없었으나 정치적 갈등은 전과 다름없이 계속되었다. 해묵은 논쟁의 사유가 재연되었고 전과 같은 호민관들이 그 논쟁에 풀무질을 했다. 감정이 크게 격해져서 이번에는 사태가 더욱 심각하게 번질 뻔했으나 그 상황에서는 신의 섭리라고 할 만한 소식이 전해졌다. 아이퀴 인들이 야간에 코르비오를 공격했고 그곳의 로마 주둔 부대가 전멸한 것이다. 원로원은 회의를 개최하여 두 집정관에게 비상 군대를 모병하여 즉시 알기두스로 행군하라는 지시를 내렸다. 정치 개혁 법안의 문제는 잠시 보류되었으나, 전과 마찬가지로 징병 문제에 대하여 새로운 논쟁이 터져 나왔다. 집정관의 권위에 반대하여 징병을 막으려는 호민관들의 시도는 거의 성공할 뻔했으나, 사비니 족이 로마 영토를 침범하여 도시를 향해 진군하고 있다는 놀라운 소식이 추가로 들어왔다.

호민관들은 징병 절차를 계속 하도록 허용하는 수밖에 없었다. 그들은 그래도 한 가지 조건을 내걸었는데 호민관 숫자를 10명으로 늘려야 한다는 것이었다. 그들은 다음과 같은 견지에서 그것을 정당화했다. 지난 5년 동안 테렌틸루스 법안을 법률로 만들려고 애써 왔으나 현재의 호민관 숫자만으로는 평민의 대의를 충분히 반영하지 못하다는 것을 깨달았다. 원로원은 급박한 상황의 압박 아래 그런 증원 요구에 동의했으나 같은 호민관의 재선은 근절되어야 한다고 규정했다. 다른 양보안들이 그랬듯이 이 양보안도 유야무야되는 것을 막기 위하여 전쟁이 끝나자마자 선거를 실시하여 10명의 호민관을 뽑았다. 다섯 계급에서 두 명씩 뽑는 것이었는데 이 제도는 그 후 항구적인 것이 되었다. 그것은 첫 번째 호민관을 선거한 때로부터 35년이 지난 시점이었다.(다섯 계급은 이 책 1.42-44에서 언급된 Comitia Centuriata의 다섯 재산 계급을 가리킨다: 옮긴이).

이어 징병이 실시되어 부대가 편성되었다. 미누키우스는 사비니 족을 향하여 진군했으나 그들과 접전을 벌이지는 않았다. 호라티우스는 코르비오의 주둔 부대를 학살한 후 오르토나 도시를 차지했던 아이퀴 인들을 상대로 알기두스에서 성공적으로 교전했다. 아이퀴 족의 손실은 막대했고 그래서 알기두스뿐만 아니라 오르토나와 코르비오에서 철수해야 되었다. 호라티우스는 로마 주둔 부대를 배신한 데 대한 복수로 코르비오를 완전히 폐허로 만들어 버렸다.

31. 그 다음 해는 마르쿠스 발레리우스와 스푸리우스 베르기니우스가 집정관에 올랐는데 국내외적으로 별 사건이 없었다. 비가 많이 오는 계절은 곡식 작황을 나쁘게 만들었고 아벤티누스 언덕의 일부 지역을 개방하여 정착촌을 만드는 법이 통과되었다. 같은 호민관들이 다시 선출되었다. 그 다음 해에는 티투스 로밀리우스와 가이우스 베투리우스가 집정관에 올랐다. 호민관들은 기회만 있으면 정치개혁 법안의 통과를 주장하면서 공공 연설에서 다음과 같은 말을 반복했다: 그들이 재직하는 2년 동안 이 중요한 법안이 지난 5년과 마찬가지로 아무런 진전을 보지 못한다면 그들은 호민관 숫자만 늘린 것에 대하여 한없는 부끄러움을 느끼게 될 것이다.

호민관들의 소란이 극도에 달했을 때, 아이퀴 인이 투스쿨룸 땅에 들어왔다는 놀라운 소식이 전해졌다. 투스쿨룸이 최근에 로마를 도와준 일을 생각할 때, 명예를 지키기 위해서라도 즉각 파병을 해야 되었다. 그래서 두 집정관에게 출병하라는 지시가 내려갔다. 그들은 적의 평소 근거지인 알기두스에서 적과 조우했다. 이어진 교전에서 아이퀴 인들은 크게 패하여 7,000명 이상이 전사했고 많은 물자와 장비를 빼앗겼다. 두 집정관은 고갈된 국고를 채우기 위하여 그 전리품을 모두 판매 처분했다. 그러나 그 판매 건은 병사들의 승인을 받은 것이 아니었고 호민관은 두 집정관을 기소할 좋은 기회를 잡았다며 기뻐했다. 그리하여 그 해 말에 두 집정관의 임기가 끝나자 두 집정관을 법정에 소환했다. 호민관 클라우디우스 키케로가 로밀리우스의 원고로, 토목건축관 알리에누스가 베투리우스의 원고로 활동했다. 두 건의 재판에서, 모두 유죄 판결이 나오자 원로원 당은 크게 분개했다. 로밀리우스는 벌금 1만 아스, 베투리우스는 1만 5천 아스를 선고받았다.

새 집정관 스푸리우스 타르페이우스와 아울루스 아테르니우스는 전임자들의 불운에도 불구하고 정치 개혁 법안에 반대했다. 비록 법정에서 유죄판결을 받는 한이 있더라도, 평민과 호민관들이 제시한 법안의 통과는 절대로 안 된다고 선언했다. 마침내 혐오감과 피곤함이 겹쳐져서 그 법안 건이 포기되었지만 호민관들은 덜 도전적인 태도를 취하기 시작했다. 그들은 마침내 그 지루한 싸움에 휴전을 요청하면서 이런 제안을 했다: 원로원이 그처럼 평민의 법안을 싫어한다면 두 계급(평민과 귀족)의 합의 아래 입법 자문단을 임명하자. 여기에는 평민과 귀족 출신의 법률가들이 들어가서 함께 근무하면서 양측을 이롭게 하고 또 각 측의 자유를 보장해주는 그런 법안을 제출하게 하자.

원로원은 이런 제안에 원칙적으로 동의했지만, 법안을 제출하는 권리는 오로지 귀족에게만 있다고 고집했다. 이것 하나만이 쟁점이고, 입법 원칙은 양측이 받아들였으므로 3명의 대표단, 즉 스푸리우스 포스투미우스 알부스, 아울루스 만리우스, 푸블리우스 술피키우스 카메리누스를 아테네로 파견하기로 결정되었다. 그들에게 내려간 지시는 이런 것이었다. 솔론의 법률을 서면으로 기록해 오고 또 아테네 이외의 다른 그리스 공동체들의 생활 방식과 정치 제도를 파악하라.

32. 그 해(기원전 453년)엔 외부로부터의 위협이 없어서 평온했다. 푸블리우스 쿠리아티우스와 섹스투스 퀸크틸리우스가 집정관으로 취임한 다음 해는 더욱 평온했다. 호민관들은 아무런 불평의 말도 하지 않았다. 이렇게 조용한 데엔 두 가지 이유가 있었다. 첫째는 아테네로 보낸 파견단이 돌아와 보고하길 기다렸기 때문이고, 둘째는 기근과 전염병이라는 두 가지 끔찍한 재앙이 있었기 때문이다. 동시에 발생한 두 재앙은 나라를 크게 동요시켰다. 사람과 소는 모두 똑같이 고통을 겪었다. 농장은 황폐해졌고, 연이은 죽음에 국력이 약해졌다. 많은 저명한 가문이 초상을 당했다. 세르비우스 코르넬리우스, 퀴리누스 신의 사제, 복점관 가이우스 호라티우스 풀빌루스가 죽었다. 뒤를 이은 복점관으로는 가이우스 베투리우스가 임명되었다. 평민에 의해 최근 유죄 판결을 받았던 그는 더욱 기꺼이 그 직무를 맡으려는 의욕을 보였다. 집정관 퀸크틸리우스와 네 명의 호민관 역시 죽었다. 암울한 해였지만, 적어도 외침의 곤경에선 자유로운 한 해였다.

새로운 집정관은 가이우스 메네니우스와 푸블리우스 세스티우스 카피톨리누스였다. 그해(기원전 452년)도 지난해처럼 외세와의 전쟁은 없었지만, 정치 투쟁이 되풀이되었다. 아테네로 파견된 대표단은 솔론의 법률 사본을 가지고 돌아왔고, 호민관들은 로마의 법률을 성문법으로 작성하는 일을 반드시 시작해야 한다는 주장을 한층 더 강하게 밀어붙였다. 이를 위해 한 해 동안 정부의 모든 관직을 폐지했고, 항소의 대상에서 면제되는 10

인 위원회가 기존의 정부 대신 임명되었다. 귀족 태생이 아닌 자가 위원으로 임명될 수 있는지 논란이 있었지만, 원로원 당은 자신들의 주장을 관철했다. 다만 여기엔 아벤티누스 언덕에 관한 이킬리우스의 법과, 다른 모든 "신성한" 법, 즉 위반하면 공권을 박탈당하게 되는 법은 폐지되어선 안 된다는 조건이 붙어 있었다.(이킬리우스의 법은 아벤티누스 언덕에 주민을 정착시키기로 한 법으로서 3.31에 언급되었음: 옮긴이).

33. 그리하여 로마 창건 302년 뒤에 정부의 형태는 두 번째로 변하게 되었다. 전에는 권력이 왕에서 집정관으로 넘어갔으나, 이젠 집정관에서 10인 위원회로 넘어갔다. 하지만 두 번째 변화는 앞선 변화보다 그다지 중요하지 않았는데 단명으로 끝났기 때문이다. 10인 위원회의 시작은 성대했으나, 곧 열매를 맺지 못하는 나무로 판명되었다. 따라서 그 체제는 오래 지속되지 못했고, 다시 정부 권력은 두 사람의 집정관 체제로 돌아갔다.

10인 위원회의 명단은 다음과 같다. 아피우스 클라우디우스, 티투스 게누키우스, 푸블리우스 세스티우스, 루키우스 베투리우스, 가이우스 율리우스, 아울루스 만리우스, 푸블리우스 술피키우스, 푸블리우스 쿠리아티우스, 티투스 로밀리우스, 스푸리우스 포스투미우스. 클라우디우스와 게누키우스는 10인 위원회가 창설되던 해에 집정관에 오르기로 예정된 사람들이었기에 보상 차원에서 선출되었고, 지난해에 집정관이었던 세스티우스는 동료들의 반대에도 불구하고 원로원에 10인회 설치를 제안했다는 이유로 선출되었다. 아테네로 파견된 대표단 세 명도 위원회에 포함되었다. 이들은 공무 수행을 위해 장거리 여행을 했고, 또 외국의 제도에 관한 지식이 많았으므로 새로운 법률의 제정에 이바지하리라는 판단 아래 선출되었다. 나머지 네 사람은 특별한 자격이 없었다. 들리는 바로는 그들이 고령이기에 선출되었다는 이야기가 있다. 그래야 동료 위원의 제안에 정력적으로 반대할 가능성이 낮기 때문이었다. 10인회의 위원장은 아피우스가 맡았다. 그는 평민에게 인기가 있어 영향력이 컸다. 하지만 아피우스 개인으로서는 실로 놀라운 변화였다. 한때 평민을 가장 맹렬하게 박해하여 평민의 최대 적수였던 사람이 어느 순간 갑자기 평민의 친구라는 새로운 인물로서 무대에 올라 그들의 찬사를 한 몸에 받고 있으니 말이다.

10인 위원회는 매일 교대로 한 명이 법을 집행했으며, 근무 중인 위원에겐 12명의 릭토르가 수행했다. 다른 아홉 위원에겐 한 명의 수행원만 동행했다. 위원들은 서로 완벽한 조화를 유지했다. 하지만 그런 조화는 정부와 관계없는 평민 대다수에게는 별로 이득이 되지 못하는 것이었다. 그럼에도 그들이 내리는 결정은 항상 완벽하게 공정했고 어느 한 쪽에 치우치지 않았다. 이에 대해서는 한 가지 사례만 들면 충분할 것이다. 푸블리우스 세스티우스라는 귀족의 집에 매장된 시체가 발견되어 평민 집회에 공개되었다. 세스티우스가 극악무도한 죄를 범했다는 점은 명백했지만, 위원인 율리우스는 즉결심판을 할 법적 권한이 있음에도 불구하고 그를 재판정에 불러내 평민 앞에서 재판받게 함으로써 기소 검사처럼 행동했다. 율리우스는 직책으로 부여된 자신의 권력을 의도적으로 내려놓음으로써 특권을 포기하는 모습을 보였고, 이는 시민들의 자유를 증진시키는 것이었다. 10인 위원회의 결정엔 법적으로 항소할 수 없다는 사실에도 불구하고 율리우스가 이런 조치를 취했다는 것을 우리는 유념해야 한다.

34. 그들의 초인적인 청렴함과 지체 없는 공정함으로 시민들은 지위의 높고 낮음을 가리지 않고 똑같이 혜택을 받았고, 이는 10인 위원회의 업적 중 한 가지 위업이었다. 동시에 그들은 법률을 만드느라 분주했다. 평민이 엄청나게 기대하는 가운데 그들은 때가 되자 10개 조항의 법을 공포했다. 그들은 하늘의 축복이 자신들과 로마, 그리고 후대에 있기를 바란다는 엄숙한 기원을 하며 평민의 승인을 위해 준비된 법령을 로마 시민들이 와서 읽어볼 것을 요청했다. 비록 그들은 철저하게 공정했고, 준비한 법률 조항

이 실제로 어떻게 작용할지 예견할 정도로 지혜가 있었지만, 많은 사람이 그 문제에 관여하면 더 나은 결과를 낳을 수 있다고 확신했고, 그런 생각을 모두가 이해하길 간절히 바랐다. 모든 시민이 먼저 각 조항을 차분히 고려하고, 그런 다음 친구들과 논의한 뒤 마지막으로 바람직하다고 생각한 바에 따라 군중 토론에서 법률 조항의 첨삭을 의논하려는 것이 10인 위원회의 소망이었다. 그들의 목표는 모든 시민이 동의할 뿐만 아니라 실제로 제안까지 했다고 느낄 법한, 그런 성문법을 준비하는 것이었다. 시민들은 새로운 법률의 다양한 부분에 관해 의견을 냈고, 그것을 바탕으로 준비된 법률에 어느 정도 수정이 가해졌다.

최대한 완벽하게 준비된 10개 조항의 법률은 켄투리아 회의에서 승인되었고, 오늘날까지 여전히 공법과 사법의 근원으로 남아 있으며, 광대하고 복잡한 현대 법률의 확실한 토대를 제공했다. 하지만 곧 10개조의 로마 성문법에 두 가지 조항을 더 넣어야 완벽해진다는 게 로마 시민들의 일반적인 생각이었다. 선거일이 다가오자 시민들은 이런 결점이 해결되길 기대하며 다음 해에도 10인 위원회가 재선되었으면 한다는 바람을 갖게 되었다. 게다가 평민은 "집정관"이라는 단어를 "왕"이라는 단어만큼 지독히 싫어했고, 그래서 호민관들에게서 도움을 받으려고 하는 것도 그만두었다. 10인 위원회가 그들 자신의 판단을 엄격하게 적용하는 일이 극히 드문데다, 다른 위원이 반대하면 보통 제안한 위원이 양보했기 때문에 평민들은 그들을 믿었다.

35. 24일 뒤에 선거가 열린다는 발표가 공고되자 열렬하고 절박한 유세가 시작되었다. 가만히 뒷짐 지고 있으면 엄청난 권력을 행사할 수 있는 자리가 엉뚱한 자의 손에 넘어갈지도 모른다는 두려움 때문에 심지어 로마의 지도자들도 거리에서 눈에 띨 정도로 유세하는 모습을 보였다. 귀족들은 행인을 붙잡고 긴 이야기를 늘어놓았고, 그들(귀족)이 반대해 왔던 공

직(10인회 자리)을 두고서 반목해왔던, 오래된 적인 평민에게도 겸손하게 표를 간청했다.

특히 아피우스는 그런 두드러진 경력을 쌓았고 또 인생의 전성기에 위원 자리를 잃을지 모르는 위협이 닥치자 맹렬한 유세 활동을 벌였다. 이런 아피우스는 10인회의 위원다운 품위를 거의 내팽개친 것 같았다. 실제로 그가 하는 행동은 현직 후보라기보다 위원 자리에 처음 입후보한 사람 같았다. 그는 귀족들의 성품을 비방하는 동시에, 사회적으로 평판이 나쁘고 중요도가 떨어지는 후보자들을 칭찬했다. 그는 두일리우스와 이킬리우스 같은 전직 호민관들을 대동하고 광장을 어슬렁거리며 자신을 군중에게 널리 홍보했다. 이런 노골적인 유세에, 그때까지 그를 가장 헌신적으로 지지했던 동료들조차 눈살을 찌푸리고 그의 속셈이 무엇인지 의아해했다. 그의 행동에는 분명 진정성이 결여되어 있었다. 아피우스는 거만한 사람이어서 어떤 숨은 동기가 없이 자기보다 못한 사람들에게 저토록 과도하게 겸손을 떨 수 있는 사람이 아니었다. 의도적으로 남의 시선을 의식하는 저런 겸손, 평민 수준으로 자신을 낮추겠다는 저런 결정은 현재의 지위에서 물러나려는 사람의 태도가 전혀 아니었다. 오히려 새로운 임기를 열망하는 사람이나 내보일 법한 그런 의심스러운 모습이었다. 다른 위원들은 그의 이러한 재선 욕구에 대하여 공개적으로 과감히 나서서 반대하지 않았다. 대신 그들은 그런 욕구를 막아보려고 그의 뜻을 따르는 듯한 태도를 보이는 척하면서, 당신이 위원들 중에 가장 젊은 사람이니까 선거를 주재하는 명예를 맡아 달라고 요청했다. 이것은 아피우스가 자기 손으로 자기를 선출하지 못하게 함으로써 자연스럽게 재선을 막으려는 하나의 방책이었다. 호민관들을 제외하면 아무도 선거를 주관하면서 자신을 추천하는 일은 기피하는 전례가 있기 때문이었다. 비록 호민관들이 자천(自薦)으로 선출되는 경우가 있기는 했지만 그것은 그들 사이에서도 최악의 전례로 치부되었다.

하지만 아피우스는 일이 돌아가는 상황을 파악하고 상대의 허를 찌르는 수완을 발휘했다. 하늘의 축복을 구하는 관습적인 기원을 올리고 선거를 주재하는 책임을 맡은 그는 자신의 불리한 조건을 유리한 조건으로 바꿨다. 공모를 통해 투표권을 재배정함으로써 그는 두 명의 퀸크티우스와 카피톨리누스, 킨키나투스, 자신의 삼촌이자 귀족의 이상(理想)을 굳건히 지지하는 가이우스 클라우디우스, 그리고 이에 비견될 다른 뛰어난 사람들을 배제한 뒤, 앞서 말한 사람들보다 현저히 자질이 떨어지는 후보자들을 선출했고, 후보 명단에 자신도 집어넣어 위원장으로 선출되었다. 아피우스가 감히 그런 일을 할 거라고는 아무도 예상하지 못했다. 정치적 품위를 의식하는 사람에게 그런 행동은 너무나 후안무치하고 부적절한 것이었다. 하지만 실제로 일은 그의 계획대로 돌아갔다. 10인회에 뽑힌 그의 동료들은 다음과 같았다. 마르쿠스 코르넬리우스 말루기넨시스, 마르쿠스 세르기우스, 루키우스 미누키우스, 퀸투스 파비우스 비불라누스, 퀸투스 포에틸리우스, 티투스 안토니누스 메렌다, 카이소 두일리우스, 스푸리우스 오피우스 코르니켄, 만리우스 라불레이우스.

36. 그 순간부터 아피우스는 가면을 벗고 본색을 드러냈다. 임기가 시작하기도 전에 그는 곧장 동료들을 자기의 정치적 야욕에 복종시키는 일에 착수했다. 매일 사적인 회의가 있었고, 절대적이고 무책임한 권력을 장악하려는 계획이 은밀하게 수립되었다. 위원들은 공개적으로 거만한 태도를 보였고, 뚜렷한 절차상의 이유도 없이 면담을 거절했으며, 대화 중엔 냉담하고 불쾌한 태도를 드러냈다. 그런 모습은 새 위원들이 임기를 시작하는 날인 5월 15일까지 계속되었다.

임기 첫날은 뜻밖의 끔찍한 모습으로 사람들의 기억에 남게 되었다. 그들의 전임자는 최고 권력의 상징인 "권표"의 휴대에 제약을 두었다. 한 번에 한 사람만이 관직의 위엄을 나타내는 상징 (권표)을 돌아가며 사용했다. 하지만 이제 그들은 아무런 사전 예고도 없이 위원 10명이 각각 자신의 릭토르 12명을 대동하고 대중 앞에 나타났다. 광장은 120명의 릭토르로 꽉 들어찼다. 게다가 그들은 권표를 도끼에다 묶었는데, 이것은 시민들이 위원의 결정에 항소하지 못한다는 사실을 강조하는 불길한 신호였다. 마치 왕이 10명이나 생겨난 것처럼 아주 끔찍하고 위협적인 광경이었다. 그들은 신분의 고하를 막론하고 시민들에게 두려움을 안겨주었다. 그 두려움은 이게 혹시 유혈 통치의 서막이 아닐까 하는 생각으로 더욱 깊어졌다. 원로원이나 거리에서 누군가가 자유를 바란다고 말한다면 권표와 도끼가 즉시 대령될 것이고, 그리하여 나머지 사람들에게 무서운 교훈을 안겨줄 것이었다. 시민들이 항소할 권리는 사라졌다. 사람들은 더 이상 동료 시민이 부당하게 고발되는 걸 막을 수 없었다. 게다가 새로운 폭군들은 절대 서로의 결정을 번복하지 말자고 합의했다. 동료 위원이 항의하면 자신의 판단을 수정하고, 가끔 자기 권한으로 여겨지는 일도 일반 투표로 해결한 제 1차 10인 위원회와는 전혀 다른 모습이었다.

　당분간 시민들은 계급을 막론하고 두려움에 떠는 것처럼 보였지만, 점차 공포의 엄청난 무게는 평민들을 짓누르기 시작했다. 귀족은 별로 피해를 입지 않았지만, 신분이 미천한 사람들은 즉시 전횡과 만행에 시달리게 되었다. 10인회 위원들은 그들의 개인적인 호의가 곧 정의라고 생각했다. 위원 개인의 생각이 전부이고, 국가적 이상이라는 것은 찾아볼 수 없었다. 그들은 남들의 눈을 피해 집에서 판결을 꾸며내고 광장에서 그것을 선고했다. 어떤 시민이 한 위원의 판결을 다른 위원에게 항의하면 그는 결국 먼저 내려진 판결이 그나마 덜 심하다며 그것을 받아들이지 못한 것을 후회하게 되었다. 애석하게도 널리 퍼진 소문에 의하면 이런 사악한 음모가 일시적인 것이 아니었다. 10인 위원회는 서로 비밀스러운 맹세를 했는데, 그 내용은 선거를 열지 않고 위원회 조직을 영구화하여 지금 장악한 권력을 결코 놓지 말자는 것이었다.

37. 두려움을 느낀 거리의 평민들은 불안함을 숨기지 못하고 귀족들의 기색을 살폈다. 한때 적이자 두려운 주인이었던 귀족들에게서라도 약간의 자유를 얻을 수 있지 않을까 하는 기대감에서였다. 자신들이 나라에 초래한 폭정의 공포에서 평민들 역시 벗어나고 싶었던 것이다. 원로원 당의 지도자들은 평민을 증오하는 것에 못지않게 10인 위원회를 증오했다. 그들은 10인회의 소행이 마음에 들지 않았지만, 그래도 평민들이 뿌린 대로 거두고 있다고 생각하여 도와줄 생각이 조금도 없었다. 평민들이 자유를 얻기 위해 맹목적으로 탐욕스럽게 돌진하다가 지금 같은 노예 상태를 초래했으니 결국 자업자득인 것이었다. 그러니 평민들이 고통을 계속 받도록 놔두었다가, 결국에는 그들이 완전한 절망에 빠져서 두 집정관과 예전의 모든 제도로 되돌아갔으면 좋겠다고 생각할 때까지 기다리는 게 좋지 않을까, 하고 생각했다.

한 해가 거의 지나갔고, 기존 법률 10개 조항에 두 개의 조항이 추가되었다. 기존의 10개 법률처럼 켄투리아 회의에서 승인되면 10인 위원회는 더 이상 존속해야 할 타당한 법적 이유가 없었다. 따라서 모두가 집정관 선거일이 곧 발표되기를 기다렸다. 이제 평민들이 걱정하는 건 그들의 자유를 수호하던 정지된 호민관 관직을 어떻게 회복하느냐는 것이었다. 하지만 10인회로부터 선거에 대한 얘기가 나오지 않았다. 10인 위원회는 처음엔 보란 듯이 전직 호민관들을 대동하고 평민에게 영합하는 행동을 보였지만, 이젠 젊은 귀족들을 수행원처럼 대동하고 시내를 유유히 돌아다니며 권세를 뽐내고 있었다. 젊은 귀족 무리는 법정의 개정을 가로막았다. 그들은 평민들을 괴롭히고 그들의 물건을 강탈했다. 행운은 강한 자들의 것이었다. 그들은 바라는 게 있으면 가서 빼앗았다. 곧 권표가 사용되기 시작했다. 사람들은 두들겨 맞았고, 어떤 사람들은 처형당했다. 잔혹함은 그 나름의 보상을 가져왔고 빈번히 희생자의 재산이 그를 살해한 자에게로 넘어갔다. 위원들 주변의 젊은 아첨꾼들은 그런 보상에 눈이 어두워져 쉽게 타락했다. 그들은 주인의 잔인한 행동은 전혀 살펴보려고 하지 않고 오히려 그것을 노골적으로 즐겼다. 그들에게 죄를 저질러도 면책이 되는 특전은 국가의 자유보다 훨씬 유쾌한 것이었다.

38. 5월이 되어 선거일이 다가왔다. 법적으로 10인 위원회의 임기는 끝났다. 하지만 새로운 집정관들은 임명되지 않았고, 10명의 위원은 전처럼 무자비한 권력 행사를 계속 하겠다는 결단을 내리고서 권력의 상징을 휴대하고 계속 평민 앞에 나타났다. 이런 행동은 공공연한 폭정이었으나 그들은 더 이상 그것을 감추려고 하지도 않았다. 시민들은 영영 사라진 자유를 애도했다. 지금이나 그 이후로도 자유를 수호하기 위해 싸울 투사는 없는 것처럼 보였다.

로마의 정신은 꺾였다. 하지만 이게 끝은 아니었다. 국경 너머의 다른 나라들이 로마를 경멸하기 시작했고, 그들 생각에 노예로 전락한 나라가 제국의 권력을 행사한다는 사실에 분개했다. 이에 사비니 족은 많은 병력을 이끌고 와서 로마 영토를 침범하여 큰 피해를 입혔다. 그들은 아무런 저항도 받지 않고 로마의 소 떼를 약탈하고 사람들을 포로로 붙잡았다. 그런 다음 그들은 에레툼으로 물러나 방어 공사를 하면서 로마에서 벌어진 정치적 분열과 혼란이 최고의 우군 노릇을 하며 로마의 병사 동원을 가로막을 것이라고 자신 있게 예상했다. 외적의 침공 소식을 전한 전령이 도착한 지 얼마 되지 않아 다 타버린 농장에서 도망친 난민들이 로마 시내로 몰려들어 북적거렸고, 로마 사회 내에는 불안감이 널리 퍼져 나갔다. 10인 위원회는 단독으로 모여 상황을 토의했으나 그들은 외톨이였고 모든 시민의 증오를 받았다. 그러는 사이 두 번째 경종이 울렸다. 아이퀴 군대가 동쪽에서 쳐들어와 알기두스를 점령하고 투스쿨룸을 습격하는 전초 기지로 사용하기 시작한 것이었다. 전령들이 다급히 로마에 달려 와서 지원을 요청했다.

로마가 두 방향에서 위협당하자 10인 위원회는 크게 동요했다. 원로원과 의논해야 할 상황에 내몰리자 그들은 의원들을 소집하라는 지시를 내렸다. 그들은 시민들의 증오가 먹구름처럼 10인회의 머리 위로 몰려들 거라는 점을 잘 알았다. 로마 영토가 대대적으로 파괴되고, 작금에 로마를 노리는 위협이 그들의 책임이라는 건 아주 명백했다. 당연히 이런 위기 상황은 10인 위원회를 제거하려는 시민들의 저항을 초래할 것이었다. 이를 막으려면 10인회는 단결하여 저항하면서 사태를 주도할 용감한 소수를 무자비하게 탄압하여 시민들의 반발을 미연에 방지해야 했다.

지난번 원로원 소집을 한 지가 언제인지 기억이 없을 정도로 오랜 시간이 지나갔으므로, 통보관이 거리에서 의원들의 소집을 알리는 호령 소리가 시민들에겐 마치 먼 과거의 일처럼 느껴졌다. 새로운 통치자들이 오랫동안 중단된 관습을 갑자기 되살리자 시민들은 무슨 일이 벌어졌는지 궁금하게 여겼다. 동시에 그들은 적의 행동에 감사하는 마음이 생겨났다. 어쨌든 외침(外侵) 덕분에 명백히 자유로운 국가에나 어울리는 의회 소집 같은 일이 진행되고 있었기 때문이다. 시민들은 원로원 의원을 보려고 광장을 구석구석 살펴봤지만 그들은 거의 보이지 않았다. 그들은 이어 눈길을 돌려 원로원 회의장과 텅 빈 의석을 보았다. 거기엔 10인회의 위원들만 앉아 있었다. 그런 상황을 지켜보면서 시민들은 법적 지위가 없는 10인 위원회가 원로원을 소집할 권한이 없다고 생각하게 되었다.

반면 위원들은 의원들의 등원 거부는 폭정에 대한 증오를 드러내는 신호라고 받아들였다. 시민들은 이런 국면을 유리하다고 받아들였고, 자유를 회복하기 위한 투쟁의 첫 단계로 생각했다. 평민들은 자신들과 원로원이 협력하기만 한다면 투쟁에 성공할 수 있다고 보았다. 원로원이 소집 명령을 무시한 것처럼 자신들도 군복무를 위한 징집을 거부하면 되는 것이었다. 평민들은 은근히 이런 소망을 갖고 있었지만, 공개적으로 그것을 표현하지는 않았다. 하지만 귀족들은 거의 모두 로마를 떠나 시내에 없는 상태였다. 그리하여 대중 앞에 모습을 드러내는 원로원 의원은 없었다. 의원들은 작금의 돌아가는 정치적 상황을 참을 수 없어 절대다수가 시골 저택으로 내려갔던 것이다. 그들은 폭정을 펼치는 통치자들과 아주 멀리 떨어져 있으면 다치거나 모욕당할 일도 없을 것이기에 시골에서 개인 사무를 보고 있었다.

의원 소환이 무시되자 10인 위원회는 호출 관리를 원로원 의원들의 집에 파견했다. 등원 거부에 따른 벌금을 징수하고 또 의도적으로 불참했는지를 알아보기 위해서였다. 호출 관리들은 돌아와 의원들이 모두 시골에 내려가 있다고 보고했다. 10인 위원회는 로마에 있는데도 의도적으로 명령에 불복종한 것은 아니라는 걸 보고받고서 내심 기뻐했다. 그들은 보고를 접수한 후 두 번째 명령을 내렸다. 다음날 회의에 참석하라는 내용이었다. 그리하여 의원들은 당초 10인회가 예상한 것보다 더 많이 참석했으며, 이를 본 평민들은 원로원 의원들이 공화국의 자유를 배신했다고 여겼다. 원로원 의원들이, 무력을 사용할 수 있다는 점을 제외하면 더는 공직에 있지도 않은 자들에게 마치 법적 제재를 두려워하는 것처럼 굴복하여 소환에 응했기 때문이다.

39. 하지만 원로원 회의에서 표출된 의원들의 생각은 온순하게 등원한 모습과는 전혀 딴판이었다. 예를 들면 기록에도 나와 있듯이, 루키우스 발레리우스 포티투스는 아피우스 클라우디우스가 안건을 제출한 뒤 원로원에 의견을 구하려고 하자 정치적인 상황을 먼저 논의하자고 요구했다. 10인 위원회가 그를 협박하며 논의를 거절하자 포티투스는 그렇다면 평민

앞에 직접 나아가서 호소하겠다고 선언하며 소란을 일으켰다. 마르쿠스 호라티우스 바르바투스도 그에 못지않게 용감한 태도로 격론을 벌였다. 그는 10인 위원회를 10명의 타르퀴니우스로 부르며 과거에 발레리우스 가문과 호라티우스 가문의 지도력으로 왕이 축출되었다는 사실을 그들에게 상기시켰다. 그는 당시 사람들이 분개했던 건 왕이라는 명칭이 아니라고 분명하게 말했다.

"만약 그렇다면 정통파 종교가 어떻게 유피테르에게, 로마의 시조인 로물루스에게, 또 그의 계승자들에게 왕이라는 호칭을 적용했겠소? 또 왕이라는 명칭이 어떻게 여전히 종교적인 직책(희생제의의 왕)에 부여되었겠소? 사람들이 증오한 건 왕이라는 명칭이 아니라, 그가 보여주는 오만함과 그가 행사하는 폭력이오. 왕이나 왕의 아들이 이런 오만함과 폭력을 저질러도 용납할 수 없는 것이거늘, 법적으로 지위가 전혀 보장되지 않는 자들이 이런 사악한 짓을 저지른다면 그 누가 그것을 참아줄 수 있겠소? 그대들은 조심하는 게 좋을 거요. 원로원에서 자유롭게 발언할 권리를 막는다면 거리에서 사람들이 더욱더 시끄럽게 떠들어댈 테니까. 그대들이나 나나 공식적 지위를 가지고 있는 게 아닌데도, 그대들이 이렇게 원로원을 소집했으니 원로원 의원인 나도 대규모로 평민을 모으지 못할 이유가 무엇입니까?"

그는 다시 소리치며 말을 이었다. "어디 한 번 해 봅시다. 언제든 말만 하시오. 이기적이고 탐욕스러운 폭정은 그 구속을 끊으려고 싸우는 순수한 의분(義憤)을 감당할 수 없다는 걸 곧 알게 될 거요. 그대들은 사비니 족의 침공을 우려하고 있는데, 그건 보잘것없는 문제요. 로마인이 진정으로 맞서 싸워야 할 전쟁은 그것과는 아주 다른 것인데 단지 그대들만 그걸 모르고 있을 뿐이요. 그 전쟁은, 법률을 완성하려고 임명되었지만 변덕을 부려 이 나라를 제멋대로 지배하려는 당신들에 대한 전쟁이오. 또한 그 전쟁은 자유선거, 매년 행해지는 집정관 임명을 폐지함으로써 정기적인 권력 이전을 가로막아 모두의 자유를 보장하는 유일한 수단을 사라지게 하고, 사람들로부터 권한을 위임받지도 않았는데 마치 왕처럼 권표를 과시하면서 권력을 행사하는 당신들에 대한 전쟁이기도 하오. 오만왕 타르퀴니우스가 축출되었을 때 귀족 집정관들이 임명되었고, 후대엔 평민들의 병역 이탈 사태로 인해 평민 호민관들이 추가되었소. 그래, 그대들은 어느 쪽이오? 평민? 그들을 위해 그대들이 한 게 뭐가 있소! 귀족? 거의 1년간 그대들은 단 한 번도 원로원을 소집하지 않았소. 그리고 오늘에 와서야 이렇게 의원들을 소집했는데 막상 등원해 보니 정치적 상황의 논의는 금지가 되었소! 여기서 경고하겠소. 사람들이 반란을 일으킬 때의 후폭풍을 두려워한다는 것을 너무 믿지 마시오. 우리가 현재 겪고 있는 고통은 불확실한 앞날에 대한 두려움보다 훨씬 더 심각한 것이니까."

40. 호라티우스가 이런 사자후를 토하자 10인 위원회는 전에 없는 불편함을 느꼈다. 상황이 어떻게 결말날지 모르는 그들은 어느 정도까지 분노를 표출해야 할지, 또 어느 정도까지 관용을 베풀어야 좋을지 확신하지 못했다. 하지만 호라티우스가 발언을 멈추자 10인회의 대표인 아피우스의 삼촌 가이우스 클라우디우스가 자리에서 일어나 앞선 두 의원과는 전혀 다른 어조로 발언을 시작했다. 그의 말은 조카에 대하여 독설이 아니라 애원하는 어조였다. 그는 조카 아피우스에게 작고한 아버지의 애국정신을 생각해서라도 네가 태어나고 자란 시민 사회를 한 번 더 생각해보고 동료 위원들과 맺은 추악한 협약 따위는 잊어버리라고 간청했다. "나는 이 나라보다 너를 위해 이렇게 호소하마. 너와 네 동료들이 인정하든 말든 로마는 그 권리를 회복할 것이다. 조심하여라. 투쟁이 치열할수록 열정도 지독해지는 거니까. 나는 일의 결말을 생각하면 오싹해지는구나."

비록 10인 위원회가 그들이 제시한 안건 이외에는 그 어떤 것도 논의하지 못하게 했지만, 그들은 클라우디우스의 발언까지 가로막지는 못했다. 클라우디우스는 그 어떤 조치도 취하지 말아야 한다고 제안하면서 발언을 끝맺었다. 그러나 참석자들은 클라우디우스의 발언이 10인 위원회는 그 어떤 공식적 지위도 없다고 지적한 걸로 받아들였고, 많은 전직 집정관들이 동의를 표시했다. 또다른 제안으로는 귀족들이 인테르렉스(임시 통치자)를 선포해야 한다는 과격한 것도 있었는데, 클라우디우스의 제안은 이것보다는 덜 위험스러운 것이었다. 어떤 조치를 취한다는 것은 곧 회의를 주재한 자들이 공식적 지위에 있다는 걸 인정하는 것이었다. 그렇지만 아무런 조치도 취하지 말아야 한다는 제안은 정반대로 10인회가 아무 권한도 없음을 암시하는 것이었다.

이런 제안들로 10인 위원회의 지위는 이미 크게 흔들렸는데, 그런 상황에서 10인회 위원 코르넬리우스의 형인 루키우스 코르넬리우스 말루기넨시스 의원이 자리에서 일어나 발언했다. 일부러 전직 집정관 중 마지막으로 발언한 그는 동생과 다른 10인 위원회 위원들을 보호하고자 군사적인 상황에 대하여 불안감을 토로하기 시작했다.

"저는 상황이 어떻게 꼬였기에 오로지 10인 위원회만 공격을 받는지 참으로 의아합니다. 얼마 전까지만 해도 10인회 위원 자리에 임명되길 바랐던 사람들이 10인회를 공격하고 있습니다. 평화로웠던 지난 몇 달 동안 왜 아무도 그들의 권력이 적법한지 아닌지 의심하지 않았습니까? 적이 거의 성문 앞에 다다른 지금에 와서야 이렇게 소란을 일으키고 있습니까? 그렇게 소란을 일으키는 자들은 진흙탕 개울에서는 그 안에 무엇이 있는지 쉽게 구분할 수 없다는 걸 믿고 그렇게 설치는 겁니다. 여하튼 그건 그렇다고 칩시다. 지금 이 문제가 중요하기는 하지만 그것을 미리 판단할 필요는 없습니다. 우리에겐 더 중요한 문제가 있기 때문입니다. 그래서 저는 호라티우스와 발레리우스의 고발, 그러니까 10인 위원회가 5월 14일로 공식 임기가 끝났다는 주장은 나중의 더 적절한 때로 검토를 미룰 것을 제안합니다. 그 문제는 다가올 전쟁이 끝나고 평화를 회복할 때까지 기다린 다음 원로원에 회부하여 해결합시다. 그러는 동안 아피우스 클라우디우스는 반드시 10인 위원회 선거에 대한 모든 의혹을 해소할 준비를 해야 합니다. 그 자신이 위원이었음에도 불구하고 선거 관리를 맡았던 그 선거 말입니다. 또한 그는 반드시 10인 위원회가 1년 임기인지, 아니면 두 개의 추가 법률 조항이 승인될 때까지 그 자리를 계속 지킬 생각인지 해명해야 합니다. 당분간 우리는 로마의 방어에만 주목해야 합니다. 적의 행동에 관한 보고가 단순한 풍문이라고 생각하거나, 투스쿨룸에서 온 사절들은 말할 필요도 없고 그런 보고를 가져온 사람들이 거짓말을 한 거라고 판단한다면 탐문 정찰단을 보낼 것을 제안합니다. 그렇게 하면 그들이 돌아와 정확한 진상을 알려줄 겁니다. 반대로 적의 침공 계획이 사실로 드러난다면 최대한 빠르게 군사를 일으킵시다. 그래야 10인 위원회는 적절하다고 생각하는 전략적 사안들을 즉시 진행할 수 있습니다. 이보다 더 중요한 다른 일은 없습니다."

41. 원로원의 젊은 귀족들이 이 제안을 찬반 표결에 부치려고 하자 발레리우스와 호라티우스는 자리에서 벌떡 일어나 전에 없는 호전적인 어조로 나라의 상황을 상세히 논의해야 한다고 요구했다. 만약 10인회가 불법적인 탄압으로 원로원에서의 의사 표현을 가로막으려 한다면 그들은 평민에게 이러한 현황을 알리겠다고 경고하고 나섰다. 법적인 권한도 없는 소수의 개인들(10인회: 옮긴이)이 군중 앞에서나 혹은 회의장에서 두 사람이 의견 발표하는 것을 가로막는 걸 좌시하지 않겠으며, 또 두 사람은 가짜 권력인 권표와 도끼에 절대로 굴복하지 않겠다고 단언했다. 사태가 그렇게 돌아가자 아피우스는 재빨리 대응해야 한다고 생각했다. 똑같이 단호하게 받아치지 않으면 10인 위원회가 끝장날 것이라는 점이 너무나 분

명했기 때문이다. 그는 두 사람에게 10인회가 제안한 주제에 대해서만 얘기하는 게 현명할 것이라고 경고했다. 하지만 발레리우스는 전혀 위축되지 않은 채, 권한도 없는 사람이 요구한다고 해서 입 다물 생각은 전혀 없다고 대꾸했다. 그러자 아피우스는 릭토르 한 사람에게 그를 체포하라고 지시했다. 발레리우스는 이미 회의장 계단으로 이동했고, 거기서 거리의 사람들에게 자신을 보호해 달라고 소리치고 있었다. 루시우스 코르넬리우스는 발레리우스를 신경 쓰는 척하며 아피우스의 허리에 팔을 둘러 제지하여 소란스러운 상황이 벌어지는 것을 미리 막았다.

이런 중재로 발레리우스는 자신의 생각을 대중들에게 말할 수 있었지만, 그런 발언 다음에 행동이 뒤따르지 않아 10인 위원회의 지위는 흔들리지 않았다. 게다가 즉각적인 행동이 나오지 못한 이유가 있었다. 전직 집정관들과 고령의 원로원 의원들은 여전히 호민관을 증오했다. 그들은 평민들이 집정관 제도의 부활보다는 호민관의 복원을 바란다고 확신했다. 따라서 그들은 10인 위원회의 무모한 행동으로 또다른 평민 봉기가 일어나는 것보다는 조금 있다가 10인 위원회가 자발적으로 자리에서 물러나는 것이 더 좋겠다고 생각했다. 그들은 평민 봉기가 없는 상태로 온건하고 신중한 정책을 써서 집정관 제도를 회복한다면, 전쟁 이후에 좀 더 온건하고 동정적인 집정관을 옹립할 수 있고 그러면 평민들이 결국에는 호민관 제도를 완전히 잊어버릴지도 모른다고 아전인수 식으로 생각했다.

이어 징집령이 내려졌으나 평민의 반대는 없었다. 10인 위원회의 권한은 항소 대상이 아니었기에 젊은 남자들은 군복무자 명단에 그들의 이름을 등록했다. 10인 위원회는 서로 협의하여 각자 맡을 임무를 정리하고 군 지휘권을 나눴다. 가장 중요한 일은 실세인 아피우스 클라우디우스와 퀸투스 파비우스가 맡았다. 진짜 투쟁은 전장보다는 고향에서 일어날 것으로 추측한 그들은 두 사람 중 평민봉기를 더 잘 진압할 사람을 살펴본 결과, 평소에 무자비하고 단호한 방법을 잘 사용한 아피우스를 적임자로 결정하여 로마 시내에 남게 했다. 파비우스는 사비니 족과의 전쟁을 담당할 지휘관으로 임명되었고, 만리우스 라불레이우스와 퀸투스 포에틸리우스가 그를 보좌하게 되었다. 파비우스는 아피우스에 비해 성격이 강하지 않았다. 적극적으로 사악한 것도 아니었지만, 그렇다고 해서 신뢰할 만한 사람도 못 되었다. 예전에 그는 정치인이자 군인으로서 두각을 드러냈지만, 10인 위원회 동료들의 나쁜 영향을 받아서 사람이 크게 변했다. 그는 자신의 명예로운 예전 경력을 망각해 버리고 포악한 아피우스를 모범으로 삼아 타락의 길로 들어섰다. 마르쿠스 코르넬리우스는 루키우스 미누키우스, 티투스 안토니우스, 카이소 두일리우스, 마르쿠스 세르기우스와 함께 알기두스로 파견되었다. 스푸리우스 오피우스는 아피우스의 부관으로 임명되어 로마에 남았고, 두 사람은 각자 10인회에 부여된 권력을 그대로 유지했다.

42. 10인 위원회가 통솔한 군사 작전은 평시에 그들이 보여준 태도에 못지않게 한심한 것이었다. 전장의 지휘관들은 무능하진 않았지만, 보편적인 증오의 대상이 되었고 그것이 그들의 주된 결점이었다. 한심함의 나머지 몫은 병사들의 것이었다. 그들은 너무나 미워하는 지휘관의 지휘를 받아 전투에서 승리하기보다는 지휘관들에게 수치를 안기는 걸 더 선호했고, 그래서 의도적으로 전투에서 지기를 바랐다. 로마 군은 에레툼에서 사비니 인들에게 패배했고, 알기두스에서 아이퀴 인들에게 패배했다. 어둠이 짙은 조용한 시각에 로마 군은 에레툼에서 도망쳐서, 피데나이와 크루스투메리아 사이에 있고 로마로부터 그리 멀리 떨어지지 않은 고지에 참호를 파고 몸을 숨겼다. 적은 퇴각한 로마 군을 추격했지만, 로마 군은 응전하지 않았다. 로마 군은 자신의 군인다운 미덕을 믿기보다는 그들을 지켜주는 참호와 성곽을 더 믿으며 구차하게 목숨을 부지하려 했다.

알기두스에서 로마 군이 보인 행동은 훨씬 더 수치스러웠다. 막사를 잃은 데다 모든 병력이 무장도 내팽개친 채로 투스쿨룸으로 달아났기 때문이다. 그곳으로 도망치면 우방 도시인 투스쿨룸이 인정 많은 충성심을 발휘하여 식량을 제공하고 지원해줄 것으로 기대했던 것이다. 실제로 도시는 그런 지원을 해주었다. 로마에 지극히 불안한 보고가 도착했기에 원로원은 10인 위원회에 대한 증오는 잊어버리고 국토방위를 위해 적극적으로 조치를 취하기 시작했다. 외곽 초소가 세워졌고, 군 복무 적령기의 모든 남자는 성벽을 지키라는 지시가 내려갔다. 성문 밖은 경계병이 지켰다. 로마의 무기와 지원군이 투스쿨룸으로 보내졌다. 10인 위원회는 투스쿨룸에서 병력을 빼내어 도시 외부에 진지를 구축할 준비를 하라는 조언을 받았다. 피데나이에 있는 다른 로마 군 병력에도 사비니 영토로 진격하라는 지시가 내려갔다. 그렇게 공세를 취해야 적이 과연 로마 공격을 계획하고 있는지 확인할 수 있었기 때문이다.

43. 10인 위원회가 책임져야 할 일은 군사적인 패배만이 아니었다. 그들은 두 가지 역겨운 범죄를 저지르기도 했다. 하나는 전장에서, 다른 하나는 로마 시내에서 벌어진 범죄였다. 루키우스 시키우스는 사비니 영토로 침공하는 작전을 수행하는 도중에 10인회에 대한 사람들의 감정이 나쁘다는 상황을 이용하여 로마 병사들 사이에 호민관 선출이 가능하고 그에 따라 군 복무를 거부할 수도 있다는 이야기를 퍼뜨렸다. 이런 불온한 정보를 입수한 지휘관들은 시키우스를 제거할 목적으로 그에게 진지를 세울 장소를 살펴보라는 임무를 맡겼다. 그리고 시키우스와 함께 파견된 병사들에게는 적당한 기회를 잡으면 곧바로 시키우스를 죽이라는 지시가 내려갔다. 이 지시는 그대로 이행되어 시키우스는 살해되었지만, 그는 아무런 저항이나 복수 없이 죽지는 않았다. 그는 강건한 사람이었고, 또 힘센 사람인 만큼 용맹했으므로 가해자들이 그를 빙 둘러 포위했을 때 엄청난 힘으로 반격했고, 그들 중 일부를 쓰러트렸다. 살아남은 나머지 병사들

은 로마 군 진지로 돌아와 적의 함정에 빠졌으며, 시키우스는 용맹하게 적과 맞서 싸웠지만 다른 병사 몇 명과 함께 전사했다고 거짓 보고했다. 진지에 있던 로마 군 병사들은 처음엔 이 이야기를 믿었다. 하지만 나중에 사령관의 허락을 받아 시키우스의 시체를 매장하러 간 일행은 전혀 예상하지 못한 광경을 보게 되었다. 로마 군 병사들 중 누구도 물건을 빼앗기지 않았고, 그것은 시키우스도 마찬가지였다. 그렇지만 시키우스의 주변에 누워 있는 로마 군의 시체들은 전부 그를 향하고 있었다. 게다가 적 병사의 시체는 단 한 구도 발견되지 않았으며, 그들이 퇴각한 흔적도 없었다. 현장에 파견된 병사들은 시키우스의 시체를 야영지로 수습해 와서 그가 아군에게 살해당한 것이 분명하다고 주장했다. 병사들은 이에 격노했고 시키우스의 시신을 즉시 로마로 보내야 한다고 주장했다. 하지만 10인 위원회는 이를 미연에 방지하고자 서둘러 그에게 공식 군장(軍葬)을 치러주라고 지시를 내렸다. 병사들은 억울하게 죽은 전우의 죽음을 크게 비통해했고, 10인 위원회에 대한 감정은 최악의 상태로 치달았다.

44. 이런 범죄에 뒤이어 로마에서 두 번째 범죄가 발생했다. 이 범죄의 기원엔 성욕이 있었고, 그 결과는 오만왕 타르퀴니우스의 축출을 가져온 루크레티아의 강간 및 자살 사건만큼이나 비극적인 것이었다. 실제로 10인 위원회는 타르퀴니우스처럼 실각했고, 권력을 잃게 된 이유도 똑같았다. 이 사건의 경과는 다음과 같다. 아피우스는 한 평민 출신 여자를 유혹하려고 했는데, 이 여자의 아버지는 루키우스 베르기니우스로서 알기두스에서 켄투리온 자격으로 군 복무 중이었다. 그는 군인으로서나 시민으로서나 훌륭한 경력을 가진 사람이었고 그의 아내와 아이들은 그와 마찬가지로 숭고한 원칙을 지키며 사는 사람들이었다. 베르기니우스는 딸의 약혼자로 전직 호민관인 루키우스 이킬리우스를 택했는데, 그는 평민의 대의를 열정적으로 수호하는 것으로 잘 알려진 사람이었다. 아피우스는 바로 이 아름다운 젊은 여자, 베르기

니우스의 딸에게 욕정을 품었다. 그는 돈과 달콤한 약속으로 그녀를 유혹하려고 했으나 실패했다. 정숙한 처녀가 모든 접근 방식을 거부하자 그는 비정한 폭군이나 생각해낼 법한 폭력을 쓰기로 마음먹었다. 그는 처녀의 아버지가 전쟁에 나가 부재중인 상황을 이용하기로 마음먹었다. 아피우스는 자기 부하인 마르쿠스 클라우디우스에게 이런 지시를 내렸다. 처녀를 클라우디우스의 노예라고 주장하고, 처녀의 자유를 지키기 위한 상대방의 요구에 맞서 그 노예 주장을 계속 유지하라고 일렀다.

그리하여 어느 날 아침 그녀가 학교에 가려고 광장으로 들어서자 아피우스의 끄나풀인 클라우디우스가 그녀를 붙잡고, 어미처럼 너도 내 소유의 노예라고 주장했다. 그러면서 자신을 따라오라고 소리치며 거부하면 억지로라도 끌고 가겠다고 위협했다. 불쌍한 그녀는 소스라치게 놀라 소리조차 내지 못했지만, 그녀의 유모가 소리쳐 도움을 요청했고, 이에 군중이 빠르게 몰려들었다. 베르기니우스와 이킬리우스가 둘 다 유명하고 사람들에게 인망이 있었기에 많은 사람이 처녀를 도우려고 했다. 이런 도와주려는 사람들 중엔 사적인 관계가 있는 사람도 있었지만, 나머지는 백주 대낮에 이런 일이 벌어진다는 게 너무나 몰염치하다고 생각하여 나선 정의로운 사람들이었다. 많은 사람이 그녀를 보호하려고 나섰으니 이젠 강제로 그녀를 끌고 갈 가능성은 사라졌다. 하지만 마르쿠스 클라우디우스는 군중에게 자신이 하는 일은 법적으로 전혀 문제가 없으니 그리 흥분하지 말라고 소리쳤다. 그리고는 베르기니아에게 법정에 출두하라고 요구했다.

행인들은 그 요청에 따르는 것이 좋겠다고 조언했고, 그리하여 그녀와 유모는 법관석에 앉은 아피우스 앞에 출두했다. 클라우디우스의 연극은 물론 법관 자신이 꾸민 것이었기 때문에 그 법관도 잘 아는 것이었다. 클라우디우스는 자신의 집에서 여자 노예 베르기니아가 태어났을 때 누군가가 그 아기를 빼돌렸고, 이어 베르기니우스에게 그의 딸로 넘겨졌다고 위증했다. 그는 또한 이에 관해 훌륭한 증거가 있으며, 이 세상 어떤 재판관 앞에서도 증명할 수 있게 만반의 준비를 갖추고 있다는 말도 덧붙였다. 심지어 자신보다 더 큰 피해자인 베르기니우스가 저 재판석에 앉아 있는 재판관이더라도 사실 관계를 증명할 수 있다고 호언장담했다. 그러는 사이 졸지에 노예로 신분이 바뀐 베르기니아는 어쩔 수 없이 주인을 따라가야 했다. 베르기니아를 옹호하는 사람들은 그녀의 아버지가 군 복무로 현재 집에 없다는 점을 강조했다. 그들은 사람을 보내면 처녀의 아버지가 이틀이면 집으로 돌아올 수 있는 데다 자식이 관련된 소송이 벌어졌는데도 아버지가 관여할 수 없다면 그건 부당한 처사라고 역설했다. 따라서 그들은 베르기니우스가 로마로 돌아올 때까지 심문을 연기할 것을 요청했다. 또한 아피우스는 그 자신이 보증한 법률에 의거하여 피고의 보호받을 권리를 인정해야 마땅하며, 다 큰 처녀가 사회 내의 법적 지위가 결정되기도 전에 평판을 망치는 일이 없게 해야 한다고 요청했다.

45. 아피우스는 베르기니우스의 친구들이 그들의 요구를 뒷받침하기 위해 인용한 바로 그 법이 자신(아피우스)이 자유를 적극적으로 옹호한다는 것을 잘 밝혀준다고 말하면서 판결을 시작했다. 이어 그는 해당 법의 적용이 명확하고 확고한 사건에서만, 자유의 확실한 수호가 보장된다고 덧붙였다. 그는 누구나 소송을 제기할 권리가 있으나, 단 자유민의 자격으로 합법적인 주장을 할 경우에만 소송을 제기할 수 있다고 말했다. 하지만 지금 이 경우는 베르기니아가 아버지에 종속하고 있으므로, 처녀 아버지 이외의 사람들은 처녀의 주인으로 하여금 베르기니아를 보호하는 권리를 포기하게 할 수 없다고 했다. 아피우스는 이와 같은 이유 때문에 원고에겐 베르기니아의 아버지가 로마에 도착하기 전까지 처녀를 돌볼 권리가 있으며, 아버지가 도착하면 법정에 그녀를 출두하게 해야 한다고 판결을 마무리했다. 이 판결은 명백히 부당한 것이었지만, 사람들은 소리를 죽여 불

평하고 분개할 뿐 감히 공개적으로 판결에 반대하지 못했다.

바로 이 시점에 베르기니아의 삼촌인 누미토리우스와 그녀의 약혼자인 이킬리우스가 현장에 도착했다. 군중은 그들이 앞으로 나아갈 수 있게 자리를 비켜주었고, 대다수 사람이 그가 개입하면 아피우스의 지저분한 수작을 누구보다 효과적으로 좌절시킬 수 있으리라고 기대했다. 이킬리우스는 큰 소리를 내며 항의했지만, 아피우스는 판결이 내려져 소송이 끝났다며 릭토르에게 그를 끌고 나가라고 지시했다. 지극히 온건한 사람이라도 이런 모욕을 받으면 격노했을 것이다. 이킬리우스는 아피우스를 보며 사납게 외쳤다.

"나를 내치겠다고? 오직 번뜩이는 칼날만이 그렇게 할 수 있을 것이다. 메스꺼운 흉계를 네 놈 마음대로 교묘히 처리할 생각이었다면 네 놈은 사람들을 바보로 보는 것이다. 나는 베르기니아와 결혼할 사람이고, 순결한 처녀를 신부로 맞이할 예정이었다. 도시의 모든 릭토르를 불러 오거라. 이왕이면 권표와 도끼도 같이 들고 오라고 하여라. 나는 내 아내 될 사람이 아버지의 집 말고 다른 곳에서 밤을 보내는 걸 기필코 막고야 말겠다. 네 놈은 사람들에게서 항소할 권리와 호민관에게서 보호받을 권리를 빼앗아 우리 모두를 노예로 만들었다. 하지만 그런 짓을 할 수 있다고 해서 우리의 아내와 아이들에게 네 놈의 더러운 욕정을 풀 수 있다고 생각하지는 마라. 우리의 등을 때리고 목을 치면서 네 야만적인 쾌락을 채울 수 있을지 모르나, 적어도 네 놈이 우리의 정절을 빼앗을 수는 없다. 기어이 네 놈이 처녀의 정절을 범하려고 한다면, 나는 로마에 있는 모든 사람에게 청하여 내 신부를 지켜낼 것이다. 베르기니우스 역시 외동딸을 지키려고 군대를 일으킬 것이다. 하늘과 땅도 우리 모두의 간절한 뜻에 감동하여 우리를 도울 것이다. 네 놈이 이 악랄한 판결을 그대로 시행하려든다면 먼저 우리를 다 죽여야 할 것이다. 아피우스, 나는 네 놈이 하려고 하는 짓을 진지하게 다시 생각해볼 것을 요구한다. 베르기니우스는 로마에 도착하면 딸에 관한 일을 어떻게 해야 할지 결정할 것이다. 하지만 나는 먼저 그에게 알리고자 한다. 그가 만약 네 놈의 요구에 굴복하면, 그는 다른 사위를 찾아야 할 것이다. 하지만 나는 내 신부의 자유를 지켜내지 못하면 차라리 그 자리에서 죽고 말겠다."

46. 군중은 엄청나게 동요했고, 곧 폭력 사태가 벌어질 것 같은 아주 험악한 분위기였다. 릭토르들이 이킬리우스를 둘러쌌지만, 물리적인 행동을 취하진 않았다. 아피우스는 이킬리우스가 베르기니아를 지키려는 건 문제가 되지 않지만, 호민관이라도 된 것처럼 무질서하게 평민 선동을 하여 분란을 일으킬 기회를 찾으려는 건 문제가 된다고 하며 그런 기회는 절대 없을 것이라고 분명하게 말했다. 또한 그는 이킬리우스의 무모한 행동은 절대 묵과할 수 없지만, 그를 즉시 체포하지 않는 건 부재중인 베르기니우스가 지닌 아버지의 권리와 베르기니아의 자유를 위해 양보했기 때문이라는 걸 똑똑히 알아야 한다고 훈계했다. 그리고 그것을 증명하기 위해 소송의 판결은 연기될 것이라는 말을 덧붙였다. 아피우스는 마르쿠스 클라우디우스에게 권리를 보류할 것을 요청하고 다음날까지 베르기니아에게 하루의 말미를 주라고 지시했다. 또한 그는 이킬리우스와 그에 동조하는 자들에게 만약 베르기니우스가 법정에 나타나지 않는다면 자신이 선고한 법을 단호히 집행할 것이라고 경고했다. 그는 소란을 일으켜 평화를 해친 행동을 제압하는 데 동료들의 릭토르들은 필요 없으며, 자신의 릭토르들만으로도 충분하다는 말로 마무리했다.

이젠 조금이긴 해도 시간적 여유가 생겼고, 베르기니아의 친구들은 최대한 빨리 그녀의 아버지에게 사태를 알리기로 했다. 이킬리우스의 형과 누미토리우스의 아들은 그리하여 곧장 성문으로 가서 말을 타고 최대한 빠르게 베르기니우스가 근무하는 진지로 달려갔다. 그가 제때 로마에 도착해야 베르기니아의 안전을 보장할 수 있기 때문이었다. 그들은 힘찬 젊은이들이었기에 전속력으로 달려 로마 군 진지에 도착했고, 베르기니우스에게 메시지를 전했다.

그러는 사이 클라우디우스는 이킬리우스에게 베르기니아를 내어주는 대신 보석금을 내라고 압박했다. 이킬리우스는 메시지를 전할 두 사람이 제때 진지에 도착할 수 있게 일을 지연하느라 최선을 다하느라고 정신이 없었다. 그렇지만 아피우스로부터 이런 압박을 받자 침착한 어조로 안 그래도 보석금 지불을 고려하고 있었다고 답변했다. 그러자 사방팔방에서 사람들이 손을 들고 기꺼이 이킬리우스를 위해 보석금을 내어놓겠다고 의사 표시를 해왔다. 이킬리우스는 그 모습에 감동받았다. 그는 눈물을 흘리며 이렇게 말했다. "고맙습니다. 내일 여러분의 도움이 절실히 필요할 겁니다. 지금은 충분히 보석금을 낼 수 있습니다." 베르기니아는 곧 친척들이 마련한 담보로 풀려났다.

아피우스는 그 소송만을 위해 재판관 석에 앉았다는 인상을 주지 않으려고 다른 소송 건이 있는지 알아보려고 얼마간 시간을 끌었다. 하지만 모든 사람의 주목과 관심은 완전히 베르기니아에 쏠려 있었기에 다른 소송 건은 없었다. 그리하여 아피우스는 집으로 가서 군대를 지휘하는 동료들에게 편지를 보내 베르기니우스의 휴가를 내주지 말고 가능하다면 그를 체포하는 것이 더 좋겠다는 뜻을 전했다. 다행스럽게도 이런 사악한 지시를 담은 편지는 뒤늦게 로마 군 진지에 도착했다. 베르기니우스는 이미 휴가를 얻었고 날이 어두워진 직후에 로마를 향해 이미 출발한 상태였다. 이젠 쓸모없게 된, 그를 잡아놓으라는 아피우스의 편지는 다음날 아침 일찍 로마 군 진지에 도착했다.

47. 다음날 새벽이 되자 도시의 흥분 상태는 최고조에 달했다. 베르기니우스는 딸의 손을 잡고 광장으로 들어왔다. 그는 상복을, 딸은 넝마를 입고 있었다. 두 사람 곁엔 여러 명의 여자와 많은 지지자들이 있었다. 베르

기니우스는 군중 사이를 돌아다니며 만나는 사람마다 그에게 지지를 보내줄 것을 간청하거나, 아니면 자신의 당연한 몫이라고 생각되는 지원을 요청했다. 왜냐하면 그는 그들의 아내와 아이들을 위해 현재에도 전선에 나가 있고, 또 자신보다 더 나은 전쟁 경력을 가진 군인은 없다는 말을 빼놓지 않았기 때문이다. 그러면서 자신의 딸아이가 점령된 도시에서나 느낄 법한 최악의 공포를 로마의 안전한 성벽 안에서 겪어야 한다면 애국이 무슨 소용이 있냐고 호소했다. 이킬리우스 역시 비슷한 말로 대중의 지지를 호소했다. 하지만 베르기니아가 조용히 눈물을 흘리는 모습은 그 어떤 말보다 강력하게 사람들의 마음을 움직였다.

판사석에 앉은 아피우스는 실제로 욕정에 사로잡힌 남자라기보다 미친 사람이나 다름없었고, 이런 애처로운 상황을 아주 무덤덤하게 바라보고 있었다. 원고인 클라우디우스는 전날 법정에서 부당한 대우를 받았다고 불평하기 시작했다. 하지만 클라우디우스가 말을 끝내기도 전에, 또 베르기니우스가 응답할 기회를 얻기도 전에 아피우스가 끼어들었다. 그가 자신의 판결을 정당화하려고 말한 내용은 고대 역사가들이 기록해 놓은 바 있다. 그런 기록들 중 일부는 아마도 진실일 것이다. 하지만 그것이 엄청난 판결이었다는 점을 고려할 때, 나는 개인적으로 그런 내용들이 도무지 그럴 법하다는 생각이 들지 않는다. 따라서 나는 여기에 반론의 여지가 없는 명백한 사실만 적을 수밖에 없다. 그건 아피우스가 원고의 편을 들었고, 베르기니아가 노예라는 원고의 주장을 인정하는 판결을 내렸다는 것이다.

이런 말도 안 되는 판결이 떨어지자 사람들은 어안이 벙벙해졌고, 몇 분 동안 아무런 말도 잘 들리지 않았다. 곧 클라우디우스는 여자들을 밀치며 이제 자신의 노예가 된 베르기니아 쪽으로 나아갔다. 그녀는 눈물을 터트렸고, 베르기니우스는 치밀어 오르는 분노를 이기지 못하고 아피우스를 보며 주먹을 움켜쥐고 소리쳤다. "나는 내 딸을 이킬리우스와 혼인시키려 했지 네놈의 노리개가 되게 하려고 키운 게 아니다! 내 딸을 부부의 침상으로 보내려고 했지 매음굴로 보내려고 한 게 아니다! 네놈에겐 남녀의 결합이 양이나 토끼의 교미와 다를 바가 없더냐? 이 사람들이 그런 짓을 참아 줄지 알 수 없으나, 칼을 가진 자는 결코 참아주지 않으리라는 걸 나는 잘 안다!" 클라우디우스는 여자들에 의해 거칠게 밀려났고, 베르기니아의 다른 친구들은 그녀의 주위으로 몰려들었다. 10인 위원회의 전령이 나팔을 불어 정숙을 명령했다.

48. 이에 아피우스가 말하기 시작했고, 그의 입에서 나오는 말은 그가 욕정에 휩싸여 제정신이 아니라는 것을 잘 보여준다. "나는 부정할 수 없는 증거를 받았소. 이 증거는 여기에 있는 사람이라면 전부 목격한 베르기니우스의 난폭한 행동이나 이킬리우스가 어제 했던 모욕적인 말과는 완전히 다른 것이오. 그 증거를 통해 나는 저들이 시민들을 선동하려고 지난밤에 모였다는 걸 잘 알고 있소. 앞으로 싸움이 일어날 것을 미리 경고 받은 덕분에 무장한 호위병을 여기에 데려왔소. 이번 판결은 법에 충실한 시민이라면 아무런 상관이 없소이다. 나는 내 직책의 위엄으로써 평화를 해치려는 자들을 확인하려는 것뿐이오. 그러니 모두들 경거망동하지 않는 게 현명할 것이오. 릭토르들, 군중을 해산하라. 주인에게 노예를 인계해 주도록 하라."

아피우스의 분노한 거친 목소리는 효과가 있었다. 군중은 본능적으로 위축되었고, 불쌍한 베르기니아는 무력한 희생자로 홀로 남게 되었다. 베르기니우스는 주위에 도움을 요청했지만, 아무도 나서려고 하지 않았다. 잠시 생각한 그는 뭔가 결심하고 이렇게 말했다. "아피우스, 내가 심하게 말했다면 아버지의 마음이라 생각하고 용서해주시오. 창졸간에 벌어진 이 모든 일로 나는 어쩔 줄 모르겠소. 여기 내 딸이 있는 앞에서 유모에게 물어보리다. 내가 정말 이 아이의 아비가 아니라는 것을 발견하면 저간의 사정을 이해하고 일을 더 순조롭게 해결하리다."

그러자 아피우스는 허락했고, 그는 베르기니아와 유모를 클로아키나 신전 근처의 상가로 데리고 갔다. 이곳은 오늘날엔 '새로운 상가'로 불리고 있다. 여기서 베르기니우스는 푸주한이 쓰는 칼을 느닷없이 잡아채며 이렇게 외쳤다. "아, 내 딸아, 널 자유롭게 할 방법이 이것밖에 없구나!" 이어 그는 칼로 딸의 심장을 찔렀다. 그리고 그는 뒤에 있는 판사석을 돌아보며 이렇게 외쳤다. "아피우스! 이 피의 저주가 영원히 네놈 머리 위에 떨어질 것이다!"

이 끔찍한 행동 뒤에 터져 나온 소란 때문에 아피우스는 깊은 충격을 받았다. 그는 즉시 베르기니우스의 체포를 명령했지만, 여전히 손에 칼을 쥔 그는 군중을 헤치고 친구들의 도움을 받으며 성문으로 도망쳤다. 이킬리우스와 누미토리우스는 숨이 끊어진 베르기니아의 시체를 들고 군중들 사이로 움직이면서 그들에게 보여주었다. 그들은 죄를 범한 아피우스를 저주했고, 미모 때문에 불행을 벗어날 수 없었던 베르기니아와 궁지에 몰려 딸을 죽인 그녀의 아버지를 위해 눈물을 흘렸다. 베르기니아의 시체 주위로 몰려든 여자들은 이런 꼴을 당하려고 아이를 낳은 거냐고, 또 이게 정숙함의 보상이냐고 소리쳤다. 그들은 이런 치욕적인 상황에 마음속으로 큰 슬픔을 느꼈고, 여자인지라 감수성도 예민하여 말로 못할 측은함을 느꼈다. 남자들, 특히 이킬리우스는 머릿속에는 한 가지 생각밖에 없었는데 그를 위시하여 모든 남자들이 그 생각을 소리 높여 외쳤다. 그것은 바로 사라진 호민관의 직위 복구, 시민의 항소할 권리 회복, 그리고 평민에게 가해지는 무도한 압제의 철폐였다.

49. 아피우스의 극악무도한 행동에 대한 경악과, 자유를 회복할 기회를 얻었다는 희망이 서로 합쳐지게 되자 군중은 극도로 흥분하게 되었다. 아피우스는 이킬리우스에게 법정으로 출두하라고 지시했으나, 그가 소환을 거부하자 체포 명령을 내렸다. 하지만 그의 릭토르들은 이킬리우스의 근

처로 가지도 못했다. 따라서 아피우스는 여러 젊은 귀족을 대동하고 군중을 뚫고 나서며 릭토르들에게 이킬리우스를 끌고 와 감옥에 처넣으라고 지시했다. 하지만 아피우스의 조치는 너무 늦은 것이었다. 이미 이킬리우스 주변엔 군중이 몰려들고 있었고, 그들을 지도하는 발레리우스와 호라티우스도 포진하고 있었기 때문이다. 두 사람은 릭토르들을 제지했다. 이어 그들이 명령을 받고서 체포하려는 것이라고 하더라도 공식적 권위도 없는 자의 명령으로 이킬리우스를 체포해선 안 된다고 했다. 그런 말도 안 되는 상황에서 아피우스 측이 폭력을 사용할 생각이라면 이쪽도 똑같이 폭력으로 대응하겠다고 대꾸했다. 그 즉시 소동이 일어났다. 릭토르들은 발레리우스와 호라티우스에게 달려들었지만, 평민은 그들의 권표를 붙잡아 깨트려버렸다. 아피우스가 연단에 올라 말을 시작했지만, 평민은 그보다 더 큰 함성으로 그의 말을 파묻어버렸다. 호라티우스와 발레리우스가 연단에 오르자 평민은 두 사람의 말을 들었다. 발레리우스는 그 순간에 얻은 권위를 이용하여 릭토르들에게 공식적 지위도 없는 아피우스를 섬기지 말고 순리를 따르라고 명령했다. 그 순간 아피우스는 군중을 제압할 힘을 완전히 잃었다는 것을 깨닫고, 자신의 목숨마저 잃을 것을 두려워한 나머지 망토를 머리에 뒤집어쓰고 군중을 따돌리며 인근의 집으로 도망쳤다.

10인회 위원 스푸리우스 오피우스는 동료인 아피우스를 도우려고 반대편 거리에서 광장으로 서둘러 달려왔지만, 평민의 강력한 행동이 승리를 거두었다는 걸 알게 되었다. 하지만 그 다음 과정은 무척 혼란스러웠다. 모두가 서로 다른 제안을 하는 상황에서, 안절부절못하고 우유부단한 오피우스는 그런 제안들을 전부 받아들이다가 결국 원로원을 소집하게 되었다. 이 결정은 어느 정도 소동을 가라앉혔다. 거의 모든 귀족이 10인 위원회에 적대적인 것으로 생각되었기 때문이다. 평민은 원로원이 그들의 권력을 끝장낼 것으로 기대했다. 원로원은 평민을 반드시 조심스럽게 다루어야 한다고 결의하고 나서, 병사들 사이에 반감이 생겨나게 할 것이므로 베르기니우스의 군대 복귀를 막는 일이 시급하다고 생각했다.

50. 이를 위해 몇 명의 젊은 원로원 의원들이 베킬리우스 산에 있는 로마 군 진지로 파견되었다. 병사들 사이에 동요가 있을지 모르니, 10인 위원회 위원들이 병사들을 잘 단속하라고 촉구하기 위해서였다. 하지만 귀대한 베르기니우스는 로마에 있을 때보다 훨씬 더 큰 동요를 군대 내에 일으켰다. 그의 귀대는 엄청나게 강한 인상을 남겼다. 그가 군 주둔지에 도착하기 훨씬 전부터 병사들은 그의 귀대를 알아볼 수 있었는데, 400여 명 정도 되는 시민들이 그를 따라왔기 때문이다. 그들은 상처 입은 그의 마음에 동조하고 또 달래주려고 했기에 그를 동행해온 것이었다. 베르기니우스가 뽑아든 칼은 여전히 그의 손에 들려 있었고, 그의 옷은 피로 범벅이 되어있었다. 이런 그의 모습에 주목하며 동요하지 않는 병사는 단 한 명도 없었다. 게다가 군복을 입지 않은 사람들이 로마 군 진지에 너무 많아서 시민들은 실제보다 훨씬 더 많아 보였다. 병사들은 베르기니우스의 이상한 행색을 주목하면서 이야기를 들려달라고 했고, 잠시 그는 선 채로 조용히 눈물을 흘리면서 아무 대답도 하지 못했다. 그러는 사이 더 많은 병사가 서로를 떠밀며 베르기니우스 주위로 몰려들었다. 마침내 어느 정도 동요가 가라앉고 주변이 잠잠해지자 베르기니우스는 일의 전말을 병사들에게 이야기했다. 이야기가 끝나자 그는 양손을 기도하듯 들어 올리고 전우들의 가슴을 뭉클하게 하는 호소를 시작했다.

"전우들이여, 저는 간청합니다. 아피우스가 저지른 무도한 죄에 저 또한 책임이 있다고 생각하지 마십시오. 저를 자식을 죽인 살인자로 매도하며 외면하지 마십시오. 제 딸이 자유롭게 살 수 있도록 허락되고 정숙한 여인으로 살 수 있었다면 저는 제 목숨보다도 그 아이의 목숨을 더 귀하게 여겼을 것입니다. 하지만 그 아이가 노예가 되어 매음굴로 끌려가려는 순간, 딸애는 이미 제게 죽은 아이나 다름없었습니다. 저는 딸애가 치욕을 당하느니 죽는 것이 낫다고 생각했습니다. 제가 그런 끔찍한 행동을 할 수밖에 없었던 건, 또 그 아이를 죽이고 나서 이렇게 죽지 못하고 살아 있는 건 그 아이를 불쌍하게 여기기 때문입니다. 저는 여러분의 도움을 받아 복수할 수 있을 것이라는 기대를 가지고 이곳에 왔습니다. 전우들이여, 여러분에게도 딸, 자매, 아내가 있습니다. 제 딸 베르기니아는 죽었지만, 아피우스의 욕정은 처벌받지 않으면 더욱 커지기만 할 것입니다. 제겐 아내가 없습니다. 예전에 사별했기 때문입니다. 제겐 딸이 없습니다. 그 아이는 정숙하게 살 수 없었기에 애처롭지만 명예로운 죽음을 맞이했습니다. 이제 우리 집안엔 아피우스가 욕정을 품을 사람이 남아 있지 않습니다. 다른 방법으로 저를 위협한다면 저는 제 딸의 정숙함을 지켜냈던 것처럼 조금도 위축되지 않고 저 자신을 지킬 것입니다. 전우 여러분도 여러분 자신과 아이들을 지키기 위해서라면 저와 똑같은 행동을 했을 것입니다."

베르기니우스는 열정적으로 말했고, 그 얘기를 듣던 병사들은 동조의 함성을 크게 내지르며 응답했다. 그들은 또한 참사를 당한 베르기니우스를 지지할 것이며 자유를 요구하는 일을 결코 멈추지 않을 것이라고 주장했다. 군 야영지까지 따라온 민간인들은 베르기니우스의 항의를 되풀이하여 말했다. 그들은 이런 끔찍한 사건은 듣는 것만으로도 이미 불쾌하지만, 실제로 그 광경을 보았다면 더욱 끔찍했을 것이라고 병사들에게 말했다. 민간인들은 또한 로마의 정부 체제는 붕괴된 거나 마찬가지라는 상황을 전했고, 또다른 민간인들은 아피우스가 간신히 목숨을 구해 달아나 떠도는 신세가 되었다는 소문도 전했다. 이에 병사들은 정연한 대오를 갖추어 당장 로마로 진군해야 한다고 말했다. 그러나 아직도 명령권을 갖고 있는 10인회 일부 위원들은 형세의 급변과 로마에서 온 보고에 매우 놀라면서도 서둘러 군율을 회복하려고 애썼다. 하지만 이제 평소의 온건한 방식은 더 이상 통할 수 있는 상황이 아니었다. 그들이 아무리 지시를 내려도 병사들 사이에서는 완강한 침묵만 있을 뿐이었다. 10인회 위원들이 징벌의 권한을 행사하려 들면 병사들은, 당신들이 지금 무장 군인을 상대하고 있다는 걸 잊지 말라고 응답했다. 이어 로마 군은 모든 병력이 종대로 진군하여 곧 로마의 아벤티누스 언덕을 점령했다. 그곳에서 그들은 평민들을 만날 때마다 자유를 회복하고 호민관직을 복원해야 한다고 강력히 주장했다. 그들은 그런 조치 이외에 그 어떤 폭력적인 조치도 제안하지 않았다.

오피우스는 원로원을 소집했다. 귀족들은 그들 자신이 반란의 원인을 제공했기에 곧 회유책을 지지한다는 결의를 통과시켰다. 과거 집정관이었던 스푸리우스 타르페이우스, 가이우스 율리우스, 푸블리우스 술피키우스, 이렇게 세 사람이 교섭 대표로 임명되었다. 이 세 사람은 원로원의 대표 자격으로, 군대가 누구의 명령으로 주둔지를 떠났고, 무슨 의도로 아벤티누스 언덕을 무장 점령하고, 군인의 의무를 저버린 채 고국으로 진군하게 되었는지 따져 물을 예정이었다. 군대는 충분히 대답할 준비가 되어 있었지만, 군을 대표하여 잘 대답할 만한 사람이 없었다. 군내에 아직 지도자로 인정된 사람이 없었고, 그런 대표 자리는 분명 위험하고 남의 미움을 살 일이므로 아무도 선뜻 나서지 않았던 것이다. 따라서 그(군인)들은 발레리우스와 호라티우스를 보내주면 충분히 잘 대답할 것이라고 이구동성으로 말했다.

51. 원로원 대표단이 잠시 자리를 뜨자 베르기니우스는 조금 전에 군내에 공인된 지도자가 없어서 상대적으로 사소한 일을 두고도 혼란스러워한 사실을 병사들에게 지적했다. 원로원 대표단에 전한 대답은 그럴 듯한 것이었으나, 그건 운 좋게 의견이 맞은 것이지 합의된 방침은 아니었다. 따라서 그는 군인 10명을 뽑아 집정관급 정무관(트리부누스 밀리툼, military tribunes)의 직함을 주고 최고 권한을 부여하자고 제안했다. 이 제안은 채택되었고, 베르기니우스

는 이 새로운 직책을 제안받은 첫 번째 인물이 되었다. 하지만 그는 지금 상황에서 그런 중요한 직책을 맡을 수 없다고 대답했다.

"훌륭한 의견이지만, 저와 여러분 모두에게 상황이 더 나아지기 전까지는 저의 임명은 보류해주십시오. 저는 딸의 죽음에 대한 복수를 아직 하지 못했고, 그런 상태에서 책임이 막중한 자리를 맡는다는 건 저에게 아무런 기쁨이 되지 못합니다. 그리고 지금 같은 정치적인 위기에서 가장 문제에 휘말릴 가능성이 높은 사람이 지도자로 나선다는 건 현명한 선택이 아닙니다. 저는 공직을 맡지 않더라도 별 지장 없이 여러분을 도울 수 있습니다."

그의 발언 이후 곧 10명의 집정관급 정무관이 임명되었다.

그러는 사이 사비니 영토에 주둔하던 로마 군 내에서도 모종의 움직임이 일어났다. 이킬리우스와 누미토리우스는 태만하게 행동하지 않았다. 그들은 시키우스 살해 사건을 (3.43 참조) 병사들에게 다시 상기시키면서 그들을 격앙시켰고, 이어 잔학무도한 베르기니아 강간 미수 사건의 소식이 전해지자 병사들은 곧바로 반란을 일으켰다. 군중 심리에 관한 실용적 지식을 잘 아는 이킬리우스는 아벤티누스 언덕을 점령한 군대가 집정관급 정무관을 임명했다는 소식을 듣고 그들의 주도로 도시에서 선거가 열려, 같은 인물들이 호민관으로 선출될 것을 우려했다. 그는 내심 호민관이 되겠다는 계획을 품고 있었기에 자신의 걱정을 덜기 위해, 로마로 진군하기 전에 자신이 속한 군대에서도 비슷한 권력을 가진 10명의 집정관급 정무관이 임명되도록 조치했다.

그들은 콜리나 성문을 통과하여 도시로 들어와 곧장 아벤티누스 언덕으로 나아갔다. 그들이 기존 군대와 합류한 뒤 스무 명의 집정관급 정무관 중에서 최고 지휘권을 갖는 두 명을 선출했는데 그 두 사람은 만리우스 오피우스와 섹스투스 만리우스였다.

원로원이 볼 때 현재의 상황은 아주 우려스러운 것이었다. 그들은 매일 회의를 열었지만, 유익한 토의를 하기보다 말싸움을 하면서 보내는 시간이 더 많았다. 그들은 시키우스 살해, 극악무도한 아피우스의 행동, 전쟁터에서 로마 군이 당한 수치 등을 거론하며 10인 위원회를 혹독하게 비난했다. 마침내 그들은 발레리우스와 호라티우스를 아벤티누스 언덕으로 보내기로 결정했지만, 두 사람은 10인 위원회가 실상 지난해에 만료된 공직의 표찰을 반납하지 않고 있는데 먼저 그것을 반납하지 않으면 협상에 나서지 않겠다고 말했다. 10인 위원회는 두 사람이 요구하는 일괄 사직을 거부하고 당초 목표인 12개의 법률이 공식적인 성문법으로 제정될 때까지는 자리를 지키겠다며 버티고 나왔다.

52. 전직 호민관인 마르쿠스 두일리우스는 원로원에서 말싸움만 끊임없이 일어나고 결실은 없다는 말을 전했고, 평민 병사들은 아벤티누스 언덕을 떠나 성산(聖山)으로 떠났다. 두일리우스가 로마가 텅 빌 때까지 원로원 당은 절대로 상황을 진지하게 받아들이지 않을 것이라고 확신시킨 데다가, 성산을 연상하면 귀족들은 평민들의 굳은 결의를 떠올릴 것이고, 또 호민관 제도의 회복 없이 국가 통합은 불가능하다는 걸 깨달을 것이기 때문이었다. 병사들은 당시 무화과나무의 길로 알려진 비아 노멘타나를 따라 성산으로 향했고, 그러는 동안 약 50년 전 조상들이 "평민의 이탈"을 선언하고 성산을 점령했을 때 보여주었던 것처럼 품위 있고 자제하는 모습을 보였다. 지나치게 어리거나 늙은 사람을 제외한 모든 민간인이 이런 군대의 뒤를 따라갔다. 도시의 여자들과 아이들은 행군하는 민간인들을 쳐다보면서, 여인의 정절과 시민의 자유가 아무런 존경도 받지 못하는 도시에서 이제 누가 아녀자들을 보호하려 할 것이냐고 비장한 어조로 물었다.

로마는 텅 비었다. 얼마 전만 해도 생동감으로 넘치던 도시는 갑자기 황무지가 되었다. 광장엔 몇 안 되는 노인 말고는 사람이 보이지 않았다. 원로원 의원들이 회의장에 앉아서 내다본 광장은 실제로 황야와 다를 바 없었다. 원로원 의원들에게 항의하거나 앞으로 무슨 일이 벌어질 것 같으냐고 다른 의원들에게 침울하게 묻는 사람은 호라티우스와 발레리우스만이 아니었다. 그들은 이렇게 외쳤다.

"10인 위원회가 한 치도 양보하지 않으려고 한다면 모든 게 파멸하여 연기처럼 사라지는 걸 그대로 내버려 둘 것입니까? 10인 위원회에게 묻고 싶군요. 무슨 생각으로 그렇게 지독하게 그 자리에 매달리고 있습니까? 허물어진 벽과 텅 빈 집에 그들이 제정한 법률을 비치할 생각이라는 겁니까? 포룸 광장에 우리 의원들보다 릭토르들이 더 많다는 게 부끄럽지도 않습니까? 도시가 외세로부터 공격받는다면 대체 어쩔 생각입니까? 평민이 근무지 이탈만으로는 우리를 움직일 수 없다고 생각하여 무장봉기라도 일으킨다면 어쩔 생각입니까? 로마가 멸망해야 권력을 내려놓을 겁니까? 명백한 사실은 평민들에게 호민관직을 주거나, 아니면 평민들을 아예 무시해야 한다는 것입니다. 그들이 호민관 제도를 포기하는 것보다 우리가 집정관을 포기하는 게 더 빠를 것이기 때문입니다. 과거에 그들이 우리에게 호민관을 강요하여 받아내었을 때 그것은 전례 없는 실험이었습니다. 하지만 지금 그들은 호민관에게 부여된 권력의 달콤함을 이미 알고 있으므로 절대로 자발적으로 포기하지 않을 것입니다. 특히 지금처럼 우리 귀족이 주어진 권력을 제대로 행사하지 못해 평민들이 귀족의 보호를 불필요하다고 생각하면 더욱 강력하게 호민관제 복구 주장을 펼칠 것입니다."

이런 맹렬한 공격이 원로원 의원들의 보편적 의견이어서 10인 위원회는 마지못해 그런 적대적인 의견에 굴복했다. 그리하여 10인회는 원로원의 통치를 허용하고 그들의 권한에 복종하겠다고 확약했다. 그러면서 그들은 하나의 요청 혹은 경고의 말을 덧붙였다. 10인회는 평민의 분노로부터 반드시 보호되어야 하며, 그렇지 않으면 평민에 의해 원로원 의원이 살해되는 사악한 전례를 남겨 후대에도 좋지 못한 사례가 되리라는 것이었다.

53. 발레리우스와 호라티우스는 평민들과 로마 복귀 조건을 협상하고, 동시에 10인 위원회를 군중의 테러에서 보호하는 임무를 원로원으로부터 위임받았다. 그들은 즉각 도시를 떠나 성산에 도착했고, 최근 발생한 사태의 초창기와 그 이후에 평민의 자유를 옹호한 인물로서 크나큰 환영을 받았다. 이킬리우스는 평민을 대신하여 행한 연설에서 그들에게 공식적으로 감사를 표시했다. 두 사람은 바로 조건 협상에 들어갔고, 평민들의 요구가 무엇인지 물었다. 이에 이킬리우스는 두 사람이 도착하기 전에 이루어진 합의에 의거하여 답변을 했다. 그는 무력보다 평등에 기반을 둔 미래를 기대한다는 점을 분명히 밝혔다. 평민들이 요구하는 첫째 조건은 10인 위원회가 들어서기 전에 평민들을 보호해 주었던 제도인 호민관과 항소권을 즉각 복원하라는 것이었다. 둘째 조건은 평민의 자유를 회복하기 위해 군대나 평민에게 근무지 이탈을 선동한 사람들을 기소하지 말라는 것이었다. 두 가지 조건 이외에 평민들이 내세운 유일하게 가혹한 요구는 10인 위원회의 처형이었다. 정의의 실현은 10인회의 항복으로 실현되며, 따라서 그들을 산 채로 화형시켜야 한다고 요구했다.

로마에서 온 두 대표는 다음과 같이 응답했다. "여러분의 요구 중 일부는 분별력 있게 제안된 것이지만, 다른 일부는 노여움에 휩싸여 제시된 것입니다. 전자의 요구는 무척 공평하여 우리는 자발적으로 그 요구를 인정할 것이고, 또 그럴 가치가 있다고 봅니다. 왜냐하면 여러분은 다른 사람을 공격해도 책임지지 않는 지위를 달라고 한 게 아니라, 그런 요구로 여러분의 자유를 보호할 방법을 추구했기 때문입니다. 후자의 요구를 말하자면, 우리는 여러분의 분노를 이해합니다. 하지만 그것은 감정적 반응이므로 여러분이 그런 분노에 빠져들지 말기를 바랍니다. 그런 분노 때문에 여러분은 스스로 아주 증오한다고 말한 바로 그 악덕에 성급하게 빠져 들어가고 있습니다. 또 그런 분노 때문에 여러분은 자유를 얻기도 전에 여러분의 적에게 폭군처럼 행동하려는 욕망을 드러내고 있습니다. 우리 로마는 언제나 이런 영원한 피투성이 보복을 끝낼 수 있겠습니까? 여러분에게 필요한 건 방패이지 검이 아닙니다. 자유 국가에서 누구로부터도 다치지 않을 권리와 누구도 다치게 하지 않을 책임은 당연히 모든 평범한 사람이 누리고, 또 지켜야 합니다. 만약 우리가 여러분을 두려워해야 할 때가 온다면, 그건 호민관과 법률 제정권을 회복한 이후가 되어야 합니다. 그러면 호민관들은 우리에게 벌금을 부과하거나 혹은 우리를 추방할 권력을 갖게 될 것입니다. 이렇게 되면 여러분은 그런 입장에서 시비곡직에 따라 모든 일을 공정하게 판단하여 처리하면 됩니다. 그러므로 당분간은 여러분의 자유를 회복하는 일을 추구하는 것으로 충분하다고 생각합니다."

54. 평민은 원로원의 대표 두 사람에게 소신대로 하라는 뜻을 내비쳤다. 그러면서 두 사람은 이건 결국 로마에서 해결할 문제이므로 즉시 로마로 돌아가겠다고 말했다. 아피우스를 제외한 모든 10인회 위원은 평민들의 요구가 제시되었을 때 그들의 처벌에 관한 조건이 없는 걸 알고 크게 안도하면서 무조건 동의했다. 반면 가장 야만적이고 또 10인 위원들 중에서도 가장 증오의 대상이었던 아피우스는 다른 사람들의 복수심과 잔혹함을 자기 자신의 기준으로 재단했다. "나는 우리에게 닥칠 일을 잘 알고 있소. 우리에 대한 싸움은 우리의 적이 무기를 갖출 때까지 그저 연기되었을 뿐이라는 게 명백하오. 증오는 반드시 피를 제물로 삼을 것이오. 그러니 나는 10인회의 권력을 내려놓는데 더 이상 주저하지 않겠소."

이에 원로원에서 법령이 선포되었다. 첫째, 최대한 빨리 10인 위원이 전원 사임할 것이고, 둘째, 폰티펙스 막시무스와 퀸투스 파비우스가 주재하여 호민관을 선출할 것이며, 셋째, 군대에서의 반란이나 평민들의 성산 점령으로 고발되는 자는 없을 것이라는 내용이었다. 이어 원로원은 산회했고, 10인 위원회는 다들 기뻐하는 가운데 공개적으로 사임했다. 이런 모든 행동은 성산으로 보고되었다. 그리고 이런 보고를 전하는 사람들은 성산으로 가는 길에 로마에 남아 있는 모든 시민들의 호위를 받았다. 그들은 성산의 군 야영지에서 나온 행복한 군중을 만났고, 자유와 국가의 평화가 복원된 걸 서로 축하했다. 공식으로 파견된 대리인들은 소식을 가져와 사람들에게 전했다.

"우리 국가의 이름으로 국가와 여러분에게 영원한 번영이 있을 것입니다. 우리는 여러분이 집으로, 아내에게로, 아이에게로 돌아갈 것을 요청합니다. 우리는 또 한 가지 사항을 간청합니다. 비록 여러분을 지원하기 위해 많은 것이 필요했지만, 여러분은 모범적인 자제력을 발휘했고, 또 여러분이 이렇게 성산을 점령했다고 해서 다른 사람의 땅이 피해 보는 일도 없었습니다. 도시로 들어오게 되면 그와 똑같은 규율을 준수해 주시길 당부드립니다. 이젠 아벤티누스 언덕으로 돌아가십시오. 그곳은 여러분이 정치적인 자유를 위해 첫걸음을 옮겼던 언덕이므로 즐거운 추억이 서린 곳입니다. 여러분은 그곳에서 한 번 더 호민관들을 선출하게 될 것입니다. 폰티펙스 막시무스가 선거를 주재하기 위해 현장에 참석할 것입니다."

이 말에 모든 사람은 흔쾌히 만장일치로 동의했다. 즉시 로마로의 진군이 시작되었고, 군인과 민간인은 똑같이 사람을 만날 때마다 승리감과 기쁨을 표시했다. 도시에 들어서자 군대는 조용히 아벤티누스 언덕으로 나아갔고, 그곳에서 퀸투스 파비우스의 주재 아래 선거가 열렸다.

새로운 호민관 명부의 첫 번째로는 루키우스 베르기니우스가, 그 다음으로는 평민의 근무지 이탈을 주도했던 두 사람인 이킬리우스와, 베르기니아의 외삼촌 푸블리우스 누미토리우스가 선출되었다. 이어 성산에서 처음으로 호민관으로 선출된 시키니우스의 아들인 가이우스 시키니우스가 선출되었고, 그 다음으로는 10인회가 들어서기 전에 호민관으로 뛰어난 활약을 보였고, 이후 발생한 갈등에서 평민의 충실한 친구로 뛰었던 마르쿠스 두일리우스가 선출되었다. 나머지 다섯 명, 즉 마르쿠스 티티니우스, 마르쿠스 폼포니우스, 가이우스 아프로니우스, 푸블리우스 빌리우스, 가이우스 오피우스는 과거의 공적보다는 개인의 재능이 감안되어 선출되었다.

이킬리우스는 공직을 맡자마자 평민들 앞에서 10인 위원회의 권위에 거역해도 법률적으로 죄가 되지 않는다는 안건을 제출했다. 바로 그 뒤를 이어 두일리우스는 항소권의 대상이 되는 집정관을 선출하는 안건을 제출했다. 이 모든 안건 처리는 당시 플라미니우스 초지(草地)라 알려진 키르쿠스 플라미니우스에서 이루어졌다.

55. 발레리우스와 호라티우스는 인테르렉스를 통해 집정관으로 선출되었고, 즉시 공식적 업무를 시작했다. 그들의 정책은 평민에 우호적인 것이었으나 그렇다고 해서 반(反) 귀족적이지는 않았다. 그러나 귀족들에게 반감을 안겨주는 것까지 피하지는 못했다. 평민의 자유를 보호하려는 의도를 가진 모든 조치가 귀족의 권력을 줄이는 것처럼 느껴졌기 때문이다. 두 집정관이 처음으로 취한 조치는 논란이 있던 법적 문제, 즉 원로원이 평민이 통과시킨 결의에 구속을 받느냐 여부에 관한 것이었다. 이 문제를 해결하고자 그들은 켄투리아 회의를 개최하여 평민들이 부족 회의에서 통과시킨 결의는 모든 사람에게 적용된다는 취지의 법안을 통과시켰다. 그로 인해 호민관들이 제시하는 모든 조치에 강력한 힘이 실리게 되었다.

자유의 진정한 보호 장치였던 항소권의 경우 10인 위원회가 폐지하기 전의 상태로 복원하는 것 이상으로 발전되었다. 두 집정관은 새로운 조치를 담은 법률을 엄숙히 제정함으로써 항소권의 근본 바탕을 크게 강화했다. 이로 인해 항소권을 인정하지 않는 행정관의 선출은 불가능하게 되었으며, 만약 그런 장관을 선출하는 자는 누가 살해하더라도 법률과 종교에 어긋나는 행동이 아니었다. 호민관과 항소권이라는 두 가지 보호 장치로 평민들의 지위를 충분히 강화한 두 집정관은 호민관의 지위를 강화하기 위하여 거의 망각되어버린 호민관의 "신성불가침" 원칙을 되살렸다. 그들은 오래전에 무용지물이 된 종교적 제재를 다시 도입하고 불가침 원칙을 법적이면서 종교적인 원칙으로 확정했다. 그들은 새로운 법을 제정하여 호민관, 토목건축 관리관, 10인 판사 위원들(decemviri stlitibus iucandis: 이 재판관들은 시민의 자유와 시민권 문제에 관련된 사건만을 재판했다: 옮긴이)을 신성한 존재로 규정하고, 이들을 공격하는 자는 사형이나 추방으로 처벌하게 했으며, 이 법을 위반한 자의 재산을 몰수하여 공개 경매에서 처분하도록 했다.

그러나 후대의 법률가들은 이 법이 누군가를 신성불가침의 존재로 만든다는 점을 부정하고, 그 대신 이런 공직에 있는 사람들을 공격하면 공권박탈의 처벌을 받는다고 주장했다. 죄를 지은 사람은 법적 용어를 인용하면 "유피테르에게 몰수당하는" 것이었다. 따라서 토목건축 관리관도 그보다 높은 지위의 행정관에게 체포되고 구금될 수 있다는 얘기이다. 문제의 법에 따르면 이런 체포나 구금의 행동은 분명 불법이지만, 그럼에도 불구하고 토목건축 관리관이 체포될 수 있다는 사실은 그가 신성불가침한 존재가 아님을 밝히는 증거가 된다는 것이다. 반면 호민관은 이런 관점에 따르면 그 공직이 처음 생길 때 사람들이 한 맹세로 인해 신성불가침한 존재가 되었다. 다른 법률가들은 다른 해석을 하기도 했다. 그들의 해석에 따르면, 집정관(콘술)과 법무관(프라이토르: 이 자리는 집정관과 같은 절차를 통하여 제정되었다)도 그 법으로 보호받았다. 집정관은 "판관"으로 알려졌기 때문이다. 하지만 여기서 오류가 있는데 집정관은 당시 "판관"으로 불리지 않고 "법무관"으로 불렸다. 원로원의 법령을 케레스의 신전에서 근무하는 평민 토목건축 관리관들에게 전달하는 관습이 시작된 것도 호라티우스와 발레리우스 시절의 일이었다. 두 사람 이전의 시기에 법령은 종종 집정관들의 편의에 맞게 억압하거나 왜곡되는 경향이 있었다.

호민관 두일리우스는 누구든 평민들에게 호민관을 붙여주지 않거나 항소권을 무시하는 행정관을 선출하는 자는 매질을 당한 뒤 참수된다는 법안을 제출하여 통과시켰다. 귀족은 이런 모든 조치를 싫어했지만 드러내놓고 반대하지는 않았다. 아직 귀족 개인에 대한 공격은 없었기 때문이다.

56. 복원된 호민관 직을 바탕으로 이제 정치적인 자유가 견고하게 확립되자, 호민관들은 개인을 고소할 정도로 자신이 강력한 존재가 되었다고 생각했다. 그들의 첫 제물은 물론 아피우스였고, 베르기니우스는 그를 상대로 소송을 걸었다. 소환장이 발부되었고, 아피우스는 젊은 귀족들의 든든한 호위를 받으며 포룸 광장으로 들어왔다. 수행원을 잔뜩 데리고 나타난 그의 모습에 사람들은 최근까지 평민을 억압했던 끔찍한 폭정을 떠올리게 되었다. 이에 베르기니우스가 입을 뗐다.

"미사여구는 말할 거리가 없을 때 아주 써먹기 좋습니다. 그건 의혹을 감추기 위해 발명된 것이니까요. 저는 여러분의 시간을 헛되이 낭비하지 않을 것입니다. 우리에게 짐승 같은 짓을 하여 무력으로 자유를 되찾게 했던 저자에 대한 논거를 일일이 제시하지 않을 것입니다. 이런 때에 자신을 변호한답시고 저자가 원래의 죄에 뻔뻔한 위선까지 더하는 걸 내버려 두지도 않을 것입니다. 좋습니다. 이제 더는 할 말이 없습니다. 아피우스, 지난 2년 동안 너는 예절과 법령을 거스르는 셀 수 없이 많은 사악한 죄를 저질렀다. 하지만 나는 한 가지만으로 기소하도록 하겠다. 네가 자유민에 대한 불법적인 보호권을 다른 자에게 부여하여 그 자가 자유민을 노예라고 주장하게 만든 일에 대하여 결백을 입증할 수 있는 중재자를 데려올 수 없다면, 나는 너의 구금을 명령할 것이다."

평민의 여론이 어떨지는 불을 보듯 뻔했고, 호민관의 보호를 받는 건 아피우스에게 꿈도 꾸지 못할 일이었다. 그럼에도 불구하고 그는 호민관에게 도움을 요청했다. 하지만 아무도 일의 진행을 멈추려 하지 않았고, 집행관에게 붙잡혀 감옥에 끌려갈 처지가 되자 그는 이렇게 소리쳤다. "나는 항소하겠소!" 평민의 자유와 밀접한 관련이 있는 이 말이 바로 얼마 전까지만 해도 평민을 억압하며 극악무도한 판결을 선언하던 자의 입에서 흘러나오자 모두들 입을 딱 벌리며 기가 막혀했다. 곧 현장에 있던 사람들은 전부 분개하면서 이렇게 중얼거렸다. "하늘의 신들이 세상사를 경시하지는 않았는지 비록 늦긴 했지만, 사람들 사이에서 오만함과 잔인무도함을 보이던 자에 대한 처벌이 마침내 다가왔다." 로마에서 평민의 항소권을 빼앗은 바로 그자가 항소를 운운하고 있고, 평민의 특권을 모조리 짓밟은 바로 그자가 평민의 도움을 간청하는 어처구니없는 상황에 대하여 평민은 또 이렇게 중얼거렸다. "아피우스는 이제 그가 저질렀던 사악한 행동에 대하여 정당한 응징을 받아서 자유 사회의 구성원이라면 응당 누려야 할 보호도 받지 못하고 감옥에 끌려가고 있구나."

군중이 혼잣말을 중얼거리는 가운데 갑자기 아피우스의 목소리가 들려왔다. 그는 자신이 한때 노예로 만들어 짓밟았던 사람들에게 탄원하고 있었다. "여러분은 나의 가문이 정치와 전쟁 양면에서 이 나라에 세운 공이나 평민의 대의를 받든 나의 열정을 기억하지 못하는 겁니까? 나는 그 대의를 위해 원로원의 불만에 용감하게 맞섰고, 또 집정관 자리에서도 스스로 물러났습니다. 모두에게 공정한 형태의 법을 성문화하려는 일념으로 그렇게 했던 것입니다. 12개 조항의 법률은 영구히 여러분의 이익을 보호할 것이지만, 그 법률의 제정에 공로가 있는 나는 투옥되어야 한다니 이 얼마나 기구한 운명이오? 좋거나 나쁘거나를 떠나 내 개인적인 행동은 엄정하게 심리해야 한다고 생각합니다, 다시 말해 내게 나 자신을 변호할 기회를 주어야 한다는 것입니다. 우선 당장은 유죄로 기소된 로마 시민에게 주어지는 공통적인 특권, 즉 자신을 변호할 권리를 요구하고, 그런 다음에 시민들의 판단을 기다리려 합니다. 여러분은 나를 싫어하겠지만, 나 역시 그런 증오가 두렵지 않습니다. 동료 시민들에게 자비나 정의가 있을 거로 생각하지 않기 때문입니다. 변호할 기회도 주지 않은 채 날 투옥할 생각이라면 나는 다시 호민관의 도움을 요청할 것이오.

경고하겠는데, 여러분이 증오하던 사람의 행동을 그대로 따라서 반복하지 마시오. 게다가 호민관들이 나의 항소를 들어줄 의무가 없다고 선언한다면 이건 호민관들이 고발한 10인 위원회와 똑같은 죄를 저지르는 거요. 만약 그렇게 된다면 나는 평민에게 호소하겠소. 그리고 집정관이나 호민관 양측이 제안하여 이 특권을 보호하려고 올해 제정한 법에 호소하여 보호를 받겠소. 내가 여러분에게 한 가지 묻겠소. 변호할 권리를 거부당하고 법적으로 유죄라고 판명되지도 않은 사람 말고 그 누가 항소할 거라고 생각하시오? 나조차도 항소권을 발동할 수 없다면 어떤 신분 낮은 노동자가 이 나라에서 법의 보호를 받을 수 있겠소? 나를 어떻게 대하느냐에 따라 새로운 입법으로 강화된 제도가 자유인지 폭정인지를 분명히 알 수 있을 것이오. 또 호민관에게 항소권을 호소하는 것이나 다른 고관들의 부당함에 대한 항소권이 현실인지 아니면 공허한 문구인지 분명하게 알아낼 수 있을 거요.”

57. 이에 베르기니우스가 대응했다. “이자는 다른 사람 같지 않습니다. 그는 해당 법의 혜택을 전혀 요구할 수 없는 자입니다. 또한 문명된 사람들 간의 상호 계약에 전혀 관여할 수 없는 자이기도 합니다. 눈을 돌려 저자가 한때 앉아 있던 판사석을 보십시오. 요새에 들어앉은 흉악한 산적과 다를 바 없지 않았습니까? 기억하십니까? 저자는 자신을 종신직 폭군으로 임명하고 피 묻은 권표와 도끼로 강탈, 폭력, 살해, 위협을 서슴지 않았습니다. 어찌나 신과 사람을 경멸했던지 저자가 릭토르라고 부르고 대동하는 자들은 실상 열두 명의 처형자들이었습니다. 약탈과 살해로도 모자라 저 자는 욕정을 이기지 못하여 로마인들이 보는 앞에서 아버지 품 안의

자유민 딸을 빼앗아 마치 힘없는 전쟁 포로처럼 취급하여 자기 뚜쟁이에게 넘겼습니다. 저 판사석에서 앉아서 저 자는 야만적인 결정을 내렸습니다. 그건 이루 말할 수 없는 비열한 판결이었습니다. 아버지가 딸을 향해 무기를 들게 했고, 생명이 빠져나간 딸의 몸을 들어 올리는 약혼자와 삼촌을 투옥하라고 지시했습니다. 왜 그랬을까요? 젊은 처녀의 죽음에 분노해서? 그렇지 않습니다. 저자는 즐길거리가 사라져서 분노했던 것입니다. 아피우스, 네놈이 노동자의 집이라고 끔찍한 농담을 하던 감옥은 너를 위한 곳이기도 하다. 원 없이 항소하도록 해라. 그렇다면 나 역시 네가 자유민을 노예로 취급할 권리를 불법적으로 판결한 게 아니라고 증언해줄 사람을 데려오기 전까지는 마음껏 너의 항소권을 거부하겠다. 자, 증인을 데려오길 거부한다면 나는 너를 유죄로 여겨 투옥 명령을 내리겠다."

아피우스는 투옥되었다. 실제로 아무도 그 조치에 항의하지 않았지만, 그럼에도 불구하고 대다수 사람의 마음속엔 엄청난 불편함이 남았다. 아피우스는 무척 유명한 사람이었다. 이렇게 그를 즉결 처분하는 건 평민들이 새로 얻은 자유를 너무 과도하게 행사한다는 징후가 아닐까? 호민관들은 이어 공식적인 재판을 진행할 날짜를 확정했다.

그러는 사이 라틴과 헤르니키 대표들이 로마에 도착하여 로마가 정치적 화합을 회복한 경사에 대하여 정부 차원의 축하를 표시했다. 그들은 이런 행복한 사태 발전을 기념하기 위해 카피톨리움 언덕에 있는 하늘과 땅의 신인 유피테르의 신전에 바칠 황금 관을 가지고 왔다. 관 그 자체는 사소한 것이었다. 두 국가 모두 부유하지 않으므로 그들의 종교 활동은 화려함보다는 경건함으로 지켜졌다.

같은 사절들은 또한 아이퀴 인들과 볼스키 인들이 대규모로 군대를 동원 중이라는 소식을 전했고, 그러자 로마는 즉시 위협에 대처할 조치를 취했다. 집정관들은 원로원의 지시에 따라 각자 지휘권을 부여 받았다. 호라티우스는 사비니 작전의 지휘를 맡았고, 발레리우스는 아이퀴와 볼스키 작전의 지휘를 맡았다. 이어 병력을 모집할 차례가 되었는데, 징집령이 떨어지자마자 평민은 열광적으로 호응해 왔고, 그 결과 엄청난 병력을 모집하게 되었다. 젊은 남자들은 물론 이미 군역을 마친 자원자들도 많았고, 그리하여 최종적으로 편성된 군대는 노병들의 가세로 평소보다 수적으로 강할 뿐만 아니라 질적으로도 훨씬 뛰어났다. 군대를 이끌고 도시를 떠나기 전에 집정관들은 10인 위원회가 만든 12개 조항의 법률을 청동에 새겨 모두가 읽을 수 있는 장소에 영구히 전시했다. 몇몇 역사가는 이 일을 호민관의 지시를 받은 토목건축 관리관이 수행했다고 기록했다.

58. 아피우스의 삼촌 가이우스 클라우디우스는 늘 10인 위원회의 범죄 행위를 크게 못마땅하게 여겼고, 특히 조카의 폭군 같은 행동을 싫어하여 레길루스에 있는 고향 집으로 은퇴함으로써 자신의 불만을 표시했다. 하지만 지금 그는 고령에도 불구하고 로마로 돌아와 자신을 은퇴하게 만든 사악한 조카를 위해 탄원했다. 문상객 복장을 한 그는 식솔과 문중의 여러 사람을 대동하고 광장에 나타나 만나는 모든 사람에게 도움을 간청하며 구금과 사슬이라는 수치로 클라우디우스 가문에 낙인을 찍지 말아 달라고 애원했다. 아피우스는 로마 성문법의 위대한 창설자로서 그 흉상을 세워 후대에까지 기려져야 하는 사람이라는 게 그의 주장이었다. 또한 그런 사람이 감옥에서 좀도둑이나 살인자들 사이에 시들어가야 한다는 생각을 견딜 수가 없다고 말했다.

"잠시 분노를 잊어주십시오. 상황을 있는 그대로 보아주십시오. 이 많은 클라우디우스 가문 사람의 애원을 들어주어 한 사람을 용서하는 것이, 한 사람을 증오해서 다른 모두의 탄원을 무시하는 것보다는 확실히 나을 것입니다. 저는 지금 이 일을 가문과 평판 때문에 하고 있습니다. 저는 아피우스를 제 편이라고 생각하지 않습니다. 그래서 그 아이와 화해할 생각도 없습니다. 하지만 그 아이가 곤경에 처했으니 돕고 싶습니다. 여러분은 단호하게 결심과 행동으로 자유를 회복했습니다. 귀족과 평민은 서로 다른 계급이니 양자 간의 조화는 서로 관용을 보여야 견고한 기초 위에서 양자 관계가 유지될 수 있습니다."

일부는 노인이 도움을 호소하는 실제 대상보다는 노인이 자기 가문에 보이는 충성심에 더 연민을 보였다. 하지만 베르기니우스는 단호했다. 그는 오로지 자신과 자신의 딸만이 연민의 대상이 될 수 있다고 주장했다. 그는 타고난 폭군들인 클라우디우스 가문의 애원은 들을 필요가 없으며, 대신 베르기니아의 친인척인 세 명의 호민관이 내놓은 애원에 귀를 기울여 달라고 말했다. 또한 그는 자신을 포함한 세 사람은 오로지 평민을 위해 호민관 자리를 맡았으니 그만큼 충실한 지지를 간청한다고 덧붙였다. 사람들의 연민을 기대하는 두 가지 호소 중 베르기니우스의 것이 평민에게 더 정당한 것으로 느껴졌다. 투옥된 아피우스에겐 이제 더 이상 기대해 볼 게 없었다. 그는 재판정에 나가는 걸 거부하고 스스로 목숨을 끊었다.

곧 누미토리우스는 아피우스 다음으로 평민에게 증오의 대상이었던 스푸리우스 오피우스를 체포하라는 영장을 발부했다. 그의 동료 아피우스가 베르기니아 소송 사건에서 극악한 판결을 내렸을 때 그 역시 로마에 있었기 때문이다. 하지만 사람들이 오피우스에게 가진 악감정은 정의가 실패하는 걸 막지 못한 과실보다 그 자신이 저지른 잔혹한 처사 때문에 생겨난 것이었다. 그리고 그 사실을 증명하기 위해 증인 한 사람이 나섰다. 그는 스물일곱 차례 전쟁에 참가하여 여덟 번 훈장을 받은 노병이었다. 모두가 볼 수 있게 여덟 개의 훈장을 찬 그는 겉옷을 벗어 두들겨 맞아 끔찍하게 흉터가 남은 등을 보여주었다. 그러면서 그는 피고인 오피우스가 그런 폭력을 가해도 될 정도로 자신이 죄를 지은 일이 없으며, 만약 오피우스가 노병의 그러한 죄를 증명할 수 있다면, 설사 오피우스가 그렇게 구타

할 권한이 없다고 하더라도 기꺼이 다시 그러한 폭력을 받아들이겠다고 선언했다.

오피우스도 동료와 마찬가지로 투옥되었고, 공식적인 법적 절차가 진행되기 전에 그 역시 스스로 목숨을 끊었다. 그의 재산은 아피우스의 재산과 함께 호민관에 의해 몰수되었다. 나머지 10인 위원회 위원들은 추방당했고, 마찬가지로 그들의 모든 재산은 몰수당했다. 베르기니아를 자신의 노예라고 거짓 주장했던 마르쿠스 클라우디우스는 기소되어 유죄 판결을 받았지만, 베르기니우스의 요청으로 극형은 면하고 티부르로 추방당했다. 이리하여 베르기니아의 죽음에 관련된 자들은 모두 죗값을 받았다. 오랫동안 여한을 풀기 위해 구천에서 이리저리 떠돌던 그녀의 원혼은 마침내 천상의 안식을 취할 수 있게 되었다.

59. 귀족들은 앞서 벌어진 사건들로 이제 공포 비슷한 감정을 가지게 되었다. 왜냐하면 사라진 10인 위원회처럼 호민관들도 이미 흉악한 기색을 드러내고 있기 때문이었다. 그러나 호민관 두일리우스가 자신에게 주어진 과도한 권한을 좋은 방향으로 억제하는 절차를 밟자 그들은 비로소 안도하게 되었다. 그는 이렇게 말했다. "우리는 자유를 위한 투쟁에서 이미 승리했고, 적을 충분히 처벌했습니다. 남은 한 해 동안 저는 그 누구도 기소되거나 구금되지 않게 할 겁니다. 우리의 정적이 최근에 저지른 죄는 10인 위원회에 대한 처벌로 충분히 속죄되었습니다. 오래되고 잊힌 문제를 이제 와서 들먹이는 건 아무런 의미가 없습니다. 미래에 관해 말하자면, 두 집정관은 여러분의 자유를 보호하고자 끊임없이 신경 쓸 것이고, 그리하여 호민관이 개입해야 할 불법적인 행동이 발생하지 않도록 보장할 것입니다."

좀 더 온건한 정책으로 나아가는 이러한 조치는 귀족의 당연한 우려를 덜어주었다. 하지만 동시에 이런 조치는 귀족들로 하여금 평민의 대의에

과도한 관심을 보이는 집정관들을 더 싫어하게 만들었다. 집정관들은 귀족 계층의 안전과 위엄을 더 신경 써야 할 텐데 실제로는 집정관보다 호민관이 그런 문제를 더 신경 썼던 것이다. 그들(귀족)의 적(호민관)은 집정관들이 적극적으로 평민의 권한을 단속하려고 하지 않는 한, 원로원을 공격하는 일을 잘 하지 않으려 했다. 그리하여 원로원이 집정관들의 정책을 적극적으로 지지하지는 않는다고 많은 사람들이 말들을 했다. 그 말은 옳을지도 몰랐다. 왜냐하면 정치적인 상황이 하도 어려워 귀족들은 어쩔 수 없이 형세를 관망하고 있었기 때문이다.

60. 평민들의 태도도 명확하게 밝혀졌고, 국내 문제도 해결되자 집정관들은 각자 자신이 맡은 군사 지역으로 출발했다. 이미 알기두스에서 합류한 볼스키와 아이퀴의 병력을 상대하게 된 발레리우스는 제대로 신중하게 판단하여 곧장 그들과 교전에 나서지는 않았다. 만약 그랬더라면 10인 위원회가 이전 전쟁에서 형편없는 통솔력을 발휘하여 로마인과 그들의 적의 사기에 미친 영향을 감안해 볼 때 큰 대가를 치렀을 것이다. 적에게서 1마일 떨어진 곳에 자리를 잡은 그는 방어 시설 안에서 기다렸다. 적군은 여러 번 양군의 진지 사이에 있는 탁 트인 개활지로 나와 싸움을 걸었지만, 발레리우스는 응전하지 않았다. 전투를 마냥 기다리기만 하는 게 싫증이 난 볼스키와 아이퀴 군대는 로마의 소극적 대응이 패배를 자인한 것이라고 보고 병력을 분산시켜 라틴과 헤르니키 지역의 약탈에 나섰다. 이로 인해 그들의 원래 진영엔 전반적인 교전을 하기엔 너무 적은 병력만 남게 되었다.

발레리우스는 바로 이때를 노렸다. 이전 상황에 소극적으로 대처하던 것과는 완전히 다르게 그는 참호에서 나와 적들을 자극하며 교전을 촉구했다. 적군은 수적 열세로 부담감을 느끼고 교전에 나서지 않았다. 로마 군의 사기는 이로써 크게 고무되었다. 잔뜩 겁을 먹고 참호 뒤에서 나오려고 하지 않는 적군의 모습은 이미 로마 군에게 승리의 예감을 안겨주었다. 해질녘이 될 때까지 철군하지 않으면서, 로마 군은 낮 동안 내내 전투 대형을 유지했다. 그 날 저녁 로마 군은 배급받은 식량을 먹으며 자신감에 가득 차 있었다. 하지만 적군은 이와는 크게 대조적으로 겁을 집어먹고 기병들을 여러 시골 지역으로 파견하여 약탈나간 전우들을 진영으로 불러들이려고 했다. 몇몇은 소환에 성공하여 너무 멀리 나가지 않은 약탈자들은 적군 진지로 돌아왔으나, 나머지 약탈자들은 접촉이 되지 않았다.

다음날 동이 트자 로마 군은 출진하여 적군이 개활지로 나와 응전하지 않으면 그들의 방어 진지를 공격하겠다는 뜻을 전했다. 낮 동안 적군이 아무런 움직임을 보이지 않자 발레리우스는 병사들에게 공격 명령을 내렸고, 다시 진군이 시작되었다. 전에 로마 군에 승전했던 군대가 목숨을 구하려고 토벽 뒤에 움츠러든 처지가 되었다는 것에 볼스키 인들과 아이퀴 인들은 엄청난 분노를 느꼈다. 그들은 자신들의 안전이 자신들의 용기와 칼에 달렸다고 확신하고 장교들에게 로마 군에 맞서서 진군하자고 요구했다. 그리하여 진군 명령이 내려졌고 그들은 곧바로 행동에 나섰지만 뜻밖의 결과가 발생했다. 왜냐하면 로마 사령관은 그들이 응전하기 위해 제대로 준비를 갖추기도 전에 로마 군을 풀어 공격해왔기 때문이다. 앞선 몇 개의 전열만 진영에서 나왔을 뿐이었고, 나머지 적군 병력은 순서에 입각하여 아래의 공터에 있는 배정된 진지로 가기 위해 비탈을 내려오는 중이었다. 심지어 때에 맞춰 참호를 빠져나온 분대들도 아직 적절히 전투 배치를 갖추지 못한 상태였다.

따라서 로마 군이 맞닥트린 적군은 사실상 엄청난 혼란에 빠진 무리보다 약간 나은 정도의 오합지졸에 지나지 않았다. 적군은 절박하게 방어 전선을 갖추려고 시도하고, 또 있지도 않은 지원을 바라면서 사방팔방을 멍한 눈빛으로 쳐다보았다. 발레리우스는 공격을 강하게 몰아붙였고, 로마 군의 군사적 압박과 함성은 적군을 더욱 곤경으로 몰아넣었다. 그리하여 볼스키와 아이퀴 군대는 전투 대형을 풀고서 뒤로 물러설 수밖에 없었다. 하지만 곧 그들은 다시 결집했다. 적군 병사들 자신이 노력한 덕도 있고, 장교들이 지난번에 물리친 적에게서 달아나는 게 부끄럽지 않으냐고 강력하게 질책한 탓도 있었다. 그리하여 양군 사이에 치열한 전투가 벌어졌다.

61. 발레리우스는 휘하 병사들에게 그들 자신이 자유민이라는 사실을 기억하고 자유 로마를 위한 첫 전투에 온 힘을 다해서 싸우라고 요구했다. 그는 보병대를 향해 이렇게 소리쳤다.

"승리는 그 누구의 것도 아닌 그대들의 것이다. 이번엔 승리가 10인 위원회의 주머니를 채우거나 그들의 자만심을 더 부풀릴 일도 없다! 그대들을 지휘하는 건 아피우스가 아닌 바로 나, 내 선조들이 그렇게 했던 것처럼 그대들에게 자유를 가져다준 그대들의 집정관 발레리우스다. 이전 전투에서 그대들이 보였던 맥없는 행동은 지휘관의 탓이었지, 그대들의 탓이 아니었다. 그대들은 여기서 굴복하여 외적에게는 겁을 집어먹고 반대로 동포에게는 용감한 모습을 보이고자 하는가? 군사적 패배보다 정치적 압박을 더 두려워하는 것인가? 이 전쟁이 시작되기 전에 베르기니아는 강간당할 뻔했다. 아피우스의 정욕은 모든 사람에게 위협이었다. 그렇지만 아피우스와 베르기니아는 한 남녀의 일일 뿐이다. 그러나 지금의 전투가 잘못된다면 우리 아이들은 수천 명의 적군이 저지르는 최악의 경우에 무방비로 노출될 것이다. 하지만 신들께선 그런 흉측한 일이 벌어지는 걸 막아주실 것이다! 유피테르와 마르스께서는 우리 로마같이 유구한 역사를 자랑하는 도시에 그런 일이 벌어지는 것을 절대로 방관하지 않으실 것이다. 아벤티누스 언덕과 성산에서의 일을 기억하라! 몇 달 전 그대들이 자유를 얻은 장소에 조금도 손상되지 않은 로마의 권력을 그대로 가지고 돌아가자. 10인 위원회가 그 가증스러운 권력을 얻기 전에 로마 군인은 늘 가슴속에 자유를 가지고 있었다는 것을, 그리고 로마인의 용기가 다름 아닌 법 앞의 평등에서 나온다는 것을 오늘 이 자리에서 증명하자!"

발레리우스는 말을 마치고 전속력으로 기병대를 향해 말을 몰았다. 이어 기병대에게 계급에 걸맞은 뛰어난 전공을 세워서 명예를 얻으라고 촉구했다. "전우들이여, 보병대가 이미 적을 몰아냈네. 이제 그대들 차례라네. 돌격하여 적을 전장에서 몰아내도록 하라. 그대들의 공격에 적들은 버티지 못할 거야. 게다가 지금 저들이 보이는 저항은 단지 주저함에 지나지 않아."

로마 군 기병대는 전속력으로 나아갔다. 보병대가 어느 정도 적에게 타격을 입힌 상황에서 그들은 능숙하게 적의 전열을 뚫고 들어갔다. 그러는 사이 다른 부대들은 말을 몰고 적의 양쪽 측면 너머의 지역을 점령했다. 로마 군 기병대는 적군이 무사히 빠져나가는 일에만 집중하는 걸 알아채고 퇴로를 끊었고, 적군은 극소수만 참호로 돌아갈 수 있었다. 발레리우스와 보병대는 공격에 전적으로 집중하여 적의 진지를 점령했다. 적군은 병사들을 크게 잃었고 더불어 물질적으로도 심각한 피해를 입었다.

승전 소식은 빠르게 로마에 전해졌을 뿐만 아니라 사비니와 교전 중인 다른 군대에도 전해졌다. 로마에선 이 소식에 크게 고무되었고, 호라티우스 휘하 병사들은 이 소식을 듣고 크게 자극받아 군공에 대한 경쟁심을 불태웠다. 호라티우스는 이미 기습 부대를 파견하여 몇 차례 소규모 교전의 기회를 제공함으로써 병사들을 사전 조련하는 중이었다. 이런 방법을 통해 그는 병사들에게 자신감을 심어주고 10인 위원회의 지휘 아래 당했던 수치스러운 패배를 잊어버리게 함으로써 소규모 전투에서의 승리가 전쟁의 전반적 승리로 이어진다는 희망을 갖게 했다. 사비니 인들도 로마 군 못지않게 적극적으로 나왔다. 지난해의 승리로 그들은 사기가 높아졌고, 따라서 지속적으로 싸움을 걸려고 했다. 그들은 로마 군이 소규모 공격 부대를 파견하여 빠르게 치고 빠지는 사실상 산적 같은 행동에 느긋해하고 있는 상황에 극도로 분노하고 있었다. 한 번의 총력전으로 승부를 결정지으면 될 일을 가지고, 연속적인 하찮은 소규모 접전으로 시간 낭비하는 걸 그들은 이해할 수 없었다. 그들은 대규모 교전을 무척 선호했다. 건곤일척의 싸움을 벌여 승리냐 패배냐를 결정지으려 했다.

62. 로마 군 역시 두 가지 이유로 조바심을 내고 있었다. 첫째로, 그들은 자신감을 회복했다. 둘째로, 그들은 정당한 대우를 받지 못하고 있다고 생각했다. 그들은 발레리우스가 지휘하는 군대가 승리의 월계관을 쓰고서 로마로 돌아오리라는 사실을 잘 알았다. 하지만 그들이 상대하는 적은 여전히 그들을 마음껏 조롱하고 경멸하고 있었다. 지금이 아니라면 언제 발레리우스의 군대와 같은 전공을 올릴 수 있겠는가? 호라티우스는 휘하 병사들의 초조한 심리 상태를 알아채고 그들 앞에서 이렇게 연설했다.

"그대들은 알기두스 전쟁의 결과를 잘 알 것이다. 자유민의 군대라면 당연히 전투에서 보여야 할 모든 걸 그쪽의 로마 군은 보여주었다. 내 동료 집정관의 기량과 그의 휘하 병사들이 보인 용맹으로 그들은 승리를 차지했다. 내 입장을 말하자면, 내가 수립한 전략과 내가 내린 결정의 우열은 전적으로 그대들에게 달려 있다. 이 전쟁을 연장할 것인지, 아니면 빠른 결말을 볼 것인지는 우리 손에 달려 있다. 어떤 선택을 하든 우리는 성공할 수 있다. 전자를 받아들이면 나는 여태까지 해온 규율과 훈련을 계속 적용하여 그대들의 자신감을 키우고 사기를 고양할 것이다. 반면 진정으로 준비되었고 마지막으로 용기를 시험할 때가 되었다고 생각한다면 여기서 군인다운 방식으로 전쟁을 끝내려는 결의를 보여라. 전우들이여, 내게 실전에 돌입하는 것 같은 함성을 들려 달라. 진정으로 결전을 벌일 의지와 배짱이 있음을 보여 달라!"

병사들은 곧바로 함성을 질렀고, 호라티우스는 무운(武運)을 바라는 기도를 올린 뒤 병사들에게, 결의를 잘 알았으니 그 뜻을 받아들여 다음날 결전에 나서겠다고 선언했다. 그 날 하루 동안 병사들은 결전을 준비했고, 무장을 마지막으로 점검했다.

동이 틀 때가 되자 사비니 인들은 로마 군이 전투태세로 움직이는 걸 목격했다. 마침내 오랫동안 그들이 바라던 일이 이루어졌으니 그들도 더 이상 시간을 낭비하지 않았다. 이어진 양군의 전투는 치열하게 전개되었다. 양측은 모두 자기 군대가 더 우월하다고 자신했는데 거기에는 충분한 근거가 있었다. 한쪽엔 과거부터 오랫동안 전해져 오는 군사적인 영광이 있었고, 다른 한쪽엔 최근 성취한 뜻밖의 승리가 있었다. 사비니 인들은 전투력뿐만 아니라 전술도 보여줬다. 양군의 주력 부대가 교전한 이후 그들은 예비로 남겨둔 강력한 별동대 2천 명을 보내 로마 군의 좌익을 공격했다. 이들은 시의적절하게 지휘관의 지시대로 움직였고, 그 결과 로마 군의 좌익은 심각한 곤경에 처해 거의 포위되었다. 그러자 로마 군 2개 연대에 소속된 약 600명 정도 되는 기병대는 크게 동요하는 보병 전우들을 지원하고자 그들의 말에서 내려 보병으로 전환하여 단호하게 적의 공격에 맞섰다. 어떤 전투에서건 가장 큰 위험에 직면하는 건 보병대였기에 이런 기병대의 지원 행동은 두 배의 효과를 냈다. 적에 대항하는 힘을 강화시켜주는 것은 물론이고 기병대가 이제 자신들과 똑같은 조건으로 전투에 임한다는 사실이 보병대를 부끄럽게 하여 더욱 분투하게 만들었기 때문이다. 실제로 보병대는 자부심 차원에서 말을 탄 전우들이 두 배의 임무를 해내는 광경을 그냥 보고 있을 수 없었고 또 역전의 보병대가 기병대에게 필적하지 못하는 것 같은 느낌도 도저히 용납하지 못했다.

63. 그 결과 보병대는 다시 공세를 취하여 잃었던 거점을 회복했다. 순식간에 그들은 화급한 위험을 벗어났을 뿐만 아니라 실제로 적군의 날개를 뒤로 밀어내고 있었다. 로마 군 보병대의 보호를 받은 기병대는 기회가

되자 물러나 다시 말을 타고 전속력으로 달려 아군의 우익으로 가서 승전 소식을 전하고 곧장 돌격하여 적군의 최정예를 물리침으로써 그러지 않아도 이미 어느 정도 전의가 무너진 적군에게 결정적인 타격을 입혔다. 이 교전에서 기병대보다 더 큰 전공을 올린 부대는 없었다.

지휘관인 호라티우스는 전장의 모든 곳을 두루 살피고 있었다. 그는 주저하는 자를 비난하고 용맹하게 싸우는 자를 칭찬했다. 용맹한 자는 그의 찬사를 받고 더욱 용맹하게 싸웠고, 꾸물거리는 자는 그의 지독한 비난을 받고서 크게 수치심을 느껴 전보다 더 분발한 상태로 앞에 나섰다. 다시 한 번 함성이 울렸고, 로마 군의 보병·기병 양군이 연합하여 가하는 총공격은 그에 합당한 보상을 받았다. 적군은 흔들렸고, 그 순간부터 로마 군의 공격력은 적군이 물리칠 수 없는 강력한 것이 되었다. 사비니 인의 전열은 무너졌고 병사들은 목숨을 구하려고 도망쳤으며, 뒤에 그대로 남겨진 진지는 로마 군이 마음껏 약탈하게 되었다. 이번 승전으로 로마인들은 지난번 습격으로 잃어버린 그들의 재산을 회복했다. 알기두스는 동맹의 재산을 되찾은 경우지만 호라티우스의 군대는 그와 다르게 로마 군의 재산을 되찾은 것이었다.

두 전쟁에서 올린 성과에 대해 원로원은 극도로 쩨쩨한 모습을 보였다. 그들은 집정관의 이름으로 하루만 국가적 감사제를 올리겠다는 결정을 발표했다. 하지만 평민은 자발적으로 두 번째 날에도 승리에 대한 감사 기도를 올리려고 신전으로 몰려들었다. 그리고 실제로 비공식적이긴 하지만 민심이 순수하게 표출되었던 두 번째 감사제에서 더 큰 고마움과 열성이 드러났다. 두 집정관은 하루 간격으로 각자 로마로 돌아가기로 합의했다. 로마에 도착한 그들은 공적을 보고하려고 캄푸스 마르티우스에서 원로원 회의를 소집했다. 회의 동안 일부 주요 의원은 지금 이 회의가 원로원을 위협하려는 음흉한 의도라고 선언하며 군대가 주둔한 자리에서 회의를 진행하는 것을 반대했다.

이 항의는 상대방을 설득시켰고 그래서 두 집정관은 의혹을 풀기 위해 회의를 중단하고 현재 아폴로의 신전이 있는(당시에도 그곳은 아폴로 구역으로 알려졌다) 플라미니우스 초지에서 다시 회의를 소집했다. 두 번째 회의에서 원로원은 아주 옹졸하게 나왔다. 그들은 승전한 집정관들에게 개선식을 거행하여 공적인 명예를 부여하는 걸 만장일치로 거부했다.

하지만 호민관 루키우스 이킬리우스는 그 문제를 일반 투표에 부쳤다. 많은 사람이 앞에 나서서 평민들이 원로원의 결정을 뒤집어서는 안 된다며 만류했다. 그중에서도 가장 열성적으로 반대한 사람은 가이우스 클라우디우스였다. 그는 집정관들이 진정으로 바란 것은 적에 대한 "승리"가 아니라 귀족에 대한 "승리"이며, 그들(집정관들)의 목표는 국방의 의무를 다하여 공적인 명예를 얻는 것이 아니라, 호민관들에게 사적으로 봉사하여 그 대가를 챙기려는 것이라고 말했다. 그는 승리한 지휘관에 대한 개선식 여부 결정은 예로부터 늘 원로원의 소관 사항이었지, 결코 평민의 소관 사항이 아니었고 심지어 과거 왕정 시대에도 왕들이 로마에서 가장 높은 권부(원로원)의 위엄을 폄훼하려 들지 않았다는 사실을 강조했다. 그는 호민관의 권력이 비대해져 국가적인 심의 기관이 움직일 공간이 별로 없는 것은 참을 수 없다면서, 국가의 모든 계층이 그에 걸맞은 고유의 위엄과 권한을 유지해야 비로소 자유로운 사회와 공정한 법이 존재할 수 있다고 주장했다. 다른 많은 고령 원로원 의원도 비슷한 의견을 표시했으나 전혀 효과는 없었다. 모든 부족은 이킬리우스의 제안에 찬성표를 던졌다. 원로원의 허가 없이 오로지 평민의 뜻에 따라 개선식이 열리는 건 로마 역사상 이 때가 처음이었다.

64. 평민의 대의를 위한 싸움에서 또다른 승리를 거둔 호민관들은 이번엔 심각한 폐단을 초래할 일을 계획했다. 다음 해에도 같은 호민관을 선출하기로 그들끼리 은밀하게 합의한 것이다. 이런 야욕이 주목받는 걸 피

하고자 집정관들 역시 한 해 더 유임하는 것으로 결정되었다. 그들은 이런 행동을 정당화하는 이유로, 귀족들이 단합하여 발레리우스와 호라티우스의 평판을 훼손시키기로 획책했다는 것이었다. 또한 귀족들이 그렇게 함으로써 암암리에 호민관의 영향력에 피해를 입히려 했다는 것이다. 그들은 법이 굳건히 확립되기 전에 귀족당에 속한 집정관들이 새로운 호민관을 공격하면 나라꼴이 어떻게 되겠느냐고 의문을 제기했으며, 자기 이익보다 평민의 자유를 중시하는 발레리우스와 호라티우스 같은 집정관이 앞으로도 계속 나타나리라는 보장이 없다고 말하면서 두 사람의 연임을 주장했다.

그러나 선거를 주재할 사람을 선정하는 제비뽑기에서 좋은 결과가 나와서 다행히도 이런 즉각적인 위험은 피하게 되었다. 제비뽑기를 한 결과 선거 주재관은 두일리우스로 결정되었는데, 그는 정치적 감각도 있을 뿐만 아니라 양심적이어서 그 일의 처리에 적임자였다. 또 정치적 감각이 훌륭한 두일리우스는 현직 호민관들이 재선되어 한 번 더 임기를 맡게 된다면 필연적으로 귀족들의 반감을 불러일으킬 것이라는 걸 예측할 수 있었다. 이에 두일리우스는 기존 호민관들은 누구도 입후보해서는 안 된다고 선언했고, 그의 동료들은 그 조치에 반발하면서 두일리우스가 아무 조건 없이 부족들의 자유 투표를 허용하든지, 아니면 선거 주재권을 동료 호민관들에게 넘기라고 요구했다. 그렇게 하면 동료들은 귀족의 뜻대로가 아니라 법에 따라 선거를 엄정하게 관리할 것이라고 말했다. 그리하여 분란이 발생했다.

그러자 두일리우스는 집정관들에게 다가올 집정관 선거에 관해 어떤 계획을 가지고 있느냐고 공식적으로 물었다. 그들은 불출마할 생각이라고 대답했고, 그에 따라 두일리우스는 자신의 인기 낮은 방침을 지지할 인망 높은 두 집정관과 함께 집회에 나타났다. 그 집회에서 두 집정관은, 로마 시민이 그들의 군사적인 업적과 정치적인 자유를 회복시킨 공로를 감안하여 재선시키려고 한다면 그것을 어떻게 생각하느냐는 질문을 받았다. 이에 두 집정관은 자신들이 이미 내린 불출마 결정을 고수하면서, 그것은 명예롭기는 하지만 거절하겠다고 답변했다. 두일리우스는 10인 위원회의 행동을 따라하지 않겠다는 두 집정관의 결단에 열렬한 동의를 표시하며 계속 선거를 진행했다.

그리하여 다섯 명의 호민관이 선출되었고, 다른 후보들은 충분한 표를 받지 못해 낙선했다. 어떻게든 재선되려는 현직 호민관들이 드러내놓고 손을 썼기 때문이었다. 하지만 두일리우스는 집회를 해산하고 선거 목적으로는 더 이상 집회를 여는 일은 없을 것이라고 선언했다. 그는 자신이 밟은 절차가 법적으로 완벽하다고 주장했다. 그는 법률은 호민관 자리를 비워두어서는 안 된다는 필요성만 규정할 뿐, 호민관의 숫자를 분명하게 규정한 부분이 없다고 지적하면서 선출된 후보들에게 동료를 호선(互選)할 의무가 있음을 밝혔다. 그는 이어 법률의 해당 문구를 큰 소리로 읽었다. "10명의 호민관을 선출할 투표를 요청하였으나 그보다 더 적은 수의 후보가 선출되었고, 그런 경우 선출된 호민관들이 동료를 호선할 수 있다. 그리고 이렇게 호선된 호민관은 선출된 호민관과 법적으로 동일한 권한을 누린다."

두일리우스는 이 점을 고수했고, 15명의 호민관을 두는 것이 적법하지 않다고 못을 박음으로써 동료들의 이기적인 야욕을 억누르는 데 성공했다. 그는 이런 조치를 한 뒤 바로 호민관 자리에서 사임했고, 귀족과 평민 양쪽에서 열렬한 지지를 받았다.

65. 새로운 호민관들은 동료를 선임할 때 귀족들의 희망사항을 반영했고, 심지어 귀족이자 전직 집정관인 스푸리우스 타르페이우스와 아울루스 아테르니우스 2명이 지명되었다. 그해 집정관들은 스푸리우스 헤르미

니우스와 티투스 베르기니우스 카일리몬타누스였는데, 그들은 귀족의 이익이나 서민의 이익 중 어느 한쪽에 치우치지 않았기 때문에 그들의 임기는 평온하게 지나갔다.

두 명의 귀족이 호민관으로 호선된 사실을 알자 호민관 트레보니우스는 분노했다. 그는 귀족에게 속고 동료들에게 배신당했다는 생각에 새로운 법안을 제출했다. 즉, 호민관 선출을 위해 집회를 소집한 자는 열 명이 선출될 때까지 선거를 계속 진행해야 한다는 내용이었다. 실제로 그는 귀족에 대한 원한이 하늘을 찔러서 임기 1년 내내 귀족을 골치 아프게 만들었고, 이 때문에 "골치 아픈 자"라는 별명을 얻었다.

다음 집정관들인 마르쿠스 게가니우스 마케리누스와 가이우스 율리우스는 호민관에 대한 적대적인 행동을 하지 않고 귀족과 평민 어느 쪽의 위신도 해치지 않으면서 호민관과 젊은 귀족 사이의 갈등을 잘 수습했다. 그들은 볼스키와 아이퀴 인들을 상대하기 위해 내려진 징집령을 유보함으로써 평민들의 동요를 적정한 수준 이내에서 견제했다. 두 집정관은 이렇게 상황을 진정시키면서, 국내의 불화가 늘 잠재적인 적들을 호전적으로 만드는 신호가 되듯이, 국내의 정치적인 평온은 양호한 국외 상태를 유도한다고 주장하기도 했다. 그들의 평화 정책은 국내의 긴장 상태를 감소시켰다. 그렇지만 귀족과 평민 간의 근본적인 적대감은 여전했다. 한쪽이 온건함을 보이면 다른 한쪽은 늘 재빠르게 그것을 이용했다. 가령 평민들이 크게 만족한다면 이는 젊은 귀족에겐 새로운 박해를 평민에게 가해야 할 신호로 보였다. 호민관들은 신분이 낮고 보잘것없는 사람들을 보호하고자 했지만, 그들의 중재는 거의 성공하지 못했다. 특히 호민관들의 임기 말 몇 달 동안에 그들에 대항하는 강력한 파벌이 형성되었고 호민관의 영향력은 다른 모든 행정관들이 그렇듯 임기 말에는 허약해지는 경향이 있었다.

이킬리우스 같은 호민관들은 실제로 평민들이 믿고 일을 맡길 만한 사람이었다. 하지만 지금의 호민관들은 어떤가? 지난 2년 동안 그들은 허울만 좋을 뿐이었다. 나이 든 귀족들은 다소 모호한 태도를 취했다. 그들은 젊은 귀족들이 지나치게 앞서나간다는 걸 알고 있었지만, 동시에 그런 과도한 행동이 필요하다면 귀족의 적인 평민보다는 귀족이 저지르는 게 더 낫다고 생각했다. 정치적 자유를 지키기 위하여 양 계급 사이에서 진정한 중립을 지켜야 한다는 얘기는 실제로는 지키기 어려운 주문이었다. 모두에게 공정한 몫이 돌아가야 한다고 겉으로는 주장할지 모르지만, 누구나 이웃을 짓밟고 일어서는 것이다. 누구나 압제를 피하려는 열망이 강하지만 그 열망 때문에 우리는 오히려 압제를 가하게 된다. 우리는 불의를 배격하지만, 오히려 남들에게 불의를 저지른다. 마치 불의는 내가 저지르거나 아니면 남들로부터 당하거나 둘 중 하나인 것처럼.

66. 다음 집정관 2인은 4선인 티투스 퀸크티우스 카피톨리누스와 푸리우스 아그리파였다. 다행스럽게도 두 사람은 평민 봉기나 외세의 침략을 겪지 않았지만, 언제나 평민 봉기와 외세 침략의 위험이 가까이에서 어른거리고 있어서 안심할 수가 없었다. 귀족에 대한 호민관과 평민의 적개심은 다시 커져만가고 있었다. 귀족들의 연이은 고발은 민회에서 계속 소란을 일으켰고, 상대방에 대하여 서로 강한 적의를 품고 있는 귀족과 평민의 계급 갈등은 피할 수 없는 것처럼 보였다. 볼스키 인들과 아이퀴 인들은 이런 로마 사회의 동요를 전쟁 준비의 신호로 받아들였다. 두 나라의 지도자들은 로마를 공격하여 그 약탈품으로 국고를 채우길 간절히 바라고 있었다. 그들은 로마 평민이 일부러 군역(軍役)을 거부하는 바람에 로마 당국은 지난해 병력을 모을 수 없어 그들을 상대로 원정대를 보내지 못했다고 자국민을 설득했다. 이어 그들은 로마인의 엄정한 기강은 옛말이며 로마는 늘 전쟁을 대비하던 태도를 잃어버렸기에 더는 통합된 국가가 아니라고 말했다. 대외 전쟁에 의해 해소되던 로마의 호전성은 이제 모두 내부로

향하고 있으며, 로마의 늑대들이 서로에 대한 광적인 증오로 눈이 먼 지금이야말로 로마를 타도할 좋은 기회라는 것이었다.

볼스키와 아이퀴의 연합군은 우선 라티움을 침공하여 그곳을 황폐하게 만들었다. 공격의 방침을 세운 두 부족은 이렇다 할 저항을 거의 받지 않았으며, 끝없는 만족감을 느끼면서 지나가는 경로의 모든 곳을 폐허로 만들었고 마침내 에스퀼리아이 성문 근처에 있는 로마 성벽까지 진출했다. 그곳에서 그들은 승리에 도취한 채, 성벽 안에 사는 자들은 밖으로 나와서 폐허가 된 농장과 버려진 밭을 한 번 보라고 무례한 어조로 말했다. 하지만 이런 모욕에 대하여 그 어떤 보복 행위도 없었고, 그들은 약탈한 물건을 챙겨서 코르비오로 물러났다. 집정관 퀸크티우스가 개입한 건 바로 이 순간이었다.

67. 내가 정보를 얻은 바에 의하면, 그는 대중 집회를 소집하여 다음과 같이 말했다. "동포 여러분, 제 마음은 떳떳하지만, 지독한 수치심을 느끼며 이 자리에 섰습니다. 티투스 퀸크티우스가 네 번째 집정관직을 맡은 시절에, 볼스키 인들과 아이퀴 인들 ― 최근까지 헤르니키 인들에게 상대도 안 되는 자들 ― 의 연합군이 로마 성벽까지 아무런 저항도 받지 않고 접근했다는 사실이 역사에 기록될 것을 생각하면 저는 너무나 아찔합니다! 최근 몇 년 동안 우리 로마인들이 살아온 삶, 그리고 우리가 처한 딱한 상황을 생각하면 행복한 결말을 예측하기가 참으로 어렵습니다. 그럼에도 불구하고 모든 시간 중에 바로 올해에 이런 불명예스러운 일이 닥칠 것임을 미리 알았더라면, 설사 집정관 직은 물리치지 못했더라도, 추방이든 죽음이든 무슨 수를 써서라도 그런 불명예를 피했을 것입니다. 우리 도시의 성벽에 무장을 하고 나타난 자들이 전사로서 명성을 떨칠 만한 자들이었다면, 제가 집정관을 맡은 이때에 로마는 분명 함락되었을 것입니다! 저는 살면서 이미 충분한 명예를 얻었습니다. 이럴 줄 알았더라면 차라리 세 번

째 집정관을 맡았을 때 죽는 편이 더 나았을 겁니다."

"저 악랄한 적들은 우리를 업신여기고 있습니다. 여기서 묻겠습니다. 저들이 경멸하는 건 대체 누구입니까? 집정관들입니까, 아니면 여러분입니까? 집정관들에게 결점이 있다면 당장 그럴 자격이 없는 저희에게서 지휘권을 박탈하십시오. 그것으로도 부족하다면 우리를 재판에 회부하여 참수하십시오. 하지만 동포 여러분, 그 죄가 여러분의 것이라면 신이나 사람이 여러분들을 처벌하길 바라지 않습니다. 그저 여러분이 뉘우치기만 바랄 뿐입니다. 적이 자신의 용맹을 너무 자신하여 여러분의 겁먹은 모습을 경멸하는 것입니까? 그렇지 않습니다. 그들은 너무나 자주 패배하고, 너무나 자주 그들의 진지에서 쫓겨나고, 너무나 자주 영토를 빼앗기고 굴복하여 그들 자신의 상황은 물론이고 우리에 관해서도 잘 압니다.

여기서 진실을 말해 보자면, 우리의 공공 생활은 정치적인 불화와 계급 갈등 때문에 타락해 버렸다는 것입니다. 바로 이런 점이 적들에게 우리를 무너뜨릴 수 있다는 희망을 키워주었습니다. 여러분의 자유를 향한 욕망과 우리의 권력을 향한 욕망이 끝없이 충돌하고, 그래서 서로를 대표하는 행정관들을 증오하는 모습을 외적들은 전부 지켜봤습니다. 이제 여러분은 도대체 무엇을 원하십니까? 과거 여러분은 호민관을 바랐고, 평화를 지키고자 우리는 여러분의 뜻대로 그 제도를 설치했습니다. 그 뒤로 여러분은 10인 위원회를 바랐고, 우리는 그 위원회의 임명을 받아들였습니다. 곧 여러분은 그들에게 진절머리가 났고, 우리는 그들을 물러나게 했습니다. 여러분이 분노와 원한을 풀고자 그들의 개인적인 삶까지 몰수하길 바라자, 우리는 가장 고귀한 태생에 정치적인 업적도 뛰어난 사람들을 추방시키거나 처형하는 것까지도 받아들였습니다. 이어 다시 호민관을 원해서 그대로 되었고, 집정관들마저도 평민의 대의를 지지하는 자를 원해서 그런 사람을 선출했습니다. 귀족이 맡아오던 최고 행정관도 우리의 적

(평민)에게 공손히 양보하는 걸 지켜보는 게 우리에게 얼마나 힘든 일인지 알면서도 그렇게 했습니다. 여러분은 호민관에게서 보호받을 수 있고, 항소권도 있습니다. 게다가 호민관의 법령을 반드시 지켜야 한다는 의무를 원로원에 부과하기까지 했습니다. 그리하여 정의라는 허명으로 우리의 모든 특권은 짓밟혔습니다. 우리는 이 모든 일을 견뎠고, 여전히 견디는 중입니다.

이런 상황을 끝내려면 우리는 어떻게 해야 합니까? 우리가 통합된 도시, 통합된 국가를 볼 수 있는 날이 언제 올까요? 여러분은 우리에게 승리를 거뒀고, 패배한 우리는 승리한 여러분보다 더 차분하게 그 결과를 받아들입니다. 우리가 여러분을 두려워하는 것만으로는 충분하지 않습니까? 여러분이 아벤티누스 언덕과 성산을 점령할 때 우리는 여러분의 적이었습니다. 이제 우리의 상황은 에스퀼리아이 성문이 점령당하기 직전까지 왔고, 볼스키 군대가 우리 성벽을 기어오르는 모습을 지켜보게 되었습니다. 그런데 단 한 사람도 앞에 나서서 적을 물리치려고 하지 않더군요. 여러분은 오로지 귀족과 맞서야만 군인의 역할에 충실하고, 또 칼을 뽑습니다."

68. "여러분에게 조언을 하나 드리겠습니다. 이제 여러분은 원로원을 포위했을 때, 광장을 정직한 사람이 다니지 못하는 위험한 곳으로 만들었을 때, 감옥을 증오하는 귀족으로 채웠을 때, 이런 때에 보여주었던 장사(壯士) 같은 모습으로 에스퀼리아이 성문 밖을 다녀오시면 됩니다. 아니면 그런 행동과 용기가 너무 과한 것으로 생각하신다면 성벽에 올라 불과 무기에 파괴된 농장, 타오르는 건물에서 솟아오르는 연기, 끌려가는 가축 등을 한 번 살펴보십시오. 곡식이 불타고, 도시가 승리한 적에게 포위된 모습을 보고 여러분은 고통스러운 건 나라뿐이라고 말씀하실지 모르겠습니다. 참으로 딱한 모습이지요! 그렇지만 여러분의 재산도 영향을 받지 않겠습니까? 곧 피해 상황이 보고가 될 것이고, 그렇게 되면 여러분 모두 얼마

만큼 재산을 잃게 되었는지 알게 되실 겁니다. 어디서 잃어버린 재산을 회복하려고 하십니까? 귀하신 호민관들께서 망가지거나 빼앗긴 재산을 돌려주신 답니까? 그들은 입으로는 여러분이 원하는 만큼 무엇이든 약속할 것입니다. 중요한 직책에 있는 사람들에 반대하는 문서를 작성하거나, 대중 집회를 열거나, 무수한 법안을 제출하는 등 다른 좋은 일도 얼마든지 할 수 있겠지요. 하지만 그렇다고 여러분의 재산이 돌아오는 건 아닙니다. 집회를 아무리 연다고 해도 재산은 돌아오지 않습니다! 집회라는 것이 현실적이고 실용적인 더 나은 방법을 찾아내고 성공적으로 마무리된 적이 있습니까? 증오와 통한, 그리고 정부나 이웃과의 새로운 다툼거리 이외에, 집에서 기다리는 아내와 아이에게 보여줄 어떤 결과를 집회에서 챙겨간 적이 있습니까? 우리가 당면하고 있는 문제가 심각하다는 건 명백합니다.

따라서 여러분은 용맹하고 올바르게 그런 문제에 대처해야 하는데, 늘 누군가가 나서서 대신 해결해주길 바라고 있습니다. 이거야말로 큰일 난 게 아닙니까? 여러분이 호민관들의 손에 놀아나는 정치 선동꾼이 아니라 우리 집정관들의 지휘를 받는 군인이던 시절에 여러분은 집정관들을 불안하게 만드는 정치 구호를 외치는 것이 아니라 함성을 질렀고, 우리를 상대하는 전장의 적들은 그 소리를 듣고 공포에 떨었습니다. 실제로 여러분은 승전하고 돌아오면서 점령한 적의 영토에서 전리품을 챙겨서 집으로 돌아갔습니다. 그 당시에는 개인으로서나 나라로서나 성공과 영광이 가득했었습니다. 하지만 지금은 어떻습니까? 외적이 여러분의 보물, 소유물을 전부 빼앗아가는데도 여러분은 그냥 방관하고 있습니다!

여러분은 집회와 보잘것없는 정치에 몰두하고 계시지만, 여러분이 회피하려는 군역의 필요성은 언제나 여러분을 따라다닐 것입니다. 볼스키인들에 맞서는 일은 여러분의 취향에 맞는 일이 아니겠지만, 그 결과는 무엇입니까? 적은 성문 앞에까지 와 있습니다. 적을 격퇴시키지 않으면 조만간 우리는 로마 시내의 거리에서 싸우게 될 겁니다. 볼스키 군대는 카피톨리움 언덕에 오를 것이고, 여러분의 집까지 쫓아올 것입니다. 작년에 원로원은 알기두스 원정군을 모집하기 위해 징집령을 내렸지만, 우리는 아직까지 아무런 실적도 올리지 못하고 잔소리꾼 여자처럼 서로에게 악다구니만 해대고 있습니다. 우리는 몇 달 뒤에 훨씬 더 절박한 전쟁을 치러야 한다는 가혹한 진실은 보지 않고 현재의 평화에만 감사하고 있는 것입니다. 제가 지금 하는 말이 그리 유쾌하지 않다는 건 잘 알고 있습니다. 그러나 어쩔 수 없습니다. 저의 본성도 그런 것을 좋아하지 않지만, 상황의 혹독한 필요성이 제게 듣기 좋은 거짓말로 아첨하기보다 진실을 말할 것을 강요하고 있습니다.

동포 여러분, 저도 할 수만 있다면 듣기 좋은 말을 하고 싶습니다. 하지만 여러분이 제게 대하여 어떤 개인적 감정을 갖고 있든 저는 여러분을 구해내는 쪽을 훨씬 더 선호했고, 그래서 그 쪽으로 행동하고자 합니다. 자신의 사사로운 이익을 말하는 자가 공공복지만을 생각하는 자보다 군중에게 훨씬 인기가 있다는 건 자연법칙처럼 보입니다. 하지만 여러분은 아첨의 언사를 사용하는 평민선동가를 사심 없는 사람이라고 여기지 않을 것이고 또 언제나 듣기 좋은 말만 지껄이고 자칭 평민의 친구라고 하는 자들을 멀리할 것이며, 여러분을 위해 여러분을 화나게 만들고 또 행동에 나서도록 재촉한다는 저자들의 감언이설 또한 믿지 않을 것입니다. 그들은 여러분의 격정에 편승하여 그들의 이득을 취하려는 자들입니다. 다시 말해 그들의 호주머니를 채우거나 좋은 자리를 차지하려는 자들입니다. 질서정연하고 조화로운 사회에서 그들은 자신이 하찮은 존재라는 걸 잘 압니다. 하지만 그들은 아무런 대의도 내세우지 못하는 것보다는 차라리 나쁜 대의라도 내세워 사태를 그들 마음대로 주무르려고 합니다.

여러분, 이젠 마침내 이런 상황에 넌더리가 났다고 제게 말해 주십시오.

여러분의 선조처럼 옛 방식으로 기꺼이 돌아가겠다고 말해 주십시오. 그러면 한 주 안에 저 약탈자들을 물리치고, 그들의 진영을 점령하고, 우리의 성문과 성벽에서 위협을 제거하고 지금 우리를 떨게 만드는 전쟁의 공포를 그들의 도시로 옮겨놓겠습니다. 만약 제가 이 일에 실패한다면 그 때에는 저를 투옥하거나 머리를 베어 주십시오."

69. 집정관은 무척 근엄하게 말했지만, 군중은 인기 높은 호민관도 좀처럼 받아본 적 없는 열정적인 환호로 그에게 반응했다. 이런 위기의 순간에 익숙해져 병역 거부가 귀족에 대한 최고의 무기라고 생각했던 젊은이들도 이제 호의적인 시선으로 전쟁의 가능성을 바라보기 시작했다. 시골에서 난민들이 로마 시내로 들어오기 시작했다. 일부는 심각하게 다쳤고, 다른 일부는 전 재산을 잃었다. 이런 피난민들 덕분에 도시 사람들은 적군이 그들에게 저지른 가혹 행위를 더욱 직접적으로 알게 되었다. 이런 상황을 접한 로마인들의 적개심은 크게 고조되었다. 원로원에선 모두가 퀸크티우스를 로마의 위엄을 위해 앞에 나선 유일한 투사로 보았고, 주요 의원들은 그의 연설이 집정관의 권위를 보여주는 진정한 전통을 되살렸다고 생각했다. 또한 의원들은 그의 연설이 그의 무수한 공직과 뛰어난 자질과 명예로운 삶에 잘 어울린다는 말도 아끼지 않았다.

다른 집정관들은 원로원의 품위를 내팽개치고 평민의 비위를 맞추거나, 혹은 귀족의 특권을 지키겠다는 고압적인 결단을 하고 평민을 괴롭힘으로써 로마의 저항능력을 악화시켰지만, 티투스 퀸크티우스는 귀족과 평민 간의 우호적인 협력, 그리고 원로원의 위엄에도 걸맞으면서 가장 중요하게도 위기의 상황에 적절한 연설을 했다는 것이, 원로원의 만장일치 평가였다. 원로원은 두 집정관에게 군 지휘권을 인수할 것을 요청하고, 또 호민관들에게 로마의 당면한 위협을 제거하기 위해 집정관들에게 충실히 협력하고, 국가 위기 동안에 평민들이 귀족들의 지시를 따르게 해달라고 설득했다.

이어 호민관들에게 한 호소는 온 시민이 일치단결하여 내놓은 것이었다. 시민들은 귀족과 평민을 가리지 않고 한 목소리로 이례적인 국가 위기의 상황에서 호민관들이 정부에 많은 도움을 주어야 한다고 호소했다.

만장일치로 징집령이 내려져 널리 실천되었다. 집정관들은 징집 대상인 사람들에게 병역 면제의 호소를 들어줄 시간이 없다고 말했다. 군복무 적령기의 모든 남자는 다음날 동이 틀 때 캄푸스 마르티우스로 모이라는 명령이 내려갔다. 전쟁이 끝난 뒤에 군역 미등록자들의 호소를 들어줄 것이고, 타당한 이유를 제시하지 못하는 자는 탈영병으로서 처벌된다는 내용도 들어 있었다. 지정된 시간이 되자 모든 사람이 예외 없이 캄푸스 마르티우스에 모습을 드러냈다.

지원자들은 자신의 켄투리온을 선택했고, 두 집정관은 모든 징집병들의 군사적 지휘를 맡았다. 동원 과정 전반은 그 진행이 무척 빨라서 아침에 재무관들이 국고에서 군기를 가져왔고, 준비를 완료한 부대는 10시에 진군했다. 소수의 퇴역군인 지원자는 신병의 군대와 동행했고, 밤이 되자 전 부대는 도시에서 16km 떨어진 라티나 가도에서 야영했다. 다음날 로마군은 적을 보게 되었고, 코르비오 근처 적군을 쉽게 공격할 수 있는 곳에 자리 잡았다. 대치 셋째 날에 양군 사이에 교전이 벌어졌다. 로마인들은 분노한 상태였고, 그들의 적은 이전에도 무수히 평화 상태를 깨트린 데다 자신들이 싸움을 거는 이유가 부당하다는 걸 알고 있기에 더욱더 무모하게 나왔다. 그리하여 양군은 서로 미루지 않고 곧바로 격돌했다.

70. 로마 군의 전통은 두 집정관이 지휘권을 공평하게 나누어갖는 것이었지만, 이번엔 상호 합의를 통해 아그리파가 군대의 통수권을 동료인 퀸크티우스에게 양보했다. 그의 양보는 중요한 결정을 내릴 때 무척 만족스러운 결과를 낳았다. 권한을 내려놓는 아그리파에게선 전혀 분노의 기색을 찾아볼 수 없었다. 퀸크티우스는 이에 모든 계획을 그와 논의하는 것

으로써 충분한 예의를 갖추었다. 그리고 아그리파를 동등한 상대인 것처럼 대하며 전공을 그와 함께 나누어가졌다.

교전이 벌어졌을 때 퀸크티우스는 우익을, 아그리파는 좌익을, 선임 장교인 스푸리우스 포스투미우스 알부스는 중군을, 또다른 선임 장교인 푸블리우스 술피키우스는 기병대를 맡았다. 우익에서 보병대는 적의 맹렬한 저항에 맞서 발군의 실력을 발휘했다. 술피키우스와 기병대는 적의 중앙을 돌파한 뒤에 퇴로가 열린 상태라 물러날 수 있었지만 적이 다시 결집하기 전에 그들의 후위를 공격하기로 빠르게 결정했다. 이 움직임으로 적군은 전위와 후위에서 동시에 압박을 받게 되었다. 볼스키와 아이퀴 기병대가 로마 군의 움직임에 대응하여 빠르게 개입하지 않았더라면 술피키우스는 순식간에 적의 저항을 완전 궤멸시켰을 것이다. 그들은 어느 정도 술피키우스의 기병대를 저지할 수 있었다. 하지만 임전무퇴의 단호한 전사였던 그는 휘하 병사들에게 즉각 강력하게 돌격에 나서라고 요구했다. 그는 로마 군이 즉시 필사적인 노력을 기울이지 않으면 포위되어 아군으로부터 차단될 것이라고 소리쳤다. 이제 로마 군은 적군 기병대를 완패시키는 것만으로는 부족했다. 그 기병대는 절대로 살아서 도망치면 안 되었다. 사람이나 말이나 반드시 죽여서 없애버려야 했다. 도망치거나 다시 싸울 수 있게 놔두면 안 되었다. 술피키우스는 이렇게 소리쳤다. "병사들이여, 돌격하라! 우리가 돌격하기도 전에 저들의 보병대가 무너진 상태에서 저들이 어떻게 우리와 맞설 수 있겠는가?"

술피키우스의 호소는 제대로 먹혀들어갔다. 돌격은 한 번으로 충분했다. 적 기병대는 분쇄되었다. 수백 명의 기병이 타고 있던 말에서 내팽개쳐졌고, 로마 군의 장창 앞에서 적군의 사람과 짐승 모두 살아남지 못했다. 기병대 간의 교전은 끝났다. 술피키우스는 집정관들에게 승리를 보고하는 동시에 보병대 쪽으로 눈길을 돌렸다. 퀸크티우스와 맞선 적의 전열은 이미 무너지기 시작했다. 희소식을 들은 로마 보병대는 더욱 힘을 내어 공격했고, 이미 로마 군으로부터 심한 압박을 받던 아이퀴 보병대는 자국 기병대의 완패 소식에 크게 동요했다. 가장 먼저 무너지기 시작한 건 중앙의 보병대였는데, 이들의 전열은 승리로 사기가 오른 술피키우스 기병대의 돌격을 받게 되자 더욱 혼란에 빠졌다. 그들의 좌익 역시 퀸크티우스의 공세를 이겨내지 못하고 퇴각해야 했다. 적의 우익은 여전히 치열하게 싸우고 있었다. 훌륭한 전사이자 여전히 전성기의 수완을 발휘하는 아그리파는 다른 곳보다 자신이 맡은 전역(戰域)에서 상황이 가장 나쁘다는 걸 깨닫자 기수들에게서 군기를 전부 낚아채고 양손에 군기들을 가득 든 채 적진 앞으로 맹렬하게 나아갔다. 그의 병사들은 더 분발하지 못한 것을 수치스럽게 생각하여 일부는 적의 빽빽한 전열에 뛰어들기까지 했다. 그 솔선수범의 책략은 성공했고 로마 군은 맹렬한 공격을 퍼부었다. 이렇게 하여 모든 전선에서 로마 군은 승리했다.

　그 순간 퀸크티우스의 전언이 도착했다. 로마 군의 우익 역시 승리를 거두었고 적의 진영을 공격할 수 있는 거리에 도달했지만, 로마 군 좌익이 승리했다는 걸 알 때까지 적 진영을 침공하지 않겠다는 내용이었다. 전언은 또한 만약 이 메시지를 가진 전령이 도착했을 때 이미 승리를 거뒀다면, 즉시 합류할 테니 전군이 함께 적의 진지를 점령하여 거기 있는 전리품들을 같이 챙기자고 말했다. 그리하여 적의 진지 근처에서 만난 승전한 두 사령관은 서로 축하했다. 이후 더 이상의 전투는 없었다. 진영에 주둔 중이던 소수의 적군 병력은 빠르게 제압되었고, 로마 군은 적의 진영으로 밀고 들어갔다. 최근의 습격으로 빼앗긴 재물을 포함하여 엄청난 양의 전리품을 획득한 로마의 양군은 이제 본국으로 돌아가기 시작했다.

　이 원정에 관해 내가 참고한 역사서에 따르면, 집정관들은 공식적인 개선식을 요청하지 않았으며, 원로원 역시 제안하지 않았다고 한다. 이런 명예를 거절 혹은 기대하지 않았던 것에 관한 이유는 밝혀지지 않았다. 아주 먼 과거의 일이라 자신할 수 없지만, 내 생각으로 발레리우스와 호라티우스가 수행했던 이전 원정이 퀸크티우스와 아그리파의 태도에 영향을 미친 것 같다. 발레리우스와 호라티우스는 볼스키와 아이퀴 인뿐만 아니라 사비니 인에게도 뛰어난 승리를 거두었음에도 불구하고 원로원으로부터 개선식을 거절당했다. 이런 점 때문에 퀸크티우스와 아그리파는 그들에 비해 절반뿐인 승리로 개선식을 요구하는 것이 망설여졌을 것이다. 또한 그들의 개선식이 승인되었더라도, 국가를 위해 세운 공로보다 개인적인 특혜로 개선식 여부가 결정되는 것처럼 보일 수도 있기에 받아들이기 어려웠을 것이다.

71. 원정에서 거둔 승리의 영광은 그 이후 벌어진 수치스러운 사건으로 다소 그 빛이 바랬다. 로마의 동맹인 아리키아와 아르데아는 그들의 영토 소유권 다툼 문제를 로마인들이 중재자로서 해결해주었으면 한다고 요청해 왔다. 그들은 그 문제로 너무 자주 싸워서 이미 지칠 대로 지친 상태였다. 양국 대표단이 때에 맞춰 로마에 도착했고, 로마의 행정관들은 민회에서 그들의 요청을 다루는 걸 승인했다. 이에 양국 대표단은 완강하게 자국의 입장을 주장했다. 증언을 들은 뒤 부족들이 결정을 내리려는 순간에, 푸블리우스 스카프티우스라고 하는 평민 로마인 노인이 갑자기 끼어들었다. 그는 집정관들에게 이렇게 주장했다. "국익에 관해 한 마디 할 수 있게 해주신다면, 저는 로마인이 이 일에 대해 실수를 저지르는 걸 막을 수 있을 것입니다." 집정관들은 그가 의견을 표현할 어떠한 권리도 없는 노망난 노인이라고 여기고 집회에서 쫓아낼 것을 명령했다. 하지만 그는 계속 목청껏 소리치며 국익을 저버리지 말라고 외치다가 마침내 호민관들에게 항소하여 발언권을 달라고 요구했다. 호민관들은 늘 그랬듯이 자신들이 군중의 주인이 아닌 종으로서, 노인의 의견을 모두가 궁금해하고 있다는 이유를 들어 노인에게 마음껏 발언할 수 있는 권리를 주었다. 호민관

의 허락이 떨어지자마자 그는 말을 이어갔다.

"저는 올해 여든둘입니다. 오래전 지금 이야기가 나오는 땅에서 싸웠지요. 그때에도 저는 젊지 않았습니다. 코리올리 원정에 참여하고 겨우 스무 해밖에 지나지 않았으니까요. 제가 여러분에게 말씀드리고자 하는 건 세월이 지나가면서 여러분의 기억에선 사라졌지만, 제겐 아주 명확하게 떠오르는 기억이 하나 있습니다. 지금 저들이 옥신각신 싸우는 땅은 원래 코리올리에 속한 곳인데, 코리올리는 로마에 점령되었을 때 정복자의 권리에 따라 로마인의 재산으로 편입되었습니다. 따라서 아르데아와 아리키아 사람들은 코리올리가 독립적인 땅으로 남아 있는 한 어떤 식으로든 이 땅을 다스릴 자격이 있다고 주장할 수 없습니다. 그런데 이제 저들이 그 땅을 우리에게서 빼앗아가고자 합니다. 저들이 중재를 요청한, 그 땅의 합법적 주인인 우리에게서 말입니다! 저런 뻔뻔함이라니 정말 너무나 놀랍지 않습니까? 저는 이제 살 날이 얼마 남지 않았습니다. 과거에 저는 훌륭한 군인으로서 그 땅을 점령하는 데 힘을 보탰지만, 이제는 늙어 무기라고는 혀밖에 남아있지 않아 그것으로써 그 땅을 지킬 수밖에 없다니 너무나 참담할 뿐입니다. 따라서 저는 여러분께 간청합니다. 아무런 도움도 안 되는 신중함으로 국토 회복의 기회를 망치지 마십시오."

72. 사람들은 스카프티우스의 조언을 경청했을 뿐만 아니라 많은 사람이 그의 말에 동의했다. 집정관들은 그런 사태 변화를 재빨리 파악하고서 그들이 신성하게 여기는 모든 것들을 걸고 맹세하며 지금 주장하는 얘기는 말도 안 되는 주장이라고 비난했다. 또 그들은 서둘러 원로원의 주요 의원들을 부른 다음 그들과 함께 집회에 모인 사람들 사이를 돌며, 이런 말도 안 되는 악행에 가담하는 죄를 저지르지 말라고 간청했다. 그들은 중재자가 논쟁 중인 재산을 자기 것으로 가로채는 일은 그 자체로 역겨운 범죄이며, 나쁜 선례를 남길 것이라고 말했다.

"물론 판사도 자기 이익을 고려하는 것이 틀렸다는 얘기는 아닙니다. 하지만 이런 수치스러운 일로 우방과 불화가 생겨 입게 되는 손해가 그 땅을 획득하여 얻는 이득보다 비교가 안 될 정도로 큽니다. 명예와 명성을 잃는 것으로 생기는 손실을 누가 계산할 수 있겠습니까? 이 사람들이 고향인 아리키아와 아르데아로 돌아가 무슨 이야기를 하겠습니까! 우방이나 적이나 똑같이 로마에서 어떤 일이 있었는지 이야기를 들을 것입니다. 그렇게 되면 우리의 우방은 비탄에 빠지고, 우리의 적은 기쁨을 주체하지 못할 것입니다! 잠시 생각해보십시오. 어떤 이방인이 이 일을 자기 혼자 떠벌리길 좋아하는 늙고 모자란 스카프티우스의 발언 때문이라고 생각하겠습니까? 전혀 그렇지 않을 것입니다. 물론 스카프티우스의 묘비에 적히기엔 아주 훌륭한 업적이 될 겁니다. 하지만 로마인은 어떻게 되겠습니까? 속임수로 남의 재산이나 빼돌리는 하찮은 협잡꾼이라는 평소와 전혀 다른 평가를 받게 될 겁니다. 이런 사건에서 대체 어떤 판사가 논란이 되는 재산을 자기 명의로 돌려놓는다는 말입니까? 아무리 창피를 모르는 스카프티우스라도 그런 짓은 하지 않으려고 할 겁니다."

집정관들과 원로원 의원들이 의리를 열성적으로 주장했지만, 불행하게도 아무 소용이 없었다. 탐욕이 이겼고 또 그것을 권유한 자가 결국엔 승리했다. 부족 회의가 소집되었고 부족들은 논란의 땅이 로마의 공공 재산이라는 결정을 내리고 그렇게 선언했다. 설사 다른 법정에다 그 사건을 판단해달라고 하더라도 평결은 같았을 것이라는 점은 부정할 수 없다. 하지만 그 어떤 정상 참작의 요인이 있다고 할지라도 그 상황에서 그러한 결정은 지극히 수치스러운 것이다. 로마의 원로원 의원들은 아르데아와 아리키아 대표단에 못지않게 그 결정을 이기적이고 비열하다고 생각했다.

그해의 남은 기간은 시민 소요나 외세의 침략으로 동요되는 일이 없었다.

제 4 권

전쟁과 정치

1. 다음 집정관들은 마르쿠스 게누키우스와 가이우스 쿠르티우스였다. 이해(기원전 445년)는 전쟁과 정치적 불화로 힘든 시기였다. 이해가 막 시작되었을 때 호민관 카눌레이우스는 귀족과 평민 간의 통혼을 합법화하는 법안을 제출했다. 원로원 당은 그런 조치로 귀족의 혈통이 더럽혀질 뿐만 아니라 귀족 가문의 세습 권리와 특권도 사라질 것이라고 주장하며 강력하게 그 법안에 반대했다. 게다가 맨 처음에 호민관들은 조심스럽게 두 명의 집정관 중 한 사람은 평민으로 임명할 수 있다는 법이 통과되어야 한다고 제안했지만, 이후 아홉 명의 호민관은 평민과 귀족 중에 적합하다고 생각되는 사람을 집정관으로 뽑는 권리를 평민에게 부여하는 법을 통과시켜야 한다고 강경하게 주장하고 나섰다. 원로원 당은 그런 법안이 법률로 제정된다면 국가 최고위 공직을 사회 하류층과 공유해야 할 뿐 아니라, 실제로 그런 공직의 권력 또한 귀족에서 평민에게 넘어가게 된다고 생각했다.

이후 아르데아가 로마의 협잡으로 영토를 빼앗긴 것에 분노하여 로마에 대한 충성심을 저버리고, 베이이 군대가 로마 국경을 습격하고, 볼스키와 아이퀴 인들이 베루고의 요새화 작업을 불쾌하게 여긴다는 소식이 원로원에 들어오자, 의원들은 내심 크게 만족했다. 이런 상황에서 이런 소식은 오히려 희소식이었다. 귀족 계급은 수치스러운 평화보다 실패한 전쟁에서 더 큰 만족을 기대할 수 있었다. 따라서 그들은 현재 상황을 최대한 이용했다. 원로원은 즉시 징집령을 내렸고, 지난해보다 훨씬 더 위급한 상황이니 가능한 최대한의 규모로 총동원할 것을 지시했다. 이러면서 그들은 호민관들이 제시한 혁명적인 제안들이 당면한 세 건의 원정 전쟁으로 인한 분주함과 동요 속에서 잊히기를 바랐다. 그러자 카눌레이우스는 평민들에게 겁을 주어 새로운 법안에 대한 관심을 다른 곳으로 돌리려는 집정관들의 조치는 소용없는 일이라는 취지로 짧고 강력하게 원로원에서 발언했다. 이어 그는 자신과 동료들이 제안한 개혁안에 평민들이 투표할 때까지, 자신이 살아있는 한 절대로 징집은 하지 못할 것이라고 선언한 뒤 곧바로 평민 집회를 소집했다.

   2. 이렇게 하여 평민과 귀족의 싸움이 시작되었다. 집정관과 원로원, 카눌레이우스와 평민은 서로 편을 갈라서 상대에게 마구 비난을 퍼부었다. 집정관들은 호민관들의 정신 나간 월권행위는 인내의 한계를 넘었으며, 외적이 일으킨 전쟁보다도 훨씬 더 치명적인 전쟁이 로마 내부에서 의도적으로 발생하는 것을 보니 이제 로마는 모든 게 끝장이라고 단언했다. 그들은 이렇게 말했다. "우리는 현재 상황이 어느 한쪽의 잘못으로 벌어진 게 아니라는 걸 인정해야 합니다. 원로원이나 평민이나 다 그 책임이 있고, 집정관이나 호민관이나 모두 책임이 있습니다. 모든 공동체에선 가장 많은 보상을 받는 자질이나 성향이 가장 눈에 띄고 또 가장 열심히 양성됩니다. 불행하게도 이곳 로마에서 가장 많은 보상은 정치 파동이나 정부에 대한 봉기를 일으키는 자에게 주어집니다. 그에 따라 늘 그런 행동은 모든 사람에게 갈채를 받습니다. 선조들의 시대에 원로원 주변엔 위엄찬 기운이 감돌았지만, 우리가 지금 자식들에게 물려주려고 하는 원로원의 모습은 그에 비해 보면 얼마나 초라하고 보잘것없습니까! 그에 반해 평민들은 늘

어나는 권력과 영향력을 뽐내고 있습니다. 반(反) 정부 선동을 조장하는 자들이 성공하는 만큼 명예로워지는 한, 이 불행한 과정은 절대 끝날 수 없습니다. 여러분은 카눌레이우스가 하려는 일의 끔찍한 결과를 알고 계십니까? 그가 성공하면 아무것도 본래의 온건함과 순수함을 유지하지 못할 겁니다. 그는 우리 선조와 귀족 가문의 혈통을 더럽히려고 하고, 공사(公私)의 이익을 결정할 때 하늘의 뜻을 알고자 "예언을 받는" 귀족의 세습 특권에 혼란을 일으키려고 합니다. 그렇게 되면 그 결과가 어떻겠습니까? 사회 내에서 모든 구분이 사라지면 그 누구도 자신이 누구인지, 어디 출신인지 모를 것입니다! 사회 모든 계급의 남녀가 동물이 교미하는 것처럼 관계하기를 바라다니 대체 무슨 생각인지 모르겠습니다. 그런 관계에서 태어난 아이는 핏줄에 어떤 피가 흐르는지, 또 어떤 걸 숭배하고 실천해야 하는지 절대 알지 못할 것입니다. 그러면 그 아이는 아무것도 아니게 되거나, 아니면 괴물과 다를 바 없게 됩니다!"

"하지만 이것만으로는 충분하지 않은 모양입니다. 종교와 전통의 명령을 뒤죽박죽으로 만드는 것만으로 모자라, 혁명을 노리는 이 싸움꾼들은 이제 집정관 자리까지 차지하려 듭니다. 그들은 두 집정관 중 한 사람을 평민으로 뽑으면 어떠냐는 것으로 시작해서 지금은 평민이나 귀족 중 평민이 바라는 대로 집정관을 선출하자는 법안을 내놓았습니다. 이렇게 되면 누가 선출되겠습니까? 명백히 그들 계급에서 집정관들이 선출될 것이며, 가장 소란스러운 선동 정치꾼이 그 자리를 차지하게 될 것입니다. 우리는 카눌레이우스와 이킬리우스 같은 사람이 국가 최고위직에 오르는 꼴을 보게 될 것입니다. 거의 왕과 같은 위엄이 부여된 그 공직이 그토록 타락하는 일이 제발 없기를! 그런 수치스러운 일이 벌어지느니 차라리 우리는 천 번이라도 죽어버리는 것이 더 나을 것입니다. 우리는 확신합니다. 그런 전면적인 양보로 평민이 진정되기보다 오히려 그 심리 상태가 더욱 악화되고, 그들이 품은 적대감이 이전에 한 요구보다 훨씬 과장된 요구를 또다시 하도록 조종한다는 걸 우리 선조께서 짐작하셨더라면, 그분들께선 그런 법을 평민에게 부여하는 걸 인정하기보다 싸움이 아무리 맹렬하고 지독하더라도 처음부터 맞서서 죽을 때까지 싸우셨을 것입니다. 호민관들에게 한 번 양보하면 그 양보는 끊임없이 다른 양보로 이어집니다. 같은 공동체 내에서 통치 계급이 호민관과 나란히 정권을 담당하는 건 불가능한 일입니다. 귀족이나 호민관 중 하나는 반드시 사라져야 합니다. 비록 시기적으로 늦었더라도 아예 하지 않는 것보다는 낫습니다.

이제 우리는 반드시 저들의 무모하고 방종한 행동에 맞서 단호한 태도를 보여야 합니다. 저들은 의도적으로 먼저 우리를 혼란스럽게 했고, 그렇게 하여 외침을 초래했습니다. 그리고 자신들이 초래한 위험에 맞서 우리가 방어 차원에서 무장하는 것도 막고 있습니다. 이런 상황에서 우리가 행동에 나서지 않아서야 되겠습니까? 호민관들은 적군이 우리를 공격해 오도록 빌미를 주었음에도 병사들의 징집을 가로막고 있습니다. 아니, 그보다 더 나쁘지요. 카눌레이우스는 정복 영웅처럼 나타나 뻔뻔하게도 원로원에서 의원들이 자신(카눌레이우스)의 제안을 법으로 받아들이지 않는다면 동원령을 무효로 만들겠다고까지 했으니까요. 그런 말은 조국을 배신하고, 로마가 공격당해 점령당하는 걸 그저 지켜보면서 묵묵히 받아들이겠다는 위협에 지나지 않습니다! 그의 말은 실제로 볼스키 인, 아이퀴 인, 베이이 인들에겐 시의적절한 격려의 말이지만, 로마 시민들에겐 결코 그렇지 않습니다. 적들은 카눌레이우스의 지휘를 받아 카피톨리움 언덕 높은 곳에 있는 요새에 다다를 수 있다고 확신하게 될 겁니다! 원로원 여러분, 호민관들이 여러분의 위엄과 특권을 빼앗아갔더라도 여러분의 용기를 빼앗지 못했다면 우리 집정관들은 가장 중요한 일을 먼저 할 준비가 되어 있습니다. 그건 바로 무장한 여러분을 이끌고 적에 맞서기에 앞서서 여러분을 인솔하여 로마의 범죄자 같은 시민과 맞서 싸우는 것입니다."

3. 이런 부류의 의견이 원로원에서 분출되고 있을 때 카눌레이우스는 자신이 제시한 개혁을 옹호하면서 집정관들을 비난했다. "로마 시민 여러분, 우리의 개혁 계획에 반대하며 원로원이 보인 사나운 모습으로 저는 이전 어느 때보다도 더욱 생생하게 귀족이 평민 여러분에게 품고 있는 뿌리 깊은 경멸감을 깨닫게 되었습니다. 자주 의심해왔지만, 이제 저는 분명히 알겠습니다. 그들은 여러분을 자신과 같은 도시의 성벽 안에 같이 살아갈 가치가 없다고 생각합니다. 우리가 내놓은 제안의 목표는 무엇일까요? 그 제안은 단지, 그들보다 우리가 가진 재산은 없지만, 우리 자신이 그들의 동료 시민이며, 같은 조국을 가지고 있다는 점을 지적한 것뿐입니다. 우리는 계급 간에 결혼할 권리를 요구하고 있는데, 이는 우리와 국경을 맞댄 다른 나라들에선 흔히 허용되고 있는 권리입니다. 게다가 계급 간 통혼보다 더 중대한 시민권이 현재 로마에서 허용되고 있으며, 심지어 패배한 적에게도 부여되고 있습니다.

우리의 또다른 제안은 특별히 쇄신을 의도한 것이 아닙니다. 그저 권위가 있는 공직에 우리가 바라는 사람을 선출하는 평민의 권리를 회복하고, 또 그것을 행사하려는 것뿐입니다. 귀족 여러분은 이 제안이 다시 혼란을 불러일으킬 것으로 생각하시는데, 대체 어떤 부분이 그렇다는 말씀이십니까? 이 제안이 원로원에서 제게 사적으로 공격을 가하거나, 호민관의 신성불가침성을 위반해가면서까지 제게 폭력을 행사하는 걸 정당화할 정도로 문제가 있습니까? 로마 평민이 바라는 대로 집정관 선출을 할 수 있게 자유 투표를 허용한다면, 또 자신이 속한 계급에서 그럴 자격이 되는 사람이 나타나 그가 드높은 명예를 누리는 자리에 오르는 게 좋겠다고 소망한다면, 그게 우리 로마의 안정성과 권력을 필연적으로 무너뜨릴 일이 되는 겁니까? 우리는 평민이 집정관직에 선출될 자격이 있다고 제안했습니다. 그런 제안이 가령 어떤 악당이 과거에 노예였는지, 지금도 노예인지를 따지는 문제와 동일한 겁니까? 여러분, 귀족들이 여러분을 경멸하는 게 이처럼 심합니다. 그들은 할 수 있다면 여러분이 보는 햇빛도 빼앗고 싶을 겁니다. 그들은 여러분을 숨 쉬게 하는 공기, 여러분이 하는 말, 여러분이 사람의 형상을 하고 있다는 것, 이런 사실들조차도 죄다 못마땅하게 여깁니다. 지금 드리려는 이 말엔 전혀 불경함이 없다는 점을 미리 말씀드립니다. 그들은 평민 집정관을 옹립하는 것이 하늘의 판단으로는 죄악이라고 선언한 것입니다.”

“평민은 귀족처럼 근무일과 공휴일이 적힌 달력, 혹은 대제사장의 기록을 열람할 수 없지만, 그래도 한 가지 묻겠습니다. 로마의 모든 사람, 심지어 이방인에게도 친숙한 사실 한 가지를 우리는 알고 있습니다. 그것은 바로 이곳 로마에서 집정관들이, 왕정을 무너트린 후 생겨난 국가 최고위직이고 그 이전에 왕에게 속한 위엄과 특권을 그대로 보유한다는 점입니다. 여러분은 누마 폼필리우스의 이야기를 들어보지 못했습니까? 그는 귀족 태생도 아니었을 뿐만 아니라 심지어 로마 시민도 아니었지만, 평민의 권한과 원로원의 동의로 초청받아 사비니를 떠나 로마에서 왕관을 썼습니다. 루키우스 타르퀴니우스는 또 어떻습니까? 그는 로마인이 아니었습니다. 더욱이 이탈리아 본토인도 아니고, 코린토스의 데마라투스의 아들이었습니다. 타르퀴니에서 온 이민자로 로마에 온 그는 결국 왕이 됐습니다. 세르비우스 툴리우스는 코르니쿨룸에서 넘어온 전쟁 포로의 아들이었고, 아버지는 없는 데다 어머니는 노예였습니다. 그렇지만 타고난 능력과 남자다운 미덕으로 로마를 다스렸죠. 더 이야기할 필요가 있습니까? 우리 시조 로물루스가 선뜻 자신의 왕좌를 함께 공유했던 사비니의 티투스 타티우스는 어떻습니까?

동포 여러분, 역사가 말해줍니다. 탁월한 능력을 지닌 사람이 경멸받지 않는 한, 그 태생이 어떻든 간에 로마의 힘은 성장합니다. 과거에는 이방인에게 왕권을 부여해도 그 누구도 반대하지 않았고, 또 왕을 축출하고 난 이후에도 능력 있는 이방인의 유입을 절대로 막지 않았습니다. 그런 조상을 두고 있는 우리가 오늘날 평민 집정관을 선출하는 걸 주저해서야 되겠습니까? 클라우디우스 가문을 예로 들어봅시다. 왕정을 폐지하고 난 뒤 로마는 사비니에서 온 이방인이었던 그 가문 사람들에게 시민권을 주었을 뿐만 아니라 귀족으로 받아들이기까지 했습니다. 외지에서 온 이민자가 먼저 귀족이 되고 이어 집정관 자리에도 오르는데, 평민 태생이라는 이유만으로 로마 토박이가 집정관이 될 수 없다는 건 대체 무슨 정의란 말입니까? 누마, 타르퀴니우스, 세르비우스 툴리우스 같은 정력과 결단력을 지닌 훌륭한 정치인 겸 군인이 미천한 가문에서는 태어나지 않는다고 생각하는 사람들도 있을 겁니다. 설사 그런 기적이 벌어지더라도 그런 사람이 국가를 통치하도록 내버려 두어서는 안 된다고 생각할지 모릅니다. 그러니까 가장 왕의 자질을 두루 갖춘 자수성가한 사람보다 전부 귀족 출신에 극악무도한 10인 위원회 같은 집정관을 선호하고 고대할지도 모른다는 얘기입니다. 이 얼마나 그럴듯한 추측입니까!"

4. "하지만 다른 입장이 있을 수도 있을 겁니다. 왕정 폐지 이래로 평민이 집정관에 오른 일이 없었다는 점을 지적하는 그런 입장 말입니다. 하지만 여러분은 발전이라는 말을 들어본 적이 없습니까? 우리는 절대로 변화하면 안 되는 겁니까? 어떤 일을 전에 단 한번도 해본 적이 없다는 게 절대로 그 일을 해서는 안 되는 이유라면, 그런 변화로 얻을 수 있는 큰 혜택은 어떻게 되는 겁니까? 게다가 건국한 지 얼마 되지 않은 나라에서는 많은 일들이 전에 해본 적이 없는 일들입니다. 시조인 로물루스의 통치 시기엔 사제도, 복점관도 없었습니다. 누마 폼필리우스가 그 두 관직을 만든 것입니다. 세르비우스 툴리우스가 도입하기 전에 인구 조사는 들어본 적도 없는 얘기였고, 켄투리아와 계급의 등록도 마찬가지였습니다. 왕이 축출되기 전까지 집정관은 없었습니

다. 독재관이라는 관직이 생겨난 것도 최근의 일입니다. 이전에 아예 그런 명칭이 알려지지도 않았습니다. 호민관, 토목건축 관리관, 재무관은 모두 새롭게 생겨난 관직입니다. 우리가 법을 성문화하고자 10인 위원회를 임명하고 이후 그들을 쫓아낸 때로부터 이제 10년도 채 지나지 않았습니다. 영구히 존속하고 미래에 벌어질 세력 팽창이 상상의 범위를 넘는 도시에서 변화는 필연적으로 다가오는 현상입니다. 새로운 권력, 새로운 사제직, 새로운 가문이나 개인의 특권은 반드시 어떤 적절한 시점에 도입됩니다. 그리고 이것이 바로 우리가 논의하고 있는 조치입니다. 귀족과 평민 간의 통혼 금지는 고작 몇 년 전에 10인 위원회가 결정한 사항입니다. 그것은 공동체에 최악의 영향을 미쳤으며 평민의 존재를 무시하고 크게 부정하는 조치입니다. 어떤 공동체 내의 한 집단을 마치 너무 더러워 만질 수조차 없다는 듯 결혼상대로 부적합하다고 여기는 것만큼 그 집단을 모욕하는 일은 없습니다. 이것은 마치 성벽 안에서 죄라도 지은 사람인 양 추방당하는 것과 똑같은 조치입니다. 귀족은 가난하고 더러운 우리와 혈연관계로 맺어지는 끔찍한 위험을 막으려고 모든 예방책을 동원합니다.

자자, 귀족 여러분, 그런 관계가 여러분의 가문에 오점을 찍는다고 생각하신다면, 제가 한 말씀 드리도록 하겠습니다. 여러분 중 다수는 본래 알바나 사비니에서 오셨고, 전혀 귀족 태생도 아니었으며, 공로를 세운 대가로 왕이나 그 이후 평민에게서 현재의 계급을 부여받으셨습니다. 게다가 설사 통혼법이 통과된다고 하더라도, 자발적으로 평민 부인과 결혼하지 않는다거나 누나, 여동생, 딸을 오로지 귀족 계급에게만 시집보내면 간단히 그 귀중한 혈통을 순수하게 보호할 수 있는 것 아니겠습니까? 귀족의 여성께서는 우리 평민과 사귀다가 순결을 잃을 걱정은 하지 않으셔도 됩니다. 제가 장담하지요. 강간은 귀족의 습관 아니겠습니까. 또한 바라지도 않는 상대와 강제로 약혼할 일도 없을 것입니다. 하지만 다시 한 번 말합니다. 계급 간 결혼을 법적으로 금지하는 건 평민들에 대한 결정적인 모욕입니다. 그렇다면 왜 더 나아가 부자와 빈자 간의 결혼을 금지하지는 않습니까? 결혼은 늘 가문 간의 사적인 합의로 결정되는 문제였습니다. 이제 귀족 여러분은 자신만의 오만한 개인적 견해를 반영한 그 법으로 결혼을 통제하려고 합니다.

그리고 제 생각으로는 그 목적이 로마 사회를 둘로 가르고 통합된 로마를 두 개의 분리된 공동체로 나누려는 것이라고 봅니다. 저는 귀족의 옆집에 평민이 살 수 없고, 귀족과 평민이 같은 길을 걸을 수 없고, 귀족과 평민이 같은 연회에 참석할 수 없고, 포룸 광장에서 귀족의 옆에 평민이 서 있을 수 없는 법을 왜 여러분이 추가로 제정하지 않는지 의문입니다. 귀족 남자가 평민 여자와 결혼하는 게 평민 남자가 귀족 여자와 결혼하는 것과 무슨 차이가 있습니까? 계급 간 결혼을 한다고 특권을 잃는 것도 아닙니다. 아이는 명백히 아버지의 계급을 따르게 되니까요. 평민이 귀족 계급과 결혼하여 얻는 건 사람으로서, 또 로마 시민으로서 인정을 받는다는 점 단 한 가지뿐입니다. 여러분의 반대는 전적으로 불합리합니다. 여러분이 그저 평민에게 창피와 모욕을 주는 일에서 즐거움을 얻는 게 주된 목적이 아니라면 말입니다."

5. "마지막으로 말씀드립니다. 국가의 궁극적인 권력은 어디에 속해 있습니까? 귀족 여러분입니까, 로마 시민입니까? 왕정을 끝장냈을 때 최고 권력이 여러분 손에 들어간 겁니까, 아니면 모두가 똑같은 정치적인 자유를 누리게 된 겁니까? 뜻이 있다면 법을 제정할 권리가 평민에게 있습니까, 없습니까? 왜 여러분은 우리가 이런 법안을 제안할 때마다 곧장 징집령을 내려 그것을 파기하려 하십니까? 제가 호민관으로서 부족들을 소집하여 표결하고자 하면 집정관들께서는 사람들에게 군인 서약을 하게 만들고 동원을 지시하는 것으로 대응하시는데, 이것이 저와 제 공직, 그리고

평민 일반에 대한 위협이 아니고 무엇이겠습니까? 우리가 합심하여 결의했을 때 여러분의 위협이 얼마나 가치가 있었는지 이미 두 번의 경험으로 배운 바가 있다는 점을 잊지 마십시오. 귀족들은 순전히 우리를 동정하기에 물리적 충돌을 피하고 싶다는 식으로 허세를 부리시는 겁니까? 아니면 그 이유가 더 강한 쪽이 자제해야 된다, 라는 것입니까?"

"동지 및 시민 여러분, 이번 역시 칼을 뽑는 일은 없을 겁니다. 상대는 여러분의 결의를 계속 시험하려고 할 것이지만, 정말로 여러분의 힘을 시험하는 일은 절대 없을 겁니다. 여기서 저는 집정관들께서 들으시라고 이 말을 합니다. 두 분은 계급 간 결혼 권리를 회복하여 국가를 통합해야 하고, 개인적, 가정적으로 결연하고, 용기 있고 강건한 사람이 공명정대하게 정치적 출세하는 희망을 품을 수 있는 환경을 조성하고, 단년(單年) 임기 행정관직 원칙을 바탕으로 누구나 돌아가며 통치하고 통치를 받는 기회를 정부에서 함께 누릴 수 있게 허락해야 합니다. 그렇게 되면 여러분이 그토록 열변을 토하는 원정 전쟁이 진짜이든 가짜이든 간에 우리 평민은 언제든지 참전할 준비가 되어있습니다. 하지만 누구라도 이런 조건을 거부하고 이런 개혁을 막아선다면, 아무리 위급한 전쟁 상황을 무수히 이야기한다 하더라도 우리 평민 중에 군역에 등록하거나 무기를 드는 자는 없을 것입니다. 우리 평민들 중 누구도, 국가 관직을 공유하지 않고 개인 생활에서 통혼의 권리도 보장해 주지 않는 거만한 주인 행세를 하는 자들을 위해 전쟁에 나가 싸우는 일은 없을 겁니다."

6. 마침내 집정관들은 원로원 회의장을 떠나 집회에 모인 평민 앞에 나섰다. 그러한 대치 상황에서 더 이상의 연설은 불가능했고 아주 치열한 언쟁이 시작되었다. 어떤 호민관이 집정관직에서 평민을 배제하는 이유를 말해달라고 하자, 쿠르티우스는 순간적인 충동을 억누르지 못하고 자리에서 벌떡 일어서며, 오직 귀족만이 "예언을 받는", 혹은 특정 의식으로 하

늘의 뜻을 확인하는 특권을 누린다고 답했다. 그는 또한 귀족과 평민 사이에서 태어난 아이들은 다소 모호한 신분이 될 것이며, 이런 점은 종교의식의 중대한 양상에 나쁜 영향을 미칠 수 있다고도 했다. 더 나아가 그는 10인 위원회가 계급 간 통혼을 금지한 건 이런 사태를 미연에 방지하려는 의도였다고 부연했다. 이 말은 옳은 말일 수도 있지만, 당시 상황으로는 엉뚱하고 유감스러운 것이었다. 평민들은 그런 최악의 모욕에 격분했다. 이 말은, 즉 천상의 신들이 평민을 증오하므로 평민은 예언을 받기에 부적절한 존재라는 뜻이었다. 이에 논란은 분노로 발전했고, 평민은 열정적으로 카눌레이우스를 옹호했다. 그들의 단호한 결의는 카눌레이우스에 못지않았다. 결국 귀족들은 그들의 주장을 거두어들이고 통혼을 금지하는 법을 폐기하는데 동의했다. 그들은 이런 양보로 호민관들이 집정관 자리에 평민 진출 등 다른 주장을 완전히 포기하거나, 그도 아니면 적어도 전쟁이 끝날 때까지 그 주장을 보류할 것으로 기대했다. 그들은 또한 평민이 당분간 실질적으로 이뤄낸 성과에 만족하여 군역 등록에 응할 것으로 내다보았다.

귀족들에 맞서서 성취한 이 승리와 그 결과 얻은 인기로 카눌레이우스는 이제 대단한 명망가가 되었다. 다른 호민관들은 거기에 자극을 받아 전의를 불태우며 계속 투쟁을 이어갔다. 그들은 자신들이 제안한 개혁을 위해 필사적으로 싸웠고, 전쟁에 관한 소문이 매일 더 무성해지는데도 불구하고 병력 동원을 가로막았다. 호민관들의 거부권 행사로 원로원에서 통상적 절차를 거쳐서 집행하는 일은 전부 무산되었고, 집정관들은 이에 아무런 힘도 쓰지 못하는 무력한 존재로 전락했다. 마침내 그들은 주요 원로원 의원들의 집에 모여 사적인 회의를 열어 현재 상황을 논의하기에 이르렀다. 상대가 적군이건 평민이건 그들이 패배를 인정해야 한다는 점은 분명해졌다. 이런 논의에 참여하지 않은 전직 집정관은 발레리우스와 호라티우스뿐이었다. 클라우디우스는 집정관들이 무력을 사용할 준비를 해야 한다는 의견을 제시했다. 하지만 두 퀸크티우스, 즉 킨키나투스와 카피톨리누스는 엄숙한 맹약 이후 호민관의 불가침 권리는 평민에게 널리 인식되고 있어서 그들이 피를 흘리거나 폭행을 당하는 일은 절대 없어야 한다며 반대했다. 귀족 중진들의 논의는 "집정관급 정무관" 임명을 허용하는 쪽으로 결의하는 것으로 마무리되었다. 집정관급 정무관은 집정관 권한을 지니며, 귀족과 평민 중에서 아무런 계급적 차별 없이 선출할 수 있었다. 또한 집정관 직은 기존 그대로 유지하기로 하였다. 이 조치는 평민과 호민관 모두를 만족시켰다.

새로운 공직을 선출하는 날짜가 발표되었다. 집정관급 정무관은 세 명을 선출하기로 되었는데, 발표 즉시 전직 호민관 전원과 정부에 대항하여 연설하고 행동했던 사람들이 득표 운동 차 유세에 나섰다. 흰 토가를 입은 후보자들이 광장 어디에든 어슬렁거렸고, 이런 모습은 귀족들에게 극심한 불쾌감을 안겨주었다. 자신들에 대한 평민의 감정이 악화된 상황이라 집정관급 정무관 자리는 체념한데다가, 저런 견딜 수 없는 자들과 화해하고 협력해야 한다는 생각에 혐오감을 느꼈던 것이다. 하지만 귀족 지도층은 결국 평민에게 정부의 통제권을 넘기면 보기 좋은 모양새가 아니라고 생각하여 귀족 당에서도 후보를 내기로 했다. 자기 자유와 특권을 위해 싸운 투사들은 계급 갈등이 끝나고 투표권을 행사할 때가 닥쳐오자 격정이 사라져서 전혀 다른 사람이 되었다. 선거 결과는 그것을 뚜렷이 보여주는 증거였다. 왜냐하면 선출된 후보자 세 명이 모두 귀족 출신이었기 때문이다. 평민은 그와 같은 공직에 출마할 수 있게 되었다는 사실 그것만으로도 충분히 만족했다. 이 일에서 로마 평민 계급이 보여준 품위 있는 정서, 공정함, 관대함은 안타깝게도 오늘날에는 단 한 사람에게서도 찾아볼 수 없다.

7. 로마 건국 이후 310년이 흐른 뒤에(기원전 444년), 집정관의 권력을 지닌 집정관급 정무관 세 명이 처음으로 공직에 취임했다. 그들은 아울루스

셈프로니우스 아트라티누스, 루키우스 아틸리우스, 그리고 티투스 클로엘리우스였다. 그들의 임기 동안 정치적인 불화는 없었고, 그에 따라 외침의 위협도 없었다.

몇몇 작가에 따르면, 집정관급 정무관 직은 평민에게 집정관직을 개방하라는 제안과는 무관하게 설치되었다고 한다. 이 작가들은 권표와 집정관 권한을 지닌 세 명의 집정관급 정무관이 임명된 건 당면한 세 건의 원정에 두 집정관이 제대로 대처하지 못했기 때문이라고 지적했다. 앞으로 곧 있을 베이이와의 다툼, 볼스키와 아이퀴 연합군과의 전쟁, 아르데아의 봉기 등에 두 집정관이 아무런 대책도 세우지 않았다는 것이었다. 사정이 어떠했든 간에 새로운 행정관직은 임시 직책으로 제안된 것이었다. 집정관급 정무관들이 취임한 지 석 달이 지났을 무렵, 복점관들이 선거 절차상 결함이 있었다고 판결함으로써 집정관급 정무관직이 일시 정지되었기 때문이다. 그들은 선거를 주재한 집정관 가이우스 쿠르티우스가 전통에 입각하여 하늘의 신호를 관찰할 때 엉뚱한 장소에다 텐트를 설치하여 복점을 했다고 지적했다.

그러는 사이 아르데아의 대표단이 로마로 와서 논쟁 중인 영토에 대해 얼마 전 로마가 내린 판결에 항의했다. 동시에 그들은 해당 영토를 정당한 소유주인 아르데아에 돌려준다면 로마와의 조약을 준수하고 우호적으로 지낼 의사가 있다는 점을 밝혔다. 이에 원로원은 그런 선례도 없고, 또 그럴 권한도 없는 데다 지금 그런 일을 하면 로마의 귀족-평민 관계를 위태롭게 할 수 있으므로 로마 시민이 내린 판단을 철회할 수 없다고 답변했다. 그렇지만 원로원은 아르데아가 기꺼이 조금만 더 참고서 여태껏 겪은 고통에 대하여 원로원이 보상 방안을 결정하도록 기다려준다면, 그런 자제의 행동을 정말 잘했다고 판단할 시간이 분명 찾아올 것이라고 달랬다. 원로원은 또한 아르데아가 지금 판결이 지속적으로 영향을 미치는 것을 막으려는 것처럼, 원로원 역시 아르데아가 기존에 입은 손해를 막으려고 무척 신경 썼다는 것을 알게 될 것이라고 부연 설명했다. 아르데아 대표단은 이에 귀국하면 다시 이 문제를 고국에서 논의하게 될 것이라는 말을 남기고 정중히 예를 갖춘 뒤 떠났다.

로마는 최고위 행정관, 즉 대관 의자에 앉을 사람을 정하지 못했으므로, 귀족들은 모여서 의논한 끝에 인테르렉스를 임명했다. 새로운 정부를 집정관급 정무관과 집정관 중 누구에게 맡겨야 할지에 대한 논쟁이 며칠 동안 이어졌고, 결론이 나오기 전까지 인테르레그눔(인테르렉스의 임시 통치 기간)이 지속되었다. 인테르렉스와 원로원은 집정관을 선호했고, 호민관과 평민은 최근에 신설된 집정관급 정무관을 강력히 요구했다. 논쟁은 결국 원로원의 승리로 끝났다. 평민들은 어떤 공직이든 결국 귀족이 임명될 것이라고 보고 자신들의 반대가 무의미하다고 생각하여 지속적인 투쟁을 포기했다. 게다가 호민관들은 경선하여 확실히 이길 수도 없는 선거보다는 아예 입후보 자격이 없는 선거를 차라리 더 선호했다. 그들은 더 이상 반대하는 건 소용없다고 생각하고 귀족 지도자들의 뜻대로 일을 처리하는 쪽으로 양보했다.

따라서 인테르렉스인 티투스 퀸크티우스 바르바투스의 주재로, 루키우스 파피리우스 무길라누스와 루키우스 셈프로니우스 아트라티누스의 2인이 집정관에 선출되었다. 그들의 임기 동안 아르데아와의 조약이 갱신되었는데, 이것은 두 사람이 그 해에 집정관직을 제대로 수행했다는 걸 증명한다. 이런 언급을 하는 이유는 그들의 이름이 과거 기록이나 공식적인 집정관 명단에 기재되어 있지 않기 때문이다. 이렇게 그들의 이름이 누락된 이유는 집정관급 정무관의 존재 때문인데, 호민관들의 임기는 석 달로 그쳤지만, 그들은 마치 그해 내내 재임한 것처럼 대우받았다. 아르데아와의 조약과 유노 사원의 리넨 두루마리에 위에서 말한 두 집정관의 이름이

들어 있다는 건 선배 역사가인 리키니우스 마케르가 보장한다. 이해는 인접국들의 수많은 위협에도 불구하고 로마는 국내외적으로 평온했다.

8. 다음 해(기원전 443년)엔 집정관과 집정관급 정무관 중 어느 쪽에 국가 최고위직이 돌아갔는지 의심할 여지가 없다. 기록에는 확실하게 마르쿠스 게가니우스 마케리누스(2선)와 티투스 퀸크티우스 카피톨리누스(5선)가 집정관을 맡았다고 되어 있다. 이해에는 감찰관(켄소르: censor)이라는 공직이 새로 도입되었다. 이 자리는 처음엔 사소한 자리로 시작되었으나 결국에 가서는 중요한 관직이 되었다. 감찰관은 사회 내의 전반적 재산에 대하여 관할권을 행사했고, 개인의 재산 정도에 따라 원로원과 기사(騎士) 계급 자격을 결정하거나 그 자격에 미달하는 사람을 축출했으며, 정기적인 국가 세입과 공적·사적 건물의 위치에 관하여 전권을 행사했다. 감찰관 자리가 생겨난 경위는 이러하다. 전에 인구 조사를 시행하고 나서 오랜 세월이 흘러 이 조사를 이제 더 이상 미룰 수 없게 되었지만, 집정관들이 여러 군데에서 발발한 전쟁의 위협에 대응하느라 지나치게 분주하여 그 작업을 계획하고 수행할 대리인을 임명할 필요가 있었던 것이다. 이 문제는 원로원에서 제기되었고, 집정관의 위엄에 맞지 않는 이 힘들고 험한 일을 맡을 특별한 행정관이 있어야 한다는 의견이 나왔다. 이 행정관은 또한 각종 기록을 보관하고 인구 조사 형식을 결정하는 비서진을 휘하에 두기로 되었다. 이는 사소한 업무였지만 그래도 원로원은 귀족 행정관의 숫자가 하나 더 늘어나는 것이기 때문에 그 제안을 반겼다.

내 생각에, 그 관직을 맡을 사람이 탁월하다면 그 자리가 곧 특별함과 중요성을 부여받게 되리라는 점을 원로원은 이미 예견했던 것 같다. 호민관들조차 이런 결정에 반대하지 않았다. 새로운 행정관 자리를 그 당시의 업무적 필요를 채워주는 임시직으로 보았기 때문이다(물론 당시에는 옳은 생각이었다). 그들은 그 자리가 감찰관에게 특별한 지위를 부여할 것으로 보지 않았으므로, 그다지 중요하지도 않은 일로 상대를 자극하지 않으려 했다. 로마의 주요 인물들은 출마 권유를 받았음에도 불구하고 체신 떨어지는 일이라며 거절했고, 따라서 일반 투표를 통해 인구 조사를 수행하는 감찰관 직이 파피리우스와 셈프로니우스 2인(두 사람이 과연 집정관을 역임했는지는 의문시되고 있다)에게 돌아갔다. 집정관으로서 한 해를 완전히 채우지 못한 것에 대하여 이번 임명으로 보상해 주려는 뜻도 있었다. 그 목적이 무엇이든 간에 두 사람은 감찰관 칭호를 받게 되었다.

9. 그러는 사이 아르데아 대표단이 로마를 방문해 왔다. 그들은 고국이 돌이킬 수 없는 재앙으로 위협받고 있으니 로마와 오래전부터 맺은 동맹, 그리고 최근 조약의 갱신으로 새롭게 강화된 양국 관계에 기대어 긴급한 도움을 호소한다고 했다. 그들은 또한 아르데아 내에 정치적 불화로 내전이 발생하여 로마와 유지해오던 평화로운 관계를 더 이상 누릴 수 없게 되었다고 호소했다. 그들의 말에 따르면, 내전은 외침, 기근, 역병, 그 외에 분노한 신이 사람을 파멸시키려고 내리는 예상 가능한 그 어떤 재앙보다 더 많이 사람을 죽이고 지속적인 저주를 나라에 내리고 있다고 말했다. 내전의 전말은 이러하다. 아르데아의 한 평민 처녀는 그 아름다움으로 명성이 자자했는데, 두 경쟁자로부터 구애를 받았다. 한 사람은 그녀처럼 평민이었고, 같은 평민인 그녀의 후견인들이 그 청년을 밀어주고 있었다. 다른 사람은 귀족 청년이었는데 오로지 그녀의 육체적인 아름다움에 끌린 것이었다. 후자는 구애하는 과정에서 귀족의 지원을 받았다. 그 결과 귀족과 평민 사이의 정치적인 내분의 여파가 처녀의 집에까지 침투하게 되었다. 그녀의 어머니는 딸이 가능한 한 화려한 결혼을 하길 바랐으므로 귀족 청년을 사위로 맞이하길 원했다.

하지만 그녀의 후견인들은 남녀 간의 혼사에서조차 정치적인 측면을 개입시키면서, 비유적으로 말하자면 자신들의 후보자를 끝까지 관철시키려고 했다. 양측의 논쟁은 계속되었고, 이 문제는 집안에서 해결되지 않자 법정으로 가게 되었다. 양측은 각자의 주장을 제시했고, 행정관은 처녀의 어머니 편을 들어 그녀가 바라는 대로 딸을 결혼시키라는 판결을 내렸다. 하지만 정의보다 완력이 더 강했다. 분노한 평민 후견인들은 거리에서 자신들의 정치적 동조자들에게 판결의 부당함을 장황하게 성토한 뒤 사람들을 모아 처녀를 어머니의 집에서 완력으로 끌고 나왔다. 귀족 청년은 이에 격노했다. 그는 젊은 귀족들을 모아 그 무리를 진두지휘하면서 처녀를 빼앗아간 자들을 향해 살기등등하게 나아갔다. 양측 사이에서 맹렬한 전투가 벌어졌고 평민 쪽이 패배했다.

하지만 로마 평민들의 모습과는 다르게, 그들은 도시에서 물러나 손에 칼을 든 채로 성벽 밖의 언덕에 단단히 자리 잡고 외딴 곳에 있는 귀족의 농장을 습격하여 큰 피해를 입혔다. 이전까지 양측의 싸움에 무심했던 장인(匠人)들은 약탈로 자기 몫을 챙길 수 있다는 말에 유혹되어 전부 평민 편에 붙었다. 이렇게 세를 불린 평민 측은 여태껏 어떠한 투쟁이 벌어져도 공격받지 않던 그들의 도시를 실제로 포위하고 공격하려고 했다. 그것은 공포 가득한 전쟁이었고, 공동체 전체가 마치 역병에 걸린 것처럼 상대방의 피를 보려고 했다. 두 구혼남자는 조국이 망하든 말든 반드시 처녀를 아내로 삼아야겠다는 미친 생각뿐이었다.

머지않아 양쪽 모두 지금 가진 수단만으로는 충분하지 않다고 생각했고, 각자 외부 지원을 요청했다. 귀족은 로마로 사람을 보내 아르데아 평민들의 포위를 푸는 데 힘을 보태 달라고 호소했고, 평민은 볼스키에 사자를 보내 포위 공격을 도와줄 지원군을 보내 달라고 했다. 볼스키 인들이 먼저 지원 요청에 응답하여 아이퀴 사람 클루일리우스에게 파견대를 주어 지휘를 맡겼다. 현장에 나타난 볼스키 파견대는 아르데아를 참호와 벽으로 둘러싸고 적이 안에서 출격하는 걸 막았다. 로마에 이 상황이 보고되자 집정관 게가니우스는 즉시 군대를 움직여 볼스키 군대로부터 5km 떨어진 곳에 진영을 설치했다. 황혼이 이미 빠르게 지는 걸 보고서 집정관은 병사들에게 휴식을 명했다. 이후 새벽 4시가 되자 그는 다시 부대를 전진시키고 적의 위치 주위로 원형의 토루(土壘)를 쌓아올리기 시작했다. 이 공사는 무척 빠르게 끝나서 동이 트자 볼스키 군대는 자신들이 아르데아를 둘러싼 것보다 훨씬 더 단단히 로마인들에게 포위당한 것을 발견했다. 사실 아르데아의 성벽이 엉성했으므로 게가니우스는 강화한 "팔" 혹은 통로를 추가로 건설할 수 있었고, 그리하여 아르데아 도시의 성벽과 연결되었기에 그 내부의 우군들은 밖으로 출입할 수 있게 되었다.

10. 병사들에게 규칙적으로 양식을 제공하지 못했던 클루일리우스는 여태껏 농촌 지역에서 얻는 것으로 그들을 먹여왔지만, 이제는 갑자기 그 어떤 종류의 식량도 제공할 수 없게 되었다. 이런 절박한 상황에서 그는 게가니우스를 초빙하여 협상했고, 그 자리에서 로마인들이 포위를 풀면 기꺼이 퇴각하겠다고 말했다. 이에 게가니우스는 패배한 군대는 조건을 제시하는 게 아니라 상대방의 조건을 무조건 받아들여야 한다고 대답했다. 또한 볼스키 군대가 제멋대로 로마의 동맹을 공격해 왔지만, 떠날 때는 마음대로 되지 않을 것이라고 말하기도 했다. 이어 그는, 볼스키 사령관은 항복하고, 휘하 병사들은 무기를 내려놓고, 패배를 온전히 인정한 뒤 로마 군의 지시를 따르라고 명령했다. 게가니우스는 여기에 덧붙여, 만약 이 조건을 거부하면 볼스키 군이 떠나든 남든 교전을 계속할 것이며, 로마의 기대에 어긋나는 휴전을 체결하는 것이 아니라 적을 패퇴시킨 개선장군이 되어 로마로 복귀할 것이라고 말했다.

외부 지원을 전부 차단당한 볼스키 군대는 칼에 의지하는 것 외에 달리 기대할 게 없었다. 하지만 그들의 병력은 그리 대단한 것이 아니었다. 이런 여러 가지 어려움들 이외에, 그들이 싸워야 하는 전장은 그들에게 아주 불리했으며, 후퇴는 아예 불가능했다. 포위된 채로 격파된 그들은 얼마 버티지 못하고 항복하여 목숨을 구걸했다. 클루일리우스는 포로로 넘겨졌으며, 그의 휘하 병사들은 전부 무장해제당한 뒤 겉옷을 빼앗기고 "멍에 밑을" 지나갔다. 그렇게 볼스키 군의 남은 병사들은 패배하여 굴욕감을 느끼며 고향으로 돌아갔다. 하지만 그들은 투스쿨룸 인근에서 쉬고 있을 때 그 도시에서 나온 숙적들의 습격을 무방비 상태로 받게 되었다. 너무나 끔찍한 공격이었으므로 그들 중에 살아 돌아가 일의 자초지종을 알릴 사람은 거의 남아 있지 않았다.

게가니우스는 최근에 문제를 일으킨 주동자들을 처형하여 혼란에 빠진 아르데아에 평화를 회복하고 주동자들의 재산을 국고로 환수했다. 아르데아 주민들은 로마의 관대한 도움 덕분에 로마에 부당하게 빼앗긴 영토에 대한 보상은 충분하게 받았다고 생각했지만, 로마 원로원은 여전히 로마의 탐욕이 저지른 악명 높은 행동의 기억을 지우기에는 그런 보상만으로 충분하지 않다고 생각했다.(3.72에 나오는, 아르데아가 자신의 영토라고 주장한 땅을 로마가 재판관이었으면서도 가로챈 사건: 옮긴이).

승전한 집정관은 로마로 돌아와 개선식을 올렸다. 적군의 사령관 클루일리우스는 집정관의 전차 앞에서 온 몸이 결박된 채 걸었고, 개선식 행렬의 한가운데에는 항복한 적에게서 빼앗은 전리품이 전시되었다. 퀸크티우스는 그의 동료가 전장에서 올린 업적 못지않게 내정에서 성과를 올렸는데, 그런 훌륭한 내치는 무척 드물고 어려운 일이었다. 그는 사회 모든 계급을 아주 공정하고 신중하게 대했다. 정치적으로 귀족과 평민 사이에서 훌륭한 관계를 유지하는 데 큰 성공을 거두었고, 그 결과 원로원은 그를 엄격한 규율주의자로, 평민은 그를 자상한 친구로 생각하게 되었다. 호민관들을 대할 때조차 그는 언쟁을 피하고 인품의 힘으로 자신이 원하는 것을 얻어냈다. 퀸크티우스는 실제로 비범한 사람이었다. 한결같은 고결한 원칙에 입각하여 다섯 차례 집정관직을 지냈으며, 집정관에 걸맞은 위엄으로 평생을 살아왔으므로 집정관으로서는 물론이고 시민이 되어서도 더욱 모든 사람에게 경외와 존경의 대상이 되었다. 그해엔 이런 탁월한 두 명의 집정관이 있었기에 집정관급 정무관 얘기는 전혀 나오지 않았다.

11. 다음 해의 두 집정관은 마르쿠스 파비우스 빌부라누스와 포스투무스 아이부티우스 코르니켄이었다. 막 지나간 해는 전쟁과 내치 분야에서 뛰어난 업적을 올린 훌륭한 시기였다. 또한 위기에 처한 아르데아를 전폭적으로 지원함으로써 대외적으로 우방과 적에게 깊은 인상을 남겼다. 새로운 집정관들은 이런 사실을 잘 알았고, 또한 그것에 자극받아 논란이 된 영토에 대하여 로마 평민이 내린 악명 높은 결정을 만회할 수 있는 멋진 일을 하고자 했다. 이런 목적으로 그들은 법령을 반포했는데, 그 내용은 아르데아가 내전으로 인구가 크게 줄어 방비가 취약하니 볼스키 인에 맞서 도시를 지키는 데 필요한 이주민 편입을 정식으로 허가한다는 것이었다. 선포된 법령은 그런 내용이었지만, 실은 호민관과 평민의 눈을 속이는 것이었다. 그렇게 하지 않으면 논란이 된 영토에 대한 판결을 뒤엎으려는 계획을 들킬 것이었기 때문이다. 하지만 집정관들은 은밀하게 다음과 같은 세 가지 사항에 동의했다. 첫째, 이주민 대다수는 반드시 루툴리 인들일 것 (아르데아가 루툴리 인들의 도시였다). 둘째, 얼마 전 로마에 몰수된 영토를 제외한 다른 곳의 사유지는 인정하지 말 것. 셋째, 모든 루툴리 인이 땅을 받기 전까지 로마인에게 땅을 분배하지 않을 것.

이렇게 하여 로마에 몰수된 영토는 다시 아르데아로 귀속되었다. 새로운 이주 작업의 담당자들은 메네네우스 아그리파, 티투스 클로일리우스 시쿨루스, 마르쿠스 아이부티우스 헬바 등이었다. 그들이 수행한 일은 지극히 평판이 좋지 않았다. 로마 평민이 로마의 것이라고 판결한 영토를 동맹국에 분배하여 평민을 화나게 만들었을 뿐만 아니라, 로마 내의 특정인을 편애하지 않으려고 엄정 중립으로 조처했기에 귀족 또한 불만이었던 것이다. 호민관들은 평민 앞에서 재판을 받으라고 이주 작업의 담당자들을 소환했지만, 그들은 정착지에 머무름으로써 문제에 휘말리는 일을 사전에 회피했다. 그들은 그렇게 함으로써 자신들이 집행한 일의 정당성과 성실성을 증명했다.

12. 이해(기원전 441년)와 다음 해, 즉 가이우스 푸리우스 파킬루스와 마르쿠스 파피로스 크라수스가 집정관 자리에 오른 해엔 대내외적으로 모든 것이 평화로웠다. 평민이 근무지에서 이탈한 동안에 10인 위원회가 원로원 법령에 따라 약속했던 스포츠 게임이 거행되었다. 호민관 포이틸리우스는 내분을 일으키려 획책했지만 성공하지 못했다. 그는 평민에게 땅을 분배한다는 제안을 원로원에 가져가 집정관들을 강제하여 관철시키겠다고 약속함으로써 두 번째로 호민관에 선출되었고, 실제로 관철을 시도했으나 성공하지는 못했다. 그는 원로원과 큰 투쟁을 벌인 다음에, 내년에는 집정관과 집정관급 정무관 중 어느 쪽을 정부 최고위직으로 선출해야 하는지 원로원이 투표로 결정하도록 요구했고, 결과는 집정관 선출로 나왔다. 사태가 이렇게 돌아가자 포이틸리우스는 평민의 군역 징집을 가로막겠다고 위협했지만, 사람들은 이에 코웃음쳤다. 대외적으로 전쟁할 이유가 없어서 병력을 동원하지 않아도 되었기 때문이다.

다음 해, 즉 프로쿨루스 게가니우스 마케리누스와 루키우스 메네니우스 라나투스가 집정관에 오른 해에는 지난해에 누렸던 평온함은 사라지고 아주 다른 상황이 벌어졌다. 거의 모든 면에서 로마의 앞날은 암담했다. 이해는 죽음과 위험이 가득했다. 로마 사회 내에 기근과 소요가 만연했고, 무엇보다 숨은 동기를 가지고 나누어주는 공짜 식량에 굶주린 사람들이 감격하여 유혹당하고 굴복하는 바람에 거의 군주정의 나락으로 떨어질 뻔했다. 이런 괴로움에 전쟁까지 더해졌더라면 설사 하늘의 신들이 전부 돕겠다고 나서더라도 로마는 거의 존속하기 힘들었을 것이다. 재앙은 기근으로 시작되었다. 원인은 명확하지 않다. 흉년이었을지도 모르고, 누군가가 말한 것처럼 도시 생활의 즐거움과 정치적인 자극으로 사람들이 농장 경영을 게을리했기 때문인지도 몰랐다. 귀족들은 평민의 게으름을 책망했고, 호민관들은 집정관들의 부정직함과 부주의를 비난했다.

마침내 평민들은 루키우스 미누키우스를 곡물 공급 책임자로 임명했고, 원로원은 이 결정에 반대하지 않았다. 새로운 곡물 책임자는 재임 중에 실질적인 행정보다는 평민의 자유를 지키는 쪽에 더 성공을 거두었지만, 그럼에도 불구하고 결국에는 식량난을 완화하는 데 성공했고, 그 결과 대중적인 인기와 존경을 받게 되었다. 그는 곡물을 사들이고자 모든 인접국에 사절을 보냈지만, 에트루리아에서만 소량의 곡물을 사들일 수 있었다. 일이 그의 기대와는 다르게 돌아가자 그는 무척 난처한 입장이 되었다. 따라서 그는 식량 부족으로 인한 부담을 더 공평하게 나누고자 다양한 방법을 사용했다. 예를 들면, 시민들로 하여금 매달 곡물 비축분을 신고하게 하여 월별 곡물 공급량보다 많이 가지고 있으면 그 잉여분을 팔게 하고, 노예에게 돌아가는 일별 배급량을 줄이고, 매점매석 등 교활하게 장사하는 상인들을 색출하여 평민의 지탄을 받게 했다. 하지만 이런 비리를 색출하는 식의 방법들은 식량 부족을 완화해 주기보다는 오히려 식량 상황이 얼마나 심각한지 더욱 생생하게 보여줄 뿐이었다. 따라서 많은 빈곤한 사람들이 절망에 빠져 비참한 삶을 근근이 살아가야 하는 도탄에 빠졌고 어떤 사람들은 그 고통을 피하고자 얼굴을 가리고 티베르 강에 투신 자살했다.

13. 사태가 이런 지경에까지 이르렀을 때, 스푸리우스 마일리우스라는 기사 계급의 엄청난 부자가 시민들에게 유익한 봉사가 되었을 법한 일을 했다. 하지만 그는 아주 좋지 못한 선례를 남겼고, 그 일의 동기는 심지어 더욱 사악한 것이었다. 그는 개인 돈으로 친구와 하인을 통해 에트루리아

에서 곡물을 사들였고(내 생각엔 이런 행위가 곡물 가격을 낮추려는 로마 정부의 노력에 악영향을 미친 것 같다), 가난한 사람들에게 식량을 무료로 나누어 주기 시작했다. 이 관대한 조치로 그는 민심을 얻었고, 가는 곳마다 사람들이 떼지어 그의 뒤를 따라다녀 아무런 공직도 맡지 않은 일개 시민으로서는 생각할 수도 없는 존엄한 분위기를 풍기게 되었다. 평민이 그에게 보내는 헌신적인 지지를 감안하면, 그는 적어도 집정관 자리는 이미 따놓은 것처럼 보였다. 하지만 운명의 장밋빛 약속만으로 사람의 욕심이 채워지는 경우는 아주 드물다. 따라서 그는 곧 오만하고 과도한 야욕을 품게 되었다. 집정관직조차도 귀족의 일치된 반대에 맞서 힘들게 쟁취해야 할 터인데, 그가 바라는 건 집정관 자리가 아니라 왕좌였다. 자신이 세운 정교한 계획과 앞으로 치러야 할 큰 싸움에 들일 노고를 생각하면 왕좌 이외에는 보상이 될 만한 게 없다고 생각했다.

마일리우스의 왕좌 등극 계획이 아직 온전히 마련되지 않은 상태에서, 집정관 선거가 치러지자 마일리우스는 깜짝 놀랐다. 게다가 마일리우스에게는 불행하게도 티투스 퀸크티우스 카피톨리누스가 여섯 번째로 집정관직을 맡게 되었다. 그는 혁명을 일으키려는 자에겐 감당하기 어려운 적이었다. 두 번째 집정관은 라나투스 성을 지닌 메네니우스 아그리파였다. 루키우스 미누키우스는 다시 곡물 공급 책임자로 임명되었다. 아니면 식량 부족 상황이해결될 때까지 무기한으로 그 자리를 맡은 것일 수도 있었다. 리넨 두루마리를 보면 그의 이름은 두 해에 걸쳐 행정관들 사이에서 나타나지만, 그와는 별개로 미누키우스의 임기에 관해 분명하게 합의된 점은 없다. 어쨌든 그는 마일리우스가 자력으로 수행하는 것과 같은 일을 공적으로 추진하고 있었고, 자연스레 옥수수 상인 같은 사람들이 지속적으로 자신과 마일리우스의 집에 출입한다는 걸 알게 되었다.

그 과정에서 무슨 음모가 벌어지고 있는지 알게 된 미누키우스는 원로원에 가서 마일리우스가 자택에 무기를 비축하고 있으며 특정 무리와 은밀하게 무엇인가 모의하고 있다고 보고했다. 그는 마일리우스의 계획이 왕정복고라고 확신했으며, 일시는 정해지지 않았지만, 그 외에 다른 건 전부 준비되었다고 폭로했다. 호민관들은 로마의 자유를 배반하는 일에 매수당했고, 군중 지도자들은 이 음모와 관련하여 특정한 임무를 맡았다. 미누키우스는 로마의 치안을 생각하면 더 빨리 알렸어야 했지만, 소문의 진상을 확인하기 전까지 신중을 기하며 지금까지 기다릴 수밖에 없었다고 부연 설명했다.

원로원은 이 폭로에 깜짝 놀라는 동시에 분노했다. 주요 의원들은, 곡물의 무료 배급을 허용하고 개인의 집에서 평민들이 수상한 모임을 갖는 걸 막지 못한 지난해의 집정관들을 비난하는 동시에 현직 집정관들에게도 비난의 화살을 돌려 저런 중요한 정보가 원로원에 보고될 때까지 그저 손 놓고 기다리기만 했느냐고 책망했다. 집정관이라면 적어도 음모에 관한 보고는 물론이고 관련자들의 처벌에도 나섰어야지, 곡물 공급 책임자에 불과한 사람이 원로원에 보고하러 올 때까지 대체 무엇을 했느냐고 비난했다. 하지만 퀸크티우스는 집정관들을 비난해선 안 된다고 주장했다. 집정관의 권위를 무너뜨리는 목적으로 설계된 항소권을 보장한 법률 때문에, 집정관은 응징해야 할 그런 사악한 일을 처리하고 싶어도 그의 권한이 거기에 미치지 못한다는 것이었다. 따라서 그는 추상같이 단호할 뿐만 아니라 법적인 구속을 받지 않는 사람이 지금 상황에서 필요하다고 주장했다. 이어 그는 루키우스 퀸크티우스 킨키나투스를 독재관으로 추천하며 그가 독재관의 엄숙한 권위에 걸맞은 용기와 결의를 지닌 사람임을 확신한다고 말했다.

원로원은 이 제안에 만장일치로 찬성했지만, 킨키나투스는 독재관 취임에 따르는 부담스러운 책임감으로 인해 그 자리를 수락하길 주저했다.

그는 이런 엄중한 상황에서 자신과 같은 노인이 대체 무엇을 밝혀낼 수 있다고 생각하느냐고 원로원에 물었다. 하지만 그가 양심적으로 망설이는 것은 아무 소용이 없었다. 원로원 의원은 모두 입을 모아 그의 노련한 정신력은 자신들의 것을 모두 합쳐놓은 것보다 더 큰 지혜와 용기를 품고 있다고 소리쳤다. 그에게 쏟아지는 찬사가 어느 정도 효과를 발휘했을 뿐만 아니라 그를 추천한 퀸크티우스도 전혀 물러설 생각이 없자 킨키나투스는 독재관 자리를 수락하고, 늙은 자신이 위기에 빠진 나라를 망하게 하거나 수치를 당하게 하는 일이 없게 해 달라고 신에게 기원했다. 이어 그는 집정관에 의해 독재관으로 지명되었다. 독재관이 된 킨키나투스는 가이우스 세르빌리우스 아할라를 사마관으로 임명했다.

14. 다음날 독재관은 도시에 피켓을 설치하고 포룸 광장에 나타났다. 이 드물고 놀라운 광경에 모두들 그를 주목했다. 마일리우스와 그의 공모자들은 독재관의 권력이 자신들을 노린다는 것을 잘 알았지만, 음모에 무관한 사람들은 어리둥절해하며 대체 무슨 갑작스러운 봉기나 예기치 않은 공격의 위협이 있었기에 이런 과격한 조치가 필요하냐고 물었다. 그들은 나이가 여든이 넘은 노년의 킨키나투스가 위엄이 가득한 모습의 독재관으로 나타나 최고 권한을 가지고 나라의 명운을 지키기 위해 봉사해야 하는 상황이 과연 무엇인지 궁금해했다. 킨키나투스가 명령하자 세르빌리우스는 마일리우스에게 다음과 같은 불길한 말을 전했다. "독재관께서 당신의 법정 출석을 요구하셨소." 이 말을 들은 마일리우스는 얼굴이 창백해지면서 소환 이유를 물었고, 사마관은 미누키우스가 원로원에서 제기한 마일리우스 고발 건에 관해 법정에서 답변할 필요가 있기 때문이라고 대답했다. 그러자 이 가증스러운 자는 친구들 사이로 뒷걸음치며 필사적으로 도망갈 길을 찾았다. 사마관의 수행원들이 그를 체포하려고 하자 몇몇 구경꾼이 그를 옆으로 빼냈고, 그는 황급히 도망치며 평소 친분을 쌓

아둔 평민들에게 도움을 청했다.

"나를 구해주시오! 내가 여러분의 친구라고 귀족들이 단결하여 나를 깔아뭉개려 하고 있소. 죽을 위기에 처한 나를 도와주시오. 여러분 앞에서 내가 무자비하게 도륙당하도록 내버려 두지 마시오!"

하지만 그의 다급한 외침은 아무 소용이 없었다. 세르빌리우스는 그를 붙잡아 칼로 찔러 죽였고, 온 겉옷에 피를 뒤집어쓴 채로 젊은 귀족들의 호위를 받으며 독재관에게 돌아와 보고했다. 그는, 마일리우스에게 소환 요청을 하였으나 강제로 수행원들을 뿌리쳤고 평민 봉기를 일으키려고 했기에 그에 합당한 처벌을 집행했다고 보고했다. 이에 독재관은 이렇게 말했다. "수고했소, 사마관. 축하하오. 그대는 폭정에서 이 나라를 구해냈소."

15. 그 사건의 중요성을 확실하게 알지 못하는 평민은 크게 동요했고, 이에 킨키나투스는 정숙을 요청하고 이렇게 말했다. "마일리우스는 정당하게 처형된 것입니다. 만약 그가 왕이 되려는 음모를 꾸미지 않았다면 사마관의 소환에 응하여 독재관 앞에 출석하면 되는 것인데, 그는 소환을 거부했습니다. 이것만으로도 사형에 해당하는 죄입니다. 나는 재판석에 앉아 그의 주장을 듣고자 했고, 재판이 진행되었더라면 그는 판결에 따라 그에 걸맞은 처우를 받았을 것입니다. 그는 무력으로 재판을 피하고자 했고, 그에 따라 똑같이 무력으로 처벌받았습니다. 어떻게 저런 자를 우리의 일원으로 대우할 수 있겠습니까? 그는 이곳 로마에서 정당한 법으로 보호받는 자유민 사이에서 태어났습니다. 그도 우리처럼 왕이 로마에서 추방되었다는 사실을 알고 있었습니다. 같은 해에 타르퀴니우스의 조카들이자 이 나라를 자유롭게 한 집정관의 아들들이 왕정복고의 음모를 꾸미다가 처형되었다는 사실 또한 알고 있었습니다. 집정관 타르퀴니우스 콜라티누스가 그저 사람들이 싫어하는 왕가의 이름을 지녔다는 이유만으로 떠밀려 관직을 사임하고 로마를 떠났다는 사실도 알고, 몇 년 뒤에 스푸리우

스 카시우스가 왕좌를 노리는 음모를 꾸미며 극형에 처해졌다는 사실도 알고 있었습니다. 얼마 전 10인 위원회가 왕의 권한과 태도를 부당하게 자신들의 것으로 삼았다가 몰수, 추방, 처형으로 징벌되었다는 사실을 그가 몰랐을 리가 없습니다.

이 모든 걸 아는 그가 어떻게 그런 왕정 타파의 기록들이 생생한 이 도시에서 감히 왕이 되겠다는 생각을 품을 수 있단 말입니까? 이 마일리우스라는 자는 대체 어떤 인간입니까? 분명한 건 어떤 인사가 귀족 혈통에 고관을 지내고 뛰어난 업적을 성취했다고 하더라도 로마에선 그것이 폭정을 정당화하는 수단이 될 수 없다는 점입니다. 하지만 적어도 우리는 아피우스 클라우디우스나 카시우스 같은 자들이 그런 금지된 자리를 노리는 이유가 있었다는 건 인정하지 않을 수 없습니다. 그들은 훌륭한 신분을 지녔고, 가문의 전통에 따라 공익에 봉사했고, 집정관이나 10인 위원회 위원을 지냈습니다. 그런데 스푸리우스 마일리우스라! 헛된 희망이긴 하지만, 부유한 평민 옥수수 상인으로서 호민관이 되려는 기대를 품는 게 훨씬 더 나았을지도 모르는 이자가, 우리의 자유를 곡물가루 몇 봉지로 살 수 있다고 생각했습니다. 또 비스킷을 던져주면 이탈리아의 맹주인 로마를 꾀어 노예로 만들 수 있다고 망상했습니다! 우리는 이자가 집정관이 되겠다는 생각을 하는 것만으로도 무척 고통스러운데, 어리석게도 이자는 시조왕인 로물루스의 표장과 권력을 지닌 왕이 되어 우리 머리 위에 군림하고자 했습니다. 로물루스가 누구입니까? 신의 자손이자 지금은 천상의 축복 받은 무리로 되돌아간 분으로, 이 로마를 창건한 분입니다!

여러분, 저자의 행위는 단순한 범죄가 아니라 어디에도 견줄 수 없는 극악무도한 행위입니다. 그가 흘린 피만으로는 도저히 갚을 수 없는 죄악이라는 뜻입니다. 그가 살았던, 또 그가 이런 미치광이 같은 죄를 범하려고 처음으로 생각했던 그의 집은 철저하게 파괴되어야 하며, 또 그가 왕좌를 사들이려는 발판으로 삼은 더러운 재산은 반드시 몰수되어야 합니다. 따라서 명령을 내립니다. 재무관들은 그의 모든 소유물을 내다팔아 그 수익을 국고로 귀속시키라."

16. 킨키나투스는 이어 마일리우스의 집을 즉시 허물어 버릴 것을 지시했고, 그의 집이 있던 자리는 아이퀴마일리움으로 불리게 되었다. 또한 그곳은 시민들에게 실패로 끝난 음모를 영구히 상기시키기 위해 앞으로 영원히 공터로 남을 것이었다.

미누키우스는 뿔에 금박을 입힌 황소를 상으로 받게 되었고, 수상식은 포르타 트리게미나 외부에서 개최되었다. 평민들도 딱히 이에 반대하지 않았다. 미누키우스가 처형된 마일리우스의 모든 곡식을 염가 처분했기 때문이다. 어떤 기록을 보면 미누키우스가 귀족의 신분을 포기하고 평민이 되어 법에 규정된 10명에 더하여 호민관으로 선임되었고, 마일리우스의 죽음 이후에 시작된 평민 봉기를 막아냈다는 내용이 있다. 하지만 이런 기록들은 거의 신뢰할 수 없다. 왜냐하면 원로원 당이 호민관의 수를 늘리는 조치를 허용하지 않았을 것이고, 귀족 태생인 사람이 평민이 되는 건 여전히 그 선례가 드물었기 때문이다. 게다가 평민들은 한 번 양보를 받아내면 그것을 계속 지키려고 할 것이 불을 보듯 뻔했고, 그게 여의치 않더라도 그렇게 하려고 시도는 할 것이었다. 여하튼 그의 얼굴을 보여주는 흉상에 새겨진 글이 부정확하다는 걸 드러내는 강력한 논거로는, 이 일이 발생하기 몇 년 전 이미 호민관들이 동료를 호선하는 걸 금지하는 법이 제정되었다는 사실을 들 수 있다.

호민관들 중 퀸투스 카이킬리우스, 퀸투스 유니우스, 섹스투스 티티니우스는 미누키우스에게 명예를 부여하자는 제안을 지지하지 않았다. 또한 그들은 그 이후에도 마일리우스가 불법적으로 처형당했다는 이유로 계속 미누키우스와 세르빌리우스를 고발했다. 이 방법으로 그들은 다음 해에 집정관 대신 집정관급 정무관을 선출하는 조치를 밀어붙이는 데 성공했다. 그들은 또한 마일리우스의 죽음을 복수하는 목적을 내세우면 어쨌든 집정관급 정무관 여섯 명은(현재 여섯 명이 법정 인원이므로) 평민이 선출될 것이라고 확신했다. 하지만 평민들은 지난해 내내 일어났던 모든 골칫거리에도 불구하고 세 명의 집정관급 정무관만 선출했다. 킨키나투스의 독재관 임기는 분란을 일으키려는 자들이 선동의 확실한 근거로 활용했는데, 얄궂게도 선출된 집정관급 정무관들 중엔 그의 아들 루키우스 퀸크티우스가 있었다. 득표 순위를 살펴보면 높은 명성의 아이밀리우스 마메르쿠스가 가장 많은 득표를 했고, 그 다음은 퀸크티우스, 루키우스 율리우스 순이었다.

17. 이들의 임기 중에 로마 식민지 피데나이가 동맹을 파기하고 베이이의 왕인 라르스 톨룸니우스의 편을 들었다. 이후 변절보다 더 흉악한 범죄가 이어졌는데, 그것은 로마 사절 네 명이 피데나이 인들에 의해 살해된 사건이었다. 가이우스 풀키니우스, 클로일리우스 툴루스, 스푸리우스 안티우스, 루키우스 로스키우스, 이렇게 네 명으로 구성된 로마 사절단은 그 도시를 방문하여 피데나이가 외교 정책을 변경한 이유를 요구했는데, 톨룸니우스의 사주를 받은 피데나이 인들이 그 사절들을 모두 살해했다. 그들은 범죄를 은폐하려는 시도로 이런 변명을 내세웠다. 톨룸니우스가 주사위 놀이를 하는 중에 좋은 숫자가 나오자 어떤 말을 중얼거렸는데, 이것을 피데나이 인들이 사절을 죽이라는 지시로 잘못 알아들었기에 실수로 그런 참사가 벌어졌다는 것이다. 하지만 그런 해명은 얼토당토않은 것이었다. 새로운 동맹인 피데나이에서 사절을 보내와 틀림없이 국제법을 위반하게 되는 사건의 처리를 묻는데 톨룸니우스가 그까짓 주사위 놀이에 정신이 팔려서 오해받을 말을 중얼거렸을 리가 없다. 사절 살해를 단순 실수로 돌리려고 하는 아이디어는 나중에 생겨난 것임이 틀림없다. 그런 앞뒤

가 안 맞는 해명의 말보다는, 톨룸니우스가 피데나이 인들로 하여금 사절을 살해하게 함으로써 로마와의 단절을 돌이킬 수 없는 것으로 만들려는 의도가 훨씬 더 강했을 것이다. 살해당한 로마 사절들의 동상은 포룸 광장의 연단들에 세워졌다.

이제 막 시작된 피데나이와 베이이를 상대로 하는 전쟁은 필사적인 것이 될 수밖에 없었다. 왜냐하면 그들이 로마와 가까운 인접국일 뿐만 아니라 특히 그들 자신이 형언할 수 없는 잔혹한 행동으로 전쟁을 유도했기 때문이다. 사정이 이처럼 긴박하게 돌아가자 평민과 호민관들은 통수권에 관해 논쟁을 일으키려 하지 않았고, 이에 따라 선출된 두 집정관은 마르쿠스 게가니우스 마케리누스(3선)와 루키우스 세르기우스였다. 후자는 나중에 이름이 피데나스로 바뀌었는데, 아마도 참전했던 피데나이 원정에서 공훈을 세운 사실과 관련이 있을 것이다. 그는 아니오 강 남쪽에서 베이이의 왕과 전투를 벌여 승전한 첫 지휘관이었다. 하지만 그 승리에는 큰 희생이 따랐고, 적을 물리쳤다는 즐거움보다 많은 시민의 목숨을 희생시켰다는 비탄이 훨씬 더 컸다. 따라서 원로원은 위급할 때의 통례에 따라 마메르쿠스 아이밀리우스를 독재관으로 임명했다. 새로운 독재관은 곧바로 지난해에 집정관급 정무관을 지낸 루키우스 퀸크티우스 킨키나투스를 사마관으로 임명했다. 그는 저명한 아버지의 명성에 걸맞은 젊고 훌륭한 군인이었다. 집정관들이 모병한 군대는 현역으로 오랜 경험을 한 켄투리온들의 가세로 더욱 강화되었고, 지난 전투로 인한 사상자는 그렇게 하여 보충되었다. 독재관의 부사령관으로는 퀸크티우스 카피톨리누스와 마르쿠스 파비우스 비불라누스, 2인이 임명되었다.

독재관의 장엄한 권한을 온전히 행사할 능력 있는 사령관이 전면에 등장하자 적은 로마 영토에서 철수하여 다시 아니오 강을 건너갔다. 강과 피데나이 사이의 언덕에 자리 잡은 적은 팔레리이에서 지원군이 올 때까지 기다리면서 그곳에서 내려오지 않았다. 이윽고 지원군이 합류하자 그들은 피데나이 성벽 앞에 새롭게 진지를 구축했다. 로마 독재관은 아니오 강과 티베르 강이 합류하는 지점에서 남쪽으로 몇 마일 떨어진 곳에 진지를 구축하고 요새 작업을 지시했다. 로마 군은 서둘러 강둑을 따라서 토루를 세웠는데, 적은 그곳에서 크게 떨어져 있지 않았다. 다음날이 되자 독재관은 전투태세를 갖추고 진군했다.

18. 적군은 아직도 그 전투에서 사용할 최선의 전술에 합의하지 못했다. 팔레리이에서 파견한 지원군은 자신감도 있었고, 게다가 고향에서 멀리 떨어진 곳에서 전쟁이 길어질 것 같자 불만을 표시하며 곧바로 전투에 나서자고 요구했다. 하지만 그들의 동맹인 베이이와 피데나이는 신중하게 대처하며 때를 기다려야 더 성공할 가능성이 크다고 생각했다. 톨룸니우스는 후자의 견해에 동의했지만, 그럼에도 불구하고 팔레리이 군대가 고향에서 멀리 떨어진 지역에서 치러질 전쟁을 오래 견디지 못할 것 같아 다음날 곧바로 싸우겠다고 선언했다. 마메르쿠스와 휘하 군대는 적이 곧장 도전을 받아들이지 않는 사실에 고무되었고, 다음날 병사들은 여전히 적이 문을 열고 싸우러 나오지 않는다면 적의 진지와 피데나이를 공격하겠다고 불평했다. 하지만 적은 곧 진지에서 나왔고, 양군은 진지 사이의 전장으로 전투 대형을 갖추고 진군했다. 베이이 인들은 수적으로 강했기에 교전을 하는 동안 언덕의 뒤를 돌아 로마 군 진지를 공격할 파견대를 보냈다. 그들의 주력군은 동맹군의 우익을 맡고 나섰다. 좌익은 팔레리이의 지원군이, 중앙은 피데나이의 군대가 맡았다. 로마 군의 우익은 집정관이 직접 지휘했고, 좌익은 카피톨리누스가 맡았으며, 중군 앞에선 사마관이 휘하 기병대를 이끌고 참전했다.

얼마 동안 양군에서는 소리도 움직임도 없었다. 에트루리아 군대는 꼭 필요한 상황이 아니라면 공격할 의도가 없었고, 로마 독재관은 뒤의 로마 성채를 응시하며 조짐이 좋을 때 바로 알려주기로 한 복점관들의 합의된 신호를 기다리고 있었다. 복점관의 신호가 내려오자 독재관은 즉시 기병대에 돌격을 명했다. 로마 기병대는 함성을 지르며 돌격했고 보병대는 그 뒤를 따랐다. 로마 군의 기병과 보병 양군이 퍼붓는 공격의 위력은 엄청나서 에트루리아 전선 중에 로마 군에 저항할 수 있는 부대는 없었다. 그나마 에트루리아 기병대가 가장 완강하게 저항했는데, 그중에서도 제일 용기를 내어 싸우는 군인은 톨룸니우스 왕이었다. 그는 로마 기병대가 적군의 탈주자를 추격하고자 산개 대형으로 아주 빠르게 달려오자 거듭하여 개별적인 공격을 가하면서 싸움을 이어가고 있었다.

19. 여기서 아울루스 코르넬리우스 코수스의 행동은 특별히 언급해야 할 가치가 있다. 코수스는 귀족 출신의 기병 장교였는데 참으로 남자다운 멋진 용모에 황소처럼 완력이 강했다. 코수스는 힘이 센 만큼 용기도 엄청났다. 그는 가문의 드높은 명성을 자랑스럽게 여겼는데, 그 역시 전공을 세워 가문의 광채를 더욱 빛나게 하여 후손에게 물려주었다. 이 장교는 톨룸니우스의 공격이 로마 기병대에 미치는 악영향을 잘 살펴보았다. 그 왕이 나타나는 모든 곳마다 로마 기병대는 그의 급습에 동요하고 망설였다. 톨룸니우스는 국왕의 장엄한 옷을 떨쳐입고 그에 걸맞은 장비를 갖춘 채 동에 번쩍, 서에 번쩍하며 나타나 공중의 새처럼 빠르게 선회하며 급습했기 때문에 누구나 그의 정체를 곧바로 알아보았다. 코수스는 그 왕을 알아보고 즉시 대결을 결심하고 이렇게 소리쳤다. "그래, 저자가 사람과 사람 간의 맹약을 깨고 만민법을 어긴 자로구나! 세상에 신성함이 있어야 한다는 게 신의 뜻이라면, 나는 저자가 살해한 우리 동포의 원혼을 저자의 피로써 달래리라!"

그는 말에 박차를 가하고 왕에게 창을 겨누며 달려들었다. 그의 일격은 정통으로 왕의 몸 속에 들어가 박혔고 톨룸니우스는 곧바로 말에서 떨어졌다. 코수스는 즉시 말에서 내려서, 일어나려고 안간힘을 쓰는 톨룸니우스를 방패의 돌기로 찍어 쓰러뜨렸고, 여러 차례 창으로 몸을 찔러 마침내 절명시켰다. 숨이 끊어진 걸 확인한 그는 톨룸니우스의 갑옷을 벗겨내고 목을 쳤다. 이어 그는 잘린 목을 창끝에 매달고 전장으로 복귀했다. 적군은 왕의 머리가 떨어진 걸 보고 전투 대형을 풀고 도망쳤다. 전투 결과를 예측 불가능하게 만든 유일한 부대인 에트루리아 기병대도 저항을 포기했다. 독재관은 패배한 적을 단호히 추격하라고 명령했고, 적은 그들의 진지에 세워놓은 성벽 안으로 내몰려서 전멸했다. 하지만 피데나이 군대 대부분은 익숙한 지형에서 싸웠기에 언덕 위로 도망칠 수 있었다.

코수스는 휘하 기병대와 함께 티베르 강을 건너 베이이 영토에서 약탈한 엄청나게 많은 귀중품과 전리품을 챙겨서 로마로 돌아왔다. 앞서 언급했듯이, 톨룸니우스는 언덕 뒤를 돌아 로마 진지를 공격할 별동대를 보냈고, 따라서 주요 병력 간의 전투가 진행되는 동안 로마 진지에서도 전투가 벌어졌다. 파비우스 비불라누스는 그리 많지 않은 병사들을 원형으로 배치하여 진지를 방어했다. 적이 진지 공격에 몰두하자 그는 퇴역군인 병사들로 구성된 예비 병력을 오른쪽 정문으로 내보내 적의 배후에서 기습 공격을 하도록 지시했고 그 효과는 엄청났다. 이 작전에는 소수 병력이 투입되었으므로 주요 전투에 비하여 적을 얼마 죽이진 못했지만, 그래도 적을 완패시켰다.

20. 승전의 답례로 원로원은 모든 시민의 지지를 받아 독재관에게 개선식을 허락했다. 로마로 돌아온 독재관의 개선 행렬 중에 가장 눈에 띄는 건 "명예의 전리품" 즉 자신이 쓰러뜨린 톨룸니우스의 무기와 장비를 들고 있는 코수스였다. 병사들은 그를 로물루스와 비교하는 가사(歌詞)를 즉흥적으로 만들어 큰 목소리로 노래 불렀다. 이후 코수스는 유피테르 페레트리우스(승전의 신 유피테르) 신전에 자신의 전리품을 엄숙히 봉헌했다. 그의 전리품은 그때까지 유일한 "명예의 전리품"으로 알려진 로물루스의 전리

품 근처의 신전 벽에 걸리게 되었다. 개선식 행진이 진행되는 동안에 독재관의 마차는 거의 주목받지 못했다. 모든 시민이 오로지 코수스만 주목했기 때문이다. 축제의 명예와 군중의 박수는 사실상 전부 그의 것이었다. 독재관은 시민의 요구를 수용하여 1파운드 무게의 황금 관을 공적 자금으로 제작하여 카피톨리움 언덕의 유피테르 신전에 봉헌했다.

과거의 모든 연대기 작가들은 아울루스 코르넬리우스 코수스가 유피테르 페레트리우스의 신전에 "명예의 전리품"을 바쳤을 때 상급 장교였다고 기술했고, 나는 이를 따랐다. 하지만 여기서 곤란한 문제가 생긴다. "명예의 전리품"이라는 표현은 최고 지휘관이 적의 최고 지휘관에게서 전리품을 빼앗았을 때만 적용되며, 새 점(鳥占)을 받고 전쟁에 나선 사령관만이 최고 사령관으로 인정된다. 그리고 코수스의 전리품에 실제로 새겨진 기명(記銘)은 전리품을 획득했을 때 코수스가 집정관이었음을 보여준다. 로마의 모든 신전을 세우고 복원한 아우구스투스 카이사르가 오랜 세월의 경과로 방치되어 파손된 후에 재건된 유피테르 페레트리우스 신전에 들어가 리넨 흉갑에 새겨진 글을 읽었다는 이야기를 나는 들은 바 있다.(기명이 있는 리넨 흉갑이 400년 후까지 존속했다는 것은 의심스러운 일이다. 리비우스 자신이 명예의 전리품이 보관된 신전이 허물어졌다고 말했으므로 이런 의심은 타당하다. 따라서 아우구스투스가 보고 읽었다는 흉갑과 기명은, 그 신전을 재건할 당시에 봉안된 복제품일 가능성이 높다. 만약 이 복제품 추측이 타당한 것이라면 아우구스투스가 명예의 전리품을 획득했을 당시 코수스가 집정관이었다는 사실을 강조하기 위해 관련 증거를 왜곡한 것일 수도 있다: 옮긴이).

내 생각에, 그 신전을 복원하고 코수스의 전리품을 목격한 카이사르로서는, 코수스로부터 그의 위대함을 박탈하는 건 거의 신성모독 같았을 것이다. 과거의 기록들, 그리고 역사가 리키니우스 마케르가 그 권위로 여러 차례 인용한 행정관 명단을 적은 유노 신전의 리넨 두루마리에선 코수스가 7년 뒤에 티투스 퀸크티우스 펜누스와 함께 집정관을 지냈다고 기록되어 있으나, 여기서 어떻게 오류가 생겼는지는 모든 사람이 짐작만 할 뿐이다. 하지만 그런 유명한 전투를 코수스가 집정관을 맡던 훗날의 일로 옮기는 건 불가능하다. 왜냐하면 코수스가 집정관이었던 해는 기근과 전염병으로 전혀 전쟁이 없었던 3년 동안의 일이었기 때문이다. 실제로 사망자 명부 같은 당시의 특정 기록들은 집정관들의 이름 외엔 아무것도 알려주지 않는다. 집정관을 지내고 3년 뒤에 코수스는 집정관 권력을 지닌 집정관급 정무관으로 언급되고, 같은 해에 사마관이 되어 그 능력을 십분 발휘하며 기병대를 지휘하여 또다른 훌륭한 전공을 세웠다. 이 모든 점에 추측이 개입될 여지가 있지만, 내 생각에 그런 추측은 불필요하다. 전투에 직접 참여한 바로 그 사람이 새로 얻은 전리품을 로물루스와 유피테르의 신성한 휴식처에 놓으며 자신의 이름과 직책을 아울루스 코르넬리우스 코수스/집정관으로 새겼기에, 다른 사람의 추측을 감안해줄 이유가 없는 것이다. 게다가 로물루스와 유피테르는 그 봉헌식의 근엄한 증인들이니 그 어떤 위조자가 감히 자신의 이름과 직책을 엉터리로 써넣을 수 있었을 것인가.* (이 문장은 책이 완성된 후에 추가로 삽입된 듯하다. 4권 32장에서는 코수스가 또다시 "군 장교"로 언급되고 있다. 학자의 주석: 옮긴이)

21. 마르쿠스 코르넬리우스 말루기넨시스와 루키우스 파피리우스 크라수스가 집정관을 맡던 다음 해(기원전 436)에, 로마는 베이이와 팔레리이의 영토에 원정전을 벌였다. 그 결과 로마 군은 포로와 가축을 전리품으로 얻게 되었다. 적의 군대를 어디에서도 만날 수 없었기에 싸움은 벌어지지 않았으나, 로마에 전염병이 돌기 시작했으므로 다른 도시를 공격하는 일도 없었다. 호민관 스푸리우스 마일리우스는 정치적 소요를 일으키려 했으나 성공하지 못했다. 그는 자신의 이름이 평민 계급 사이에서 인기가 있다는 걸 알고서 그 인기가 소란을 벌일 만한 힘이 되어줄 것이라고 생각

했다. 그는 미누키우스에게 소환장을 발부했고, 동시에 세르빌리우스 아할라의 재산을 몰수하자고 제안했다. 동명이인인 옥수수 상인 마일리우스가 미누키우스에게 거짓 고발당했고, 세르빌리우스는 법정에서 유죄 선고를 받지도 않은 그를 살해하는 범죄를 저질렀다는 게 바로 소환의 근거였다. 하지만 호민관 마일리우스라는 사람에게 관심을 보이는 평민은 없었고 그의 고발엔 더더욱 관심이 없었다. 왜냐하면 신경을 써야 할 다른 중요한 일이 있었기 때문이다. 로마에서는 맹렬한 전염병이 점점 더 창궐하는 중이었다. 게다가 기이하고 두려운 일들 역시 벌어지고 있었다. 특히 진도가 약한 지진들이 잦았는데, 보고에 따르면 시골의 건물들이 그 때문에 붕괴되었다는 것이다. 따라서 시빌의 예언서를 담당하는 두 명의 국가 관리인 두움비르의 지시 아래 공적인 기원을 올리는 날이 지정되었다.

다음 해(기원전 435)엔 가이우스 율리우스(2선)와 루키우스 베르기니우스가 집정관을 맡았는데, 전염병의 창궐은 더욱 심해졌다. 전염병이 도시와 시골에 퍼지면서 사람들에게 미친 공포는 모든 계획을 망가뜨렸다. 그 누구도 로마 이외의 지역으로 약탈을 하러 나가지 않았고, 원로원 의원들이나 평민들이나 원정전을 벌이자는 생각은 떠오르지 않았다. 하지만 이보다 더 불행한 건 이전까지 산이나 성벽 안에 머무르던 피데나이 인들이 대담하게도 닥치는 대로 약탈하자는 열망을 품고 로마 영토를 침범했다는 것이다. 베이이 지원군과 합류한(팔레리이는 로마가 전염병으로 허약해진 상태였고 또 로마를 공격하자는 우방들의 호소에도 다시 로마와 적대관계를 형성하지 않았다) 그들은 연합군을 형성하여 아니오 강을 건너 거의 콜리나 성문까지 쳐들어왔다. 외딴 농촌 지역에서 느끼던 전쟁의 공포는 이제 도시에서도 똑같이 느껴졌다. 집정관 율리우스는 성벽과 외부 방어 시설에 병력을 배치했다. 그의 동료 베르기니우스는 퀴리누스 신전에서 원로원을 소집하여 아울루스 세르빌리우스를 독재관으로 임명하는 결의안을 통과시켰다(세르빌리우스의 성에 관해선 연대기 작가에 따라 프리스쿠스, 혹은 스트룩투스 등으로 다르다). 베르기니우스는 동료와 상의를 해야 되므로 잠시 기다렸고, 그날 밤 율리우스가 승인하자 독재관이 임명되었다. 새로운 독재관은 곧바로 포스투무스 아이부티우스 헬바를 사마관으로 임명했다.

22. 세르빌리우스의 첫 번째 명령은 동원 가능한 모든 남자는 동이 틀 무렵에 콜리나 성문 밖에 출두하여 신고하라는 것이었다. 무기를 들 수 있는 건장한 남자 전원이 즉시 이 명령에 복종했다. 이에 국고에서 가져온 군기(軍旗)가 독재관에게 전달되었다.

이런 군사적 움직임을 관찰한 적군은 더 높은 지대로 물러났고, 그러자 세르빌리우스는 즉시 그들을 추격했다. 그는 노멘툼 근처에서 적을 따라잡았고, 이어진 전투에서 큰 승리를 거둬 적을 피데나이로 패주시켰다. 세르빌리우스는 토루(土壘)로 피데나이 일대를 둘러쌌다. 피데나이는 요새화된 언덕 도시였고, 따라서 성곽 공격용 사다리를 성벽에다 걸치는 것으로는 점령할 수 없었다. 또 도시 주위를 봉쇄한다고 해도 소용없었다. 얼마 전 보급을 잔뜩 해둔 적은 당장 필요한 것보다 훨씬 많은 보급 물자를 비축해 두고 있었다. 하지만 피데나이가 로마에서 무척 가까워 세르빌리우스는 해당 지역을 잘 알았고 그 지식을 십분 활용하여 작전 계획을 짰다. 그는 성벽을 습격하여 도시를 점령하거나 성벽 안의 사람들을 굶주리게 하여 항복을 받아내는 게 불가능하다는 걸 알았으므로, 우선 먼 곳에서부터 굴을 파게 했다. 굴착을 시작한 곳은 지형이 천연 방어 시설이나 다름없어서, 소수의 병력만으로도 그 지역을 충분히 경계할 수 있었다. 적의 관심을 다른 곳으로 돌리기 위해 세르빌리우스는 남은 병력을 네 개의 부대로 나눠 각각 멀리 떨어진 도시 성벽 부분을 연속적으로 위협하게 했다. 이에 땅굴이 완성되어 성채 안으로 바로 들어갈 수 있는 통로가 생길 때까지 밤낮 없이 적을 크고 작은 교전에 말려들도록 유도했다. 에트루리아 인들은 이러한 양동(陽動) 작전에 대처하느라 땅 밑에서 벌어지는 진짜 위험에는 거의 신경을 쓰지 못했고, 그리하여 성채의 높은 곳에서 로마 군이 승리의 함성을 지를 때까지 도시가 함락된 걸 깨닫지 못했다.

그해 중에 감찰관 가이우스 푸리우스 파킬루스와 마르쿠스 게가니우스 마케리누스는 캄푸스 마르티우스에 공적 자금으로 건물을 세우자는 제안을 승인했고, 인구 조사가 처음으로 그 건물에서 시행되었다.

23. 역사가 리키니우스 마케르에 따르면 다음 해에도 같은 집정관들이 선출되었다. 그렇게 율리우스가 세 번째로, 베르기니우스가 두 번째로 집정관을 맡았다. 마케르와는 다르게 역사가 발레리우스 안티아스와 퀸투스 투베로는 그해의 집정관을 마르쿠스 만리우스와 퀸투스 술피키우스로 기록했다. 똑같이 리넨 두루마리를 근거로 삼아 인용했지만, 투베로와 마케르 간엔 이런 내용의 불일치가 있다. 하지만 그래도 두 역사가는 이전 연대기 작가들의 기록에는 그해 집정관을 선출하지 않고 집정관급 정무관을 선출했다고 되어 있는 사실을 숨기지 않았다. 리키니우스는 주저 없이 리넨 두루마리를 따랐고, 투베로는 어느 쪽이 맞는지 반신반의하는 모습을 보였다. 따라서 우리는 해당 내용을 불확실한 채로 남겨두어야 한다. 안개에 싸인 고대는 늘 꿰뚫어볼 수 있는 것은 아니니까.

피데나이 함락은 에트루리아 전역, 특히 베이이와 팔레리이를 큰 불안에 떨게 했다. 베이이는 피데나이와 같은 운명을 맞이할 것 같은 두려움으로, 팔레리이는 전쟁이 시작되었을 때 피데나이를 지원했다는 뒤숭숭한 마음으로 우려를 감추지 못했다. 심지어 팔레리이는 두 번째 전쟁이 발발했을 때 끼어들지 않았음에도 두려움에 떨었다. 그러나 이 두 나라가 볼툼나 신전에서 에트루리아 총회를 개최하는 것에 대하여 열두 개 도시의 동의를 얻었을 때, 로마 원로원은 머지않아 심각한 공세가 전개될 것으로 예상하고 마메르쿠스 아이밀리우스를 다시 독재관으로 임명하는 법령을 반포했다. 독재관 마메르쿠스는 아울루스 포스투미우스 투베르투스를 사마관으로 임명했다. 베이이와 피데나이만 관련되었던 지난번에 비하여 이번의 에트루리아 연합은 훨씬 더 규모가 큰 위협이었기에 로마의 병력 동원은 그에 비례하여 전보다 훨씬 큰 규모로 전개되었다.

24. 하지만 이 문제는 로마인의 예상보다 훨씬 평화롭게 해결되었다. 로마로 돌아온 상인들이 베이이가 외부 지원을 확보하는 데 실패했다는 소식을 전했기 때문이다. 다른 도시들은 이런 입장이었다. 베이이가 자발적으로 전쟁을 시작했으니 혼자 힘으로 수행해야 하며, 성공 가능성을 공유하지도 않으면서 우방에게 골칫거리만 함께 나누기를 바라서는 안 된다는 것이었다. 이렇게 하여 상황은 변했지만, 마메르쿠스는 아무것도 성취하지 못한 채로 독재관 자리에서 내려오고 싶지 않았다. 독재관은 군사적인 명성을 쌓을 기회는 사라졌지만, 국내의 정치 분야에서 어떤 업적을 남김으로써 자신의 임기가 유익한 것으로 기억되길 바랐다. 따라서 그는 감찰관의 권한을 축소할 계획을 세웠다.

그는 감찰관의 권한이 과도하다고 생각했고 또 감찰관의 임기가 그토록 장기간인 것은 잘못된 일이라고 보았다. 이런 점을 염두에 두고 그는 집회에 모인 평민 앞에 나타나 신들께서 외교 문제를 다스리시어 로마의 이익을 명백하게 보호하셨으니 자신은 국내 문제에 집중하면서 로마 시민의 자유를 확보할 수 있는 일을 하겠다고 선언했다. 그는 그런 자유를 가장 훌륭하게 보호하는 방법은 거대한 권력이 한 사람에게 오래 집중되지 않게 하는 것이라고 말했다. 정치적으로 고위직의 권한을 제한할 수는 없지만, 그 임기는 제한할 수 있다는 뜻이었다. 다른 행정관직이 오직 임기 1년인 비해, 감찰관직은 5년이니 너무 길다는 말도 했다. 한 사람의 인생으로 따져도 5년은 상당히 긴 시간이고, 따라서 그런 고위직을 동일 인물이 그토록 장기간 맡는다는 건 용인될 수 없는 일이라고 지적했다. 그러면서 그는 감찰관 임기를 1년 반으로 제한하는 법안을 제출할 뜻을 내비쳤다. 다음날 법안은 열성적인 평민의 지지를 받고 통과되었고, 그 후 마메르쿠스는 즉시 독재관직을 사임했다. 평민 연설에서 언급한 바와 같이 "그런 사임은 자신도 권력의 임기가 늘어나는 데 반대하는 것을 명확히 보여주는 증거"였다. 평민은 그런 행동을 반겼고, 새로 제정된 법률과 마메르쿠스의 사임은 똑같이 굉장한 환대를 받았다. 군중은 그를 평민의 영웅으로 대우하며 그가 저택에 다다를 때까지 호위했다.

반면 감찰관들은 마메르쿠스의 조치에 격노했다. 그들은 마메르쿠스의 부족 명부에서 그의 이름을 빼버리고, 그의 세액을 여덟 배로 늘리며 그를 시민 중 가장 낮은 계급으로 강등시켰다. 그들은 더 나아가 그의 공민권까지 박탈하여 공직에 나아갈 자격마저 빼앗았다. 전하는 말에 의하면, 그는 이런 보복성 처벌을 놀라울 정도로 의연하게 견뎌냈고, 그 원인이 된 법안을 떠올리며 자신이 비천한 신분으로 강등되는 것을 흔쾌히 받아들였다고 한다. 귀족의 지도자들은 감찰관직의 권한이 약화되는 걸 탐탁지 않게 여겼지만, 그럼에도 불구하고 감찰관들의 이런 무자비한 행동에 크게 반감을 느꼈다. 귀족 자신이 감찰관이 되어 그 권한을 행사할 기회를 가질 시간보다, 그 자리에서 내려온 이후에 훨씬 더 긴 시간을 다른 감찰관의 권한에 더 자주 시달려야 한다는 엄연한 사실을 분명히 깨달았기 때문이다. 평민은 감찰관의 권한 남용에 격렬한 분노를 느꼈고 감찰관들은 평민의 폭력을 피해갈 수 없었다. 그러나 마메르쿠스의 권위는 평민의 그런 분노를 일정 부분 누그러뜨리는 역할을 했다.

25. 호민관들은 다음 해에 집정관을 선출하는 것에 끊임없이 반대했다. 그런 식으로 조금만 더 끌었더라면 인테르렉스가 지명되었을 것이지만, 호민관들은 결국 그들의 주장을 관철했고 집정관 권한을 지닌 정무관을 선출하게 되었다. 하지만 그들은 작전에서는 승리했더라도, 간절히 바라

는 것, 즉 평민을 집정관급 정무관 자리에 보내지는 못했다. 선출된 후보자들, 즉 마르쿠스 파비우스 비불라누스, 마르쿠스 포슬리우스, 그리고 루키우스 세르기우스 피데나스는 모두 귀족 출신이었다.

그해 동안 창궐한 전염병으로 로마인들은 정치적인 동요에 신경을 쓸 여가가 없었다. 시민들의 건강을 축원하는 신전이 아폴로 신에게 봉헌되었고, 시빌의 예언서에 적힌 지시를 따라 그 책의 관리를 맡은 담당관들은 신들의 분노를 달래고 전염병의 저주를 피하고자 많은 위안제(祭)를 올렸다. 그럼에도 불구하고 사람이나 가축이나 많이 죽어나갔고, 도시와 시골은 엄청난 손해를 봤다. 농부들 역시 전염병을 앓았고, 기근을 우려하여 곡물을 수입하는 대표단이 에트루리아, 폼프티네, 그리고 저 멀리 시칠리아까지 파견되었다. 집정관 선출에 관한 얘기는 나오지 않았으며, 또다시 집정관 권한을 지닌 정무관이 임명되었다. 이번에도 역시 전부 귀족 출신이었다. 이번 해의 집정관급 정무관들은 루키우스 피나리우스 마메르쿠스, 루키우스 푸리우스 메둘리누스, 그리고 스푸리우스 포스투미우스 알부스였다. 마침내 전염병의 위력이 꺾이기 시작했고, 로마는 식량을 보충하는 조치를 했으므로 그해엔 기근의 걱정도 없었다. 볼스키와 아이퀴 인들은 의회에서 전쟁 계획을 논의했고, 에트루리아 역시 볼툼나 신전에서 전쟁 계획을 논의했다. 하지만 후자는 1년 동안 결정을 유보하기로 했고, 그 한 해 동안 더 이상 회의를 소집하는 걸 금지하는 법령을 내렸다. 베이이 측은 자기 나라가 지금 피데나이를 파괴한 것과 똑같은 재앙에 위협받고 있다며 다급하고 격렬하게 항의했지만 아무 소용이 없었다.

그러는 사이 로마에선 평민 운동 지도자들이 나라가 전쟁에 휘말리지 않은 시기에 모종의 계획을 논의하고자 호민관들의 집에서 은밀히 만나기 시작했다. 그들은 정치적 발전이 계속 될 것이라는 기대가 빗나가서 실망하고 있었다. 그들은 같은 평민이 선거에서 자신들을 경멸하는 것에 대하여 분개했다. 여러 차례 집정관급 정무관이 임명되었지만, 평민 후보자가 임명된 경우는 단 한 번도 없었기 때문이다. 귀족은 평민 행정관직(호민관)에 출마할 자격이 없다는 최초의 예방책은 실로 현명한 것이었다. 그렇지 않았더라면 의심할 여지 없이 호민관 자리에도 깡그리 귀족들이 임명되는 걸 멍하니 지켜보기만 해야 했을 것이다. 그들이 같은 평민들에게 받은 푸대접을 고려하면, 그런 규정이 없었다면 호민관 직도 귀족이 차지했을 거라고 생각하는 게 자연스러운 추론이었다. 호민관들은 귀족을 미워하는 것 못지않게 평민 계급을 진심으로 경멸했다.

호민관들의 또다른 논리는 상대인 귀족에게 비난을 집중시키는 것이었다. 이 논리에 따르면 평민은 공직 후보로 출마할 때 귀족 경쟁자의 능숙한 유세 때문에 방해를 받았다. 만약 평민들이 귀족들의 호소와 위협이라는 두 가지 무기로부터 숨쉴 여유를 얻을 수 있다면, 평민들은 투표장에 갈 때 동료 평민 후보를 기억할 것이고 또 평민들이 이미 확보한 호민관의 도움을 받아가며 평민을 행정관 자리에 보낼 수도 있었을 것이다. 따라서 그들은 유세를 폐지하자는 법안을 내놓았다. 그리고 이 목적을 달성하고자 공직 후보자가 하얀 토가를 입는 것을 금지하는 법안을 제출하자고 동료 호민관들에게 촉구했다.(공직 입후보자는 하얀 토가를 입었다: 옮긴이)

요즘 같은 시대엔 이런 일은 사소하게 보이지만, 당시엔 화급한 사안이었고 이 때문에 귀족과 평민 사이엔 맹렬한 다툼이 벌어졌다. 결국 호민관들은 제출한 제안을 법률로 통과시켰고, 곧 평민들은 자기 계급의 후보를 지지하는 일에 더 결집하려고 했다.

26. 이에 원로원은 그런 결집을 막고자 아이퀴와 볼스키 인이 봉기했다는 라틴과 헤르니키 인의 보고를 앞세우며, 집정관 선출 법령을 반포했다. 선출된 사람은 루키우스(포이누스라는 성을 지니기도 한)의 아들 티투스 퀸크티우스 킨키나투스와 크나이우스 율리우스 멘토였다.

전쟁은 명백히 화급한 문제였다. 볼스키와 아이퀴 인은 가장 확실한 방법으로 군사를 일으켰다. 공적 제재를 통한 징집, 즉 군사 동원법을 제정하여 징집에 응하지 않으면 공권이 박탈되는 처벌을 내렸던 것이다. 각각의 군대는 그런 조치로 숫자가 엄청 불어났고, 알기두스로 진군하여 따로 자리를 잡은 다음 정교한 방어 시설을 세우고 그 어느 때보다도 철두철미한 전투 훈련을 시작했다. 이런 행동을 보고 받은 로마는 더욱 심한 불안을 느꼈고, 원로원은 독재관을 임명하기로 결의했는데 그 이유는 다음 세 가지였다. 첫째, 비록 전에 빈번하게 격퇴하긴 했지만, 적은 이번에 그 어느 때보다도 대규모로 침략하려 한다. 둘째, 전염병으로 로마 군대의 힘이 고갈되었다. 셋째, 이것이 특히 가장 중요한 이유인데, 무능한 두 집정관 사이의 끝도 없는 불화로 그 어떤 군사적 계획도 합의에 이르지 못했고 이것은 총체적인 불안을 가져왔다.

몇몇 역사가는 두 집정관이 알기두스의 전투에서 패배했기에 독재관이 임명되었다는 의견을 제시하기도 한다. 하지만 상황이 어떻든 간에 적어도 두 집정관이 한 가지 점에선 합의를 본 게 분명하다. 그것은 두 사람이 모두 원로원에 의한 독재관 임명에 반대한다는 것이었다. 들려오는 적의 침공 소식이 점점 더 불안감을 유발하는데도 두 집정관은 원로원의 지시를 철저하게 거부했고, 마침내 저명한 공직자인 퀸투스 세르빌리우스 프리스쿠스는 이 난국을 타개하려고 호민관들에게 손을 내밀었다. "우리의 인내심은 한계에 다다랐습니다. 따라서 원로원은 이 위기 상황에서 여러분이 권한을 행사하여 집정관들에 의한 독재관 임명이 성사되도록 힘써주실 것을 부탁합니다."

호민관들은 이 호소를 자신들의 권한을 확장할 기회로 여기고 비공개 회의를 한 뒤에, 집정관들이 원로원에 복종해야 한다는 결정을 만장일치로 선포했다. 또한 그들은 여기에 더하여 두 집정관이 계속 나라의 명예로운 기관의 단결된 의지를 무시한다면 감옥에 가는 수밖에 없다고 경고했다. 이에 집정관들은 호민관들에게 양보하는 게 원로원에 양보하는 것보다 덜 불쾌하다고 생각했다. 따라서 그들은 기존의 입장에서 양보하면서 이런 분노에 찬 말을 남겼다. 국가 최고위직이 배신당했으며, 원로원이 나약하여 집정관이 호민관들의 권력에 굴복해야 하는 일이 벌어졌다. 집정관이 호민관의 강압 대상이 될 수 있고, 더 나아가 감옥까지 가야 하는 감내하기 어려운 모욕도 당해야 하는 판이니, 이것보다 더 두려운 일이 무엇이 있겠는가?

독재관을 임명하는 일은 제비뽑기를 통해 티투스 퀸크티우스가 맡게 되었다. 두 "동료"(우리가 그들의 관계를 중립적으로 부른다면)가 이런 작은 일조차 합의하지 못했기 때문에 제비뽑기를 한 것이다. 퀸크티우스는 장인인 아울루스 포스투미우스 투베르투스를 독재관으로 임명했는데, 그는 규율주의자에 무척 엄한 훈련관으로 잘 알려졌다. 그의 사마관은 루키우스 율리우스가 맡게 되었다. 즉시 군사를 일으키라는 명령이 내려졌고, 동시에 모든 법적인 일이 연기되었고, 어떻게든 병력 동원을 방해하는 모든 행동이 금지되었다. 군역을 면제해 달라는 요청에 관한 심리는 전쟁이 끝날 때까지 연기되었고, 이 조치로 인해 꾀병을 부리는 자들이나 면제 요청의 신빙성이 의심되는 자들도 빠짐없이 명부에 등록되었다. 라틴과 헤르니키도 병력을 징집하라는 지시를 받았고, 두 나라는 독재관의 지시에 열성적으로 따랐다.

27. 이 모든 일은 아주 신속하게 처리되었다. 집정관 크나이우스 율리우스는 도시의 방어를 맡았고, 사마관 루키우스 율리우스는 긴급 보급 업무를 담당했다. 보급 부족 때문에 전투 중인 군대가 지장을 받지 않기 위해서였다. 독재관은 폰티펙스 막시무스(대사제)의 방식을 따라 승전하면 하늘에 감사하기 위해 신들께 봉헌하는 게임을 개최하겠다고 맹세한 뒤

집정관 퀸크티우스에게 군대의 절반을 맡기고, 자신은 나머지 절반의 군대를 이끌고 로마 성 밖으로 진군했다.

로마 군이 접근하는 걸 확인한 적은 조금 떨어진 두 위치에서 수비를 강화했고, 로마 지휘관들은 적을 따라 각자 1마일(1.6km) 간격을 두고 진을 쳤다. 집정관은 독재관의 진지 남쪽에 자리를 잡았다. 따라서 양군의 네 개 부대와 각 부대의 참호 사이엔 불규칙한 소규모 접전을 벌일 수 있는 공간이 있었다. 좀 더 자세히 말하면 완전히 병력을 배치하여 총력전을 할 수도 있는 공간이었다. 소규모 접전은 로마 군이 적을 상대로 진지를 세웠을 때부터 계속 이어졌다. 왜냐하면 독재관이 휘하 병사들에게 할 수 있는 일은 뭐든지 다 해보라고 기꺼이 기회를 주었기 때문이다. 그렇게 소규모 교전에서 성공을 거두면 점차 자신감이 생겨 주요 전투에서도 자신감 넘치는 상태로 전투를 치를 수 있다는 것이었다. 적은 1대 1 대결에서 이길 수 있다는 희망을 금세 잃어버렸다.

따라서 그들은 집정관의 진지를 야간에 공격한다는 무척 위험한 계책을 쓰게 되었다. 로마 군 진지 가까운데서 갑작스러운 소음이 들리자 초병들은 경계령을 발령했고, 얼마 뒤에 전군이 깨어났다. 독재관 역시 이 소리를 들었다. 집정관은 재빠른 판단과 결단을 발휘하여 그 상황에 즉각 대처하면서, 무장 병사들에게 한시바삐 진지 출입문의 수비를 강화하고 진지를 둘러싸라고 명령했다. 상황이 좀 더 평온했던 독재관의 진지에서는 긴급 상황에 어떻게 대처해야 하는지 좀 더 냉정하게 결정할 수 있었다. 포스투미우스 알부스는 즉시 지원군의 지휘를 맡아 떠났고, 독재관은 일부 병력을 이끌고 주요 전투가 벌어지는 곳을 우회하여 적의 후방에 기습 공격을 가하려고 진지를 떠났다. 술피키우스는 독재관의 진영을 지키는 병력의 지휘를 맡았고, 또다른 부관인 마르쿠스 파비우스는 기병대의 지휘를 맡았으나 해가 뜨기 전에 움직이지 말라는 엄명을 받았다. 야전에서 기병대는 쉽게 혼란에 휘말리기에 그런 불상사를 피하려는 뜻이었다.

비슷한 상황에서 단호하고 신중한 지휘관이라면 필요한 모든 조치를 취하고 예방책을 마련해두는 법인데, 실제로 독재관도 만반의 준비를 갖추고 있었다. 하지만 그는 통상적인 대책을 세우는 것에 그치지 않고 더 멀리 내다보았는데, 그의 독창적인 전술이 그것을 뒷받침한다. 독재관은 정찰병이 적의 진영에서 대부분 적 병력이 이미 빠져나간 것을 확인하자, 게가니우스에게 선별한 병력을 주어 적의 진지를 공격하라고 지시했다. 게가니우스와 휘하 병사들은 적 진지에 남아 있는 적 병사들을 발견했는데, 그들은 전우들이 참여한 야습에만 신경을 쓰는 바람에 자신들에게 닥쳐올 위협은 전혀 모르고 있었다. 따라서 그들은 기습 공격에 대한 대비가 전혀 없었고, 로마 군의 공격이 시작되었다는 걸 인지하기도 전에 이미 적 진지는 로마 군에게 장악되어 버렸다. 독재관은 사전에 합의한 연기 신호가 피어오르자 즉시 전군에 작전 성공을 알렸다.

28. 해가 뜨자 곧 상황이 어떻게 진행되는지 분명하게 드러났다. 파비우스는 기병대에게 돌격 명령을 내렸다. 집정관은 진지에서 출격하여 이미 곤경에 처한 기색이 역력한 적과 용감하게 싸웠다. 독재관은 적의 후방으로 접근하여 그들의 후방 지원군을 공격했다. 전투의 소음이 사방에서 적군의 귀에 들어갔고, 그들은 동시다발적으로 너무 많은 곳에서 몰려오는 갑작스러운 위협에 필사적으로 대처하려 했지만, 모든 게 허사였다. 포위된 적군은 베티우스 메시우스라는 볼스키 군인의 용맹한 행동이 없었더라면 반란의 대가를 톡톡히 치렀을 것이다. 이 베티우스라는 군인은 비천한 태생이지만 엄청난 용기와 능력을 갖춘 전사였다. 전우들이 둥그렇게 모여 마지막으로 성의 없는 저항을 하려는 모습을 보고서 그는 소음을 제압할 정도로 큰 목소리로 그들을 질책했다.

"전우들이여, 자신을 지키려고 공격 한 번 해보지 않은 채 로마 놈들의 칼에 목을 들이밀 것이오? 칼은 대체 무엇하려고 들고 있는 거요? 행동이 필요할 때 움츠러드는 꼴이라니, 평화에 익숙해져서 군기가 엉망진창이 되어버렸군. 부끄러운 줄 아시오! 여기서 몸을 숙이고 대체 무슨 기대를 하는 거요? 하늘의 신이라도 나서서 이 함정에서 탈출시켜 주리라고 생각하는 거요? 자자, 포위를 뚫을 길을 냅시다. 내가 앞장서겠소. 고향에 있는 집, 아내, 부모, 아이를 다시는 보고 싶지 않은 거요? 여러분을 가로막을 흙벽이나 돌벽은 없습니다. 저들은 여러분과 똑같이 무장한 적들일 뿐입니다. 용기를 내면 여러분은 저들만큼 훌륭합니다. 우리는 필사적인 절망감을 느끼고 있고, 이게 궁극적으로 우리의 가장 강력한 무기가 될 거요. 이 점에서는 우리가 그들보다 우위에 있습니다!"

메시우스는 그의 말을 실제로 행동에 옮겼다. 그의 전우들은 다시 한 번 함성을 지르고 그의 지휘를 따라서 포스투미우스 알부스 휘하의 로마 병력에 달려들었고, 그 결과 현장에 로마 독재관이 나타나기 전까지는 로마 군을 물리칠 수 있었다. 양군의 모든 전투는 이제 이 한 부분에 집중되었고, 적의 운명은 이제 단 한 사람, 메시우스에게 달렸다. 양쪽 모두 사상자가 많이 났고, 심지어 로마 지휘관들도 전투 중에 입은 상처로 피를 흘렸다. 독재관은 어깨를 다쳤고, 말 탄 파비우스의 넓적다리는 창에 꿰뚫려 말에 고정되었고, 집정관은 한쪽 팔이 잘렸지만, 전투 상황이 중대했으므로 계속 싸웠다. 오로지 포스투미우스만 전장을 떠났는데 돌에 맞아 머리가 깨졌기 때문이다.

29. 메시우스와 그의 용맹한 전우들은 전사자의 시체를 넘어 로마 군을 밀어내며 아직 점령되지 않은 볼스키 진영으로 들어가고자 했다. 그 시점에서 모든 싸움은 한 곳에 집중되었다. 집정관은 외부 방어물에 공격을 가하기 시작했고, 독재관도 얼마 지나지 않아 전선의 다른 부분을 공격했다. 로마 군은 앞서 벌어진 전투에 못지않게 격렬한 기세로 공격했다. 전

해오는 말에 의하면, 집정관은 로마 병사들이 더 맹렬한 공격을 가하도록 자극하기 위해 군기를 적의 성채 안으로 던졌다고 한다. 그것은 가장 먼저 맹렬한 공격을 퍼부어 그 던져 넣은 군기를 회복하겠다는 결의를 보여주는 것이었다. 그 순간 독재관의 부대는 방어물을 돌파하고 적의 진영 안으로 밀고 들어갔다. 그것으로 전투는 끝났다. 더는 적군의 저항이 없었고 적은 무기를 내려놓고 항복하기 시작했다. 적 진영에서 붙잡힌 모든 적군은 적의 원로원 의원들을 제외하고는 노예로 팔렸다. 전리품 중에서 라틴과 헤르니키의 것으로 확인된 건 원 주인에게 돌려주었고, 나머지 물건들은 독재관의 지시로 경매에서 팔려나갔다. 독재관은 이후 지휘권을 집정관에게 넘긴 뒤 로마로 개선하여 독재관직을 사임했다.

이 화려한 군공의 기억에도 불구하고 독재관의 아들에 관한 이야기는 하나의 오점으로 남았다. 그의 아들은 자신의 명성을 떨칠 기회를 보다 허가도 없이 초소를 떠났다가 전공을 올린 그 순간에 명령 불복종으로 처형당했다. 어떤 사람은 이 이야기를 믿길 주저한다. 이 이야기에 관한 의견이 제각기 다르므로 내 생각으로는 독자의 판단에 따라 믿거나 믿지 않거나 무방하다고 본다. 이 이야기를 믿지 않는다고 주장하는 사람은 "만리우스 규율"이라는 관용구를 그 근거로 제시하면서, "포스투미우스 규율"이라는 표현은 없다는 점을 지적한다. 엄정한 군기를 표현하는 그 관용구는 두 사람 중에 먼저 유명한 사례를 남긴 사람으로부터 유래했다고 보는 것이 지극히 타당하다. 다시 언급하지만, "엄격한 훈련관"이라는 별명을 얻은 사람은 만리우스이다. 하지만 포스투미우스는 이런 위압적인 면모를 보여주는 특징이나 칭호로 유명해진 적은 단 한 번도 없었다.

집정관 율리우스는 동료 집정관이 출정나간 사이에 아폴로 신전을 봉헌했다. 제비뽑기의 절차는 생략되었고, 군대를 해산하고 로마로 돌아온 퀸크티우스는 이 사실을 알게 되자 불쾌해서 원로원을 찾아가 항의했으나 아무 소용이 없었다. 다사다난했던 이해엔 또다른 일이 발생했다. 훗날 우리 로마의 가장 지독한 적이 될 카르타고 인들이 처음으로 바다를 건너와 시칠리아에 상륙하여 그 지역의 분쟁에 개입한 것이었다. 당시 이 사건은 로마인들에게 별로 중요한 일처럼 보이지 않았다!

30. 다음 해엔 루키우스 파피리우스 크라수스와 루키우스 율리우스가 집정관으로 선출되었다. 호민관들은 집정관 권한의 집정관급 정무관을 선출하려고 했지만 성공하지 못했다. 아이퀴 인들은 원로원에 대표단을 보내 두 나라 간의 협정을 요청했다. 로마 원로원은 처음엔 무조건 항복할 것을 요구했으나 결국 8년간의 휴전을 승인했다. 볼스키 인들은 이에 비해 상황이 더 좋지 못했다. 알기두스의 패배에 더하여 그들은 공동체 내부가 강화파와 주전파로 갈라져 격렬한 내분을 겪고 있었다. 하지만 로마는 만사가 평온했다. 호민관들은 소작인에게 부과되는 부담금 평가 방식을 조정하는, 무척 인기 높을 듯한 법안을 계획하고 있었는데 한 호민관의 배신으로 집정관들에게 이 계획이 알려지게 되었다. 그러자 집정관들은 기회를 놓칠세라 호민관들보다 선수를 쳐서 그와 똑같은 법안을 먼저 제출했다.

루키우스 세르기우스 피데나스와 호스티우스 루크레티우스 크리키피티누스가 집정관을 맡은 다음 해엔 그다지 중요한 일이 없었고, 그 다음 해엔 아울루스 코르넬리우스 코수스와 티투스 퀸크티우스 펜누스(2선)가 집정관을 맡았다. 베이이에서 보낸 기습 부대가 로마 영토를 침공했고, 전하는 말에 의하면 피데나이 사람 몇몇이 그 침공에 참가했다. 세르기우스, 세르빌리우스, 아이밀리우스, 세 사람은 이 소문의 진위를 파악하러 갔고, 그 결과 일부 혐의가 있는 피데나이 사람들이 오스티아로 추방당했다. 문제가 되는 시간에 그들이 피데나이를 떠나 있어야 할 명확한 이유가 발견되지 않았기 때문이다. 새로운 이주자들이 정착지로 오게 되었고, 그들은 전사자들의 토지를 물려받게 되었다. 그해엔 가뭄이 심각했다. 비도 부족했을 뿐만 아니라 물줄기를 끊임없이 흐르게 하기엔 지하수가 충분하지 못했다. 어떤 곳에선 상황이 심각하여 바싹 마른 샘 근처나 말라붙은 시내의 둑을 따라 가축들이 갈증으로 쓰러져 죽어갔다. 다른 가축들은 피부병으로 죽었는데, 그 병은 가축과 접촉한 사람에게로 전염되어 시골 사람과 노예가 먼저 쓰러졌고, 그런 다음 도시에도 전염되었다. 시민들은 육체뿐만 아니라 정신도 병들었다. 그들은 온갖 미신에 휘둘리게 되었고, 그런 미신 대다수는 외국에서 온 것이었다. 남들의 미신적 공포를 유리하게 이용하려는 자들은 스스로 예언자를 참칭하면서, 시민들의 집에 들어가 기괴한 의식과 예식을 벌였는데, 이런 혹세무민의 행동은 사회 지도층이 그것을 국기 문란으로 인식할 때까지 계속되었다. 로마 지도자들은 악몽에 시달린 동포들이 하늘의 분노를 달래고자 기이하고 이질적인 형태의 기원을 올리는 모습을 거리나 신전에서 볼 수 있었다. 결국 정부가 이 상황에 개입했고, 토목건축 관리관들은 오로지 로마의 신들만 전통적인 방식으로 숭배할 수 있다는 점을 널리 홍보하며 단속했다.

베이이를 처벌하는 일은 다음 해로 연기되었고, 그 해엔 가이우스 세르빌리우스 아할라와 루키우스 파피리우스 무길라누스가 집정관 자리에 올랐다. 하지만 종교적 의식과 관련된 내부 문제가 있었으므로 즉시 전쟁을 선언하고 군대를 파견하지는 못했다. 따라서 앞선 침공 행위에 대하여, 로마의 전령 사제들을 보내 그 건으로 발생한 모든 재산 피해를 보상하라고 요구하기로 되었다. 이보다 약간 앞선 시점에, 노멘툼과 피데나이에서 베이이 인들과 충돌한 뒤 평화 협정이 아닌 휴전 협정에 동의했었다. 그러나 해당 협정은 이미 만료되었으며, 더욱이 베이이 인들은 만료일이 되기도 전에 적대 행위를 재개했다. 그럼에도 불구하고 전령 사제들은 손해배상을 요구하기 위해 파견되었고, 전통적인 서약에 따라 정식으로 보상을 요구했지만 결국 베이이에 의해 무시당했다.

로마에서는 전쟁 선포가 원로원 법령으로 내려지는 게 적당한가, 아니면 시민 전체의 동의를 얻는 일이 필요한가 하는 문제가 있었다. 이 문제는 어느 정도 논란을 일으켰지만, 결국 승리는 호민관들에게 돌아갔다. 그들은 군역 징집을 막겠다는 의도를 내보임으로써 집정관들이 그 문제를 시민 앞으로 제출하도록 만드는 데 성공했고, 모든 켄투리아가 전쟁에 찬성하는 쪽에 투표했다. 여기에 더하여 평민 계급은 또 하나의 승리를 거두었는데, 다음 해에 집정관이 선출되는 걸 막아냈다.

31. 그리하여 네 명의 집정관급 정무관이 임명되었는데, 그 면면을 살펴보면 티투스 퀸크티우스 펜누스, 가이우스 푸리우스, 마르쿠스 포스투미우스, 아울루스 코르넬리우스 코수스였다. 코수스는 도시 방위를 맡았고, 나머지 셋은 부대를 이끌고 베이이로 진군했지만, 그곳에서 분열된 지휘권이 얼마나 비효율적인지 보여주는 증거만 남겼다. 그들은 동료 집정관급 정무관들과 합의하지 못하고 각자 자기 판단만을 고집했고, 이런 자중지란은 때를 잘 노린 적에게 명백한 이득으로 돌아갔다. 적이 공격해 왔을 때 로마 군은 혼란에 빠졌고, 서로 다른 지시들로 엉망진창이 되어 무력해졌다. 그 결과 로마 군은 등을 돌려 달아났고 무질서하게 로마 군 진지로 후퇴했다. 다행인 것은 진지가 전선에서 그다지 멀지 않다는 점이었다. 로마 군의 실제 패배는 그리 심각한 것이 아니었지만, 분명 수치스러운 모습이었다. 로마 군이 패배하는 건 비상한 일이었으므로 로마 전체에 심각한 불안과 걱정을 끼쳤다.

집정관급 정무관들에 대한 반감은 높아졌고, 독재관 임명을 요구하는 목소리가 사회 전반에 퍼져나갔다. 이런 상황에서 로마를 원상태로 되돌릴 수 있는 유일한 희망은 독재관뿐이라는 생각을 누구나 했다. 하지만 그러려면 복점관과 우선 상의할 필요가 있었다. 종교적 제재로 뒷받침되는 엄숙한 전통, 즉 독재관은 집정관만 임명할 수 있다는 전통이 엄연히 버티고 있는데, 현재 정부는 집정관이 공석인 상태였다. 하지만 복점관들에게 상의함으로써 독재관 임명의 근거를 마련했고, 이렇게 하여 아울루스 코르넬리우스는 마메르쿠스 아이밀리우스를 독재관으로 임명했고, 곧바로 그의 사마관이 되었다. 이런 사례는 나라가 진정으로 위대한 인물을 간절히 필요로 하는 순간엔 다른 고려 사항은 무시될 수 있다는 것을 보여준다. 감찰관들이 과거에 마메르쿠스의 감찰관 임기 단축에 대한 보복으로 그에게 부당한 모욕을 주었는데, 그런 일은 이제 그가 로마 최고위직에 임명되는 데 아무런 지장을 주지 못했다.

베이이 인들은 그들의 성공에 자부심을 느꼈고, 그들의 대표단을 다양한 에트루리아 공동체에 파견하여 단 한 번의 전투로 세 명의 로마 지휘관을 패주시켰다는 자랑을 늘어놓았다. 그럼에도 불구하고 그들은 동맹들로부터 전폭적인 지원을 받지는 못했고, 전리품을 챙기겠다는 희망을 품고 자원입대한 자들을 받아들이는 것으로 만족해야 했다. 로마에 대한 적대 행위를 재개하기로 한 유일한 도시는 피데나이였다. 베이이와 함께 출정하기 전에 그들은 새로 이주해온 로마 정착민들을 학살했는데, 이 일은 과거에 네 명의 로마 사절을 무자비하게 살해한 일을 떠올리게 했다. 예나 지금이나 그들은 피로 손을 더럽히지 않으면 전쟁에 나가야 한다는 의무감이 생기지 않는 모양이었다.

베이이와 피데나이 지도자들은 본거지를 어느 도시로 정할지 논의했고, 편의성을 감안하여 피데나이를 본거지로 하기로 했다. 베이이 군은 이에 티베르 강을 건너 피데나이로 이동했다. 로마는 공황 상태나 마찬가지였다. 로마 군대는 최근의 패배로 이미 크게 동요된 상태로 베이이에서 서둘러 돌아오고 있었고, 이어 콜리나 성문 외부에 구축한 진지로 들어갔다. 로마 성벽엔 수비병들이 배치되었고, 법률 업무는 유보되었으며, 모든 상점은 문을 닫았고, 도시 그 자체는 무장한 진지로 신속하게 바뀌었다.

32. 독재관은 시민의 사기가 좋지 못한 걸 깨닫고 포고를 외치는 관리들을 모든 지역으로 보내 시민 집회를 소집했다. 집회에 시민들이 모이자 그는 질책하는 어조로 연설을 시작했다.

"여러분이 침착함을 잃는 데는 그리 오랜 시간이 걸리지 않는 모양입니다. 이게 대체 뭐란 말입니까! 사소한 패배, 그것도 적의 용기에 밀렸다거나 우리 군대가 비겁해서 그런 것이 아니라, 단지 우리 지휘관들이 서로 전술에 합의하지 못해 당한 패배로 이렇게 겁을 먹어서야 되겠습니까? 베이이인들이 그렇게 두려우십니까? 우리는 이미 여섯 번이나 그들을 격파했습니다. 피데나이? 마음만 먹으면 언제든 함락시켰고, 이미 두 번이나 그렇게 하지 않았습니까? 우리와 우리의 적은 오랜 세월 동안 늘 똑같은 모습이었습니다. 똑같은 심장, 똑같은 손, 똑같은 칼을 가지고 있다는 뜻입니다. 저 역시 변하지 않았습니다. 저는 여전히 마메르쿠스 아이밀리우스입니다. 노멘툼 전투에서 베이이, 피데나이, 팔레리이 연합군을 무너뜨렸던 바로 그 독재관입니다. 사마관인 아울루스 코르넬리우스도 마찬가지입니다. 그는 예전처럼 다시 싸울 것입니다. 상급 장교로서 모두가 보는 앞에서 베이이의 왕 라르스 톨룸니우스를 죽이고, 명예의 전리품을 유피테르 페레트리우스의 신전에 바쳤던 그때처럼 말입니다.

여러분이 맞서 싸우려 하는 자들은 죄악의 고통을 안고 있습니다. 우리의 사절은 만민법을 위반한 자들에게 살해당했고, 피데나이에 이주한 우리 동포는 평화롭던 때에 잔인하게 학살되었으며, 양국 간 협정은 파기되었고, 엄숙한 맹약은 가소롭다는 듯 일곱 번이나 무시당했습니다. 이런 죄악은 다 저들이 대가를 치러야 할 부담입니다. 그러니 기억하십시오. 우리가 일단 칼을 뽑으면 개선식, 전리품, 승리는 모두 우리의 것입니다. 이것을 잘 기억하고 용기를 내십시오. 저는 확신합니다. 우리는 먼저 적을 공격할 수 있는 위치로 접근해가야 합니다. 그러면 죄악에 물든 우리의 적은 로마 군을 모욕했던 즐거움을 더는 누리지 못할 것입니다. 또한 여러분은 이번에 저를 세 번째로 독재관에 임명한 사람들이, 과거에 저의 두 번째 독재관 시절에 감찰관의 과도한 권한을 박탈한 탓에 나의 독재관 임기를 불명예로 끝나게 한 사람들보다 더 나은 애국자라는 걸 알게 될 겁니다."

이어 하늘에 성공을 기도한 마메르쿠스는 로마 군을 진군시켜 피데나이에서 남쪽으로 2.4km 떨어진 곳에 진지를 구축했다. 피데나이는 왼쪽으로는 티베르 강에 의해, 오른쪽으로는 언덕들로 보호받고 있었다. 독재관은 부관인 티투스 퀸크티우스 펜누스에게 먼저 언덕들을 확보하고 적의 배후에 있는 산등성이를 점령하면 아군 병사들이 효율적으로 엄폐될 것이라고 말했다. 다음날 아침 에트루리아 인들은 지난번에 로마 군을 패퇴시킨 일을 생각하고서 이번에도 승리를 확신하며 싸움터로 나갔다. 하지만 그들의 군공은 사실상 군사적인 기량보다 행운에 의한 것이었다. 마메르쿠스는 퀸크티우스가 피데나이 인근 산등성이에 확고하게 자리를 잡았다고 정찰병이 보고할 때까지 기다렸고, 보고가 들어오자마자 보병대에 전투 대형으로 급히 진군하라는 명령을 내렸다. 동시에 그는 기병대에게, 지원이 필요할 때 지시를 내릴 것이니 그 전까지 교전하지 말고 대기하라고 사마관에게 지시했다. 여기에 더하여 독재관은 사마관 코수스에게, 때가 되면 로물루스와 유피테르 페레트리우스에게 바친 영광스러운 명예의 전리품을 상기하면서 톨룸니우스와 싸우던 때처럼 용감하게 싸워 달라고 당부했다.

로마와 피데나이의 양군은 격돌했고 그 충격은 굉장했다. 로마인들은 속에 분노가 가득했고, 그래서 사악한 짐승 같은 피데나이 인, 그리고 산적 같은 베이이 인에게 마음껏 조롱의 말을 던지고 칼을 휘두르며 울분을 풀었다. 적들은 살해당한 로마 이주민들의 피를 손에서 뚝뚝 떨어뜨리는, 여전히 학살의 얼룩을 간직한 조약 위반자들이었으며, 로마를 배신한 왕

년의 우방이자 비겁한 적이었다.

33. 에트루리아 인들은 로마의 엄청난 공격을 받고서 이미 비틀거리고 있었다. 하지만 그때 갑자기 피데나이의 성문이 열리고 불을 든 자들이 쏟아져 나왔다. 그들은 마치 다른 세상에서 온 군대 같았다. 그것은 지금까지 단 한 번도 보지 못한 건 물론이고 상상도 하지 못한 괴상한 군대였다. 수천 명에 달하는 적군 병사는 맹렬히 타오르는 횃불로 온 사방을 환하게 비추면서 마치 광인이나 마귀처럼 화공(火攻)에 나섰다. 잠시 이 완전히 생소한 공격 형태에 로마 군은 흔들렸으나, 독재관이 즉시 대응에 나섬으로써 곤경을 면했다. 그는 사마관에게 기병대를 이끌고 합류하라고 지시했고, 퀸크티우스에게도 언덕에서 병사를 이끌고 내려오라고 명령했다. 이어 그는 불타는 도시 같은 광경이 펼쳐진 좌익으로 전속력을 내어 달려갔다. 그의 병사들은 이미 끔찍한 화공에 밀려 퇴각하는 중이었다. 이에 독재관은 소란을 제압하는 커다란 목소리로 소리쳤다.

"이게 대체 무슨 일인가! 벌 떼처럼 연기에 내몰릴 생각인가? 적은 무장하지 않았고, 제군은 칼을 들고 있다. 들고 있는 칼을 써서 저 불을 꺼라! 쇠를 쓰는 대신에 불로 싸워야 한다면, 적에게서 횃불을 빼앗아 그것을 무기로 공격하면 되지 않겠는가? 로마의 명성을 기억하라. 아버지의 용맹과 여러분의 용맹을 기억하라. 이 큰 불을 적절히 사용하여 피데나이가 자신이 준비한 불꽃에 모두 불타 없어지게 하라! 로마의 너그러운 자상함에도 불구하고 그들은 우방을 배신하지 않았는가! 이 복수를 촉구하는 건 내가 아니라, 황무지가 된 제군의 밭, 그리고 우리의 사절과, 새로운 고향을 찾아 정착하고자 했던 우리 이주민 동포가 흘린 피다."

이러한 사자후에 모든 로마 병사가 즉각 반응을 보였다. 그들은 앞으로 뛰어나가 적이 든 횃불을 빼앗거나 아니면 땅에 던져진 횃불을 낚아채고 역공에 나섰다. 곧 양군은 모두 불로 무장하게 되었다. 사마관은 이에 뒤

질세라 자신만의 새로운 전술을 생각해냈다. 그는 말들의 굴레를 벗기고 기병들에게 똑같이 따라 할 것을 명했다. 그런 다음 그는 기병대의 선두에 서서 박차를 가한 다음 무모한 속도로 내달리는 그의 말을 질주시켜 횃불이 밀집한 곳에 뛰어들었고, 휘하 기병들 역시 그렇게 했다. 연기와 먼지가 뒤섞인 구름은 사람과 짐승의 눈을 동시에 가렸다. 병사들은 시야가 좁아져서 겁먹었지만, 말들은 그런 상황에 거의 영향을 받지 않았다. 따라서 기병대가 돌격해 가는 곳마다 그 뒤에는 폐허와 파멸만이 남았다.

갑자기 다른 지역에서 큰 함성이 들렸다. 교전 중인 양군은 잠시 움직임을 멈추고 이 소리의 정체가 무엇인지 궁금하게 여겼다. 독재관은 곧 정체를 파악하고 새로 나타난 부대가 퀸크티우스와 휘하 병사들이라고 외쳤다. 새로 전장에 나타난 그들은 적의 배후를 공격하는 중이었다. 독재관의 병사들은 환호성을 질렀고, 독재관은 그 어느 때보다도 더 열심히 아군의 이점을 활용하며 공격에 나섰다. 에트루리아 인들은 이제 포위되었고, 로마의 양군으로부터 협공을 당하면서 앞뒤에서 거센 압박을 받았다. 그들에게 도망칠 길은 남아 있지 않았다. 그들의 진지로 돌아가거나 언덕으로 도망치는 것도 퀸크티우스가 진로를 가로막고 있어서 불가능했다. 에트루리아 기병대는 뿔뿔이 흩어져 제대로 통제할 수 없는 상태였다. 이런 절망적인 상황에서 베이이 인 대다수는 있는 힘을 다해 티베르 강으로 도망쳤다. 그러는 사이 살아남은 그들의 동맹군은 어떻게든 피데나이로 복귀하려고 애썼다. 하지만 베이이 인들은 전혀 위기를 모면하지 못하고 오히려 죽음의 손아귀로 뛰어들고 말았다. 일부는 강둑에서 로마 군의 칼에 죽었고, 일부는 강으로 내몰려 익사했다. 헤엄칠 수 있는 자들도 대다수가 다친 데다 지치고 겁을 먹어서 물속으로 가라앉는 것을 피하지 못했다. 안전하게 강을 건넌 자는 소수에 불과했다. 피데나이 인들은 그들의 진지를 거쳐서 도시에 도착했는데, 로마 군은 추격하면서 그 진지를 휩쓸고 지나갔다. 선두에서 가장 열심히 추격한 로마 군은 퀸크티우스의 부대였는데, 언덕에서 내려와서 교전 마무리에 합류했던 터라 여전히 힘이 남아돌았던 것이다.

34. 그들은 피데나이 도망자들과 나란히 성문 안으로 들어갔고, 성벽에 올라 전우들에게 도시를 점령했다는 신호를 보냈다. 독재관은 이미 적이 포기한 진지로 들어갔지만, 퀸크티우스의 신호를 보고서 병사들의 약탈 욕구를 억제시키면서 다시 성문으로 진격할 것을 명령했다. 동시에 독재관은 피데나이 시에는 더 좋고 더 많은 전리품이 있을 것이라고 장담하며 그들을 위로하는 것도 잊지 않았다. 성벽으로 진입한 독재관은 중앙 요새로 나아갔고, 그곳에서 피네나이 도망자들이 우왕좌왕하며 숨을 곳을 찾는 모습을 관찰할 수 있었다. 전투에서도 적군이 많이 죽었지만, 도시 안에서도 그에 못지않은 숫자가 죽고 나서야 비로소 사태가 진정되었다. 그들은 무기를 내려놓고 항복하며 목숨만 살려 달라고 빌었다. 도시와 진지는 모두 약탈당했다.

다음날 포상이 실시되어 모든 기병과 켄투리온은 각자 포로 한 명을 노예로 받았고 각자 자신이 챙길 포로를 정하기 위해 제비를 뽑았다. 특별히 공훈을 세운 병사에겐 두 명의 포로가 주어졌다. 그렇게 분배되고 남은 포로들은 경매로 팔렸다. 독재관은 승전한 병사들과 함께 엄청난 전리품을 챙겨서 로마로 복귀한 뒤 개선식을 올렸다. 이후 그는 소임을 완수했으므로 공식적으로 사마관을 해임하고 자신도 독재관직에서 사임했다. 그는 전쟁에 대한 불안과 우려가 가득한 상태에서 독재관에 올랐지만, 16일 만에 평화를 회복하고 이처럼 멋지게 그 자리에서 내려왔다.

어떤 역사가들은 피데나이 근처에서 전함들이 베이이 인들과 교전했다고 서술했다. 하지만 그렇게 하기는 어려웠을 것이다. 그리고 아무도 그런 일이 정말로 벌어졌다고 확실하게 믿을 수 없다. 왜냐하면 심지어 오늘날에도 티베르 강은 전함을 띄울 정도로 폭이 넓지 않은데, 옛 전거(典據)에 따르면 당시의 티베르는 지금보다 강폭이 더 좁았기 때문이다. 아마 몇 척 되지 않는 조각배들이 베이이 인들의 도강을 저지하려고 모였을 것이다. 마메르쿠스의 흉상 아래 새겨진 기명의 해전 승리 주장을 뒷받침하기 위해 그런 정황을 다소 과장했을 것이고, 이런 과장은 과거의 역사서에서 흔히 벌어지는 일이다.

35. 다음 해(기원전 425)엔 집정관 권력을 지닌 집정관급 정무관이 네 명 임명되었는데, 면면을 살펴보면 아울루스 셈프로니우스 아트라티누스, 루키우스 퀸크티우스 킨키나투스, 루키우스 푸리우스 메둘리누스, 루키우스 호라티우스 바르바투스이다. 베이이는 20년 동안 휴전하는 협정을 승인했고, 아이퀴는 3년 휴전에 동의했지만, 기간을 더 늘리고자 했다. 로마에선 이해에 정치적인 동요가 없었다.

다음 해(기원전 424)에도 역시 전쟁과 정치에 관한 한 특별한 일이 없었다. 하지만 그럼에도 불구하고 기억해야 할 점은 이전 전쟁을 시작할 때 맹세했던 스포츠 게임이 거행되었다는 것이다. 집정관급 정무관들은 게임을 장대하게 개최했고, 이웃 공동체에서 많은 군중이 참여했다. 이해의 집정관급 정무관들은 클라우디우스 크라수스, 스푸리우스 나우티우스 루틸루스, 루키우스 세르기우스 피데나스, 섹스투스 율리우스 율루스였다. 외부 방문객들은 게임을 특히 환영했는데, 왜냐하면 게임 주최자들이 특별 대우의 범위를 넓혀 그들에게까지 적용하는 일에 동의했기 때문이다. 게임이 끝나자 호민관들은 늘 그랬던 것처럼 문제를 일으키기 시작했다. 그들은 여러 집회에서 군중을 비난했다. 그들은 평민을 영구적인 종속 상태로 묶어두려는 정적(귀족)이 터무니없이 숭배 받는 이 상황이 개탄스러우며, 평민은 집정관직을 공유하겠다는 열망을 품기엔 너무 비겁하다고 말했다. 평민과 귀족이 모두 후보자 자격이 있음에도 불구하고 평민들은 자신이나 친구를 집정관급 정무관으로 선출하겠다는 생각조차 하지 않으니 이 어찌 비겁하지 않으냐고 일갈했다.

더 나아가 호민관들은 이렇게 말했다. "아무도 여러분의 관심사를 논하려고 하지 않더라도 놀라지 마십시오. 어떤 결과로 이득과 지위를 기대할 수 있는 자만이 열심히 노력하고 위험에 맞설 것입니다. 나중에 받게 될 보상을 생각하며 뭔가 시도할 가치가 있다는 걸 아는 자만이 그 어떤 일에도 몸을 사리지 않을 것입니다. 호민관에게 위험은 크지만 아무런 이득도 없을 싸움에 눈을 질끈 감고 나서라고 요청하거나, 아니면 그렇게 해주길 은근히 기대하면 안 됩니다. 그러면 호민관은 필연적으로 원로원 당의 무자비한 박해를 받게 될 것입니다. 여러분이 그렇게 모든 위험을 무릅쓸 호민관의 명예를 높여주는 일에 손가락 하나 까딱하지 않으면서 그런 말씀을 하시면 안 됩니다. 먹을 것이 있어야 야망도 유지될 수 있습니다. 열망은 먼저 열망할 무언가가 있어야 합니다. 하나의 계급으로서 적절한 인정을 받게 된다면 그 어떤 평민도 자신을 경멸하지 않을 것입니다. 평민이 고위직에 어울리는지, 아니면 우리 평민들의 활기나 능력이 일종의 흉물이라 사람들이 경악하면서 숨도 쉬지 못하게 하는 그런 것인지는 실질적인 방식으로 증명되어야 하며, 지금이 바로 그 적기입니다."

"우리는 집정관 권한을 지닌 정무관직에 평민이 입후보하도록 법제화하는 과정에서 특권의 요새를 과감하게 공격했습니다. 정치와 군사 면에서 훌륭한 이력을 가진 후보자들을 내세우기도 했지요. 하지만 결과는 어떻습니까? 평민 후보자들은 푸대접받았고, 거부당했으며 귀족들에게 조롱당했습니다. 그리하여 시간이 흐를수록 그런 훌륭한 사람들은 그런 모욕적인 대우를 당하기 싫어 자신을 내세우는 일을 그만두었습니다. 어떤 법의 유일한 목적이 절대 일어나지 않는 일을 합법화하는 것이라면 그런 법은 차라리 없애버리는 게 나을 것입니다. 우리 평민들이 아예 자격이 없다고 무시당하는 것보다는 부당함에 굴복하고 불평등을 받아들이는 것이 확실히 덜 부끄럽지 않겠습니까?"

36. 평민들은 호민관들의 연설을 듣고 동의했고, 이에 자극받은 평민 몇 사람이 집정관급 정무관 자리에 입후보했다. 후보로 나선 이들은 다양한 공약을 준비하여 선출되면 평민의 대의를 위해 어떻게 일할 것인지를 널리 알렸다. 예를 들면 국유지 분배, 새로운 정착지로의 이주, 현재 국유지를 점거 중인 귀족들에 대한 과세(병역 이행자의 급여 재원을 마련하기 위한 목적) 등이 있었다. 하지만 집정관급 정무관들은 이미 대응을 준비해놓고 있었다. 시민들이 도시 밖으로 나갈 때까지 기다렸다가 그들은 은밀하게 원로원 의원들을 불러 호민관들이 없는 자리에서 법령을 선포했다. 그 법령은 볼스키 인들이 헤르니키 영토를 침공했다는 보고를 조사할 것을 인가하고, 집정관의 선출을 지시하는 것이었다. 집정관급 정무관들은 이 법령에 따라 조사 임무에 나섰고, 로마시의 시장으로 아피우스 클라우디우스를 임명했다. 10인 위원회 위원의 아들인 이 젊은이는 원기왕성한 사람이었으며 요람부터 평민과 그 대표자들에 대하여 격렬한 증오를 키워온 사람이었다. 이제 이런 조치들은 기정사실이 되었으니 호민관들은 법령을 작성한 관리들이나 아피우스에 대하여 시비를 걸 수가 없었다.

37. 이후 선출된 집정관들은 가이우스 셈프로니우스 아트라티누스와 퀸크티우스 파비우스 비불라누스였다. 전하는 말로 이해(기원전 423년)에는 로마 역사와는 무관해도 흥미로운 사건이 하나 벌어졌다. 삼니움 인들은 에트루리아 도시 볼투르눔을 점령하고서 그 도시를 지금 사용되는 이름인 카푸아로 개명했다. 이 명칭은 그들의 지도자인 카피스에서 나왔다고 하지만, 그 도시가 있던 지역, 즉 "평원(캄푸스)" 지역을 가리키는 명칭이었을 가능성이 더 크다. 여하튼 도시는 무척 끔찍한 상황에서 점령되었다. 전쟁으로 국력이 고갈된 에트루리아 인들은 삼니움 인들을 할 수 없이

받아들였고, 도시의 편의 시설과 도시에 속한 땅의 운영을 그들과 함께 공유했다. 그러다 어느 공휴일 밤이 되자 삼니움 인들은 낮 동안 뛰놀았던 놀이의 여파로 깊은 잠에 빠진 에트루리아 인들을 공격하여 학살했다.

원래 하던 이야기로 돌아가자. 앞서 언급한 두 집정관은 12월 13일부터 소임을 맡았다. 그리고 비슷한 시기에, 그들은 전임인 집정관급 정무관들로부터 볼스키와의 전쟁이 임박했다는 보고를 받았을 뿐만 아니라 라틴과 헤르니키가 보낸 사절들로부터도 볼스키 인들이 지금처럼 전쟁 준비에 몰두한 적이 없었다는 오싹한 정보를 받게 되었다. 볼스키 인들은 그들의 나라가 아주 중대한 운명의 갈림길에 서 있음을 보여주고 있었다. 그들은 이제 로마의 지배를 영구적으로 받아들여 군사 행동을 아예 꿈도 꾸지 못하게 되든가, 아니면 로마라는 강력한 숙적을 상대로 용기, 군율, 인내라는 군인의 자질을 겨루든가, 둘 중 하나를 선택할 수밖에 없다고 말하고 있었다.

이런 사실들은 모두 진실이었다. 위험한 상황이었지만, 로마 원로원은 그것을 기이할 정도로 태평스럽게 받아들였다. 제비뽑기로 지휘관이 된 셈프로니우스도 그저 행운을 하늘에 맡기려고 했다. 그는 이전에 로마 군을 이끌고 볼스키 인들을 상대로 승리를 거둔 적이 있어서인지 예전과 같은 승운이 자신에게 따라줄 것으로 지레 짐작했다. 따라서 그는 터무니없이 태만하게 전쟁을 준비했고, 전통적인 로마 군의 엄정한 규율은 그의 군대에서는 찾아보기 어렵고 오히려 볼스키 군대에서 더욱 뚜렷하게 드러났다. 그에 맞춰 자연스러운 결과가 따랐고, 전투의 성공은 그럴 만한 자격이 있는 쪽에서 가져갔다. 첫 번째 전투는 셈프로니우스가 얼마나 부주의했고, 또 합리적인 대책을 얼마나 무시했는지 아주 잘 보여줬다. 로마 군은 최전선을 지원할 예비 병력도 배치하지 않았고, 어디에 기병대를 배치해야 가장 효과적일지 고민하는 모습도 없었다.

양군의 상황이 어떻게 진행되는지 보여주는 첫 번째 조짐은 양군이 내지르는 함성의 차이였다. 볼스키 병사들은 몇 번이고 확신에 넘치는 커다란 함성을 내질렀지만, 이에 대항하는 로마 병사들은 고르지 못하고 기어들어가는 함성을 질렀으며, 그마저도 반복할 때마다 소리가 약해졌다. 이는 로마 군의 흔들리는 사기를 극명하게 보여주는 것이었다. 따라서 적이 더욱 승전을 확신하게 되는 건 필연적인 결과였다. 그들은 앞으로 나서며 방패로 밀치고 칼을 번뜩이며 휘둘렀다. 로마 군은 이와는 아주 대조되는 한심한 모습을 보였다. 규율 없는 로마 군의 투구는 당황하고 겁먹은 병사들이 이리저리로 머리를 돌릴 때마다 맥없이 까닥거렸고, 고립된 병사들의 무리는 숫자가 많아야 안전하다고 생각하고 전우들이 모여 있는 곳으로만 몰려들었다. 때로는 싸울 수 있다는 표시로 로마 군의 군기가 앞으로 나아가기도 했지만, 깜짝 놀란 부대가 뒤로 물러서면서 곧 버려질 뿐이었다. 로마 군은 자주 황급하게 뒤로 물러났다. 전투는 치열한 투지 없이 치러졌고, 그 결과 로마 군이 패배한 것도 아니고 그렇다고 볼스키 군이 승리한 것도 아니었다. 로마 군은 공격하겠다는 의지가 전혀 없었다. 공격하는 건 볼스키 군이었고 실제로 맹공을 퍼부었다. 로마 군은 많은 사상자가 발생했지만 그래도 여전히 저항했다. 하지만 그것도 잠시뿐이었다.

38. 곧 로마 군 전군이 밀려나기 시작했는데, 셈프로니우스가 그 상황에서 할 수 있는 일은 격려하거나 질책하는 것뿐이었다. 최고 사령관에게 부여된 고유하고 장엄한 권위조차도 로마 군의 위기를 모면하게 해줄 수는 없었다. 그 다음 순간 섹스투스 템파니우스라는 십인대장이 즉시 용맹하게 개입하지 않았더라면 로마인들은 패주했을 것이다. 상황이 극히 절망적으로 변한 걸 본 템파니우스는 자발적으로 모든 기병에게 나라의 안전을 바라는 마음이 있다면 즉시 말에서 내리라고 큰 소리로 명령했다. 기병대의 모든 기병들은 마치 그 명령이 집정관의 명령인 양 말에서 내렸고, 템파니우스는 그들에게 자신을 따르라고 하며 이렇게 소리쳤다.

"전우들이여, 그 작은 둥근 방패로 적의 공격을 버텨내지 않는다면 로마의 통치는 끝장날 것이오. 보시오, 이게 바로 내 창이오. 이 창을 군기로 생각하고 내가 가는 대로 따라오시오. 우리 전우들에게는 물론이고, 적의 기병들에게 우리가 말을 타면 이 세상 어디에도 우리를 대적할 기병은 없다는 걸 보여주고, 우리가 말에서 내려 보병으로 전환하면 그 어떤 보병도 우리의 상대가 되지 못한다는 것을 보여줍시다!"

기병들은 그의 연설에 환호성으로 응답했고, 템파니우스는 창을 머리 위로 높게 들어 올렸다. 기병들이 그의 뒤를 따랐고, 아무도 그들을 막을 수 없었다. 로마 군이 크게 밀리고 있는 곳에서, 이 작고 둥근 기병 방패를 든 부대가 나타나면 어김없이 적을 뒤로 밀어냈다. 이 용감한 부대가 나타나는 곳이면 로마의 흔들리는 대의는 다시 살아났다. 이 소규모 방패 부대가 동시에 모든 전선에 나타날 능력이 있었다면 볼스키 인들은 분명 등을 돌려 달아났을 것이다.

39. 볼스키 지휘관은 로마 군의 둥근 방패 부대가 무적인 걸 보고서(그건 말하자면 로마의 새로운 무기였다), 전술을 변경하여 휘하 병사들에게 저항을 멈추고 적의 방패 부대를 그냥 통과시키라고 명령했다. 그렇게 하여 방패 부대를 로마 군으로부터 고립시킬 생각이었던 것이다. 상황은 결국 그의 의도대로 되었고, 용맹한 방패 부대는 곧 고립되었다. 이어 그 부대의 배후로 엄청난 볼스키 보병대가 접근해와서, 그 적군을 돌파하여 본대로 되돌아가는 건 불가능했다. 로마 군은 방금 전에 그들 덕분에 목숨을 건졌지만, 이제 방패 부대가 사라져 버린 것이었다. 집정관과 휘하 병사들은 무슨 일이 있더라도 그들을 구해내겠다는 생각에 적군을 향하여 강하게 밀고 들어갔다. 볼스키 군은 졸지에 두 전선에서 로마 군을 맞아 싸워야 했다. 그들은 로마 군의 새로운 공격을 제압하려고 애쓰면서 동시에, 예비 부대를 투입하여 배후에 있는 템파니우스와 그의 기병들도 공격해야 할 형

편이었다. 템파니우스는 적진을 돌파하여 셈프로니우스와 합류하려 여러 번 시도했지만, 결국 실패하자 낮은 언덕으로 물러났다. 그리고 그곳에서 둥그런 전투 대형을 유지하면서 방어 태세를 취했다. 그러나 수비 대형으로 돌아섰음에도 그들의 과감한 정신은 사라지지 않았다.

싸움은 날이 어두워질 때까지 끝나지 않았다. 셈프로니우스는 햇빛이 남아 있는 동안에 가능한 한 오래 적을 붙잡아두려고 애썼다. 이윽고 밤이 다가왔지만 전투는 여전히 결론이 나지 않았다. 양군은 불확실한 전황으로 신경이 잔뜩 곤두섰고, 결국 서로 패배했다고 생각하고 부상자와 대다수 장비를 내버리고 가장 가까운 언덕으로 대피하여 안전을 찾았다. 하지만 템파니우스와 그의 기병들이 저항하던 고지는 자정 이후에도 여전히 적군에게 포위된 상태였다. 그러다 그들의 진지에 로마 군 진영이 버려졌다는 소식이 전해졌고, 그들은 본대가 패배했다는 판단을 내렸다. 따라서 병사들은 두려워하고 혼란을 느끼면서 어서 도망쳐 목숨을 구하려고 어둠 속에서 우왕좌왕 진지를 이탈하려 했다.

템파니우스는 그 소식이 역정보일지 모른다고 생각하고 전우들에게 동이 틀 때까지 기다리자고 했다. 동이 트자 그는 전우 몇 명과 함께 조심스레 사주 경계에 나섰다. 곧 그는 부상당한 적군 병사를 발견했고, 그를 심문한 끝에 볼스키 진영이 버려진 것을 알게 되었다. 이에 그는 언덕으로 돌아가 전우들에게 희소식을 전한 다음 로마 군 진지로 나아갔다. 하지만 그는 로마 군 진지도 볼스키와 별반 다를 바 없이 내버려졌다는 것을 발견했다. 로마 군 진지는 버려져 텅 비었고 모든 것이 난장판이었다. 집정관이 어느 방향으로 갔는지 알 수 없던 템파니우스는 볼스키 군이 그들의 실수를 깨닫고 다시 나타나기 전에 최대한 많은 부상자를 챙겨서 로마로 가는 최단 경로에 들어섰다.

40. 나쁜 소식은 그를 앞질러 갔고, 로마엔 이미 아군이 패배하고 진지

가 내버려졌다는 소문이 나돌고 있었다. 병사들의 가족이 개인적으로 초상을 당했다는 점 이외에도, 템파니우스와 그의 용맹한 기병들을 잃었다는 소식은 로마인들에게 그 어떤 것과도 비교가 되지 않는 커다란 고통을 안겼다. 도시는 극심한 공포 상태에 빠졌으며 집정관 파비우스는 성문을 간신히 방어하고 있었다. 그런데 갑자기 멀리서 기병대가 보였다. 처음에 로마 수비군은 그들의 정체를 몰라 어리둥절하며 더욱 큰 두려움에 빠졌지만, 낯익은 기병대가 가까이 오자 그들의 정체를 알아볼 수 있었고 그제서야 크게 안도했다. 도시 전체에 환호성이 울렸고, 모든 시민이 승리한 기병대의 무사 귀환을 반기며 그러한 행운에 감사했다. 얼마 전까지만 해도 남편이나 아들이 죽은 줄 알고 비탄을 금치 못했던 집들에서 여자들이 거리로 쏟아져 나왔고, 아내이자 어머니로서 이 기적 같은 상황의 반전을 거의 믿지 못하고 기쁨에 어쩔 줄 몰라하면서 체면 따위는 완전히 망각한 채 진군하는 대열 속으로 달려가 주변의 눈길도 아랑곳하지 않고 남편과 아들의 품속으로 뛰어들었다.

호민관들은 이미 3년 전에 베이이 전투에서 실패한 건으로 마르쿠스 포스투미우스와 티투스 퀸크티우스에게 소환장을 발부한 적이 있었다. 따라서 그들은 이번 일을 아주 좋은 기회라고 생각했다. 이번 원정에서 집정관 셈프로니우스는 부적절한 처신으로 악명을 얻었기에 이 상황을 잘 이용하면 3년 전 대중이 집정관에게 품었던 악감정을 되살릴 수 있다고 생각했다. 평민 집회에서 그들은 온갖 수사법을 동원하면서 이렇게 선언했다. "죄를 저지른 장군들이 심판을 받지 않았기 때문에, 우리나라는 베이이 원정에서 장군들에게 배신당했고, 영웅적인 기병대가 막무가내 버림을 받고 진지가 수치스럽게 버려졌기 때문에, 로마 군대는 볼스키 원정에서 집정관에게 배신당했습니다."

호민관 중 한 사람인 가이우스 율리우스는 템파니우스를 증인으로 소환하여 그를 심문했다. "귀관에게 묻겠습니다. 집정관 가이우스 셈프로니우스는 적절한 때에 능숙하게 공격했습니까? 아니면 적절한 방식으로 예비 병력을 배치했습니까? 아니면 유능한 지휘관에게 기대되는 임무를 제대로 수행했습니까? 귀관은 우리 군대가 심한 압박을 받아 완전 붕괴하는 걸 막고자 자발적으로 기병대원들에게 말에서 내리라고 명령했습니까? 귀관과 부하들이 적진에서 고립되었을 때 집정관은 도움을 주러 왔습니까, 아니면 부대를 파견하여 구출하려 했습니까? 다음날 어떻게든 우군의 도움을 받았습니까, 아니면 자력으로 로마 진지로 돌아왔습니까? 로마 진지에 도착했을 때 집정관이나 그의 부대를 봤습니까, 아니면 죽음의 운명에 내맡겨진 부상자들 말고는 아무도 없었습니까? 귀관은 불행한 일이 나라의 재앙이 되는 걸 홀로 막아냈고, 군인으로서 명예를 지켰습니다. 저는 이제 다음 질문들에 답해줄 것을 당신의 명예에 호소합니다. 셈프로니우스와 휘하 군단은 전투 중에 어디에 있었습니까? 귀관이 그들을 버린 것입니까, 아니면 그들이 귀관을 버린 것입니까? 요약하면 우리는 패배한 것입니까, 아닙니까?"

41. 템파니우스는 웅변가는 아니었지만, 군인답고 인상적인 모습으로 질문에 답변했다. 그는 타인을 비난하지 않으면서도 신중하게 자화자찬을 피했다. "셈프로니우스의 군사적인 자질에 관해 물으셨는데, 지휘관의 능력을 판가름하는 건 일개 병사가 할 일이 아닙니다. 그것은 그에게 지휘권을 맡긴 나라가 판단할 일입니다. 따라서 총사령관의 지혜나 집정관에게 적합한 지식과 능력을 저한테 물어보시면 안 됩니다. 그런 것들을 평가하려면 높은 수준의 정신적·도덕적 능력이 필요하기 때문입니다. 하지만 저는 실제로 목격한 것만 말씀드리도록 하겠습니다. 우리가 고립되기 전에 저는 집정관이 최전선에서 싸우는 모습을 봤습니다. 그는 휘하 병사들이 최선을 다하여 싸울 것을 격려했고, 공격을 받는 중에도 군기(軍旗)를 굳건히 지켰습니다. 전투가 어떤 국면이 되었는지 더는 알 수 없는 상황이

되었을 때도 저는 시끄러운 소리와 함성으로 어두울 때까지 교전이 계속 되었다는 걸 알 수 있었습니다. 적군의 수가 더 많았기에 로마 군이 적진을 돌파하여 제가 버티고 있던 언덕까지 진격하는 건 불가능했다고 확신합니다. 지금 우리 군이 어디 있는지 저는 모르겠습니다. 하지만 병사들을 위해 집정관은 안전한 야영 장소를 찾았을 것으로 생각합니다. 저 역시 상황이 곤란해지기 시작하자 저와 전우들을 보호해 줄 더 나은 대피소를 찾았으니까요. 집정관도 같은 마음이었을 거로 생각합니다."

"제 생각으로는 볼스키 인들이 우리보다 더 잘 그 혼란한 상황에서 빠져나왔을 것 같지 않습니다. 어둠과 전쟁터의 행운은 양쪽 모두를 혼란에 빠뜨리고 큰 실수를 저지르게 했습니다."

템파니우스는 답변을 끝내자 자리에서 뜰 수 있게 허락해 달라고 요청했다. 지치고 다쳐서 더 이상 그곳에 있기 곤란하다는 것이었다. 그는 곧바로 허락을 받아 그곳을 떠났다. 집회에 참석한 모든 사람이 그의 군인다운 행동에 큰 찬사를 보냈으며, 그가 지휘관을 곤란하게 하지 않으려고 관대하게 발언하는 모습에 특히 더 감명을 받았다.

그러는 사이 집정관 셈프로니우스는 라비키 가도의 퀴에스 신전에 도착했다. 그의 소재가 알려지자마자 로마에선 짐을 나르는 짐승과 함께 짐마차를 보내왔다. 교전을 마치고 밤새 행군한 지친 로마 병사들의 수송에 도움을 주기 위해서였다. 얼마 지나지 않아 집정관 셈프로니우스는 로마로 돌아왔고, 곧 입에 침이 마르도록 템파니우스를 칭송했다. 그렇지만 자기 자신을 면책시키려는 발언은 거의 하지 않았다.

로마는 최근의 패배를 여전히 슬퍼하고 있었고, 장군들에 대한 평민의 분노는 하늘을 찌를 듯이 높았다. 베이이 원정을 지휘한 집정관급 정무관 중 한 사람인 마르쿠스 포스투미우스는 재판에 불려나와 1만 아스(과거의 '무거운' 구리 통화)의 벌금을 물게 되었다. 그의 동료인 티투스 퀸크티우스는 독재관 투베르투스 휘하에서 볼스키와의 전쟁을 성공적으로 수행한 것, 또다른 독재관인 마메르쿠스의 부관으로서 피데나이 전쟁을 성공적으로 치른 것 등이 감안되었고, 또 이미 유죄 판결을 받은 포스투미우스에게 패전의 책임을 전가했기에, 모든 부족이 참여한 투표에서 무죄를 선고받았다. 전하는 말에 의하면, 그의 아버지 킨키나투스가 남긴 명예로운 업적이 퀸크티우스의 무죄에 강력한 영향을 미쳤다고 한다. 또한 당시 무척 고령이어서 살날이 얼마 남지 않은 퀸크티우스 카피톨리누스도 그런 끔찍한 소식을 지하의 킨키나투스에게 전하고 싶지 않다고 진심으로 애원했는데, 이것도 무죄 판결에 어느 정도 영향을 미쳤다.

42. 평민들은 그들의 호민관으로 섹스투스 템파니우스, 아울루스 셀리우스, 섹스투스 안티스티우스, 그리고 스푸리우스 이킬리우스를 선출했다. 이들은 임명되었을 때 로마에 있지도 않았다. 최근 전투에서 템파니우스의 제안에 따라 기병대가 말에서 내려 보병대로 전환했을 때, 기병들은 이 네 사람에게 자신들의 켄투리온이 되어 달라고 요청한 바 있었다. 원로원은 셈프로니우스에 대한 평민의 증오가 집정관직에 오명을 남길 것을 두려워하여 다가오는 해에 집정관 권한을 지닌 집정관급 정무관을 선출하겠다는 법령을 선포했다. 이에 따라 루키우스 만리우스 카피톨리누스, 퀸투스 안토니우스 메렌다, 루키우스 파피리우스 무길라누스 등이 집정관급 정무관으로 선출되었다.

새로운 해(기원전 422년)가 되자마자 호민관 호르텐시우스는 지난해의 원정에서 저지른 비행을 문제 삼아 셈프로니우스를 고소했다. 평민이 가득 모인 집회에서 호르텐시우스의 다른 네 명의 동료 호민관들은 예전 지휘관에 대한 고소를 취하해 달라고 간청했다. 그들은 셈프로니우스가 운이 나빴다는 것 이외에는 비난 받을 만한 점이 없다고 주장했다. 그러나 호르텐시우스는 그들의 말을 들어주려 하지 않았다. 그는 오히려 그들의 간청을 자신의 결심에 대한 시험으로 여겼다. 그는 피고가 실제로는 다른 호민관들의 거부권에 은근히 의지하려 든다고 확신했다. 그가 볼 때, 다른 호민관들의 간청은 거부권을 쓰겠다는 속셈을 은폐하는 술수일 뿐이었다. 그런 호소에 호르텐시우스는 셈프로니우스를 돌아보며 말했다.

"저명한 귀족의 자부심은 대체 어디로 간 겁니까? 자신의 무죄를 믿는 고귀한 정신은 어디로 갔습니까? 전직 집정관이 그 자신을 보호하기 위해 호민관의 그늘에 숨는 게 말이 된다고 생각합니까?" 말을 마친 그는 곧장 동료 호민관들에게 말했다. "제가 끝까지 이 일을 포기하지 않겠다면 어떻게 하실 생각입니까? 평민에게서 권리를 빼앗고 우리 호민관직의 권위를 무너뜨리려고 하십니까?" 이에 동료 호민관들은 셈프로니우스를 포함한 모든 공동체 일원에 관하여 행사되는 최고 권력은 평민의 손에 있으며, 평민이 내린 그 어떠한 결정도 자신들이 무시할 수 없고, 그럴 권한도 없거니와 애초에 그런 것을 바라지도 않는다고 대답했다. 하지만 그들은 아버지처럼 여기던 예전 지휘관을 대신하여 호소한 간청이 아무 소용이 없다면, 피고가 되어 재판을 받게 될 집정관처럼 그들 자신도 상복을 입겠다고 선언했다.

이런 진실한 감정의 호소에 호르텐시우스는 결국 마음이 움직여 이런 말로 고소를 취하했다. "로마인들은 호민관들이 상복을 입는 걸 절대 바라지 않을 것입니다. 저는 셈프로니우스를 고소하지 않겠습니다. 지휘를 맡는 동안에 휘하 병사들에게 저런 애정을 얻은 지휘관을 그렇게 홀대해서는 안 된다고 생각합니다." 모든 계급의 로마 시민들은 네 명의 호민관이 예전 지휘관에게 바친 충성심과 그런 마음가짐을 받아들인 호르텐시우스의 관대함에 크게 만족했다.

43. 아이퀴 인들은 볼스키 인들의 불확실한 성공을 그들 나라의 승리로 받아들였고, 행운이 따른다고 생각했다. 하지만 다음 해는 결코 그들에게

중요한 해가 아니었다. 수치스러운 패배를 당했기 때문이다. 그해의 집정관은 크나이우스 파비우스 비불라누스와 티투스 퀸크티우스 카피톨리누스였다. 원정 지휘는 전자가 맡게 되었지만, 싸움이 시작되기도 전에 아이퀴 군대는 완벽하게 붕괴하여 전쟁 자체가 흐지부지되었다. 파비우스는 공로로 인정받을 만한 업적이 거의 없었고, 따라서 개선식을 거부했다. 그렇지만 결국 그는 "약식 개선식"을 받게 되었다. 비록 큰 것은 아니지만 그의 업적은 셈프로니우스의 패배로 입은 수치를 어느 정도 씻어주었던 것이다.

시민들이 걱정한 것보다 훨씬 쉽게 해결된 국외 원정전과는 다르게, 본국에서 유지되던 정치적인 평온은 재무관의 숫자를 두 배로 늘리자는 제안에서 비롯된 심각한 논쟁들로 예기치 못하게 급속히 사라졌다. 집정관들은 두 명의 도시 재무관에 더하여 전시에 집정관을 도와서 보급 업무를 맡을 재무관을 두 명 더 선출하자고 제안했고, 원로원은 이를 강력히 지지했다. 하지만 호민관들은 재무관을 모두 귀족 출신으로 선출하는 현행법을 개정하여 두 명은 반드시 평민 계급에서 선출해야 한다고 주장하며 강력하게 맞섰다. 두 집정관을 비롯하여 원로원은 처음엔 법 개정에 극도로 반발했지만, 나중엔 양보하여 재무관 역시 집정관급 정무관직처럼 어떤 계급에서든 후보로 출마할 수 있으며, 자유로운 투표 결과에 따라 선출된다는 조건을 제안했다.

하지만 이 제안이 받아들여지지 않자 그들은 재무관 증원 문제 자체를 논의하지 않기로 했고, 이에 호민관들은 즉시 그 문제를 다시 거론했을 뿐만 아니라 반정부적인 다양한 다른 제안들을 제출했다. 이런 제안 중엔 공유지 배분에 관한 것도 있었다. 이런 소란을 고려하면 원로원은 다음 해에 집정관급 정무관보다는 집정관을 임명하는 방침을 선호했을 것이나, 호민관이 계속 거부권을 발동하는 바람에 결의안이 통과되지 않았다. 따라서 원로원은 정부를 인테르렉스의 손에 넘기는 것 외에는 달리 방법이 없었다. 하지만 그 결정도 맹렬한 투쟁을 유발할 뿐 시원한 해결안은 되지 못했다. 호민관들은 귀족들이 회의에 모이는 걸 막으려고 했기 때문이다.

다음 해(기원전 420년)에 새로 호민관들이 선출되었고, 그해 대부분 끊임없는 논쟁이 벌어졌다. 호민관들은 귀족이 회의에서 인테르렉스를 임명하는 걸 계속 방해했고, 임명되더라도 방해 공작은 계속되어 실제로 그해 중에 여러 명의 인테르렉스가 지명되었다. 새로 인테르렉스가 임명되면 호민관들은 거부권을 발동했는데, 그것은 집정관 선출 결의안의 통과를 막고자 하는 행동이었다. 마침내 임명된 인테르렉스는 문제되는 상황을 공평하게 처리할 용기가 있는 루키우스 파피리우스 무길라누스였다. 그는 호민관과 귀족 어느 쪽에도 편향되지 않는 공평한 모습을 보였다. 또한 그는 나라에 애국심이라곤 찾아볼 수 없는 상황인데, 만약 신의 섭리와 베이이와의 운 좋은 휴전 상태, 그리고 아이퀴의 모험을 두려워하는 정책 중 어느 하나라도 없었더라면 진작 로마는 멸망했을 것이라고 단언했다. 이어 그는 말했다.

"위에 언급한 지역들에서 위협이 대두된다고 생각해 봅시다. 권좌에 귀족을 임명하지 않아 나라가 적들의 손에 넘어가는 걸 지켜만 보려는 겁니까? 군대를 조직하지 않고 또 군대를 징집할 장군을 임명하지 않아 로마가 무너지는 걸 보려는 겁니까? 침입자를 물리쳐야 하는데 내전이 대체 무슨 도움이 됩니까? 내전과 외침을 동시에 직면하게 된다면 하늘의 신께서도 우리의 파멸을 막아주지 못하실 겁니다. 왜 두 계급은 조금 물러서서 타협하지 못하는 겁니까? 원로원은 집정관 대신 집정관급 정무관을 임명하는 걸 허용하고, 호민관들은 네 명의 재무관을 계급에 상관없이 자유로운 투표로 선출하자는 제안을 받아들이면 안 되겠습니까?"

44. 이 호소는 큰 효과를 거두었다. 집정관급 정무관 선출이 먼저 시작되었고, 임명된 사람들은 루키우스 퀸크티우스 킨키나투스(3선), 루키우

스 푸리우스 메둘리누스(2선), 마르쿠스 만리우스, 아울루스 셈프로니우스 아트라티누스로서 전원 귀족이었다. 이들 중 셈프로니우스가 재무관 선거를 주재했고, 여러 평민 후보자 중엔 호민관 안티스티우스의 아들, 그리고 또다른 호민관 섹스투스 폼필리우스의 형제도 있었다. 하지만 이런 후견자들의 영향력은 그들이 미는 후보의 당선에 큰 도움이 되지 못했다. 부친과 조부가 집정관이었던 귀족들만이 대다수 표를 가져갔기 때문이다. 모든 호민관은 이런 투표 결과에 격분했지만, 특히 분통을 터뜨린 건 가족이 낙선한 폼필리우스와 안티스티우스였다. 그토록 평민의 대의를 위해 봉사했고, 또 그 봉사에 따르는 귀족의 엄청난 냉대도 견디어 왔고, 또 그런 와중에도 최근 법이 개정되면서 부여된 호민관의 권한을 행사하려는 욕구도 억눌러왔다. 하지만 집정관급 정무관보다 훨씬 못한 재무관 자리에 평민 한 사람도 앉히지 못한다는 건 도무지 말이 되지 않는 것이었다.

자유의 보호를 위해 창설된 신성불가침의 공직인 호민관 두 사람이 각각 형제와 아들을 위해 투표해 줄 것을 간절히 호소했다. 그런데 결과는 어떻게 됐는가? 두 사람 모두 무시당했다! 세상에 이럴 수는 없었다. 이런 결과가 나온 것은 어딘가에서 비열한 농간이 끼어든 것이었다. 셈프로니우스가 선거 과정을 조작했고, 호민관의 가족들이 낙선한 건 그의 부정직한 속임수 때문이었다. 그러자 셈프로니우스는 펄쩍 뛰면서 자신은 무고하다고 주장하고 나섰고, 그가 맡은 공직(집정관급 정무관)이 직접적인 공격으로부터 그를 보호해 주었다. 하지만 성난 두 호민관은 공격의 목표를 바꿔 그의 삼촌인 가이우스 셈프로니우스를 공격했다. 그들은 동료 호민관인 카눌레이우스의 지원을 받아 그 삼촌을 법정으로 소환하여 볼스키 원정에서 보여준 수치스러운 모습을 해명하라고 요구했다. 이 두 호민관은 공유지 배분 문제를 원로원에 제기하기도 했는데, 그것은 소환 당한 가이우스 셈프로니우스가 늘 격렬하게 반대하던 안건이었다.

두 호민관의 속셈은 이런 것이었다. 만약 가이우스 셈프로니우스가 반대 입장을 철회하면 원로원 당 내부에서 그의 입지가 약해질 것이고, 평소 소신을 유지한다면 재판장에서 평민들의 엄청난 분노에 직면하게 될 것이었다. 하지만 후자는 가이우스 셈프로니우스에게 별로 대수롭지 않은 것이었다. 그는 자신이 무죄 선고를 받지 못하는 한이 있더라도 자신의 정치적 원칙을 고수하려 했다. 따라서 그는 반대 입장을 철회하지 않고 공유지 분배는 절대 안 된다고 주장했다. 그가 볼 때, 공유지 분배 제안은 세 명의 호민관에게 평민을 위한 것이라기보다 그저 하나의 자랑거리 업적에 불과한 것이었다. 그들이 정말로 노리는 건 평민에게 땅을 나누어주는 게 아니라, 자신(가이우스 셈프로니우스)을 원망의 희생양으로 만들려는 것이었다. 따라서 그는 물러서지 않고 공격에 맞설 준비가 되어 있으며, 원로원은 자신을 포함한 그 어떤 개별 시민도 너무 소중하게 생각하여 그를 보호할 목적으로 전반적인 국익에 피해를 주는 일을 해서는 안 된다고 주장했다. 재판일이 다가오자 그는 전과 같은 확신과 자부심으로 재판정에 나왔다. 그는 자신의 대의를 옹호했고, 원로원은 그에 대한 평민들의 반감을 달래고자 온 힘을 다했지만 소용없는 일이었다. 가이우스 셈프로니우스는 평결에 의해 15,000 아스의 벌금형을 받았다.

같은 해에 베스타 여신을 섬기는 성처녀 포스투미아가 성적(性的) 잘못을 저질러 재판에 넘겨졌다. 사실 그녀는 무고했지만, 옷을 잘 입는 데다 보통의 젊은 처녀보다 더 자유롭고 재치 있게 말했기에 어느 정도 그녀에 대한 의혹이 타당한 것으로 간주되었다. 그녀는 첫 번째 재판에서 배심원단의 의견이 엇갈렸고, 두 번째 재판에선 무죄 판결을 받았다. 무죄 선고 이후 폰티펙스 막시무스(대사제)는 성직자 단의 이름으로 그녀에게 경박한 농담은 하지 말고, 이후로는 옷을 잘 입으려고 하기보다 더 성스럽게 입으려고 애쓰라며 주의를 주었다.

이해엔 또한 캄파니아 인들이 그리스인들이 정착한 쿠마이를 점령하기도 했다.

다음 해(기원전 419년)엔 집정관급 정무관이 임명되었다. 이들은 아그리파 메네니우스 라나투스, 푸블리우스 루크레티우스 트리키피티누스, 스푸리우스 나우티우스 루툴루스였다.

45. 이해는 나라를 위협할 끔찍한 위험이 있었지만, 행운에 의해 피할 수 있던 해로 기억되었다. 이해에 노예들은 음모를 꾸몄는데, 각각 멀리 떨어진 도시의 장소들에 불을 지르고 사람들이 건물에 붙은 불을 끄려고 허둥지둥할 때 요새와 카피톨리움 언덕을 점령하자는 음모였다. 하지만 유피테르 신께서 개입하신 덕분에 이 가공할 범죄는 사전에 막을 수 있었다. 두 명의 노예가 배신하여 밀고해왔고 음모꾼들은 전부 체포되어 처형되었다. 밀고자들은 그 공로를 인정받아 자유민이 되었고, 국고에서 각각 1만 아스(과거 통화)의 포상금을 받았는데 당시로서는 무척 고액이었다.

아이퀴 인들은 다시 전쟁을 준비하기 시작했고, 믿을 만한 출처에서 나온 새로운 보고가 로마에 도착했는데, 라비키가 아이퀴 인들과 손을 잡았다는 것이었다. 로마 시민들은 아이퀴 인과의 전쟁을 연례행사 같이 여겼지만, 라비키의 경우는 달랐기에 대표단을 파견했다. 하지만 대표단이 알려온 라비키의 답변은 불만족스러운 것이었다. 그들은 현재 실질적인 전쟁 준비는 하지 않았지만, 그럼에도 불구하고 그들의 답변은 평화가 그리 오래 가지 않을 것임을 암시했다. 그에 따라 로마는 투스쿨룸 사람들에게 로마를 대신하여 라비키에서 벌어지는 평소 같지 않은 소란을 지켜봐 달라고 요청했다.

다음 해(기원전 418년) 초에 투스쿨룸은 대표단을 파견했고, 로마에서 집정관급 정무관들을 만났다. 그들은 라비키가 무장하고 아이퀴 군대와 협력하여 투스쿨룸 영토를 침범했고, 이젠 알기두스에서 야영 중이라고 보고했다. 그해의 집정관급 정무관들은 루키우스 세르기우스 피데나스, 마르쿠스 파피리우스 무길라누스, 가이우스 세르빌리우스였다. 맨 마지막 인물은 피데나이를 점령했을 때 독재관이었던 프리스쿠스의 아들이다. 투스쿨룸의 보고를 받자마자 로마는 라비키에 전쟁을 선포했고, 원로원은 법령을 내려 두 집정관급 정무관이 전장으로 나가고 나머지 한 사람은 도시에 남아 로마 시내의 행정을 처리하게 했다. 법령이 내려지자 지휘권을 두고서 논쟁이 벌어졌다. 각 호민관은 전장에서 군을 통솔할 적임자가 자신이라고 확신했다. 국내 행정은 자신의 위엄에 한참 못 미치는 보람도 없고 불명예스러운 일이라고 여겼다. 무엇보다도 그런 자리 논쟁은 꼴사나운 일이었고, 원로원 의원들은 눈살을 찌푸렸다.

하지만 이때 퀸투스 세르빌리우스 프리스쿠스가 앞에 나서서 상황을 정리했다. "원로원의 위엄이나 나라의 안녕 따위는 아예 존중하지 않는 것처럼 보이는군요. 그렇다면 아버지로서의 권위를 내세워 이 논쟁을 끝내야겠습니다. 제 아들이 도시의 치안 업무를 담당할 것입니다. 그것이 내 뜻이니 관습으로 하던 제비뽑기는 하지 않아도 됩니다. 전시 복무를 그토록 열망하는 다른 두 분이 전장에 나아가서 지금 이 순간 보여주는 것과는 다른 사려 깊은 마음으로 상대방을 존중하며 지휘권을 행사하길 바랄 뿐입니다."

46. 병사 징집은 모든 인구를 대상으로 하는 것이 아니라, 제비뽑기로 선정된 열 개의 부족에서 선발하는 것으로 결정되었다. 해당 부족들에선 복무 적령기의 모든 남자가 징집되었다. 군사 행동이 시작되어도 두 집정관급 정무관 사이의 서먹한 관계는 별로 호전되지 않았다. 오히려 두 사람은 각자 자신이 지휘권을 맡아야 한다고 고집했으며, 그것으로 논쟁은 더 격렬해졌다. 그들 사이에선 합의되는 사항은 하나도 없었고, 두 사람은 자기 의견을 조금도 양보하지 않았다. 그들은 각각 자신의 전술과 명령이 유일하게 타당하다고 주장했으며, 이를 받아들이지 않는 상대를 경멸했다.

부관들이 아주 적절하게 항의하여 격일로 지휘권을 행사하기로 할 때까지 그들의 다툼은 끊이지 않았다.

이런 우려스러운 상황에 관한 이야기가 로마로 전해지자 나이도 많고 경험도 풍부한 퀸크티우스 세르빌리우스는 과거의 불행한 역사가 되풀이되지 않기를 엄숙히 기원했다고 한다. 지휘권 분쟁은 베이이 원정에서 증명된 것처럼 크나큰 재앙이었기 때문이다. 이어 그는 마치 패배가 곧 임박한 듯이 도시 방어를 맡은 아들에게 병력을 모아 도시 방어에 만반의 준비를 갖추라고 주문했다. 그는 진정한 예언자였다. 세르기우스가 지휘를 맡은 날, 적군은 양동 작전을 쓰면서 야영지의 누벽(壘壁)으로 물러나는 척했다. 그 책략은 성공했다. 적군의 진지를 점령하겠다는 헛된 희망을 품고 쫓아온 로마 군은 곧 자신들이 대단히 곤란한 처지에 빠졌다는 걸 깨달았다. 아이퀴 군대는 허를 찔린 로마 군을 공격해 왔다. 로마 군은 적의 공세에 쫓겨 황급하게 도망치면서 가파른 협곡으로 패주했다. 로마 군 병사들은 서로 먼저 도망치겠다고 필사적으로 내달렸으나 그중 많은 수가 적에게 추격당해 목숨을 잃었다. 로마 군 진지는 간신히 지켜졌지만 다음날 수치스럽게도 그 진지는 내버려졌다. 로마 군은 거의 포위되자 진지의 후문을 통해 도망쳤다. 두 지휘관과 그들의 부관들, 그리고 군기와 함께 남아있던 병사들은 투스쿨룸으로 갔다. 나머지 병력은 사방팔방으로 농촌지역에 흩어졌고, 어떻게 해서든 도주하는 방법을 찾아 로마로 돌아왔다. 그 돌아온 자들은 실제로 당한 것 이상으로 아주 심각한 패배를 당했다고 보고했다.

그러나 이 소식이 가져온 불안감은 예상보다 덜 심각했는데, 뜻밖의 소식은 아니었기 때문이다. 게다가 가이우스 세르빌리우스가 긴급 상황을 예상하여 이미 동원한 예비 병력 또한 대기하고 있었다. 여기에 더하여 세르빌리우스는 부하 관리들의 도움을 받아 시내 치안을 회복한 다음 곧장 정찰대를 파견하여 아군 병력이 어디에 배치되어 있는지 알아보게 했다.

정찰대는 로마 병력과 그 지휘관들이 투스쿨룸에 있으며 적은 기존 위치에서 움직이지 않았다고 보고해 왔다. 하지만 이 모든 것보다 로마에 자신감을 안겨준 조치는 퀸크티우스 세르빌리우스 프리스쿠스를 독재관으로 임명한다는 원로원의 법령이었다. 그는 공무를 명민하게 처리하는 사람으로서 이미 동포들에게 수도 없이 그 능력을 증명했다. 그리고 이번에도 두 집정관급 정무관이 서로 싸우면서 협력하지 못하는 걸 보고서 미리 재앙을 예측함으로써 자신의 혜안을 증명했다. 그는 독재관으로 취임하자마자 자신을 그 자리에 임명한 아들을 사마관에 임명했다. 하지만 또다른 전승은 세르빌리우스 아할라가 사마관이었다고 주장하기도 한다. 여하튼 준비를 마친 독재관은 새로 징집한 병력과 함께 로마에서 출발하여 진군하는 도중에 투스쿨룸에 있는 로마 군 병력에게 독재관의 부대에 합류하라는 지시를 내렸다. 이후 그는 적에게서 3km 떨어진 곳에 진지를 구축했다.

47. 아이퀴 군대는 승전으로 기고만장해져 이젠 패배를 당하기 직전의 로마 지휘관들보다 더 부주의하고 오만한 모습을 보였다. 얼마 지나지 않아 그들은 자신의 어리석음에 대한 대가를 치르게 되었다. 첫 격돌에서 독재관은 기병대 돌격으로 그들의 전선을 완전히 무너뜨리고 뒤이어 엄청난 보병대 공격을 가했다. 앞장서라는 지시에 복종하지 않고 머뭇거린 로마의 기수(旗手)는 그 자리에서 처형당했다. 아이퀴 군대는 사기가 잔뜩 높아진 로마 군을 감당할 수 없었다. 그들은 전열이 무너져 무질서하게 진지로 퇴각했고, 그 진지마저 공격받자 별다른 저항도 못 하고 얼마 전의 전투 때보다 더 빠르게 점령당했다. 아이퀴 진지는 무자비하게 약탈당했고, 로마 군 병사들은 승인이 떨어지자 값나가는 물건을 모두 챙겼다. 도망치는 적을 추격했던 기병대는 본대로 복귀하여, 패배한 라비키 군과 살아남은 아이퀴 병력 중 다수가 라비키에 대피했다는 소식을 전했다. 그 다음날 독재관은 라비키로 진군하라고 명령했고, 라비키는 곧장 포위되었다. 로

마 군은 공성 사다리를 통해 도시 내부로 침투하여 무자비하게 약탈했다. 그렇게 하여 임명된 지 한 주 만에 독재관은 승리한 군대와 함께 로마로 개선했고, 곧바로 독재관 자리에서 사임했다. 원로원은 로마 정부가 라비키로 1,500명의 이주자를 보내 정착시킨다는 결의안을 통과시켰다. 라비키 이주민은 1인당 약 1.5 에이커의 땅을 받게 될 것이었다. 이 결의는 참으로 시의적절했다. 그것은 라비키에 속한 영토 배분을 제안하려는 호민관의 시도를 미리 방지했고, 그리하여 토지 개혁이라는 심각한 문제의 재연을 사전에 방지했기 때문이다.

다음 해(기원전 417년) 집정관급 정무관으로 선출된 사람의 면면을 살펴보면 아그리파 메네니우스 라나투스, 루키우스 세르빌리우스 스트룩투스, 푸블리우스 루크레티우스 트리키피티누스(전부 3선), 스푸리우스 베투리우스 카시우스 등이었다. 그 다음 해의 집정관급 정무관은 퀸투스 파비우스 비불라누스, 아울루스 셈프로니우스 아트라티누스(전부 3선), 마르쿠스 파피리우스 무길라누스, 스푸리우스 나우티우스 루툴루스였다. 뒤의 두 명은 두 번째로 집정관급 정무관직을 맡았다. 이 두 해 동안 대외적으로는 평화로웠지만, 국내 정치는 토지 개혁이라는 해묵은 문제와 그에 따른 갈등으로 요동쳤다.

48. 평민을 선동하는 주도자는 스푸리우스 메킬리우스와 메틸리우스였는데 둘 다 호민관이었다(두 사람 모두 로마에 있지 않으면서도 호민관에 당선되었고, 전자는 4선, 후자는 3선이었다). 이들은 무력으로 획득한 모든 영토를 모든 시민에게 나누어 주자는 조치를 제안했다. 만약 국민 투표로 이 조치가 통과되면 대다수 귀족의 재산이 몰수당하게 될 것이었다. 로마는 본래 남의 땅에 세워졌기에 전쟁으로 획득한 영토를 제외하곤 영토랄 것이 거의 없었고, 나라가 매각하거나 양도한 영토 중에 평민 소유는 거의 없었다. 이렇게 토지와 관련하여 귀족과 평민의 처지가 달랐으므로 두 계급 간

의 필사적인 싸움이 곧 벌어질 것 같았다. 원로원에도 논의가 벌어졌고, 집정관급 정무관들과 주요 의원들도 사적으로 모여 논의했지만 어떤 방침을 채택할 것인지 결정하지 못했다. 정부는 어찌할 바를 몰랐고, 이 상황에서 원로원의 가장 젊은 의원인 아피우스 클라우디우스(10인 위원회 위원이었던 아피우스의 손자)가 하나의 해결안으로서 기발한 이간책을 제시했다.

"제게 계획이 하나 있습니다. 이 계획은 일종의 가보(家寶) 같은 것이지요. 아시다시피 저의 할아버님께선 호민관의 권력을 무너뜨릴 수 있는 유일한 방법을 원로원에 제시하셨습니다. 그건 바로 그들 중 일부를 포섭하여 동료의 제안에 거부권을 행사하게 하는 것이지요. 권력을 처음 맛본 자들은 위대한 정치 가문의 사람이 비위를 맞춰주는 방법으로 접근하면 쉽게 마음을 바꾸게 됩니다. 그런 식으로 접근하는 사람은 잠시 신분에 맞는 위엄은 잊고 요령 있게 말하기만 하면 됩니다. 호민관이란 자들은 모두 변덕이 심하고 줏대도 없습니다. 다른 호민관이 대담한 계획을 세워 군중에게서 높은 인기를 얻으면 그들은 자신이 홀대당하고 있다고 생각할 것이고, 그렇게 되면 기꺼이 동료 호민관을 배신하면서 원로원의 대의를 지지할 것입니다. 우리 귀족 당과 특히 그 지도자들의 환심을 사고자 하는 바람에서 말이지요."

젊은 아피우스의 제안에 원로원은 전반적으로 찬성했고, 특히 퀸투스 세르빌리우스 프리스쿠스는 클라우디우스 가문에서 훌륭한 자손이 나왔다며 열렬한 지지를 보냈다. 따라서 아피우스가 제안한 이간책은 곧바로 시행되었다. 첫 단계는 최대한 많은 호민관이 법안에 대해 거부권을 행사하게 만드는 것이었다. 원로원이 휴회하자마자 주요 의원들은 공작에 착수했다. 각 의원은 자신이 맡은 호민관을 붙들고 긴 이야기를 했으며, 결국 그들을 설득하는데 성공했다. 그들은 아첨과 위협을 적절히 섞어가며 자신은 물론이고 원로원도 감사 표시를 할 것이라 약속했고, 이렇게 하여 여섯 명의 호민관으로부터 거부권을 행사하겠다는 약속을 받아냈다.

다음날 계획에 따라 원로원에서 문제가 제기되었다. 내용은 호민관 메킬리우스와 메틸리우스가 말도 안 되는 농지 개혁 계획을 내세워 국내에 소요를 일으키려고 한다는 것이었다. 원로원의 주요 의원들은 발의를 할 때 호민관들의 도움이 없으면 이 위험에서 빠져나갈 방법이 없다고 역설했다. 그들은 나라가 심각한 사면초가에 내몰린 나머지, 이제는 마치 곤경에 빠진 평민이 그렇게 하는 것처럼 호민관의 도움에 기댈 수밖에 없다고 선언했다. 원로원 당을 괴롭히고 정치적인 갈등을 일으키는 권한 못지않게, 체제 전복을 노리는 동료 호민관의 사악한 시도를 가로막을 권한이 바로 자신에게 있다는 걸 알게 된 호민관들은 그들의 지위와 그 자리에 있는 자기 자신을 아주 자랑스럽게 생각했다.

호민관들의 그런 자랑스러운 생각은 원로원 의원들의 갈채를 받았다. 그런 소란스러운 갈채 속에서도 원로원 의원들은 호민관들에게 은근하게 호소하는 걸 잊지 않았다. 마침내 원내에 질서가 회복되자 원로원에 포섭된 호민관들은 동료의 법안에 거부권을 행사하겠다는 의사를 표시했다. 그들 역시 원로원 의원들처럼 해당 법안이 체제 전복적이라고 생각한다는 이유를 말했다. 원로원은 이에 정중하게 사의를 표했다. 상황이 이렇게 돌아가자 토지 배분 법안을 제안한 호민관들은 격노했고, 집회를 소집하여 그 변절자들을 평민 안녕의 배신자, 지배층의 알랑쇠, 그리고 두 사람이 생각할 수 있는 다른 모든 모욕적인 별명으로 맹렬하게 비난했다. 하지만 결국은 중과부적이었고 그들은 제안을 철회할 수밖에 없었다.

49. 다음 해(기원전 415년)의 집정관 권한을 지닌 집정관급 정무관들은 푸블리우스 코르넬리우스 코수스, 가이우스 발레리우스 포티투스, 퀸투스 퀸크티우스 킨키나투스, 마르쿠스 파비우스 비불라누스였다. 이해엔 하마터면 두 번의 전쟁이 벌어질 뻔했다. 베이이 귀족들은 티베르 강의 범

람으로 사유지에 큰 피해를 봤는데 특히 농장 건물은 심각하게 손상되었다. 이 일로 그들은 미신 같은 공포를 느껴 군사 행동을 연기했다. 아이퀴 인들 역시 3년 전의 패전으로 입은 피해를 떠올리면서 동족인 볼라이를 지원하는 일을 단념했다. 볼라이 인들은 라비키 영토를 습격하여 새로 정착한 사람들을 공격했는데, 아이퀴 인들의 지원을 받으면 책임을 면할 수 있으리라 기대했었다. 하지만 앞서 말한 이유로 그들은 실망하고 말았다. 아이퀴의 지원은 없었고, 이후 벌어진 전투는 여기에 기록하기엔 너무 사소한 수준의 것이었다. 한 번의 공성과 한 번의 소규모 전투로 볼라이 인들은 도시와 영토를 모두 잃었다. 호민관 루키우스 섹스티우스는 라비키처럼 볼라이에 이주민을 보내려 했지만, 그의 동료 호민관들이 거부권을 행사했다. 호민관들은 원로원의 지지 없는 국민 투표는 원하지 않는다고 선언했다.

다음 해(기원전 414년) 아이퀴 인들은 볼라이를 다시 점령했고, 그들은 새로 이주민을 보내 정착시킴으로써 기존보다 훨씬 더 그 도시의 방어를 강화했다. 로마에선 이해에 네 명의 집정관급 정무관이 선출되었는데 면면을 살펴보면 크나이우스 코르넬리우스 코수스, 루키우스 발레리우스 포티투스, 퀸투스 파비우스 비불라누스(2선), 마르쿠스 포스투미우스 레길렌시스였다. 가장 마지막 인물인 포스투미우스는 아이퀴 원정의 지휘를 맡게 되었다. 그는 여러 가지로 자질이 떨어지는 사람이었지만, 원정이 성공적으로 끝날 때까지 그런 성격적 결함은 뚜렷하게 드러나지 않았다. 병사를 모으고 즉시 볼라이로 진군할 때 그는 아주 민첩하게 움직였다. 로마 군이 적의 사기를 무너뜨리는 데는 몇 차례 소규모 교전만으로 충분했고, 이에 그는 곧 도시 안으로 밀고 들어갔다. 하지만 전투가 끝나자 그는 병사들을 배신했다. 공격할 때 도시 안의 모든 재물을 병사들에게 나누어주겠다는 약속을 지키지 않은 것이었다. 적어도 내 생각으로는 이게 병사들을 격분시킨 이유였다. 볼라이가 얼마 전에 이미 아이퀴 인들에게 한 번 약탈당한 바 있었고 또 이번에 새로 로마 군에게 점령되어, 로마 지휘관이 병사들에게 기대하게 만든 것보다 값나가는 재물들이 적었다는 사실을 다른 역사서는 지적하고 있지만, 앞선 말한 이유에 비해보면 사소한 것이었다.

하지만 이미 화를 삭일 수 없던 병사들은 얼마 지나지 않아 더욱 분노하게 되었다. 포스투미우스는 동료 집정관급 정무관들이 호민관의 반정부 제안을 막는 것을 도와달라고 요청하여 로마로 돌아갔는데, 이때 평민 집회에서 분별이 있거나 지성을 갖춘 사람이라면 절대로 하지 않을 말을 해버린 것이었다. 당시 호민관 섹스티우스는 토지 개혁 제안을 제출하며 볼라이에도 이주민을 보내야 한다고 선언했다. 그의 생각으로 그건 지극히 옳은 처사였다. 왜냐하면 도시와 영토는 반드시 그 땅을 무력으로 얻어낸 병사들에게 주어져야 했기 때문이다. 그런데 여기서 포스투미우스는 이런 거친 말을 했다. "내 부하 병사들이 그 일에 대해 입 닥치지 않으면, 호되게 경을 치게 될 거요!" 집회에 모인 모든 사람이 그의 말에 충격을 받았고, 실제로 이 말을 전해들은 원로원도 충격에 휩싸였다.

호민관 섹스티우스는 유능한 연설자였고 기회를 놓치지 않았다. 그는 포스투미우스 같은 상대를 정치적으로 활용하는 방법을 잘 아는 사람이었다. 저런 오만한 기질에 말(言)이 먼저 나가는 사람은 적당히 자극만 해주면, 그 자신(포스투미우스)에 대한 반감뿐만 아니라 원로원 당과 그들이 지지하는 대의에 대해서도 반감을 일으킬 발언을 할 것이 분명했다. 따라서 그는 최대한 포스투미우스를 논쟁 안으로 끌어들이려고 했다. 위에서 말한 냉혹하고 잔인한 발언이 끝난 뒤에 섹스티우스는 이렇게 외쳤다.

"로마 시민 여러분, 그가 병사들을 마치 노예처럼 여기고 위협하는 소리를 들으셨습니까? 이런 짐승 같은 자가 저런 고위직을 맡을 자격이 있습니까? 여러분에게 새로운 농장을 주어 정착시키려 하고, 어떻게든 노인들에게 집을 제공하려고 노심초사하고, 저런 잔인하고 냉혹한 적과 싸워 여러분의 행복을 챙기려는 저희 호민관들보다 고위직에 더 잘 봉사한다고 보십니까? 정말 그렇습니까? 여러분의 대의를 위해 기꺼이 어깨에 짐을 올리려는 자가 왜 그렇게 적은지 이제 이해하실 겁니다. 대체 그런 자들이 여러분에게 무엇을 기대해야 옳겠습니까? 당연히 여러분은 저자들에게 명예를 안겨주지 않을 것입니다. 여러분을 옹호하고 보호할 사람들 대신 여러분의 정적에게 명예를 안겨주지는 않을 테니까요! 그런데 저자가 방금 한 말을 듣고 여러분은 경악하여 숨이 턱 막히셨을 겁니다. 하지만 그래서 무엇이 어떻게 된다는 말입니까? 여러분이 지금 이 순간 투표를 요청받으면, 여러분의 재산을 보호하고, 여러분에게 생계유지의 농장을 제공하려는 열망을 품은 친구들보다 여러분의 등에 채찍질하겠다고 욕이나 퍼붓는 자를 선택할 것 아닙니까!"

50. 포스투미우스의 불쾌한 발언 내용은 얼마 지나지 않아 로마 군에 알려졌고, 병사들은 전에 없이 격분했다. 전리품을 가지고 장난치는 것도 모자라 실제로 병사들을 처벌하겠다고 위협했다니 그런 도발적 생각은 도저히 용납할 수 없었다. 병사들은 모두 분노를 느꼈고, 딱히 이를 숨기려고 하지도 않았다. 따라서 병사들의 반란을 예상한 재무관 푸블리우스 세스티우스는 그와 비슷한 강력한 방법으로 진압하는 것이 최선의 대응이라고 생각하여 폭력을 사용하겠다고 위협하기 시작했다. 그는 큰 소리로 불평하는 병사 한 사람을 지목하여 릭토르를 보내 체포하게 했다. 병사들 사이에서 고함과 욕설이 터져 나왔고, 곧 돌멩이 하나가 세스티우스에게 날아갔다. 이처럼 멱살 잡고 싸우는 상황에서 그는 뒤로 물러났고, 돌을 던진 병사는 장군이 우리에게 내리겠다고 위협한 처벌을 저자에게 내리자고 소리쳤다. 이후 포스투미우스가 현장에 도착했고, 그는 무자비한 진상 조사와 야만적인 처벌로 상황을 훨씬 더 악화시켰다. 그는 운반구에 바위를 넣어 반란자들을 압사시킬 것을 명령했고, 처벌을 받게 된 불쌍한

병사들은 비명을 질렀다. 병사들은 그런 조치를 도저히 참을 수 없어 형 집행을 중단시키려고 해당 병사들 주위로 몰려들었고, 포스투미우스는 이에 완전히 이성을 잃고 지휘관석을 떠나 멱살 잡고 싸우는 처형장으로 정신 나간 사람처럼 달려갔다. 릭토르들과 켄투리온들은 격분한 병사들을 해산하려고 온 힘을 다했지만 소용없는 일이었다. 결국 격분한 병사들은 돌을 던져 포스투미우스를 쳐 죽였다. 로마 군 내에서 사령관이 휘하 병사들에게 살해되는 일이 벌어진 것이었다.

이런 끔찍한 범죄가 로마에 보고되자 다른 집정관급 정무관들은 동료의 죽음을 원로원이 조사하는 절차를 밟아야 한다고 요구했다. 하지만 호민관들은 이 제안에 거부권을 행사했다. 이후 생겨난 갈등으로 인해 원로원은 이런 불안을 갖게 되었다. 평민이 격분하기도 했지만, 동시에 지휘관 피살 사건 조사도 우려되는 지금 분위기에선 자연스레 다음 해에는 평민 계급에서 집정관급 정무관들이 선출될 수도 있었다. 따라서 원로원 당은 끈질기게 설득 작업을 벌여서 집정관 선거를 얻어내려 했다. 그러나 호민관들도 가만히 있지 않았고, 지휘관 살해 범죄의 조사를 지시하는 원로원 법령을 가로막고 집정관 선거에도 거부권을 행사했다. 따라서 정부는 인테르레그눔(인테르렉스가 임시 통치하는 기간) 상태로 전환되었다.

51. 하지만 원로원 당은 결국 자기 뜻을 관철했고, 인테르렉스(임시 통치자)인 퀸크티우스 파비우스 비불라누스의 주재 아래 집정관 선거가 개최되었다. 선출된 집정관은 아울루스 코르넬리우스 코수스와 푸리우스 메둘리누스였다. 새로운 해(기원전 413년)가 시작되자마자 원로원은 결의안을 통과시켜 호민관들이 최대한 빠르게 시민들에게 포스투미우스 살해건 조사를 알리고, 해당 업무의 적임자를 시민들이 직접 선택하도록 했다. 이 일은 만장일치로 집정관들에게 맡겨졌다. 그 범죄 사건을 조사한 집정관들은 무척 관대한 결정을 내렸다. 반란을 일으킨 병사들 중 소수만 처형

되었는데, 그들마저도 실제로는 자결 처분이 내려진 것으로 알려져 있다. 집정관들이 이처럼 온건하게 사건을 처리했음에도 불구하고 평민은 만족하지 못했다.

평민은 계속 분노했다. 땅을 늘려주는 농지 개혁 같은 일은 몇 년 동안 아무도 신경 쓰지 않으면서 평민을 처형하는 법 같은 건 즉시 효율적으로 실행한다고 불평했던 것이다. 이젠 군내 반란 사건도 처리가 완료되었으니 볼라이 영토를 나눠 주는 문제를 논하기에 적기였고, 그 건은 성난 민심을 달랠 무척 좋은 선물이 될 터였다. 만약 그 일이 성사된다면 평민은 농지 개혁을 전보다는 덜 열망하게 될 것이었다. 원래 농지 개혁은 귀족들이 불법 점유하고 있다고 생각되는 땅을 환수하여 평민들에게 나누어 주려는 것이었으니까. 하지만 평민의 분노와 좌절은 계속되었다. 귀족들은 강제 점유한 소유지를 계속 포기하지 않으려 했을 뿐만 아니라 최근에 정복하여 획득한 영토도 배분할 생각이 없었다. 평민은 그 땅이 다른 영토와 마찬가지로 곧 소수 귀족의 배만 채우고 끝날 것이라고 생각했다.

이해에 집정관 푸리우스는 병력을 이끌고 출정하여 헤르니키 영토를 습격한 볼스키 인들을 징벌하러 나섰다. 적과 마주치지 못한 그는 곧 다수의 볼스키 병사가 머무른다는 페렌티눔 점령에 나섰다. 하지만 그가 도착하기도 전에 볼스키 인들은 도시를 지켜낼 수 없다고 생각하고서 어둠을 틈타 무장과 귀중품을 챙겨 도시에서 빠져나갔다. 다음날 로마 군이 도시를 점령했을 때, 전리품은 푸리우스 휘하 병사들이 기대한 것보다 많지 않았다. 도시는 거의 텅 비어 있었다. 도시 자체와 그 주변의 영토는 헤르니키에 되돌아갔다.

52. 호민관들이 절제하기로 하여 상대적으로 평온했던 한 해가 지난 뒤 퀸투스 파비우스 암부스투스와 가이우스 푸리우스 파킬루스가 집정관 자리에 올랐다. 이해(기원전 412년)엔 루키우스 이킬리우스가 호민관이 되었

고 그는 즉시 농지 개혁을 밀어붙이는 다양한 제안을 제출하여 강한 반정부 정서를 일으킴으로써 널리 명성을 떨쳤다. 하지만 전염병이 발발하여 사람들은 실제보다 더 큰 위협을 느꼈고, 자연히 정치보다는 생존이라는 당면 문제에 집중하게 되었다. 그렇지만 전염병은 여태껏 발생한 심각한 정치적인 문제들보다는 로마에 피해를 덜 입혔다. 전염병이 돌았을 때 시민들 대다수가 전염되었지만, 사망자의 수는 아주 적었다. 그러나 이런 행운은 보통 전염병이 돌던 해에 나타나는 다른 현상들에 의해 상쇄되었다. 곡식 농사가 원만하지 못했기에 흉년이 든 것이었다.

새로운 집정관들은 마르쿠스 파피리우스 아트라티누스와 가이우스 나우티우스 루틸루스였는데, 티베르 강을 따라 멀리 에트루리아 해안 지방까지 대표단을 파견하여 곡식을 수입해 오도록 했다. 만역 이런 조치를 취하지 않았다면 집정관의 임기 초반부터 식량 부족이 전염병보다 더 심각한 문제로 대두되었을 것이다. 카푸아와 쿠마이의 삼니움 인들은 무례한 태도로 곡물 거래를 거부했지만, 시칠리아 공동체의 귀족들은 관대하게 지원하는 모습을 보였다. 가장 많은 식량이 티베르 강 아래 지역에서 수입되어 왔는데, 주로 에트루리아 인들이 보여준 선의 덕분이었다. 이런 어려운 상황 속에 도시에 남은 사람들은 무척 적어서 집정관들은 각 지역구에서 한 명 이상의 원로원 의원이 참석하지 못할 때에는 할 수 없이 두 명의 기사(騎士) 계급 인사를 끼워 넣어 정족수를 채웠다. 두 해 동안 전염병과 그로 인한 식량 부족 외에는 국내외에 다른 골칫거리가 없었다. 하지만 이런 곤경을 극복하자마자 로마는 또다시 오래된 문제, 즉 정치적 갈등과 외국의 침략을 겪게 되었다.

53. 마르쿠스 아이밀리우스와 가이우스 발레리우스 포티투스가 집정관을 맡던 해(기원전 410년)에 아이퀴 인들은 병력을 동원하여 전쟁을 일으켰고, 볼스키 인들은 자발적으로 용병 자격으로 합류함으로써 그들에

게 비공식적인 지원을 했다. 그들이 전쟁을 준비하고 있다는 소식이 로마에 전해졌을 때 이미 그들은 라틴과 헤르니키 영토를 돌파한 상태였고, 이런 위협에 대응하여 집정관 발레리우스는 즉시 병사를 소집하려 했다. 하지만 호민관 메네니우스는 농지 개혁을 확고히 옹호하면서 먼저 그 문제를 해결하자면서 병력 징집을 막았다. 이에 따라 병역을 피하려는 자는 모두 호민관의 보호막 아래 숨어서 복무 서약을 거부했다. 이런 중대한 상황에서 갑자기 카르벤툼이 함락되었다는 놀라운 소식이 전해졌다. 이 부끄러운 패배는 메네니우스의 책략에 강한 타격을 주었다. 그것은 원로원 의원들 사이에서 메네니우스의 평판을 나쁘게 했을 뿐만 아니라 토지 개혁에 거부권을 행사하도록 이미 설득당한 다른 호민관들에게 더욱 강력하게 거부권을 행사할 빌미를 제공했기 때문이다.

그래도 토지 논쟁은 길게 이어졌다. 집정관들은 병사 징집을 막아 이미 당하거나 앞으로 당할 수 있는 로마의 수치나 패배는 전부 호민관 메네니우스의 단독 책임이라고 하늘과 땅에 엄숙하게 선언했다. 반면 메네니우스는 귀족들이 불법 점거한 공유지를 내놓는다면 얼마든지 징집에 협조하겠다며 거세게 반발했다. 이 논쟁은 아홉 명의 호민관이 전면에 나서면서 종결되었다. 그들은 호민관 단의 이름으로 결의안을 제출하여 메네니우스의 거부권에도 불구하고 병역 기피자들에게 벌금을 내리거나 그 외의 강제 조치에 집정관을 지지하겠다고 선언했다. 이 결의안에 힘입어 집정관 발레리우스는 병역 기피자 몇 명을 소환하여 투옥했고, 나머지는 겁을 먹어 결국 복무 서약에 응했다.

이렇게 하여 편성된 로마 군은 곧 카르벤툼으로 나아갔다. 집정관과 휘하 병사들 사이의 관계는 최악이었지만, 전쟁을 수행하는 데 필요한 활력은 전혀 부족하지 않았다. 적의 수비대 중 일부는 약탈하려고 자리를 비웠는데, 로마 군은 그 틈을 놓치지 않고 공격을 시작했다. 그들은 쉽게 남아 있던 수비대를 몰아내고 성채를 해방시켰다. 성채 안엔 엄청난 전리품이 있었다. 적군이 꾸준히 약탈을 해온 데다 안전한 보관을 위해 성채 안에다 모든 약탈품을 놔두었기 때문이다. 집정관은 재무관들에게 전리품을 경매할 것을 지시했으며, 수익금을 병사들에게 나눠주지 않고 국고에 귀속시켰다. 그러면서 휘하 병사들이 병역을 일차 거부했으므로 그들에게 돌아갈 몫은 없다고 선언했다. 이런 행동으로 발레리우스에 대한 평민과 병사들의 감정은 전반적으로 더욱 악화되었다.

따라서 원로원이 승전 기념 차 허락한 약식 개선식이 거행될 때 일반 사병들은 일반적인 기대와는 다르게 그에게 무례한 노래를 불렀다. 그들의 노래는 집정관을 욕하고 메네니우스를 칭송했는데, 개선식을 보려고 모인 군중은 후자의 이름이 언급될 때마다 갈채를 보내고 열정적으로 그를 지지하는 함성을 내질렀다. 군중들의 함성이 어찌나 큰지 병사들의 노래가 거의 파묻힐 정도였다. 원로원 당은 병사들이 지휘관에게 무례하게 행동하는 것보다 평민이 메네니우스에게 보내는 열성적인 지지가 더 비위에 거슬렸다. 어쨌든 전자는 전통적으로 병사들의 자유였기 때문이다. 원로원은 이런 광경을 지켜보면서 메네니우스가 집정관급 정무관직 후보로 나서면 분명히 당선될 것 같았다. 그러나 결국에는 집정관 선거가 열렸고, 메네니우스는 자연스럽게 배제되었다.

54. 새로운 집정관들은 크나이우스 코르넬리우스 코수스와 루키우스 푸리우스 메둘리누스(2선)였다. 평민 당은 그런 결과에 크게 분노했다. 그들은 자신이 얼마나 분노했는지를 이어진 재무관 선거에서 보여줬고 자연스럽게 복수에도 성공했다. 왜냐하면 평민 후보자들이 역사상 처음으로 재무관에 선출되었기 때문이다. 선출된 네 명의 재무관 중 귀족은 가이우스 파비우스 암부스투스 단 한 사람뿐이었다. 나머지 셋은 명문 귀족의 후보들을 누르고 당선된 퀸투스 실리우스, 푸블리우스 아일리우스, 푸블

리우스 푸피우스 였다.

내가 과거 역사서에서 읽은 바로는 이런 무척 민주적인 투표 결과는 이 킬리우스 가문 사람들의 영향 때문이라고 한다. 그해(기원전 409년)에는 반 귀족 성향으로 잘 알려진 이킬리우스 가문에서 무려 세 사람이 호민관으로 선출되었고, 그들은 좋은 소식을 듣고 싶어 하는 평민을 상대로 과도한 개혁을 약속했다. 게다가 그들은 다가올 재무관 선거(원로원이 귀족과 평민 모두에게 개방한 관직)에서 평민이 그토록 오랫동안 바라던, 게다가 이젠 법적으로도 임명 가능한 이 공직에 평민을 보내려는 강한 열의를 보여주지 않는다면, 앞으로 평민의 이익을 위해서 손가락 하나도 까딱하지 않겠다고 선언하기까지 했다. 그리하여 재무관 선거는 평민의 커다란 승리로 끝났다. 하지만 그들은 제한된 권력만 행사하는 재무관직을 그다지 중요하게 생각하지 않았다. 그래도 중요한 사실은 평민이 관직을 향하여 한 발짝 내디뎠다는 것이었다. 마침내 귀족이 아닌 새로운 사람들이 국가 최고위직과 가장 훌륭한 군사적 명예를 차지할 전망이 활짝 열렸다.

반면 귀족들은 적(평민)과 관직을 어쩔 수 없이 나눠야 한다는 차원을 넘어서서, 마치 앞으로는 관직을 차지할 권리를 완전히 잃어버린 것처럼 분노했다. 그들은 세상이 이런 힘든 상황이 된다면 후손을 키우는 게 무슨 소용이 있냐고 말했다. 자신들에게 걸맞은 자리를 빼앗기는 건 물론이고 당연한 명예를 다른 자들이 거머쥐는 꼴도 참기 힘든데, 제단에서 춤이나 추고 불이나 붙이는 사제직 같은 것을 맡으며 사람들을 대신해 초라하게 희생 의례만 올리고, 실제적인 권위나 권한은 아예 없게 된다면 대체 귀족은 앞으로 어떻게 하느냐는 것이었다. 실제로 귀족과 평민 양쪽에서 감정이 고조되었다. 평민들은 재무관 선거에서의 성공으로 고무된 데다 아주 훌륭한 세 사람의 지도를 받게 되었다고 기뻐했고, 반면에 귀족들은 귀족과 평민이 모두 입후보할 수 있는 선거는 결국 지금의 재무관 선거 꼴이

날 거라며 깊이 우려했다. 따라서 귀족들은 집정관급 정무관 선거를 막으려고 온 힘을 다했고, 평민이 입후보할 수 없는 집정관 선거를 고집했다. 이킬리우스 가문 출신 호민관들은 당연히 이에 맞서며 이제 평민이 귀족과 함께 진정한 권력을 나눌 때가 되었다고 선언했다.

55. 그러나 평민의 지도자들(호민관들)은 곤란한 상황이었다. 자신들의 요구를 강제할 수단이 없었기 때문이다. 실제로 그들은 당시 원로원 앞에 나가서 집정관 선거의 제안을 봉쇄하는 것으로 귀족에게서 양보를 받아야 했지만, 그럴 기회가 없었다. 그러던 중에 볼스키와 아이퀴 군대가 라틴과 헤르니키의 영토를 습격했다는 보고가 들어왔는데, 그것은 호민관들에게 뜻밖의 행운을 제공했다. 원로원은 군사적 위험에 대처하고자 병사 징집령을 내렸지만, 호민관들은 그 기회를 놓치지 않고 필사적으로 징집을 막고 나섰다. 그들은 행운이 자신들과 평민 편이라고 선언했다. 이킬리우스 가문 출신의 호민관 세 사람은 전부 엄청난 추진력을 갖고 있었으며, 평민 중에선 명문가 출신이었고 또 꼼꼼하게 일을 했다. 그들 중 두 사람은 계속 주의 깊게 집정관들을 관찰했고, 다른 한 사람은 평민들을 선동하는 역할을 맡았다. 후자는 집회를 열어 상황이 요구하는 대로 평민들을 행동하게 만들거나 아니면 행동을 억제했다. 한동안 양측 사이에 교착 상태가 이어졌다.

집정관들은 징집에 실패했고, 호민관들은 자신들이 원하는 집정관급 정무관 선거를 향해 나아가지 못했다. 그러다가 행운은 평민의 편을 들기 시작했다. 아이퀴 인들이 카르벤툼 요새를 점령했다는 소식이 들려왔기 때문이다. 로마 수비대가 시골 지역으로 약탈하러 나간 사이에 초소에 남아 있던 소수의 병사들은 전사했고, 약탈을 나간 수비대 중 일부는 개활지(들판)에서, 다른 일부는 서둘러 요새로 돌아가다가 학살당했다. 이런 불운이 전해지자 호민관들은 새로운 무기를 손에 쥐게 되어 더욱 거세게 동원령에 반대했다. 원로원은 이런 호민관들의 마음을 돌리기 위해 모든 수단을 동원해 보았지만, 아무 소용 없는 일이었다. 나라가 위험해도, 자기 평판이 나빠져도 그들은 양보하지 않았고 결국에는 그들이 성공을 거두었다.

다른 방법이 없던 원로원은 법령을 내려 집정관급 정무관 선거를 시행하겠다고 공표했다. 하지만 여기엔 조건이 달려 있었다. 그해에 호민관이었던 사람은 집정관급 정무관 후보로 출마할 수 없으며, 호민관으로도 다시 선출될 수 없다는 것이었다. 이 조건은 이킬리우스 가문 호민관들을 겨냥한 것이 분명했다. 원로원은 그 가문 사람들이 극렬한 반(反) 귀족 조치를 후원한 보상으로 평민에게서 국가 최고위직을 얻어내려 한다고 생각해 왔기 때문이다.

이후 반대 없이 징집과 총동원이 시작되었다. 집정관 두 사람이 모두 카르벤툼으로 갔는지, 아니면 그중 한 사람이 로마에 남아 선거를 주재했는지 여부는 전해지는 사료마다 달라 분명하지 않다. 그러나 카르벤툼 포위 작전이 오랜 시일이 걸리고 아무 이득이 없었고, 이후 포위를 그만둔 로마 군이 볼스키 영토의 도시 베루고를 점령하여 해방시켰다는 점은 일치한다. 두 도시와 아이퀴 영토를 대규모로 약탈한 결과 로마 군은 온갖 전리품을 엄청 많이 획득하게 되었다.

56. 로마에서 평민 당은 승리하여 집정관급 정무관 선거를 강제했지만, 선거 결과는 귀족의 승리였다. 일반적인 예상과는 반대로 모든 당선자가 귀족 출신이었기 때문이다. 당선자는 가이우스 율리우스 율루스, 푸블리우스 코르넬리우스 코수스, 가이우스 세르빌리우스 아할라였다. 이런 결과 때문에 귀족들이 선거를 조작했다는 소문이 나돌았다. 그 내용은(이킬리우스 가문 호민관들이 당시 이런 내용으로 귀족을 비난하기도 했다), 귀족들이 터무니없이 자격 미달인 평민 여러 명을 입후보자 목록에 올려놓았기 때문에 그 무자격 후보들의 악명 높은 비행에 혐오감을 느낀 많은 투표자가 평민 후보자들을 아예 선택하지 않았다는 것이다.

이후 미확인 보고가 로마에 도착했다. 볼스키와 아이퀴 인들이 카르벤

틈을 성공적으로 방어한 것에 고무되어, 혹은 베루고에서 수비대를 잃은 것에 분노하여, 모든 자원을 동원하여 로마와의 전쟁을 준비 중이라는 것이었다. 문제의 근원은 안티움이었다. 그 도시의 대표단은 볼스키와 아이퀴의 다양한 공동체를 방문하여 그들을 비난했다. 로마 군이 제멋대로 농지를 파괴하고 베루고의 수비대를 기습하여 몰살시켰는데도 두 부족이 지난해 성벽 뒤에 숨어만 있었던 게 너무나 비겁하다는 것이었다. 게다가 그들은 앞으로 더 나쁜 일이 들이닥칠 것이라고 예언했다. 곧 로마에서 공격대뿐만 아니라 이주민도 보내 그들의 영토에 정착할 것이라는 얘기였다. 그들은 또한 로마가 볼스키와 아이퀴의 재산을 약탈하여 나누어 가진 것만으로도 부족하여 페렌티눔을 빼앗아 우방인 헤르니키에게 넘겨주려 한다는 말까지 했다. 이런 선동적인 발언은 효과를 발휘했고, 안티움 대표단이 방문한 여러 도시에서 곧 징병이 시작되었다. 마침내 그들은 모든 군사적 잠재력을 안티움에 집중시키고 그곳의 방비를 강화하면서 적의 접근을 기다렸다.

　이런 동향을 알리는 소식이 로마에 도착하자 그런 상황에서 예상 가능한 것 이상으로 동요가 일어났다. 원로원은 위기 상황의 최후 수단인 독재관을 곧장 임명하고자 했다. 하지만 집정관급 정무관들 중 율리우스와 코르넬리우스는 이런 결정에 분노했고, 이후로 양측 사이에 치열한 논쟁이 시작되었다. 원로원의 지도자들은 그들의 노력이 허사가 되자 집정관급 정무관들이 원로원의 권위에 도전한다고 불평했고, 심지어는 호민관들에게 사정하듯 호소하기까지 했다. 그들은 호민관들과 허심탄회하게 이야기를 나누며 이와 유사한 경우에 호민관들이 위세를 부리며 집정관들도 압박했던 사실을 상기시켰다. 당연히 호민관들은 귀족 계급 사이에 생겨난 그런 분열을 내심 즐겼다. 그들은, 자신들을 시민은커녕 사람으로도 대우하려 하지 않는 귀족 당을 도울 의사는 없다고 말했다. 하지만 공직이 귀족과 평민 모두에게 공개되어 서로 공평하게 정부 관직을 나눠가질 수 있다면, 행정관들이 자만심에 빠져서 원로원의 법령을 제지하는 일이 없도록 기꺼이 돕겠다는 말도 했다. 호민관들은 그런 말을 하면서 귀족들이 법률과 제도를 계속 무시한다고 해도, 자신들은 평민을 위한 호민관 업무를 계속 밀어붙일 것이라고 암시했다.

57. 큰 전쟁을 앞둔 상황에서 이런 내부 논쟁이 벌어졌다는 건 참으로 불운한 일이었다. 모든 로마 시민은 이 논쟁에 정신이 팔린 상태였다. 날마다 율리우스와 코르넬리우스는 돌아가며 불평했다. 그들은 자신이 지휘관으로서 적임자인데도 나라가 자신에게 이미 위임한 지위를 이렇게 박탈하는 건 부당하다고 주장했다. 그런 식으로 다툼이 계속되어 마침내 다른 집정관급 정무관인 세르빌리우스 아할라가 개입했다. 아할라는 자신이 그토록 오래 침묵했던 건 결심을 하지도 못할 정도로 무능력해서가 아니라고 변명했다. 그는 훌륭한 시민이라면 국가의 이익과 개인의 이익을 서로 분리할 수 없다는 걸 안다고 말했다. 또한 자신은 동료 집정관급 정무관들이 호민관들이 행사한 권한에 굴복하지 말고, 원로원의 뜻을 받아들이길 바란다고 말했다. 그는 이렇게 말을 이어갔다.

"지금도 사정이 허락한다면 기꺼이 동료들에게 우둔한 고집을 내려놓을 시간을 주고 싶습니다. 하지만 전쟁은 가혹하여 숙고할 시간을 주지 않으니 저는 동료들을 배려하기보다 국익을 먼저 생각해야겠습니다. 원로원이 그들의 주장을 여전히 고수한다면, 저는 오늘 밤 독재관을 임명하겠습니다. 원로원의 결의에 거부권을 행사하는 사람이 있다면, 저는 원로원의 뜻을 따르겠다는 뜻을 분명하게 밝힙니다."

아할라의 개입은 널리 칭찬받았고, 또 당연히 그럴 만했다. 그리하여 푸블리우스 코르넬리우스가 독재관으로 임명되었고, 아할라는 그의 사마관으로 임명되었다. 이 이야기가 보여주는 것처럼, 어떤 때 특혜와 승진은 그것들을 추구하지 않는 자의 무릎에 저절로 굴러 떨어지기도 한다.

뒤이은 원정에 관해선 주목할 만한 사항이 없다. 단 한 번의 손쉬운 교전으로 안티움의 적군은 궤멸되었다. 로마 군은 볼스키 농지를 초토화하고 푸키누스 호수에 있는 요새를 공격하여 3천 명의 포로를 붙잡았다. 나머지 볼스키 인들은 뒤로 내몰려 성벽 뒤로 피신했고, 농장은 아예 방어하지도 않았다. 별로 대단한 것은 아니었지만 독재관은 운명이 자신에게 요구하는 일을 해냈다. 그는 성공을 거두고 로마로 돌아왔지만, 실제로 영광을 거의 얻지 못했다. 임무를 마친 그는 곧바로 사임했다.

집정관급 정무관들은 집정관 선거에 관해선 일언반구도 없이 다음 해에 또다시 집정관급 정무관 선거를 시행한다고 선언했다. 내 생각으로는 독재관 임명에 대한 그들의 분노가 아직 가시지 않아서 이런 결정이 내려진 것 같다. 그것은 귀족 당 내에서 벌어진 결정이었으므로 귀족의 대의를 배신한 것이었다. 그리하여 귀족들은 그 어느 때보다도 그런 상황을 크게 우려했다. 이에 귀족들은 작년의 작전을 정반대로 사용하기로 했다. 작년에 그들은 여러 명의 무자격자 평민 후보를 입후보자 명단에 올림으로써 사람들의 경멸을 받도록 사주했다. 하지만 이번엔 명성과 인기가 가장 높은 주요 원로원 의원들을 후보자 명단에 올렸고, 따라서 그 후보들이 집정관급 정무관직을 전부 차지할 수 있었다. 평민 후보들은 아예 기회조차 없었다. 선출된 네 명은 전부 집정관급 정무관 경력자였고, 면면을 살펴보면 루키우스 푸리우스 메둘리누스, 가이우스 발레리우스 포티투스, 크나이우스 파비우스 비불라누스, 가이우스 세르빌리우스 아할라 등이었다. 아할라는 최근의 위기에서 현명하게도 자제하는 모습을 보여 높은 인기를 얻음으로써 연임하게 되었지만, 그가 지닌 다른 자질들도 집정관급 정무관직의 수행에 전혀 부족함이 없었다.

58. 이해(기원전 407년)에 베이이와의 휴전이 끝나자 로마는 이전에 입

었던 손해를 보상받으려는 절차를 밟았다. 전령 사제들과 함께 파견된 로마 대표단은 베이이 대표단과 국경에서 만났다. 로마 대표단과 만난 베이이 대표단은 그들이 로마 원로원을 접촉할 때까지 협상 절차를 진행하지 말자고 요청했다. 이 요청은 받아들여졌고, 원로원은 협상의 타결을 요구하지 않기로 했다. 왜냐하면 당시 베이이가 내부의 계급 간 갈등으로 혼란스러웠기 때문이다. 로마는 다른 나라의 곤경을 이용하려 들지 않았다.

얼마 뒤엔 베루고 수비대가 궤멸되는 사태가 벌어졌다. 이런 참사가 일어나게 된 건 모든 일에서 무척 중요한 타이밍을 제대로 맞추지 못해서였다. 포위된 로마 수비대는 본국에 지원을 요청했고, 즉시 지원군이 파견되었더라면 구원을 받았을 것이다. 하지만 로마 지원군이 도착했을 때 적은 시골 지역으로 흩어져 약탈품을 찾는 중이었고, 수비대 전원은 이미 목숨을 잃은 상태였다. 이런 시간적 지연은 원로원만큼이나 집정관급 정무관들도 그 책임이 컸다. 비록 수비대가 강하게 저항 중이라는 보고가 있었지만, 집정관급 정무관들은 그 어떤 용맹도 인간이 가진 힘의 한계 이상으로 발휘될 수 없음을 깨닫지 못했다. 하지만 죽었든 살았든 용맹한 로마 병사들에 대한 복수는 반드시 해주어야 했다.

다음 해(기원전 406년)의 집정관급 정무관들은 푸블리우스와 크나이우스 코르넬리우스 코수스, 크나이우스 파비우스 암부스투스, 루키우스 발레리우스 포티투스였다. 이해엔 베이이와의 전쟁이 선포되었는데, 베이이 원로원이 모욕적인 발언을 한 것이 사단이 되었다. 로마 대표단은 지난번 미루어둔 보상을 다시 요구했고, 이에 베이이 원로원은 그들에게 베이이 영토에서 즉시 떠나지 않으면 라르스 톨룸니우스가 그들의 선조에게 했던 것처럼 또다시 학살할 것이라고 대답했다. 이는 도저히 묵과할 수 없는 모욕이었고, 로마 원로원은 베이이에게 전쟁을 선포하기로 결정하고 최대한 빠르게 시민들의 동의를 요청하라며 집정관급 정무관들에게 지시했다. 그러나 분노한 시민들의 항의가 빗발쳤다. 볼스키와의 전쟁이 끝나지도 않았는데 무슨 새로운 전쟁이냐는 얘기였다. 게다가 최근 두 개의 수비대가 전멸했고, 나머지도 큰 위험에 처해 있고 또 어느 한 해라도 전투가 없이 지나간 적이 없다고 불평했다. 이런 문제들만으로도 골치가 아픈데, 마치 아무런 문제도 없다는 듯이 새로운 전쟁 준비가 웬 말이냐는 것이었다. 그것도 에트루리아 전역을 적으로 돌리게 만들지도 모르는 아주 강한 이웃 나라를 상대로 지금 이 시기에 꼭 전쟁을 해야겠느냐고 아우성이었다.

이에 호민관들은 좋은 기회를 잡았다며 평민의 불만을 부채질하는데 집중했다. 그들은, 원로원이 싸우고 있는 진정한 적은 베이이나 다른 외적이 아니라, 로마의 평민들이라고 주장했다. 호민관들은 원로원이 할 수만 있다면 평민들에게 군복무를 강요하여 전쟁터에서 목숨을 잃게 하는 등 의도적으로 평민을 괴롭히고 있다고 지적했다. 그들의 주장에 의하면, 원로원이 이처럼 평민들을 국외로 파견하려고 하는 건 두려움 때문이라는 것이었다. 원로원은 평민들이 본국에서 평온한 삶을 누리면 금지된 사항들, 즉 자유, 경작할 수 있는 자신의 농장, 공유지 배분, 양심에 따라 투표할 권리 등을 생각하게 된다는 것이었다. 호민관들은 오랫동안 참전한 평민들을 광장에 오게 하여 그들이 군복무한 기간을 헤아리고, 그들이 입은 상처와 남은 흉터를 셌다. 그러면서 무척 분노하는 목소리로, 이 불행한 평민들의 신체에 또다른 깊은 상처가 생길 구석이 어디에 있으며, 나라를 위해 앞으로 얼마나 더 많은 피를 그의 혈관에서 흘려야 하느냐고 물었다. 이런 날카로운 연설을 함으로써(공중 연설에서 비슷한 주장이 반복되었다), 호민관들은 베이이와의 전쟁 선포에 대하여 평민의 강력한 반대를 이끌어냈다. 따라서 징집 문제에 관한 논의는 일시적으로 중단되었다. 평민의 분노가 이처럼 강력한데, 그런 분노를 무시하고 동원령을 밀어붙여서는 성공할 가능성이 별로 없었기 때문이다.

59. 그러는 사이 집정관급 정무관들이 지휘하는 부대를 현지에 파견하여 볼스키에 맞서야 한다는 결정이 내려졌다. 크나이우스 코르넬리우스만 로마에 남아 내치를 담당하고, 나머지 세 명은 부대를 셋으로 나눠서 각자 담당 부대를 이끌고 적을 상대하러 나섰다. 발레리우스는 안티움으로 갔고, 코르넬리우스는 에케트라로 나아가 적의 병력이 집중되는 걸 막으려고 드넓은 지역의 농지와 농장 건물을 파괴했다. 파비우스는 곧장 주요 목표인 안욱수르(현재의 타라키나이)로 진군했고, 습지 쪽으로 완만한 경사를 이루며 기울어지는 도시의 측면을 공격했다. 그와 동시에 세르빌리우스 아할라의 지휘를 받는 네 개의 보병대는 도시 뒤의 고지에 있는 산등성이를 점령했고, 그곳에서 로마 군은 방비가 없는 성벽에 기습 공격을 가했다. 이 소규모 병력은 최대한 시끄러운 소리를 내며 공격했고, 이는 소기의 효과를 올렸다. 파비우스에 대항하여 도시의 낮은 지대를 지키던 적군은 이 함성에 정신이 팔렸고, 그 사이에 적의 성벽에 공성 사다리가 설치되었다.

얼마 후 도시 전역에 침입한 로마 군은 적이 저항하든 도망치든 무차별로 공격했다. 베이이의 병사와 시민은 똑같이 무자비하게 살육되었다. 마침내 힘없는 시민들은 항복하더라도 자비가 없을 걸 깨닫고 억지로 싸움에 나섰다. 그 순간, 로마 군 사령관은 무기를 들지 않은 자는 해치지 말라는 명령을 내렸고, 모든 적군 병사는 즉시 손에 든 칼을 내려놓았다. 약 2,500명의 포로가 붙잡혔다. 파비우스는 동료들이 도착할 때까지 휘하 병사들에게 도시의 귀중품에 손대지 말라고 명령했다. 다른 부대가 볼스키의 지원군이 오는 걸 막았기에 안욱수르 점령이 가능했고 그래서 전리품은 공평하게 나눠가져야 한다는 이유에서였다. 다른 두 부대가 도착하자 로마 군은 즉시 도시를 약탈했다. 그 도시는 오랜 기간 번영했으므로 부유했고, 세 명의 로마 사령관은 약탈 과정에서 관대한 모습을 보였기에 전리품과 관련된 평민과 귀족의 해묵은 반감은 어느 정도 해소될 수 있었다. 이후 국가 지도자들은 무척 시의 적절하게 평민에게 호의를 베풀었다. 원로원은 평민이나 호민관들로부터 사전 제안이 없었는데도 법령을 내려 군 복무를 충실히 수행한 병사들에게 국고에서 임금을 지급하기로 했다. 그때까지 모든 병사는 자비로 전쟁 비용을 부담해 왔다.

60. 이 혁신적인 조치로 인한 기쁨은 전례가 없는 것이었다. 평민은 원로원 회의장에 몰려들어 밖으로 나오는 의원들과 악수하며 그들을 실제로 아버지라 불렀다(모든 의미에서). 그들은 또한 지금부터 이런 관대한 조국을 지키기 위해서라면 여력이 있는 한 몸과 피를 아끼지 않을 것이라고 선언했다. 실제로 이 선물은 두 가지 이유로 환영받았다. 법의 구속력 때문에 병역에 몸이 매인 가난한 병사는 그의 작은 재산을 늘릴 수 없었는데, 그 조치는 이런 가난한 자들을 구제했다. 하지만 그보다 더 나은 점은 그런 조치가 호민관들이나 평민의 요구 없이 원로원에서 자발적으로 이루어졌다는 것이었다. 이에 평민은 크게 만족하면서 진심으로 고마워했다.

이런 큰 기쁨과 호혜(互惠)에 동참하지 못한 것은 호민관들이었다. 그들은 새로운 조치가 예상보다 그리 흡족하지 못하고 또 그리 큰 성공을 거두지도 못할 것이라고 예측했다. 언뜻 보기에는 훌륭해 보여도 막상 경험해 보면 그런 조치의 단점이 곧 드러나리라는 것이었다. 예를 들면 그 재원을 어떻게 마련하겠느냐는 것이었다. 만약 어디에선가 염출해야 한다면 반드시 평민에게서 세금을 걷을 것이고, 그렇게 되면 원로원은 남의 돈으로 생색만 내는 꼴이 될 터였다. 게다가 호민관들은 다른 사람들이 어떻게 생각하든 제대한 퇴역 병사들은 생각이 다를 것이라고 말했다. 제대 군인들은 자신들이 받았던 근무 조건보다 더 나은 조건으로 후배 병사들이 혜택을 보는 것을 결코 용납하지 않을 것이라는 얘기였다. 또한 이미 퇴역 병사들이 과거에 전쟁 비용을 자비로 부담했는데, 이제 와서 후배 병사들의 비용을 자신의 세금으로 대신 부담하는 부당한 처사를 용납하겠냐는 것이었다.

이런 주장들은 일부 평민에게 영향을 미치기도 했다. 결국 세금이 부과되었고, 호민관들은 해당 세금에 대하여 납부를 거부하는 평민들을 보호하겠다고 공개적으로 선언했다. 하지만 귀족들은 그들의 전도유망한 혁신적인 조치가 그처럼 폄하되는 걸 좌시하지 않으려 했다. 당시엔 아직 은화가 유통되지 않아서 일부 귀족은 청동 덩어리를 수레에 가득 실어 국고에 납부하는 광경을 연출하기도 했다. 이런 모습에 탄력을 받아 일은 착실히 진행되었다. 원로원 의원은 모두 충실하게 부과된 세금을 냈다. 평민 계급을 주도하는 사람들 중 귀족과 친분이 있는 이들은 합의한 대로 세금을 내기 시작했다. 하층민들은, 귀족들로부터 칭송받고 병역 의무자들로부터 훌륭한 시민으로 인정받는 사람들이 세금 내는 것을 보고서, 다들 앞다투어 세금을 내려 했고 호민관들의 보호 약속 따위는 거들떠보지 않았다. 이후 베이이에 전쟁을 선포하는 제안이 통과되었고, 새로운 집정관급 정무관들은 대체로 지원병으로 구성된 부대를 이끌고 군사 행동에 나섰다.

61. 집정관급 정무관들은 티투스 퀸크티우스 카피톨리누스, 퀸투스 퀸크티우스 킨키나투스, 가이우스 율리우스 율루스(2선), 아울루스 만리우스, 루키우스 푸리우스 메둘리누스(3선), 만리우스 아이밀리우스 마메르쿠스였다. 그들은 로마 군 지휘관으로서는 처음으로 베이이를 포위했다. 포위가 시작되고 얼마 지나지 않아 에트루리아 공동체들은 볼툼나 신전에서 본회의를 열고서 에트루리아 전체가 단결하여 베이이를 방어할 것인가, 하는 문제를 논의했지만 결국 합의를 보지 못했다.

다음 해(기원전 404년)에 일부 로마 지휘관이 볼스키 원정을 수행하러 떠나며 병력을 나눴으므로 베이이 포위는 다소 느슨해지게 되었다. 새로운 집정관급 정무관들은 가이우스 발레리우스 포티투스(3선), 만리우스 세르기우스 피데나스, 푸블리우스 코르넬리우스 말루기넨시스, 크나이우스 코르넬리우스 코수스, 가이우스 파비우스 암부스투스, 스푸리우스 나우티우스 루틸루스(3선)였다. 로마 군은 페렌티눔과 에케트라 사이에서 볼스키 군과 교전하여 승리했고, 이후 볼스키의 도시 아르테나에 포위 작전이 시작되었다. 적은 포위를 돌파하려고 했으나, 로마 군은 오히려 그들을 격퇴하여 성벽 안으로 내몰았다. 이런 혼란을 틈타 로마 군은 성문을 돌파했고, 도시는 천연 요새인 중앙 요새를 제외하고 모두 함락되었다. 적군은 소수 병력만이 요새에 자리 잡았고, 아래 도시에 있는 대다수 병사들은 죽거나 붙잡혔다. 이후 요새도 포위됐지만, 그 규모에 걸맞은 병력이 수비하고 있어서 포위 공격만으로는 함락시킬 수 없었다. 장기전으로 굶주림을 유도하여 항복을 노리는 작전도 쓸 수도 없었다. 왜냐하면 그 도시가 소유한 모든 곡식은 함락되기 전에 그 요새에 미리 저장되었기 때문이다.

마침 어떤 배신자 노예의 은밀한 정보를 이용하여 요새를 점령하지 못했더라면 포위 중인 로마 군도 가망 없는 일에 엄청난 피곤함을 느꼈을 것이다. 배신자 노예는 로마 군을 어떤 가파른 오르막길로 안내했고, 이에 힘입어 그들은 요새 안으로 침입했다. 보초를 서던 적군 병사들은 살해당했고, 요새의 나머지 병력은 기습 사실을 알고서 겁에 질려 항복했다. 요새와 도시는 파괴되었고, 이후 볼스키 영토에 있던 로마 군은 철수했다. 이제 로마 군은 베이이 공략에 전력을 집중했다. 배신자 노예는 보상으로 자유를 얻고 어느 두 집에서 나온 재산을 물려받았으며, 세르비우스 로마누스라는 이름을 새로 얻었다. 일부 사료에선 아르테나가 볼스키가 아닌 베이이의 영토라고 잘못된 주장을 펼친다. 이런 오류가 생긴 이유는 카이레와 베이이 사이에 동명의 도시가 있었기 때문이다. 그 도시는 카이레의 속국이었는데 로마의 왕정 시절에 파괴되었다. 위에서 방금 말한, 파괴된 아르테나는 볼스키의 영토였다.

제 5 권

로마의 함락

1. 다른 곳엔 평화가 확립되었지만, 로마와 베이이는 상대방에게 증오를 드러내고 흉포한 행동을 하면서 대치하고 있었다. 누구도 전쟁에서 패배하는 쪽이 멸망할 것이라는 생각을 의심하지 않았다. 두 도시에서 열린 선거는 그들의 정책이 얼마나 상이한지 잘 보여주었다. 로마는 집정관급 정무관의 수를 여덟 명으로 늘리는 전례 없는 조치를 취했다. 당선자들은 만리우스 아이밀리우스 마메르쿠스(2선), 루키우스 발레리우스 포티투스(3선), 아피우스 클라우디우스 크라수스, 마르쿠스 퀸크틸리우스 바루스, 루키우스 율리우스 율루스, 마르쿠스 포스투미우스, 마르쿠수 푸리우스 카밀루스, 마르쿠스 포스투미우스 알비누스였다.

　베이이는 그와는 반대로 매년 치열하게 벌어지는 관직 쟁탈전에 염증을 느끼고 왕을 임명했다. 다른 에트루리아 공동체는 이런 정부 체제의 변화에 불쾌함을 감추지 못했다. 여기에는 정치적 이유 못지않게 개인적 이유도 작용했는데, 새로운 베이이의 최고 권력자가 너무 부자여서 대다수 사람들의 반감을 사고 있었기 때문이다. 특히 왕은 이전에 장엄한 국가 축제를 중단시켜 사람들의 종교적인 감정을 해치고 또 엄청난 분노를 사는데 이것 역시 반감의 이유 중 하나였다. 과거에 12인회는 그를 사제로 선출하려고 했으나 실패했고, 이런 거부에 격노한 그는 예고도 없이 한창 공연이 진행되는 중에 대다수의 배우를 데리고 밖으로 나가버렸다. 이건 그 배우들이 그의 노예였기에 가능한 일이었다.

에트루리아 공동체는 모든 종류의 신성한 전승에 대하여 박학한 지식을 자랑했고, 그 어떤 다른 국가보다 종교적인 문제에 신경을 썼다. 따라서 현재의 베이이 왕이 통치하는 동안에는 베이이를 돕지 않기로 한 그들의 결정은 당연한 것이었다. 이런 결정은 베이이에서는 비밀에 부쳐졌다. 왕은 이런 부류의 소식을 전하는 사람을 항상 단순한 전달자가 아닌 반란의 우두머리 취급을 했고, 시민들은 그런 왕을 두려워했기 때문이다. 로마인들은 보고를 통해 에트루리아 공동체가 현재 무척 평온하다는 걸 확인했지만, 그들이 국무회의 때마다 베이이 지원 문제를 논의한다는 사실 또한 인지하고 있었다. 따라서 로마 군은 공격과 방어를 할 수 있게 대내외 보루를 건설하면서 외침에 대한 경계를 늦추지 않았다. 도시 쪽으로 지어진 보루는 도시 내부의 출격을 막고, 개활지 쪽으로 지어진 보루는 혹시 모를 에트루리아의 다른 도시에서 파견할 지원군을 방어할 예정이었다.

2. 로마 지휘관들은 직접 공격하는 것보다 포위가 성공의 전망이 높다고 판단하여 겨울숙영지를 구축하는 절차에 들어갔는데, 이는 전례가 없던 일로서 일년 내내 전투를 계속하겠다는 뜻이었다. 얼마 동안 시비 걸 구실이 없었던 로마의 호민관들은 지휘관들의 의도를 풍문으로 접하자 곧바로 기회를 붙잡았다고 생각했다. 그들은 서둘러 집회를 소집하고 온갖 수단을 동원하여 군중의 화를 북돋우려 했다.

"이게 바로 병사들에게 급료를 지급한 이유입니다! 우리가 그럴 줄 알았던 것처럼 실제로 독이 든 선물이었던 것입니다. 평민의 자유는 돈에 팔려버렸습니다. 병역에 적합한 사람들은 모두 도시에서 영원히 벗어나 도시 생활도 못 하고, 정치에서도 배제될 것입니다. 심지어 겨울이 닥치더라도 집에 오지 못하고, 개인 용무를 처리할 수도 없을 것입니다. 겨울에도 전쟁을 하겠다는 이 새로 나온 생각의 이면에 무엇이 있겠습니까? 우리가 여러분께 말씀드리겠습니다. 그들은 그저 평민의 대의를 지지하는 힘 있는 사람들을 대부분 로마 밖으로 빼돌리려 하는 것입니다. 그들이 로마에 없으면 여러분이 바라는 일은 하나도 성취되지 않을 테니까요. 게다가 우리의 병사들은 베이이의 적군보다 훨씬 더 큰 고통을 받고 있습니다. 적군은 겨울 동안 지낼 수 있는 집이 있고, 자연환경과 훌륭한 도시 성벽 덕분에 보호받을 수도 있습니다. 반면 우리 로마 군은 서리와 눈을 맞으면서도 고된 축성 작업을 해야 하고, 추운 텐트 속에서 지내야 합니다. 과거에는 이 계절에 육전(陸戰)이건 수전(水戰)이건 전혀 전쟁을 하지 않았지만, 지금은 칼조차 칼집에 집어넣지 못하고 있습니다. 정말 우리는 여름이나 겨울이나 계절을 불문하고 강제로 원정을 떠나야 합니까? 이런 일은 왕들이나 혹은 호민관 존재 이전의 오만한 원로원이 부과했던 고역보다 훨씬 더 심각한 것입니다. 독재관의 음침하고 무자비한 권력이나 아집이 강하고 오만한 10인 위원회가 저지른 그 어떤 악행보다도 나쁜 짓입니다."

"이들은 집정관의 권한만 가지고 있을 뿐인데도 그것을 야만적으로 행사하는데, 실제로 그들이 집정관이나 독재관이었다면 어떤 일이 벌어졌겠습니까?"

"동포 여러분, 이렇게 된 건 당연한 운명입니다. 여덟 명의 집정관급 정무관이 선출되었지만, 평민 계급에선 단 한 사람도 그 자리에 들어가지 못했습니다. 과거에 귀족은 힘겹게 선거를 치른 뒤에야 한 해에 세 자리 정도를 차지했습니다. 하지만 이제 그들은 선거 기간이 되면 여덟 필의 말이 한 조가 되어 관직을 차지하려고 전속력으로 달려갑니다. 군복무를 수행하는 병사들은 노예가 아니라 자유민이자 동료 시민이며, 적어도 겨울엔 고향으로 돌아와 집에서 안락하게 생활하며, 부모, 아내, 자식을 보아야 합니다. 그리고 로마 시민의 특권인 투표권을 행사해야 합니다. 하지만 안타까운 건 이런 점을 동료에게 상기시켜주는 평민이 단 한 사람도 이 군중 속에서는 보이지 않는다는 것입니다."

호민관들은 그들의 열변에 완벽하게 맞서는 적임자를 곧 직면하게 되었다. 그는 아피우스 클라우디우스로, 귀족들은 호민관이 일으킬 문제를 처리하려는 목적으로 그를 로마에 머무르게 했다. 성인이 되고 난 이후 그는 평민 계급에 적극적으로 반대하는 활동을 벌이며 삶의 대부분을 보냈다. 이미 언급한 바와 같이 몇 년 전 호민관 몇 사람을 설득하여 다른 호민관의 제안에 거부권을 행사하게 만듦으로써 호민관의 권력을 무너뜨리는 이간책도 그가 제안한 것이었다.

3. 영리한 사람이자 숙련된 연설가였던 아피우스는 이 상황에서 다음과 같은 연설을 했다. "로마 시민 여러분, 호민관들이 늘 선동을 조장하는 일이 여러분을 위한 것인지, 아니면 그들 자신을 위한 것인지 의문스러웠는데, 이제 그 의문이 확실히 해결되었습니다. 지난 몇 년간 여러분은 사태의 성격을 제대로 알지 못했지만, 이젠 알게 되었습니다. 그리고 전 그런 점을 다행으로 생각합니다. 더욱이 여러분을 축하합니다. 또 여러분을 대신하여 우리 조국 또한 축하하려고 합니다. 왜냐하면 일이 잘 진행되면 지금까지의 잘못된 일은 한 번에 정리될 것이기 때문입니다. 그런 일이 정말 있었는지는 모르겠습니다만, 여러분이 부당한 일을 당했을 때 호민관들이 지금처럼 극도로 분노한 적이 있습니까? 병역을 수행하는 병사들에게 선물조로 급료를 지급하겠다는 원로원의 말을 듣고 격분한 것처럼, 그들이 화를 낸 적이 있느냐는 말씀입니다. 이처럼 명백히 알 수 있는 일이 또다시 있습니까? 그들이 두려워하는 것 혹은 그들이 오늘날 파괴하려고 하는 것은 계급 간 화합, 즉 귀족과 평민 간의 조화임이 분명합니다. 그들은 그것이 다른 어떤 것보다도 호민관직의 붕괴에 큰 영향을 미친다고 확

신하고 있습니다. 그들은 일거리를 찾는 정직하지 못한 돌팔이 의사와 같습니다. 그들은 정체(政體)에 늘 병증(病症)이 있는 상황을 최적의 조건으로 생각합니다. 그래야 그들에게 사태를 바로잡으라는 요청이 들어오기 때문입니다."

"자, 호민관 여러분, 여러분은 어느 편입니까? 평민을 수호하고 있습니까, 아니면 공격하고 있습니까? 전장의 병사들을 위하고 있습니까, 아니면 그들을 적으로 돌리고 있습니까? 제 개인적인 생각에, 여러분의 진정한 입장은 반대를 위한 반대입니다. 여러분은 원로원이 하는 일이라면 정치적인 영향과는 상관없이 무조건 반대합니다. 어떤 주인은 가문 이외의 사람이 가문의 노예를 돕지도 해치지도 못하게 하고, 또 가문의 노예와 아무런 거래도 못하게 한다고 합니다. 마치 이런 주인처럼, 여러분은 귀족과 평민 간의 모든 교류를 막으려고 합니다. 당신들은 우리 귀족의 친절과 관대함이 평민들에게 영향을 미쳐 우리의 조언에 귀를 기울일까 두려운 것입니다. 여러분이 조국을 사랑한다면, 아니, 조금이라도 인정머리가 있다면 귀족과 평민 사이에 적절한 상호관계가 발전되는 상황을 최대한 환영해야 합니다. 귀족은 친절하게 평민을 대하고, 평민은 선뜻 귀족을 따르면 얼마나 좋겠습니까? 두 계급이 영원히 조화로울 수 있다면 우리가 빠르게 인접국들을 제압하고 나아가 지배력을 확대할 수 있습니다. 누가 이렇게 단언하는 걸 주저하겠습니까?"

4. "동료들이 내린 결정, 즉 목표를 달성할 때까지 베이이에서 철수하지 않겠다는 결정이 왜 훌륭할 뿐만 아니라 필수적인지를 지금부터 설명하겠습니다. 하지만 우선 전장에 있는 병사들의 실제 상태부터 언급하고자 합니다. 병사들이 제가 말하는 것을 들을 수 있고 비판할 수 있다면 여러분뿐만 아니라 그들도 제 주장이 정당한지 판단할 수 있을 겁니다. 제가 어떤 주장을 제대로 펼치지 못했다면 저는 상대의 주장을 기꺼이 받아들

이겠습니다. 호민관들은 전에도 병사들에게 급료를 지급한 적이 없으니 앞으로도 급료를 지급해선 안 된다고 주장하고 있습니다. 그렇다면 예전보다 형편이 더 나은 사람들에게 더 많은 일을 하라는 요구에 호민관들이 반대하는 이유가 무엇입니까? 일반적으로 말하면 보수 없는 노동 없고, 노동 없는 보수는 없습니다. 노동과 즐거움은 명백히 정반대이지만, 그 상관관계는 분리될 수 없습니다. 병역을 수행하는 사람들은 아무리 나라를 위한 일이라지만 비용을 자신이 부담해야 하는 상황에 분노했습니다. 하지만 적어도 한 해에 농장에서 일하는 시간이 주어졌기에 가족을 부양하는 소득을 올릴 수 있다는 점에서 그들은 기뻐했습니다. 다시 원정에 나서야 할 때조차도 그런 일할 시간이 있었습니다. 지금 그들은 그에 못지않게 기뻐합니다. 왜냐하면 국가가 그들의 소득에 이바지하기 때문입니다. 그들은 급료 지급을 반대할 이유가 없습니다. 따라서 고향과 농장에서 조금 더 오래 떨어져 있다 하더라도 더 이상 부담이 되지 않습니다. 엄격하게 상업적인 토대에서 이 일을 논하자면, 국가는 이렇게 말할 수 있습니다. '1년 치 급료를 받았으니, 1년 치 일을 하시오. 설마 1년 치 급료를 받고 6개월 치 일을 하는 게 정당하다고 생각하지는 않겠지요?'"

"실은 이런 측면에서 자세한 논의를 하는 건 불쾌한 일입니다. 이런 주장은 용병들 사이에서나 통용될 것이기 때문입니다. 이와는 다르게 우리는 시민들과 동료의 입장에서 일을 처리하고자 합니다. 그러니 여러분도 우리와 비슷하게 일을 처리했으면 합니다. 여러분이 이 문제를 우리와 함께 논의하면, 여러분은 국가 대사를 함께 논의하는 것입니다."

"로마 시민 여러분, 전쟁은 아예 시작하지 않거나, 일단 시작했다면 최대한 빠르고 멋지게 끝내야 합니다. 그러니 우리는 포위를 더 거세게 하여 베이이를 점령함으로써 병사들의 기대를 충족시키고 철수해야 합니다. 전쟁은 그렇게 신속하게 끝나야 합니다. 동포 여러분, 별다른 일이 없다면 병사들로 하여금 전장을 지키게 만드는 건 바로 패전에 대한 수치심입니다. 한 여자를 위해 그리스 연합군에 의해 10년 동안 한 도시가 포위된 적이 있었습니다(호메로스의 『일리아스』를 가리키며 여자는 헬레네이고 도시는 트로이다: 옮긴이). 그들의 고향과 그 도시 사이에 얼마나 많은 땅과 바다가 있었는지 모릅니다. 그런 사실을 떠올리면 단지 한 해를 버티는 일이 어떻게 그리도 꺼릴 일이 될 수 있겠습니까? 심지어 베이이까지는 간신히 32km 정도의 거리입니다. 거의 조국이 눈에 보일 정도의 거리입니다. 베이이와의 전쟁이 그렇게 사소한 일입니까? 전쟁을 그만두고 물러날 정도로 우리가 그들에게 불만이 없습니까? 무려 일곱 번이나 그들은 우리를 상대로 전쟁을 시작했습니다. 잠시 평화로웠던 순간에도 우리는 그들을 절대 믿을 수 없었습니다. 저들이 우리의 농지를 쑥대밭으로 만든 건 셀 수도 없을 정도로 많습니다. 그들은 피데나이를 부추겨 반란을 일으키게 했고, 우리 이주민을 살해하고, 인간이라면 갖춰야 할 품위를 모조리 내팽개쳤고, 불경스럽게 우리 사절을 살해했고, 모든 에트루리아가 우리에게 등을 돌리게 만들려고 수작을 부렸습니다. 그들은 여전히 그런 짓을 하려고 합니다. 우리 사절이 보상을 요구했을 때 그들은 우리 사절을 거의 죽이려 했습니다.

5. 이런 자들을 상대로 우리가 사정 봐주면서 싸워야 하겠습니까? 정당한 분노는 우리를 행동하게 만듭니다. 하지만 그 외의 다른 사유도 있습니다. 그래서 저는 부디 여러분이 지금 상황이 어떤지 이해해 주시길 간청합니다. 베이이는 이미 거대한 규모의 보루로 포위되었습니다. 모든 주민이 성벽 안에 갇힌 상태입니다. 그들의 농장은 방치되었고, 경작지는 황폐하게 변했습니다. 우리가 포위를 풀면 즉시 그들은 우리를 침공해 올 것입니다. 그들은 복수심에 불탈 뿐만 아니라 다른 나라를 약탈하여 손해를 만회할 필요도 있기 때문입니다. 포위를 푼다고 해봤자 우리는 다음 여름까지

전쟁을 연기하지도 못할 것입니다. 오히려 전쟁은 우리 영토에서 벌어질 것입니다."

"지금까지는 군사적인 고찰을 했습니다. 그렇다면 전장에 있는 우리 병사들과 직접 관련되는 사항은 무엇일까요? 훌륭한 호민관들께서 그들의 급료를 빼앗으려고 하다가 이제는 갑자기 그들을 곤경에서 보호하려고 하는 그 병사들 말입니다. 그들의 입장을 생각해 봅시다. 그들은 시골까지 몇 킬로미터에 걸치는 누벽과 참호를 엄청나게 고된 축성 작업으로 완성했습니다. 그들은 병력이 늘어날 때마다 계속 보루를 지었고, 적의 도시뿐만 아니라 인접국의 공격에 대비하여 온갖 방어 작업을 했습니다. 또 이런 주요 공사에 더하여 포위 공격에 필요한 누대, 방탄 방패, 귀갑 방패 등의 모든 정교한 군사 장비도 준비했습니다. 이런 수많은 작업을 전부 훌륭하게 마무리했는데 그걸 포기하고서, 다음 여름에 똑같은 수고를 들이고 똑같은 땀을 흘려가며 처음부터 다시 시작하자고 주장하니, 정말로 어떻게 해야 그런 생각을 할 수 있습니까? 확실한 건 우리가 여태까지 해온 일을 끈질기게 밀고나가는 편이 훨씬 더 쉽다는 것입니다. 요약하면 전쟁을 끝내야 한다는 것입니다. 우리가 끝까지 버텨내고, 내부의 방해와 지연으로 우리의 기대 충족을 의도적으로 미루지만 않는다면 전쟁은 그리 오래가지 않을 것입니다. 저는 지금까지 시간과 노력의 낭비에 관해 이야기했지만, 전쟁을 연기함으로써 직면하게 되는 더 큰 위험이 있습니다.

에트루리아 공동체의 모든 회의에서 베이이 원조를 논의했다는 점을 고려하면 우리는 적 연합군의 위험을 절대로 잊어서는 안 됩니다. 지금 상황에선 에트루리아 공동체는 베이이에게 그리 호의적이지 않습니다. 그 공동체들은 지원을 거부하고 있고, 따라서 그런 초연한 태도 덕분에 우리는 자유롭게 베이이를 점령할 수 있습니다. 하지만 지금 진행하는 원정을 중단하면 그들이 마음을 바꾸지 않을 것이라고 누가 장담할 수 있습니까?

우리가 방심하면 우선 베이이는 더욱 전방위적인 외교 공세를 펼칠 겁니다. 그 다음으로 에트루리아 공동체를 분노하게 만든 원인인 베이이 왕정 체제는 자연스러운 흐름, 혹은 평민의 의지에 압도되어 전복될 것입니다. 베이이 평민은 그런 조치로 에트루리아의 다른 국가들과 우호적 관계를 유지하려 들 겁니다. 실제로 왕 자신도 국민을 위태로운 상태에 빠트리고 싶지 않아 자발적으로 퇴위할지도 모릅니다. 로마 군의 퇴각이라는 참담한 방침을 따를 경우에 필연적으로 나타날 일련의 결과를 생각해 봅시다. 우리가 공들여 세운 보루는 순전히 시간 낭비가 될 것이고, 우리의 농촌 지역은 즉시 철저하게 파괴될 것이며, 베이이와의 전쟁은 에트루리아 연합군과의 전쟁이 될 것입니다."

"바로 이런 결과가 호민관들이 권장하는 방침의 결과입니다. 엄격하게 치료하면 한 주면 완치시킬 수 있는데도 환자가 마음대로 음식을 먹고 술을 마시게 하여 병을 질질 끌게 만드는 돌팔이 의사가 있습니다. 지금 호민관들을 보면 그런 의사가 생각납니다.

6. 이번 원정과는 별개로 우리 병사들은 단순히 승리의 즐거움에 도취하는 법 이외에도, 천천히 진행되는 전쟁에 강인하게 견디는 법에도 익숙해져야 합니다. 그것은 군율에도 지극히 중요한 것입니다. 병사들은 몇 년이 걸리더라도 기대를 충족시키기 위해 기다리는 법을 배워야 합니다. 여름이 끝났는데도 전쟁이 종결되지 않았다면 겨울을 맞이하는 법도 배워야 합니다. 여름에 찾아오는 철새처럼 가을이 되면 안락한 대피처를 찾아 현장을 떠나서는 안 됩니다. 사냥의 열정은 서리가 낀 날씨든 눈이 내린 날씨든 관계없이 사람을 숲과 언덕으로 끌어들입니다. 그렇다면 가혹한 압박을 받는 전쟁 중에도 사냥의 즐거움이 끌어내는 것 같은 육체적 인내력을 똑같이 보여줄 수 있지 않겠습니까? 아니면 우리 병사들의 심신이 너무 허약해서 단 한 번의 겨울 숙영도 견뎌내지 못할 것으로 생각하시는 겁

니까? 병사들이 언제 선원(船員)이 되었습니까? 더위나 추위를 못 견뎌 날씨를 가리며 전쟁을 한다는 게 말이 됩니까? 그런 비난을 들으면 병사들은 오히려 수치심을 느끼고 분노할 것입니다. 그들은 자신이 여름과 마찬가지로 겨울에도 아무 문제 없이 싸울 수 있는 건장하고 단호한 사람이라고 결연히 주장할 것입니다. 또한 호민관들이 나약하고 게으른 자에게나 어울릴 법한 안락한 처우를 제시하리라고는 전혀 예상하지 않았을 것입니다. 게다가 그들은 분명히 기억하고 있습니다. 오래전 호민관직을 쟁취한 선조들이 먼지가 일고 열기가 뜨거운 개활지에서 용맹하게 싸웠다는 사실을 말입니다. 로마의 이름과 우리 병사들의 용맹을 가치 있게 하려면 지금 진행 중인 베이이와의 전쟁 이후를 내다봐야 합니다. 이후의 다른 전쟁에서 큰 도움이 될 명성을 지금 추구해야 한다는 뜻입니다.

인접국들은 단기간만 로마 군을 막아낼 수 있다면 다른 건 두려워할 필요가 없다고 생각할 수도 있습니다. 아니면 한 번 로마 군이 포위를 시작하면 혹독한 겨울이나 세월의 지루함도 그들을 움직일 수 없고, 로마 군이 승리 외엔 다른 결말은 알지 못하고 또 빠르고 갑작스러운 공격이 통하지 않으면 승리를 쟁취할 때까지 지구전도 마다하지 않는다고 생각하여 로마 군이라는 이름만으로도 공포를 느낄 수 있습니다. 장차 우리의 명성에 어떤 쪽이 더 낫겠습니까? 인내는 모든 전쟁에서 필수적이지만, 특히 포위전에서 더욱 중요합니다. 공격으로 함락되는 도시는 적습니다. 대다수가 무척 강력하게 방어되고 있고, 그렇지 않다면 아예 난공불락의 장소에 지어져 있습니다. 단단한 방어의 벽에 마지막으로 균열을 내는 건 시간 끌기이고 거기에 수반되는 목마름과 굶주림입니다. 호민관들이 국가를 배신하여 베이이가 에트루리아에서 찾지 못했던 지원을 로마에서 찾는 일이 벌어지지 않는 한, 시간 끌기는 베이이에서도 똑같은 효과를 발휘할 것입니다."

"우리가 베이이에게 해줄 수 있는 가장 큰 선물은 이곳 로마에서 정치적인 불화가 일어나고, 그 내분의 여파가 전장의 병사들에게까지 미치는 일일 것입니다. 우리의 적은 우리와 무척 다릅니다. 베이이엔 엄청난 통제력이 있어 포위전이 길고 지루하게 계속되거나 왕정이 계속될 것이라는 전망이 있더라도 평민은 전혀 봉기하지 않습니다. 에트루리아는 지원을 거절했지만, 베이이 인들은 평온합니다. 왜 그렇겠습니까? 가혹한 왕정 아래에서 반대자들은 즉결 처형당하기 때문입니다. 여기 로마에서는 아무런 처벌도 받지 않고 그냥 넘어갈 발언이 그곳 베이이에선 절대로 입에 담으면 안 되는 무서운 발언이 됩니다."

"로마에서 탈영병이나 도망병은 몽둥이에 맞아 죽습니다. 하지만 탈영과 비겁을 선동하는 자는 한두 명의 반역자들 앞에서 자기 의견을 개진하는 것이 아니라, 전군이 공개적으로 모인 자리에서 자신의 의견을 말할 수 있습니다. 진실을 말해 보자면, 호민관들은 여러분의 생각을 오염시켰습니다. 여러분은 그들이 무슨 말을 하든 아주 익숙하게 그 말을 들어줍니다. 그런 말이 공공의 안녕에 얼마나 위배되고 파괴적인지 개의치 않는 것입니다. 호민관의 권력은 마약과도 같습니다. 여러분은 그들의 말을 무척 듣기 좋다고 생각하고, 그들이 저지르는 모든 범죄를 기꺼이 묵과하려고 합니다. 그 감언이설의 뒷면에 거짓말이 숨겨져 있는 것도 모르면서 말입니다. 호민관들에게 남은 유일한 일은 전장의 병사들을 상대로 분노의 외침을 계속하는 것입니다. 군대를 타락시켜 반란을 일으키게 하려는 것이지요. 왜 아니겠습니까? 로마인의 자유는 원로원과 행정관, 법률, 전통, 확립된 관습, 군율 등을 경멸하는 저 영광스러운 특권에 있지 않습니까?"

7. 아피우스는 원로원과 외부의 평민 집회에서 이미 자신이 호민관에 필적하는 상대임을 증명했다. 그러다가 베이이에서의 패배 소식이 전해졌고, 뜻밖의 나쁜 소식은 곧 아피우스의 주장에 좀 더 무게를 실어 주었

다. 또한 서로 싸우던 두 계급은 더 가까워졌고, 전반적으로 이전보다 더 정력적으로 포위를 계속해야 한다는 결의가 생겨났다. 베이이 주변의 흙으로 만든 누벽은 이미 크게 진척되었고, 방탄 방패는 거의 적의 성벽과 맞닿은 수준이었다. 작업은 대낮에는 중단 없이 계속되었고, 안타깝게도 밤에는 그 축성 작업을 충분히 방어하지 못해서, 도시 안에서 예상치 못한 적군 수백 명이 횃불을 들고 나와 돌격하여 모든 축성 작업을 불태워 버리는 일이 벌어졌다. 한 시간도 되지 않아 몇 주 동안 공들인 축성 작업이 잿더미가 되었고, 이런 상황에 대처하려던 많은 병사가 헛되이 적의 불과 칼에 쓰러졌다. 이 소식을 접한 로마는 번민에 휩싸이게 되었다. 원로원은 이 일로 도시와 군대에서 봉기가 일어나는 상황을 더 이상 막지 못할 것을 크게 걱정했다. 의심할 나위 없이 그 소식은 호민관들에게 커다란 즐거움을 안겨주었다. 그들은 마치 정부를 상대로 승리하기라도 한 듯 기뻐했다.

하지만 다행스럽게도 원로원의 불안감은 쓸데없는 것으로 판명되었다. 가장 뜻밖의 제안이 들어왔기 때문이었다. 시민들 중에는 비록 국가가 비용을 부담하는 말(馬)을 타지는 못했지만, "기사"로 평가된 사람들이 있었다. 그런데 이들이 사적으로 모여 결의한 다음 원로원 앞에 자발적으로 나와서 허락만 해준다면 자기 소유의 말을 타고 군복무를 하겠다고 자원해 온 것이었다. 원로원은 이들의 희생을 쌍수로 환영하면서 지극히 명예로운 언사로 커다란 사의를 표시했다. 이 소식이 도시 전역으로 퍼지자마자 애국심에 사로잡힌 평민은 원로원 회의장에 몰려들어 기사단이 이미 의무를 선서했으니 "보병단"도 이제 의무를 수행하겠다고 자청하고 나섰다. 그들은 자발적으로 병역을 수행하겠으니 베이이든 어디든 보내달라고 요청했다. 그들은 만약 베이이로 가게 된다면 도시를 점령할 때까지 절대로 돌아오지 않겠다고 맹세하기까지 했다.

원로원은 이보다 더 만족할 수 없었다. 원로원은 행정관들을 통해 공식적으로 기사들에게 고마움을 표시했다. 원로원의 그러한 반응은 전적으로 자발적인 것이었고, 평민들의 고마운 제안에 공식적으로 치사하겠다고 그들을 원로원으로 부르지도 않았다. 의원들은 회의장 안에 남지 않고 서둘러 계단까지 나와 그 아래 광장에 모인 군중을 상대로 기쁨에 넘치는 목소리와 몸짓으로 이런 관대한 행동이야말로 국가적인 기쁨임을 표시했다. 또한 그들은 이 뜻밖의 협력으로 로마는 실로 축복받았고, 영원히 무적의 도시로 남을 것이라고 선언했다. 의원들은 큰 목소리로 기사들과 평민들을 똑같이 칭송했다. 그 날은 국가의 경축일이었다. 기사와 평민들의 자발적 쾌거가 원로원의 관대함과 선의를 능가하는 일이 발생했기 때문이다. 기쁨의 눈물이 흐르고 상호 간 축하가 아낌없이 이어지다가 마침내 원로원 의원들이 회의장에 다시 모였다. 원로원 의원들은 군중 집회에서 집정관급 정무관들을 통하여 새로 모집된 보병대와 기병대에 정중한 감사의 뜻을 표하자는 결의안을 채택했고, 또한 정부는 그들의 애국심을 결코 잊지 않을 것이라고 선언했다. 게다가 원로원은 기병을 포함한 병역에 자원한 모든 병사가 급료를 받게 될 것이라고 밝혔다. 로마 기병이 자기 소유의 말을 타고 전쟁터에 나선 건 이번이 처음이었다.

자발적으로 모인 지원병 부대는 베이이로 진군했다. 베이이에선 적의 화공(火攻)으로 발생한 피해가 복구되었고, 새로운 축성 작업도 시작되고 있었다. 로마에선 사기 높은 병사들이 풍족하게 지낼 수 있도록 적절한 보급품을 확보하는 일에 더욱 세심한 주의를 기울였다.

8. 다음 해(기원전 402년)의 집정관급 정무관들은 가이우스 세르빌리우스 아할라(3선), 퀸투스 세르빌리우스, 루키우스 베르기니우스, 퀸투스 수플리키우스, 아울루스 만리우스(2선), 만리우스 세르기우스(2선)였다. 이 해엔 모든 시민의 관심이 베이이 원정에 집중된 사이 안욱수르 수비대가 제압당하고 도시가 점령당하는 일이 발생했다. 이런 참사는 근무 태만 때

문에 벌어진 것이었다. 병사들은 휴가를 받아 현장을 떠났고, 볼스키 인들은 그 사이에 교역을 이유로 무차별적으로 진지 내 출입이 허용되었다. 그 결과 성문의 위병들은 갑자기 배신한 볼스키의 공격을 받게 되었다. 사상자가 많지 않았던 건 몸이 건강한 병사 대다수가 인근 도시와 마을로 흩어져 종군 상인 같은 일을 하고 있었기 때문이다.

그보다 훨씬 중요한 베이이 원정에서도 상황은 그다지 좋지 못했다. 그한 가지 이유는 로마 지휘관들 때문이었다. 그들은 포위를 더 강하게 밀어붙이는 일보다 다른 지휘관과 다투는 일에 더 정력을 쏟았다. 또다른 이유로는 늘어난 적의 저항 세력을 들 수 있다. 두 에트루리아 공동체인 카페나와 팔레리이는 베이이와 가까웠기에 순망치한(脣亡齒寒)이라, 그들이점령되면 자연히 자신이 다음 공격 목표가 될 것을 우려하여 지원군을 파견했다. 게다가 팔레리이는 이미 피데나이와 함께 전쟁하며 로마를 적으로 돌린 일도 있었기에 자연스레 베이이와 외교적으로 교류하게 되었고, 이어 지원을 맹세하게 된 것이었다. 팔레리이 군은 전장에 아주 갑자기 나타났고, 이어 만리우스 세르기우스가 지휘를 맡은 로마 군 진지를 공격했다. 이 공격으로 엄청난 공포와 혼란이 일어났고, 이에 로마 군은 모든 에트루리아가 봉기하여 저항할 수 없을 정도로 막강한 대군으로 그들을 무너뜨리려고 한다고 생각하게 되었다.

베이이 역시 이런 잘못된 생각을 하면서 곧바로 병력을 투입하여 공격을 시작했다. 이렇게 하여 로마 군은 졸지에 전면과 후면에서 이중 공격을 받게 되었다. 로마 군이 아무리 재빠르게 움직여도 거의 소용이 없었다. 그들은 베이이 군을 견제하지도 못했고 외부에서 로마 방어선에 가해지는 공격을 격퇴하지도 못했다. 유일한 희망은 더 큰 병력이 있는 진지에서 지원군을 불러오는 것이었다. 그렇게 되면 양면에서 동시에 가해지는 공격에 대처할 수 있고, 또 적을 격퇴할 가능성도 있었다. 하지만 더 큰 병력이 있는 진지의 지휘관은 베르기니우스였고, 세르기우스와 베르기니우스는 서로 견원지간의 앙숙이었다. 베르기니우스는 그의 동료가 맡은 거점 대다수가 공격을 받고 방어가 약화되었다는 보고를 받았지만, 아무런 행동도 취하지 않았다. 그는 세르기우스가 지원을 바란다면 당연히 먼저 도움을 요청해야 한다고 말했다. 하지만 세르기우스는 베르기니우스가 오만한 것만큼 옹고집이었고, 아주 미워하는 자에게 도움을 요청하여 그의 개입으로 전투에 승리하느니 차라리 적에게 패배하는 것이 더 낫다고 생각했다. 그의 병력은 결국 진지를 버릴 때까지 포위 상태에서 공격을 받아 엄청난 피해를 입었다. 소수의 병사가 베르기니우스의 진지로 피신했고, 대다수 생존자는 세르기우스와 함께 로마로 돌아왔다.

로마에 도착한 세르기우스는 자신이 패배를 당한 건 전부 베르기니우스 탓으로 돌렸다. 따라서 베르기니우스는 심문을 받기 위해 로마로 돌아오라는 명령을 받아 귀국했고, 그의 부관들이 대신 지휘 책임을 맡게 되었다. 원로원에서 해당 문제를 논의하는 청문회 과정에 두 사람은 상대에게 마음껏 비난을 퍼부었고, 의원들은 각자 개인의 사정에 따라 편을 갈라 대립했다. 그보다 훨씬 중요한 문제, 즉 국가의 안녕을 생각하는 사람은 별로 없었다.

9. 원로원 지도자들은 결국 수치스러운 패배의 원인이 불운이든, 혹은 무능이든 다음 선거일까지 기다리지 말고 즉시 모든 집정관급 정무관을 경질해야 한다고 제안했다. 새로운 집정관급 정무관들은 10월 1일부터 임기를 시작하게 될 것이었다. 이 제안에 관해 투표가 이루어지는 동안 원인 제공자 두 사람을 제외하고 다른 집정관급 정무관들은 전혀 그런 조치를 반대하지 않았다. 하지만 원로원이 말끔히 정리하고자 했던 대상인 세르기우스와 베르기니우스는 그런 수치스러운 일을 피하게 해 달라고 요청했다. 하지만 요청이 무시당하자 제안을 거부하고 본래 임기가 종료되는

12월 13일까지 사임하지 않겠다고 단호하게 맞섰다. 호민관들은 계급 간 화합이 계속되고 모든 상황이 잘 풀리는 상황에서는 불편하지만 조용히 참고 있을 수밖에 없었으나, 이번 일을 좋은 기회로 보고 즉시 공격에 나섰다. 호민관들은 문제의 두 사람이 원로원의 권위에 복종하지 않으면 체포 명령을 내리겠다고 위협했다.

이에 가이우스 세빌리우스 아할라가 개입했다. 그는 호민관들에게 이렇게 말을 걸었다. "여러분은 비겁할 뿐만 아니라 불법적 위협을 자행하고 있습니다. 저는 여러분이 그런 부류의 사람들이라는 걸 이 자리에서 증명해 보이고 싶으나 그만두겠습니다. 무엇보다도 원로원의 권위에 저항하는 건 심각한 범죄가 됩니다. 그러니 이 논쟁에서 문제를 일으킬 기회를 엿보려는 일은 그만두십시오. 제 동료 두 사람은 원로원의 제안을 따라야 할 것입니다. 만약 그들이 고집을 부린다면 저는 즉시 그들의 사임을 강제하기 위해 독재관을 임명할 것입니다."

그의 생각은 널리 지지를 받았다. 원로원은 호민관의 고약한 위협 이외에 집정관급 정무관을 강제할 더 강력한 다른 수단이 있다는 점에 크게 안도했다. 두 사람은 더는 반대하지 않았고, 집정관급 정무관들은 원로원이 만장일치로 결의한 뜻을 따랐다. 선거로 임명된 그들의 후임자들은 10월 13일에 공직에 취임할 예정이었다. 두 사람은 그 전에 스스로 사임했다.

10. 다음 해(기원전 401년)의 집정관급 정무관들은 루키우스 발레리우스 포티투스(4선), 마르쿠스 푸리우스 카밀루스(2선), 만리우스 아이밀리우스 마메르쿠스(3선), 크나이우스 코르넬리우스 코수스(2선), 카이소 파비우스 암부스투스, 루키우스 율리우스 율루스였다. 이해는 모든 점에서 파란만장한 한 해였다. 우선 여러 원정이 동시에 진행되었다. 베이이, 카페나, 팔레리이와의 전쟁에다가 안욱수르를 탈환하는 전쟁까지 더해졌다. 로마에선 병사 징집과 전쟁세 징수 등 어느 쪽도 순조롭게 진행되지 않

았다. 호민관 선임을 두고서도 문제가 있었고, 세르기우스와 베르기니우스 재판을 두고도 적지 않은 소동이 일었다.

　새로운 집정관급 정무관들의 첫 번째 관심사는 병사를 모집하는 것이었다. 로마가 처한 상황을 생각하면 젊은 사람을 징집해야 할 뿐만 아니라 도시 방위를 위해서라도 병역 적령기가 지난 사람들까지도 징집해야 되었다. 병사의 수가 늘어나면 그들에게 지급할 급료도 그에 맞춰 늘어나야 했다. 과세로 재원을 마련하려 했지만, 원정 임무에 나서지 않는 고령자들은 분통을 터뜨렸다. 그들은 도시 방위를 하는 병역에 더하여 국가의 일도 수행해야 되었기 때문이다. 실제로 세금은 큰 부담이었고, 호민관들은 그 기회를 놓치지 않았고 과세를 실제보다 더 나쁜 것으로 보이게 하려고 열을 올렸다. 그들은 맹렬한 반정부 연설을 했는데 이런 얘기였다.

　"원로원이 군대에 급료를 지급하는 목적은 전장에서 전사하지 않는 평민들을 과세로 망하게 하려는 것입니다. 베이이 원정은 이미 3년 차에 접어들었습니다. 하지만 원정 기간을 더 늘리기 위해 지휘관들은 의도적으로 엉터리 작전을 펴고 있습니다. 또한 네 건의 전쟁을 수행하기 위하여, 징집된 젊은 사람들뿐만 아니라 나이 든 사람들마저도 집에서 군대로 끌려갔지만, 요즘에는 여름이나 겨울이나 똑같이 전쟁이 벌어지고 있으니 불쌍한 평민들은 휴식을 취할 수가 없습니다. 그런데도 지금 과세를 하겠다니, 이건 인내심의 한계를 넘어서는 일입니다. 지치고, 다치고, 노쇠한 채로 집으로 기어가듯 돌아와도 결국 오래 자리를 비운 불쌍한 평민들은 자기 집 안의 모든 게 다 망가진 걸 목격하게 됩니다. 그런데도 줄어든 재산에서 돈을 짜내 병역으로 받은 돈보다 몇 배는 더 많은 돈을 세금으로 납부해야 하니 이 모든 게 고리로 돈을 빌린 것과 대체 무엇이 다르단 말입니까!"

　병사 징집과 새로운 세금, 그리고 다른 중대한 일들 때문에, 호민관 선거에서 당선자가 정족수를 채우지 못하는 일이 벌어졌다. 따라서 그 비어 있는 자리에 귀족을 선임하려는 시도가 있었다. 하지만 그 일은 실패로 돌아갔다. 따라서 법을 무력화시키는 차선책으로 라케리우스와 아쿠티우스라는 평민 두 사람이 그 자리에 선임되었는데, 이는 명백히 귀족의 영향력이 작용한 것이었다.

11. 그 해의 호민관들 중엔 크나이우스 트레보니우스라는 사람이 있었는데, 그 이름을 가진 가문의 사람들은 호민관 호선(互選)을 금지하는 트레보니우스 법을 수호할 의무가 있었다.(호민관 제도가 설치되었을 때 귀족은 이 자리를 차지하지 못한다고 규정되었다. 참조 2.33. 그러나 기원전 448년에 다섯 명의 평민들만 호민관으로 선출되자 이 뽑힌 호민관들이 나머지 빈 자리를 호선하여 공석을 채우기로 되었다. 그러나 전에 집정관을 역임한 귀족 2명이 이 자리에 호선되었다. 그러자 트레보니우스 법률이 통과되었는데, 그 내용은 호민관 10명이 전원 선출될 때까지 선거를 계속해야 한다는 것이었다. 참조 3.64~65: 옮긴이).

이에 그는 원로원이 한 번 시도했다 실패한 조치를 집정관급 정무관들이 다시 밀어붙이는 건 불법이라고 선언했다. 호민관들이 일반 투표로 선출되는 것이 아니라, 귀족들의 지시에 따라 선임되는 건 트레보니우스 법을 위배하는 처사라는 것이었다. 그는 이제 호민관 자리가 귀족으로 채워지거나 귀족에게 아첨하는 자로 채워지는 치욕적인 상황이 되었다고 말했다. 그는 호민관 자리가 호민관들의 통제에서 벗어나고 있으며, 신성한 법률들이 무효가 되어 버렸다고 맹렬히 항의했다. 또한 그는 이 모든 일이 지배층의 부정직함과 동료들의 괘씸한 배신 때문이라고 지적했다.

이런 격정의 폭발로 말미암아 귀족뿐만 아니라 그들이 선임한 호민관들에 대한 반감이 고조되었다. 호민관 푸블리우스 쿠라티우스, 마르쿠스 메틸리우스, 마르쿠스 미누키우스는 호민관직 보장에 불안을 느껴 세간의 시선을 다른 곳으로 돌리고자 지난해 집정관급 정무관이었던 세르기우스와 베르기니우스에게 주목했다. 두 사람은 재판을 받기 위해 소환되었고, 그리하여 평민이 분노를 터뜨릴 새로운 대상이 되었다. 호민관들이 택한 노선은 다음과 같았다. 방청석을 마련할 테니 징집, 새로운 세금, 오랜 원정에 분노하거나, 베이이 패배에 비통함을 느끼거나, 최근 원정으로 아들, 형제, 친척을 잃은 사람은 누구나 참여하여 두 죄인을 대상으로 나라의 슬픔, 그리고 개인의 슬픔을 풀어 버리는 권리와 권한을 누리라는 것이었다. 호민관들은 또한 이렇게 말했다.

"세르기우스와 베르기니우스는 여러분이 겪은 모든 문제의 원흉입니다. 그들의 행동이 보여주지 않았습니까? 그들은 자신을 지키려고 상대를 고발하면서 기꺼이 서로의 죄상을 들춰내고 있습니다. 그들은 상대방을 무자비하게 비난하면서 그 과정에서 자신들이 얼마나 불한당인지를 보여주고 있습니다. 베르기니우스는 세르기우스가 교전 중에 도망쳤다고 책망하고, 반대로 세르기우스는 베르기니우스가 로마 군을 배반했다고 반박합니다. 실제로 두 사람의 행동은 거의 미친 짓에 가깝고, 따라서 이번 참사는 전부 귀족들이 획책한 야바위일 가능성이 큽니다. 귀족들은 전쟁을 연장하려고 앞서 베이이 인들이 로마 군의 보루에 화공을 가하는 걸 방관했고, 이젠 군을 배신하여 팔레리이 군대에 로마 군 진지를 넘겨주는 반역 행위를 저질렀습니다. 그들은 우리를 망치려고 할 수 있는 일을 모두 하는 중입니다. 그들은 우리 병사들이 베이이에서 하염없이 나이만 먹기를 바랍니다. 그들은 토지 배분이나 평민에게 유리한 다른 제안을 평민 앞에 제시하는 걸 한사코 막으려고 합니다. 또한 호민관들이 개혁을 계속 진행하는 것을 가로막고, 또 이곳 로마의 집회에서 정부가 평민을 상대로 꾸미는 음모를 폭로하는 걸 못하게 하려고 합니다."

"고발된 두 사람은 앞서 원로원에 의해, 평민에 의해, 동료들에 의해 유죄임이 판명되었습니다. 원로원은 그들을 파면하려 했고, 동료들은 독재관을 임명하겠다고 위협하여 그들이 스스로 자리에서 물러나게 했습니다. 평민은 통상적 절차보다 두 달 앞서 선출된 후임자들이 임무를 수행하게 했습니다. 왜냐하면 불한당 두 사람이 하루라도 더 공직에 남아 있으면 나라가 거덜날 거라는 사실을 잘 알았기 때문입니다. 그런데 지금 두 사람이 여기서 보이는 작태는 어떻습니까? 앞서 유죄가 드러나고 혹평을 당했지만, 재판정에 나타나 임기보다 몇 달 먼저 공직을 내려놨으니 그것으로 충분히 죗값을 치렀다는 소리를 여러분 앞에서 지껄이고 있습니다. 그들은 강제 사임과 처벌은 별개라는 걸 이해하지 못하는 것처럼 보입니다. 사직 조치는 더 큰 해악을 저지르지 못하게 막으려는 임시 예방책이었을 뿐입니다. 실제로 그 조치 때문에 아무런 잘못이 없는 그들의 동료들마저도 사임해야 했다는 건 누구도 부정하지 못하는 사실입니다."

"로마 시민 여러분, 베이이에서 패배했다는 걸 확인한 그 날 느꼈던 감정을 다시 떠올려 주십시오. 심하게 공격당한 우리 병사들이 무질서하게 성문 안으로 달려들어 와 겁먹은 모습으로 비틀거렸던 그 순간을 떠올려 주십시오. 병사들에게 그런 수치를 안긴 건 불운도 아니요, 신들의 분노도 아니었습니다. 모두 무능한 사령관 탓이었습니다. 그 날 저 두 사람의 삶이, 집이, 운명이 저주받기를 바라지 않던 사람이 여기 한 사람이라도 있습니까? 여러분이 그 날 하늘에다 대고 저들을 처벌해 달라고 기원했다면, 이제 저들에 대하여 여러분의 권한을 행사하는 건 지극히 합리적인 순서입니다. 권한 행사는 법이 허용하고, 여러분의 의무가 촉구하는 일인 것입니다. 하늘의 신들께선 죄인들에게 절대 축복을 내려주시지 않는다는 점을 유념해주십시오. 신들께선 피해를 입은 자를 무장시켜 복수할 기회를 마련해 주십니다."

12. 평민은 이런 호소에 적극적으로 귀를 기울여 두 사람에게 1만 아스(옛 통화)의 벌금형을 내렸다. 세르기우스는 이런 불운은 병가지상사(兵家之常事: 전쟁에서 흔히 있는 일)라고 변명했고, 베르기니우스는 전장보다 고

향에서 더 불행을 겪는 일은 없게 해달라고 애처롭게 호소했지만, 모두 무시당했다. 이 재판으로 유발된 격정 때문에 호민관 선임과 트레보니우스 법의 저촉 문제는 거의 잊혔다.

승리감에 가득 찬 호민관들은 두 사령관의 유죄 선고에 힘을 보탠 평민들에게 즉시 습관적으로 해오던 공유지 배분 제안으로 보답했다. 동시에 그들은 전쟁세 징수를 금지했다. 급료를 받을 수많은 병사가 있고, 또 불리한 군사적 상황은 아니지만 그 어떤 전투 지역도 빠른 성공을 전망할 수 있는 상태가 아니었지만, 그들은 해당 결정을 밀어붙였다. 베이이에선 만리우스 아이밀리우스와 카이소 파비우스의 지휘를 받는 로마 군이 과거에 잃었던 땅을 회복했고, 방어를 더 강화했다. 팔레리이의 마르쿠스 푸리우스와 카페나의 크나이우스 코르넬리우스는 아직 개활지에서 적과 교전하지 못했다. 그들은 이에 약탈을 시작하며 아무런 저항도 받지 않고 곡식과 농장에 불을 질렀다. 하지만 도시로 진군하여 공격하지는 않았다. 볼스키 원정은 발레리우스 포티투스가 지휘했지만, 그리 전도유망하지는 않았다. 시골 지역을 파괴한 다음 포티투스는 언덕에 자리 잡은 도시인 안숙수르를 공격했지만 성공하지는 못했다. 그 도시가 난공불락인 걸 확인한 그는 포위를 시작했다. 전황을 요약하면, 여러 원정전에서 지휘관들은 아직 크게 밀어붙이지는 않고 있었다.

하지만 로마의 내부 갈등은 심각하고 맹렬한 것이어서 원정의 상황과는 비교가 안 되는 것이었다. 호민관들의 방해로 전쟁세는 징수되지 않았고, 병사들은 목소리를 높여 급료 지급을 요구했으나 사령관들에게 병사들의 급료가 전달되지 않았다. 이에 병사들은 정부에 저항하는 반란의 기미를 보이기 시작했다. 귀족에 대한 평민의 분노는 더욱 대담해졌고, 호민관들은 그 기회를 놓치지 않고 이젠 국가 최고위직에서 세르기우스와 베르기니우스 같은 자는 배제하여 평민의 자유를 더욱 공고히 다지자고 주장했다. 그들은 선별된 정직하고 유능한 평민의 손에 그 자리를 넘길 때가 되었다고 말했다. 그러나 호민관들의 이런 주장에도 불구하고 집정관급 정무관에 당선된 평민 후보는 푸블리우스 리키니우스 칼부스 단 한 사람 뿐이었다. 이는 정말 평민의 권리를 간신히 행사한 수준이었다. 나머지 자리는 전부 귀족에게로 돌아갔다. 당선자들은 푸블리우스 만리우스, 루키우스 티티니우스, 푸블리우스 마일리우스, 루키우스 푸리우스 메둘리누스, 루키우스 푸블리우스 불스쿠스였다.

평민은 그래도 이런 성공에 놀라움을 느꼈다. 하지만 당선된 후보만큼 놀란 건 아니었다. 비록 오랜 기간 원로원 의원이었지만, 리키니우스는 관직이라고는 단 한 번도 역임한 적이 없었기 때문이다. 다른 사람도 아니고 왜 이 사람이 전례가 없는 명예를 사상 처음으로 누리게 되었는지 아무도 확실히 알지 못했다. 몇몇 사람은 그가 무명의 상태에서 발탁된 이유로 친척인 크나이우스 코르넬리우스의 영향력을 들었다. 전년도 집정관급 정무관이었던 코르넬리우스는 보병대의 세 배에 달하는 급료를 기병대에 지급한 바 있었다. 리키니우스가 당선된 다른 이유로 그의 시의적절한 연설을 드는 사람도 있었다. 그는 연설에서 두 계급 사이의 정치적인 응어리를 풀 것을 촉구했고, 이에 귀족과 평민 양측은 크게 만족한 바 있었다. 선거에서 거둔 승리로 호민관들은 전쟁세 반대 입장을 철회했고, 이에 정식으로 징수된 병사들의 급료는 전방의 부대로 보내졌다. 이렇게 하여 정부의 가장 심각한 곤경은 해결되었다.

13. 볼스키 원정을 진행하던 로마 군은 얼마 지나지 않아 안욱수르를 탈환했다. 그 도시에서는 축제가 진행 중이었고 보초를 서던 적군 병사들이 의무를 게을리하여 한결 탈환이 쉬웠다.

이해(기원전 400년)의 겨울은 잊기 힘들 정도로 많은 눈이 내린 아주 추운 겨울이었다. 가도는 막혔고, 강으로는 배가 다닐 수 없었다. 그러나 다행히도 도시에 충분한 곡식이 남아 있어 가격이 폭등하는 일은 없었다.

리키니우스의 당선으로 어수선한 일은 벌어지지 않았다. 원로원의 분노보다는 평민의 만족감이 훨씬 더 컸기에 그의 임기는 무척 평온하게 흘러갔다. 그가 집정관급 정무관직을 수행하며 전과 비슷하게 요령 있는 모습을 보이자 평민 계급은 다음 집정관급 정무관 선거에서도 평민 후보자를 당선시키자는 야망을 품게 되었고 그것은 달성되었다. 귀족 중에 집정관급 정무관직을 얻은 사람은 마르쿠스 벤투리우스뿐이었다. 나머지 마르쿠스 폼포니우스, 크나이우스 두일리우스, 푸블리우스 볼레로, 크나이우스 게누키우스, 루키우스 아틸리우스는 전부 평민이었고, 켄투리아 투표에서 거의 만장일치로 선출되었다.

지독한 추위가 지독한 더위로 갑자기 바뀌어서인지, 아니면 다른 이유에서인지는 몰라도 가혹한 겨울이 끝나자 해로운 여름이 뒤따랐다. 역병이 나돌았고, 사람과 가축은 가릴 것 없이 병에 걸렸다. 이 불치병은 끔찍한 파괴를 가져왔다. 원로원은 역병의 원인을 이해할 가망이 없었는지, 혹은 그 끝을 알고 싶었는지, 시빌의 예언서를 참고하라고 지시했다. 그 일을 맡게 된 두 관리는 로마에서 사상 처음으로 렉티스테르니움(신들에게 차려놓은 제사상) 의식을 거행했다. 8일에 걸쳐 그 당시의 기술로 최대한 화려하게 장식된 세 개의 침상이 신들이 비스듬하게 누울 수 있게 야외에 마련되었다. 이는 아폴로, 라토나, 디아나, 헤라클레스, 메르쿠리우스, 넵투누스 등 여러 신들의 환심을 사기 위한 일이었다. 개인의 집들 또한 이와 비슷한 의식을 거행했다. 모든 거리에서 모든 집들의 현관문이 열려져 있었고, 아무나 제한 없이 들어와 먹을 수 있도록 온갖 먹을거리가 차려졌다. 전하는 말로는 친구나 이방인이나 똑같이 집으로 초대되어 환대를 받았다고 한다. 사람들은 가장 지독하게 싸운 적에게도 상냥한 말을 건네고 예의 바르게 대했다. 싸움은 잊혔고, 소송도 진행되지 않았다. 심지어 감옥의 죄수들도 그 기간 동안에 사슬을 벗겨 주었다. 실제로 한 주가 지났을 때 신들이 그 고통을 잠시 덜어준 불운한 사람들을 다시 감옥으로 돌려보내는 건 죄악처럼 느껴질 정도였다.

그러는 사이 로마 군이 세 나라의 연합군을 상대해야 하는 베이이 원정의 상황은 지극히 위태롭게 돌아갔다. 전처럼 카페나와 팔레리이는 베이이를 도우려고 아무 전조도 없이 지원군을 보냈다. 그리하여 소규모 진지에 있는 로마 군은 각기 다른 세 방향에서 동시에 압박을 받게 되었다. 이런 위험천만한 처지에서 크게 도움이 됐던 건 유죄를 받은 세르기우스와 베르기니우스에 관한 부끄러운 기억이었다. 이번엔 그런 자중지란의 실수가 반복되지 않았다. 전에 치명적인 지연이 발생했던 큰 진지에선 병력을 최단거리로 우회하게 하여 로마 보루에 공격을 가하려는 카페나 군의 후위를 공격했다. 그 결과 이어진 교전에서 팔레리이 군도 흔들렸다. 로마 군이 싸움을 하고자 진지에서 적시에 출격했을 때 그들은 이미 다소 혼란스러운 상태에 빠져 있었던 것이다. 승리를 거둔 로마 군은 도망치는 적을 쫓아 엄청나게 많은 적군을 학살했고, 그 직후에 로마 군 기습 부대는 카페나 영토로 들어섰고 여전히 살아남은 소수의 패잔병을 해치웠다. 베이이 인들 역시 큰 피해를 보았다. 로마 군의 침입을 우려하여 베이이의 성문이 빠르게 닫히는 바람에, 미처 성 안으로 들어서지 못한 많은 베이이 병사가 성문 밖에서 로마 군에게 죽임을 당했기 때문이다.

14. 이해(기원전 398년)는 분명 로마로서는 사건이 많은 한 해였고, 이제 선거철이 다가왔다. 귀족들은 전쟁의 경과보다 선거 결과를 더 걱정했다. 평민과 함께 국가 최고위직을 공유했을 뿐만 아니라 거의 일방적으로 그 자리를 내준 경험이 무척 고통스러웠기 때문이다. 따라서 그들은 후보자로 가장 뛰어난 사람을 내세우기로 합의했다. 그들은 평민이 도저히 거부할 수 없다고 생각되는 사람을 입후보시키고서 아주 공격적인 유세 활동

을 펼쳤다. 모든 귀족은 마치 자신이 후보자로 나선 것처럼 유세에 임하면서 시민들의 지지를 부탁했다. 그들은 표를 얻을 수 있다면 수단과 방법을 가리지 않았고, 하늘과 사람 모두에게 지원을 요청했다. 특히 더 의지한 건 하늘이었다. 그들은 재작년 선거 결과가 신들의 분노를 샀다고 지적했다.

그들의 주장으론 그해에 견딜 수 없는 겨울이 닥친 건 죄지은 자들에게 내리는 신들의 신성한 경고라는 것이었다. 귀족들은 작년은 경고가 구체적 결과로 나타난 한 해였다고 하면서, 도시와 시골 지역을 강타한 역병이 그 증거라고 말했다. 그들은 예언서가 지적한 것처럼 이런 일은 명백히 하늘이 분노했기 때문에 벌어진 것이라고 하며, 반드시 하늘을 달래야 역병이 사라질 것이라고 예언했다. 결론은 명확했다. 로마의 유수한 가문들의 영예가 무시되고, 국가 최고위직의 품격이 떨어진 상태로 선거가 열리니 로마를 다스리는 신들이 모욕을 느꼈다는 것이다.

귀족들의 방침은 성공을 거두었다. 귀족들이 내세운 후보들의 위엄도 일부 작용했지만 그와는 별개로 그들이 평민의 전반적인 종교적 감정에 교묘하게 호소했기 때문이다. 당선자들은 전부 귀족이었고, 귀족 중에서도 가장 저명한 인사들이었다. 당선자는 루키우스 발레리우스 포티투스(5선), 마르쿠스 발레리우스 막시무스, 마르쿠스 푸리우스 카밀루스(3선), 루키우스 푸리우스 메둘리누스(3선), 퀸투스 세르빌리우스 피데나스(2선), 퀸투스 술피키우스 카메리누스(2선)였다.

새로운 집정관급 정무관들은 베이이에서 어떤 특기할 만한 성과를 거두지 못했다. 하지만 그들은 농촌 지역을 대대적으로 파괴하는 일에 온 힘을 쏟았다. 두 명의 주요한 사령관, 즉 팔레리이의 포티투스와 카페나의 카밀루스는 대규모 약탈을 시행했고, 불과 칼로 없앨 수 있는 것들은 모조리 파괴했다.

15. 그러는 사이 많은 불가사의하고 불길한 이야기가 들려왔다. 그 중 대다수는 그 이야기를 전한 사람만 보증하는 이야기였으므로 원로원은

불신과 경멸로 대응했다. 게다가 로마는 늘 에트루리아 예언자를 고용하여 이런 일에 대응하게 했지만, 당시엔 에트루리아 공동체와 전쟁 중이었으므로 마땅한 예언자도 없는 상황이었다. 하지만 한 가지 현상에는 모두가 불안을 느꼈다. 이례적으로 비가 많이 내리거나 다른 자연 현상이 있던 것도 아닌데 알바 숲의 호수가 평상시의 수위보다 훨씬 높아진 것이었다. 이 일은 기현상이었고, 이에 신들의 뜻을 물어보고자 로마 당국은 아폴로 신전에 사절을 파견하여 신탁을 받아오게 했다. 하지만 그러는 사이 운명을 해석할 수 있다는 어떤 베이이 노인이 나타났다. 로마와 에트루리아 병사들이 각자의 초소에서 상대에게 조롱을 퍼붓는 중에 이 노인은 갑자기 나타나서 이런 예언을 큰 소리로 외쳤다. 그 내용은 알바 호수의 물이 빠질 때까지 로마는 절대 베이이를 함락시킬 수 없다는 것이었다. 병사들은 처음엔 노인의 말을 그저 비웃으며 무의미한 헛소리로 취급했다. 하지만 얼마 뒤에 그들은 그 예언에 관하여 서로 이야기를 나누기 시작했고, 마침내 병사 중 한 사람이 베이이 사람에게 — 전쟁이 오래되어 로마인과 베이이 인은 서로 자주 이야기를 나누는 상황이었다 — 알바 호수에 관해 신비한 얘기를 하는 저 노인이 대체 누구냐고 물었다. 그러자 예언자라는 대답이 돌아왔다. 그 질문을 던진 로마 보초병은 미신을 믿는 사람이었다. 그 로마 병사는 시간이 있다면 개인적인 문제를 함께 이야기하고 싶다고 말하며 예언자에게 상담을 요청하는 척했다. 예언자는 이에 응해 그와 이야기를 하러 발걸음을 병사 쪽으로 돌렸다. 두 사람 다 무장을 하지 않았고, 그들은 서로를 완전히 믿으며 일정 거리까지 걸어왔다. 그런데 갑자기 젊고 완력이 센 보초병은 노인을 붙잡아서 그대로 로마 진영으로 데려갔다. 이런 납치 행위를 본 에트루리아 인들은 — 그건 누가 봐도 납치였다 — 강력하게 항의했지만, 그것을 막을 수 없었다.

예언자는 로마 군 본부로 보내진 다음, 이어 로마의 원로원으로 보내졌다. 의원들은 전에 했던 말이 무슨 뜻인지 설명해 달라고 예언자에게 요구했다. 그는 신들이 분명 베이이에 분노했으며, 예언하던 날에 신들은 그의 머릿속으로 들어와 예정된 조국 베이이의 멸망을 고하게 시켰다고 답변했다. 또한 신들의 뜻에 따라 영감 속에서 말했던 예언은, 이제 아예 그 말을 한 적이 없는 것처럼 기억도 하지 못한다고도 했다. 그는 신들이 알리고자 하는 것을 숨기는 것도 큰 죄악이지만, 반대로 숨기려고 하는 것을 알려는 행위도 그에 못지않은 죄악이기에 이런 망각은 당연한 일이라고 했다. 그는 이어 알바 호수의 수위가 상승한 다음 로마인들이 그 호수에서 물을 빼내면 베이이에게 승리하게 될 것이라는 예언은 에트루리아 전승(傳承)에도 알려져 있고, 또 베이이의 예언서에도 적혀 있다고 했다. 그는 또한 호수의 물이 다 빠질 때까지는 베이이의 신들이 그 도시의 성벽을 지켜줄 것이라고 말했다. 이어 그는 물을 빼내는 적절한 방법을 자세하게 설명했다. 원로원은 이런 중요한 문제를 결정하는 데 저런 설득력 없는 노인의 말은 부적합하다고 판단했고, 따라서 델포이의 아폴로 신전에 이미 보낸 사절이 신탁을 받아 돌아오는 걸 기다리기로 했다.

16. 신탁 사절이 알바 호수의 기적을 처리할 방법을 알아내어 귀국하기 전에, 새로운 집정관급 정무관들의 임기가 시작되었다. 당선자의 면면을 살펴보면 루키우스 율리우스 율루스(2선), 루키우스 푸리우스 메둘리누스(4선), 루키우스 세르기우스 피데나스, 아울루스 포스투미우스 레길렌시스, 푸블리우스 코르넬리우스 말루기넨시스, 아울루스 만리우스였다. 이해엔 타르퀴니 인들이 적의 대열에 합류했다. 그들은 로마가 이미 많은 전선에서 교전 중이라는 걸 알고 있었다. 안윽수르의 로마 수비대가 포위 중인 볼스키 군과 싸우고, 라비키에서 로마 정착지가 압박을 받으며 아이퀴 군과 싸우고 있는 건 물론이고, 베이이, 카페나, 팔레리이에서 주요 전투가 진행 중이라는 점을 그들은 잘 파악했다. 여기에 더해 그들은 로마

자체에서 정치적 내분이 심각하다는 것도 알고 있었다. 이런 상황이라 그들은 로마를 공격하기 좋은 때라고 판단했고, 가볍게 무장한 병력을 기습 부대로 편성하여 로마 영토로 진군시켰다. 그들은 이렇게 하더라도 로마는 추가로 전쟁에 휘말리는 일을 피하고자 대응하지 않거나, 혹은 대응하더라도 불충분한 소규모 부대로 맞설 것이라고 생각했다.

로마인들은 이 기습 공격에 불안감을 느끼기보다 모욕을 받아 자존심이 상했다. 따라서 로마는 대응 공격을 준비하는데 별로 지체하지 않았고 또 큰 힘을 들이지 않고 부대를 조직할 수 있었다. 포스투미우스와 율리우스가 해당 부대를 모집했는데, 호민관들이 허락하지 않을 것이기에 통상적인 징집 과정을 거치지 않았다. 대신 그들은 훌륭한 애국자라면 자원해 달라고 호소했고, 이렇게 모인 병력을 데리고 산길을 가로질러 카이레 영토로 나아가 전리품을 가지고 고국으로 돌아가는 타르퀴니의 부대를 기습하여 궤멸시켰다. 많은 적이 죽었고, 짐은 모조리 빼앗겼다. 빼앗긴 재산의 주인에겐 이틀의 시간 말미를 주어 재산을 확인하고 요구할 수 있게 했고, 이후 확인되지 않고 남은 모든 물건은 ― 상당수가 적의 것이었다 ― 경매로 팔려나갔고 그 수익금을 병사들에게 나누어 주었다.

다른 전장에서의 작전, 특히 베이이에서의 공성 작전은 결말이 나지 않고 질질 시간만 끌고 있었다. 자력으로 돌파하지 못하는 상황에 절망한 로마인들은 델포이에서 사절이 돌아오자 운명이나 하늘에서 도움을 받자는 쪽으로 생각을 돌리고 있었다. 사절이 가져온 신탁은 베이이에서 납치해 온 늙은 예언자의 예언과 같았다. "아아 로마인들이여, 알바의 물이 호수에 담겨 있지 않게 하라. 그 물줄기가 바다로 흐르지 않게 하라. 알바의 물을 끌어내어 그대들의 밭에 뿌려라. 알바의 물을 여러 개울로 흩어지게 하여 그 힘을 소멸시켜라. 그 다음 용기를 내어 적의 성벽으로 밀고 나아가라. 기억하라, 그대들이 그토록 오래 포위한 도시에 대한 승리는 지금 밝혀진 운명에 의해 허락되었다. 전쟁이 끝나고 도시를 정복하면 나의 신전으로 와 값진 봉헌물을 바치고, 그대들이 여태껏 소홀히 한 성스러운 의식을 그대 선조들이 했던 방식으로 복원시켜 그 성공을 기념하라."

17. 그 순간부터 로마에 붙잡힌 베이이 예언자는 지극한 존경을 받게 되었다. 집정관급 정무관 코르넬리우스와 포스투미우스는 그 예언자에게 기적에 대응하고 분노한 신들을 달랠 의식을 거행할 것을 지시했다. 그리고 마침내 신들이 로마인들을 책망한 원인인 "성스러운 의식의 방치(혹은 부적절한 축제의 기념)"가 밝혀졌다. 행정관들이 정규 절차에 맞지 않게 선출되었으며, 게다가 그들이 선언한 라틴 축제와 알바 산에서 치러지는 엄숙한 희생 의식의 날짜도 무척 잘못 선택되었다는 것이다. 이런 잘못을 바로잡을 수 있는 유일한 방법은 집정관급 정무관들이 사임하고, 새로 점을 치고, 인테르레그눔을 수립하는 것이었다. 원로원은 이와 관련하여 결의안을 통과시켰고, 세 명의 인테르렉스가 임명되었다. 해당자는 루키우스 발레리우스, 퀸투스 세르빌리우스 피데나스, 마르쿠스 푸리우스 카밀루스였다. 인테르레그눔 동안 로마 내부의 소란은 끊이지 않았다. 왜냐하면 호민관들이 새로운 집정관급 정무관 대다수를 평민으로 선출할 것을 합의할 때까지 선거를 모두 거부하겠다고 나왔기 때문이다.

비슷한 때에 에트루리아 공동체는 볼툼나 신전에서 회의를 열었다. 카페나와 팔레리이의 사절들은 베이이 포위를 풀기 위해 모든 에트루리아가 연합하여 노력해야 한다고 역설했지만, 의회는 이러한 대답을 했다. 전에 베이이에서 비슷한 요청을 해왔지만, 그런 중요한 일에 먼저 조언도 구하지 않은 쪽이 지원을 요청할 권리는 없다는 이유로 원로원은 거절했다. 게다가 이젠 상황도 변해서 그들도 곤경에 처하는 바람에 베이이에 지원을 보낼 처지가 아니었다. 에트루리아 대부분 지역에 낯선 민족이 새로 정착했고, 그들과의 관계는 애매모호했고 또 결코 편안한 것이 아니었다. 그럼에도 불구하고 그들은 같은 민족이 위험에 처했다는 점을 고려하여 대(對) 로마 전쟁에 자원하여 돕겠다는 사람이 있다면 반대하지 않기로 했다. 로마에는 그런 자원자들이 아주 많다는 이야기가 나돌았고, 모두가 위험을 직면하게 되자 자연스레 내부 다툼은 줄어들기 시작했다.

18. 기사 계급의 켄투리아는 선거에서 제일 먼저 투표하는 특권이 있었는데, 그들은 집정관급 정무관으로 다시 푸블리우스 리키니우스 칼부스를 선출했다. 본인이 후보자로 나서지도 않았는데 선출한 것이었으나, 원로원은 이에 거의 불쾌감을 표하지 않았다. 리키니우스는 특유의 온건함을 증명한 사람이었기 때문이었다. 하지만 그는 너무 고령이어서 적극적으로 활동할 수 없었다. 그와 함께 예전에 집정관급 정무관을 지냈던 동료들도 다시 집정관급 정무관으로 선출되었다. 면면을 살펴보면 루키우스 티티니우스, 푸블리우스 만리우스, 푸블리우스 마일리우스, 크나이우스 게누키우스, 루키우스 아틸리우스 등이었다(기원전 396년). 하지만 선거 결과가 공식적으로 부족 집회에서 선포되기 전에, 리키니우스 칼부스는 인테르렉스의 허락을 맡아 공식적으로 발언하는 기회를 잡았다.

"동포 시민 여러분, 여러분은 저희의 예전 임기를 잊지 않으셨습니다. 따라서 저는 이 선거에서 여러분이 다가올 한 해에 가장 필요하다고 생각하시는 바를 잘 알고 있습니다. 그것은 바로 화합입니다. 지금 제 동료들은 전과 다를 바 없는 똑같은 모습을 하고 있습니다. 오히려 쓰라린 경험을 통해 더욱 성장했지요. 하지만 저는 예전과 같은 사람이 아닙니다. 이제 제겐 푸블리우스 리키니우스 칼부스라는 이름과 그 흔적만이 남아 있을 뿐입니다. 제 힘은 이제 다했습니다. 귀는 잘 들리지도 않고, 눈은 장님이나 다를 바 없습니다. 날카로운 정신도 이제 무뎌졌습니다. 하지만, (아들의 어깨에 손을 얹으며) 여러분의 참정권을 통해 평민으로서 처음으로 집정관급 정무관직에 오른 사람(참조 5.12. 평민으로서 사상 처음으로 집정관급 정무관이 된 리키니우스 자신을 가리킨다: 옮긴이)을 진정으로 닮은 사람이 여기 있습니다. 이 아이를 저 대신 써주십시오. 저 자신의 원칙은 이 아이를 양육할 때에도 마찬가지로 적용되었습니다. 저는 이제 저 대신 이 아이에게 나라에 대한 봉사를 맡기고자 합니다. 송구스럽지만 여러분께서 제게 안겨주신 명예를 저는 이제 더 이상 추구하지 못합니다. 대신 제 아들이 할 수 있습니다. 따라서 간청하오니 이 아이에게 그렇게 할 수 있는 기회를 주십시오."

시민들은 그 노인의 요청을 거절하지 않았고, 그의 아들인 푸블리우스 리키니우스는 앞서 언급한 다른 사람들과 함께 집정관 권력을 지닌 집정관급 정무관으로 임명되었다.

티티니우스와 게누키우스는 팔레리이와 카페나의 군대에 맞서 싸우는 원정 부대를 통솔했다. 하지만 그들은 전술적인 능력보다는 혈기가 너무 왕성했고, 그 결과 적의 함정에 덜컥 빠지게 되었다. 게누키우스는 자신의 부주의함과 무능력을 선두에서 싸우면서 명예롭게 전사하는 것으로써 속죄했다. 그의 동료인 티티니우스는 심하게 동요하는 로마 군을 고지로 철수시킨 후 그곳에서 부대를 재편성했다. 하지만 그는 아래의 평지에서 총력전을 펼치는 위험을 감수하고 싶지 않았다. 이는 그저 작은 패배였을 뿐이지만, 실제로는 아주 심각한 파장을 일으켰다. 이 패배가 로마 군의 사기에 미치는 영향이 엄청났기 때문이다. 실제보다 과장된 보고를 받은 로마 당국은 엄청난 공황 상태에 빠졌다.

베이이의 로마 군 또한 더 나은 상황은 아니었다. 도망치는 게 매우 어려운 상황에서 두 지휘관과 그들의 휘하 병력이 모두 전사했으며, 승리한 카페나와 팔레리이 병력에 더하여 모든 에트루리아 공동체의 연합군이 가까이 다가왔다는 풍문이 나돌았던 것이다. 로마 시내에 퍼진 풍문은 더욱 불안한 것이었다. 시민들은 베이이의 로마 군 진영이 공격받고 있으며,

다른 적군이 로마로 진군 중이라고 생각했다. 로마 성벽엔 황급히 병력이 배치되었다. 거리의 소음과 동요로 놀라서 집밖으로 나온 여자들은 신전에 모여들었다. 여자들은 성스러운 의식이 정식으로 개선되어야 한다고 생각했고, 시민들의 경건한 요청에 하늘이 감동하여 어떤 신호를 내려 응답해 줄 것을 간절히 바랐다. 그리하여 집, 성지, 로마의 성벽이 당할지도 모르는 파괴를 피하게 되고 또 전쟁의 공포가 베이이로 향하길 기원했다.

19. 이젠 게임도 개최되었고, 라틴 축제도 정식으로 거행되었으며 알바 호수에서 물도 빼냈으니 베이이의 파멸이 머지않았다. 그 도시를 함락시켜 조국을 구할 운명인 마르쿠스 푸리우스 카밀루스가 독재관으로 임명되었고, 그는 푸블리우스 코르넬리우스 스키피오를 사마관으로 임명했다. 즉시 지휘권이 변경되었고 그와 함께 모든 양상이 바뀌었다. 로마는 새롭게 용기와 희망을 얻었고, 도시의 운명도 고비를 넘기고 회생한 것 같았다. 카밀루스가 첫 번째로 한 일은 베이이에서 로마 군이 공황에 빠졌을 때 탈주한 병사들을 군법에 따라 처벌하는 것이었다. 이는 적보다 더 두려운 조치가 있다는 걸 병사들에게 가르쳐주기 위함이었다. 그는 새롭게 징집을 시행할 날짜를 확정하고, 서둘러 베이이로 가서 로마 군대의 사기를 높인 후 다시 로마로 돌아와 병사들의 징집을 감독했다. 평민들은 병역을 회피하려 하지 않았다. 라틴과 헤르니키도 로마를 돕고자 지원군을 보내겠다고 약속했다. 카밀루스는 원로원에서 정중하게 감사 표시를 했고, 원정을 위한 모든 준비가 완료되자 원로원 법령에 따라 맹세했다. 그는 베이이를 점령하면 대 게임을 개최하고 세르비우스 툴리우스 왕에 의해 오래전에 처음 봉헌되었던 마테르 마투아(새벽의 어머니) 신전을 복구하여 다시 봉헌하겠다고 약속했다.

카밀루스와 그의 부대가 전선을 향해 떠날 때 로마 시민들은 자신감보다는 희망을 더 많이 품었다. 첫 교전은 네페테 인근에서 팔레리이와 카페나 군대를 상대로 벌어졌다. 교전 결과는 대성공이었고, 훌륭한 장군의 지휘에는 언제나 그렇듯이 행운이 따랐다. 야전에서의 승리는 적의 진영을 점령하는 것으로 완성되었다. 로마 군은 많은 귀중한 전리품을 얻었고, 대다수가 재무관의 처분에 맡겨졌다. 병사들 사이에 배분된 건 소규모의 일부분이었다. 카밀루스의 군대는 이어 베이이로 나아갔고, 그곳에서 카밀루스는 자신의 명령 없이 교전하는 일을 금지함으로써 베이이 성벽과 로마 방책 사이에서 자주 벌어지는 다소 무의미한 소규모 접전을 더는 발생하지 않게 했다. 로마 군은 이런 조치에 힘입어 보루의 수를 더 늘려갔다. 이런 일에 종사하던 로마 병사들은 이젠 땅굴을 파기 시작했다. 땅굴 작전에서 단연코 가장 중요하고 힘든 일은 베이이 중앙 요새로 통하는 지하 땅굴을 파는 일이었다. 갓 시작된 작업은 휴식 없이 진행되었고, 이 작업에 투입된 병사들은 6개조로 나뉘어 차례로 여섯 시간을 일했다. 지하에서 계속 일을 하면 병사들의 체력이 곧 고갈된다는 것을 감안한 교대 작업의 조치였다. 땅굴이 완성되어 적의 요새로 통하는 길이 열릴 때까지 작업은 밤낮을 가리지 않고 진행되었다.

20. 카밀루스는 이제 승리가 가까워졌고, 머지않아 거대한 부를 지닌 도시가 곧 자신의 손에 떨어지리라는 것을 알았다. 그는 베이이를 점령하면 이전 원정 모두를 합친 것 이상의 전리품을 얻을 수 있다는 걸 알았다. 따라서 그는 걱정이 되기 시작했다. 전리품을 인색하게 나누어주면 병사들과 사이가 멀어질 것이고, 그렇다고 과도하게 전리품을 배분하면 원로원의 노여움을 살 것이었다. 그런 이유로 그는 원로원에 서신을 보냈다. 신의 은총과 병사들의 용맹함, 그리고 자신의 능숙한 전술로 베이이가 곧 로마의 힘에 무릎을 꿇게 될 것인데 전리품 배분 문제를 어떻게 처리하면 좋겠냐고 문의했다. 원로원은 이 문제를 두고 입장이 둘로 나뉘었다. 앞서 말한 고령의 리키니우스는 아들의 요청으로 가장 먼저 이 문제에 관해 언급

했는데, 그의 입장은 누구든 약탈 과정에서 자기 몫을 원하는 사람은 베이이로 가서 챙겨오면 된다는 취지의 공개 성명을 발표하자고 제안했다.

하지만 아피우스 클라우디우스는 강하게 이 제안에 반대했다. 그가 볼 때 그런 규모의 공짜 선물은 전례가 없을 뿐만 아니라 불공정하고 무분별한 것이었다. 그런 이유로 그는 포획된 적 재산을 국고 — 아무튼 국고는 전쟁 비용으로 고갈된 상태였다 — 에 귀속시키는 기존 관습을 시민들이 못마땅하게 생각하는 면이 있다면, 적 재산에서 나온 돈을 병사들의 급료로 사용해야 한다고 주장했다. 그렇게 함으로써 시민들이 어느 정도 금전적 부담을 덜 수도 있다고 말했다. 그렇게 되면 모든 가정이 혜택을 느낄 것이고, 나라를 위해 용맹하게 싸운 사람들이 당연하게 받아야 하는 포상에 도시의 게으름뱅이들이 탐욕스럽게 손대는 일도 막을 수 있을 것이라 했다. 위험과 고생에 적극적으로 가담하는 사람일수록 거기서 생기는 이득에 대해서는 느리게 반응하는 것이 인간의 본성인데, 그런 병사들을 위해 이런 조치를 취해야 한다는 것이었다.

리키니우스는 이에 반대 주장을 제기했다. 그는 그 돈이 의혹과 증오를 불러일으키는 지속적인 원인이 될 것이라고 했다. 따라서 필연적으로 공소(公訴), 선동, 혁명의 원인이 될 것이라고 내다보았다. 그는 자신이 앞서 제안한 대로 그 돈을 병사들에게 선물하는 게 낫다고 주장했다. 그렇게 해야 여러 해 동안 세금으로 많은 돈을 빼앗긴 평민들을 달랠 수 있다는 것이었다. 그는 그렇게 되면 평민들이 진심으로 안도할 것이고, 생애의 전성기를 몇 년 투자한 끝에 드디어 전쟁에서 뭔가 보답을 받는다고 생각하게 될 것이라고 했다. 결국 다른 사람의 변덕에 따라 조금씩 돈을 나누어 받는 것보다 병사 자신이 직접 돈을 챙겨 집으로 가져오는 것이 즐거움과 만족 면에서 10배는 더 낫다는 게 그의 생각이었다. 전리품 분배에 관해 결정을 내리는 건 미움을 살 만한 일이었으므로, 무소불위의 권력을 가진 독재관마저도 결정을 원로원에게 미루면서 그 책임을 떠넘겼다. 그러니 원로원 또한 해당 문제를 평민들에게 떠넘겨서, 병사들이 전쟁에서 얻은 재산은 그 어떤 것이든 챙길 수 있도록 허용해야 된다는 것이었다.

두 개의 제안 중에 더 안전하게 보이는 건 리키니우스의 것이었다. 원로원이 평민의 편이라는 점을 널리 알릴 수 있기 때문이었다. 그에 따라 누구든 원한다면 베이이에 있는 카밀루스와 그의 군대로 가서 약탈 행위에 가담하여 자신의 몫을 챙기라는 성명이 발표되었다.

21. 그러자 그것을 하나의 기회로 보고 로마 군 진영에 몰려든 사람은 수천 명이나 되었다. 지루한 베이이 원정은 드디어 결정적인 단계에 들어섰다. 카밀루스는 야전군 사령부에서 밖으로 나와 점을 쳤다. 이어 그는 모든 병사에게 전투 대형을 갖추라고 명령한 뒤 이렇게 기원했다. "델포이의 아폴로여, 당신께 인도되고, 또 당신의 신성한 숨결에 고무되어 이제 저는 베이이를 무너뜨리려 전진합니다. 동시에 이 자리에서 전리품의 10분의 1을 당신께 바칠 것을 맹세합니다. 여왕 유노여, 저는 당신께도 기원합니다. 이젠 머무르고 계신 이 도시를 떠나 승리한 우리 군대를 따라 로마로 오십시오. 그곳이 장차 당신의 집이 될 것입니다. 여왕이시여, 당신은 그곳에서 당신의 위대함에 걸맞은 신전을 받게 되실 겁니다."

로마 군은 베이이에 공격을 가하고자 모든 방향에서 압도적인 병력 수를 과시하며 전진했다. 이는 땅굴을 통한 공격으로부터 적의 시선을 돌리려는 양동작전의 목적도 있었다. 도시의 누구도 이국의 신탁이, 더 나아가 그들의 예언자가 베이이의 멸망을 이미 예언했다는 사실을 아직 알지 못했다. 또한 아무도 신들이 전리품 분배에 초대받았고, 로마 군의 기원에 응답하여 적이 마련한 신전의 새로운 집에 그 신성한 눈길을 돌렸다는 점을 알지 못했다. 베이이 사람들은 최후의 날이 다가왔다는 사실을 몰랐고, 성벽 방어가 이미 무너져 언제라도 로마 군이 요새로 들이닥칠 수 있다는 꿈찍한 사실을 전혀 모르고 있었다. 파멸이 예정된 베이이 시민들은 칼을 쥐고 성벽을 방어하러 달려갔다. 그들은 이 갑작스러운 무모하고 난폭한 공격이 대체 무슨 의미인지 도무지 알 수 없었다. 왜냐하면 지난 몇 주 동안 로마 병사는 단 한 사람도 주둔지에서 움직이지 않았기 때문이다.

이와 관련하여 오래된 이야기가 하나 있다. 베이이의 왕이 희생물을 봉헌하는 중에 한 사제는 희생물의 내장을 자르는 사람이 전쟁에서 승리할 것이라고 선언했다. 사제의 말은 땅굴에 숨은 몇몇 로마 병사에게 들려왔고, 그들은 바로 굴을 나와 내장을 낚아채고 그것을 카밀루스에게 가져갔다. 나는 아주 오래된 고대의 사건들이 진실과 비슷하게 보인다면 그것을 진실로 받아들이면서 만족하겠다. 하지만 이 이야기는 진지하게 고려하기엔 너무 영웅적인 무대 연극 같아서, 확언하거나 부인할 가치가 거의 없다고 생각한다.

땅굴 안은 선발된 병사들로 가득했고, 이들은 결정적인 공격을 가할 준비를 했다. 이어 이들은 아무런 전조도 없이 요새 위의 유노 신전 내부를 뚫고 밖으로 나왔다. 외부 위협을 막으려고 성벽을 지키던 적은 후방에서 공격당했고, 빗장은 뜯겨 나갔다. 지붕에서 베이이 여자와 노예들이 모여 로마 군에게 돌과 기와를 던지던 건물들엔 불이 붙었다. 도시엔 무시무시한 소음이 가득했다. 승리를 확신하고 외치는 함성, 겁에 질려 내지르는 비명, 여자의 통곡, 아이의 딱한 울음소리 등이 뒤섞였다. 눈 깜짝할 사이에 베이이 수비병들은 성벽에서 내동댕이쳐졌고, 성문이 활짝 열렸다. 로마 군은 밀물처럼 도시로 들어오거나 방어가 전혀 없는 성벽을 기어올랐다. 도시 내부는 모든 것이 침략으로 황폐해졌고, 치열한 전투가 벌어지지 않는 거리는 없었다. 끔찍한 살육이 벌어진 뒤 베이이의 저항이 약해지자 카밀루스는 무기를 들지 않는 자들을 공격하지 말라고 명령했다. 더는 피를 흘리는 일이 없었고, 무장하지 않은 베이이 사람들은 항복했다. 카밀루스가 허락하자 병사들은 도시 이곳저곳으로 퍼져 약탈을 시작했다.

전하는 이야기에 의하면, 탈취한 전리품이 양과 질 면에서 예상했던 정도를 훨씬 웃돌자 그는 양팔을 들어 올려 이렇게 기원했다고 한다. "신이나 인간이 저와 로마의 행운이 과도하다고 생각한다면, 제가 그들의 분노를 최소한의 개인적 불편함과 최소한의 로마의 안녕에 대한 피해로 달랠수 있게 해주소서." 전하는 이야기에 의하면 카밀루스는 이런 기원을 말하면서 돌아섰는데 발부리가 뭔가에 걸려 넘어지는 일이 벌어졌다고 한다. 현명한 자들은 이것이 뒤에 벌어질 나쁜 일의 전조라고 여겼다. 이후 실제로 카밀루스는 전리품 배분 문제와 관련하여 유죄 판결을 받고, 몇 년 뒤엔 로마가 함락당하는 재앙이 벌어졌다. 그렇게 하여 그 유명한 전승의 날이 지나갔다. 그 날은 로마의 적을 도륙하고 부유한 도시를 약탈하는 데 모든 시간이 바쳐졌다.

22. 다음날이 되자 카밀루스의 명령으로 모든 베이이의 자유민은 노예로 팔렸다. 거기서 나온 수익은 국고에 들어간 유일한 돈이었지만, 그래도 평민들은 그런 처사에 분노를 참지 못했다. 왜냐하면 그들이 각자 집으로 챙겨간 전리품이 총사령관이나 원로원 덕분이라고 전혀 생각하지 않았기 때문이다. 총사령관은 전리품 배분 문제를 독자적으로 결정할 수 있는데도 불구하고 자신의 인색함을 정당화하고자 원로원에 결정을 미루었고 또 원로원도 곧바로 병사들에게 유리한 결정을 내리지 않았던 것이다. 그리하여 병사들에게 공로를 인정받은 건 리키니우스 부자였다. 아버지는 평민을 대신하여 관대한 제안을 했고, 아들은 그 제안을 투표에 부쳤었다.

사람에게 속한 모든 값나가는 재산을 베이이에서 약탈한 다음, 신에게 속한 물건, 즉 신전의 보물이나 성상(聖像)을 옮기는 작업이 실시되었다. 이 작업은 깊은 경외감 속에서 완료되었다. 로마로 여왕 유노를 전달하는 일을 맡은 젊은 병사들은 특별한 기준을 통해 선정되었다. 그들은 목욕재

계하고 흰옷을 입은 다음 깊은 경외감을 느끼며 신전으로 들어섰다. 처음에 그들은 성상에 손을 대는 불경스러운 일을 꺼렸다. 에트루리아 종교에선 특정한 세습 성직을 물려받은 자만 그 성상을 만질 권리가 있었다. 그러다 갑자기 병사 중 한 사람이 이렇게 물었다. "유노 여신이시여, 로마로 가고 싶으십니까?" 그 질문이 여신의 신성함에 영감을 받아 한 말이었는지, 단순한 농담이었는지는 아무도 모른다. 하지만 그의 동료들은 그 대답으로 성상의 고개가 끄덕인 걸 보았다고 했다. 들리는 이야기로는 성상이 동의하는 말을 실제로 했다고 한다. 어쨌든 여신의 성상은 기계의 힘을 거의 빌리지 않고 사람의 손으로 베이이의 신전에서 옮겨졌다. 성상은 마치 자유 의지로 따라오는 것처럼 가뿐하면서도 운송하기 쉬웠고, 아벤티누스 언덕에 마련된 영원한 거처에 도착했을 때 상한 곳이 단 한 군데도 없었다. 이후 카밀루스는 지난번에 맹세했던 여신의 신전을 봉헌했다.

이것이 바로 에트루리아에서 가장 부유한 도시인 베이이가 몰락한 경위이다. 최후를 맞이하는 순간조차 베이이는 그 위대함을 드러냈다. 열 번의 여름과 겨울 동안 포위를 당하며 그 어느 때보다도 심각한 피해를 입었지만, 운명의 시간을 맞이할 때도 직접적인 공격이 아니라 로마 군의 계략에 의해 함락되었다.

23. 승전의 기쁜 소식이 전해졌을 때 로마가 즐거워한 모습은 필설로 형언하기 어렵다. 로마는 그런 소식에 사전 대비가 없었던 것은 아니다. 흉한 조짐은 철저하게 피했고, 베이이 예언자의 예언이나 델포이의 신탁은 모든 시민에게 알려져 있었다. 세상에서 가장 위대한 장군인 카밀루스에게 최고 지휘권을 맡긴 것은 인간의 지혜가 짜낼 수 있는 최고의 조치였다. 긴 세월 동안 전쟁을 하면서 행운과 패배가 반복되었기에 승리는 마치 하늘에서 내려온 선물 같았고, 승전의 기쁨은 믿기 힘들 정도로 강력한 것이었다. 여자들은 정부 당국의 견해를 들어보지도 않고 신전으로 몰려가 신

들의 은총에 감사를 표시했다. 원로원은 국가 차원에서 4일간의 감사제를 지내기로 했는데, 이는 다른 어떤 감사제보다 오랜 기간이었다.

카밀루스가 로마로 귀환하자 엄청난 군중이 몰렸는데, 그것은 전례가 없을 정도의 대규모 군중이었다. 계급을 가리지 않고 로마 사회의 모든 사람이 그를 맞이하러 성문으로 쏟아져 나왔다. 그의 개선식은 무척 화려하여 전에 거행된 다른 개선식들을 아주 초라한 것으로 보이게 했다. 네 마리의 흰 말이 끄는 마차를 타고 들어온 그는 만인의 주목거리였다. 실제로 그런 화려한 모습은 공화주의를 거스르는 오만함과 불경함을 드러내는 것이라고 일부 사람들은 생각했다. 저런 휘황찬란한 말들을 사람에게 주어 태양의 신인 유피테르와 동급으로 보이게 하는 게 죄가 아니면 무엇이겠냐는 게 일부 사람들이 품는 생각이었다. 그런 불안한 생각 때문에 개선식이 그토록 호화로웠음에도 불구하고 모든 시민이 흔쾌히 받아들이는 행사가 되지는 못했다.

개선식이 끝난 뒤 카밀루스는 아벤티누스 언덕에 유노 신전을 세우기로 계약하고 마테르 마투타에게 성소를 봉헌한 다음 독재관 자리에서 사임했다. 종교와 국가에 관한 그의 임무가 모두 완수되었기 때문이다.

이젠 아폴로에게 바칠 봉헌물이 논의의 대상이 되었다. 카밀루스는 베이이에서 얻은 전리품의 10분의 1을 바치겠다는 맹세를 아폴로에게 했다는 사실을 상기시켰다. 성직자들 역시 시민들이 이 의무를 당연히 이행해야 한다는 의견이었다. 개인별로 적절한 분담금을 부과하려면 시민 각자가 전쟁에서 가져온 다양한 전리품의 가치를 실측해야 되었지만 그 구체적 방법을 찾는 건 쉽지 않았다. 마침내 정부는 병사들의 적개심을 가장 덜 살 것으로 보이는 방법에 의지했다. 자신과 가문에 부과된 의무를 이행하길 바라는 모든 시민은 스스로 전리품의 가치를 따져 총액의 10분의 1을 국고에 납부하라는 것이었다. 이렇게 납부된 자금은 아폴로에게 바칠 황금 봉헌물의 비용에 충당되었다. 이 봉헌물은 아폴로의 신격에도 어울리고, 또 그의 신전의 웅장함에 어울릴 뿐만 아니라 모든 로마인들이 부끄럽게 여기지 않을 그런 선물이었다. 하지만 평민들은 그런 조치에 대하여 전혀 만족하지 못했고, 오히려 카밀루스에 대한 적개심만 더 커졌다.

바로 이 시점에 볼스키와 아이퀴 사절이 평화 협정을 논의하고자 로마에 도착했고, 조약은 바로 체결되었다. 그들의 요구가 딱히 타당해서는 아니었다. 하지만 오랜 전쟁에 시달려온 로마의 입장에선 그 제안이 무척 반가웠을 것이다.

24. 베이이 멸망 다음 해(기원전 395년)엔 여섯 명의 집정관급 정무관이 선출되었으며, 면면을 살펴보면 코수스 코르넬리우스와 스키피오 코르넬리우스, 마르쿠스 발레리우스 막시무스(2선), 카이소 파비우스 암부스투스(3선), 루키우스 푸리우스 메둘리누스(5선), 퀸투스 세르빌리우스 등이었다. 제비뽑기 결과 팔레리이 원정 지휘는 두 명의 코르넬리우스가, 카페나 원정 지휘는 발레리우스와 세르빌리우스가 맡게 되었다. 이번 원정에선 두 도시에 포위 공격이나 직접적인 공격이 가해지는 일은 없었고, 로마군은 시골 지역을 약탈하는 일에 집중했다. 그들은 농지를 샅샅이 약탈하여 과일이나 곡식이 전혀 남아 있지 않게 했다. 카페나 인들은 결국 이런 약탈을 못 버텨내고 무릎을 꿇었다. 그들은 화평을 요청했고, 곧 받아들여졌다. 이제 로마가 유일하게 진행 중인 전쟁은 팔레리이 전쟁이었다.

그러는 사이 로마에선 반정부 소요가 격렬해졌다. 정부는 이를 달래고자 볼스키 영토로 3천 명을 이주시키는 제안을 내놓았고, 특별 위원들은 한 가구 당 약 2에이커의 땅을 할당했다. 하지만 평민이 볼 때 그것은 아주 못마땅한 조치였다. 훨씬 더 큰 것을 기대한 그들에게 그것은 생색내려는 것 혹은 비위를 맞추려는 것 정도로밖에 보이지 않았다. 고작 몇 킬로미터 떨어진 곳에 로마보다 훨씬 풍성하고 광대한 경작지가 있는 아름다운 도시 베이이가 있는데, 그 도시를 놔두고 볼스키 인들 사이로 추방당하는 건 어처구니없고 부당한 일이었다. 그들이 볼 때, 단순히 주거 도시로서는 로마보다 베이이가 훨씬 더 좋았다. 지리적 상황도 더 나았고, 집도 더 좋았고, 더 웅장한 신전도 있었기 때문이다.

실제로 이것이 베이이 이주 운동의 첫 번째 시작이었다. 이 운동은 갈리아 인들에 의해 로마가 점령당한 이후 훨씬 더 많은 지지자를 얻게 되었다. 당시엔 베이이가 절반은 평민 당으로, 나머지 절반은 원로원 당으로 채워져야 한다는 생각이 있었다. 두 도시 공히 로마인이 살면서 단일 정치적 조직체를 형성해야 한다는 신념이 있었기 때문이다. 하지만 이 제안에 귀족들은 맹렬히 반대했다. 그들은 이런 제안을 두고서 투표해야 한다면 차라리 죽는 게 낫다고까지 말할 정도였다. 그들은 한 도시에서도 적대적인 두 계급이 끝없이 맹렬하게 싸우고 있는데 서로 싸우는 도시가 두 개로 늘어나면 그 혼란상은 어떻게 하겠냐고 물었다. 또한 그들은 어떻게 승자보다 패자를 선호할 수 있으며, 어떻게 베이이가 안전하고 독립적인 도시였던 시절에도 절대 달성하지 못한 도시로서의 위대함을 점령당한 이후에 달성하는 걸 눈뜨고 지켜볼 수 있겠냐고 물었다. 그들은 불쾌감을 감추지 않으며 이렇게 소리쳤다.

"우리는 동료 시민들에게 버려질 수 있겠지만, 세상의 그 어떤 세력도 조국과 친구로부터 우리를 떼어내지 못할 것입니다. 또한 우리가 이 끔찍한 제안을 한 시키니우스를 따른다거나, 그가 베이이의 시조로 올라서는 걸 보는 일은 절대로 없을 것입니다. 우리는 신의 아들인 로마의 국부이자 시조인 신성한 로물루스를 절대로 버리지 않을 것입니다."

25. 이런 논쟁으로 추잡한 상황이 발생했다. 귀족들은 몇몇 호민관들을 포섭하여 자기편으로 끌어들였고, 군중이 실제로 폭력을 행사하지 못한 유일한 이유는 원로원 주요 의원들이 몸을 사리지 않고 앞에 나서서 막았

기 때문이다. 그들은 폭동을 유도하는 몹시 사나운 함성이 들려오면, 어김 없이 가장 먼저 밀려오는 군중들 앞에 나섰고, 이어 그들에게 조용한 목소리로 희생양을 원한다면 기꺼이 자신들이 그 대상이 되겠다고 말했다. 이에 군중은 이들의 고령과 지위를 생각했고, 그런 중요한 사람들에게 폭력을 행사하는 일을 피하고 싶어 했다. 자연스레 평민은 부끄러움을 느끼고 다른 사람들에게 분노를 대신 퍼붓는 일도 하지 않았다.

그러는 사이 카밀루스는 도시 전역의 대중 집회에 나가서 평민에게 끊임없이 연설했다. "지금 로마가 완전히 제정신이 아니라는 건 분명합니다. 여러분은 모두 맹세를 이행할 엄숙한 의무를 지고 있지만, 다른 일에 신경쓰느라 하늘의 신과 화해하려는 의무는 아랑곳하지 않고 있습니다. 여러분의 사소한 금전적 부담에 관해서는 아무 말도 하지 않겠습니다. 그건 여러분 개인의 일이지 국가의 일은 아니니까요. 하지만 부끄러워서 도저히 묵과할 수 없는 사실이 하나 있습니다. 아폴로 신에게 맹세한 10분의 1에 동산(動産)만 포함된다고 생각하는 걸 당연시하는데, 어째서 베이이 그 자체와 그에 속한 땅에 관해선 아무런 얘기가 없습니까? 그것들은 모두 당연히 봉헌물에 포함되어야 합니다."

카밀루스의 지적은 타당한 것이었고, 따라서 원로원은 이를 논의했으나 합의에 이르지 못하고 문제는 성직자들에게 넘어갔다. 이에 성직자들은 해당 문제를 카밀루스와 더 논의한 다음 이렇게 선언했다. 봉헌의 맹세 이전에 베이이 인들에게 속했으나, 이후 로마인의 소유가 된 모든 재산은 그 값의 10분의 1을 아폴로 신에게 봉헌물로 바쳐야 한다. 여기엔 물론 베이이 그 자체와 그에 속한 땅도 포함된다. 그에 따라 봉헌물 제작을 위한 자금이 국고에서 인출되었고, 집정관급 정무관들은 정부 지시에 따라 황금을 사들였다. 황금이 충분하지 못하다는 사실이 드러나자 로마 여자들이 함께 모여서 상황을 논의했고, 이어 만장일치로 뜻을 모아 집정관급 정무관들에게 바라는 만큼 금을 전달하겠다고 약속했다. 즉, 개인 소유의 황금 장신구를 전부 국고에 기부하겠다는 것이었다. 원로원은 그런 자발적인 호응에 더할 나위 없이 흡족해했다. 전하는 바에 따르면 이 훌륭한 선물의 답례로 원로원은 여자들에게 4륜 마차를 타고 게임과 축제에 참여하고, 평상시에도 — 평일과 휴일을 가리지 않고 — 보통 마차를 사용할 수 있는 특권을 부여했다고 한다. 모든 황금 장신구들이 집결된 다음엔 그 값이 전리품의 10분의 1에 도달했는지 평가가 있었다. 평가를 마친 뒤 로마는 아폴로 신에게 바칠 봉헌물로 황금 사발을 만들기로 했고, 제작이 완료되자 델포이의 아폴로 신전으로 운반되었다.

로마 시민들이 종교적인 의무를 이행하여 안도하자마자 호민관들이 다시 문제를 일으키기 시작했다. 그들은 온갖 수단을 동원하여 정부 지도자들에 대한 군중의 반감을 선동했고, 특히 유독 카밀루스를 더욱 거세게 비난했다. 호민관들은 그가 베이이에서 획득한 재산을 모조리 국가적, 혹은 종교적 목적에 충당함으로써 그야말로 전리품을 탕진해 버렸다고 비난했다. 하지만 이런 공격은 카밀루스가 면전에 없을 때에만 터져 나왔다. 그들은 본인을 마주보고 있을 때에는 그런 무례한 비난을 전혀 하지 않았다. 그해에 논쟁이 해결되지 않을 것이 분명해지자 평민들은 베이이 이주를 지지하는 호민관들을 재선시키고자 했다. 반면 귀족들은 그에 반대하는 자들을 자리에 앉히기 위해 힘을 썼다. 결국 이런 대치 상황 때문에 전년도 호민관의 대다수가 재선되었다.

26. 집정관급 정무관 선거에서 원로원 당은 카밀루스를 선출하고자 갖은 노력을 다 기울였다. 그들은 표면적으로는 현재 상황에서 군사적인 요구에 맞는 노련한 군인을 선출해야 한다는 이유를 내세웠지만, 실제로는 베이이의 영토를 배분하려는 반정부적인 조치에 저항할 유능한 사람이 필요한 것이었다. 그들의 노력은 결실을 보았다. 카밀루스와 함께 선출된

자들은 루키우스 푸리우스 메둘리누스(6선), 가이우스 아이밀리우스, 루키우스 발레리우스 푸블리콜라, 스푸리우스 포스투미누스, 푸블리우스 코르넬리우스(2선)였다.(기원전 394년)

그해 초에 호민관들은 팔레리이 원정 지휘를 맡은 카밀루스가 로마를 떠나기만 기다렸다. 그래야 새롭게 행동에 나설 수 있기 때문이었다. 하지만 그들이 새로운 일에 착수하는 건 지체되었고, 평민의 관심도 따라서 시들해졌다. 그러는 사이 그들의 가장 무서운 정적인 카밀루스는 팔레리이에서 연이어 성공을 거두며 명성을 더욱 높이고 있었다. 원정 처음부터 적군은 방어 시설에서 그다지 앞으로 나서지 않으려는 기색이었지만, 카밀루스는 농장을 불태우고 곡식을 못쓰게 하여 그들을 강제로 개활지로 끌어들였다. 그래도 적군은 멀리 진군하길 꺼렸고, 도시에서 1마일 정도 떨어진 곳에 진지를 구축했다. 적군은 새로운 진지가 로마 군의 공격으로부터 안전할 것이라고 생각했다. 이유는 단순했다. 진지가 있는 장소가 접근하기 불편한 곳이고, 또 인근의 모든 길이 험로인 데다 폭이 아주 좁지 않으면 아주 가팔랐기 때문이다.

하지만 카밀루스는 인근에서 붙잡은 포로를 길잡이로 활용하여 자정 부근에 로마 군 진지를 해체하고 동틀 녘에 유리한 전투 지점을 확보한 상태로 적군 앞에 나타났다. 이어 그는 병력을 셋으로 나눠 그 중 하나는 진지 주위의 참호를 파게 했고 나머지 두 부대는 무장한 채 적의 공격에 대비하게 했다. 적군은 참호 공사를 저지하려고 했지만, 쉽게 격퇴당했다. 실제로 그들은 완전히 동요되어 극심한 두려움을 느끼면서 달아났다. 그들은 도망치면서 그들 자신과 팔레리이 사이에 있는 그들 진지를 지나쳐서, 앞다투어 안전한 도시로 들어가려고 했다. 하지만 그들 중 다수는 성문을 통과하기도 전에 살해되거나 부상을 당했다. 카밀루스는 버려진 진지를 점령하고 그 안에 값나가는 물건들을 모두 챙기라고 재무관들에게 지시했다. 이런 조치에 병사들은 격렬하게 분노했지만, 군율이 워낙 엄한 데다 카밀루스를 못마땅하게 여기는 것만큼 그의 철저한 정직성을 존경했으므로 별일은 없었다.

이어 포위가 시작됐고, 보루가 지어졌다. 때때로 팔레리이에서 부대가 출격하여 로마 거점을 공격했고, 몇 차례 소규모 접전이 있었다. 시간은 계속 흘렀지만, 어떤 식으로든 결말이 날 가능성은 적었다. 팔레리이는 전쟁이 시작되기 전 곡식과 다른 필수품을 미리 비축해 두었고, 로마 군보다 보급 형편이 더 나았다. 뜻밖의 행운 덕분에 로마 군이 예기치 않은 승리를 거두고, 동시에 카밀루스가 군인으로서 고귀한 자질을 다시 한 번 증명할 기회가 없었다면 이 전쟁은 베이이 포위전처럼 장기전으로 갔을 것이다.

27. 팔레리이의 교사들은 수업 시간뿐만 아니라 방과 후에도 제자들을 책임지고 있었다. 오늘날의 그리스에서 그런 것처럼, 한 사람의 교사는 많은 소년들을 보살폈다. 자연히 명문가의 자식들은 가장 훌륭한 교사가 가르쳤다. 이 가장 훌륭한 교사라는 사람은 평시에 소년들을 데리고 성벽 밖으로 나가 놀이와 운동을 시키는 습관이 있었다. 그는 도시가 전쟁 중인데도 계속 그런 일을 했고, 다양한 주제로 이야기하여 소년들의 관심을 끌면서 때로는 짧게, 때로는 길게 산책을 했다. 하루는 그 교사가 평소보다 더 긴 산책을 하며 어린 제자들을 데리고 로마 진영의 전초 기지를 거쳐 카밀루스가 있는 본부까지 나아갔다. 이런 반역 행위는 그 자체로 수치스러운 일이었지만, 그가 하는 말은 더욱 혐오스러운 것이었다. 그는 차분하게 이렇게 말했다. "이 아이들의 부모들은 국사를 돌보는 사람들입니다. 저는 당신의 손에 이 아이들을 바칩니다. 팔레리이는 이제 당신의 것입니다."

카밀루스는 이렇게 대답했다. "로마인들이나 그들의 군을 통솔하는 나나 네 놈의 가치관에는 전혀 동의할 수 없다. 네 놈은 악당이고, 네 놈이 하는 말은 딱 네 수준에 맞는구나. 로마와 팔레리이 사이엔 그 어떤 국가적 유대도 없다. 하지만 그럼에도 불구하고 우리는 늘 똑같은 사람이라는 유대감으로 묶여 있다. 평화 시에도 그런 것처럼 전시에도 법률이 있다. 우리는 용기를 발휘하면서도 그에 못지않게 품위를 지키며 전쟁하는 법을 배웠다. 우리는 아이들에게 칼을 겨누지 않는다. 그것은 도시를 약탈하는 중에도 마찬가지이다. 우리는 지금 우리처럼 무장을 한 자들에게만 칼을 휘두른다. 베이이에서 우리를 공격한, 또 우리를 성나게 한 건장한 자들이 바로 우리의 상대가 되는 자들이다. 네 놈은 이 사악하고 전례가 없는 행동으로 네 동포를 무너뜨리려고 하지만, 나는 그들을 로마인다운 용기, 끈기, 그리고 힘으로 무너뜨릴 생각이다. 베이이 인들에게 했던 것처럼 말이다."

카밀루스는 명령을 내려 반역자의 옷을 벗기고 양손을 등 뒤로 묶었다. 그리고는 아이들에게 막대기를 하나씩 쥐어 주며 집으로 돌아가는 동안 교사를 계속 매질하게 했다. 팔레리이 사람들은 이 광경을 보러 몰려들었다. 나중에 팔레리이 행정관들이 의회를 소집하여 이 기이한 형세의 변화를 논의할 때 그들의 감정은 완전히 바뀌어 있었다. 이전에 그들은 맹렬한 증오와 난폭한 분노에 휩싸여 카페나처럼 비굴하게 항복하느니 베이이처럼 멸망하는 게 더 낫다고 생각했지만, 이젠 화평을 만장일치로 요구했다. 거리에서나 의회에서나 사람들은 로마인의 명예와 카밀루스의 정의로운 처사를 이야기하느라 바빴다. 만장일치로 대표단이 카밀루스를 만나러 왔고, 카밀루스의 허락을 받은 그들은 로마에 도착하여 원로원 앞에서 항복 의사를 전했다. 그들은 원로원에서 이렇게 말했다고 한다.

"의원 여러분, 로마와 로마의 장군이 우리를 상대로 성취한 승리는 신이든 인간이든 불평하지 못할 것입니다. 우리는 패배를 인정하고 항복합니다. 스스로 통치할 때보다 로마의 통치를 받을 때 더 나은 삶을 살 수 있다고 믿기 때문입니다. 승자에게 이보다 더 큰 명예는 없을 것입니다. 이 전쟁으로 인류가 가슴에 새겨야 할 두 가지 교훈이 드러났습니다. 여러분은 손쉬운 승리보다 고상한 명예를 바랐고, 우리는 그 고귀한 선택에 자발적으로 항복하기로 했습니다. 우리는 이제 로마의 통치를 받겠습니다. 우리의 성문은 열려 있습니다. 무기, 인질, 도시 그 자체를 모두 로마의 처분에 맡깁니다. 여러분은 우리를 믿고 후회할 일이 전혀 없을 것이고, 우리역시 여러분의 지배를 받는 일을 전혀 후회하지 않을 것입니다."

카밀루스는 팔레리이와 로마 양쪽에서 정중한 감사를 받았다. 팔레리이는 조공을 통해 로마 군의 그해 전쟁 비용을 부담했고, 이에 로마인들은 전쟁세를 내지 않아도 됐다. 전쟁은 끝났고, 로마 군은 도시로 돌아왔다.

28. 네 마리의 흰 말이 끄는 개선식 마차를 타고 로마의 거리를 지나는 카밀루스의 명성은 이제 하나 더 추가된 훌륭한 위업으로 인해 더욱 공고해졌다. 이번 승리의 영광은 공정함과 명예로 성취한 것이었기 때문이다. 원로원은 그가 맹세를 통해 내세운 의무를 이행하지 못하는 상황에 불편함을 느꼈고, 본인이 직접 그 의무를 언급하지도 않았지만 그에 대한 존경심 때문에 그 건을 말끔히 정리하고자 했다. 그래야 그들도 마음을 놓을 수 있었다. 원로원은 그에 따라 루키우스 발레리우스, 루키우스 세르기우스, 아울루스 만리우스, 세 사람에게 델포이의 아폴로 신전에 바칠 봉헌물인 황금 사발을 운송하는 임무를 맡겼다. 호위함 없이 한 척의 전함을 타고 항해한 그들은 시칠리아의 좁은 수로 근처에서 해적들에게 붙잡혔고, 바로 리파라이의 요새로 끌려갔다. 리파라이 사람들은 집단으로 해적질하며 생계를 꾸렸고 노략질한 물건을 전부 공유했다. 하지만 그해에 그들의 두목이었던 티마시테우스는 그 나라 사람 같지 않게 로마인다운 기질을 갖고 있었다. 그는 붙잡혀온 사람들이 로마 사절이라는 걸 알고는 그 임무에 경의를 표했다. 그는 또 사절의 성스러운 임무에도 마찬가지로 경의를 표하면서 봉헌물은 당연히 신에게 전달되어야 한다고 말했다. 해적들은 보통 두목이 하는 대로 따라 했기에 그는 부하들에게 이 일이 얼마나 중대한

일인지 진중하게 설명했다. 그 후 세 명의 로마 사절은 손님 대접을 받았고, 티마시테우스는 델포이까지 그들을 데려다주고 로마에 안전하게 돌아갈 수 있도록 조치해 주었다.

그의 이런 행동을 알게 된 원로원은 법령을 내려 티마시테우스를 로마의 명예 손님으로 대접했다. 물론 다른 물질적 보상도 그에게 내려주었다.

이해엔 아이퀴 인들을 상대로 원정이 진행되었지만, 결정적인 사건이 없어서 로마나 아이퀴나 누가 이기고 졌다고 말할 수 없는 상황이었다. 로마 군 지휘관은 집정관급 정무관 가이우스 아이밀리우스와 스푸리우스 포스투미우스였다. 처음에 그들은 함께 움직였으나, 초기 교전에서 승리한 다음엔 따로 행동하기로 했다. 그에 따라 아이밀리우스는 베루고에 주둔했고, 포스투미우스는 시골 지역에 최대한 피해를 주는 데 집중했다. 하지만 최근의 성공으로 포스투미우스는 경솔해졌고, 휘하 병사들은 마음 내키는 대로 행동하는 등 질서가 없었다. 그러는 사이 그들은 아이퀴 군대의 기습을 받았고, 엄청난 혼란에 휩싸인 채 인근 언덕으로 대피했다. 이 소식에 베루고의 다른 로마 군 병력마저 공포를 느꼈다.

포스투미우스는 당분간 안전해진 병사들을 모아놓고 그들의 행동에 대한 자신의 생각을 분명하게 말해주었다. 그는 칼보다 발을 믿는 한심한 적군에게 공포를 느끼고 다급하게 퇴각한 병사들이 너무나 수치스럽다고 했다. 병사들은 이에 자발적으로 잘못을 인정했다. 그들은 지휘관이 한 말이 모두 맞지만, 곧 잘못된 일을 바로잡을 것이며 적의 승리는 얼마 가지 못할 것이라고 대답했다. 그들은 포스투미우스에게 아이퀴 진영이 저 아래 잘 보이는 곳에 있으니 즉시 공격하게 해달라고 했다. 또한 그들은 어두워지기 전에 적의 진지를 함락하지 못하면 지휘관이 내리는 어떤 처벌도 달게 받겠다는 뜻도 말했다. 포스투미우스는 병사들이 그렇게 마음을 고쳐먹는 것을 보고서 칭찬을 해준 뒤 4경에 적을 공격할 것이니 식사를 하고 휴식을 취하라고 지시했다.('경'의 라틴어 원어는 vigilia. 로마는 밤을 4 비길리아로 나누었는데 제1 비길리아는 저녁 6시, 제2 비길리아는 9시, 제3 비길리아는 자정, 제4 비길리아는 새벽 3시임: 옮긴이).

하지만 아이퀴 인들은 불의의 습격을 당하지 않았다. 그들은 어둠을 틈타 로마 군이 도망치는 것을 막으려고 베루고로 가는 길을 이미 주시하고 있었다. 따라서 그들은 동이 트기 전에 언덕에서 내려오는 포스투미우스 부대를 만났다. 여전히 달이 떠 있어서 달빛이 적당하게 밝은 상태라 양군은 서로의 존재를 확인했고, 곧바로 전투가 시작되었다. 전투의 소음은 베루고로 전해졌고, 그곳의 로마 군은 이 소리에 대경실색했다. 그들은 포스투미우스 부대가 적에게 압도당하고 있다고 생각했다. 아이밀리우스는 이에 명령도 내리고 호소도 했지만, 목숨을 구하고자 투스쿨룸으로 도망치는 로마 군 병사들을 막지는 못했다. 자연스레 포스투미우스와 그의 병력이 궤멸했다는 소문은 투스쿨룸에서 곧 로마로 전해졌다.

그러나 포스투미우스는 해가 뜨자마자 이미 확보한 유리한 입지를 잘 활용하여 후속 조치를 취하면 함정에 빠질 염려가 없다고 확신했다. 그는 말을 타고 전선을 오가며 병사들에게 전날 밤에 그들 스스로 천명한 복수의 말을 다시 상기시켰다. 이에 병사들은 아주 용감하게 반응했다. 그들은 엄청난 정력을 발휘하며 다시 공격을 시작하여 적군의 모든 저항을 무너뜨렸다. 아이퀴 인들은 도망쳤고, 로마 병사들은 그들을 뒤쫓아 학살을 시작했다. 그들은 전쟁에서 통상적인 용맹을 발휘한다기보다 분노를 참지 못해 복수하는 것처럼 보였다. 아이퀴 전군은 궤멸했다. 그리하여 투스쿨룸에서 전해온 거짓 소식으로 놀라고 우울해하던 로마는 곧 아이퀴 인들을 궤멸시키고 승리했다는 포스투미우스의 급보를 받고 안도했다.

29. 호민관들은 자신들이 내놓은 제안을 아직 관철시키지 못했고, 이에 평민들은 그들의 베이이 이주 조치를 지지하는 사람들을 재선시키는데

집중했다. 귀족들은 정반대로 그런 사람들이 호민관이 되지 못하게 평민들 못지않은 유세를 펼쳤다. 하지만 원로원의 반대에도 불구하고 평민들은 그들이 원하는 호민관을 선출하는 데 성공했다. 원로원은 이 패배에 곧장 보복했다. 그들은 평민들이 무척 화를 낼 법한 집정관 선거를 법령으로 고지했다. 지난 15년 동안 정부 수반은 집정관급 정무관이어서 평민들은 그런 상황에 익숙해져 있었던 것이다. 하지만 그런 연속적인 선출은 중단되었고, 루키우스 루크레티우스 플라부스가 세르비우스 술피키우스 카메리누스와 함께 집정관직에 올랐다.

새로운 해(기원전 393년)가 시작되자 호민관들은 베이이 이주 제안을 밀어붙이는 데 전력을 다했다. 이제 그들은 만장일치로 그 제안을 지지하고 나섰다. 그렇게 똘똘 뭉쳤다는 바로 그 이유 때문에 집정관들도 똑같이 강력하게 그 제안에 저항했다. 하지만 세간의 이목은 적에게 공격당해 점령된 아이퀴 영토 안의 로마인 이주지 비텔리아에 집중되어 있었다. 어느 날 밤 배신자에 의해 비텔리아의 성문이 열렸지만, 적군은 도시의 반대편은 신경 쓰지 않았고 그로 인해 이주자 대다수는 소위 뒷문을 통해 로마로 무사히 도망칠 수 있었다. 이런 위급한 상황을 당하여 제비뽑기를 실시한 결과 이 일은 집정관 중 루크레티우스가 맡게 되었고, 그는 로마에서 부대를 이끌고 진군하여 적군을 성공적으로 격퇴했다. 하지만 도시로 돌아온 그를 기다리는 건 더욱 심각한 갈등뿐이었다.

2년 전에 호민관을 지낸 아울루스 베르기니우스와 퀸투스 폼포니우스는 재판에 불려나왔다. 이에 모든 귀족은 원로원이 도의상 두 사람을 보호해야 한다는 주장에 동의했다. 그들은 원로원의 비위를 맞추기 위해 다른 호민관들의 제안을 거부했다는 사실 하나만으로 고발되었는데, 이는 귀족들이 보기에 무척 부당한 것이었다. 게다가 이런 고발엔 두 사람의 실정(失政)이나 그릇된 개인적인 행동에 대한 내용은 단 한 글자도 없었다. 하지만 원로원의 측면 지원은 대중의 분노를 가라앉힐 만큼 강력하지 못했다. 그리하여 귀족들에겐 수치스럽게도, 무고한 두 사람에게 1만 아스의 벌금형이 결정되었다.

원로원은 이에 격노했고, 카밀루스는 공개적으로 평민들의 지나친 광기를 맹렬히 비난했다. 그는 평민들이 그들을 대표하는 행정관들에 등을 돌렸을 뿐만 아니라, 이런 부정직한 판결로 호민관직의 거부권을 오히려 박탈해 버리게 되었음을 제대로 파악하지 못했다고 지적했다. 만약 거부권이 인정되지 않는다면 호민관직 그 자체도 힘이 빠질 것이라고 경고했다. 그의 전망은 이러했다. 평민들은 호민관들의 과도하고 방자한 행동을 원로원이 참아줄 것으로 생각하는데 사실은 그렇지 않다. 몇몇 호민관들의 무법자 같은 행동이 분별 있는 동료들에 의해 제지되지 않는다면 원로원 역시 이에 대응할 다른 수단을 찾게 될 것이다. 여기서 더 나아가 그는 집정관들도 공격했다. 두 전직 호민관은 거부권을 행사하여 원로원을 지지했고, 그리하여 자연히 정부의 보호를 기대했을 텐데 집정관들이 그런 기대에 부응하지 못했기 때문이다. 이런 솔직한 생각을 표명한 카밀루스의 대중 연설은 요원의 불길 같은 평민의 분노에 기름을 퍼부었다.

30. 하지만 카밀루스는 아랑곳하지 않고 계속 원로원을 압박하면서 베이이 이주 제안을 막으라고 했다. 그는 이렇게 말했다. "간청합니다. 베이이 이주 투표에 관해서라면 여러분은 가정과 제단, 조국과 조국을 보살피는 신들의 신전을 위해 싸운다는 마음가짐으로 포룸 광장으로 가야 합니다. 로마의 목숨이 경각에 달린 때에 개인적인 명성을 따지는 것이 부끄럽습니다만, 저만을 생각한다면 제가 함락한 도시가 사람들로 붐비는 걸 보는 건 명예로운 일입니다. 제 업적은 계속 사람들의 입에 오르내릴 것이고, 시시각각 저의 승리를 돋보이게 하는 도시를 보는 제 눈은 즐거울 것이고, 모든 사람이 제 명성을 본받으려고 할 것이기 때문입니다. 그럼에도 불구

하고 종교는 신들이 버린 도시에 사람들이 거주하는 걸 금지합니다. 우리 로마인이 점령당한 영토에 사는 일, 혹은 승리를 차지한 로마를 패배한 베이이와 맞바꾸는 일은 단지 생각하는 것 그 자체만으로도 죄악입니다."

원로원은 이 말에 깊은 감명을 받았다. 베이이 이주 제안이 투표에 부쳐지는 날 원로원의 모든 의원은 노소를 가리지 않고 무리를 이뤄 포럼 광장으로 나아갔다. 그리고 각자 흩어져 같은 부족 사람들을 찾아 눈물을 흘리며 조국을 버리지 말아 달라고 호소했고, 선조들이 용맹하게 싸워 성공으로 장식한 고향을 버리지 말아 달라고 애원했다. 그들은 카피톨리누스 언덕과 베스타 신전, 그리고 다른 성소들을 가리키며 로마인들이 조국과 가정신(家庭神)을 버리고 방황하는 추방자 꼴이 되어 적의 도시로 몰려가는 일은 없어야 한다고 간청했다. 그들은 이렇게 로마가 버려질 줄 알았다면 실로 비극이긴 하지만 베이이 함락이 벌어지지 않았더라면 차라리 더 좋았으리라고 한탄했다. 의원들의 이런 행동은 평소의 유세와는 다른 것이었다. 아무런 강제력도 없었고, 오로지 간청만 있었다. 게다가 의원들의 간청엔 신들이 자주 언급되었고, 이런 이유로 원로원은 성공을 거두었다. 대다수 사람이 양심의 가책을 느꼈고, 베이이 이주 제안은 반대한 부족들이 더 많아 무위로 돌아갔다. 원로원은 승리에 크게 고무되어 투표일 다음 날 집정관들의 발의를 통해 법령을 내려 평민 한 사람 당 베이이의 땅 3.5 에이커를 나눠주기로 했다. 가장뿐만 아니라 앞으로 태어날 각 가정의 모든 자유민 구성원도 앞으로 땅을 받을 자격이 부여되었다. 이렇게 하여 원로원은 평민들이 자식을 키울 것을 권장했고, 또 그렇게 되길 기대했다.

31. 이런 관대한 조치로 평민들은 원로원에 호감을 보였고, 다음 해(기원전 392년)에도 집정관 선거를 한다는 공지에 반감을 품지 않았다. 그해 선출된 집정관들은 루키우스 발레리우스 포티투스와 마르쿠스 만리우스(후에 카피톨리누스라는 별명을 얻음)였다. 새로운 집정관들은 베이이 전쟁 중

에 카밀루스가 맹세한 대(大) 게임을 개최했고, 마찬가지로 카밀루스가 맹세한 유노 신전을 봉헌했다. 전하는 말로는 특히 로마 여자들이 깊은 신앙심을 느끼면서 봉헌식에 참석했다고 한다.

이해엔 알기두스와 아이퀴 인들을 상대로 원정이 있었다. 하지만 거의 중요하지 않은 사건이었는데, 로마 군이 교전에 돌입하기 직전에 적군이 도망쳤기 때문이다. 두 집정관 중 발레리우스는 도망치는 적을 집요하게 추적하여 죽였고, 이에 개선식을 허락받았다. 동료인 만리우스는 약식 개선식을 받았다. 같은 해에 새로운 싸움이 일어났는데, 이번엔 볼시니이가 그 상대였다. 건조하고 지극히 더운 계절이 닥쳐와 로마 인근에 기근이 발생하고 역병이 돌았으며, 그 때문에 원정군을 파견할 수 없었다. 자연스레 볼시니이는 그런 사실에 고무되었다. 따라서 그들은 사피눔과 연합군을 결성하여 자신만만한 마음가짐으로 로마 영토를 침범했다. 로마는 두 도시에 전쟁을 선포했다.

이 무렵에 감찰관 가이우스 율리우스가 사망했고, 마르쿠스 코르넬리우스가 그 빈 자리를 채웠다. 훗날 이런 임명은 불경하다고 생각되었다. 왜냐하면 코르넬리우스가 재임하던 5년 기간에 로마가 함락당하는 일이 벌어졌기 때문이다. 어쨌든 그 이후로 감찰관이 사망했을 때 그 자리를 채우려고 새로운 감찰관을 임명하는 일은 단 한 번도 없었다. 집정관들 역시 병에 걸렸고, 이에 인테르렉스 정부를 수립하자는 결정이 내려졌다. 원로원은 그에 따라 집정관들에게 사임할 것을 지시했고, 카밀루스가 인테르렉스가 되었다. 카밀루스는 후임자로 푸블리우스 코르넬리우스 스키피오를, 스키피오는 이어 루키우스 발레리우스 포티투스를 후임자로 지명했다. 포티투스는 집정관급 정무관 선거를 주재했고, 여섯 명을 선출하기로 되었다. 그 중 몇 사람이 병에 걸리더라도 나머지가 임무를 계속 수행할 수 있도록 충분한 인원을 확보하기 위해서였다.

32. 7월 1일부터 새로운 집정관급 정무관들이 임무를 수행했다. 이들은 루키우스 루크레티우스, 세르비우스 술피키우스, 마르쿠스 아이밀리우스, 루키우스 푸리우스 메둘리누스(7선), 푸리우스 아그리파, 가이우스 아이밀리우스(2선)였다. 볼시니이 원정은 루크레티우스와 아이밀리우스가 지휘하게 되었다. 사피눔 원정은 아그리파와 술피키우스가 맡았다. 전투는 볼시니이에서 시작되었다. 적은 엄청난 병력을 보유했지만, 저항이라 할 만한 건 거의 없었다. 단 한 번의 공격으로 그들은 무너졌다. 로마 기병대에 의해 고립된 8천 명은 무기를 내려놓았다. 사피눔 군의 패배 소식에 사피눔 인들은 전투하는 걸 단념했다. 그들은 자신을 보호하고자 도시의 성벽 안으로 후퇴했다. 로마 군은 사피눔과 볼시니이 영토를 아무런 저항도 받지 않고 돌아다녔고, 마음 내키는 대로 약탈했다. 볼시니이는 전쟁에 신물이 나서 로마에 평화 협정을 요청했다. 이후 로마 군은 약탈을 중지했다. 로마 정부는 20년의 휴전을 승인했다. 볼시니이는 그에 대한 반대급부로 로마의 재산을 복구하고 그해의 로마 군 급료를 지급해야 되었다.

이즈음 카이디키우스라는 평민은 호민관들에게 자신이 조용한 밤중에 들은 어떤 목소리에 관한 이야기를 들려줬다. 그는 현재 베스타 신전이 세워진 새로운 거리에서 그 목소리를 들었다고 말했다. 그 목소리는 초인적 존재의 것인 듯했는데 이렇게 말했다. "행정관들에게 갈리아 인들이 오고 있다고 전하라." 하지만 사람들은 이 이야기를 듣고 웃어넘겼다. 카이디키우스가 대수롭지 않은 사람이었고, 갈리아 인들이 로마에서 한참 먼 곳에 살고 있어서 로마에 거의 알려지지 않은 부족이었기 때문이다. 그렇다고는 해도 그 목소리는 분명 하늘에서 내린 경고였다. 로마의 파멸은 가까워지고 있었지만, 경고는 무시당했다.

이것도 모자라 로마는 나라를 구할 능력을 지닌 카밀루스를 내쫓기까지 했다. 어린 아들의 죽음을 아직도 슬퍼하고 있던 카밀루스는 호민관 아풀레이우스에게 기소당했다. 베이이에서 얻은 전리품을 잘못 처리했다는 이유에서였다. 법정에 나오라는 호출을 받은 다음 카밀루스는 같은 부족 사람들과 그들의 식구들 ― 평민의 수가 많았다 ― 을 자신의 집에 불러놓고 이번 일에 관한 그들의 의견을 물었다. 이에 그들은 부과되는 벌금이 얼마가 되든지 간에 돈을 모을 준비는 되어 있지만, 카밀루스의 무죄 방면은 장담하지 못한다고 대답했다. 이에 따라 카밀루스는 이런 기원을 남기고 고국에서 망명을 떠났다. "내가 무고하여 잘못된 기소를 받은 것이라면, 신들께서 배은망덕한 나의 조국에 빠르게 벌을 내려 내가 떠난 것을 지독히 후회하도록 하시리라." 그 뒤 이미 망명을 떠난 카밀루스에게 15,000아스의 벌금형이 내려졌다.

33. 로마 시내에 거주했더라면 로마 함락을 절대로 ― 인생에서 절대로라는 말이 용납된다면 ― 허용하지 않았을 사람은 망명을 떠났다. 그리하여 재앙은 점점 더 운이 다한 도시로 가까이 다가오고 있었다. 그리고 이 시기에 클루시움에서 사절이 로마를 찾아와 그들이 갈리아 인들에게 맞설 수 있게 로마가 지원해 달라고 요청했다.

전하는 말에 의하면, 갈리아 인들이 알프스 산맥을 넘어 이전에 에트루리아 인들이 경작하던 지역(이탈리아의 북부 지역: 옮긴이)에 정착한 원인은 이탈리아의 과일, 그리고 무엇보다도 와인 때문이라고 한다. 그들에게 이것들은 새로운 즐거움이었다. 이 이야기에 따르면, 클루시움의 아룬스가 갈리아 인들이 사는 곳으로 와인을 보내 의도적으로 끌어들인 것이라고 한다. 그는 자신의 후견인을 맡았던 루쿠모가 자신의 아내를 유혹했다는 사실에 분노했지만, 간통남이 무척 강력한 지위에 있어 자기 힘으로는 복수할 수 없었다. 그래서 도움을 받고자 외국인들을 끌어들인 것이었다. 아룬스는 갈리아 사람들의 무리가 알프스 산맥을 넘을 수 있게 인도했고, 클루시움을 공격할 것을 제안했다. 여기서 나는 아룬스나 클루시움의 다른 누군가가 갈리아 인들을 도시로 데리고 왔다는 점을 부정하고 싶지는 않다. 하지만 이들이 알프스를 최초로 넘어온 갈리아 인들은 절대 아니라는 게 통설이다. 클루시움이 공격받고 로마가 함락된 시기보다 200년 전에 갈리아 인들이 알프스 산맥을 넘어 이탈리아로 들어왔다. 클루시움과 격돌하기 한참 전에 갈리아 군대는 알프스와 아펜니노 산맥 사이에 거주하던 사람들과 빈번히 싸움을 벌였다. 로마의 지배 이전 에트루리아의 영향력은 바다와 육지 양면으로 넓은 지역에 미쳤다. 그들의 힘이 얼마나 대단했는지는 이탈리아 반도를 둘러싼 바다의 상부와 하부 명칭에서 잘 드러난다. 하나는 모든 이탈리아 사람이 알고 있는 것처럼 토스카나 해로 불렸는데, 이는 에트루리아라는 명칭을 반영한 것이었다. 다른 하나는 하드리아 해였는데, 에트루리아의 정착지인 하트리아의 명칭에서 따온 것이었다. 그리스인들은 그들을 티레니아 인으로 알았고, 그들의 바다를 아드리아 해로 불렀다.

아펜니노 산맥의 양쪽에 에트루리아 사람들은 각각 12개의 도시를 지었고, 먼저 지어진 산맥 남쪽의 12개 도시는 하부 바다를 향해 있었다. 나중에 지어진 산맥 북쪽의 12개 도시는 포 강 너머부터 알프스 산맥까지에 이르는 모든 지역을 포함했다. 여기에 포함되지 않는 예외지역은 베네치아 만 해변 근처에 살고 있던 베네치아 인들의 작은 변두리 지역이었다. 알프스 부족들은 틀림없이 북쪽 에트루리아 인들의 후손이다. 특히 라에티아 인들은 더욱 확실하게 그 후손이다. 주변 환경이 거칠어 무척 야만스럽게 변한 그들은 언어 말고는 본래 가지고 있던 특성을 아무것도 유지하지 못했고 심지어 그들의 언어마저 타락하고 말았다.

34. 다음 이야기는 갈리아 인들이 이탈리아로 이주하게 된 배경을 설명한다. 로마가 타르퀴니우스 프리스쿠스의 통치를 받고 있을 때 갈리아 인의 세 민족 중 하나인 켈트 인들은 비투리게 인들이 지배하고 있었고, 그들

의 왕도 따라서 그들 사이에서 나왔다. 당시 왕이었던 암비트가투스는 자질도 있고 운도 따라서 사적으로나 공적으로 모두 성공을 거두었다. 실제로 그의 통치하에 갈리아 인들은 매우 부유해졌고 인구도 많이 늘어났다. 따라서 그 많은 인원을 효율적으로 통제하는 일은 대단히 어려운 문제였다. 당시 고령이던 왕은 왕국이 인구 과밀로 고통 받는 상황을 완화하고자 모험심이 가득한 젊은이인 두 조카 벨로베수스와 세고베수스를 세상으로 내보내 신들이 하늘에서 내려준 신호의 땅에 새로운 고향을 세우게 했다.

왕은 두 조카에게 앞으로 마주치게 될 그 어떤 저항도 극복할 수 있을 만큼 충분한 추종자들을 붙여 주었다. 신들에게 정식으로 물어본 결과 세고베수스는 독일 남부의 헤르키니아 고지대를, 벨로베수스는 훨씬 더 쾌적한 이탈리아를 허락받았다. 이후 벨로베수스는 인구 과잉인 곳(비투리게, 아르베니, 세노네, 아에두이, 암바리, 카르누테, 아울레르키)에서 사람들을 모아 기병과 보병으로 구성된 엄청난 군대를 조직하여 알프스 산맥 기슭에 있는 트리카스티니 인들의 영토에 도착했다.

그런데 벨로베수스의 앞엔 산맥이 있었다. 그와 추종자들이 그 산맥을 극복할 수 없는 장벽처럼 느꼈다고 하더라도 그리 놀랄 일은 아니다. 그때까지 여행자가 산맥을 넘을 수 있도록 인도해 주는 산길이 개발되지 않았기 때문이다. 헤라클레스의 전설적인 위업을 제외한다면 역사서에 기록된 시간 속에서는 그런 일이 벌어지지 않았다. 여하튼 그곳에서 갈리아 무리는 걸음을 멈추고 깎아지른 장벽을 쳐다보며 다른 세상으로 이어주는 높은 봉우리들 사이의 길을 탐색했다. 그들이 지체된 데엔 또다른 이유가 있었다. 그들은 기이한 사람들 ― 포카에아에서 배를 타고 온 마실리아 인들 ― 에 관한 이야기를 들었다. 그 사람들은 살루이 인들과 싸우고 있었는데, 정착할 곳을 찾는 중이었다. 미신을 잘 믿는 갈리아 인들은 이를 성공의 전조라 여기고 이방인들을 도왔다. 그 영향으로 이방인들은 큰 저항 없이 그들이 배를 내린 곳에서 정착할 수 있었다. 갈리아 인들은 이후 타우리니 산길과 두리아 산길로 알프스 산맥을 건넜고, 티키누스 강 근처에서 에트루리아 인들을 격퇴했다. 이어 갈리아 무리는 자신들이 아이두이의 한 지역과 같은 이름을 지닌 인수브레 인들의 영토에 도착했다는 걸 알고 이를 또다른 길조로 받아들여 메디올라니움 (오늘날의 밀라노: 옮긴이)이라는 도시를 세웠다.

35. 이후 케노마니 인들의 무리가 그들의 뒤를 이어 같은 산길을 타고 알프스 산맥을 넘어 왔다. 벨로베수스는 새로운 무리의 유입을 반대하지 않았고, 그들은 오늘날 브릭시아와 베로나 근처에 정착했다. 이후로는 리부이 인들이, 그 뒤로는 살루비 인들이 티키누스로 가서 라에비 리구리아 인들의 고대 부족 인근에 정착했다. 이후로는 보이 인들과 링고네 인들이 포에니네 산길을 통해 알프스를 넘어왔다. 하지만 그들은 알프스와 포 강 사이의 모든 지역이 이미 정착된 것을 발견하고서 뗏목을 타고 강을 건너 그 지역에 있던 에트루리아 인들뿐만 아니라 움브리아 인들도 내쫓았다. 하지만 그들은 아펜니노 산맥 남쪽까지 나아가지는 않았다.

우리가 현재 말하고자 하는 시기에(기원전 380-390년대), 마지막 이주 부족인 세노네 인들이 이탈리아에 도착했을 때는 우텐스부터 아이시스까지 모든 지역에 정착지가 들어서 있었다. 나는 먼저 클루시움에 왔다가 이어서 로마를 약탈하러 온 갈리아 인들이 이 세노네 부족이라고 생각한다. 하지만 그들이 홀로 왔는지, 아니면 이탈리아 북쪽의 다른 갈리아 부족들의 지원을 받았는지는 확신하지 못한다.

클루시움에 들이닥친 곤경은 정말로 두려운 것이었다. 성문 앞에 몰린 몇천 명의 이방인은 도시 사람들이 전혀 본 적이 없는 부류의 사람이었다. 그들은 기괴한 무기를 든 외지의 전사들이었고, 소문에 따르면 이미 포 강 양쪽의 에트루리아 지역들의 정착민을 쫓아버린 자들이었다. 클루시움이 동족인 베이이에 대한 지원을 거절했다는 점을 제외하면, 클루시움 인들은 로마와 어떤 공식적인 연관도 없었고, 따라서 우호적인 반응을 기대할 근거가 없었다. 하지만 그런 사실에도 불구하고 그들은 사절을 보내 로마 원로원에 도움을 요청했다. 원로원은 군사 지원은 승인하지 않았지만, 원로원의 이름으로 갈리아 인들에게 항의하고자 마르쿠스 파비우스 암부스투스의 세 아들을 파견했고 그 목표는 이러한 것이었다: 아무런 잘못도 없는 로마의 우방이자 동맹을 괴롭히지 말 것. 필요하다면 로마는 무력을 사용해서라도 그들을 보호하려는 의사를 갖고 있다는 것. 가능하면 무기에 의존하는 건 피하고 평화로운 방식으로 새로운 이주자와 알고 지내기를 바란다는 것.

36. 사절단의 목표는 전적으로 갈리아 인들을 회유하려는 것이었다. 하지만 불행하게도 사절단 자체가 문명화된 로마인처럼 행동하기보다 오히려 야만적인 갈리아 인들처럼 행동하고 말았다(기원전 391년). 로마 사절단이 갈리아 협의회에서 로마의 의사를 전달하자 그들은 이렇게 답했다. "로마에 관한 이야기를 들은 건 이번이 처음이오. 하지만 그럼에도 클루시움이 위급할 때 당신들의 도움을 구하는 걸 보니 로마인들은 아주 대단한 사람들인가 보오. 당신들은 힘보다는 협상으로 친구들을 돕고 싶다고 했소이다. 거기다 우리한테 평화를 제안했지. 우리는 땅이 필요하오. 당신들의 제안을 받아들일 준비는 되어있지만, 조건이 있소. 클루시움 인들이 우리한테 영토를 일부 할양하도록 해주시오. 그 사람들은 관리할 수 있는 것보다 많은 땅을 가지고 있소. 이것 이외의 다른 조건으로는 평화를 받아들일 수 없소이다. 우리는 로마 사절 여러분이 있는 자리에서 답변을 받고 싶소만, 만약 우리의 제안을 거절한다면 당신들은 우리가 싸우는 모습을 보게 될 거요. 그렇게 되면 갈리아 인들이 다른 모든 이보다 월등히 용맹하다는 걸 당신의 동포들에게 알리게 될 거요."

그러자 세 명의 로마 사절은 정당한 주인에게 폭력으로 위협하여 땅을 요구하는 게 대체 어느 나라의 정의이며, 갈리아 인들이 에트루리아에 대체 무슨 용무가 있냐고 물었다. 갈리아 인들은 이에, 만물은 칼로써 정의를 실천하는 용맹한 사람들에게 속한 것이라고 오만하게 대답했다. 이에 양쪽은 모두 격분했고 싸움이 시작됐다. 그리고 여기서 로마 사절들은 돌이킬 수 없는 실수를 저지르고 말았다. 로마의 하늘에 뜬 흉성(凶星)의 악영향으로 그들은 만민법을 어기고 무기를 들었다. 이런 범죄를 숨기는 건 불가능했다.

그 사절들은 낯선 사람들이기는 했지만, 그들이 발휘하는 로마인의 용맹은 너무나 명백했다. 로마의 명문 귀족인 세 사람은 에트루리아의 선두에 서서 갈리아 인들을 맹공격하며 용맹을 발휘했다. 최전선에 있던 퀸투스 파비우스는 갈리아 족장이 에트루리아 군기에 달려드는 모습을 보고 그의 옆구리에 창을 찔러 넣어 즉사시켰고, 이어 그의 갑옷을 벗겨냈다. 갈리아 인들은 여기서 그들의 정체를 파악했고, 족장을 죽인 자가 로마 사절이라는 얘기가 병사들 사이에 나돌았다. 곧바로 퇴각을 명하는 나팔 소리가 울렸고, 클루시움을 두고 벌어진 다툼은 곧 잊혔다.

대신 이 야만인 군대는 그 분노를 클루시움이 아니라 로마 쪽으로 돌렸다. 일부는 즉시 로마로 진군해야 한다고 몰아댔지만, 좀 더 신중한 조언이 우세하여 갈리아 인들은 로마로 사절을 보냈다. 갈리아 사절들은 로마가 만민법을 어긴 것에 항의하며 파비우스 가문 사람들을 그들에게 넘겨달라고 요구했다. 그들의 말을 들은 원로원은 로마 사절들의 행동에 절대로 동의하지 않는다고 대답했다. 비록 갈리아의 요구가 정당하다는 점을 인정했지만, 귀족 세 사람이 관련된 일이라서 적절한 대처방식을 잘 알고 있어도 그대로 실행에 옮기진 못했다. 정치 원로들은 귀족들과의 이해관계를 의식하여 정당한 일 처리를 하지 못했다. 그래서 원로원은 갈리아 인들과 충돌하여 발생할지 모르는 손해의 책임을 회피하고자 갈리아 사절의 요구를 평민이 결정하도록 미루었다. 그런데 처벌의 대상이 되어야 할 세 명의 죄인은 다음 해에 집정관 권한을 지닌 집정관급 정무관에 선출되었다. 이에 갈리아 사절들은 크게 분개했고, 로마를 떠나기 전에 공공연하게 전쟁을 하겠다고 위협했다. 세 명의 파비우스 가문의 사람들에 더하여 퀸투스 술피키우스 라구스, 퀸투스 세르빌리우스(4선), 푸블리우스 코르넬리우스 말루기넨시스가 집정관급 정무관으로 선출되었다(기원전 390년).

37. 전례가 없는 엄청난 재앙이 다가오고 있었지만, 그에 대처할 적절한 조치는 없었다. 로마는 과거에 피데나이, 베이이, 그 외의 다른 익숙한 적들을 상대로는 자주 독재관 임명이라는 최후의 수단을 써서 위기 상황을 넘겼었다. 하지만 이제 로마는 대서양과 세상의 가장 먼 해변에서 진군해 온 기이한 적의 힘에 관해서는 직접 들어보지 못한 것은 물론이고 소문으로도 들어본 바가 없는 데도 특별한 지휘관을 임명하지 않고, 자기 보호를 위한 비상수단을 갖추지 않고 있었다. 운명은 자신의 쇄도하는 힘이 아무 저항을 받지 않게 하려고 일부러 사람들의 눈을 멀게 한다는 데, 이 얼마나 맞는 말인가!

갈리아 인들과의 전쟁은, 사절로 나가서 무모한 행동을 하여 전쟁을 자초한 집정관급 정무관들이 지휘를 맡게 되었다. 그들은 다른 전쟁 때와 마찬가지로 태연하고 별다른 생각 없이 징집을 시행했고, 심지어 다가올 엄청난 위험을 과소평가하는 모습까지 보였다. 갈리아 인들은 시간을 낭비하지 않았다. 그들은 갈리아 사절들이 모욕을 당하고 불문율인 만민법을 어긴 자들이 군사령관으로 승격되었다는 소식을 듣자마자 분기탱천하면서 — 이러한 분노는 갈리아 인들의 특성이기도 하다 — 무시무시하게 빠른 속도를 내며 로마로 진군해 내려왔다. 보복하려는 자들이 고함을 지르며 지나가자 겁에 질린 도시들은 서둘러 무장을 갖췄고, 밭에서 일하던 사람들은 목숨을 구하려고 도망쳤다. 몇 킬로미터에 걸친 땅을 뒤덮은 대규모 갈리아 보병대와 기병대 사이에서는 이런 구호 소리가 크게 메아리쳤다. "로마로!"

소문은 갈리아 군대보다 빨리 달렸고, 클루시움과 다른 도시에서 보낸 전언 또한 로마에 이미 도착한 상태였지만, 그런 사전 경고에도 불구하고 갈리아 인들의 신속한 진군 속도는 너무나도 빨라서 로마에 두려움을 안겨줄 정도였다. 긴급한 상황에서 서둘러 징집된 로마 군은 18km 정도밖에 움직이지 못한 채로 침략자들을 만났다. 그곳은 크루스투메리움 주변 산맥의 깊은 협곡에서 흘러내려온 알리아 강이 가도(街道) 남쪽으로 얼마 떨어지지 않은 티베르 강과 합류하는 장소였다. 전면에 보이는 모든 땅은 이미 적군의 병사들로 가득 찼다. 맹렬한 군가의 끔찍한 소음과 삶 자체가 거친 모험인 자들이 내지르는 시끄러운 고함 소리는 온 사방에 살벌한 분위기를 만들어냈다.

38. 로마 군의 사령관들은 아무런 대비책을 마련하지 않았다. 평상시의 방어 태세도 취하지 않았고, 유사시에 대피할 방어 시설도 준비하지 못했다. 새들이 날아가는 모습이나 짐승의 내장으로 전조를 확인하는 일도 하지 않았지만 — 사람은 말할 것도 없고 신들마저 그 존재가 망각되었다 — 그들은 최대한 전선을 넓혀서 병력을 전개했다. 적이 우월한 병력 수로 측면 공격을 하는 걸 방지하려는 의도였다. 하지만 그것은 무익한 조치였다. 로마 군은 너무 얇게 퍼져 중앙이 허약해지는 바람에 적의 공격에 버틸 수가 없게 되었다. 예비 병력은 사령관의 명령으로 전선 오른쪽에 약간 높은 고지에 배치되었다. 비록 이곳에서 로마 군 본대의 정신적 공황이 시작되었지만, 그곳에 있었다는 사실만으로 그들은 이후 가해진 공격에서 일부 병력이긴 하지만 목숨을 부지할 수 있었다. 갈리아 족장인 브렌누스는 대치한 적의 수가 예상보다 훨씬 적은 것을 보고 함정을 의심했다. 그는 고지에 예비 병력이 배치된 목적을 곧바로 파악했다. 갈리아 부대가 로

마 군 전선에 정면 공격을 가하면 예비 부대는 분명 측면과 후면을 공격할 것 같았다. 따라서 그는 전술을 바꿔 고지의 예비 병력을 먼저 공격하기로 했다. 그들을 몰아내는 데 성공하면 엄청난 수적 우위를 앞세워 어디에서도 손쉽게 승리할 수 있다는 계산이었다. 아아, 이처럼 야만인들에겐 행운뿐만 아니라 지휘관의 훌륭한 용병술마저 함께했다.

　로마 군 전선엔 예전에 보이던 남자다움은 흔적조차 남지 않았다. 그런 비겁함은 장교나 병사나 마찬가지였다. 그들은 공황 상태로 달아났고, 오로지 목숨을 구하는 일에만 몰두했다. 티베르 강이 가로막고 있다는 사실에도 불구하고 그들 대다수는 조국인 로마로 돌아가려는 것이 아니라, 한때 적의 도시였던 베이이로 달아나려 했다. 예비 병력에 관해 말하자면, 비록 잠시에 불과했지만 언덕의 고지라서 안전하다고 생각했다. 하지만 본대는 측면과 후면에서 갈리아 병사들의 함성을 듣자마자 세상 끝에서 온 괴상한 적과 대적할 생각조차 하지 않았다. 그들은 저항하려는 시도를 아예 하지 않았다. 그들은 적의 함성에 함성으로 맞대응할 용기조차 없었고, 곧바로 도망치는 바람에 적과 맞서 싸운 병사는 물론이고 싸우다 죽은 병사가 단 한 명도 없었다. 그들은 몰려든 도망자 전우들의 틈새를 뚫고 안전한 곳으로 나아가려다가 등에 칼을 맞고 죽었다. 강둑 근처에선 끔찍한 살육이 벌어졌다. 로마 군 좌익은 모두 강 쪽으로 도망쳤고 어서 도강해야 한다는 절망적인 심정으로 무장을 내팽개쳤다. 많은 병사가 수영을 못했고, 이미 지친 다른 많은 병사는 수영을 할 줄 알아도 휴대 장비의 무게에 눌려 익사했다. 병력의 절반 이상이 목숨을 건진 채 베이이에 도착했지만, 패배 소식을 로마에 전하지 않았다. 위기에 빠진 로마를 지원해야 한다는 생각은 아예 하지 못했다. 강에서 멀리 떨어져 산에 더 가깝던 로마 군 우익은 전부 로마로 돌아갔고, 심지어 성문을 통과한 다음에도 그 문을 열어놓은 채 요새로 대피했다.

39. 갈리아 인들은 이처럼 기적적으로 쉽고 빠른 승리를 거머쥔 사실을 거의 믿을 수가 없었다. 잠시 그들은 무슨 일이 벌어졌는지 진상을 깨닫지 못하고 그 자리에 멀뚱히 서 있기만 했다. 얼마 뒤에 그들은 이 모든 게 함정일까 두려워 그들의 관습에 따라 죽은 자들의 무기와 장비를 모아 한군데에다 쌓아두기 시작했다. 그러다 마침내 어디에서도 적이 나타날 기미가 보이지 않자 그들은 진군하여 해가 저물기 직전에 로마 인근에 도착했다. 갈리아 기병들은 주위를 정찰하러 나아갔다. 그들은 로마의 성문이 열려 있고, 성문을 지키는 보초병조차 없다는 걸 확인했다. 성벽에 배치된 병사는 단 한 명도 없었다. 이런 믿기 힘든 상황에 갈리아 인들은 어안이 벙벙했다. 하지만 밤이 되면 어떤 숨겨진 공포가 나타날지 몰랐고, 그들은 로마라는 도시를 전혀 알지 못하는 상태였다. 그리하여 갈리아 인들은 한 번 더 정찰대를 보내서 성벽과 다른 성문들을 조사했다. 동시에 그들은 가능하다면 정찰대가 이런 절망적인 상황에서 로마가 어떤 의도를 갖고 있는지 알아오길 바랐다. 이런 정찰 작업을 마친 뒤 갈리아 인들은 로마와 아니오 강 사이의 중간 지점에 진지를 구축했다.

로마 병력의 절반 이상이 베이이로 도망쳐서 보이지 않았기에 로마 시민들은 로마로 돌아온 나머지가 유일하게 살아남은 병사들이라고 생각했다. 로마는 말 그대로 비탄의 도시가 되었다. 죽은 자나 산 자를 가리지 않고 모두 초상집 분위기였다. 그러는 중에 갈리아 인들이 성문에 도착했다는 소식이 전해졌다. 로마인들은 가족의 죽음으로 엄청난 슬픔을 느꼈지만 그것은 온 사방에서 밀려오는 공포로 잠시 잊혀졌다. 얼마 지나지 않아 늑대의 울음소리 같은 함성과 야만스러운 노래가 들려왔고, 갈리아 부대가 성벽 외부에 가까이 붙어 이리저리 말을 타고 움직이는 모습이 보였다. 그때부터 동틀녘까지 로마 시민들은 지독한 긴장감에 압도되었다. 그들은 언제 시작될지 모르는 공격에 가슴이 조마조마했다. 머지않아 적의 공격이 있을 것으로 생각하면서 가슴이 두근거린 것만도 여러 번이었다. 그들은 갈리아 인들이 처음 나타났을 때 곧바로 공격해 올 것으로 생각했다. 그들이 알리아 강에 머무르지 않고 도시로 진군해 온 것은 그런 의도로 볼 수밖에 없었다. 얼마 뒤 해질녘이 되자 로마인들은 이젠 적이 공격해 올 것으로 생각했다. 조금이지만 햇빛이 남아있는 데다 어두워지기 전에 공격하는 게 전술적으로 당연한 수순이었기 때문이다. 그러다 해가 지고 어둠이 드리우자 로마인들은 적이 공포를 키우려고 일부러 공격을 미루고 있다고 생각하게 되었다. 밤이 지나고 동이 틀 때가 다가오자 로마인들은 정말로 죽을 지경이 되었다. 그리고 마침내 이 질질 끄는 도저히 견디지 못할 것 같은 불안감을 버틴 끝에 그들은 성문으로 들어오는 적의 모습을 보았다.

그날 밤과 다음날 아침 동안 로마 사람들은 전날 알리아 강에서 도망친 로마 군과는 전혀 다른 모습을 보였다. 운용 가능한 병력이 얼마 되지 않아 도시를 지킬 수 없다고 생각한 그들은 카피톨리움 언덕의 요새에 여자, 아이, 건강한 원로원 의원들을 대피하게 하고 무장하여 싸울 수 있는 모든 사람을 그곳에 배치했다. 제대로 무장을 갖추고 보급도 마련한 그 요새에서 그들은 하늘의 신들과 로마인의 명성을 위해 최후의 저항을 할 생각이었다. 베스타 신전의 남녀 사제들은 신성한 상징물을 잘 간수하여 방화(放火)와 학살의 현장에서 멀리 떨어진 곳으로 옮겨놓으라는 지시를 받았다. 사제단이 전부 목숨을 잃어 의식을 거행하지 못하는 경우가 아니면, 그들은 절대 종교적 상징물을 포기해서는 안 되었다. 도시를 수호하는 신들의 안식처인 요새가 곧 들이닥칠 파멸에서 살아남을 수만 있다면, 또 소수이긴 하지만 여전히 싸울 수 있는 사람들이 있다면, 또 진정한 정부의 대표인 원로원이 재앙을 피할 수 있다면 요새 밑에 있는 도시 안에다 늙고 쓸모없는 사람들이나 어쨌든 그리 오래 살 수 없는 사람들을 남겨두고 대피하는 것은 용납할 만한 일이었다. 이것은 실로 가혹한 결정이었으나, 여기서 이 조치를 평민들에게 좀 더 쉽게 납득시키고자 늙은 귀족들이 나섰다. 오래전 집정관을 지내고 개선식도 치른 적이 있는 명망 높은 귀족들은 자신도 평민들과 함께 죽음을 맞이할 것이라고 선언하면서, 더 이상 무장할 수 없어 국방의 의무를 다하지 못하는 몸으로 로마 군 전사들에게 부담이 되고 싶지 않다고 말했다.

40. 이런 고귀한 다짐을 서로에게 전하는 일은 파멸이 예정된 사람들에게 유일한 위안이 되었다. 늙은 귀족들은 카피톨리움 언덕으로 이동하는 젊고 왕성한 이들을 보며 격려의 말을 했고, 그들의 용맹을 칭찬하며 360년 동안 단 한 번도 패배하지 않은 도시의 운명이 그들에게 달렸다고 말했다.

이제 헤어질 때가 되었다. 로마의 미래를 맡은 자들은 요새로 들어갔고, 도시가 함락되면 따라 죽겠다고 결의한 자들은 죽음을 맞이하러 갔다. 이는 정말로 참혹한 이별이었다. 하지만 더욱 가슴이 미어지는 건 여자들이 맞이한 고난이었다. 그들은 눈물을 흘리며 사랑과 충성 중 어떤 것을 선택해야 할지 괴로워하고 있었다. 그들은 남편을 따라야 할지, 아들을 따라야 할지 알지 못했고, 강제로 부과된 끔찍한 선택지에 비통해하며 어찌할 줄 몰랐다. 하지만 결국엔 대다수가 아들을 따라 요새로 들어가기로 했다. 이런 행동은 권장되지 않았지만, 아무도 그들을 막으려고 하지 않았다. 요새에 머무는 비전투 민간인의 수를 의도적으로 줄이는 게 잔혹하다고 생각되었기 때문이다. 순수하게 군사적으로 판단하면 즉시 전력이 아닌 사람은 거부해야 할 필요가 있었음에도 그들은 그렇게 하지 못했다.

곧 수천 명의 사람이 — 대다수가 평민이었다 — 장사진을 이뤄 도시에서 끊임없이 빠져나와 야니쿨룸으로 나아갔다. 요새는 작고 보급품은 한정되어있어 도저히 이들을 모두 수용하고 먹일 수 없었기 때문이다. 야니쿨룸으로 도착한 로마 시민들의 일부는 시골 지역으로, 다른 일부는 이웃 도시들로 갔다. 이들은 지도자도 없고 공통의 목적도 없는 그야말로 오합지졸이었다. 그들에게 있어 로마는 이미 멸망한 것이나 마찬가지였다. 그들이 조언자로 삼을 수 있는 건 그들 자신뿐이었고, 따라서 자신의 희망이 이끄는 대로 움직였다. 그러는 사이 퀴리누스의 신관들과 베스타의 성처녀들은 개인적인 소유물은 전혀 신경 쓰지 않은 채 그들이 맡게 된 성물들의 운명을 논했다. 그들은 모든 성물을 운반할 방법이 없었기에 어떤 것을 가져가고 어떤 것을 뒤에 남겨야 할지, 또 가져갈 수 없는 성물들을 어디에 안전하게 놓아둘지 고민했다. 그들이 생각하는 최고의 방법은, 항아리에 성물을 보관하고 신관의 집 — 오늘날 이 장소에서 침을 뱉으면 불경한 행동으로 간주된다 — 근처 성소에 그것을 묻는 것이었다.

이후 그들은 남은 성물들을 나눠 들고 수블리키안 다리를 통해 야니쿨룸으로 나아가는 길을 따라 이동했다. 그들은 그후 언덕의 경사를 오르고 있었는데, 부인과 아이들을 수레에 태운 알비니우스라는 평민 남자가 이들의 모습을 보았다. 그런 경황없는 상황에서도 알비니우스는 신의 것과 사람의 것을 서로 구분할 수 있는 사람이었다. 그는 성처녀들이 맨발로 나라의 성물을 들고 힘겹게 나아가고 있는데 자신과 가족이 수레를 타고 편안히 가는 게 갑자기 불경하다는 생각이 들었다. 따라서 그는 아내에게 아이들을 데리고 수레에서 내리게 한 다음 베스타의 신녀들과 그들의 성물을 대신 수레에 올렸고, 목적지인 카이레로 나아갔다.

41. 로마에선 요새를 방어하기 위해 그 상황에서 할 수 있는 모든 대비책을 강구했다. 반백 머리의 원로원 의원들은 집으로 가서 조금도 위축되지 않은 채 적이 오길 기다렸다. 국가 최고위직을 지냈던 의원들의 소망은 그들이 누린 지위나 이전 전성기에 수행했던 임무를 보여주는 구체적 표시로서 의관을 제대로 갖춘 채 죽음을 맞이하는 것이었다. 따라서 키르쿠스 막시무스에서 개최된 게임에서 신들의 마차를 호송하는 고관이 입는 예복이나, 승전 후에 도시로 돌아와 개선식에 참가하는 장군의 예복을 입

은 그들은 저택 마당에서 상아로 상감한 고관 의자에 앉아 죽음을 기다렸다. 전하는 이야기에 따르면, 그들은 그 의자에 앉기 전에 폰티펙스 막시무스(대사제)인 마르쿠스 폴리우스의 맹세를 따라서 로마와 로마인들을 위해 그들 자신을 희생하겠다는 맹세를 먼저 했다.

별다른 행동 없이 밤을 보낸 갈리아 인들의 전투욕은 크게 감퇴되었다. 강한 저항을 받은 바가 단 한 번도 없었기에 그들은 도시에 직접 공격을 가할 필요를 느끼지 못했다. 따라서 다음날 로마로 들어왔을 때 그들은 침착하고 평온했다. 콜리나 성문은 열려 있었고, 갈리아 인들은 광장으로 들어와서 신전들과 요새를 신기하게 바라봤다. 이렇게 로마를 둘러본 그들은 카피톨리움의 요새만이 로마 시내에서 전쟁을 대비하고 있다고 판단했다. 따라서 그들은 요새에서 공격해올 경우를 대비하여 적당한 수비 병력을 배치하고 다들 흩어져서 전리품을 찾아 나섰다. 거리가 텅 빈 것을 확인한 갈리아 병사들은 처음 마주치는 집들에 침입하거나, 포룸에서 더 멀리 떨어진 건물에 전리품이 더 많을 것으로 생각하고 아예 더 멀리 나아갔다. 하지만 정적이 흐르고 쓸쓸한 도시의 분위기에 그들은 알 수 없는 불편함을 느꼈고, 동료들과 멀리 떨어져 있다는 것을 생각할 때 지금 이 상황이 함정일 수 있겠다고 판단했다. 따라서 그들은 곧 원래 있던 자리로 돌아와 함께 뭉쳐 광장 인근으로 나아갔다.

여기서 그들은 평민의 집들은 문이 잠기거나 빗장이 걸려 있지만, 귀족의 저택은 열려 있는 걸 알게 되었다. 그들은 전자는 당장에라도 부수고 들어가려고 했지만, 후자는 엄청나게 뜸을 들이며 겨우 발을 들여놨다. 귀족의 저택에 들어간 갈리아 인들은 목전의 광경을 보고서 경외감 비슷한 감정을 느껴서 곧바로 거침없는 행동에 나서지는 못했다. 탁 트인 마당엔 어떤 사람이 앉아 있었고, 그가 걸친 예복과 장식품이 주는 위엄은 헤아릴 수 없을 존엄한 것이었다. 그의 근엄하고 차분한 눈빛은 마치 신의 두 눈으로 착각할 정도였다. 그 사람은 어떤 신성한 곳에 놓인 조각상 같은 느낌을 주었고, 잠시 갈리아 전사들은 마법에 홀린 것처럼 그를 빤히 바라보기만 했다. 그러다 갈리아 인 중 하나가 충동적으로 그 귀족, 즉 마르쿠스 파피리우스에게 다가가 수염을 만졌다. 그는 당시 로마의 유행에 따라 긴 수염을 기르고 있었다. 이런 무례한 행동에 분노한 로마 귀족은 가지고 있던 상아 막대로 그자의 머리를 내려쳤고, 이게 바로 참극의 시작이었다. 머리를 두드려 맞은 야만인은 화를 벌컥 내며 그를 죽였고, 비슷한 방식으로 자기 집의 상아 의자에 앉았던 다른 귀족들도 갈리아 인들의 손에 학살당했다. 그 순간부터 자비는 없었다. 야만인들은 샅샅이 집을 약탈했고, 이어 텅 빈 집에 불을 놓았다.

42. 그러나 화재의 범위는 뜻밖에 제한적이었다. 일부 갈리아 인들이 도시의 무차별적인 파괴에 반대했을 수도 있고, 갈리아 우두머리들의 지시에 따른 것이었을 수도 있었다. 일부 지역만 불을 지르면 포위된 요새의 로마인들이 소중한 집을 잃는 두려움으로 항복할지도 모르고, 나중에 항복 조건을 논의할 때 도시의 일정 부분을 온전하게 남겨두면 그것을 담보나 수단으로 활용하여 로마인들에게 좋은 조건을 강요할 수도 있었다. 어쨌든 첫날 화재가 일으킨 피해는 전반적이거나 광범위하지 않았고, 그런 상황에서 예상되는 것보다 훨씬 덜 심각한 피해였다.

요새에 포위된 로마인들에게 다가온 공포는 너무나 압도적이어서 거의 깨닫지 못할 지경이었다. 그들은 야만스러운 적들이 익숙한 로마 거리를 무리지어 어슬렁거리는 모습을 내려다보면서 그들의 눈과 귀를 믿을 수 없었다. 모든 곳에서 매 순간 새로운 공포가 일어났다. 로마인들은 무수한 형태의 공포에 휩싸였다. 여기저기에서 적이 승리감에 도취하여 외치는 소리와 여자들의 비명, 아이들의 울음소리가 들렸고, 맹렬히 타오르는 불길, 엄청난 굉음을 내며 무너지는 저택이 보였다. 로마인들은 이런 새로운 재앙들을 차마 눈뜨고 쳐다볼 수가 없었다. 마치 운명이 조국의 멸망하는 광경을 무대로 올리고, 그들을 관객으로 초대한 것 같았다. 그들은 너무나 무력하여 쓸모없는 몸뚱이 말고는 아무것도 구해낼 수 있는 게 없었다. 일찍이 포위된 사람들이 그토록 비참한 적이 없었다. 그들은 도시에 갇힌 것이 아니라 그 밖으로 밀려나 사랑하는 모든 것들이 적의 영향력 안에 있는 상황을 무력하게 지켜보게 되었으니 말이다.

뒤이어 찾아온 밤은 낮만큼 좋지 못했다. 다시 새벽이 밝았고, 이어지는 순간마다 새로운 재앙이 목격되었다. 하지만 요새에 피신한 로마인들의 결의를 무너뜨릴 수 있는 건 아무것도 없었다. 도저히 견딜 수 없는 고통에 짓눌리고 있었지만, 그들은 최후까지 저항할 각오였다. 설혹 도시 전부가 불에 타 눈앞에서 잿더미가 되더라도 그들은 그 자유로운 단 하나의 장소를 당당하게 지킬 생각이었다. 물론 그곳은 말할 필요도 없이 그들이 머무르고 있는 비좁고 보급도 좋지 못한 언덕이었다. 날마다 재앙에 관한 소식이 들려왔다. 그들은 마침내 고통에 익숙해져 사라져 버린 것들에 대한 감각이 무뎌졌다. 이제 그들에게 남은 한 가지 희망은 손에 들린 칼과 방패뿐이었다.

43. 이때 갈리아 인들은 목표를 달성하려면 최후의 노력이 필요하다는 걸 깨달았다. 며칠 동안 그들은 건물을 상대로 분풀이를 하고 있었다. 로마는 타오르는 폐허였지만, 그래도 아직 남아 있는 것이 엄연히 존재했는데 바로 요새의 무장한 로마인들이었다. 갈리아 인들은 마침내 그 요새를 공격하기로 결심했다. 요새의 로마인들이 전혀 동요하지 않는 데다 절대 굴복할 생각도 없었기에 무력 이외에는 해결책이 없다고 보았다. 따라서 새벽이 되자 신호에 맞춰 엄청난 갈리아 병력이 광장에 모여들었다. 그들은 함성을 지르고 방패로 머리와 등을 보호하며 카피톨리움 언덕을 올랐다.

로마인들은 차분했다. 수비대는 접근 가능한 모든 지역의 방어를 강화했다. 적이 공격할 것처럼 보이는 곳엔 최고 정예 병사들이 배치되어 항전을 준비했다. 로마인은 적이 언덕을 올라오기를 기다렸다. 적이 다가오는 곳의 경사가 가파를수록 더 쉽게 격퇴시킬 수 있다고 확신했기 때문이다. 공격하는 적이 언덕의 절반 정도를 올라와서 멈추자 로마 군은 높은 곳에서 달려 내려와 그들에게 돌격했다. 가파른 내리막은 그 자체로 로마 군의 공격에 힘을 실어주어 적의 저항을 어렵게 만들었고, 따라서 갈리아 병사들은 뒤로 내동댕이쳐져 심각한 피해를 입었다. 이후 갈리아 인들은 병력을 일부 동원하든 혹은 전체를 동원하든 비슷한 작전을 절대로 다시 시도하지 못했다. 따라서 직접 공격을 통해 요새를 함락하겠다는 기대가 좌절되자 그들은 요새를 포위하기로 했다. 하지만 그것은 좋지 못한 결정이었다. 그들은 애초에 포위 공격은 생각도 하지 않았으므로 로마에 저장된 모든 곡식을 이미 불태워 버렸던 것이다. 게다가 시골 지역에서 아직 가져오지 않은 곡식은 지난 며칠 동안 베이이로 밀수되기까지 했다. 그들은 이런 난국에 대처하고자 병력을 나눠 일부는 요새를 둘러싸게 하고, 다른 일부는 주변 영토를 약탈하여 식량을 조달하게 했다.

운명은 갈리아 인들에게 로마인들의 진정한 용맹을 보여주려는 뜻이 있었다. 갈리아 약탈자들은 식량 조달 작전을 개시했을 때 로마의 길성(吉星)이 인도하는 대로 아르데아를 향해 나아갔기 때문이다. 그곳엔 추방당한 카밀루스가 살고 있었고, 그는 자신의 불운보다 조국의 불운에 더욱 비통함을 느끼고 있었다. 그는 자신이 점점 나이 들고 쓸모없어지고 있다는 걸 뼈저리게 느꼈고, 하늘의 신과 인간에 대하여 비분강개하고 있었다. 그는 일찍이 베이이와 팔레리이를 공격했고, 모든 싸움에서 승리보다 더 돋보이는 용맹을 보여준 용사들은 대체 어디로 갔느냐고 소리치며 원통한 마음을 토로했다. 그러다 그는 갈리아 군대가 인근에 도착했다는 소식을 갑자기 접하게 되었다. 그는 아르데아 인들이 불안감을 느끼고 그를 찾아와 상의할 것임을 알았다. 예전 같았으면 그는 그런 논의에는 아예 참여하려 들지 않았을 것이다. 하지만 지금은 마치 영감이라도 받은 사람처럼 아르데아 국무회의장을 제발로 찾아가 이렇게 소리쳤다.

44. "아르데아 여러분, 여러분은 저의 오랜 친우였고, 이젠 저의 동료 시민입니다. 제가 불행하기도 했지만, 무엇보다 여러분이 호의를 베풀어주셨기에 그런 관계를 유지할 수 있었지요. 일단 국무회의장에 이렇게 갑자기 찾아왔다고 해서 제가 저의 처지를 망각했다고 생각하지는 말아 주십시오. 우리는 모두 위험에 직면하고 있고, 이런 상황에선 누구든 자신의 타고난 능력을 발휘하여 반드시 나라에 기여해야 합니다. 여기서 지금 제가 망설인다면 언제 여러분이 제게 주신 도움에 보답할 수 있겠습니까? 전장이 아니라면 언제 여러분이 저를 필요로 하시겠습니까? 조국에서 저는 전쟁으로 명예를 얻었습니다. 전쟁이 끝나자 감사할 줄 모르는 동포에 의해 쫓겨나고 말았지만, 저는 전장에서 패배한 적이 없습니다.

친우 여러분, 드디어 기회가 왔습니다. 오래전에 로마가 여러분에게 해준 일에 대하여 이제 감사 표시를 할 수 있는 때가 찾아왔습니다. 여러분이 얼마나 훌륭한 사람들인지 상기하십시오. 아니, 여러분은 정말로 훌륭하므로 나는 여러분을 책망하고 싶은 생각은 조금도 없습니다. 이제 여러분의 도시는 공동의 적을 물리치고 명예를 얻을 수 있습니다. 적은 근처에 와 있습니다. 엉성한 대열을 유지한 채로 우리 가까이 접근해 오고 있습니다. 그들은 덩치가 크고 필요할 때면 용맹한 모습을 보이지만, 전반적으로 불안정한 사람들입니다. 그들은 불을 지르기보다 연기를 더 많이 피우는 자들입니다. 힘은 별로 없으면서 남의 공포만 크게 유발합니다. 로마에서 일어난 일을 보십시오. 그들은 활짝 열린 도시에 걸어 들어갔지만, 요새를 지키는 소수의 로마인에게 저지당하고 있습니다. 그들은 이미 포위에 넌더리를 내고 전장에서 벗어나 사방팔방으로 흩어져 시골 지역을 배회하고 있습니다. 입에다 잔뜩 음식을 쑤셔 넣고 술에 취한 채로 밤이 되면 아무 강둑에서나 짐승처럼 쓰러져 잠을 잡니다. 그들은 무방비한 상태로 부주의하게 보초도 세워놓지 않습니다. 게다가 성공에 도취하여 이젠 그 어느 때보다도 무모한 모습을 보입니다. 도시를 구하고 싶으십니까? 적에게 나라가 침략당하는 일을 막고 싶습니까? 그렇다면 좋습니다. 오늘 밤 일찍 모두 무장하고서 저를 따르십시오. 곯아떨어진 저자들의 목을 베어 버리는 겁니다! 소처럼 잠든 저들을 도륙할 수 없다면 전에 로마 사람들이 그랬던 것처럼 지금 여기 아르데아도 저를 멸시해도 좋습니다."

45. 카밀루스에 대하여 각자 개인적 생각은 달랐겠지만, 아르데아 인들은 그가 의문의 여지 없는 최고의 군인이라는 점은 명확히 알고 있었다. 따라서 그들은 국무회의를 끝내고서는 식사하고 푹 쉬면서 카밀루스의 신호를 기다렸다. 초저녁에 신호가 주어지자 그들은 조용한 도시를 거쳐 성문으로 나아갔고, 그곳에서 카밀루스가 기다리고 있었다. 모든 일이 카밀루스가 예견한 그대로였다. 그들은 곧 성벽에서 그리 멀지 않은 곳에 있는 완전 무방비 상태의 갈리아 야영지를 발견했고, 곧 승리의 함성을 지르며 그곳으로 뛰어들었다. 적은 아무런 저항도 하지 못했다. 무장하지 않은 적들은 자다가 살해당했고, 얼마 지나지 않아 야영지 전체가 도살장으로 변했다. 먼 쪽에 있던 일부 갈리아 인은 때에 맞춰 일어났고, 누가 무엇으로 공격하는지도 모른 채로 벌떡 일어나 도망쳤다. 적지 않은 적이 공포로 이성을 잃고서 아르데아 인들 사이로 뛰어드는 일도 벌어졌다. 하지만 대다수 갈리아 인들은 인근의 안티움으로 도망쳤는데, 그곳에서 배회하다 출격한 안티움 인들에게 결국 포위되었다.

비슷한 징벌이 베이이 근처의 에트루리아 인들에게도 가해졌다. 그것은 자업자득이었다. 왜냐하면 이들은 거의 400년 동안 이웃이었던 도시가 기괴하고 야만스러운 적에게 짓밟히고 있는데도 동정을 하기는커녕 그 기회를 틈타 로마의 영토를 약탈하고 배를 불렸기 때문이다. 심지어 그들은 로마인의 마지막 희망인 베이이의 주둔군에게 공격을 가하는 일까지 궁리했다. 로마 병사들은 이웃에서 이런 특정한 움직임이 나타나고 있다는 것을 알아챘다. 에트루리아 병력은 훔친 소를 몰아갔으며, 베이이에서 그리 멀지 않은 곳에서 그들의 진지까지 목격되었다. 로마 군은 처음엔 풀이 죽었지만, 이 자기 연민은 곧 분노로 바뀌었다. 로마가 침공당하는 바람에 갈리아 인들의 손아귀에서 벗어난 에트루리아 인들이 이처럼 남의 불행을 고소하게 여기며 이용하고 있다는 생각에 그들은 도저히 분노를 참을 수가 없었다. 이에 그들은 곧바로 에트루리아 인들을 공격하려 했지만, 지휘관을 맡은 켄투리온인 카이디키우스가 병사들을 제지하면서 밤이 될 때까지 작전을 연기했다. 로마 군의 야간 공격은 완벽하게 성공을 거두었다. 부족한 건 그저 카밀루스 같은 장군이 없다는 점뿐이었다. 그 외의 모든 일은 똑같은 계획을 따라 똑같은 결과를 냈다. 더 나아가 그들은 그날 밤 대학살에서 살아남은 포로들에게 안내자 역할을 맡겨 살리나이 근처의 또다른 에트루리아 병력을 기습 공격했다. 이 공격은 전과 마찬가지로 성공을 거두었고 더욱 잔혹했다.

46. 그러는 사이 갈리아 인들이 로마에서 전개하던 포위 작전은 답보 상태에 빠졌다. 어느 쪽도 활기찬 모습을 보이지 않았다. 갈리아 인들은 로마인이 포위 전선을 빠져나가는 일이 벌어질까 불안해하며 한 사람도 빠져나가지 못하게 막으려고 했다. 이런 상황에서 한 젊은 로마 군인은 아군과 적군 모두로부터 칭송받는 행동을 해보였다.

매년 로마는 퀴리날리스 언덕에서 희생 의식을 치렀는데, 이 의무는 파비우스 가문이 맡아서 하는 것이었다. 이 의식이 중단되면 안 된다고 생각한 가이우스 파비우스 도르수오는 그 의식을 수행하기 위해 자신의 목숨도 아랑곳하지 않았다. 그는 의식에 맞게 토가를 입고 신성한 제기들을 든 채로 카피톨리움 언덕의 경사를 내려갔다. 그는 적의 경계병을 지나쳐 적의 함성과 위협을 무시하면서 퀴리날리스 언덕으로 나아갔고, 그곳에서 의식에 걸맞은 엄숙함과 절차에 따라 희생 제의를 온전하게 수행했다. 의식을 마친 뒤 그는 전과 같은 단호한 걸음과 굳건한 표정으로 같은 길을 따라 요새의 동료들에게로 돌아갔다. 그것은 신들이 죽음의 두려움도 아랑곳하지 않고 신들을 섬긴 자의 편을 들어준 것이 확실했다. 갈리아 인들은 아예 그를 막아서지 않았다. 믿기 힘들 정도로 대담한 그에게 깜짝 놀라면서, 일종의 경외감을 느껴 그의 몸에 손을 대는 것조차 하지 않았던 것이다(그들 역시 종교적인 정서를 중시했기 때문이다).

베이이의 상황은 이제 빠르게 나아지는 중이었다. 로마 함락으로 집을 잃은 로마인들뿐만 아니라 전리품을 챙기려는 라티움 인들까지 가세함으로써 로마 군 수비대의 힘과 자신감은 증대되었다. 그리하여 이젠 로마를 회복할 적기가 되었다는 분위기가 그들 사이에서 형성되었다. 하지만 누가 그들을 지휘해야 하는지 큰 문제였다. 말하자면 몸은 있었지만, 머리가 없었던 것이다. 베이이의 로마 군 병사들은 이에 카밀루스를 떠올리게 되었다. 그들 중 많은 병사들이 카밀루스의 지휘를 받으며 싸워서 승리한 경험이 있었던 것이다. 게다가 지휘관 카이디키우스도 아무런 장애가 되지 않았다. 그는 결코 자신의 의사에 반하여 지휘관 자리를 내놓을 사람은 아니었으나 켄투리온이었던 자신의 원래 지위를 잘 인식하고서 카밀루스 같은 장군을 사령관으로 옹립하는데 동의했다. 따라서 베이이의 로마 군은 만장일치로 아르데아에 사람을 보내 카밀루스를 사령관으로 추대할 것을 결의했지만, 로마의 원로원과 의논할 필요가 있었다. 이런 절망적인 곤경 속에서조차 그들은 여전히 법적 절차를 존중했고, 법에 규정된 권리 침해를 꺼렸던 것이다.

원로원으로 전갈을 보내려면 갈리아의 전초 기지를 통과하는 무척 위험한 일을 해야 되었는데, 이 임무에 자원한 건 모험적인 젊은 병사 폰티우스 코미누스였다. 구명부표에 의지하여 강을 건너 로마에 도착한 그는 카피톨리움으로 가는 가장 빠른 길을 선택했다. 그것은 너무나 가팔라서 갈리아 인들이 감히 쳐다볼 생각도 못하는 절벽을 오르는 길이었다. 무사히 요새에 도착한 그는 이어 행정관들에게 가서 베이이 군대의 뜻을 전했다. 원로원은 이에 곧장 결의안을 채택했다. "쿠리아회의 투표로 민의에 따라 카밀루스를 즉시 독재관에 임명한다. 병사들은 원하던 사령관의 통솔을 받으라." 코미누스는 이에 올 때와 똑같은 길을 따라 서둘러 베이이로 돌아갔고, 그가 도착하자마자 베이이 로마 군은 카밀루스를 데려오고자 사절을 파견했다. 하지만 내가 보기에, 원로원의 결의안이 통과되었다는 걸 알게 될 때까지 카밀루스는 아르데아를 떠날 생각이 없었던 것 같다. 평민의 승인 없이는 주거지를 바꿀 수 없었고, 독재관으로 임명되기 전까지는 군대의 지휘권을 인수할 수 없었기 때문이다. 어쨌든 쿠리아회에서 결의안이 통과되었고, 그렇게 하여 카밀루스는 로마에 있지 않으면서도 독재관에 임명되었다.

47. 베이이에서 이런 일이 벌어지는 동안 로마의 요새는 잠깐이긴 하지만 적의 기습 시도로 아주 위험한 순간을 맞이했다. 베이이에서 온 로마 군 전령이 발자국을 남겨 그것을 알아채서인지, 아니면 통상 임무를 수행하면서 카르멘타 신전 근처의 바위로 된 오르막을 쉽게 통행할 수 있다고 판단을 내려서인지, 여하튼 어떤 경우인지는 모르지만 어느 별이 빛나던 밤에 갈리아 인들은 그 가파른 절벽을 올라가는 기습 공격을 시도했다. 그들은 처음엔 무장하지 않은 병사를 보내 길을 정찰하게 했고, 곧 그 길이 확인되자 절벽을 오르기 시작했다. 절벽을 오르는 건 무척 힘든 일이었다. 곤란한 장소가 나타나면 밑에 있는 사람이 위에 있는 병사에게 어깨를 내밀어 발 디딜 곳을 만들어줬고, 그렇게 올라간 병사가 밑의 병사를 끌어올렸

다. 무기는 절벽의 형세가 허용하는 범위 내에서 병사들이 손에서 손으로 전달하여 위로 올렸다. 그들은 그렇게 서로를 밀어 올리고 끌어올리면서 정상에 도착했다. 더욱이 그들은 무척 조용히 절벽을 오르는 데 성공하여 로마 경비병들은 아무 소리도 듣지 못했고, 심지어 보통 때라면 밤중의 아주 작은 소리에도 깨는 개들조차도 아무 반응을 보이지 않을 정도였다.

상황에서 로마인을 구해낸 건 거위들이었다. 보급품이 부족한데도 사람들은 이 유노 신전의 신성한 거위들을 잡아먹지 않았다. 어쨌든 이 거위들은 요란하게 울음소리를 내고 날개를 퍼덕였고, 이에 마르쿠스 만리우스 — 3년 전에 집정관이었던 뛰어난 공직자 — 가 잠에서 깨어났다. 그는 칼을 잡고 경보를 울린 다음 서둘러 적의 공격 지점으로 나아갔다. 로마 병사들은 경보에 당황하며 잠에서 깨어나고 있었지만, 이들의 지원을 기다리기엔 상황이 너무 화급하여 만리우스는 단신으로 달려 나갔던 것이다. 이미 갈리아 병사 하나가 요새로 올라오고 있었지만, 만리우스는 방패의 돌기로 적에게 일격을 가해 절벽 아래로 추락하게 했다. 허공 중에 나가떨어진 적군 병사는 떨어지면서 다른 병사들까지 함께 떨어지게 했다. 갈리아 군대는 이 광경을 보고 극심한 공포에 빠졌다. 많은 병사가 바위를 더 꽉 붙잡고자 무기를 떨어뜨렸고, 만리우스는 그런 비무장 병사들을 사정없이 죽였다. 곧 더 많은 로마 군인이 현장에 나타났고, 투창과 돌로 절벽을 기어오르는 갈리아 인들을 추락시켰다. 로마 군의 공격은 모든 적을 절벽 바닥으로 떨어뜨릴 때까지 계속되었다.

곧 소란은 잦아들었고, 로마 수비대는 이후 남은 밤 동안 다시 잠을 청했다. 지금까지 견디어온 위험이 너무나 심란한 것이었고 또 방금 겪은 일이 엄청난 심리적 동요를 안겨주었지만 그런 상태에서도 가능한 한 수면을 취하려고 애썼다. 해가 뜨고 다음날 아침이 되자 나팔 소리가 울렸고, 모든 군인이 집정관급 정무관들 앞에 정렬했다. 전날 밤의 일로 상벌을 내리기 위해서였다. 만리우스는 용맹한 행동으로 찬사를 받았고, 지휘관뿐만 아니라 병사들로부터도 상을 받았다. 모든 군인은 요새 안에 있는 만리우스의 집에 2분의 1 파운드의 밀가루와 4분의 1 파인트의 와인을 상으로 가져다주는 데 동의했다. 이는 별것 아닌 것처럼 보일 수도 있다. 그러나 당시의 보편적인 식량난을 고려하면 기꺼이 필수품 부족을 견디며 전우에게 감사 표시하는 것은 쉬운 일이 아니었으며, 이런 사실은 만리우스를 향한 그들의 애정 어린 존경심을 잘 보여주는 증거였다. 이어 지휘관들은 적이 절벽을 기어올라 요새로 들어오려 했을 때 그것을 관찰하지 못한 당직 보초병들을 불러냈다. 지휘관 중 한 사람인 술피키우스는 "군법"에 따라 보초병 모두에게 사형을 선고하려고 했다. 하지만 전군이 그런 처벌에 합당한 잘못을 저지른 병사는 한 사람뿐이라고 만장일치로 이의를 제기하자 그는 생각을 바꿨다. 그에 따라 죄가 명백한 단 한 명을 제외하고 나머지는 모두 훈방되었고, 이어 군법을 어긴 보초병은 절벽에서 내던져서 추락사시켰다. 이에 판결과 처벌에 이의를 제기하는 사람은 더 이상 없었다. 위험에 처할 뻔했던 밤을 떠올린 로마 군은 더욱 철저하게 경계에 나섰고, 갈리아 인들 역시 마찬가지로 경계를 강화했다. 그들은 로마와 베이이의 로마 군 사이에 전갈이 오간다는 걸 잘 알고 있었기 때문이다.

48. 이제 다른 어떤 것보다 양군을 크게 괴롭힌 건 굶주림이었다. 갈리아 인들은 여기에 더하여 질병과도 싸워야 했다. 그들이 자리 잡은 언덕 사이의 저지대는 원래 비위생적인 곳이었는데 화재 이후 땅이 바싹 말라 더욱 거주하기가 부적합한 상태였다. 게다가 열기, 그리고 바람이 불 때마다 재와 가루가 뒤섞인 숨 막히는 자욱한 먼지 역시 큰 문제였다. 갈리아 인들은 습하고 차가운 기후에 익숙하여 이런 후덥지근한 환경을 도저히 견딜 수 없었다. 열기로 숨이 막히는 데다 전염병도 퍼지고 있어 그들은 곧 소처럼 죽어나갔다. 얼마 지나지 않아 생존자들은 죽은 자들을 따로 묻을

기력이 없어 시체를 한 곳에 쌓아올려서 화장했다. 그들이 죽은 자들을 화장한 자리는 이후 갈리아 화장터라 알려졌다.

이즈음 양측은 휴전에 합의했고, 양군 사령관은 병사들에게 상대와의 의사소통을 허락했다. 이에 갈리아 병사들은 자주 로마 병사들이 있는 곳으로 찾아와 굶고 있는 걸 알고 있으니 빨리 항복하라고 소리쳤다. 이에 로마 병사들은 그렇지 않다는 걸 보여주려고 여러 지점에서 식빵 덩어리들을 아래에 있는 갈리아 전초 기지 쪽으로 던져주며 대응하는 것이 일상이었다. 그럼에도 불구하고 더는 굶주림을 숨기거나 버틸 수 없는 때가 곧 찾아왔다. 카밀루스는 사마관인 루키우스 발레리우스에게 베이이에서 병사들을 데려오라고 지시한 뒤, 아르데아에서 군대를 일으키고 갈리아 인과 대등하게 싸울 수 있게 그들을 훈련하느라 분주한 나날을 보냈다. 그러는 사이 요새에 포위된 로마 군은 카밀루스가 어서 와서 구원해 주기만을 기다렸다. 이젠 통상적인 군무(軍務)마저 힘에 부쳤다. 그들은 사람이 겪을 운명인 다른 모든 문제를 극복했지만, 자연이 절대로 극복할 수 없게 만든 적수인 굶주림만은 버텨내지 못했다. 날마다 그들은 카밀루스의 원군이 어서 빨리 도착하기를 기대했지만, 결국 식량이 떨어지면서 희망까지 무너지기 시작하자 그들은 군무를 수행할 때 갖추는 장비의 무게마저 버틸 수 없을 정도로 심신이 허약해졌다. 그들은 무조건 항복하거나 아니면 적으로부터 최고의 강화조건을 얻어내고 전쟁을 끝내야 한다는 점을 인정하게 되었다. 갈리아 인들도 이미 그다지 큰 보상을 받지 않고 포위를 풀겠다는 점을 아주 노골적으로 밝히고 있었다.

그리하여 원로원이 소집되었고, 집정관급 정무관들은 평화 협정 조건을 조정하는 임무를 맡게 되었다. 퀸투스 술피키우스는 갈리아 족장 브렌누스와 협의했고, 그들은 황금 1천 파운드에 평화 협정을 맺기로 동의했다. 이 당시엔 곧 세계를 지배할 나라의 가치가 이처럼 초라했다. 강화는 아주 수치스러웠지만, 갈리아 인들은 거기에다 모욕을 첨가했다. 왜냐하면 그들이 가져온, 황금의 무게를 다는 쇳덩어리가 기준보다 더 무거웠기 때문이다. 이후 버릇없는 야만인 족장이 자신의 칼마저 저울 위에 올려놓았고, 로마 지휘관은 거기에 이의를 제기했지만 이런 말을 들었을 뿐이다. "패자에겐 재앙만이 있는 법이오!" 로마인들은 이런 모욕을 도저히 견딜 수 없었다.

49. 로마인들이 돈으로 목숨을 구하는 일은 신이나 인간의 목적은 아니었다. 무게를 재는 저울 논쟁은 황금의 무게를 다는 일 자체를 아주 지연시켰으나 그래도 무게를 다는 일이 마무리되고 터무니없는 거래가 끝나기 바로 직전에 카밀루스가 군대를 이끌고 현장에 나타났다.

그는 곧바로 갈리아인들에게 황금을 내려놓고 로마를 떠날 것을 명령했다. 적이 격분하여 항의하자 그는 황금을 주기로 한 것이 유효한 합의가 아니라고 답했다. 그는 자신이 독재관으로 임명된 이후 그런 합의가 체결되었는데, 이는 자신보다 하급자인 행정관이 그의 지시도 없이 처리한 일이므로 무효라고 지적했다. 따라서 갈리아 인들은 그들의 뜻을 관철시키려면 싸울 준비를 해야 했다. 이후 카밀루스는 병사들에게 짐은 쌓아두고 싸울 준비를 하라고 명령했다. "여러분의 임무는 황금이 아니라 칼로써 조국을 되찾는 것입니다. 여러분은 눈앞에 보이는 사랑하는 모든 것을 위해 싸워야 합니다. 신들의 신전, 여러분의 아내와 아이, 전쟁의 참화로 유린당한 조국의 땅, 그리고 명예와 진실이 지키고, 회복하고, 복수해 달라고 여러분에게 부탁하는 모든 것을 위해!"

로마는 군사 작전을 펼 만한 장소가 되지 못했다. 절반쯤 폐허가 되어버려 땅은 고르지 않고 거칠었다. 하지만 카밀루스는 철저히 준비하여 최고의 기회를 만들고 경험을 총동원하여 병사들에게 처음부터 유리한 고지에 설 수 있도록 조치했다. 갈리아 인들은 급변한 상황에 깜짝 놀랐다. 그들은 서둘러 무장한 다음 공격에 나섰지만 냉철한 판단보다는 무모한 분노에 더 의지했다. 행운은 마침내 로마의 편으로 돌아섰다. 하늘의 힘과 인간의 솜씨는 로마의 편이 되어 싸웠다. 침략자들은 첫 전투에서 알리아 강에서와는 정반대로 거의 힘을 써보지도 못한 채 로마 군에게 격퇴당했다. 두 번째 전투는 좀 더 통상적인 교전이었다. 갈리아 군대는 가비로 가는 길에서 13km 쯤 떨어진 곳에서 재정비를 마치고 로마 군과 싸웠지만, 결과는 또 한 번 카밀루스의 승리였다. 이번엔 전보다 더 잔혹하고 완벽한 승전이었다. 갈리아 진지는 점령당했고 적군의 병력은 전멸했다. 카밀루스는 로마에 돌아와 개선식을 거행했고, 승리한 병사들은 음란한 노래를 큰 목소리로 부르며 그들의 사령관을 시조인 로물루스에 비교했고, 제2의 로마 시조라 부르며 경의를 표시했다. 그것은 명실상부한 찬사였다.

카밀루스는 적으로부터 로마를 구해낸 일만으로는 만족하지 못했다. 이후 그는 베이이로의 이주를 막아냄으로써 이미 승전으로 구해낸 나라를 평시에 한 번 더 구해냈다. 카밀루스는 화재로 로마가 크게 파괴되었기에 예전보다 더 베이이 이주를 재촉하며 압박하는 호민관들을 견제했고, 딱히 호민관의 지도가 없어도 점점 더 이주에 솔깃한 모습을 보이는 평민들의 강력한 요청도 물리쳤다. 여기에 더하여 지금 같은 불안하고 불확실한 상황에서 나라에 힘을 보태는 게 순리라는 원로원의 강한 압박이 있었으므로 카밀루스는 개선식을 마치고 독재관직에서 사임하지 않기로 했다.

50. 카밀루스는 특유의 아주 엄격한 종교적 의무감을 지닌 사람이었고, 그에 부합하게 그의 첫 번째 행동은 신들에 관한 문제를 원로원에 제기하고 법령을 선포하는 것이었다. 이 법령은 적의 수중에 들어갔던 모든 신성한 건물을 복원하고 정화하며 그것들의 경계를 다시 규정하도록 승인하는 것이었다. 건물 정화 방식은 두 명의 관리를 임명하여 시빌의 예언서에서 찾아내기로 되었다. 이어 카밀루스는 카이레와 우호 조약을 체결해야 한다고 주장했다. 카이레는 로마 성직자와 로마 종교 성물의 피난처가 되

어줌으로써 종교적인 의식과 숭배의 연속성을 보장해 준 공로가 있기 때문이었다. 또 카밀루스는 카피톨리누스 게임을 개최해야 한다고 했다. 위기의 순간에 지고의 신 유피테르가 보우하여 그의 신전과 로마 요새를 보존할 수 있던 것을 기념하기 위해서였다. 게임을 관리할 사람들은 독재관 카밀루스가 요새에서 지냈던 사람들 중에서 임명하기로 되었다. 전쟁 이전에 예언을 전한 신비한 밤중의 목소리를 무시한 죄를 속죄할 필요가 있다는 얘기도 나왔다. 따라서 속죄를 위해 새로운 거리에다가 예언을 한 신에게 봉헌할 신전을 짓기로 했다. 먼저 갈리아 인들에게 주기로 했다가 주지 않은 황금이 있고, 위기 동안에 여러 신전에서 가져와 유피테르 신전에 맡겼으나 아무도 누가 주인인지 기억하지 못하는 물건들이 있었다. 이 모든 물건이 신성한 것으로 간주되어 유피테르의 옥좌에 바쳐지게 되었다. 이런 일이 벌어지기 이전에도 유사한 상황에서 일반 대중이 어떻게 처신해야 하는가 하는 문제는 이미 모범적인 전례가 수립되어 있었다. 갈리아 인들과 합의한 양의 황금을 국고에서 지급하지 못하자 로마 여자들은 신들에게 바친 황금을 가져다 쓰는 일을 막으려고 자신들의 개인 황금을 기부했던 것이다. 이렇게 황금을 기부한 여자들은 정중한 감사를 받았고, 이에 더하여 그때까지 남자들만 받아왔던 장례식에서 찬사 연설을 받는 특권을 부여받았다.(위의 5.25참조: 옮긴이).

카밀루스는 종교에 관한 일들을 전부 정리하고 원로원의 권한을 통해 할 수 있는 일을 전부 마무리했다고 생각했다. 여전히 호민관들은 계속 대중 집회를 열어 폐허가 된 로마를 버리고 시민들을 받아들일 만반의 준비가 된 베이이로 이주하자고 재촉하는 중이었고, 이에 카밀루스는 최후의 호소를 하러 나섰다. 원로원 의원 전원과 동행한 그는 평민 앞 연단에 섰고, 다음과 같은 연설을 했다.

51. "로마 시민 여러분, 호민관들과 이런 논쟁을 벌이는 건 정말 제게 맞

지 않는 일입니다. 아르데아에서 고통스러운 추방 생활을 할 때 유일한 위안은 호민관들이 있는 현장에서 멀리 떨어져 있다는 사실이었습니다. 이런 똑같은 끔찍한 논쟁 때문에 저는 절대 로마로 돌아올 의향이 없었습니다. 원로원이나 시민 여러분이 무수히 조국으로 초대한다고 해도 일절 그것을 받아들일 마음이 없었습니다. 이제 강제로라도 시민 여러분께 돌아온 이유는 제 심경에 변화가 있었기 때문이 아니라, 여러분의 상황에 변화가 있었기 때문입니다.

제가 개인적으로 조국에 살아야 하는지 아닌지는 더 이상 문제가 아닙니다. 진짜 문제는 로마가 원래 자리에 계속 남아 있어야 하는지입니다. 지금 이 문제가 화급한 국가의 문제가 아니라면 저는 기꺼이 거리를 두고 말을 삼갔을 것입니다. 다른 사람들은 이 중요한 문제를 회피하면 남은 삶 내내 수치심을 안고 살아가겠지만, 제 경우는 그것을 넘어 남은 삶 동안 죄책감을 안고 살아야 합니다. 지금 이렇게 조국을 저버릴 것이라면 왜 우리는 적의 손에서 이 도시를 구한 겁니까? 승리한 갈리아 인들이 도시를 장악했을 때 로마의 신들과 우리 로마인들은 여전히 카피톨리움 언덕과 요새를 고수했습니다. 위태로운 시기에도 저 요새를 지키던 우리가 지금 승리를 거둔 이 상황에서 자발적으로 도시를 버려서야 되겠습니까? 로마는 패배했을 때보다 승리했을 때 더 암울한 것입니까? 로마가 건국되었을 때 같이 생겨나 세대를 걸쳐 내려온 신성한 의식은 이제 사라지고 없지만, 이번에 신의 힘이 미쳐 우리가 구원을 받았다는 게 명백히 드러났으므로 그 누구도 숭배와 감사의 의무를 소홀히 해서는 안 됩니다.

최근 우리 로마의 역사에서 벌어졌던 일을 한 번 생각해 보십시오. 그리하면 신의 인도를 따를 땐 모든 게 잘 풀렸고, 반대로 경멸할 땐 모든 게 나빠졌다는 걸 알 수 있습니다. 무척 길고 힘들었던 베이이와의 전쟁을 기억해 보십시오. 전쟁이 어떻게 끝났습니까? 신의 명령에 복종하여 알바 호수의 물을 빼낸 다음에야 승리하지 않았습니까? 이번 전례 없는 재앙은 어떻게 우리에게 닥쳐오게 됐습니까? 갈리아 인들이 오고 있다는, 하늘에서 보낸 경고의 목소리를 무시할 때까지 그 재앙은 결코 보이지도 않았지 않습니까? 우리 사절들이 만민법을 어겼을 때 우리는 그 범죄를 처벌함으로써 신에 대한 의무를 다할 수 있었지만, 경솔하게도 그런 위법 행위를 눈감고 넘어가지 않았습니까? 우리가 패배를 겪고, 로마가 함락당하고, 황금까지 요구당한 건 그것 때문입니다. 그 이유로 우리는 신과 인간에게 세상에 보이는 본보기로서 처벌당한 것입니다."

"재앙이 다가왔을 때 우리는 우리의 종교를 기억했습니다. 우리는 지고의 신 유피테르의 안식처 옆의 카피톨리움 언덕으로 가서 신들에게 보호를 청했습니다. 우리의 재산을 모두 잃어버린 후 우리는 성물들을 묻거나 다른 도시로 가져갔고, 적은 그리하여 성물을 보지도 못했습니다. 비록 신과 인간에게 버림받았지만, 우리는 신들을 숭배하는 일을 절대 멈추지 않았습니다. 따라서 하늘은 우리에게 도시를 돌려줬고, 승리와 박탈당한 오랜 군사적인 영광을 되찾게 했으며, 더 많은 황금을 얻으려는 탐욕에 눈이 멀어 협정과 맹세를 어긴 적에게 패배와 죽음의 공포를 안겨주었습니다.

52. 신들에게 복종하거나 불복하는 것이 인간의 운명에 어떤 영향을 미치는지를 드러내는 이런 명백한 사례들을 고려했는데도 우리가 저지르려고 하는 죄악의 해로움을 이해하지 못한단 말입니까? 게다가 우리는 이전에 저지른 죄악으로 당한 조난 사고에서 간신히 해변에 올라온 지 얼마 되지도 않았습니다. 우리 도시는 모든 적절한 복점 의식을 통하여 세워졌습니다. 거리의 돌 하나에도 신에 관한 의식이 스며들어 있습니다. 우리가 매년 지내는 희생 의례는 날짜가 고정되어 있을 뿐만 아니라 의식을 수행할 장소 역시 지정되어있습니다.

로마 시민 여러분, 당신의 신들을 버리실 겁니까? 여러분의 가문을 지키는 수호신을, 국가가 구원자로 받들며 기원을 올리는 신들을 버리실 생각입니까? 그런 사악한 생각을 고귀한 젊은 군인인 파비우스의 행동과 한 번 대조해 보십시오. 그는 요새가 포위당하고 있는데도 희생 의식을 치러야 하는 그 날 갈리아 인들이 던지는 투창을 용감하게 무릅쓰고 퀴리날리스 언덕까지 가서 부족이 매년 수행해야 하는 예식을 올리고 돌아왔습니다! 이런 행동은 우리 로마인뿐만 아니라 갈리아 인들마저도 감탄하게 만들었습니다. 전쟁을 치를 때도 가문의 제사 의식을 중단하는 일이 없었건만, 이 평화로운 시기에 국가의 의식과 국가의 신들을 버리고자 하십니까? 국가의 대사제와 신관들이 한 개인이 자기 부족의 수호신을 신경 쓰는 것보다 국가의 종교를 덜 신경 써서야 되겠습니까?"

"베이이에서 그런 종교적 의무를 수행하거나 이곳으로 성직자들을 보내 의무를 수행하게 하면 되지 않느냐는 말도 들었습니다. 하지만 그런 모든 경우에서 정당한 신성은 보존될 수 없습니다. 지금 여기서 우리의 모든 신과 모든 의식을 언급할 수는 없지만 가령 유피테르의 축제를 생각해 봅시다. 그분의 침상을 카피톨리움 언덕 말고 어디 다른 곳에 둘 수 있단 말입니까? 베스타의 영원히 타오르는 성화와, 로마 통치의 표시로서 그녀의 신전에 보존한 성상들은 또 어떻습니까? 마르스의 신성한 방패와 우리 시조인 퀴리누스의 방패는 어디에다 두실 생각입니까? 여러분은 이 모든 성물을 축성되지 않은 땅에다 두려고 하십니까? 그 존속 기간이 로마만큼 오래되거나 아니면 더 오래된 그런 성물을 어떻게 그리 소홀히 대할 수 있습니까? 과거 선조들과 지금의 우리는 얼마나 다릅니까! 우리 선조들은 알바 산과 라비니움에서 올리는 특정 희생 의식의 거행을 우리에게 맡겼습니다. 아시는 것처럼 당시 그곳은 적의 도시였습니다. 그런데도 의식의 장소를 적의 도시에서 로마로 옮기는 것조차 불경하게 여겼습니다. 그런데 이제 여러분은 우리의 의식을 적의 도시로 옮기려고 합니다. 죄를 저지르지 않고 어떻게 그런 일이 가능하겠습니까? 간청합니다. 무관심과 소홀로 고대 의식의 일부분이 누락되어서 종교 의식을 빈번히 새롭게 다시 올려야 했던 일을 기억해 주십시오.

얼마 전에 알바 호수의 기현상 이후 우리는 신성한 의식을 새로 완벽하게 거행함으로써 베이이와의 싸움에서 조국을 구할 수 있었습니다. 게다가 우리는 여전히 고대의 경건한 의식을 일부 지니고 있어서, 타국의 신을 우리들 사이로 가져와 안식처도 제공하고 또 우리만의 새로운 제사 의식을 수립했습니다. 여왕 유노를 베이이에서 모셔와 아벤티누스 언덕에 신전을 마련한 것이 그것입니다. 그건 무척 영광스러운 날이었지요! 새로운 신전에 몰린 군중과 여자들의 열광적인 즐거움을 어떻게 잊을 수 있겠습니까? 우리는 새로운 거리에서 하늘의 목소리를 내린 신 아이우스 로크티우스를 위해 신전을 마련하기로 했습니다. 연간 축제에 카피톨리움 게임을 추가했고, 또 원로원의 권한을 통해 게임을 관리할 새로운 위원회를 설립하기로 했습니다. 하지만 우리가 몇 달 동안 요새에 머무르며 포위를 견뎌낸 게 우리의 자발적 소원이 아니라 마치 적에 대한 두려움 때문이었던 것처럼 로마를 떠나버리면 대체 이런 일들이 다 무슨 소용이란 말입니까?"

"여태까지 의식과 성소에 관해 말했지만, 성직자들은 어떻습니까? 여러분은 신성 모독을 저지르려고 하는데, 아직도 그것을 제대로 의식하지 못합니까? 베스타의 성처녀들은 그들만의 거처가 있습니다. 도시가 함락된 때를 제외하고 그들은 절대 그곳에서 움직인 적이 없습니다. 유피테르의 신관들은 우리 종교에 의하면 로마 성벽 밖에서는 단 하룻밤도 보내서는 안 됩니다. 그런데 여러분은 그들 모두를 베이이로 보내 영원히 그곳에 머무르게 할 생각입니다. 아아, 베스타여! 당신의 성처녀들이 당신을 저버리게 그냥 놔두실 겁니까? 유피테르의 신관들은 앞으로 타지에서 살며 밤마다 자신과 조국을 생각하며 깊은 죄책감으로 자신을 괴롭혀야 합니까?"

"이 점 역시 기억하십시오. 우리의 공무는 거의 모두 포메리움(로마 시의 성벽 주위의 성역: 옮긴이) 안에서 합당한 의식이 거행된 다음 진행되었습니다. 얼마나 잊고 방치했기에 그런 절차를 폐기하려고 하는 겁니까? 쿠리아회는 전쟁에 관한 문제를 처리하고, 켄투리아회는 집정관이나 집정관급 정무관의 선출을 처리해야 합니다. 로마의 오랜 전통이 신성하게 만든 장소 말고 대체 어디에서 합당한 의식을 적절히 거행한단 말입니까? 그 장소를 베이이로 옮길 겁니까? 아니면 단지 공직 선출을 위해 사람들을 이곳 로마, 신들과 인간들이 버린 장소로 보내 투표하게 할 겁니까? 그건 정말 편리한 발상이로군요!"

53. "여태껏 제가 말씀드린 것에도 불구하고 여전히 이주는 필요하다고 대답하실지 모릅니다. 상황이 어쩔 수 없지 않느냐면서요. 그런 사람들은 로마가 돌무더기와 잿더미만 남은 폐허이지만, 베이이는 피해를 입지 않아 온전하니까 무력하고 빈곤한 사람들에게 재건의 부담을 지우지 않으리라고 말할 겁니다. 하지만 여러분은 제가 딱히 언급하지 않더라도 그런 주장이 자신을 정당화하려는 시도에 불과하다는 점을 잘 알고 계십니다. 베이이 이주는 이미 갈리아 인들이 침공하기 전에도 논의된 문제입니다. 로마의 모든 신전과 공공건물이 창건된 그 날처럼 완벽할 때도 여전히 제기되었던 문제라는 뜻입니다.

이 문제에서 저와 호민관들 사이에는 마치 심연 같은 커다란 견해의 차이가 있습니다. 호민관들은 그 당시에 이주는 현명하지 않다고 생각했지만 이제는 이주가 불가피하다고 생각하고 있습니다. 미리 말씀드리지만, 제 뜻을 이해하기 전까지 놀라지는 말아 주십시오. 저는 그들과는 정반대로 생각합니다. 로마가 여전히 굳건한 상태였다면 베이이 이주가 옳은 판단이었을 수도 있습니다. 하지만 지금 폐허가 된 로마를 버리는 건 심각하게 잘못된 판단이라고 확신합니다. 이전에 베이이 이주가 논의되었던 이유는 우리가 전쟁에서 승리하여 그 도시를 함락시켰기 때문입니다. 우리에게나, 후손에게나 자랑스러운 일이었다는 뜻입니다. 하지만 이제 그런 이유가 사라졌으니 베이이 이주는 비참하고 수치스러운 일이 됐습니다. 전쟁에서 영광을 얻은 건 우리가 아니라 갈리아 인들이었습니다. 이런 상황에서 베이이 이주를 결정하면 우리가 정복자로서 조국을 떠나는 게 아니라, 갈리아 인들에게 패배하여 조국을 떠나는 패배자 신세가 될 게 너무나 명백합니다.

그러면 온 세상은 이렇게 생각할 겁니다. '알리아 강에서의 패배, 로마의 함락, 카피톨리움 언덕에서의 포위 공격 등으로 로마인들은 어쩔 수 없이 쓰라린 마음을 안고 사랑하는 조국을 버리게 되었구나. 로마인들은 조국을 지켜낼 힘이 없기에 추방자 신세로 전락하여 도망치는구나. 갈리아 인들이 로마를 철저히 무너뜨렸기에 몰락한 로마인들은 도시를 재건할 힘도 없구나.'

가령 갈리아 인들이 새로 군대를 정비하여 로마로 되돌아온다고 가정해봅시다. 그들의 병력이 믿을 수 없을 정도로 강성하다는 사실은 이제 모두가 다 아는 사실입니다. 자, 그럼 그들이 예전에 로마를 점령한 적이 있고, 또 우리가 버린 이 도시에 들어와 정착하고자 한다고 가정해 봅시다. 그럴 경우, 우리는 그들이 자기들 마음대로 하게 내버려 두는 것 외에 무슨 일을 할 수 있겠습니까? 아니면 우리의 오랜 적인 아이퀴 인들이나 볼스키 인들이 갑자기 갈리아 인들과 똑같은 일을 도모한다고 가정해 봅시다. 그럼 그들에게 로마인 국적을 안겨줄 겁니까? 적의 집이 이 땅에 지어지는 것보다 차라리 로마가 우리의 황무지인 편이 더 낫지 않겠습니까?

제 생각에 이런 방치는 애국심의 바탕이 되는 깊은 애향심을 파괴하는 것입니다. 단지 폐허가 된 우리 조국을 복구하려는 노동을 하기 싫어 이주라는 수치스러운 죄를 지으려 하다니 저는 믿기지 않습니다. 설혹 이곳에 우리 시조 로물루스의 오두막보다 더 작고 초라한 건물밖에 세울 수 없어 우리가 신성하게 여긴 모든 것들 사이에서 시골 양치기처럼 살게 되더라도 가정과 조국의 신들을 버리고 민족 전체가 추방당하는 것보다야 훨씬 더 고귀하지 않겠습니까? 오래전 그런 목동들과 피난민 무리는 숲과 습지뿐이었던 이곳에 들어와 신속하게 새로운 도시를 지었습니다.

하지만 오늘날 우리는 어떻습니까? 신전들도 다 그대로 있고, 카피톨리움 언덕과 요새도 온전한 상태에서 전화(戰火)가 파괴한 것을 회복하려는 일도 하지 않으려 하다니! 개인은 자기 집이 불타 허물어졌다면 곧바로 그 집을 복구하려 할 것인데, 우리 민족이 하나가 되어 그런 복구 작업을 거부하려 하다니 그게 말이나 될 법한 얘기입니까?"

54. "어떤 모자란 악당이 베이이에 불을 질렀다고 가정해 봅시다. 그리고 그 불이 바람을 타고 불길이 되어 도시의 절반이 불타 버렸다고 해봅시다. 여러분은 그렇게 되면 어떻게 하실 겁니까? 피데나이나 가비, 아니면 그 외에 찾아볼 수 있는 다른 곳으로 또 이주할 겁니까? 우리 조국의 땅, 우리가 어머니로 부르는 그 땅이 우리를 지배하는 힘이 그리도 허약합니까? 우리의 애국심은 고작 집짓는 재료인 나무와 돌에 달려 있는 겁니까?

로마 시민 여러분, 여러분이 저에게 잘못한 일을 기억하는 걸 저는 좋아하지 않습니다. 하지만 이 자리에서 고백합니다. 추방되었을 때 저는 조국을 생각할 때마다 마음속에 이 언덕과 평지를 떠올렸습니다. 티베르 강과 이 사랑스러운 시골 지역, 제가 태어나고 자란 땅 위에 있는 친근한 하늘을 한시도 잊지 않았습니다. 저는 이것들에 대한 사랑이 이제 여러분에게로 옮겨가 모든 시민이 이곳 로마에 머무르기를 희망합니다. 이런 것들을 잃어버리고 몇 년 뒤에 헛된 후회로 가슴이 미어지지 않게 말입니다. 신과 인간이 우리의 도시를 세울 장소로 이곳을 선택한 건 이유가 있습니다. 건강에 좋은 언덕, 내륙 지역의 생산물과 해외에서 오는 상품을 운반해주는 강, 편리하게 이용할 수 있지만, 그렇게 가깝지는 않아 외국 함대의 공격 걱정은 하지 않아도 되는 바다, 이런 점들을 감안해 보면 우리는 이탈리아의 심장부에 살고 있는 것입니다. 이 모든 이점으로 로마는 세상 다른 어느 곳보다도 크게 성장할 수 있는 호조건을 갖추었습니다. 이것은 우리 로마가 그리 오래되지 않은 도시임에도 실제로는 크게 성장한 사실로 증명이 됩니다.

친애하는 시민 여러분, 로마는 건국 365년이 된 국가입니다. 그동안 우리는 오래전에 자리를 잡은 많은 민족과 전쟁을 해 왔습니다. 단일 도시와도 싸웠고, 강력한 도시인 아이퀴와 볼스키의 연합군과도 싸웠고, 바다에서 바다까지 걸친 드넓은 이탈리아의 땅을 점령한 에트루리아의 육군과 해군과도 싸웠지만 그들은 우리의 상대가 되지 못했습니다. 여기서 이토록 성공을 거두었는데 대체 왜 다른 곳으로 가서 행운을 시험하고자 합니까? 만약 로마를 떠난다면 여러분 자신이 가진 용맹한 정신은 함께 따라가겠지만, 로마의 행운은 절대 여러분을 따라가지 않을 것입니다. 로마의 카피톨리움 언덕에선 과거에 사람의 머리가 발견되었습니다. 그 머리가 발견된 장소가 세상의 머리이자 제국의 중심지가 될 것이라는 말이 나돌았습니다. 유피테르의 신전을 위해 카피톨리움에 있는 다른 신전들을 정리하려고 하자 유벤타스와 테르미누스는 이주를 거부했습니다. 그것은 당시 사람들에게 큰 기쁨이었죠. 이곳 로마에는 베스타의 성화도 있고, 하늘에서 떨어진 성스러운 방패들도 있고, 그리고 무엇보다 여러분이 머무른다면 그 결정을 틀림없이 축복할 우리의 모든 신들이 있습니다."(테르미누스 신은 1.55에서 자세히 설명되어 있고, 유벤타스는 청년의 신인데, 군복무 연령 [18~45세]의 남자를 보호하는 신이다: 옮긴이).

55. 카밀루스의 연설은 듣는 이들의 마음을 움직였고, 특히 종교에 관한 부분에서 사람들은 감명을 받았다. 하지만 결정적인 건 아니었다. 결국

이 문제를 해결한 건 한 켄투리온이 우연히 한 말이었다. 카밀루스가 연설을 마치고 얼마 지나지 않아 원로원은 쿠리아 호스틸리아에서 회의를 시작했는데, 경계 임무에서 복귀하는 병사 몇 명이 광장을 지나가게 되었다. 코미티움(회의장)에 도착하자 그들을 인솔하던 켄투리온은 걸음을 멈추라고 명령하고 이렇게 말했다. "우리는 여기에 멈추는 게 제일 낫다." 이 말은 원로원 회의장에 들려왔고, 원로원 의원들은 허둥지둥 밖으로 뛰어나가 예언을 받았다고 소리쳤다. 거리의 군중은 그런 해석에 동의했다. 이주 제안은 거부되었고, 도시 재건이 시작되었다.

재건 작업은 사전 계획 없이 진행되었다. 건물에 들어가는 타일 비용은 국고에서 지급되었다. 특정 건축물을 그 해 안으로 완성하겠다고 약속만 하면 나무를 베어내고 돌을 잘라내는 것은 무제한으로 승인되었다. 모든 일이 서둘러 진행되었고, 아무도 거리가 똑바로 도시 계획 되어 있는지 여부는 신경 쓰지 않았다. 개인의 재산권은 무시되었고, 빈 자리가 있으면 어디나 건물이 지어졌다. 본래 거리를 따라 있던 고대 하수구가 지금은 많은 장소에서 사택 밑에 묻혀 있고, 로마의 일반적인 도시 배치가 잘 계획된 도시라기보다 불법 거주자의 정착지처럼 보이는 이유는 다 이런 배경 때문이다.

연대기

다음의 연대는 "로마의 가장 박식한 저술가"로 알려진 테렌티우스 바로(기원전 116-27)의 연대기에서 가져온 것이다. 많은 연대가 전승에 의한 것이거나 추정치이다. 모든 연대는 기원전의 연대이다.

753년   전승에 의해 로마 창건으로 알려지는 해

753-716   로물루스 왕

716-653   누마 왕

653-641   툴루스 호스틸리우스 왕

641-617   안쿠스 마르키우스 왕

617-578   타르퀴니우스 프리스쿠스 왕

578-535   세르비우스 툴리우스 왕

535-510   오만왕 타르퀴니우스

509년   왕정이 붕괴되고 공화정이 시작됨. 임기 1년의 집정관 2명이 선출됨. 유피테르 카피톨리누스 신전을 봉헌함.

508-507   클루시움의 왕 라르스 포르센나가 로마를 공격하여 포위함.

504   클라우디우스 가문이 로마로 이주해옴.

501   최초로 독재관을 지명함.

499   로마와 라틴 연맹 사이에 레길루스 호수의 전투가 벌어짐.

495   아피우스 클라우디우스가 집정관에 오름. 채무자의 문제 발생.

494   평민들의 제1차 근무지 이탈. 호민관 제도를 창설.

493   스푸리우스 카시우스가 라틴 인과 조약을 맺음.

491   코리올라누스가 볼스키 족에게로 망명함.

488   코리올라누스가 로마로 진군해 왔다가 퇴각함.

486   로마와 헤르니키 사이에 조약이 맺어짐. 그 후 15년 동안 로마는 볼스키와 아

이퀴족을 상대로 산발적인 전투를 치름. 스푸리우스 카시우스가 농지개혁 법안을 제출.

485 스푸리우스 카시우스가 고소, 단죄, 처형됨.

482–474 에트루리아의 도시, 베이와 전투를 함.

477 파비우스 가문 사람들이 크레메라 강 근처에서 몰살당함.

471 푸블리우스 법이 호민관의 선출을 트리부스 회로 이관시킴. 호민관의 숫자는 5명으로 늘어남. 495년에 집정관이었던 아피우스 클라우디우스의 아들, 아피우스 클라우디우스가 집정관에 오름.

470 아피우스 클라우디우스가 고소당했으나 재판이 시작되기 전에 사망했다고 함.

468 로마인이 안티움을 점령함.

462 성문법을 설치함으로써 집정관의 권력을 제한하려는, 호민관 테렌틸루스 법안이 보류됨.

461 리비우스가 시빌의 책(예언서)을 처음 언급함.

460 카피톨리움이 사비니 인 아피우스 헤르도니우스가 이끄는 유배자와 노예들에 의해 장악됨. 집정관 발레리우스가 카피톨리움을 수복하는 전투에서 전사함.

458 독재관에 지명된 킨키나투스가 알기두스 산에서 아이퀴 족을 패배시킴.

457 10명의 호민관이 선출됨.

456 아벤티누스 언덕이 주민 정착지로 개방됨.

454 테렌틸루스 법안이 포기됨. 솔론의 법률을 알아보기 위해 그리스로 사절이 파견됨.

451 제1차 10인회 임명됨. 10개의 법이 문서로 기록되고 통과됨.

450 제2차 10인회. 12 표법이 포고됨.

449 10인회 위원들이 계속 권력을 잡음. 평민들이 징병 소집을 거부하고 근무지를 이탈함. 발레리우스–호라티우스의 법률이 통과되어 호민관의 권력을 회복시킴.

445 카눌레이우스 법이 귀족과 평민 간의 통혼 금지를 폐지시킴. 두 명의 집정관 대신에, 집정관의 권력을 가진 3명의 정무관이 선출됨.

444 로마가 아르데아와의 조약을 갱신함.

443 감찰관 제도가 수립됨.

440/439 스푸리우스 마일루스가 곡식을 무상으로 나누어주다가 왕위 등극 음모의 혐의를 받았고, 사마관의 체포 과정에서 저항하다가 살해됨.

437 아울루스 코르넬리우스 코수스가 베이의 왕을 죽이고 두 번째로 최고의 전

리품을 획득함.

431   로마인이 알기두스 산 근처에서 아이퀴 족과 볼스키 족을 패배시킴.

426   로마가 피데나이를 점령함.

421   재무관 숫자가 네 명으로 늘어남. 이 관직이 평민들에게 개방됨.

409   세 명의 평민이 재무관 직에 선출됨.

406   볼스키의 도시인 안옥수르(타라키나) 점령.

399   최초로 렉티스테르니움(lectisternium: 신들에게 차려놓은 제사상 및 음식)을 거
행함.

396   베이이를 점령함.

391   갈리아인이 알리아 전투에서 로마인들을 패퇴시킴.

390   갈리아인들이 로마를 함락했으나 카밀루스와의 전투에서 패배하여 퇴각함.

작품 해설

리비우스의 『로마사』, 고대 로마사에 대한 최선, 최고의 권위서

티투스 리비우스(Titus Livius: 기원전 64년 혹은 59년~서기 17년)는 "그리스의 헤로도토스, 로마의 리비우스"라고 병칭되는 고대 로마의 저명한 역사가이다. 그의 역사서는 원제가 『아브 우르베 콘디타』(*Ab Urbe Condita*), 즉 "도시의 창건으로부터"이나 일반적으로 『로마사』로 더 널리 알려져 있다. 이 역사서는 지난 2천 년 동안 베르길리우스의 『아이네이스』와 함께 서구 교양인의 필독서로 꼽혀 왔다. 우리나라에서 과거 조선시대의 할아버지들이 한문을 배울 때 『자치통감 절요』를 반드시 읽은 것처럼, 서양에서는 라틴어를 공부할 때 리비우스의 『로마사』를 반드시 읽었다. 이 때문에 리비우스가 활동했던 로마 시대는 물론이고, 그 후 중세 시대를 거쳐 르네상스 이후에도 리비우스의 『로마사』에 대한 칭송이 드높았다. 리비우스로부터 역사적 영감을 얻은 고대 로마의 저술가들로는 루카누스, 실리우스 이탈리쿠스, 아스코니우스, 발레리우스 막시무스, 프론티누스, 플로루스 등이 있고, 그리스 쪽 역사가로는 카시우스 디오와 플루타르코스가 있다.

서기 4세기의 시인 아비에누스는 리비우스의 역사서를 단장육각시(短長六脚詩)로 재구성했으나, 이 장편서사시는 후대에 전해지지 않는다. 서기 5세기에는 갈라시우스 교황이 리비우스를 칭송했고, 6세기에는 문법학자 프리스키아누스가 리비우스의 역사책을 널리 활용하여 고전 라틴어의 문법을 가르쳤다. 로마의 수사학자 퀸틸리아누스는 리비우스 책을 가리켜 "각운을 사용하지 않은 산문시"라고 칭송하기도 했다. 14세기의 단테는『제정론』2권에서 리비우스에 대한 흠모를 아주 솔직하게 고백했고, 또『신곡』지옥 편 중 28곡에서 "그리고 틀리는 법이 없는 리비우스가 썼듯이(Come Livio scire, che non erra)"라고 서술함으로써 다시 한 번 그에 대한 존경심을 표시했다. 서정시인 페트라르카와 교황 니콜라스 5세는 없어진 리비우스 역사서 나머지 부분들을 찾아내려고 애를 썼으나 성공하지 못했다. 16세기의 마키아벨리는『로마사』첫 1-10권에 대한 논평서인 『로마사 논고』를 펴냈다. 19세기에 들어와 독일의 역사가 몸젠은 1868년에『로마사』3-6권 중 파편으로 전해지던 필사본을 해독해 냈고, 프랑스의 문학평론가 겸 역사가인 이폴리트 테느는『리비우스 론』(Essai sur Tite Live)(1856)을 펴냈고, 영국의 역사가 G.C. 루이스는『초창기 로마사의 신빙성』(The Credibility of Early Roman History)(1855)이라는 연구서에서 리비우스의『로마사』를 집중적으로 다루었다. 이후 리비우스는 고대 로마사 연구의 확고한 제1차 사료가 되었다. 따라서 오늘날 유통되는 고대 로마에 대한 무수한 2차 사료 및 연구서들은 모두 이 리비우스의『로마사』에 바탕을 두고 있다.

고대 로마역사를 다룬 책을 읽다보면 리비우스의『로마사』가 반드시 인용되는데, 안타깝게도 국내에는 이 책의 번역본이 아직도 나와 있지 않다. 그리하여 관심 있는 독자들은 영역본과 라틴어-영어 대역본인 하버드 대학의 로엡 시리즈『로마사』(전 14권) 등을 참고할 수밖에 없었다. 그러나 이런 책들을 힘들게 읽어야 하는 수고를 생각하면 국역본의 필요가 더욱 절실해지는데, 평소 고전 번역에 관심이 많은 현대지성 출판사는 이 책의 번역 출판을 결정하게 되었다. 이 국내 초역본은『로마사』의 첫 시작인

1-5권만 먼저 번역한 것이고, 곧이어서 6-10권을 출간할 예정이며 순차적으로 전권을 펴낼 계획으로 있다.

저자의 생애

리비우스(Titus Livius)는 기원전 64년 혹은 59년에 태어나서 서기 17년에 사망했다. 이 사망 시점은 로마의 초대 황제인 아우구스투스가 사망한 지 3년이 지난 시점이어서 리비우스의 생애는 아우구스투스의 시대와 거의 겹친다고 할 수 있다. 그는 이탈리아 북동부의 파티비움(오늘날의 파두아)에서 유복한 가정에서 태어났으나 청년 시절에 로마로 와서 30세 무렵에는 이미 방대한『로마사』의 집필에 착수했을 것으로 알려져 있다.『로마사』의 높은 명성에도 불구하고 그의 개인적인 생활에 대해서는 알려진 것이 거의 없다. 그가 태어난 고향이 갈리아 키살피나(현재 이탈리아의 북부) 지방이었으므로 리비우스는 출생 당시에는 로마 시민이 아니었을 가능성도 있다.

리비우스의 청년기는 그 당시 이탈리아뿐만 아니라 지중해 전역에서 벌어지던 정치적 격변과 내전으로부터 크게 혼란스러웠다. 먼저 기원전 40년대 초반에는 폼페이우스와 카이사르 사이의 내전이 있었고, 기원전 44년에는 카이사르가 암살되었으며, 그 뒤에는 안토니우스와 옥타비아누스(후일의 아우구스투스) 사이에 내전이 벌어졌다. 이처럼 내전이 벌어지던 중에 리비우스는 공화정을 옹호하고 원로원의 지지를 받았던 폼페이우스를 지지했다고 한다. 기원전 31년 옥타비아누스는 악티움 해전에서 안토니우스와 클레오파트라의 연합 세력을 쳐부수고 로마 세계의 실권자로 등극했다.

이런 난세였으므로 똑똑한 청년이 웅변으로 이름을 날려 정계에 입문하는 정상적인 코스는 이미 막혀버린 상태였다. 리비우스는 로마로 올라왔으나 더 이상 공직을 추구할 상황이 되지 못했다. 그는 정부의 관직을 맡은 적도 없고, 원로원 의원으로 선출된 적도 없으며, 군 장교로 나간 일도 없었다. 그는 로마의 가장 뛰어난 철학자요 문인이며 정치가였던 키케로를 사숙하면서 수사학과 철학에 심취했으며 어느 정도 안정된 수입이 있어서 문필 생활에만 전념할 수 있었다. 그는 또한 동시대의 저명한 로마 문인인 베르길리우스, 호라티우스, 오비디우스 등과도 교분이 없었던 것으로 보인다. 리비우스는 공화정의 원칙들을 공개적으로 지지하고 찬양했으나 로마의 찬란한 과거를 높이 숭상한 저술 태도 덕분에 로마 초대 황제인 아우구스투스의 호감을 얻게 되었다. 그리하여 두 사람은 지속적으로 우호적인 관계를 유지했다. 리비우스는 후대에 황제의 지위에 오르는 어린 클라우디우스(기원전 10년 태생)에게 역사 공부를 지도하기도 했다. 리비우스는 결혼하여 아들 하나와 딸 하나를 두었다.

리비우스는 역사서 집필 이외에 아들에게 쓰는 편지 형식의 에세이를 집필하여 젊은 사람들은 웅변술을 익히기 위해서는 키케로와 데모스테네스의 글을 읽어야 한다고 권했다. 리비우스는 키케로를 등장인물로 삼는 대화편을 집필하기도 했는데, 세네카의 설명에 의하면 주로 역사적인 내용이었고 때때로 철학적 내용도 가미되었다고 한다. 그는 키케로의 영향을 많이 받았으므로 당연히 스토아학파의 철학을 신봉했을 것으로 보인다. 루크레티아 능욕 사건(1.58)이 벌어졌을 때 그녀의 친척들이 죄는 육체가 짓는 것이 아니라 마음으로 짓는 것이라고 한 것이라든지, 카밀루스가 고국을 배신하려는 학교 교장의 밀고를 거부하면서 자연은 어디에서나 인간들 사이에 하나의 공통적 유대 관계를 만들어준다, 라고 말한 부분(5.27) 등이 그런 철학을 드러낸다. (1.58, 5.27은 각각 『로마사』 1권 58장, 5권 27장을 의미하며 이하 이런 표기 방식을 따른다.)

리비우스는 평소 관심이 많았던, 서사시, 웅변술, 이야기하기 등의 재능을 발휘하여 기원전 35년 경에 로마의 역사를 집필하는 일에 착수했다. 1-5

권이 수록된 첫 책이 발간되었을 때에는, 이미 6-10권을 다룬 두 번째 책의 원고는 거의 완성되었던 것으로 짐작된다. 첫 1-5권이 발간된 것은 기원전 25년일 것으로 추정되는데, 발간 즉시 높은 반응과 인기를 얻었고, 리비우스의 역사서가 나온 이후로 그 이전의 선배 역사가들이 저술한 로마 역사는 모두 빛바래게 되어, 오늘날에는 오로지 단편적으로만 전해지고 있다.

로마의 저술가 플리니우스(서기 62년 태생)는 이 책의 인기와 저자의 명성에 대하여 이러한 얘기를 전하고 있다. "히스파니아(지금의 스페인)의 카디스에 사는 어떤 사람은 리비우스라는 역사가의 명성이 너무나 높은 것을 알고서 그의 얼굴이라도 한 번 보기 위하여 로마까지 먼 길을 걸어왔다가, 그의 얼굴을 보는 순간, 다시 발걸음을 돌려 히스파니아로 떠나갔다"는 것이다. 리비우스의 웅변술은 너무나 훌륭하여 사람들의 존경을 받았고 그의 높은 명성 때문에 사람들은 우연히 리비우스 사위의 신통찮은 웅변술을 듣게 되었을 때 리비우스를 생각하여 묵묵히 들어주었다고 한다. 리비우스의 웅변 능력은 『로마사』의 가장 아름다운 부분의 하나인 등장인물들의 연설을 실감 넘치고 감동적으로 서술하는 원동력이 되었다. 리비우스가 사망한 지 몇십 년 후에 역사가 타키투스(서기 56년 출생)는 리비우스를 가리켜 "고대의 가장 웅변적인 저술가"라고 찬양했다. 문학평론가이자 수사학자인 퀸틸리아누스(서기 35년 출생)는 리비우스의 문체를 가리켜 "크림 빛이 도는 풍요로움(lactea ubertas)"이라고 평가했다. 퀸틸리아누스는 또 리비우스의 "이야기는 너무나 매혹적이고 또 그 문장이 산뜻하면서도 심오하다"라며 극찬했고, 그리스의 헤로도토스에 견주어도 조금도 손색이 없는 역사가라고 평가했다.

리비우스는 만년에 고향 파티비움으로 돌아와 그곳에서 사망했다. 리비우스는 역사서를 쓴 것 이외에는 일체의 공식 활동을 하지 않은 것으로 알려져 있다. 그는 『로마사』 집필을 기원전 29년부터 시작하여 총 142권(이 중 35권만 전해짐)의 대작을 순차적으로 발간했다. 리비우스는 10권 묶

음을 한 단위로 하여 로마사를 집필했다. 그래서 도시의 창건으로부터 왕
정 시대를 거쳐 공화국의 수립과 팽창을 다룬 첫 1-10권을 펴냈고, 그 다
음에 공화국이 해외로 뻗어나가는 11-20권(이 열 권은 전해지지 않음), 그리
고 포에니 전쟁을 다룬 21-30권, 이어서 소아시아에서의 전쟁을 다룬
31-40권, 로마 제국이 등장하기 직전의 시대인 41-50권(이중 앞부분 다섯
권만 전해짐)을 써냈다. 리비우스는 이런 식으로 10권 한 단위로 14단위(140
권)까지 써냈고 생애 마지막에 141-142권까지 쓰고서 종결점이 되는 150
권까지는 마치지 못하고 사망했다. 142권은 기원전 9년에서 끝나고 있는
데, 일부 학자들은 리비우스가 좀 더 살았더라면 로마 초대 황제 아우구스
투스의 죽음(서기 14년)까지를 다룬 150권 거질을 완성했을 것이라고 추
측한다. 또한 10권 한 단위 묶음의 체제 때문에 리비우스 전질이 후대에
그대로 전해지지 못했다고 추측되기도 한다.

『로마사』의 구성

『로마사』(*History of Rome from its foundation*, 라틴어 *Ab urbe condita*)는 로
마의 건국(기원전 753년)부터 기원전 9년 드루수스의 죽음까지 약 750년간
의 고대 로마 역사를 다루고 있다. 그러나 너무나 대작이다 보니 오랜 세
월의 흐름 속에서 온전하게 보존되지는 못하고 현재 전해지는 책은 1-10
권과 21-45권(이 중 41권과 43권은 완전하지 않음)으로 총 35권이다.

이미 리비우스 사후의 로마 시대에도 『로마사』는 너무 거질이다 보니
원로원 의원 메티우스 폼푸시아누스는 이 역사서에 들어 있는 유명한 왕
과 장군들의 연설문들만 따로 뽑아서 선집을 펴냈다. 또한 풍자시인 마르
티알리스(서기 40-98)은 그의 2행 연구(聯句) 제14편에 "자그마한 양피지
선집 본에 이제 리비우스가 새롭게 단장되었네/나의 서가는 그의 전집을
소장할 공간이 없으므로(Pellibus exiguis aratur Livius ingens, Quem mea non

totum bibliotheca capit.)" 라고 노래했다. 이런 선집 본들은 서기 2-3세기에 이르러 리비우스의 역사서 중에서 재미있고 감동적인 부분들이 널리 읽혔다는 것을 증명해 준다. 그리고 서기 396년에 이교도 출신의 원로원 의원인 아우렐리우스 심마쿠스는 첫 1-10권만을 새로운 판본으로 펴냈다. 심마쿠스는 고대 로마가 보여준 뛰어난 상무정신과 공화정신을 이 첫 10권이 가장 잘 보여준다고 생각하여 이처럼 완전한 내용을 새로운 판본으로 펴낸 것이다. 사실 『로마사』에서 제일 높게 평가되는 부분은 첫 1-10권이다. 왜냐하면 로마라는 대제국의 기반이 어떻게 형성되었는지, 그 도시에 사는 사람들은 어떤 생각을 했고, 어떻게 살았으며, 국가적 위기에는 어떻게 대응했으며, 로마인들끼리 어떤 인간관계를 유지했으며, 운명과 하늘의 신들에 대해서는 어떻게 대했는지 등 가장 기본적인 사항들의 윤곽을 제시하기 때문이다. 이 심마쿠스 판본은 1-10권이 후대에까지 온전하게 전해지는데 큰 역할을 했다.

1-10권의 내용을 살펴보면 1-5권까지는 도시의 전설적인 건설과 로마를 다스린 일곱 명의 왕, 즉 창건자 로물루스, 평화왕 누마, 전쟁왕 툴루스, 전쟁과 평화를 동시에 추진한 안쿠스, 딸의 사주로 암살된 타르퀴니우스, 재산에 의한 신분제를 수립한 세르비우스, 오만왕 타르퀴니우스를 서술하고, 기원전 390년 갈리아 족이 로마를 침입해온 사건까지를 다룬다.

6-10권은 이탈리아 내부의 여러 부족들 라티움 인, 볼스키 인, 삼니움 인 등을 모두 정복하고 해외 전쟁을 치르기 직전까지 서술한다. 21-30권은 카르타고를 상대로 치른 두 번의 포에니 전쟁을 서술하며 이 때의 주인공들인 한니발과 스키피오 아프리카누스, 막시무스 파비우스, 카토 등의 얘기가 등장한다. 31-45권은 마케도니아와 기타 동방 국가들과의 원정 전쟁을 기술하며 기원전 167년까지의 사건을 기술한다. 지금까지 전해지는 35권 중 가장 중요한 사건들을 요약하면 이러하다.

제1권 사비니 여인들의 납치. 호라티우스와 쿠리아투스 가문의 3자 대결. 타르퀴니우스의 왕좌 등극과 왕비 툴리아의 친정 아버지(곧 타르퀴니우스 왕) 살해, 섹스투스 타르퀴니우스의 루크레티아 능욕과 브루투스의 복수.

제2권 브루투스가 왕정으로 돌아갈 것을 획책한 아들들을 처형한 사건. 호라티우스가 다리를 지킨 사건. 무키우스 스카이볼라가 포르세나를 암살하려다가 미수에 그친 사건. 코리올라누스가 로마 외곽에서 어머니를 만난 사건. 베이이 인을 상대로 전투에 나선 파비우스 가문.

제3권 시골에서 농사짓던 킨키나투스를 소환하여 독재관으로 임명. 10인회의 아피우스 클라우디스가 베르기니아를 강간하려다 미수에 그치고 실각한 사건.

제4권 코수스와 에트루리아 왕이 서로 전투하여 코수스가 승리.

제5권 베이이의 공성과 로마에 진출한 그리스인들. 독재관 카밀루스가 갈리아 인들을 물리침.

제6권 갈리아 인의 로마 점령 때 활약했던 만리우스 카피톨리누스의 처형.

제7권 로마 군의 승리를 기원하며 데보티오를 이행하기 위해 심연으로 뛰어든 쿠르티우스.

제8권 군사령관인 아버지의 명령을 여겼다고 아들을 죽인 만리우스 토르콰투스. 군대의 승리를 위하여 자신의 죽음을 봉헌한 무스 데키우스. 사마관에 대하여 분노를 터트린 독재관 피피리우스 쿠르소르.

제9권 카우디네 분기점에서의 대참사. 알렉산드로스 대왕이 로마를 쳐들어 왔더라면 로마의 장군들이 어떻게 대처했을까 상상하면서 결국 로마 장군들이 이겼을 것이라고 판단함. 리비우스는 『로마사』 9권 17장에서 알렉산드로스 대왕과 로마 장군을 비교했다. 리비우스는 알렉산드로스가 동쪽 인도로 진출하지 않고 서쪽으로 눈을 돌려 공화정 시대의 로마를 공격했더라면 어떤 결과가 나왔을까, 하는 상당히 흥미로운 추측을 했다. 그가 이런 추측을 한 것은 당시의 상무적이고 공동체 지향적인 로마 장군들의 선공후사 정신을 말하기 위한 것이었는데, 개인의 힘이 아무리 강해도 뚜렷한 목적을 공유하는 집단의 힘을 결국에는 이기지 못한다고 주장하기 위해서였다. 리비우스는 알렉산드로스가 로마를 침공했더라면 페르시아의 다리우스를 격파한 것처럼 1회전으로는 끝나지 않았을 것이라고 판단한다. 그러니까 1회성은 결코 지속성을 이기지 못한다는 것이다. 로마 공화정은 1년에 2명씩 집정관을 뽑아서 계속 지도자들을 공급하고 또 비상 시기에는 독재관을 옹립하는 구조를 갖추고 있어서, 한 번의 패전으로 인해 로마가 망하는 일은 없었을 것이라고 말한다. 또 당시 대왕의 나이가 30대 초반이었다는 점을 예로 들면서 전쟁이 장기화하면 더욱 대왕이 로마를 이기지 못했을 것이라고 보았다. 아무리 영웅이라도 나이 들어가면 범인으로 전락하는 경우가 많다며 키루스와 폼페이우스의 사례를 들었다. 그러니까 장기전으로 간다면 몇 차례 로마 원정에 나섰어야 했을 알렉산드로스는 결국 힘이 빠져서 지속적으로 공급 가능한 킨키나투스 같은 로마의 장군들을 이기지 못했을 것이라는 얘기이다.

제10권 포에니 전쟁 때 지연전술로 이름을 떨친 막시무스 파비우스가 아버지 휘하에서 참모 장교로 근무.

제21권 한니발의 성격 묘사와 한니발의 알프스 통과. 트레비아 전투.

제22권 트라시메네 호수의 전투. 파비우스 막시무스와 사마관 무니키우스의 갈등. 로마 군의 칸나이 대패. 한니발이 로마로 곧장 쳐들어가지 않은 것을 두고서 마하르발이 비판함. 한니발이 정복만 할 줄 알지 자신의 승리를 적절히 활용할 줄 모른다는 것임.

제23권 카푸아에 진출한 한니발. 카푸아의 사치스러운 생활이 카르타고 군에게 악영향을 미침. 제2차 포에니 전쟁의 전환점이 됨.

제24권 마르켈루스의 시라쿠사 포위 공격과 아르키메데스의 방어 도구.

제25권 시라쿠사 함락과 아르키메데스의 죽음.

제26권 한니발이 로마 외곽 5km 지점까지 접근. 스키피오 아프리카누스가 24세의 나이로 히스파니아 원정군 총사령관에 임명됨. 스키피오가 노바 카르타고를 점령함. 스키피오가 아름다운 히스파니아 처녀를 선처하여 현지인들의 칭송을 받음.

히스파니아의 카르타고노바(지금의 카르타헤나)를 정복한 뒤, 24세의 젊은 사령관 스키피오는 아름다운 처녀를 전리품으로 진상 받았다. 그녀는 어찌나 아름다웠는지 모든 사람이 눈을 돌려 쳐다보았다고 한다. 하지만 스키피오는 처녀의 고향과 부모를 수소문한 끝에 그녀가 알루키우스라는 히스파니아의 귀족과 약혼했다는 사실을 알아냈다. 아프리카누스는 그녀의 부모와 약혼자를 불러다 놓고 이렇게 말했다.

"나는 젊은 사람들이 서로 사랑하는 것을 더 좋아한다네. 그대의 약혼녀는 우리 군영에 들어와 마치 자기 부모를 대하듯이 우리에게 잘해주었네. 그러니 이제 내가 그대에게 그녀를 선물로 되돌려주려 하네. 단 여기에는 한 가지 조건이 있네. 자네가 나를 선량한 사람이라고 생각한다면, 나와 비슷한 사람이 로마 공화국에 아주 많다는 사실을 알아주기 바라네. 그리하여 자네가 SPQR(Senatus Populusque Romanus: 로마의 원로원과 시민들)에 호의적인 사람이 되어주길 바라네."

알루키우스는 기쁨에 넘쳐 감사하는 마음을 거듭 표시했다. 그녀의 부모는 딸아이를 무사히 되돌려 받는 데 대한 보상금으로 많은 황금을 가져왔다. 그들은 아프리카누스에게 제발 이 황금을 받아달라고 말했다. 아프리카누스는 그 황금을 받아서 처녀에게 지참금으로 건네주었다. 이 돈으로 알루키우스는 아프리카누스를 찬양하는 사당을 지었다. 그는 아프리카누스에 대해, 그 무용과 미덕이 신을 닮은 사람이라고 생각했다.

제27권 로마 군이 한니발의 동생 하스드루발을 요격하여 패배시킴.

제28권 스키피오가 카르타고로 로마 군대를 이끌고 가서 적의 본거지를 공격하면 이탈리아에 15년 째 머물고 있는 한니발이 결국 본국을 지키기 위해 이탈리아에서 철수할 것이라고 하면서 공격적인 전술을 제안함. 지연전술의 대가인 쿤크토르 파비우스는 이 전략을 극구 반대했으나 스키피오가 이미 스페인에서 세운 전공이 너무 혁혁하여 결국 스키피오의 뜻대로 대규모 로마군을 파견하기로 됨.

제29권 아프리카 현지의 왕인 시팍스가 카르타고와 동맹을 맺음. 반면에 시팍스의 경쟁자인 마시니사는 스키피오와 동맹을 맺음.

제30권 스키피오가 자마 전투에서 한니발을 패배시킴. 소포니스바, 시팍스, 마시니사의 낭만적이면서도 비극적인 삼각관계. 시팍스와 마시니사는 모두 카르타고 외곽 지역의 왕이었는데 소포니스바는 시팍스의 아내임. 시팍스가 로마 군과 결탁한 마시니사에게 패배하자, 소포니스바는 마시니사에게 애원하여 제발 자신을 로마 군의 손에 넘어가게 하지 말아 달라고 애원하여, 마시니사가 그녀의 미모에 매혹당하여 당일 결혼을 올리기로 함으로써 일단 포로가 되는 것을 막아주었음. 그러나 스키피오가 마시니사에게 여자 때문에 국가 대사를 망쳐서는 안 된다고 조언하여, 마시니사는 결혼식을 치른 당일 밤에 소포니스바에게 독약을 주어 자결하게 함. 소포니스바는 "나의 결혼식 날이 나의 장례식 날이 될 줄 알았더라면 차라리 결혼하지 않아서 더 편안하게 죽음을 맞이하는 게 좋았을 텐데"라고 말함.

제31권 마케도니아의 필리포스 5세가 아비도스를 점령함. 마케도니아와 로마는 아이톨리아의 지원을 요청하고 아이톨리아가 로마군에 합류함.

제32권 로마 장군 플라미니우스가 그리스 지역의 군사령관으로 취임함.

제33권 마케도니아의 필리포스 5세가 키노스케팔라이에서 패배함. 플라미니우스가 패배한 적을 상대로 평화의 문제에 대하여 유명한 연설을 함. 이스트마니아 게임에서 그리스인의 자유를 선언.

제34권 오피아누스 사치법의 폐지.

제35권 에페소스에서 스키피오가 한니발을 만나 이 세상의 가장 위대한 장군은 누구냐고 물었는데 그 대화는 다음과 같음.

스키피오: 가장 위대한 장군은 누구라고 생각하십니까?

한니발: 마케도니아의 알렉산드로스이지요. 작은 병력을 가지고 대군을
　　　무찔렀고 인간이 일찍이 가보지 못한 지구 끝까지 갔으니까요.

스키피오: 두 번째로 위대한 장군은 누구라고 생각하십니까?

한니발: 피로스입니다. 진영을 잘 짜는 방법을 처음 생각해 냈지요. 지형
　　　에 따라 군대를 잘 활용하기로는 그를 따를 자가 없습니다. 그는 사
　　　람들의 지원을 잘 얻어냈고 그래서 이탈리아를 침공했을 때에도 이
　　　탈리아 사람들의 지원을 받았어요. 그들이 그 땅에서 잘 살아왔는데
　　　도 말입니다.

스키피오: 세 번째로 위대한 장군은 누구라고 생각하십니까?

한니발: 저라고 생각합니다.

스키피오: (웃음을 터트리며) 만약 당신이 자마 전투에서 나를 패배시켰다
　　　면 그땐 뭐라고 말했겠습니까?

한니발: 그 경우엔 내가 알렉산드로스, 피로스, 기타 세상의 모든 장군들
　　　보다 윗길이라고 말했겠지요.

카르타고인 한니발의 교묘하고 은근한 대답은 아프리카누스 스키피오에게 깊은 인상을 남김. 자마 전투에서 한니발이 스키피오에게 패했으니 실은 스키피오가 최고의 장군이라는 은밀한 아첨을 한 것임.

제36권 로마는 안티오쿠스에 대하여 전쟁을 선포하고 자마 전투 이후 소아시아로 달아났던 한니발은 안티오쿠스에게 전쟁 요령을 조언함.

제37권 로마군이 동맹들을 잘 조직하여 해전에서 여러 번 승리를 거둠.

로마 원로원은 안티오쿠스의 평화 요청을 비준함.

제38권 스키피오 아프리카누스가 횡령 혐의로 재판을 받던 날, 그 날이 마침 자마 전투 승전일임을 상기시킴. 스키피오 아프리카누스가 은퇴 농장에서 쓸쓸히 죽음.

제39권 광란의 바쿠스 축제의 발견과 억압. 감찰관 카토의 성격. 로마군이 한니발을 계속 추격하며 압박해 오자, 한니발은 더 이상 달아날 길이 없다는 것을 알고서 자결함.

제40권 페르세우스와 데메트리오스 사이에 불화가 발생하여 결국 데메트리오스가 살해됨. 로마 장군 풀비우스 플라쿠스는 아이부라에서 켈티베리아 족을 패배시킴.

제41권 이 권은 자료가 일부 인멸되었음. 로마 장군 아피우스 클라우디우스가 켈티베리아 족의 반란을 진압함.

제42권 로마는 마케도니아에 대하여 선전 포고함.

제43권 이 권은 자료가 일부 인멸되었음. 그리스 인들이 로마 장교들을 공격함. 아피우스 클라우디우스가 급히 일리리아로 감.

제44권 로마 장군 아이밀리우스 파울루스가 피드나에서 마케도니아의 왕 페르세우스에게 승리를 거둠. 페르세우스는 달아남.

제45권 페르세우스가 항복해옴. 파울루스가 귀국하여 개선식을 거행.

리비우스의 역사적 근거

리비우스의『로마사』1-5권은 기원전 753년부터 기원전 390년까지 아주 태곳적 시기 360년을 다루고 있기 때문에 일부 사건들의 신빙성에 대하여 의문이 제기되어 왔다. 그리하여 같은 로마의 태고 시대를 다룬 헬리카르나소스의 디오니시오스의『고대 로마사』가 리비우스를 상호 대조하는 책으로 널리 활용된다. 디오니시오스는 그리스 사람으로 기원전 30년 이후에 로마에서 수사학자, 역사가로 활동했다. 그의 『고대 로마사』는 총 20권으로 구성되어 있으며 고대 로마의 신화시대부터 제1차 포에니 전쟁(기원전 264)까지를 다루고 있다. 디오니시오스의 『고대 로마사』는 첫 1-10권이 전해지는데, 1-10권이 다루는 시기는 신화시대에서 기원전 441년까지이다.

디오니시오스와 리비우스는 초창기 로마의 장구한 시대를 황금시대로 해석하면서, 그들이 살았던 기원전 1세기의 도덕적 타락을 개탄한다. 그들의 시대는 내전이 벌어지던 시기였고 로마 공화정이 크게 변모하여 아우구스투스의 통치 아래에서 변형된 왕정, 즉 로마 제국으로 굳어지던 시절이었다. 그리하여 리비우스는 『로마사』 서문에서 그가 살던 시대를 이렇게 개탄한다. "이제 우리는 우리의 악덕을 견디지도 못하고 또 그 악덕을 치료하는데 필요한 조치를 해낼 용기도 없다."

리비우스를 교차 참조하는 또 다른 책은 포에니 전쟁과 그 이후의 로마 역사를 다룬 폴리비오스의 『역사』이다. 이 책은 리비우스의 『로마사』 21-30권에 다루어진 포에니 전쟁을 상호 대조할 때 주로 사용된다. 폴리비오스는 기원전 147-146년에 소 스키피오의 3차 포에니 전쟁에 따라 나서서 카르타고가 완전 파괴되는 것을 목격했다. 그는 생애 후반 20년 동안에 『역사』를 집필했을 것으로 추정된다. 폴리비오스의 『역사』는 제1차 포에니 전쟁(기원전 264년)에서 카르타고와 코린토스를 완전 파괴한 시기(기원전 146년)까지의 로마 역사를 기록한 책인데, 총 40권으로 구성되었으나 그 중에서 첫 1-5권만 완전하게 전해지고 나머지 권들은 상당히 남아 있는 채로 혹은 파편적인 상태로 전해진다.

폴리비오스는 역사가의 문장은 수식이 없는 직설적인 것이어야 한다고 주장했으나, 이에 대하여 할리카르나소스의 디오니시오스는 폴리비오스의 문장은 너무 무미건조하여 그의 책은 끝까지 읽어낼 수가 없다고 혹평했다. 이에 비하여 리비우스의 『로마사』는 낭만적이면서도 상상력 넘치는 아름다운 문장을 구사하여 폴리비오스와는 큰 대조를 이룬다. 가령 한니발의 알프스 통과를 묘사할 때 폴리비오스는 건조하게 객관적 사실만 간결하게 제시했으나, 리비우스는 아주 실감나게 부대의 이동이며, 카르타고 군내의 분위기, 주변 환경 등을 문학적으로 묘사하고 있는 것이다.

학자들은 리비우스와 디오니시오스, 그리고 리비우스와 폴리비오스를 교차 참조한 결과, 리비우스의 역사적 고증이 좀 소홀하다는 의견을 제시한다. 리비우스와 디오니시오스는 서로 독립적인 상태로 집필을 했으나, 당시에 유통되던 공통의 자료를 가지고 작업했을 것으로 추정되기 때문에 이런 고증의 정확성 여부를 밝히는 근거가 될 수 있다. 가령 2권 41장에는 "카시우스 가문 기증"이라는 기명(記銘)이 언급되어 있는데, 리비우스는 그 내용을 살펴보지 않은 채 그것을 언급한 반면에, 디오니시오스는 그기명의 내용을 상세히 서술하고 있다는 것이다. 어떤 경우에 리비우스는 고증을 하지 않고 사료만 그대로 제시한다는 것이다. "나는 개인적으로 그런 내용들이 도무지 그럴 법하다는 생각이 들지 않는다. 따라서 나는 여기에 반론의 여지가 없는 명백한 사실만 적을 수밖에 없다"(3.47)

또한 1차 포에니 전쟁 중 가장 중요한 전투인 칸나이 전투를 묘사하면서 리비우스는 칸나이의 현지답사를 충분히 하지 않아 칸나이의 지형을 잘 알지 못하는 듯하다는 지적을 받았다. 또한 공화국 초창기의 평민들은 대부분 자작농들이었는데, 리비우스는 자신이 살았던 후기 공화정 시대의 도시 프롤레타리아와 그 평민들을 혼동했다는 지적도 있다. 리비우스가 선배 연대기 작가들의 연대기를 참고했으나 그 사료를 어느 정도까지 정확하게 반영했는지 여부도 불분명하다. 리비우스는 선배 역사가들의 역사서를 참고하면서 『로마사』를 집필했지만 여러 연대기들의 내용이 서로 다른 경우 철저하게 고증을 하거나, 다른 자료에 의해서 보충하려고 하기보다는 그 사료를 있는 그대로 제시하면서 독자들의 판단에 맡기기도

했다.

이 때문에 실증주의 역사관이 풍미하던 19세기 시절의 유럽 역사학자들 가령 프랑스의 이폴리트 테느나 영국의 G.C. 루이스 등은 1-5권에 들어 있는 일부 기사들에 대해서 비과학적이라는 비판을 가했다. 특히 테느는 이렇게 말했다. "우리는 리비우스에게서 철저한 학문 정신과 절대적 진실에 대한 지칠 줄 모르는 사랑을 발견하기가 어렵다. 그는 그런 것들에 대해서 취미도 없고 또 열정도 가지고 있지 못하다." 그러면서 테느는 리비우스를 가리켜 역사가로 전환한 수사학자라고 비판한다. 테느의 지적은 리비우스의 단점인가 하면 장점도 되는데, 이에 대해서는 아래의 "『로마사』의 5가지 특징"을 참조하기 바란다. 또 G.C. 루이스는 기원전 280년 이전의 사건, 즉 피로스 왕의 침공 이전에 벌어진 일들은 그 어떤 것도 신빙성 있는 사건으로 받아들이기 어렵다고 말한다. 무엇보다도 기원전 390년에 있었던 갈리아 인들의 로마 약탈로 그 이전 시대의 기록들이 모두 불타 없어졌기 때문이다. 그러면서 루이스는 리비우스의 1-5권(기원전 753-기원전 390)에 기술된 사건들은 철저한 검증의 대상이 되어야 마땅하다고 말했다.

20세기에 들어와서도 『리비우스 1-5권에 대한 논평』(A Commentary on Livy: Books 1-5)(1965)을 쓴 R.M. 오길비나 『로마의 초창기』(The Beginnings of Rome)(1995)를 쓴 T.J. 코넬 같은 학자들도 리비우스의 세부사항들에 대하여 의문을 제기했다. 가령 3권 44장에 나오는 베르기니아 사건과 관련하여 오길비는 "역사적 근거가 전혀 없는 사건"이라는 주장을 폈다. 반면에 코넬은 "어느 정도 사실에 바탕을 둔 이야기일 것이라고 생각해 볼 수 있다"라고 말했다. 또한 5권 32장에 나오는 카밀루스의 아르데아 유배에 대하여, 오길비나 코넬은 역사적 사실인지 의문스럽다는 의견을 표시한다. 그가 유배를 당했다는 것은 후대에 첨가된 전승으로서, 로마를 국난에서 구출해낸 카밀루스의 공로를 더욱 돋보이게 하기 위해 꾸며진 것이라는 의견을 피력했다. 또 1-5권의 영역자인 오브리 셀린코트도 로물루스와 레무스(1.6), 타르퀴니우스 왕이 답변 대신 양귀비 꽃봉오리를 쳐낸 얘기(1.54), 루크레티아의 이야기(1.58) 등이 이미 그리스 전승에서 나오는 것을 그대로 가져다 쓴 것으로서, 로마의 신화적 시대에 대한 리비우스의 서술은 상당히 조심스럽게 접근해야 한다고 경고한다.

그러나 갈리아 인의 로마 점령과 전화(戰火)로 로마의 이전 사료가 불타 버렸다고 하더라도 그 당시에 살았던 사람들의 기억으로 구전되어 내려오는 자료도 있을 수 있고 또 불타 버리지 않은 것, 혹은 다른 나라 저술가의 자료들도 있을 수 있다. 그러면 여기서 리비우스가 참고했을 법한 사료들에 대하여 간단히 살펴보자.

(1) 인멸되어 후대에 전하지 않는 픽토르, 카토, 피소 등의 연대기 작가들의 저작. 특히 엔니우스(기원전 239-169)의 『연대기』는 아이네이스의 트로이 탈출에서 엔니우스의 시기까지 로마 민족의 역사를 서술한 장편서사이다.

(2) 폴리비오스 등 그리스 역사학자들이 쓴 고대 로마 세계에 대한 이야기.

(3) 유서 깊은 귀족 가문들의 집안 기록. 키케로와 리비우스는 이 기록들이 과장을 하고 왜곡을 하는 경향이 있다고 지적했다.

(4) 사제들이나 기타 관직의 편년체 기록으로 공화국 초창기부터 집정관에 오른 사람들의 명단(Fasti Consulares Capitolini), 전쟁에서 승리를 거둔 사람들의 명단(Fasti Triumphales), 고대의 법률과 조약을 기록한 텍스트나 기명. 『로마사』 내에서는 유노 신전에 보관된 "리넨 두루마리"가 여러 번 언급된다. 이런 사료들 중에서 집정관과 전승자의 명단을 파편적으로만 후대에 전해지고 있으나 훌륭한 역사적 자료이다.

(5) 고대의 사적을 연구한 사람들의 저서로, 특히 테렌티우스 바로(기원 전 116-27)가 유명하다.

이런 자료들은 모두 로마의 신화시대나 로마 창건 이후의 초창기 시대를 다루고 있고 리비우스의 선배 역사가들도 이런 사료를 활용하여 연대기를 저술했다. 그러나 서술의 신빙성 문제는 이미 이들에게서도 나타난 문제였다. 또한 리비우스 자신도 『로마사』에서 과거 사실들, 가령 집정관들이나 집정관급 정무관들의 명단이나 집권 시기와 관련하여 연대나 이름이 불확실하다는 점을 언급했다. 또 1권 3장에서 "그처럼 깊숙이 시간의 안개 속에 감추어진 문제를 확실하게 얘기해줄 수 있는 사람은 없다"라고 말하기도 했다.

근대와 현대의 학자들이 지적한 서술의 신빙성 문제는 이런 사료 부족에서 기인한 것이며, 이것은 리비우스 『로마사』의 40-45권 등 리비우스의 생존 연대와 가까워지는 시대의 역사 서술은 사실 관계와 상호 부합한다는 점에 의해 증명된다. 그것 이외에, 리비우스가 활동하던 시대에 널리 퍼져 있던 로마의 역사관도 리비우스의 서술 방식에 영향을 미쳤다.

그가 역사를 서술하는 방식은 그리스의 수사학자 이소크라테스가 정립하고 키케로가 로마에 수입해 온 방식이었다. 이 두 사람의 가르침은, 역사가는 철저히 진실을 기록해야 하고 불편부당해야 한다는 것이었다. 그러나 그 진실은 수사적으로 가공되고 일정한 문학적 형식을 갖추어야 한다고 가르쳤다. 역사상에서 벌어진 어떤 행위들을 기록하는 것만으로는 충분하지 않고, 그 행위의 시간, 장소, 상황이 상세히 제시되어야 하고, 그 행위 이전에 벌어졌던 논의, 그 행위가 가져온 결과의 성격, 주요 행위자의 동기, 성격, 생애 등이 묘사되어야 한다는 것이다. 이렇게 하여 역사서에 기록된 행위는 전체적으로 일관성을 유지해야 하고 또 뜻이 명료해야 한다. 원 사료가 충분히 명료하지 못할 때, 역사가는 필요하다면 그 사료를 가공하고 또 사건과 원인에 대하여 역사가 자신의 설명을 곁들여야 한다. 그리하여 역사 서술은 독자를 가르치고 계몽시켜야 한다. 요약하면 역사 서술의 목적은 과학적인 것이기보다는 문학적이고 교훈적인 것이어야 한다는 것이다.

리비우스는 언어를 다루는 능력이 탁월했고 상상력이 풍부한 사람이었으므로 이러한 교훈적 역사 서술의 적임자였다. 실제로 리비우스도 『로마사』 서문에서 이렇게 말하고 있다. "역사의 연구는 병든 사람을 치료하는 가장 좋은 약이다. 왜냐하면 역사서는 모든 사람이 뚜렷이 볼 수 있는 무한히 다양한 인간 경험을 기록하기 때문이다. 그런 기록에서 우리는 우리 자신과 나라를 위한 모범적 사례와 경고를 발견할 수 있다. 그리하여 좋은 일들은 모범으로 삼고, 철저히 부패한 지저분한 일들은 타산지석으로 삼아 피해야 할 것이다."

이렇게 볼 때 『로마사』 속의 교훈적인 이야기는 그것대로 효용성을 인정해야 한다. 리비우스는 2000년 전의 저술가이고 『로마사』 1-5권에서 다루어진 사건들은 지금으로부터 2800년~2400년 전의 준(準) 신화시대에 대한 기술이므로 근 현대 학자들의 엄밀한 검증 방식을 들이대면 부족한 점이 있지만, 그 신화시대보다 훨씬 후대 사람인 리비우스의 한계(사료 부족)도 감안해야 하는 것이다. 또 그리스 얘기를 임의로 갖다 붙였다는 셸린코트의 주장도 유보적인 관점에서 바라보아야 한다. 가령 루크레티아 사건만 해도 어느 사회에서든 여성이 권력의 통화(通貨)로 작용했다는 점을 생각한다면 이런 사건이 그리스뿐만 아니라 태곳적 로마에서도 벌어졌을 개연성이 높은 것이다. 단지 그리스에 그 비슷한 이야기가 있다고 해서 일방적으로 수입해 온 얘기 혹은 이야기의 낭만적 구성을 위해 억지로 갖다 붙인 이야기 등으로 폄하할 문제는 아닌 것이다. 로마에서 벌어졌을 법한 사건을 좀 더 생생하게 설명하기 위해, 다른 나라의 유사한 사건을 일부 빌려와서 문학적으로 부연했다고 해서, 그것이 이야기의 본질을 바꾸어 놓지는 않는다.

따라서 리비우스의 『로마사』를 읽을 때, 어떤 세부사항들이 검증 가능한 진실인가 혹은 아닌가, 라는 이분법적 척도를 들이대기보다는 초창기 로마인들의 생활과 행동을 생생하게 보여주는 자료인가 아닌가를 더 먼저 생각해야 하고, 나아가 그런 로마인의 모습에서 감동과 교훈을 얻는다면 더욱 좋을 것이다. 리비우스의 책에서 세부사항들이 서로 불일치를 보이는 경우들이 발견되기도 하지만, 그것은 『로마사』가 구현하고자 하는 커다란 역사적 흐름을 가로막을 정도는 아니며, 비유적으로 말해서 잘 지어진 대리석 저택의 어느 한 부분에 콘크리트가 들어가 있다고 그 집 전체를 콘크리트 집으로 말할 수 없는 것과 같다. 이런 점에서 리비우스를 읽을 때 다음 세 가지 사항을 유념하는 것이 중요하다.

첫째, 리비우스는 그가 다루는 역사적 사건이나 사실들에 대하여 무비판적으로 수용하거나 고증이 허술한 측면이 있기는 하지만, 그를 대체할 만한 다른 고대의 역사가가 없다. 그의 『로마사』는 우리가 장구한 고대 로마의 역사에 대하여 가지고 있는 최선, 최고의 권위서이다.

둘째, 리비우스의 위대함은 과학적 서술 방식보다는 예술적 서술 방식에 있다. 후자에 대한 설명으로서 리비우스가 5권 12장에서 한 말, "나는 아주 오래된 고대의 사건들이 진실과 비슷하게 보인다면 그것을 진실로 받아들이면서 만족하겠다(Sed in rebus tam antiquis si quae similia veri pro veris accipiantur, satis habeam.)"는 의미심장하며, 예술적 서술 방식의 지향점을 잘 보여준다.

셋째, 그는 로마인이 로마에 대하여 가지고 있던 이상과 가치관을 아주 충실하고 사실적으로 묘사한다. 리비우스의 선배 역사가들도 로마인의 업적에 대해서는 리비우스 못지않게 기술할 수 있었지만, 로마인이 실제로 어떤 사람이었는가를 보여주는 데에는 리비우스의 천재에 멀리 미치지 못한다. 주어진 사료를 아무리 과학적, 실증적, 비판적으로 사용한다고 해도 리비우스가 우리 눈앞에 생생하게 보여주는 로마인의 모습은 리비우스가 아니면 해낼 수 없는 것이다. 이 뛰어난 역사가의 애국적 상상력이 로마 시민들과 로마 공화국을 다소 과장하고 이상화하고 있기는 하지만, 어떤 나라가 되었든 그 나라의 국민들이 자기 자신과 국가에 대하여 가지고 있는 이상과 가치관은 그 나라 역사의 가장 중요한 부분인 것이다.

『로마사』의 5가지 특징

1. 아름다운 문장과 카니발적 상상력

먼저 리비우스의 문장은 퀸틸리아누스가 말한 것처럼 산뜻하면서도 심오(深奧)하다. 이것은 객관적이면서도 애매모호하다는 말로 바꾸어 볼 수 있는데, 『로마사』에서 기술된 사건들이 객관적으로 제시되어 있으나 일부는 초자연적인 것이기 때문이다. 가령 로물루스가 갑자기 하늘로 들어올려져 이 지상에서 사라졌다는 얘기(1.16), 타르퀴니우스 궁전의 나무 기둥 틈새에서 커다란 뱀이 미끄러져 내린 얘기(1.56), 유피테르가 라티니우스의 꿈에 여러 번 나타나 희생 제의의 절차가 잘못되었다고 지적한 얘기(2.36), 유피테르 신전의 기초 굴착 작업을 하던 인부들이 이목구비가 온전한 죽은 남자의 머리를 발견한 얘기(1.55) 등이 그러하다.

또한 리비우스의 문장은 등장인물들의 특징을 하나의 이미지로 축소하여 보여주는 데 능하다. 가령 "건물의 돌들이 굴러 떨어지는 소리가 들렸다. 이런저런 방향에서 먼지 구름들이 일어나서 도시를 어두컴컴하게 만들었다. 알바의 시간이 다 되었다"라는 문장에서 볼 수 있듯이 알바 롱가의 파괴를 미리 예고하는 낮게 드리운 구름(1.29)은 그 이미지가 너무도 선명하다. 또한 옷감 짜기를 하고 있는 루크레티아와 그 하녀들의 얼굴을 비추는 등불의 불빛(1.57)이나 상아 의자에 앉아 죽음을 기다리는 조각상 같은 모습의 귀족 원로들(5.41)은 마치 영화 촬영기로 찍어놓은 것 같은 선명한 장면이다. 그 외에 세르비우스 툴리우스의 피살 장면(1.46)이나 로마 시내를 배회하는 갈리아 인들의 모습(5.42)도 아주 생생한 비주얼을 보여 준다.

카니발적 상상력은 풍성하고 다양한 소재를 동원하여 하나의 유기적 구조를 만들어 내는 능력을 말하는데, 리비우스는 등장인물의 전기, 연설, 대화, 이미지 구축, 인간성의 탐구, 종교 의례, 병법 등 다양한 주제에 대하여 그럴 듯한 상상력을 발휘하고 있다. 위에서 "원 사료가 충분히 명료하지 못할 때, 역사가는 필요하다면 그 사료를 가공하고 자신의 '설명'을 곁들여야 한다"라고 했는데, 그 설명을 위하여 이런 상상력이 동원되는 것이다. 가령 로마 창건의 시조인 로물루스가 암 늑대 젖을 먹고 자랐다는 이야기에 대하여 리비우스는 이런 설명을 가한다. "어떤 사람들은 이 이야기의 근원을 다음의 사실에서 찾고 있다. 즉 라우렌티아는 평범한 창녀였는데 당시에 목동들에 의해 늑대라고 불렸다는 것이다"(1.4).

훌륭한 상상력 덕분에 리비우스는 아주 극적으로 사건을 구성한다. 가령 사비니 여인들의 납치(1.9), 호라티우스 가문과 쿠리아티우스 가문의 형제들의 3대3 싸움(1.24), 호라티우스와 그의 여동생 살해(1.26), 타르퀴니우스 왕의 오만한 살인(1.50), 타르퀴니우스와 그 아들 섹스투스의 지저분한 기만과 배신(1.53), 브루투스의 미친 척하기(1.56), 집정관 브루투스의 자기 아들 처형하기(2.4), 호라티우스 코클레스의 이야기(2.10), 무키우스 스카이볼라 이야기(2.13), 루크레티아의 능욕(1.58)과 베르기니아의 죽음(3.44), 전락한 채무자들의 모습(2.23), 적국 볼스키로 망명한 코리올라누스가 로마로 쳐들어온 사건(2.40), 파비우스 가문 사람들만으로 구성된 원정대(2.49), 카이소의 피소 사건(3.13), 시키우스의 살해 사건(3.43), 스푸리우스 마일리우스의 왕위 등극 음모(4.13), 독재관 마메르쿠스의 감찰관 임기 축소(4.24), 포스투미우스의 전리품에 관한 병사 배신(4.49), 평민들의 자발적 군복무 신청(5.7), 세르기우스와 베르기니우스의 견원지간(5.8), 베이이의 파멸을 예언하는 베이이 노인(5.15), 독재관에 임명된 카밀루스와 전리품의 배분(5.19), 땅굴 작전과 유노 신전(5.21), 팔레리이의 교사(5.27), 리파라이 해적 두목 티마시테우스(5.28), 카이디키우스라는 평민이 들은 하늘의 목소리(5.32), 함락을 앞둔 로마 시민들의 처참한 모습(5.40), 고관 의자에 앉아 죽음을 기다리는 마르쿠스 파피리우스(5.41), 로마인을 구해낸 거위들(5.47) 등은 모두 인상적인 사건들이다.

또한 등장인물들의 연설은 백퍼센트 리비우스의 창작이므로, 역사적 기록이라기보다 문학 작품이라고 보아야 한다. 일찍이 새뮤얼 콜리지는 공상(fancy)과 상상(imagination)을 구분하여 전자는 아무런 연결성이 없는 제멋대로의 생각이고 후자는 잘 조직된 근거 있는 생각이라고 말한 바 있는데, 여기서 창작이라고 하여 리비우스가 멋대로 지어낸 공상은 아니고 등장인물의 처지와 그를 둘러싼 상황에서 충분히 할 수 있는 말들을 멋지게 상상하여 서술하고 있다. 또한 등장인물들의 연설은 역사적 이야기를 전개시키는 핵심적 추진력을 제공한다. 이 연설 덕분에 이야기는 더욱 친근하고 실화 같은 느낌을 주며, 등장인물이 왜 그런 행동을 하게 되었는지 깊이 있게 이해하게 해주며, 간곡하고 적절한 언사와 비유는 읽는 사람으로 하여금 그 등장인물의 육성을 직접 듣는 느낌을 준다. 각 연설은 너무나 호소력 높은 웅변이어서 읽으면 읽을수록 그 감흥이 커진다. 이 연설들이 얼마나 인상적이었으면, 원로원 의원 메티우스 폼푸시아누스는 『로마사』중 연설들만 따로 뽑아 한 권의 책으로 다시 편집했겠는가. 그런 만큼 독자들은 등장인물의 연설이 나올 때 그것이 스토리를 전개시키는 효과를 유심히 살펴보며 읽어주기 바란다.1-5권에는 카밀루스의 연설(5.51)을 위시하여 베르기니우스의 연설(3.50), 퀸크티우스의 연설(3.67) 등 멋진 연설이 많이 나오지만, 여기서는 짧고 전형적인 연설 세 가지만 사례로 들어 보겠다.

(1) 타르퀼의 연설:"내가 그냥 남편이라고 부르면서 그와 함께 묵묵히 노예 상태를 견디려고 남자를 원했던 건가요? 아니에요! 나는 자신이 왕관을 거머쥘 가치가 있다고 생각하는 남자, 그의 아버지가 왕이었음을 기억하는 남자, 희망 속에서 나른한 삶을 살기보다는 왕위에 올라 통치하기를 바라는 남자를 원했어요. 당신이 진실로 결혼할 가치가 있는 남자라면 나는 당신을 나의 남편, 나의 왕으로 경배하겠어요. 만약 그렇지 않다면 나는 죄인일 뿐만 아니라 비겁자인 남자와 결혼하기보다는 예전 상태 그대로 있는 게 더 나을 뻔했어요. 어서, 당신이해야 할 일을 하세요! 당신은 당신 아버지처럼 코린토스 혹은 타르퀴니에서 온 타관 사람이 아니에요. 외국의 왕관을 얻기 위해 애쓸 필요도 없어요. 그건 이미 당신의 것이에요 당신 집안의 수호신들이 당신을 왕으로 선언했어요! 당신 아버지의 흉상, 그의 왕궁, 그의 옥좌, 그의 이름과 당신의 이름, 이 모든 것이 당신의 소유예요. 왜 그걸 차지하려고 하지 않나요? 그렇다면 왜 거짓된 행동을 계속하고 있나요? 왜 사람들이 당신을 왕자로 보는 걸 그냥 내버려 두나요? 차라리 당신 아버지가 아니라 당신 형제처럼 꼬리를 내리고 타르퀴나나 코린토스로 물러가는 게 더 좋을 거예요. 오래전 당신의 선조들이 빈한하게 살았던 것처럼 빈한하게 사는 게 더 나을 거예요"(1.46). 옮긴이는 이 부분을 번역하면서 셰익스피어의 『맥베스』에서, 남편에게 던컨 왕 암살을 재촉하며 "나에게서 여성이라는 성을 없애 주어요"라고 말한 맥베스 부인의 말을 상상할 정도로 실감이 났다.

(2) 메네니우스 아그리파의 연설:"오래전에 인간의 몸에 있는 여러 기관들은 지금처럼 단합을 하지 못하고 서로 불화했습니다. 그것들은 저마다 다른 생각을 했고 다른 언어로 그것을 표현했습니다. 다른 기관들은 위

장에다 모든 영양분을 제공해야 하는 수고와 노력을 괘씸하게 생각했습니다. 이처럼 도와주는 기관들에 둘러싸인 위장은 아무런 하는 일도 없이 갖다주는 맛좋은 것들만 즐긴다고 보았습니다. 그래서 불만인 기관들은 서로 짜고서 이렇게 하기로 했습니다. 손은 입에게 음식을 가져다주지 않는다. 입은 그 안에 들어오려는 것을 받아들이지 않는다. 이빨은 아무것도 받아들이지 않고 그래서 씹지 않는다. 그러나 슬픈 일입니다! 그들이 화를 내며 위장을 굶겨 죽이려 했기 때문에, 그들 자신과 온몸이 시들시들해지더니 결국 다 죽고 말았습니다. 이렇게 볼 때 위장도 적지 않은 일을 하는 게 분명합니다. 위장이 음식을 받아들이는 것은 사실입니다. 그렇지만 혈관을 통하여 신체의 다른 부분들에 골고루 영양분을 나누어줍니다. 위장이 소화 과정을 통하여 영양분을 날라주는 피를 만들어낸 거지요. 그리고 이 피에 우리의 생명과 건강이 달려 있습니다" (2.32). 메네니우스는 평민이 통치계급에게 분노하는 것은 일부 신체에 대한 다른 신체의 반란이라고 지적하는데 그 비유가 너무나 간곡하여 "천 냥 빚도 말 한 마디로 갚는다"라는 우리 속담이 생각난다.

(3) 코리올라누스 어머니의 연설:"얘야, 내가 너의 인사를 받기 전에, 내가 적에게 포로로 온 것인지 아니면 어머니로서 아들에게 온 것인지 알고 싶구나. 내가 너무 오래 살아 이런 불행한 노년에 이르다 보니 네가 추방되고 이어 조국의 적이 된 꼴을 보게 되었구나. 너는 너를 낳아주고 길러준 고국의 심장에 칼을 찌를 용기가 있느냐? 네가 고국의 땅에 발을 들이자 증오심과 복수의 열망이 아무리 크더라도 그 분노가 사라지지 않더냐? 네가 로마를 보는 순간 저 성벽 안에 네 집이 있고 그 집을 지켜주는 신들이 있고 또 그 안에 네 어머니와 아내와 아들들이 있다는 생각이 들지 않더냐? 아, 내가 너를 낳지 않았더라면 로마는 지금 이런 위협을 받지 않았을 것이다. 내가 아들이 없었더라면 자유로운 나라에서 자유롭게 죽을

수 있었을 것이다. 나는 진실로 불행한 여자다. 하지만 나는 늙었으니 이런 치욕을 당할 날이 그리 많이 남지 않았다. 네가 분노를 누그러뜨릴 수 없다면, 일찍 죽어야 하거나 평생 노예로 살아야 할 네 아내와 두 아들을 생각해 봐라"(2.40). 자식의 충동적 무모함을 지적하는 어머니의 간절한 호소는 2천년이 흘러간 지금 들어도 눈물이 난다.

리비우스는 등장인물의 심리를 묘사할 때에도 활발하게 상상력을 동원한다. 카밀루스의 연설(5.43)은 아르데아로 추방당한 카밀루스의 심리 상태를 잘 보여주는데, 리비우스가 인간성을 아주 깊이 꿰뚫어 본다는 것을 알 수 있다. 그 이외에도 많은 문장에서 그가 인간 심리 파악의 대가임을 알 수 있는데 다음은 몇 가지 문장을 뽑아본 것이다.

[로물루스는] 피해 의식이 때로는 사랑의 감정을 낳는 법도 있고 또 우연히 그녀를 납치한 남자에게 애정을 느낄 수도 있는 법이라고 말했다(1.9).

우리 두 나라는 비록 가까운 이웃이고 혈연관계이기는 하지만 전쟁을 하려는 더 깊은 이유가 있습니다. 즉 야망과 권력욕이 그것입니다(1.22).

악은 자석처럼 사람을 끌어당기는 힘이 있다. 같은 것은 같은 것을 끌어당긴다고 타르퀴니우스와 동생 툴리아는 서로에게 자석처럼 매혹되었다(1.46).

법률은 몰개성적이고 냉혹하다. 법률은 귀가 달려 있지 않다. 물론 가난한 사람들에게는 아주 좋은 것이지만, 위인들에게는 쓸모없는데 그치지 않고 그보다 더 나쁜 것이다. 평범한 규정의 범위 바깥으로 나아가며 모험을 시도하는 남자에게 정상참작이나 관용 같은 게 아예 없기 때문이다. 인간성은 결코 완벽한 것이 아니므로, 인간이 법률의 통치 아래에서 아주 순수한 상태로 살 수 있다고 생각하는 것은 아무리 좋게 말한다 해도 위험한 발상이 아닐 수 없다(2.3).

그러나 인간성은 바뀌지 않는다. 모든 사람에게 충분히 돌아갈 땅이 있다는 사실 자체가 날카로운 욕망을 무디게 만들었다(3.1).

아피우스는 거만한 사람이어서 어떤 숨은 동기가 없이 자기보다 못한 사람들에게 저토록 과도하게 겸손을 떨 수 있는 사람이 아니었다. 의도적으로 남의 시선을 의식하는 저런 겸손, 평민 수준으로 자신을 낮추겠다는 저런 결정은 현재의 지위에서 물러나려는 사람의 태도가 전혀 아니었다(3.35).

그들에게 죄를 저질러도 면책이 되는 특전은 국가의 자유보다 훨씬 유쾌한 것이었다(3.37).

투쟁이 치열할수록 열정도 지독해진다(3.40).

미사여구는 말할 거리가 없을 때 아주 써먹기 좋습니다. 그건 의혹을 감추기 위해 발명된 것이니까요(3.56).

자신의 사사로운 이익을 말하는 자가 공공복지만을 생각하는 자보다 군중에게 훨씬 인기가 있다는 건 자연법칙처럼 보입니다(3.68).

자기 자유와 특권을 위해 싸운 투사들은 계급 갈등이 끝나고 투표권을 행사할 때가 닥쳐오자 격정이 사라져서 전혀 다른 사람이 되었다(4.6).

정치적 자유를 지키기 위하여 양 계급 사이에서 진정한 중립을 지켜야 한다는 얘기는 실제로는 지키기 어려운 주문이었다. 모두에게 공정한 몫이 돌아가야 한다고 겉으로는 주장할지 모르지만, 누구나 이웃을 짓밟고 일어서는 것이다. 누구나 압제를 피하려는 열망이 강하지만 그 열망 때문에 우리는 오히려 압제를 가하게 된다. 우리는 불의를 배격하지만, 오히려 남들에게 불의를 저지른다. 마치 불의는 내가 저지르거나 아니면 남들로부터 당하거나 둘 중 하나인 것처럼(3.65).

하지만 운명의 장밋빛 약속만으로 사람의 욕심이 채워지는 경우는 아주 드물다. 따라서 그는 곧 오만하고 과도한 야욕을 품게 되었다(4.13).

우리는 필사적인 절망감을 느끼고 있고, 이게 궁극적으로 우리의 가장 강력한 무기가 될 거요. 이 점에서는 우리가 그들보다 우위에 있습니다!(4.28)

먹을 것이 있어야 야망도 유지될 수 있습니다. 열망은 먼저 열망할 무언가가 있어야 합니다(4.35).

그 어떤 용맹도 인간이 가진 힘의 한계 이상으로 발휘될 수 없다(4.58).

위험과 고생에 적극적으로 가담하는 사람일수록 거기서 생기는 이득에 대해서는 느리게 반응하는 것이 인간의 본성이다(5.20).

실제로 그런 화려한 모습은 공화주의를 거스르는 오만함과 불경함을 드러내는 것이라고 일부 사람들은 생각했다(5.23).

로마가 침공당하는 바람에 갈리아 인들의 손아귀에서 벗어난 에트루리아 인들이 이처럼 남의 불행을 고소하게 여기며 이용하고 있다는 생각에 그들은 도저히 분노를 참을 수가 없었다(5.45).

이런 아름다운 문장과 카니발적 상상력의 상호 작용 때문에 우리는 『로마사』를 한참 읽다보면 이것이 역사서인지, 소설책인지, 연극 관람인지, 영화 감상인지, 선거 유세장인지 착각을 일으키게 된다.

2. 자유와 권력의 갈등

자유와 권력은 『로마사』 전편을 관통하는 2대 주제이다. 왕정 시대에는 왕의 권력에 대한 자유를 의미했고 나중에 공화정이 들어서서는 귀족과 평민 사이의 갈등을 의미했다. 귀족들은 권력을 생명의 호흡과 같은 것으로 여겼지만 평민들은 그것을 불길한 이름, 혹은 그들의 자유에 아주 해로운 것으로 여겼다. 4권 15장의 킨키나투스 연설은 자유가 곧 인민을 억압하는 왕정의 타파를 의미한다는 것을 말해준다. 왕정이 폐지된 이후에 공화정에서도 가끔씩 왕정복고의 음모가 진행되었던 것이다. 그리고 군사령관 발레리우스는 "로마 군인은 늘 가슴속에 자유를 가지고 있었다는 것을, 그리고 로마인의 용기가 다름 아닌 법 앞의 평등에서 나온다는 것을 오늘 이 자리에서 증명하자"라고 말하여 자유가 곧 용기이며 법 앞의 평등임을 말했다(3.61).

리비우스는 3권 67장에서 평민은 자유에 대한 욕망을 가지고 있고 귀족은 권력에 대한 욕망을 가지고 있는데 두 욕망이 끝없이 충돌하고, 그래서 서로를 대표하는 행정관(귀족의 경우에는 집정관, 평민의 경우에는 호민관)들을 증오한다고 말한다. 평민들의 자유는 인신을 구속당하지 않을 자유, 집정관에 의한 일방적 판결에 항소할 수 있는 자유(항소권은 자유의 진정한 보호 장치라고 생각되었다), 군복무를 거부할 자유, 자신의 재산을 빼앗기지 않을 자유, 이웃과의 전쟁에서 패전하여 노예로 팔려가지 않을 자유, 정복한 땅을 공평하게 분배받는 자유, 승전으로 얻은 전리품을 공로만큼 챙길 수 있는 자유, 관직에 진출할 수 있는 자유 등 구체적인 것들을 의미한다. 그러나 평민과 대립하는 입장의 귀족들은 이러한 자유를 가능한 한 억제하여 그들의 권력을 유지하려 했다.

공화국 건립 당시, 귀족들(혹은 원로원 당)의 목표는 그들끼리 권력을 공유하여 1인 통치(왕정)를 불가능하게 만드는 것이었으나 그렇다고 해서 권력을 모든 로마 시민과 나누어갖자는 것은 아니었다. 따라서 그들은 권력의 통제권이 대다수 시민들의 손에 들어가지 못하게 하는 것을 목표로 삼았다. 가난한 평민들은 공화국 내의 생활이 어려워지면 왕정 시대로 다시 돌아가기를 바랄 수도 있었기 때문에 귀족들은 언제나 그들을 경계했다. 가령 왕들은 부자들의 재산을 억지로 빼앗아서 가난한 사람들에게 나누어줌으로써 평민들의 신임을 얻을 수 있었던 것이다.

귀족들의 권력 지향은 관직의 사다리(cursus honorum)라는 용어로 잘 설명된다. 이것은 1년마다 2명씩 뽑는 집정관 이하 선출직 공직자들을 가리키는 것인데, 야심만만한 로마인들은 선거에서 출마하여 이 사닥다리를 하나씩 하나씩 타고 올라 최고위직까지 도달했다. 로마인은 스무 살 쯤 되었을 때 군사 원정에 한 10년간 참전하는 것으로 경력을 시작한다. 이 때에는 자신보다 나이가 많은 친척이나 친구의 참모진에 보조 장교로 임명된다. 이어 관직의 사닥다리 중 가장 낮은 직급인 재무관(qaestor) 직에 취임한다. 이 관직에 취임하려는 후보들은 대체로 20대 후반이거나 30대 초반이다. 이 직급에서 1년간 봉사하는 동안 재무관은 다양한 재무 행정의 임무를 수행한다. 재무관 다음의 사닥다리는 토목건축관리관(aedile)이었다. 이 직급은 로마의 거리, 하수도, 신전, 시장, 기타 공공사업을 유지 보수하는 까다로운 임무를 수행했다. 토목건축관리관 다음에는 법무관(praetor)이 되며 그 이후에 집정관(consul)에 오른다. 집정관을 지낸 사람은 이어 감찰관(censor)에 취임한다.

그런데 로마인들은 이런 관직을 많이 맡을수록 가문의 지위가 높아진다고 생각했고 그것이 가문의 명성과 가치를 높인다고 보았다. 그렇게 해서 유명해진 가문으로는 클라우디우스, 파비우스, 푸리우스, 퀸크티우스, 발레리우스 등이 있었다. 이런 가문에 속한 사람일수록 그가 지켜야 하는 개인적 가치들은 엄격하고 복잡했다. 따라서 고귀한 가문에 태어난다는 것은 양날의 칼이었다. 그런 배경은 자동적으로 그 사람에게 높은 사회적 신분을 부여하지만, 동시에 높은 가치관에 상응하며 살아가는 삶을 강요했다. 사정이 이러하므로 상류 계급의 사람들은 자신들이 평범한 가정에서 태어난 사람들과는 같을 수가 없고 그들에 비해 내치와 외교, 전쟁 지휘 등의 능력이 탁월하다고 생각했다. 적어도 이것이 귀족들의 견해였다.

그러나 귀족 계급은 소수여서 그들의 힘만으로는 로마를 다스리거나 방어할 수가 없었기에, 사회적·재정적 지위가 낮은 평민들에게도 통치의 일정한 역할을 부여함으로써 타협할 필요가 있었다. 로마는 외침이나 원정 시에 효율적인 방위군이나 야전군을 동원하기 위해 평민들의 협조가 필요했다. 그리고 이 협조 혹은 비협조 여부가 평민들의 강력한 무기가 되었다. 이것을 보여주는 좋은 사례가 "평민의 이탈" 사건이었다. 가령 2권 24장은 평민의 이런 태도를 잘 보여준다. "평민은 그들을 압제하는 통치 계급과는 다르게 침공 소식을 기쁜 마음으로 받아들였다. 평민이 볼 때, 그것은 원로원의 오만함을 분쇄하기 위한 섭리의 개입처럼 보였다. 그들은 친구들에게 군 복무를 거부하라고 종용했다. 어차피 현 상황에서 로마사회의 한 계급이 망할 거라면 차라리 그 사회가 모두 망해 버리는 것이 좋다는 논리였다."

그리하여 평민을 옹호하는 호민관들은 귀족 계급의 오만함을 격렬하게 성토했고 집정관의 과도한 권력을 특히 비난했다. 그런 권력은 자유로운 공동체에서는 용납될 수 없는 것이라고 말하기까지 했다. 집정관(2인)은 왕보다는 덜 혐오스러운 제도였지만, 무책임하고 무제한인 권력을 행사하며 정작 자기 자신에 대해서는 아무런 견제가 가해지지 않으므로 두 명의 왕이 있는 거나 마찬가지라는 것이다. 그러나 집정관이 어떤 개인을 상대로 독재적이고 폭압적인 행동을 했다면, 호민관은 그의 임기 만료 이후에 그에게 책임을 물어서 법정의 재판대에 세우고 그곳에서 피해자와 같은 계급의 사람들에 의해 재판을 받게 할 수 있었다. 그리하여 귀족의 집정관과 평민의 호민관은 늘 견원지간이었고 집정관이 소란을 일으키는 자의 체포를 명령하면 호민관은 그 체포된 자를 풀어주라고 반격하는 식이었다. 이러한 두 계급의 갈등은 결국 10인회라는 임시 통치기구의 설립을 가져왔다. 원로원은 평민을 옹호하는 호민관 제도를 없애고 싶어 했고, 반면에 평민들은 왕을 닮은 듯한 집정관 제도를 없애고 싶어서, 10인회의 설치에 합의했는데 이것은 아주 무질서한 정부 조직으로 판명되었다.

이러한 양 계급 사이의 점증하는 적대감은 당연히 내부 분열을 일으킬 수밖에 없었다. 그런 분쟁의 원인 중 하나로, 빚 때문에 채권자에게 노예나 다름없는 상태가 된 불운한 평민들의 곤경을 들 수 있다. 채무자들은 그들이 조국의 자유를 보존하고 또 국가의 영토를 확장하기 위해 싸움터에 나가 있던 동안에, 본국에 남아 있던 동료 시민들이 그들을 노예로 만들어 압박하고 있다고 불평했다. 평민들은 평시보다 전시에 오히려 더 자유의 기회가 많다고 주장했다. 이제 외국의 적이 아니라 동료 로마인들이 노예보다 더 못한 구속을 받게 되었다고 말했다(2.23). 고대 로마에서 노예는 nexus ("매인"의 뜻)라고 하는데, 채무에 의한 노예를 가리킨다. 어떤 사람이 이자를 지불하기로 하고서 돈을 빌렸는데 그 돈을 갚지 못하면 그 빚을 다 갚을 때까지 채권자에게 "매인" 몸이 된다. 채권자는 그를 노예처럼 취급할 수 있고 심하면 족쇄를 채울 수도 있었다.

이런 귀족-평민의 갈등이 로마 공화국을 쇠퇴시켰다고 보는 사람도 있고 반대로 발전을 가져왔다고 보는 사람도 있는데 이 후자의 견해가 더 타당한 것 같다. 전자는 로마가 혼란으로 가득 찬 아주 무질서한 공화국이었는데, 만약 좋은 운명과 뛰어난 군사적 능력이 그런 결점을 막아주지 않았더라면, 볼스키나 베이이 등 그 주위의 다른 공화국보다 열등한 국가로 전락했을 것이라고 본다. 반면에 후자는 이런 주장을 편다. 혼란에서 발생하는 부작용만 보는 사람은 거기서 나오는 긍정적인 효과를 보지 못하는 것이다. 그런 혼란과 갈등에서 시민의 자유를 옹호하는 모든 법률이 생겨났다. 또 로마 공화국에서는 뛰어난 영웅들이 많이 배출되었는데 그런 사람들은 엄정한 단련에서 나오고, 그 단련은 뛰어난 잘 정비된 법률에서 나오며 다시 이 법률은 공화국 내의 혼란(즉 그 혼란을 막으려는 노력)에서 나온다. 이렇게 하여 양 계급의 갈등과 혼란은 시민의 자유에 이바지하는 법률과 제도를 만들어 낸다. 호민관 제도, 집정관급 정무관의 선거, 독재관 임명, 고위 관직에의 평민 진출, 전리품의 적절한 배분, 항소권과 거부권의 설치 등이 모두 그런 혼란을 슬기롭게 극복한 결과라는 것이다.

공화국 초창기든 혹은 말기든 인간이 모여 있는 곳에는 정치적 갈등과 혼란이 언제나 있었다. 그러한 사건들은 위에서 살펴본 바와 같이 로마의 제도와 법률을 발전시키는 힘으로 작용했다. 이것이 우리가 『로마사』에서 주목하게 되는 가장 뚜렷한 현상이다. 1-5권에 등장하는 평민당과 귀족당(혹은 원로원 당)은 오늘날의 정치에서 진보당과 보수당에 해당한다. 리비우스는 영웅들을 많이 배출한 원로원 당을 은근히 우호적으로 바라보는 관점에서 『로마사』를 기술하고 있으므로, 오늘날 같았더라면 보수당 지지 인사로 간주되었을 것이나, 그렇다고 해서 평민들에 대해서 편파적인 입장을 취하지도 않는다.

3. 여자는 권력의 통화

『로마사』에서 여자는 중요한 화두로 등장한다. 여러 번에 걸쳐서 중요한 모티프로 등장하는데 대표적인 것만 언급해 보면 툴리아(1.46), 루크레티아(1.58), 베르기니아(3.44), 아르데아의 처녀(4.9), 루쿠모의 아내(5.33) 등이다.

툴리아는 남편을 왕위에 등극시키기 위해 남편을 사주하여 현왕인 친정아버지를 살해하게 만든 메데아 혹은 레이디 맥베스 같은 여자이다. 이 여자로 인해 권력이 교체되어 왕위가 장인에게서 사위에게로 넘어갔다.

루크레티아는 권력이 왕정에서 공화정으로 바뀌는데 결정적 역할을 한 여자이다. 원정 전쟁에 나간 로마 군 장교들이 술자리에서 각자 자기 아내 자랑을 하다가 이렇게 얘기만 할 게 아니라 로마로 직접 돌아가서 지금 이 순간 아내들이 무엇을 하고 있는지 확인하자고 합의를 보게 되었다. 그들이 로마로 돌아가 보니 모든 아내들이 파티를 벌이며 환락에 빠져 있는데 오로지 콜라티누스의 아내 루크레티아만이 하녀들과 함께 밤늦게까지 옷감을 짜고 있었다. 여기서 오만왕 타르퀴니우스의 아들 섹스투스는 그녀에 대하여 욕정을 품게 되었다. 그는 며칠 후 손님을 가장하여 그 집으로 찾아 루크레티아를 능욕했다. 그 후 루크레티아는 로마의 아버지와 아르데아의 남편에게 편지를 보내어 즉시 집으로 와 달라고 호소했다. 루크레티아는 집에 도착한 두 남자에게 자신이 섹스투스에게 능욕당했다는 사실을 말하고 복수를 호소했다. 그 직후 그녀는 겉옷 밑에 있던 칼을 뽑아 가슴을 깊숙이 찌르고 앞으로 쓰러지면서 죽었다. 그러자 콜라티누스의 친구인 브루투스는 루크레티아의 가슴에서 피 묻은 칼을 뽑아들고 왕정의 폐해를 잘 보여주는 사건이 벌어졌다면서 왕정 타도를 외쳤다. 이렇게 하여 브루투스와 그의 친구들은 오만왕 정부를 전복하고 공화정을 수립했으며 브루투스를 초대 집정관으로 옹립했다.

베르기니아는 10인회의 우두머리인 아피우스 클라우디우스가 그 자신의 욕정을 이기지 못하여 베르기니아를 자신의 노예로 삼으려다가, 그녀의 아버지인 베르기니우스가 딸의 자유를 지키기 위해 칼로 딸을 찔러 죽인 사건이다. 사태의 발단인 아피우스 자신은 투옥되어 자결에 이르게 된다. 베르기니아는 평민이 봉기하여 10인회라는 정부 조직을 붕괴시키는 기폭제가 되었다.

아르데아의 평민 처녀는 결혼 문제를 두고서 귀족과 평민 간의 싸움이 폭동으로 번지게 만든 장본인이다. 아르데아에서 어떤 아름다운 처녀가 결혼 적령기에 도달했는데, 귀족과 평민계급의 두 남자로부터 각각 청혼을 받게 되었다. 그녀는 편모 슬하에서 커서 후견인의 지도를 받았는데 후견인은 그녀를 평민과 맺어주고자 했다. 하지만 그녀의 어머니는 귀족과의 결혼을 바랐다. 이로 인해 평민 계급과 귀족 계급 사이에 소동이 벌어졌고, 결국엔 무기를 들고 서로 싸우는 지경으로 일이 커졌다. 결국 평민들이 그 싸움에서 패배하여 아르데아를 떠나 볼스키 인들에게 도움을 청했다. 아르데아 귀족들은 이에 대응하기 위해 로마에 도움을 요청했다. 현지에 먼저 도착한 볼스키 인들은 아르데아 주변에 진을 쳤다. 그 다음으로 도착한 로마인들은 아르데아와 로마 군 사이에 갇힌 볼스키 인들을 둘러싸고 압박했다. 결국 볼스키 인들은 굶주림에 지쳐 로마인들에게 항복했다. 이에 로마인들은 아르데아로 진입하여 소동의 주모자들을 처형했고, 도시는 평정을 되찾았다.

갈리아 인들이 로마를 점령한 대사건도 알고 보면 아주 사소한 여자와 관련된 사건 때문에 벌어진 것이었다. 갈리아 인들이 알프스 산맥을 넘어 이전에 에트루리아 인들이 경작하던 지역, 즉 이탈리아의 북부 지역을 넘보게 된 원인은 이탈리아의 과일, 그리고 무엇보다도 와인 때문이었다. 그런데 클루시움의 아룬스라는 사람이 오늘날 롬바르디아라고 하는 지역을 다스리던 갈리아 인들이 사는 곳으로 와인을 보내 의도적으로 그들에게 클루시움을 공격해 달라고 요청했다. 아룬스가 이처럼 외적을 끌어들이게 된 것은 그의 아내 때문이었다. 그는 자신의 후견인을 맡았던 루쿠모가 자신의 아내를 유혹하여 성관계를 맺었다는 사실에 분노했지만, 간통남이 권세가여서 자기 힘으로는 복수할 수 없었다. 그래서 도움을 받고자 외국인들을 끌어들인 것이었다. 아룬스는 갈리아 사람들의 집단이 알프스 산맥을 넘을 수 있게 인도했고, 클루시움을 공격할 것을 제안했다. 아룬스는 갈리아 인들이 그가 당한 피해를 복수해 주는 과정에서 엄청난 이득을 볼 수 있다는 설명도 덧붙이며 그들을 부추겼다. 그리하여 갈리아 인들은 클루시움에 들어왔고, 이 때 로마에서 보낸 사절인 파비우스가 이들과 협상을 제대로 하지 못하여 로마로 공격하는 빌미를 제공했던 것이다.

이 다섯 가지 사건은 여자들이 정부나 국가 몰락의 원인이고, 도시를 통치하는 자들에게 커다란 피해를 입히고, 엄청난 사회 분열을 초래한다는 것을 보여준다. 그리고 여자의 개입은 언제나 권력이 교체되거나 외세가 침입하는 빌미가 되었는데 이것은 여자가 권력 확보의 상징 혹은 권력을 유통시키는 통화(通貨)라는 것을 보여준다. 베르길리우스는 『아이네이스』 1권 364행에서 두크스 페미나 팍티(dux femina facti)라고 노래했는데 여자가 모든 행동의 지도자(혹은 원인 제공자)라는 뜻이다. 프랑스 소설가 알렉상드르 뒤마페르는 베르길리우스의 이러한 말에 영감을 얻어서 "셰르세 라 팜므"(chersez la femme: 여자를 찾아라)라는 말을 했는데 모든 사건의 밑바닥에는 여자가 있다는 뜻이다.

그런데 여자가 사건에 개입할 때에는 그것이 언제나 권력의 부패와 관련이 있다. 위의 다섯 사건 이외에도 타르페이우스의 젊은 딸(1.11)과 타나퀼(1.34)도 그런 측면에서 볼 수 있고 또 『로마사』 26권에서 스키피오가 헌상된 아름다운 히스파니아 처녀를 거부한 것이나, 30권에서 소포니스바가 결국은 두 현지 왕의 권력 다툼에서 목숨을 잃게 되는 것도 이런 측면과 관련이 된다. 여자는 재물과 함께 권력이 집중하는 두 가지 중요한 지향점인데, 모든 야심만만한 남자들이 걸려서 넘어지게 되는 올무이다. 인간의 한평생은 죽음의 두려움과 삶의 지겨움 사이에서 지속적으로 발생하는 욕망을 파도타기처럼 뛰어넘어야 하는 일종의 윈드서핑인데, 그 중 권력이 가장 큰 욕망이고 그것을 배후에서 풀무처럼 부추기는 존재가 바로 여자인 것이다. 결국 도덕적인 사람, 다시 말해서 청빈하고 정직한 사람만이 권력과 여자의 유혹을 이겨내고 선공후사의 대의를 지킬 수 있다.

4. 선공후사의 공화국 정신

리비우스는 『로마사』의 서문에서 오늘날의 시대는 음울하게 타락한 시대라고 말했다. 그가 여기서 말한 시대는 구체적으로 후기 로마 공화정의 시대, 즉 술라 이후 마리우스를 거쳐 카이사르와 폼페이우스가 내란을 벌이고 다시 옥타비아누스와 안토니우스가 내전을 벌인 시기를 가리킨다. 수많은 구국의 영웅을 배출한 로마 공화국이 왜 이렇게 퇴락했을까?

로마 공화국은 해외 진출로 세력 판도가 넓어지기 시작하자 해외로부터 막대한 전리품이 국고에 들어오기 시작했다. 그리고 마리우스와 술라의 시대에 이르러 군 사령관과 병사들 사이에 보호자—피보호자의 관계가 형성되기 시작했다. 사령관은 전리품과 현금으로 사병들의 환심을 샀고, 사병들은 그들에게 돈을 마련해주는 사령관을 국가보다 더 중시하기에 이르렀다. 군대를 이처럼 개인 물건 취급하다 보니, 술라가 군대를 이끌고 조국 로마로 쳐들어오는 일까지 벌어지게 되었다. 공화국의 선공후사 정신 덕분에 로마가 세력판도를 넓혀 제국으로 팽창했으나, 그 다음을 잘 관리하지 못한 것이다. 해외 정복으로 물자가 풍부해지면서 그 안에서 악(부패)의 씨앗이 자라기 시작했다. 돈은 만악(萬惡)의 뿌리라는 말처럼 이제 전쟁도 칼이 아니라 황금으로 하게 되었다. 마리우스, 술라, 카이사르 같은 로마 군 사령관들은 공화국의 안정을 더욱 단단하게 하기 위해서가 아니라, 개인의 명성을 높이기 위해서 전쟁을 했으며, 또 전쟁에서 나오는 전리품을 이용하여 병사들의 마음을 부패시켰고 그런 군대의 힘을 바탕으로 개인의 권력을 추구하는 부패한 정치가로 타락했다.

이에 비하여 공화정 초창기의 로마는 호라티우스 코클레스, 스카이볼라, 카밀루스, 파브리키우스, 데키우스 부자(父子), 마르쿠스 아틸리우스 레굴루스, 스키피오 아프리카누스, 파울루스 아이밀리우스 같은 살신성인의 영웅들을 계속 배출하면서 4백년간이나 지속되어 왔다. 지금까지 전해지는 『로마사』 35권은 주로 이런 영웅들의 얘기를 다루고 있기 때문에 멸실을 피할 수 있었던 것으로 생각된다. 이러한 영웅들이 활약한 시대에 국고는 풍성하고 시민들은 가난했기 때문에 그 힘을 국가의 사업에 활용할 수 있었다. 이렇게 볼 때 금전이나 권력보다 자유와 대의를 더 사랑하는 선공후사의 정신이 공화국을 지탱하는 힘이었다. 그래서 리비우스는 『로마사』 서문에서 이렇게 말했다. "그처럼 여러 세대 동안 탐욕과 사치의 악덕으로부터 자유로운 나라는 없었다. 그 어느 곳에서도 검소하고 순박한 생활을 그처럼 높이 여긴 나라가 없었다. 우리 로마인은 가난을 만족스럽게 여기며 살았다. 근년에 들어와 부(富)는 우리를 탐욕스럽게 만들었고, 자만심은 각종 형태의 격정으로 분출하여 개인이나 집단을 살육하는 행위를 선호하게 만들었다."

이런 공화정 초기를 대표하는 두 인물은 킨키나투스(3.26)와 카밀루스(5.19)이다. 루키우스 퀸크티우스 킨키나투스는 가난하지만 덕성 높은 로마 영웅의 대표적 사례이다. 리비우스는 이 인물의 청빈한 도덕성을 강조하기 위하여 이렇게 말한다. "나는 이제 돈이 이 세상에서 최고이고 지위와 능력은 돈과 불가분의 관계라고 믿는 많은 사람들에게 특별한 주의를 환기시키고 싶다(operae pretium est audire qui omnia prae divitiis humana spernunt neque honori magno locum neque virtuti putant esse, nisi ubi effuse afluant opes)." 그러면서 리비우스는 로마 시민들이 국가의 존망에 처하여 유일하게 희망을 걸었던 킨키나투스의 사례를 보라고 말한다. 킨키나투스는 당시 티베르 강의 서쪽에 있는 자그마한 3 에이커 농장에서 손수 농사를 짓고 있었으나 국가 위난의 상황에서 독재관의 명을 받고 일신의 위험은 조금도 생각하지 않은 채 전장으로 달려가 신속한 승리를 거둠으로써 로마를 파멸로부터 구원해 낸 로마의 영웅이다.

이 전공으로 그는 엄청난 지위와 명망을 획득하여 마음만 먹었다면 단독으로 로마를 통치할 수도 있었다. 그러나 그는 개인의 권력보다는 공화국의 대의라는 가치에 더 헌신했다. 그는 자신의 의무를 다함으로써 조국에 대한 신의를 지킨 것에 만족하면서 독재관 자리를 내놓고 야인으로 돌아가 3 에이커짜리 가난한 그의 농장을 관리하는 일로 만족하면서 살다가 국가에 위기가 닥쳐오면 또다시 그 부름에 응하여 원정이든 내치든, 험한 일이든 생색나지 않는 일이든 가리지 않고 헌신했다.

특히 킨키나투스가 원정에 나가지 않고 내치를 맡았을 때의 업적은 무척 드물고 훌륭한 것이었다. 그는 사회 모든 계급을 아주 공정하고 신중하게 대했다. 정치적으로 귀족과 평민 사이에서 훌륭한 관계를 유지했다. 원로원은 그를 엄격한 규율주의자로 여겼고, 평민은 그를 자상한 친구로 생각했다. 킨키나투스는 호민관들을 대할 때조차 언쟁을 피하고 인품의 힘으로 자신의 요구사항을 관철했다. 킨키나투스는 실제로 비범한 사람이었다. 한결같이 개인의 이익보다는 공화국의 고결한 원칙을 더 중시하면서 다섯 차례 집정관직을 지냈으며, 집정관에 걸맞은 위엄으로 평생을 청빈하고 명예롭게 살아왔으므로 집정관으로서는 물론이고 시민으로서도 모든 사람에게 존경을 받았다(4.9). 킨키나투스는 노년에도 스푸리우스 마일리우스의 왕정복고 음모 때 여든이 넘은 노령임에도 불구하고 다시 독재관 자리를 맡아서 국가의 위기를 극복하는데 기여했다(4.14). 킨키나투스는 그 이후 멸사봉공의 대명사로 알려지게 되었는데, 미국 오하이오 주의 신시내티(Cincinnati)는 바로 이 킨키나투스의 이름에서 따온 것이다. 라틴어는 고유명사도 격변화를 하는데 신시내티는 속격으로 "킨키나투스의"라는 뜻이다. 다시 말해 "킨키나투스의 도시" 즉 킨키나투스 같은 애국자들이 많이 사는 도시가 되기를 바라는 희망으로 이렇게 도시 이름을 지은 것이다.

카밀루스는 다음 두 가지 사건이 그의 인품을 잘 보여준다.

카밀루스가 군대를 이끌고 팔레리이 주변을 포위했을 때, 그 도시의 귀족 아이들을 가르치는 교사 한 명이 카밀루스와 로마인들의 환심을 사기 위해 실습을 한다는 명목으로 아이들을 이끌고 도시 밖으로 나왔다. 이어 그는 아이들을 데리고 로마 진영으로 와서 카밀루스 앞에 바치며 이 아이들을 활용하면 손쉽게 도시를 장악할 수 있을 것이라 말했다. 하지만 카밀루스는 이 선물을 거절했을 뿐만 아니라 교사의 옷을 벗긴 뒤 양팔을 뒤로 묶고 아이들에게 회초리를 하나씩 들린 뒤 도시로 되돌아가는 동안 혼쭐을 내주라고 했다. 이 이야기를 듣자 팔레리이 시민들은 카밀루스가 보인 자비와 고결함에 굉장히 만족하며 더 이상 저항하지 않고 도시를 넘기기로 결정했다(5.27).

카밀루스는 베이이 족과의 싸움에서 대승을 거두었으나 그 후 전리품 분배와 관련된 평민들의 증오와 호민관들의 시비에 걸려 국외로 자진 유배의 길에 오르게 된다(5.32). 로마의 평민들이 카밀루스의 은덕을 잊어버린 것인데, 카밀루스는 아르데아에서 유배 생활을 하면서도 자신의 억울한 처지보다는 조국 로마의 위난을 더 먼저 생각했다. 그리고 로마가 갈리아에 의해 점령되었을 때, 로마 시민들에 대한 구원(舊怨) 따위는 모두 잊어버리고 로마 탈환의 선봉에 나선다. 이러한 카밀루스의 스토리는 『맹자』 고자(告子) 장에 나오는 다음과 같은 말을 연상시킨다. "하늘이 어떤 사람에게 대임을 내리려고 할 때는 반드시 그 사람의 심지를 괴롭히고, 그 근골을 수고하게 하고 그 체부를 굶주리게 하고, 그 몸을 궁핍하게 하여 무슨 일을 하건 매사에 실패를 보게끔 하여 그를 단련시킨다."

로마인들이 갈리아 인의 오랜 포위 작전에 지친 나머지 배상금으로 지급하기로 하고 굴욕스러운 황금의 무게 달기(갈리아인은 그들에게 유리한 엉터리 저울을 가지고 나왔다)를 하며 평화 협상을 벌이려 할 때, 카밀루스가 구원군과 함께 로마 성벽 앞에 등장하여 조국 로마를 굴욕스러운 협정으로부터 구해 냈다. 운명은 로마인들이 "황금으로 목숨을 사게 하지 않으려고" 이런 극적인 카밀루스의 등장을 준비한 것이었다.

5. 운명과 종교

로마인은 "우리의 위대한 도시가 생겨나 신의 제국 다음으로 이 세상에서 가장 강성한 제국이 세워지는 첫 번째 조치가 취해지게 되리라는 것이 이미 운명의 책에 씌어져 있다"(1.4)라고 생각했다. 또 5권 16장에서 델포이의 신탁은 이렇게 말한다. "그대들이 그토록 오래 포위한 도시(베이이)에 대한 승리는 지금 밝혀진 운명에 의해 허락되었다. 전쟁이 끝나고 도시를 정복하면 나의 신전으로 와 값진 봉헌물을 바치고, 그대들이 여태껏 소홀히 한 성스러운 의식을 그대 선조들이 했던 방식으로 복원시켜 그 성공을 기념하라." 로마인은 이웃 부족들과의 끊임없는 전투를 통하여 세력을 확장하는 과정에서, 전투의 승리에는 무엇보다도 운명과 그에 순응하는 절차인 종교가 중요하다고 생각했다. 그리하여 복점, 봉헌, 조짐, 세정, 예언 받기 등의 각종 종교적 절차를 성실하게 수행했다. 뿐만 아니라 주술사의 말과 시빌의 예언서에 적힌 말들도 존중했다. 그리하여 로마 군의 승전은 알바 호수의 물 빼기, 하늘에서 들려온 목소리 등 기이한 현상이나 초자연적인 사건 등에 의해 미리 예고되기도 한다. 또한 로마인들은 집안의 원로들과 조상들도 천상의 신들을 대하는 것처럼 공경하는 마음으로 받들어 모셨다.

이런 로마인을 하늘의 신들도 배려했고 또 좋아했다. 로마 군인들이 베이이라는 도시를 약탈할 때, 다수의 병사들이 유노 신전으로 들어가서 여신의 신상 가까이 다가가 물었다. "여신께서는 로마로 가고 싶으십니까?" 일부 병사들에게는 신상이 고개를 끄덕이는 것 같았고, 또다른 병사들은 "그렇다"라고 대답하는 듯한 생각이 들었다. 로마 병사들은 신앙심이 깊었고 그들은 내심 기대하던 답변을 들었다. 병사들의 그런 종교적 생각과 믿음은 카밀루스나 로마의 다른 통치자들도 적극 권장하고 지지했다(5.21). 하지만 이처럼 경건한 신앙심을 가지고 있던 로마인들도 자신들의 승전과 위세에 도취하여 스스로 눈이 멀어 종교적 예배를 멀리하고 또 신들이 보낸 경고의 신호를 무시하기에 이르렀다.

이럴 경우 신들은 인간에게 운명의 힘을 보여주면서 인간의 의지를 시험했다. 5권 37장에서 리비우스는 "운명은 자신의 쇄도하는 힘이 아무 저항을 받지 않게 하려고 일부러 사람들의 눈을 멀게 한다"(adeo obcaecat animos fortuna ubi vim suam ingruentem refringi non vult)라고 말한다. 운명의 쇄도하는 힘(vim suam ingruentem)은 구체적으로 로마인들에게 어떻게 적용되었는가?

먼저 하늘은 갈리아 인들에게 특사로 보낸 파비우스 가문 사람들이 외교적 실수를 저지르게 만들었고, 이를 통해 갈리아 인들이 로마로 쳐들어오게 했다. 이어 하늘은 로마인들이 전쟁을 멈출 그 어떠한 일도 하지 못하도록 만들었다. 로마인들은 그런 국가적 참사를 막아낼 수 있는 유일한 인물인 카밀루스를 전리품 문제로 시비를 걸어서 아르데아로 추방시켰다. 로마인들은 갈리아 인들의 침공에 직면하고서도 과거 볼스키 인들이나 다른 인근 적들과 맞서 싸울 때 임명했던 독재관을 임명하지도 않았다. 또한 병사들의 징집과 무장 절차도 아주 느리게 진행되어 로마 외곽(16km 거리)의 알리아 강에서 겨우 갈리아 군대와 맞설 수 있었다. 게다가 집정관급 정무관들은 평소와는 다르게 엉성하게 진지를 구축했고, 지형을 점검하는 일과 진지 주변에 해자와 방책 등을 축성하는 작업도 게을리했다.

그리고 전투가 시작되자 로마 군은 공격을 받기도 전에 도망쳤다. 대다수가 베이이로 도망쳤고, 나머지는 로마로 후퇴했다. 로마로 돌아온 병력은 심지어 집으로 가지 않고 카피톨리움 신전으로 올라갔다. 원로원은 로마의 방위는 생각조차 하지 않았고 성문을 걸어 잠그지도 않았다. 원로원 일부는 도망쳤고 다른 일부는 사람들과 함께 카피톨리움 신전으로 갔다. 원로원은 필요한 인력만 신전에 집결시켰고 적의 포위 공격에 대비하여 모든 곡식을 신전 안에 비축했다. 그 나머지 노인, 여자, 아이 대부분은 로마 주위의 도시들로 도망쳤다. 그렇게 하지 못한 다른 로마인들은 시내에 남아서 외적의 처분을 기다리는 처지가 되었다. 로마인들의 이러한 한심한 처사는 평소의 로마인과는 너무나 다른 것이었다. 이러한 국가적 시련은 파멸과 영광으로 나아가는 갈림길이 되는데, 로마는 그것을 하나의 전기로 삼아 더욱 위대한 제국 건설의 길로 나아갔다. 여기서 우리는 다시 한 번 운명의 시련과 그것을 이겨내는 종교의 힘을 보게 된다.

운명은 위대한 업적의 달성을 원할 때 먼저 출중한 능력의 소유자를 선택한다. 반대로 대재앙을 내리고자 할 때에는 유사한 방식으로 무능한 자를 책임자 자리에 앉힌다. 누군가 운명에 도전한다면, 운명은 그를 죽이거나 일을 도모할 수 있는 수단을 빼앗아 버린다. 그러나 운명은 로마를 완전히 파멸시키려고 하지 않았다. 로마에 지독한 시련을 안겨주어 그것을 바탕으로 장차 강한 나라로 일어설 수 있는 밑거름이 되게 했다. 그리하여 운명은 로마의 영웅 카밀루스를 추방했지만 죽이지는 않았다. 왜 죽이지 않았을까? 5권 21장의 다음과 같은 문장은 그 이유를 설명해 준다. "탈취한 전리품이 양과 질 면에서 예상했던 정도를 훨씬 웃돌자 그는 양팔을 들어 올려 이렇게 기원했다…'신이나 인간이 저와 로마의 행운이 과도하다고 생각한다면, 제가 그들의 분노를 최소한의 개인적 불편함과 최소한의 로마의 안녕에 대한 피해로 달랠 수 있게 해주소서.'…카밀루스는 이런 기원을 말하면서 돌아섰는데 발부리가 뭔가에 걸려 넘어지는 일이 벌어졌다…"

카밀루스는 운명을 두려워하며 하늘의 신들에게 미리 호소할 줄 아는 종교적 심성의 소유자였고 그리하여 신들은 그의 호소를 가납(嘉納)했던 것이다. 그리하여 운명은 로마의 함락은 방치했지만 카피톨리움 신전을 온전하게 지켜주어 로마인들이 카밀루스의 귀환을 기다릴 수 있게 했다.

이렇게 볼 때 『로마사』 제5권의 대미를 장식하는 카밀루스의 연설이 종교적 경건함을 강조하는 것은 아주 당연한 일이다. 공화국 창건 이후 세월이 경과하면서 선공후사 정신은 흐릿해져 왔고 그것이 종교적 의식에 대한 소홀함과 만민법의 위반 같은 행동으로 나타났다.따라서 로마 수복 이후 로마인들은 여태껏 편의에 입각하여 종교와 법률에 위배되는 행동을 했던 것을 깊이 반성하고, 공화국 초창기의 초심(初心)으로 되돌아가게 된다. 그리고 카밀루스는 그런 회복 작업의 핵심적 추진력으로 나섰다. 로마는 갈리아 인들로부터 해방되자마자 고대 종교의 모든 제도를 복구하고, 만민법을 어긴 파비우스 가문 사람들을 처벌함으로써 그런 회복 작업에 착수했다. 이렇게 하여 로마는 군사적·사회적·문화적·종교적 제도를 재정비하고, 이탈리아 전역을 석권하는 정복 사업에 나서게 된다. 그 정복 과정은 『로마사』 6-10권에서 자세히 다루어진다.

전문 번역가 이종인

옮긴이 이종인

1954년 서울에서 태어나 고려대학교 영어영문학과를 졸업하고 한국 브리태니커 편집국장과 성균관대학교 전문 번역가 양성 과정 겸임 교수를 역임했다. 지금까지 250여 권의 책을 번역했다. 인문사회과학 분야의 교양서, 특히 서양의 고대와 중세에 대한 역사서를 많이 번역했다. 번역 입문 강의서 『번역은 글쓰기다』, 『살면서 마주한 고전』 등을 집필했으며, 옮긴 책으로는 『리비우스 로마사 I, II, III, IV』, 『로마제국 쇠망사』, 『고대 로마사』, 『숨결이 바람 될 때』, 『변신 이야기』, 『작가는 왜 쓰는가』, 『호모 루덴스』, 『중세의 가을』, 『유한계급론』 등이 있다.

리비우스 로마사 I

1판 1쇄 발행 2018년 3월 2일
1판 6쇄 발행 2023년 12월 15일

지은이 티투스 리비우스
옮긴이 이종인
발행인 박명곤 **CEO** 박지성 **CFO** 김영은
기획편집1팀 채대광, 김준원, 이승미, 이상지
기획편집2팀 박일귀, 이은빈, 강민형, 이지은
디자인팀 구경표, 구혜민, 임지선
마케팅팀 임우열, 김은지, 이호, 최고은

펴낸곳 (주)현대지성
출판등록 제406-2014-000124호
전화 070-7791-2136 **팩스** 0303-3444-2136
주소 서울시 강서구 마곡중앙6로 40, 장흥빌딩 10층
홈페이지 www.hdjisung.com **이메일** support@hdjisung.com
제작처 영신사

"Curious and Creative people make Inspiring Contents"
현대지성은 여러분의 의견 하나하나를 소중히 받고 있습니다.
원고 투고, 오탈자 제보, 제휴 제안은 support@hdjisung.com으로 보내 주세요.

현대지성 홈페이지

리비우스 로마사 시리즈
(전4권 완간)

리비우스 로마사 I

1000년 로마의 시작

리비우스 로마사 II

끝나지 않는 전쟁

리비우스 로마사 III

한니발 전쟁기

리비우스 로마사 IV

로마와 지중해 세계

1 그림 형제 동화전집
그림 형제 | 김열규 옮김 | 1,032쪽

2 철학의 위안
보에티우스 | 박문재 옮김 | 280쪽

3 십팔사략
증선지 | 소준섭 편역 | 800쪽

4 명화와 함께 읽는 셰익스피어 20
윌리엄 셰익스피어 | 김기찬 옮김 | 428쪽

5 북유럽 신화
케빈 크로슬리-홀런드 | 서미석 옮김 | 416쪽

6 플루타르코스 영웅전 전집 1
플루타르코스 | 이성규 옮김 | 964쪽

7 플루타르코스 영웅전 전집 2
플루타르코스 | 이성규 옮김 | 960쪽

8 아라비안 나이트(천일야화)
르네 불 그림 | 윤후남 옮김 | 336쪽

9 사마천 사기 56
사마천 | 소준섭 편역 | 976쪽

10 벤허
루 월리스 | 서미석 옮김 | 816쪽

11 안데르센 동화전집
한스 크리스티안 안데르센 | 윤후남 옮김 | 1,280쪽

12 아이반호
월터 스콧 | 서미석 옮김 | 704쪽

13 해밀턴의 그리스 로마 신화
이디스 해밀턴 | 서미석 옮김 | 552쪽

14 메디치 가문 이야기
G. F. 영 | 이길상 옮김 | 768쪽

15 캔터베리 이야기(완역본)
제프리 초서 | 송병선 옮김 | 656쪽

16 있을 수 없는 일이야
싱클레어 루이스 | 서미석 옮김 | 488쪽

17 로빈 후드의 모험
하워드 파일 | 서미석 옮김 | 464쪽

18 명상록
마르쿠스 아우렐리우스 | 박문재 옮김 | 272쪽

19 프로테스탄트 윤리와 자본주의 정신
막스 베버 | 박문재 옮김 | 408쪽

20 자유론
존 스튜어트 밀 | 박문재 옮김 | 256쪽

21 톨스토이 고백록
레프 톨스토이 | 박문재 옮김 | 160쪽

22 황금 당나귀
루키우스 아풀레이우스 | 송병선 옮김 | 392쪽

23 논어
공자 | 소준섭 옮김 | 416쪽

24 유한계급론
소스타인 베블런 | 이종인 옮김 | 416쪽

25 도덕경
노자 | 소준섭 옮김 | 280쪽

26 진보와 빈곤
헨리 조지 | 이종인 옮김 | 640쪽

27 걸리버 여행기
조너선 스위프트 | 이종인 옮김 | 416쪽

28 소크라테스의 변명·크리톤·파이돈·향연
플라톤 | 박문재 옮김 | 336쪽

29 올리버 트위스트
찰스 디킨스 | 유수아 옮김 | 616쪽

30 아리스토텔레스 수사학
아리스토텔레스 | 박문재 옮김 | 332쪽

31 공리주의
존 스튜어트 밀 | 이종인 옮김 | 216쪽

32 이솝 우화 전집
이솝 | 박문재 옮김 | 440쪽

33 유토피아
토머스 모어 | 박문재 옮김 | 296쪽

34 사람은 무엇으로 사는가
레프 톨스토이 | 홍대화 옮김 | 240쪽

35 아리스토텔레스 시학
아리스토텔레스 | 박문재 옮김 | 136쪽

36 자기 신뢰
랄프 왈도 에머슨 | 이종인 옮김 | 216쪽

37 프랑켄슈타인
메리 셸리 | 오수원 옮김 | 320쪽

38 군주론
마키아벨리 | 김운찬 옮김 | 256쪽

39 군중심리
귀스타브 르 봉 | 강주헌 옮김 | 296쪽

40 길가메시 서사시
앤드류 조지 편역 | 공경희 옮김 | 416쪽

41 월든·시민 불복종
헨리 데이비드 소로 | 이종인 옮김 | 536쪽

42 니코마코스 윤리학
아리스토텔레스 | 박문재 옮김 | 456쪽

43 벤저민 프랭클린 자서전
벤저민 프랭클린 | 강주헌 옮김 | 312쪽

44 모비 딕
허먼 멜빌 | 이종인 옮김 | 744쪽

45 우신예찬
에라스무스 | 박문재 옮김 | 320쪽

46 사람을 얻는 지혜
발타자르 그라시안 | 김유경 옮김 | 368쪽

47 에피쿠로스 쾌락
에피쿠로스 | 박문재 옮김 | 208쪽

48 이방인
알베르 카뮈 | 유기환 옮김 | 208쪽

49 이반 일리치의 죽음
레프 톨스토이 | 윤우섭 옮김 | 224쪽

50 플라톤 국가
플라톤 | 박문재 옮김 | 552쪽

51 키루스의 교육
크세노폰 | 박문재 옮김 | 432쪽

52 반항인
알베르 카뮈 | 유기환 옮김 | 472쪽

현대지성 클래식 살펴보기